독자의 1초를
아껴주는 정성을
만나보세요!

세상이 아무리 바쁘게 돌아가더라도 책까지 아무렇게나 빨리 만들 수는 없습니다.
인스턴트 식품 같은 책보다 오래 익힌 술이나 장맛이 밴 책을 만들고 싶습니다.
땀 흘리며 일하는 당신을 위해 한 권 한 권 마음을 다해 만들겠습니다.
마지막 페이지에서 만날 새로운 당신을 위해 더 나은 길을 준비하겠습니다.

웹 개발자를 위한 자바스크립트의 모든 것

JavaScript: The New Toys

초판 발행 · 2022년 8월 5일

지은이 · T. J. 크라우더
옮긴이 · 조현석
발행인 · 이종원
발행처 · (주)도서출판 길벗
출판사 등록일 · 1990년 12월 24일
주소 · 서울시 마포구 월드컵로 10길 56(서교동)
대표 전화 · 02)332-0931 | **팩스** · 02)323-0586
홈페이지 · www.gilbut.co.kr | **이메일** · gilbut@gilbut.co.kr

기획 및 책임편집 · 한동훈(monaca@gilbut.co.kr) | **디자인** · [스튜디오 브릭] 송민우 | **제작** · 이준호, 손일순, 이진혁
마케팅 · 박민영, 박성용, 전선하, 지운집, 차명환 | **영업관리** · 김명자 | **독자지원** · 윤정아, 최희창

교정교열 · 김창수 | **전산편집** · 책돼지 | **출력 및 인쇄** · 금강인쇄 | **제본** · 금강제본

▶ 잘못 만든 책은 구입한 서점에서 바꿔 드립니다.
▶ 이 책은 저작권법에 따라 보호받는 저작물이므로 무단전재와 무단복제를 금합니다. 이 책의 전부 또는 일부를 이용하려면 반드시 사전에 저작권자와 (주)도서출판 길벗의 서면 동의를 받아야 합니다.

ISBN 979-11-407-0080-6 93000
(길벗 도서번호 006927)

정가 43,000원

독자의 1초를 아껴주는 정성 길벗출판사

길벗 | IT단행본, IT교육서, 교양&실용서, 경제경영서
길벗스쿨 | 어린이학습, 어린이어학

페이스북 · www.facebook.com/gbitbook
예제 소스 · https://github.com/gilbutITbook/006927

JAVASCRIPT:
THE NEW TOYS

웹 개발자를 위한
자바스크립트의
모든 것

ES2015-ES2020과
그 이후의 모든 것

T. J. 크라우더 지음

조현석 옮김

아낌없는 지원과 애정 어린 격려로 야근과 주말 근무를 함께한
웬디와 제임스에게 바친다.

T. J. 크라우더(T. J. Crowder)는 30년의 전문 경력을 가진 소프트웨어 엔지니어로서 경력의 절반 이상은 자바스크립트를 사용하여 작업했다. 그는 영국의 소프트웨어 컨설팅과 제품 회사인 파사이트 소프트웨어를 운영하고 있다. 스택 오버플로우의 상위 10위 기여자 중 한 명이자 자바스크립트 태그의 상위 기여자로서, 그는 지식을 전달하는 것뿐만 아니라 문제를 해결하는 과정과 함께 도움을 주는 데 중점을 두고 자신이 배운 기술을 사용하여 다른 사람들이 직면한 기술적인 문제를 해결하는 것을 좋아한다.

그는 캘리포니아에서 10대 초반에 프로그래밍을 시작했으며 BASIC과 어셈블리 언어를 사용하여 애플 II와 싱클레어 ZX-80와 ZX-81을 가지고 놀았다. 그리고 몇 년 후 제대로 된 컴퓨터 관련 일자리를 얻었는데, 법원 속기사를 위한 PC(DOS) 제품을 생산하는 회사의 기술 지원 업무를 담당했다. 지원 업무를 하면서 그는 사무실에서 터보 C 매뉴얼을 보면서 독학으로 C 언어를 익혔고, 회사의 문서화되지 않은 압축 바이너리 파일 양식을 역설계했으며, 이 지식을 사용하여 여가 시간에 제품에 대해 많이 요청된 기능을 만들었다(그리고 그 기능은 바로 출시되었다). 얼마 지나지 않아 개발 부서에서 그를 영입하여 그 후 몇 년 동안 프로그래머로 성장할 수 있는 기회, 리소스와 책임을 부여했으며, 마침내 수석 엔지니어로 성장해 회사의 첫 번째 윈도 제품을 비롯한 다양한 제품을 개발하였다.

다음 회사에서는 전문 서비스 및 개발자 교육 업무를 맡아 회사의 엔터프라이즈 제품을 현장에서 고객을 위해 맞춤화하고(VB6, 자바스크립트, HTML 사용) 고객 회사의 개발자에게 교육 과정을 가르쳤다. 결국 그는 교육 과정을 만들고 있던 셈이었다. 미국에서 런던으로 이사하면서 소프트웨어 디자인, SQL, 자바, 자바스크립트 기술을 향상시킨 후 계약직으로 진출할 수 있었다.

그 이후로 주로 자바스크립트, SQL, C#, (최근에는) 타입스크립트를 주로 이용해 다양한 회사와 조직(NATO 기관, 영국 지방 정부 기관 및 다양한 민간 회사)에서 사유 소프트웨어를 원격 개발해 왔다. 커뮤니티에 대한 열망은 그를 처음에는 PrototypeJS 메일링 리스트로 이끌었고, 그다음에는 스택 오버플로우, 그리고 이제는 다양한 플랫폼으로 이끌었다.

영국인과 미국인으로 태어나 미국에서 성장했으며, 아내와 아들과 함께 잉글랜드 중부의 한 마을에 살고 있다.

차임 크라우스(Chaim Krause)는 30년 이상의 경험을 가진 전문 컴퓨터 프로그래머다. 그는 1995년 부터 ISP의 기술 지원 수석 엔지니어로 일했다. 볼랜드 포 델파이에서 개발자 지원 수석 엔지니어로 일했으며 실리콘 밸리에서 10년 넘게 기술 지원 엔지니어와 개발자 지원 엔지니어를 포함한 다양한 역할을 맡았다. 현재 미 육군 지휘 및 참모 대학의 군사 시뮬레이션 전문가로 훈련에 사용할 게임 개발 등의 프로젝트를 수행하고 있다. 그는 또한 리눅스에 대한 여러 비디오 교육 과정을 만들었으며 24권 이상의 책에서 기술 검토자로 활동했다.

마르시아 K. 윌버(Marcia K. Wilbur)는 산업용 IoT(IIoT)와 AI에 중점을 둔 반도체 분야를 컨설팅하는 기술 커뮤니케이터이며, 컴퓨터 과학, 기술 커뮤니케이션, 정보 기술 분야의 학위를 보유하고 있다. 코퍼(Cooper) 리눅스 사용자 그룹 의장으로서 그녀는 웨스트사이드(West Side) 지역의 리눅스와 라즈베리 파이를 이끄는 제조업체 커뮤니티와 홈 자동화, 게임 콘솔, 감시, 네트워크, 멀티미디어, 여러 "라즈베리 파이 프로젝트"를 비롯한 일반 라즈베리 파이, 비글본, 바나나 파이/프로, ESP8266 프로젝트를 이끄는 이스트밸리(East Valley) 지역 모임에 깊이 관여하고 있다.

"내가 이 책을 썼다."는 표현은 정확한 표현이 아닐 것이다.

물론, 책에 인용되지 않은 모든 단어는 내 것이다. 하지만 다른 사람들이 없었다면 한 줄도 쓰지 못했을 것이다. 많은 사람으로부터 지원을 받았고 문제 해결을 위한 새로운 관점을 얻었으며 격려를 받았다. 책을 쓰는 몇 년 동안 다양한 포럼에서 다른 사람들이 던진 질문 덕분에 내가 습득한 지식을 설명하는 기술과 이 기술을 연습할 기회를 얻게 되었다. 다른 사람들은 내 질문에 직접 답변해 주고 어떤 것을 봐야 하는지 알려 주었으며, 내 언어를 연마하고 내 말재주를 향상시키는 데 도움을 주었다.

이 장황한 말이 의미하는 것은 내가 많은 사람에게 빚지고 있다는 사실이다. 이 책은 제대로 된 나의 첫 책이며, 저지를 수 있는 모든 실수를 이 책에서 저질렀다. 이 실수들을 아래에 언급한 사람들이 가능한 한 많이 잡아서 수정했다. 이제 남은 실수는 모두 나의 잘못이다.

무엇보다도 나의 아내 웬디는 놀라운 지원을 해 주었고 끝없고 무한한 힘과 격려의 원천이 되어 주었다. (제임스 테일러가 말한 것처럼) 가서는 안 되는 곳에서 나를 다시 데리고 온 것에 감사하다.

아빠가 사무실에서 뒹굴뒹굴하는 것을 참아 준 아들 제임스에게 감사하다.

나에게 언어, 학습, 읽기, 쓰기에 대한 사랑을 심어 주신 어머니 버지니아와 아버지 노먼에게 감사하다. 이것은 평생의 선물이다.

항상 참을성 있게 반응 테스트의 대상과 격려의 원천이 되어 준 나의 가장 친한 친구 잭에게 감사하다.

와일리 앤 선즈의 모든 편집자와 검토자에게 감사하다. 답답한 저자 앞에서도 프로젝트를 지원하고 유지해 준 짐 미나텔과 피트 고건에게 감사하다. 편집과 기술 검토를 위한 데이비드 클라크와 차임 크라우스, 킴 코퍼의 뛰어난 카피 에디팅과 문법, 구문, 명확성에 대한 도움, 교정을 해 준 낸시 벨, 프로덕션 부서의 아티스트와 인쇄소 직원 그리고 이름을 언급하지 못했지만 프로젝트의 모든 측면을 지원해 준 다른 모든 사람들에게 감사하다.

기술적으로 꼼꼼하게 봐 준 안드레아스 베르그마이어에게 감사하다. 안드레아스의 예리한 눈과 깊은 이해는 이 책을 읽는 데 큰 도움이 되었다.

TC39의 작동 방식을 더 잘 이해할 수 있도록 도와준 이갈리아의 TC39 회원인 다니엘 에렌버그에게 감사하다. 친절하게 검토하고 1장을 다듬을 수 있도록 도와준 데 감사하다. 그의 수정, 조언과 통찰력으로 1장의 내용이 극적으로 좋아졌다.

16장에서 세부 사항과 범위를 올바르게 이해하는 데 친절하고 귀중한 도움을 준 TC39 회원인 모질라의 라스 T. 한센(공유 메모리와 원자성 자바스크립트 제안의 공동 작성자)에게 감사하다. 그의 깊은 지식과 관점이 모든 차이를 만들었다.

마지막으로, 나의 노력에 시간과 관심을 준 독자 여러분에게 감사하다. 이 책이 여러분에게 도움이 되기를 바란다.

오랜 기간 느리게 변화하던 자바스크립트가 폭발적으로 빠르게 변화하기 시작했습니다. 마치 자고 일어나면 옆자리 동료가 한 번도 본 적 없는 자바스크립트 코드를 짜고 있는 것만 같았습니다. 빠르게 변하는 표준을 따라가기 위해 블로그를 읽어 보지만, 한 가지 기능에 대한 단편적인 설명만 있으니 이게 전부인지 알 수 없었습니다. ECMA-262 명세서를 읽자니 무슨 말을 하는 것인지도 모르겠고, 내용을 이해하기도 쉽지 않았습니다. 게다가 명세서는 꾸준하게 새 버전이 나옵니다. 심지어 명세서에 포함되지 않은 기능을 이미 사용하고 있을 때도 있습니다. 바로 제안 단계에 있는 기능입니다.

이 책은 ES2015부터 ES2020까지 자바스크립트의 추가 사항과 아직은 포함되지 않은 기능에 대한 미리보기를 다룹니다. 최신 구문에는 널 병합 연산, 옵셔널 체이닝, let과 const, 클래스 구문, 프라이빗 메서드, 프라이빗 필드, new.target, 숫자 구분 기호, BigInt, 디스트럭처링, 기본값 매개변수, 화살표 함수, 비동기 함수, await, 제너레이터 함수, ...(나머지와 스프레드), 템플릿 리터럴, 이진 및 8진 리터럴, **(지수 연산자), 계산된 속성/메서드 이름, for-of, for-await-of, 단축 속성 등과 모듈, 프라미스, 이터레이터와 이터러블, 심볼, 프록시, 리플렉션, 타입이 있는 배열, 원자적 연산, 공유 메모리, 위크맵과 위크세트가 있습니다.

새로운 기능은 개발자의 생산성과 표현력에 새로운 세계를 열어 주었습니다. 클래스 구문으로는 훨씬 간단하고 선언적인 구문으로 객체를 생성할 수 있고, 비동기 함수 덕분에 "콜백 지옥"에서 벗어날 수 있었습니다. 디스트럭처링을 통해서는 객체나 배열 리터럴과 유사하게 간결한 방식으로 배열/객체에서 값을 쉽게 선택할 수 있고 나머지 구문을 통해 객체 속성이나 함수 인수의 개수에 대해 신경을 덜 써도 됩니다. 이 외에도 함수를 호출할 때 인수 목록에 후행 쉼표를 허용한다던가 새로운 스타일의 8진수 리터럴, 이진수 리터럴, 숫자 표기 시 구분 문자, 정규 표현식 개선, 표준 라이브러리 추가, 심볼, BigInt를 비롯한 수많은 기능으로 개발자의 편의성을 높여 주었습니다.

이 책은 자바스크립트를 막 시작한 사람을 위한 소개용 책은 아닙니다. 하지만 처음부터 끝까지 읽어도 되고 잠시 서가에 놔두며 오래된 자바스크립트로 작업하다가 어딘가에서 새롭고, 익숙하지 않은 구문을 볼 때마다 필요한 내용을 참조할 수 있습니다. 어떤 방식으로 읽든 각 장마다 일반적인 함정을 강조하고 이를 피하는 방법을 설명하는 "과거 습관을 새롭게" 절에서 가장 많은 깨달음을 얻을 수 있을 겁니다. 여기에는 새 기능을 사용해야 하는 경우와 사용하지 말아야 하는 경우에 대한 조언도 있습니다. 자바스크립트의 환경 속에서 메모리나 구조가 어떻게 동작하는지를 보여주는 그림을 통해서 자바스크립트 문법뿐 아니라 실제 인터프리터/컴파일러의 동작 원리에 대해서도 알 수 있습니다.

이 책을 통해 자바스크립트가 어떤 과정을 통해 제안에서 명세가 되는지, 지금까지 어떤 변화가 있었고 앞으로 어떤 변화가 있을지, 어떻게 그 변화를 따라갈지 알 수 있습니다. 당장 모든 코드를 새로운 코드로 바꿀 필요는 없지만 조금씩 적용하다 보면 자바스크립트가 과거의 언어가 아니라는 점을 깨닫고 다양한 편의 기능에 자바스크립트의 매력에 빠져들게 될 것입니다. 이제 누구를 만나도 자바스크립트가 어떻게 발전하고 있는지를 토의할 수 있게 되기를 바랍니다.

끝으로 낳아주시고 길러주신 부모님, 밤낮으로 던지는 난해한 번역 용어에 대해 같이 토론해 준 개발자 동료들, 함께 사람 사이의 더 나은 연결을 꿈꾸고 있는 컨스택츠팀 동료들, 부족한 점이 많은 초보 역자의 실수에도 올바른 길로 이끌어 주신 길벗 출판사 한동훈 부장님께 감사드립니다.

조현석

이 책은 지난 몇 년간 자바스크립트에 추가된 최신 기능에 대한 정보를 빠르게 알고 싶거나 언어가 계속 발전하고 성장함에 따라 항상 최신 정보를 얻는 방법을 알고 싶은 모든 자바스크립트 (또는 타입스크립트) 프로그래머를 위한 것이다. 웹 어딘가에서 이 책에 있는 거의 모든 정보를 찾을 수 있다. 열심히 찾아보고 신뢰할 수 있는 사이트인지 신중을 기한다면 말이다. 이 책은 기술적 세부 사항을 모두 한곳에서 제공하며 변경 사항을 계속 추적하는 방법을 알려준다. 책의 웹사이트 https://thenewtoys.dev를 통해 최신 상태를 유지할 수 있다. 새로운 기능이 추가되면 이 사이트에서 계속해서 다룬다.

이 책에서 다루는 내용은 무엇인가?

각 장의 내용을 한눈에 보자.

1장 ES2015부터 ES2020까지 그리고 그 이후의 새로운 장난감 — 자바스크립트 세계의 다양한 이해관계자와 몇 가지 중요한 용어를 소개하는 것으로 시작한다. 그런 다음 책의 목적을 위해 "새로운 장난감"의 정의를 설명한다. 새로운 기능이 자바스크립트에 추가되는 방식과 해당 과정이 관리되는 방식 그리고 누구에 의해 처리되는지를 다룬다. 또한 그 과정을 따르고 참여하는 방법을 설명한다. 과거 환경에서 새 장난감을 사용하거나 현재 환경에서 최신 장난감을 사용하기 위한 몇 가지 도구를 도입하면서 마무리한다.

2장 블록 스코프 선언: let과 const — 새로운 선언 키워드 let과 const, 이들이 지원하는 새로운 범위 지정 개념을 다룬다. 여기에는 루프의 범위 지정, 특히 for 루프의 새로운 처리에 대한 자세한 내용이 포함된다.

3장 새로운 함수 기능 — 화살표 함수, 기본값 매개변수, 나머지 매개변수, name 속성과 다양한 구문 개선 사항 같은 함수와 관련된 다양한 새 기능을 다룬다.

4장 클래스 — 새로운 클래스에 대해 설명한다. 클래스의 기초, 클래스는 무엇이고 무엇이 아닌지, super 서브클래싱, Array나 Error 같은 내장 객체의 서브클래싱과 new.target 기능 등을 다룬다. 제안 단계를 밟고 있는 프라이빗 필드나 기타 기능은 18장에서 설명한다.

5장 새로운 객체 기능 — 계산된 속성 이름, 단축 속성, 객체의 프로토타입 얻기와 설정, 새 심볼 타입과 객체와의 관계, 메서드 구문, 속성 순서, 속성 스프레드 문법 및 새로운 객체 함수 호스트를 다룬다.

6장 이터러블, 이터레이터, for-of, 이터러블 스프레드, 제너레이터 — 컬렉션과 목록을 위한 강력한 새 도구인 이터레이션과 함수와 상호 작용하는 강력하고 새로운 방법인 제너레이터를 다룬다.

7장 디스트럭처링 — 이 중요한 새 구문과 이를 사용하여 객체, 배열, 기타 이터러블에서 데이터를 추출하는 방법을 기본값, 심층 선택 등을 통해 다룬다.

8장 프라미스 — 비동기 프로세스에 대처하기 위한 이 중요한 새 도구에 대해 자세히 설명한다.

9장 비동기 함수, 이터레이터, 제너레이터 — 비동기 코드에서 익숙한 논리적 흐름 구조를 사용할 수 있게 해주는 새로운 async/await 구문과 비동기 이터레이터와 제너레이터가 작동하는 방식과 새로운 for-await-of 루프에 대해 자세히 설명한다.

10장 템플릿, 태그 함수, 새로운 문자열 함수 — 템플릿 리터럴, 태그 함수, 더 나은 유니코드 지원, 익숙한 방법에 대한 업데이트, 새로운 메서드와 문자열 함수에 대해 설명한다.

11장 새로운 배열 함수, 타입이 있는 배열 — 광범위한 새 배열 메서드, 다양한 배열 관련 업데이트, Int32Array 같은 타입이 있는 배열, 그리고 타입이 있는 배열 데이터와 상호 작용하기 위한 고급 기능을 다룬다.

12장 맵과 세트 — 새로운 키 값 컬렉션인 맵과 세트, "약한" 사촌인 위크맵(WeakMap)과 위크세트(WeakSet)에 대해 모두 알려준다.

13장 모듈 — 코드를 구성하는 이 흥미롭고 강력한 방법에 대해 자세히 설명한다.

14장 리플렉션—리플렉트와 프록시 — 리플렉트(Reflect)와 프록시(Proxy) 객체의 강력하고 새로운 동적 메타 프로그래밍 기능과 이들을 함께 사용하는 방식을 다룬다.

15장 정규 표현식 업데이트 — 새 플래그, 명명된 캡처 그룹, 후방 탐색 지정과 새 유니코드 기능과 같이 지난 몇 년 동안 진행된 정규 표현식에 대한 모든 업데이트를 설명한다.

16장 공유 메모리 — SharedArrayBuffer와 Atomics 객체에 대한 기본 개념과 주의 사항을 포함하여 자바스크립트 프로그램의 스레드 간에 메모리를 공유하는 복잡하고 잠재적으로 어려운 영역을 다룬다.

17장 그 외 — 다른 곳에서는 적합하지 않은 광범위한 엔트리를 다룬다. 새로운 정수 리터럴 구문 (2진수, 새로운 8진수) BigInt, 선택적인 catch 바인딩, 새로운 수학 메서드, 지수 연산자, Math 객체에 다양한 추가 사항, 꼬리 호출 최적화, 널 병합, 옵셔널 체이닝, 호환성을 위해 정의된 "부속서 B: 브라우저 전용 기능"을 다룬다.

18장 예정된 클래스 기능 — 아직 완료되지 않아 여전히 진행 중인 클래스에 대한 개선 사항인 퍼블릭 필드 선언, 프라이빗 필드와 프라이빗 메서드에 대해 설명한다.

19장 앞으로 나올 예정인 기능 — 현재 진행 중인 몇 가지 추가 개선 사항을 기대하며 마무리한다. 최상위 수준 await, 약한 참조(WeakRef)와 클린업 콜백, 정규 표현식 일치 색인, Atomics. asyncWait, 다양한 구문 변경, 사라지게 될 정규 표현식 기능과 향후 다양한 표준 라이브러리 추가를 다룬다.

부록 신비한 기능 사전(J. K. 롤링에게 사과한다) – 새 장난감 목록을 제공하고 각 장난감을 다루는 장을 알려준다. 알파벳순 기능, 새로운 기초, 새로운 구문, 키워드, 연산자, 루프, 새로운 리터럴 양식, 표준 라이브러리 추가와 변경, 기타 등등의 목록이다.

이 책을 읽어야 하는 사람

여러분의 상황이 다음과 같다면 이 책을 읽어야 한다.

- 최소한 자바스크립트에 대한 기본적인 이해가 있다.
- 지난 몇 년 동안 추가된 새로운 기능을 배우고 싶다.

이 책은 전문가를 위한 학술 서적이 아니다. 평범한 자바스크립트 프로그래머를 위한 실용적인 책이다.

이 책을 읽는 거의 모든 사람은 이미 이 책의 내용 중 **일부**를 알고 있을 것이며, 어떤 사람은 이미 **모든 것**을 알고 있을 것이다. let과 const 같은 기본 사항은 이미 명확하게 알고 있겠지만 비동기 (async) 함수는 아직 모를 수도 있다. 프라미스는 유행이 지났다고 생각할지도 모르지만, 모던 코드에서 인식하지 못했던 구문을 볼 수 있을 것이다. 여기에서 다루는 ES2015부터 ES2020 (과 그 이후)까지 모든 정보를 찾을 수 있다.

이 책을 사용하는 방법

1장을 읽는다. 1장은 책에서 사용하는 많은 용어를 정의한다. 1장을 건너뛰면 혼란에 빠질 것이다.

2장부터는 선택할 수 있다. 순서대로 읽거나 건너뛸 수도 있다. 이유가 있어서 이 순서대로 장을 배치했다. 이전 장의 내용을 기반으로 하여 다음 장이 이어진다. 예를 들어, 9장에서 비동기 함수를 이해하는 데 중요한 프라미스에 대해 8장에서 배우게 된다. 당연히 배열한 순서대로 읽는 것이 좋다. 하지만 여러분이 자신의 마음을 아는 똑똑한 사람이라고 생각한다. 앞뒤로 넘겨 가며 읽어도 괜찮을 것이다. 모든 장을 읽거나 최소한 훑어보는 것이 좋다(16장은 예외일 수 있다. 왜 16장은 예외인지 1분 안에 더 자세히 설명하겠다). 기능을 알고 있다고 생각하더라도 모르는 것이 있거나 실제로는 모르는데 제대로 알고 있다고 여길 수도 있다. 예를 들어 let과 const에 대해 알아야 할 모든 것을 이미 알고 있으니 2장을 건너뛰려고 계획할 수 있다. 어쩌면 여러분은 다음의 이유를 알지도 모르겠다.

```
for (let i = 0; i < 10; ++i) { /* ... */
    setTimeout(() => console.log(i));
}
```

왜 i라는 10개의 **다른** 변수가 생성되고,

```
let a = "ay";
var b = "bee";
```

왜 전역 스코프에서 window.b 속성은 생기지만 전역 스코프에서 window.a 속성은 생기지 않는지 말이다. 그렇다 하더라도 2장을 훑어보면서 아직 모르는 부분이 없는지 확인하는 것이 좋다. 16장은 특별한 경우이다. 16장은 스레드 간에 메모리를 공유하는 것에 관한 것이다. 대부분의 자바스크립트 프로그래머는 스레드 간에 메모리를 공유할 필요가 없다. 여러분 중 일부만 그럴 것이다. 그래서 16장이 책에는 있지만 대부분은 읽을 필요가 없다. 만약 스레드 간에 메모리를 공유할 필요가 있거나 언젠가 공유 메모리가 필요하다고 생각하면 그때 읽을 수 있음에도 불구하고, 읽고 싶다면 16장을 읽어라. 괜찮다. 예제를 실행하고 실험하며 무엇보다도 스스로 즐기자.

저자에게 연락하는 방법

여러분의 의견을 듣고 싶다. 언제든지 문의하라.

- 오류를 발견했다고 생각되면 errata@wiley.com으로 이메일을 보낸다.
- https://thenewtoys.dev/bookcode 또는 https://www.wiley.com/go/javascript-newtoys에서 예제 코드를 다운로드할 수 있다.
- https://thenewtoys.dev에서 질문을 하거나 다른 독자와 이야기할 수 있다.
- 트위터 @tjcrowder로 연락할 수 있다.
- 보통 https://stackoverflow.com/의 JavaScript 태그에서 놀고 있다.

즐기자!

3장   새로운 함수 기능 ····· 083

7장   디스트럭처링 ····· 243

1^장

ES2015부터
ES2020까지
그리고 그 이후의
새로운 장난감

이 장의 내용

- 정의, 이해관계자, 용어
- 자바스크립트 버전 설명(ES6는 무엇이고 ES2020는 무엇인가)
- "새로운 장난감"이란 무엇인가?
- 새로운 자바스크립트 기능이 만들어지는 과정
- 차세대 자바스크립트 사용을 위한 도구

이 장의 코드 다운로드

이 장의 코드는 https://thenewtoys.dev/bookcode 또는 https://www.wiley.com/go/javascript-newtoys에서 다운로드할 수 있다.

자바스크립트는 지난 몇 년 동안 많이 바뀌었다.

2000년대에 활동적인 자바스크립트 개발자였다면 한동안 자바스크립트에는 변화가 없다고 생각했어도 무리가 아니다. 1999년 12월 제3판 사양 이후, 개발자들은 사양의 다음 판을 위해 꼬박 10년을 기다리고 있었다. 외부에서 보면 아무 일도 일어나지 않은 것 같았지만, 사실은 많은 작업이 수행되고 있었다. 하지만 공식 사양과 여러 자바스크립트 엔진에는 적용되지 못했다. 한 장 전체를 자바스크립트에서 중요한 위치에 있는 다양한 그룹들이 무엇을 하고 있었는지 그리고 이들이 왜 합의에 미치지 못했는지에 대해 다룰 수 있지만, 지면의 한계상 하지 않겠다. 중요한 것은 그들이 2008년 7월 오슬로에서 열린 운명적인 회의에서 많은 사전 협상 끝에 궁극적으로 앞으로 나아갈 길에 **합의했다**는 점이다. 자바스크립트의 창시자인 브렌던 아이크(Brendan Eich)가 나중에 하모니(Harmony)라고 불렀던 이 합의는 2009년 12월에 제5판 사양의 기초를 닦았고(제4판은 결코 완성되지 않았다) 지속적인 발전을 위한 토대를 마련했다.

세상에, 일이 이렇게 진행되다니!

이 장에서는 2009년 이후의 새로운 기능에 대한 개요를 설명한다(책의 나머지 부분에서는 자세히 다룬다). 누가 자바스크립트를 앞으로 나아가게 하는지, 어떤 과정을 거쳐 이러한 작업을 수행하는지, 그리고 원하는 경우 어떻게 하면 참여할 수 있는지 배울 것이다. 또한 최신 자바스크립트를 작성하는 데 사용할 수 있는 도구도 배울 것이다. 이러한 도구는 레거시 환경을 대상으로 해야 하는 경우에도 마찬가지다.

1.1 정의, 이해관계자, 용어

자바스크립트에 대해 이야기하려면 몇 가지 이름과 공통 용어를 정의해야 한다.

1.1.1 Ecma? ECMAScript? TC39?

우리가 생각하는 "자바스크립트"는 여러 컴퓨팅 표준을 담당하는 표준 기관인 Ecma International[1]에 의해 "ECMAScript"로 표준화되었다. ECMAScript 표준은 ECMA-262이다. 표준 담당자는 Ecma International 기술 위원회 39(Technical Committee 39, "TC39")의 회원으로, "일반 목적, 교차 플랫폼, 벤더 중립적 프로그래밍 언어 ECMAScript의 표준화를 담당한다. 여기에는 언어 구문, 의미론, 라이브러리, 언어를 지원하는 보완 기술이 포함된다."[2] 이들은 JSON 구문 사양(ECMA-404)과 특히 ECMAScript 국제화 API 사양(ECMA-402) 같은 다른 표준도 관리한다.

다른 경우와 마찬가지로 이 책에서도 자바스크립트는 ECMAScript이며 그 반대도 성립한다. 종종 서로 다른 그룹들이 서로 다른 일을 한 10년 동안 "자바스크립트"는 모질라가 개발하고 있는 언어(ECMAScript로 표준화되지 못했거나 그 이전에 현저하게 변화된 몇 가지 기능을 가지고 있는 언어)를 엄밀하게 의미하고자 사용되었지만, 하모니 이후 그렇게 표현하는 것은 더는 유효하지 않다.

1.1.2 ES6? ES7? ES2015? ES2020?

이렇게 다양한 약어는 혼란스러울 수 있다. 특히 일부에는 판 번호가 있지만 다른 일부에는 연도가 있기 때문이다. 이 절에서는 그것이 무엇이며 왜 두 종류가 있는지 설명한다. 5판까지는 TC39는 판 번호로 버전을 참조했다. 5판 사양의 전체 제목은 다음과 같다.

표준 ECMA-262

5판 / 2009년 12월

ECMAScript 언어 사양

---

[1] 이전에는 ECMA(European Computer Manufacturer's Association)였지만 이제는 조직 이름으로 Ecma의 E만 대문자로 표시한다.

[2] http://www.ecma-international.org/memento/TC39.htm

"ECMAScript 5판"은 말하기에 좀 긴 편이라서 "ES5"라고 말하는 것이 자연스러운 일이었다.

2015년 6판부터 TC39는 지속적인 개선 프로세스를 채택했는데, 이 프로세스에서는 연 단위 스냅샷이 포함된 편집자 초안[3]이 사양이다(이 장의 뒷부분에서 자세히 설명한다). 그래서 언어 이름에 연도를 추가했다.

> 표준 ECMA-262
>
> 6판 / 2015년 6월
>
> ECMAScript® 2015 언어 사양

따라서 ECMAScript 6판 표준("ES6")은 ECMAScript 2015 또는 줄여서 "ES2015"로 정의한다. 발표 이전부터 "ES6"은 그 자체로 유행어가 되었으며 여전히 일반적으로 사용되고 있다(안타깝게도 ES2015뿐만 아니라 ES2016, ES2017 등 이후에 출시된 버전에도 부정확하게 사용된다). 그렇기 때문에 판 번호를 사용하는 스타일(ES6, ES7, ⋯)과 연도를 사용하는 스타일(ES2015, ES2016, ⋯) 등 두 가지 스타일이 있다. 여러분이 무엇을 사용하지는 여러분에게 달려 있다. ES6은 ES2015(또는 종종 잘못 말해 ES2015+), ES7은 ES2016, ES8은 ES2017, (이 책에서 사용하는) ES2020은 ES11, 이렇게 계속된다. 또한 예정된 변경 사항을 참조하는 데 때때로 사용되는 "ESnext" 또는 "ES.next"도 사용된다.

이 책에서는 ES5와 이전 버전을 "이전 방식"으로 ES2015 이후 버전은 "새로운 방식"으로 부르는 것을 새로운 상식이라고 생각하고 사용한다.

책에서는 기능이 도입된 특정 버전을 언급하겠지만 `Array.prototype.includes`는 ES2016에서 `Object.values`는 ES2017에서 도입되었다는 사실은 그다지 중요하지 않다. 그보다는 대상 환경에서 무엇이 실제로 지원되는지와 특정 기능 사용을 자제해야 하는지 아니면 트랜스파일 그리고 (또는) 폴리필을 해야 하는지가 더 중요하다(이후 **1.5 오늘의 장난감을 과거의 환경에서, 내일의 장난감을 오늘 사용하기**에서 트랜스파일과 폴리필에 대해 자세히 설명한다).

1.1.3 자바스크립트 "엔진", 브라우저, 그 외

이 책에서는 자바스크립트 코드를 실행하는 소프트웨어 구성 요소를 지칭하기 위해 "자바스크립트 엔진"이라는 용어를 사용한다. 자바스크립트 엔진은 다음 기능을 갖고 있어야 한다.

---

3 https://tc39.es/ecma262/

- 자바스크립트 구문 분석하기

- 인터프리트하거나 기계어로 컴파일하기(또는 둘 다 모두)

- 사양대로 작동하는 환경 내에서 결과 실행하기

자바스크립트 엔진은 가상 머신(virtual machine) 또는 줄여서 VM이라고도 한다.

자바스크립트 엔진을 찾을 수 있는 일반적인 장소 중 하나는 당연히 웹 브라우저다.

- 구글의 크롬 브라우저는 iOS를 제외한 V8 엔진(크로미움, 오페라, 마이크로소프트 엣지 엣지 v79 이상에서도 사용됨)을 사용한다.

- 애플의 사파리 브라우저(macOS와 iOS용)는 JavaScriptCore 엔진을 사용한다.

- 모질라의 파이어폭스는 iOS를 제외하고는 SpiderMonkey 엔진을 사용한다.

- 마이크로소프트의 인터넷 익스플로러는 자체 JScript 엔진을 사용하는데, 보안 수정만 하고 있어 점점 구식이 되고 있다.

- 마이크로소프트 엣지 v44와 이전 버전("레거시 엣지")은 마이크로소프트의 차크라(Chakra) 엔진을 사용한다. 2020년 1월에 iOS를 제외한 크로미움 프로젝트를 기반으로 하고 V8 엔진을 사용하는 엣지 v79가 출시되었다(크로미움에 맞추기 위해 버전 번호가 44에서 79로 변경됨). 차크라는 마이크로소프트 오피스 자바스크립트 추가 기능과 같은 마이크로소프트 웹뷰(WebView) 컨트롤을 사용하는 다양한 제품에서 여전히 사용되고 있지만 일부 단계에서 대체될 수 있다(크로미움 엣지를 사용하는 웹뷰2는 2020년 초에 개발자 미리 보기로 제공됨).

애플의 아이패드와 아이폰용 iOS 운영체제에서 실행되는 크롬, 파이어폭스, 엣지, 기타 브라우저는 현재 자체 자바스크립트 엔진을 사용할 수 없다. 자바스크립트를 컴파일하고 실행하려면 (단순히 인터프리트하는 것이 아니라) 실행 메모리를 할당해야 하기 때문이다. 다른 공급 업체의 앱은 불가능하고 애플의 자체 iOS 앱만 허용된다. 따라서 크롬과 파이어폭스(와 그 외)는 데스크톱과 안드로이드에서 자체 엔진을 사용하더라도 iOS에서는 애플의 JavaScriptCore를 사용해야 한다(적어도 지금은 그렇다. V8 팀은 2019년에 V8에 "인터프리터 전용"모드를 추가했다. 즉, V8을 사용하는 크롬과 다른 브라우저 사용자는 실행 가능한 메모리를 사용할 필요가 없기 때문에 iOS에서 해당 모드를 사용할 수 있다). 이 책에서 "크롬에서 지원" 또는 "파이어폭스에서 지원"이라고 말하면 각각 V8 또는 SpiderMonkey를 사용하는 비 iOS 버전을 의미한다.

자바스크립트 엔진은 데스크톱 애플리케이션(일렉트론[4], 리액트 네이티브[5] 등), 웹 서버, 기타 종

---

4 https://www.electronjs.org

5 https://reactnative.dev

류의 서버(거의 다 노드제이에스[6]를 사용함), 웹이 아닌 애플리케이션, 임베디드 앱 등 거의 모든 곳에서 사용된다.

1.2 / "새로운 장난감"은 무엇인가?

이 책에서 "새로운 장난감"은 ES2015에서 ES2020까지 자바스크립트에 추가된 새로운 기능이다 (그리고 곧 출시될 일부 기능 미리 보기도 있다). 자바스크립트는 이 6개의 업데이트를 통해 많이 달라졌다. 다음은 일반적인 개요이다(부록 A에는 보다 완전한 변경 목록이 있다). 목록의 일부 용어는 생소할 수 있지만 걱정하지 않아도 된다. 이 책을 통해 배울 것이다.

- **언어에 포함된 블록 스코프**(let, const): 변수에 대한 범위가 더 좁아지고, for 루프 내 범위의 영리한 처리, 값이 변경될 수 없는 "변수"(const)

- **"화살표" 함수**: 가볍고 간결한 함수로, 호출될 때 설정된 고유한 this 값을 갖는 대신 this를 포함하기 때문에 콜백에 특히 유용함

- **함수 매개변수 개선**: 기본값, 매개변수 디스트럭처링, "나머지" 매개변수, 후행 쉼표

- **이터러블 객체**: 반복 가능한 객체(예: 배열과 문자열), 언어 내 반복 구조(for-of, for-await-of)를 만들고 사용하기 위한 잘 정의된 의미 체계, 반복할 수 있는 시퀀스를 생성하기 위한 제너레이터 함수(비동기 시퀀스 포함)

- **"스프레드" 구문**: 배열(또는 다른 이터러블) 엔트리를 새 배열로, 객체 속성을 새 객체로, 이터러블 엔트리를 개별 함수 인수로 분산하여 함수형 프로그래밍이나 불변 구조가 사용되는 모든 곳에서 특히 유용함

- **"나머지" 구문**: 객체 속성의 "나머지", 이터러블 값이나 함수 인수를 객체나 배열로 모으기

- **기타 구문 개선**: 함수를 호출할 때 인수 목록에 후행 쉼표를 허용하고, catch 절에서 사용하지 않는 식별자를 생략함. 새로운 스타일의 8진수 리터럴, 이진수 리터럴, 숫자 표기 시 구분 문자, 기타 등등

- **디스트럭처링**: 객체와 배열 리터럴과 유사한 간결한 방식으로 배열/객체에서 값 선택

---

6 https://nodejs.org

- **클래스**: 자바스크립트의 고유한 프로토타입 특성을 유지하면서 생성자 함수와 관련 프로토타입 객체를 생성하기 위한 훨씬 간단하고 선언적인 구문

- **비동기 프로그래밍 개선**: 프라미스, 비동기(async) 함수와 await, "콜백 지옥"이 현저히 감소함

- **객체 리터럴 개선**: 계산된 속성 이름, 단축 속성, 메서드 구문, 속성 정의 뒤의 후행 쉼표

- **템플릿 리터럴**: 동적 콘텐츠로 문자열을 만들고 태그가 지정된 템플릿 함수를 사용하여 문자열을 넘어서는 간단하고 선언적인 방법

- **타입이 있는 배열**: 네이티브 API(와 그 이상)를 사용하기 위한 저수준용 배열

- **공유 메모리**: 자바스크립트 스레드 간에 메모리를 공유하는 기능(스레드 간 코디네이터 프리미티브 포함)

- **유니코드 문자열 개선**: 유니코드 코드 포인트 이스케이프 시퀀스, 코드 단위 대신 코드 포인트 접근 지원

- **정규 표현식 개선**: 후방 탐색 지정, 이름을 지정한 캡처 그룹, 인덱스 캡처, 유니코드 속성 이스케이프, 유니코드 대소문자 구분 없음

- **맵**: 키가 문자열일 필요가 없는 키/값 컬렉션

- **세트**: 잘 정의된 의미를 가진 고유한 값 모음

- **위크맵, 위크세트, 약한 참조**: 객체에 대한 약한 참조만 보유하기 위해 포함됨(가비지 컬렉션 가능)

- **표준 라이브러리 추가**: Object, Array, Array.prototype, String, String.prototype, Math 등에 대한 새로운 메서드

- **동적 메타 프로그래밍 지원**: 프록시(Proxy)와 리플렉트(Reflect)

- **심볼**: 보장된 고윳값(특히 고유한 속성 이름에 유용함)

- **BigInt**: 임의의 정밀도 정수

- 그리고 그 외의 많은 기능들

이러한 새로운 모든 기능, 특히 새로운 구문 때문에 압도될 수 있다. 걱정하지 말자! 새로운 기능을 사용할 준비가 되어 있지 않거나 필요하지 않는 한 새로운 기능을 채택할 필요가 없다. TC39가 준수하는 핵심 원칙 중 하나는 "웹을 망가뜨리지 말라"이다. 즉, 자바스크립트는 "웹 호환" 상태를 유지해야 한다. 다시 말해 오늘날 세계에 이미 존재하는 엄청난 양의 코드와 호환되어야 한다. 새로운 기능이 필요하지 않거나 새로운 기능이 마음에 들지 않는다면 사용할 필요가 없다. 기

존 방식은 계속해서 작동할 것이다. 그렇지만 많은 경우에 새로운 기능, 특히 새로운 구문 기능을 사용해야 한다는 설득력 있는 이유가 있음을 발견할 것이다. 이러한 기능은 더 단순하며 작성하고 이해하는 데 오류가 덜 생기게 한다. 즉, 프록시나 위크맵/위크세트, 공유 메모리를 비롯한 기능으로 이전에는 할 수 없었던 일 대부분이 새로운 구문으로 가능해졌다.

지면상의 이유로 이 책은 자바스크립트 사양 자체인 ECMA-262의 새로운 장난감만을 다룬다. 그러나 ECMAScript 국제화 API 사양인 ECMA-402에는 읽을 만한 가치가 있고 몇 가지 흥미로운 새 장난감이 있다. 이 책의 웹사이트 https://thenewtoys.dev/internationalization에서 ECMA-402에 관한 내용을 찾을 수 있다.

1.3 새로운 장난감은 어떻게 만들어지는가?

이 절에서는 자바스크립트를 발전시키는 책임자, 이를 위해 사용하는 과정, 해당 과정을 따르고 참여하는 방법에 대해 알아본다.

1.3.1 누가 만드는가?

앞서 Ecma International 기술 위원회 39(TC39)가 ECMAScript 표준에 대한 업데이트된 사양을 만들고 배포하는 것을 담당하고 있다고 이야기했다. 위원회는 자바스크립트 개발자, 프레임워크 작성자, 대규모 웹사이트 작성자/관리자, 프로그래밍 언어 연구원, 모든 주요 자바스크립트 엔진 대표, 영향력 있는 자바스크립트 작성자, 기타 자바스크립트의 성공과 미래에 대한 이해관계자로 구성된다. 위원회는 정기적으로 매년 6회씩 3일 동안 회의를 가지며, 회원으로서 회의에 참여하려면 Ecma에 가입해야 한다.[7] TC39는 개발자의 요구, 구현 복잡성, 보안 문제, 이전 버전과의 호환성, 그 외 많은 디자인 요구 사항 중에서 어려운 부분을 발굴하여 자바스크립트 커뮤니티에 새롭고 유용한 기능을 제공한다.

---

7 https://ecma-international.org/memento/join.htm

위원회가 커뮤니티와 분리되지 않고 커뮤니티의 일부로 작동하도록 하기 위해 TC39는 최신 사양 (https://tc39.es/ecma262/에서 검색 가능)이 담긴 ecma262 깃허브 저장소[8]와 다음 절에서 설명하는 TC39 프로세스를 거칠 제안을 위한 제안 저장소[9]를 유지한다. 일부 회원은 TC39 토론 그룹[10]에서도 활동한다. TC39 회의와 관련 자료(슬라이드 등)에 대한 메모는 https://github.com/tc39/notes에 게시된다. TC39와 참여 방법에 대해서는 https://tc39.es/에서 TC39의 작동 방식에 대해서는 https://github.com/tc39/how-we-work에서 자세히 알아볼 수 있다.

1.3.2 표준이 제정되는 과정

TC39는 2013년 11월에 잘 정의된 표준화 절차를 채택했고 이를 2014년 1월에 처음 발표했다. TC39는 제안을 0단계에서 4단계까지 단계별로 처리한다. 여기에는 각 단계에 기대하는 바와 다음 단계로 넘어가기 위한 조건 등이 정의되어 있다. 제안이 다음 단계로 갈 조건을 만족하면 위원회 합의에 따라 다음 단계로 이동한다.

이 문서[11]를 읽어 보는 것도 좋지만 간단히 여기에 요약해 두었다.

- **0단계**: 누구라도 고려할 가치가 있다고 생각하는 아이디어가 생기면 구체화하고 간단하게 작성하여 제출할 수 있다(이 단계는 사실상 단계도 아니다). 제안자가 TC39 위원이 아니더라도 누구나 일반인 기여자[12]로 등록할 수 있다. 일부 0단계 제안만 TC39 제안 목록에 등록되는데, 일반적으로 위원의 지지를 얻으면 된다(이 위원이 제안의 대변인이 된다). 0단계 제안이 호응을 얻으면 TC39 위원은 1단계에서 논의할 목록으로 추가한다.

- **1단계(제안)**: 제안이 위원회에 제출되고 더 연구하기로 합의가 이루어지면 위원회는 대변인의 책임하에 다음 단계인 1단계로 옮긴다. 아직 깃허브 저장소가 없다면 작성자나 대변인 또는 다른 이해 당사자가 하나를 만든다. 그런 다음 커뮤니티 구성원(위원회 소속이든 아니든)들이 토론하고 추가로 개발하며 다른 언어나 환경의 유사한 기술을 연구하고 범위를 다듬으며 일반적으로 어떻게 해결하는지 알아내고 아이디어를 구체화한다. 이 작업의 결과로 이익이 없다고 판단을 내리거나 아이디어를 분리해서 다른 제안 등에 추가하기도 한다. 아니면 제안이 계속해서 관심을 끌면 (시간이 지나면서 바뀌었을 수도 있는) 관련자들이 몇 가

---

8 https://github.com/tc39/ecma262

9 https://github.com/tc39/proposals

10 https://es.discourse.group

11 https://tc39.es/process-document/

12 https://tc39.es/agreements/contributor/

지 초기 초안 사양 언어, API, 의미 체계를 모아서 TC39에 전달하여 2단계로 갈지 결정한다.

- **2단계(초안)**: 준비가 되면 TC39 회의에 1단계 제안을 제출하여 2단계를 고려한다. 이는 제안이 진행되어야 한다는 합의를 구하고 전체 과정을 통과할 것으로 예상한다는 것을 의미한다. 2단계는 커뮤니티가 정확한 구문, 의미 체계, API 등을 구체화하고 공식 사양 언어를 사용하여 해결 방법을 자세히 설명하는 단계이다. 실제로 사용하면서 테스트할 수 있도록 이 단계에서 폴리필이나 바벨 플러그인이 생성되기도 한다. 제안의 범위에 따라 제안은 세부 사항이 결정되는 동안 2단계에 머무른다.

- **3단계(후보)**: 최종 초안이 완성되면 챔피언은 3단계로 최종 초안을 제출한다. 3단계로 제출한다는 것은 제안이 자바스크립트 엔진에서 구현될 준비가 되어 있다는 합의가 이루어졌다는 의미이다. 3단계에서 제안 자체는 거의 변경되지 않는다. 이 단계에서는 구현 중 발견된 코너 케이스(corner case), 웹 호환성 문제 또는 구현의 어려움 같은 구현 중에서 나온 피드백에 의해서만 변경된다.

- **4단계(완료)**: 이 단계에서는 기능이 완료된 상태이며, https://tc39.es/ecma262/에 편집자 초안을 추가할 수 있다. 이 최종 단계에 도달하려면 두 개 이상의 별개의 호환 구현(예로 들면 크롬 Canary의 V8, 파이어폭스 Nightly의 SpiderMonkey, 파이어폭스의 SpiderMonkey, 사파리 Tech Preview의 JavaScriptCore 등)에서 TC39의 test262 테스트 목록[13]에 있는 인수 테스트를 통과해야 한다. 이러한 기준을 충족하면 기능을 작업한 팀이 ecma262 저장소에 풀 리퀘스트를 보내 변경 사항을 편집자 초안에 반영하고 ECMAScript 편집자 그룹이 이를 수락하면 4단계가 완료된다.

이런 과정을 통해 **제안**이 자바스크립트 표준에 들어간다. 하지만 모든 변경이 이런 과정을 거치는 것은 아니다. 소폭의 변경은 사양에 대한 풀 리퀘스트를 기반으로 TC39 회의에서 합의하여 변경할 수 있다. 예를 들어, `Date.prototype.toString`의 출력은 단계적 제안이 아닌 풀 리퀘스트를 통해 합의한 결과로 ES2017과 ES2018 사이에 변경되었다(17장 참조). 종종 이것은 편집 변경 또는 자바스크립트 엔진이 이미 수행하고 있지만 사양에 없는 현실을 반영하는 변경이거나 TC39가 바람직하고 "웹 호환"(많은 양의 기존 코드가 손상되지 않음)에 필요하다고 동의한 사양의 변경이다. ES2019에서 `Array.prototype.sort`를 안정적인 정렬로 만드는 변경(11장 참조)이 이러한 예이다. 이러한 방식으로 어떤 변경이 고려되고 있는지 알고 싶다면 https://github.com/tc39/ecma262 (ECMA-402 변경은 https://github.com/tc39/ecma402) 저장소에서 "needs consensus" 레이블을 확인한자. 완료된 엔트리를 찾으려면 "has consensus", "editorial

---

[13] https://github.com/tc39/test262

change", "normative change" 레이블을 확인하면 된다. 언젠가는 이러한 "needs consensus" 변경이 아니라 공식적인 과정이 있을 수 있지만 지금은 이러한 방법으로 변경을 확인해야 한다.

1.3.3 참여하기

관심 있는 제안을 보고 참여하고 싶다면 언제 어떻게 해야 할까?

핵심은 일찍 참여하는 것이다. 제안이 3단계에 도달하면 구현 과정에서 생긴 중요한 변경 사항만 일반적으로 고려된다. 참여하기 가장 좋은 시기는 0, 1, 2단계다. 이때 경험을 바탕으로 통찰력을 제공하고, 의미론을 정의하고, 바벨(Babel) 같은 도구를 사용하여 제안된 내용을 시험해 볼 수 있다(이후 절에서 다룬다). 3단계 제안에서는 유용한 역할을 찾을 수 없다는 의미가 아니라(때때로 사양 텍스트를 다듬거나 개발자 문서 작성을 돕는 측면에서 수행해야 할 작업이 있음) 3단계에서는 일반적으로 자바스크립트 엔진에서 구현하는 사람이 문제가 발견하지 않는 한 변경 사항을 제안하지 않는다는 점에 유의하자.

참여하고 싶은 제안을 찾았는가? 지금 바로 찾아보자! 모든 게 여러분에게 달려 있지만 다음과 같은 몇 가지 제안 사항이 있다.

- **조사를 하자.** 제안의 설명(TC39 제안 목록에서 링크된 README.md)과 기타 문서를 면밀하고 주의 깊게 읽자. 제안이 선행 기술(예: 다른 언어로 된 유사 기능)을 참조하고 있다면 그 선행 기술을 읽는 것이 유용하다. 초기 사양 텍스트가 있으면 읽자(https://timothygu.me/es-howto가 도움이 될 수 있다). 여러분이 하고자 일의 내용이 올바른지 확인해 본다.

- **기능을 사용해 보자!** 아직 사용할 수 없더라도 추측 코드(실행할 수는 없지만 생각할 수 있는 코드)를 작성하여 그 제안이 해결하려는 문제를 얼마나 잘 해결할 수 있는지 고민해 볼 수 있다. 바벨 플러그인이 있다면 코드를 작성하고 실행해 보자. 기능이 어떻게 작동하는지 확인하고 이에 대한 피드백을 제공하자.

- **도울 수 있는 방법을 찾아라.** 제안을 수정하거나 피드백을 남기는 것 외에도 도울 수 있는 방법이 많이 있다. 예를 들어 무엇을 해야 할지에 대한 합의에 도달했지만 그 누구도 할 시간이 없는 문제를 찾을 수 있다(선행 기술 조사, 설명 업데이트, 사양 텍스트 업데이트 등). 여러분이라면 그러한 업데이트를 할 수 있다. 깃허브 이슈에서 기여를 논의하여 제안 작성자와 협력할 수 있다.

참여할 때 모든 사람을 존중하고 친절하게 대하며 인내하고 포용하며 사려 깊어야 함을 기억하자. 단어 사용에 주의하고 심술을 부리거나 무시하거나 방해하지 말고 사람들을 잘 대하고 협력 정신을 보이면 더 큰 영향력을 가질 수 있다. 제안서를 개발하는 TC39의 회의와 온라인 공간에서는 행동 강령[14]이 적용된다. 부적절한 행위는 TC39의 행동 강령을 참조하자.

1.4 새로운 장난감을 따라가기

반드시 새 장난감을 따라 가지 **않아도 된다**. 말했듯이 예전 방식의 작업 방식은 사라지지 않는다. 하지만 이 책을 읽고 있는 여러분은 새로운 장난감을 따라 가기 원할 것이다.

이전에 표준이 제정되는 과정에 관해 읽었을 때 당황했을 수 있는 한 가지는 프로세스가 새 기능이 사양에 추가되기 **전에** 현실 세계에 적용되도록 보장한다는 것이다. 반대로 ES5가 2009년에 출시되고 ES2015가 2015년에 출시되었을 때 사양이 설명하는 대부분의 기능은 당시 자바스크립트 엔진에 (설명된 형태로) 존재하지 않았다. 예전 방식이 아닌 새로운 기능을 적용한다면 미래에 제공될 기능을 어떻게 따라 갈까? 다음은 그 방법 중 일부이다.

- 깃허브(https://github.com/tc39/proposals)에서 제안 저장소를 확인한다. 3단계에 도달하면 1~2년 내에 추가된다. 거의 모든 단계에서 TC39가 모든 기능을 거부할 수 있지만 2단계 기능조차도 결국에는 추가될 가능성이 높다.
- https://github.com/tc39/notes에 게시된 TC39 회의록을 읽어 본다.
- TC39 토론 그룹(https://es.discourse.group/)에 참여한다.[15]
- 다음 절에서 설명하는 도구와 방법에 관심을 가진다.
- https://thenewtoys.dev에서 다음에 어떤 기능이 나오는지 필자가 정리하고 있으니 확인한다.

---

14 https://tc39.es/code-of-conduct/
15 토론 그룹은 비공식 토론 메일링 리스트를 대체한다. 메일링 리스트는 여전히 존재하지만 여러 TC39 담당자는 사용하지 말 것을 권장한다.

1.5 오늘의 장난감을 과거의 환경에서, 내일의 장난감을 오늘의 환경에서 사용하기

이 책에서 다루는 기능을 배우기만 하면 해당 기능을 지원하지 않는 환경에서 사용하는 것에 대해서는 걱정하지 않아도 된다. 거의 모든 내용(18장과 19장 제외)은 크롬, 파이어폭스, 사파리, 엣지 데스크톱 브라우저의 현재 버전과 노드제이에스에서 지원된다. 이 중 하나를 사용하여 코드를 실행한다.

> Note ≡ **노드제이에스를 사용하여 예제 실행**
>
> 기본적으로 다음과 같이 노드제이에스로 스크립트를 실행한다.
>
> ```
> node script.js
> ```
>
> 이렇게 실행하면 전역 스코프가 아닌 **모듈 범위**에서 실행된다. 이 책의 몇몇 예제는 전역 스코프에서만 발생하는 일을 보여 주므로 이러한 방식으로 코드를 실행하면 작동하지 않는다.
>
> 이러한 예제는 브라우저를 사용하여 코드를 실행하거나 노드제이에스의 REPL을 대신 사용한다. REPL을 사용하려면 node 명령에 대한 인수로 실행할 스크립트 파일을 지정하지 않는다. 대신 < 연산자를 사용하여 스크립트를 리다이렉션한다(이는 유닉스/리눅스/macOS 시스템과 윈도에서 모두 작동한다).
>
> ```
> node < script.js
> ```
>
> 예제를 전역 스코프에서 실행해야 할 때 이 작업을 수행하도록 알려 주겠다.

하지만 어떤 때는 새로운 기능을 지원하지 않는 환경에서 사용하고 싶을 것이다. 예를 들어, 대부분의 자바스크립트 개발은 여전히 웹 브라우저를 대상으로 하며, 브라우저마다 자바스크립트 엔진에 새로운 기능을 적용하는 시점은 다르다(인터넷 익스플로러는 이 책에서 논의된 새로운 기능을 지원하지 않지만[16] 정부나 대기업 인트라넷 대상으로는 큰 전역 시장 점유율을 차지하고 있다).

이것은 ES5가 출시되었을 때 문제가 되었다. 당시 출시된 자바스크립트 엔진에는 거의 구현되지 않았기 때문이다. 그러나 대부분의 ES5는 구문이 크게 변경된 것이 아니라 새로운 표준 라이브러리 기능이어서 es5-shim.js[17], core-js[18], es-shims[19] 또는 비슷한 다양한 프로젝트를 사용하여 "폴리필"(누락된 객체/함수를 제공하는 추가 스크립트를 포함하여 해결)할 수 있었다. 2010년부터 2015년까지 ES2015를 개발하는 동안 해당 구문을 잘 개발하려면 새로운 구문에 대한 실제 경

---

16 정확하게 지원하지 않기도 한다. let이나 const는 불완전한 버전이 있다.

17 https://github.com/es-shims/es5-shim

18 https://github.com/zloirock/core-js

19 https://github.com/es-shims/

험이 필요하다는 것이 분명했지만 자바스크립트 구현에는 아직 새로운 구문이 없었다.

도구 만드는 사람들이 세상을 구하리라! 그들은 트레이서(Traceur)[20]나 바벨[21](이전의 6to5) 같은 도구를 만들었다. 이 도구는 새 구문을 입력으로 사용하여 소스 코드를 가져와서 이전 구문을 사용하도록 변환하고 이전 스타일 코드를 출력한다(선택적으로 폴리필과 기타 런타임 지원 기능과 함께). 마찬가지로 타입스크립트(TypeScript)[22]는 사양이 완성되기 훨씬 전에 ES2015가 될 주요 부분을 지원했다. 이러한 도구를 사용하면 새로운 스타일의 코드를 작성할 수 있지만 이전 환경에 전달하기 전에 이전 스타일의 코드로 변환할 수 있다. 이 변환 프로세스를 "컴파일" 또는 "트랜스파일(transpile)"이라고 한다. 처음에는 ES2015에 계획 중인 자바스크립트 개선 사항에 대한 피드백에 유용했지만, ES2015가 나왔을 때도 새로운 기능이 없는 환경에서 실행할 계획이라면 새로운 스타일의 코드를 작성하는 데 유용한 방법이다.

이 글을 쓰는 시점에서 트레이서는 조용해졌지만 바벨은 전 세계의 여러 자바스크립트 개발자들이 사용하고 있다. 바벨에는 진행 중인 거의 모든 기능에 대한 변환이 있다. 심지어 앞으로 변화가 많을 1단계에 대한 변환도 있다(따라서 위험을 감수하고 사용하자. 3단계 이후는 사용하기에 상당히 안전하다). 사용하려는 변환 플러그인을 선택하고 해당 기능을 사용하여 코드를 작성하면 바벨이 해당 기능이 없는 환경에서 사용할 수 있는 코드를 생성한다.

1.5.1 바벨로 트랜스파일하는 예

이 절에서는 바벨을 사용하여 **화살표 함수**(arrow function)라고 하는 ES2015 기능을 사용하는 코드를 IE11에서 작동하는 ES5 호환 코드로 변환하는 방법을 간략하게 살펴보겠다. 그러나 이것은 단지 예일 뿐이다. 바벨을 사용하여 아직 자바스크립트 엔진에 없는 3단계 기능을 사용하여 코드를 ES2020 호환 코드로 쉽게 변환할 수 있다. 바벨은 JSX[23](일부 자바스크립트 프레임워크, 특히 리액트(React)[24]에서 사용됨)와 같이 전혀 표준 제정 과정에 없는 일부 변환도 지원한다. 진정으로 모험을 즐기는 사람들은 프로젝트에 사용하려고 자신만의 변형 플러그인을 작성할 수 있다!

바벨을 설치하려면 노드제이에스와 npm(노드 패키지 관리자)이 필요하다. 시스템에 아직 설치하지 않았다면 다음 중 하나를 수행한다.

---

20 https://github.com/google/traceur-compiler

21 http://babeljs.io

22 http://typescriptlang.org

23 https://facebook.github.io/jsx

24 https://reactjs.org

- https://nodejs.org/로 이동하여 시스템에 적합한 설치 프로그램/패키지를 사용하여 설치한다.
- Node 버전을 설치하고 전환하는 편리한 방법을 제공하는 Node Version Manager를 사용한다(https://github.com/nvm-sh/nvm).

npm은 노드제이에스와 함께 제공되므로 별도로 설치하지 않는다.

설치를 했다면,

1. 이 예제를 위한 디렉터리를 만든다(예를 들면 홈 디렉터리에 example 디렉터리를 만든다).
2. 명령 프롬프트/터미널 창을 열고 방금 만든 디렉터리로 변경한다.
3. npm을 사용하여 package.json 파일을 생성하고 다음 코드를 입력한다.

```
npm init
```

npm이 일련의 질문을 하면 여러분의 마음대로 질문에 답한다(또는 모든 질문에 그냥 엔터를 누른다). 완료되면 package.json이 example 디렉터리에 생긴다.

4. 다음으로 바벨을 설치한다(이 단계는 https://babeljs.io/docs/setup/#installation의 CLI 영역의 내용과 같다. 필요하다면 이 주소에서 업데이트를 확인할 수 있다).

```
npm install --save-dev @babel/core @babel/cli
```

npm은 바벨 명령 줄 인터페이스와 모든 종속성을 example 프로젝트에 다운로드하여 설치한다(fsevents라는 모듈이나 일부 지원 중단 경고와 관련된 경고를 받을 수 있지만 괜찮다).

5. 이 시점에서 바벨을 직접 호출하여 사용할 수 있지만 npm 스크립트 엔트리를 package.json에 추가하여 더 쉽게 만들 수 있다. 선호하는 편집기에서 package.json을 연다. 최상위 스크립트 엔트리가 없다면 새로 만든다. 하지만 현재 버전의 npm에는 오류를 표시하는 테스트 스크립트가 있는 엔트리가 포함된다. 스크립트 엔트리에 다음 설정을 추가하자.

```
"build": "babel src -d lib"
```

이제 package.json은 코드 1-1과 유사해야 한다(여러분의 스크립트에는 여전히 테스트 엔트리가 있을 수 있지만 괜찮다. 라이센스가 다를 수도 있다. 여기서는 기본값을 MIT로 변경한다). 파일을 저장하는 것을 잊지 말자.

```json
{
    "name": "example",
    "version": "1.0.0",
    "description": "",
    "main": "index.js",
    "scripts": {
        "build": "babel src -d lib"
    },
    "author": "",
    "license": "MIT",
    "devDependencies": {
        "@babel/cli": "^7.2.3",
        "@babel/core": "^7.2.2"
    }
}
```

6. 바벨은 고도로 모듈화되어 있다. 설치했지만 아직 아무 작업도 하지 않았다. 이 예에서는 프리셋 중 하나를 사용하여 프리셋을 설치 및 구성하여 ES2015 코드를 ES5 코드로 변환하도록 지시한다. 프리셋을 설치하려면 다음을 입력한다.

```
npm install --save-dev babel-preset-env
```

다음 단계에서 설정을 하겠다.

7. 이제 바벨에 대한 구성 파일인 .babelrc를 만들어야 한다(파일 이름 맨 앞의 점 주의). 다음 내용으로 파일을 생성하자(또는 다운로드한 파일을 사용하자).

```json
{
    "presets": [
        [
            "env",
            {
                "targets": {
                    "ie": "11"
                }
            }
        ]
    ]
}
```

이 설정은 바벨의 구문 변환을 세부적으로 관리하지 않고 최신 자바스크립트를 사용할 수 있는 스마트 프리셋인 env 프리셋을 사용하도록 지시한다. 이때 목표 환경에 명시해야 한다. 이 구성에서 목표 "ie": "11"을 설정하면 다음 예에 적합한 IE11을 대상으로 한다는 것을 env 설정에 알린다. 실제 사용할 env 프리셋[25] 및(또는) 대신 사용할 수 있는 기타 프리셋 또는 플러그인에 대한 설명서를 참조할 수 있다.

이것이 이 예제의 바벨 설정 전부이다. 이제 트랜스파일할 코드를 만들어 보겠다. src라는 example 디렉터리의 하위 디렉터리를 만들고 여기에 코드 1-2의 내용으로 index.js라는 파일을 만든다(프로세스가 끝나면 어떤 파일이 어디에 있어야 하는지에 대한 목록을 보여 주겠다. 확실하지 않아도 너무 걱정하지 말라. 파일을 생성 후 마무리할 때 파일을 이동할 수 있다).

코드 1-2 트랜스파일할 ES2015의 예 - index.js

```
var obj = {
    rex: /\d/,
    checkArray: function(array) {
        return array.some(entry => this.rex.test(entry));
    }
};
console.log(obj.checkArray(["no", "digits", "in", "this", "array"])); // false
console.log(obj.checkArray(["this", "array", "has", "1", "digit"])); // true
```

코드 1-2는 ES2015+ 기능 중 하나만 사용한다. 바로 **화살표 함수**이다. some 호출 내 entry => this.rex.test(entry)는 코드에서 강조 표시했다(그렇다. 이것은 실제로 함수다). 3장에서 화살표 함수에 대해 배운다. 불완전하지만 간단히 설명하자면 함수를 정의하는 간결한 방법을 제공하고 (보다시피) 마치 this를 매개변수로 전달한 것처럼(this를 호출 방식에 따라 설정하는 대신) 만든다. obj.checkArray(...)가 호출되면 호출 내 this는 some 콜백 내에서도 obj를 참조하므로 this.rex는 obj의 rex 속성을 참조한다. 콜백이 전통적인 함수라면 불가능하다.

이 시점에서 example 디렉터리에는 다음 내용이 있어야 한다.

```
example/
+-- node_modules/
|    +-- (다양한 디렉터리와 파일)
+-- src/
|    +-- index.js
+-- .babelrc
```

---

25 https://babeljs.io/docs/en/babel-preset-env#docsNav

```
+-- package.json
+-- package-lock.json
```

이제 트랜스파일할 준비가 되었다! 다음을 입력하여 실행한다.

npm run build

바벨이 작업을 수행하고 lib 출력 디렉터리를 만들고 index.js의 ES5 버전을 작성한다. lib/
index.js의 결과는 코드 1-3과 유사하다.

코드 1-3 ES2015가 트랜스파일 된 결과 - index-transpiled-to-es5.js

```
"use strict";

var obj = {
  rex: /\d/,
  checkArray: function checkArray(array) {
    var _this = this;
    return array.some(function (entry) { return _this.rex.test(entry);
    });
  }
};
console.log(obj.checkArray(["no", "digits", "in", "this", "array"])); // false

console.log(obj.checkArray(["this", "array", "has", "1", "digit"])); // true
```

src/index.js(코드 1-2)와 lib/index.js(코드 1-3)와 비교하면 몇 가지 변경 사항(공백 제외)만
확인된다. 먼저 바벨은 "use strict"를 추가했다(엄격 모드는 ES5에 추가된 기능이며 다양한 이
유로 문제가 되는 몇 가지 동작을 수정해준다). 이것은 바벨의 기본값이지만 느슨한 모드에 의존
하는 코드가 있다면 끌 수 있다.

하지만 흥미로운 점은 화살표 함수를 어떻게 다시 작성했는지다. checkArray 내에 _this라는 변
수를 만들고 값을 this로 설정한 다음 some 콜백으로 기존 함수를 사용했다. 함수 내에서는 this
대신 _this를 사용했다. 이것은 화살표 함수에 대한 이전 설명과 잘 맞다. 매개변수를 넘겨주는
것처럼 this 넘겨주었다. 바벨은 ES5 환경이 이해할 수 있는 방식으로 그런 일을 했다.

이것은 분명히 아주 작은 예시일 뿐이지만 요점을 설명하고 프로젝트에서 이 작업을 수행할 때

사용할 수 있는 하나의 도구를 맛볼 수 있다. Gulp[26], Grunt[27], Webpack[28], Browserify[29], Rollup[30] 또는 그 무엇이든 바벨은 빌드 시스템과 통합할 수 있다. https://babeljs.io/docs/setup/#installation의 설치 페이지에는 모든 주요 엔트리에 대한 지침이 있다.

1.6 / 정리하며

자바스크립트는 지난 몇 년 동안, 특히 2015년 이후에 엄청나게 변경되었다. 앞으로도 계속 변할 듯하다. 그러나 수많은 새로운 기능으로 인해 과부하가 발생하는 것을 걱정하지 않아도 된다. 자바스크립트는 항상 이전 버전과 호환되므로 새로운 기능을 사용할 준비가 될 때까지 필요하지 않다면 새로운 기능을 채택하지 않아도 된다.

새로운 기능은 함수 호출 인수 목록에 후행 쉼표를 허용하거나 표준 라이브러리의 새로운 편의 메서드를 허용하는 것과 같은 작은 수정부터 선언적 클래스 구문(4장), 비동기 함수(9장)와 모듈(13장)과 같은 주요 개선 사항에 이르기까지 다양하다.

궁극적으로 자바스크립트의 발전을 담당하는 사람들은 자바스크립트 개발자, 프로그래밍 언어 연구자, 라이브러리 및 대규모 웹사이트 작성자, 주요 자바스크립트 엔진의 대표자, 자바스크립트 개발자 그리고 자바스크립트의 성공과 미래에 대한 다양한 이해관계자들로 구성된 TC39의 위원이다. 하지만 누구나 참여할 수 있다.

새로운 기능에 대한 프로세스는 공개되어 있다. 다양한 깃허브 저장소, 게시된 회의록, TC39 토론 그룹을 통해 진행 상황을 확인하고 최신 상태를 유지할 수 있다. 또한 이 책이 다루지 못한 부분은 https://thenewtoys.dev에서 계속 다루겠다.

이 책에서 다루는 대부분의 기능은 크롬, 파이어폭스, 사파리, 엣지 같은 최신 브라우저의 자바스크립트 엔진과 노드제이에스, 일렉트론, 리액트 네이티브 등과 같은 비 브라우저 환경의 최신 엔진 버전에서 지원된다.

---

26 https://gulpjs.com
27 https://gruntjs.com
28 https://webpack.js.org
29 http://browserify.org
30 https://rollupjs.org

인터넷 익스플로러와 같은 이전 환경은 빌드 시스템에 통합할 수 있는 도구(예: 바벨)를 사용하여 이전 스타일 코드를 새 스타일 코드로 변환하는 자바스크립트–자바스크립트 컴파일(트랜스파일)을 통해 지원할 수 있다. 일부 기능(14장에서 배우게 될 프록시 객체)은 이러한 방식으로 완전히 지원될 수 없지만 대부분의 기능이 지원된다.

자 이제 준비는 끝났다.

새로운 장난감을 갖고 놀아 보자!

블록 스코프 선언: let과 const

이 장의 내용

- let과 const 소개
- 예시와 함께 "블록 스코프" 정의
- 섀도잉과 호이스팅: 일시적 데드존
- 변경해서는 안 되는 변수에 const 사용
- 전역 객체에 없는 전역 변수 만들기
- 루프에서 블록 스코프 사용

이 장의 코드 다운로드

이 장의 코드는 https://thenewtoys.dev/bookcode 또는 https://www.wiley.com/go/javascript-newtoys에서 다운로드할 수 있다.

이 장에서는 새로운 let과 const 선언이 어떻게 작동하는지, 어떤 문제를 해결하는지 배운다. 이 장을 통해 문제가 있는 것으로 판명된 var의 일부 동작을 볼 수 있으며 let과 const가 이러한 문제를 해결하는 방법을 배운다. let과 const가 어떻게 진정한 블록 스코프를 제공하고, 초기화하기 전에 변수를 사용하거나 반복된 선언으로 인한 혼동을 방지하는 방법을 볼 수 있다. 블록 스코프가 let을 사용하여 전통적인 "루프 내 클로저" 문제를 피할 수 있다는 의미와 const를 사용하여 값을 변경할 수 없는 "변수", **상수**를 만드는 방법을 알아본다. let과 const가 이미 과부하된 전역 객체에 더 많은 속성을 생성하지 않게 하는 방법을 배운다. 간단히 말해 let과 const가 새로운 var인 이유와 var가 현대 자바스크립트 프로그래밍에서 더 이상 자리를 차지할 수 없는 이유를 알 수 있다.

2.1 let과 const 소개

var와 마찬가지로 let은 변수를 선언한다.

```
let x = 2;
x += 40;
console.log(num); // 42
```

var를 사용할 수 있는 모든 곳에서 let을 사용할 수 있다. var와 마찬가지로 let은 초기화할 필요가 없다. 이때 변숫값은 기본적으로 undefined로 설정된다.

```
let a;
console.log(a); // undefined
```

let과 var의 유사한 점은 이게 전부이다. 이 장에서 배우게 되겠지만, 방금 언급한 것들을 제외하면 var와 let은 매우 다르게 동작한다. 나중에 더 자세히 설명한다. 이번에는 const를 살펴보자.

const는 상수를 선언한다.

```
const value = Math.random();
console.log(value < 0.5 ? "윗면" : "아랫면");
```

상수는 값이 변경될 수 없다는 점을 제외하면 변수와 같다. 따라서 초기화를 해야 한다. 상수에는 기본값이 없다. 변수 대신 상수를 만들고 초기화가 필요하다는 점 외에 const는 let과 같다. 또한 이 장에서 설명하겠지만 예상보다 훨씬 더 유용하다.

JAVASCRIPT THE NEW TOYS

2.2 진짜 블록 스코프

var는 블록에서 튀어나온다. var로 블록 내에서 변수를 선언하면 해당 블록 내부뿐만 아니라 외부에서도 변수를 사용할 수 있다.

```
function jumpOut() {
    var a = [1, 2, 3];
    for (var i = 0; i < a.length; ++i) {
        var value = a[i];
        console.log(value);
    }
    console.log("Outside loop " + value);  // 왜 'value'를 여기서도 사용할 수 있을까?
}
jumpOut();
```

jumpOut의 작성자는 아마도 루프 외부에서 값에 접근할 수 있도록 의도하지는 않았겠지만 접근할 수 있다(나도 마찬가지다). 왜 이것이 문제일까? 몇 가지 이유가 있다. 첫째, 변수는 유지 관리를 위해 가능한 한 좁게 범위를 지정해야 한다. 필요한 만큼만 존재해야 하며 그 이후 더 이상 없어야 한다. 둘째, 코드의 명백한 의도와 실제 효과가 다를 때마다 버그와 유지 관리 문제를 일으킨다. let과 const는 진정한 블록 스코프를 가짐으로써 이것을 해결한다.

let과 const는 선언된 **블록 내**에서만 존재한다. 다음은 let을 사용한 예다.

```
function stayContained() {
    var a = [1, 2, 3];
    for (var i = 0; i < a.length; ++i) {
        let value = a[i];
        console.log(value);
    }
    console.log("Outside loop " + value); // ReferenceError: 'value' is not defined
}
stayContained();
```

이제 value는 블록이 의미하는 대로 범위가 지정된다. 그 밖의 함수 영역에는 존재하지 않는다. 필요한 만큼만 존재하며 명백한 의도가 실제 효과와 일치한다(stayContained에서는 다른 변수를 var에서 let으로 변경하지 않았다. 값 선언을 변경하는 것이 중요하다는 사실을 강조하기 위한 것이다. 당연히 다른 변수도 변경할 수 있다).

2.3 / 반복된 선언은 에러다

var는 반복적으로 선언할 수 있어 당신을 행복하게 했다. var로 동일한 변수를 원하는 만큼 선언할 수 있다. 예를 들면 다음과 같다.

```
function redundantRepetition() {
    var x = "alpha";
    console.log(x);
    // ...코드 생략...
    var x = "bravo";
    console.log(x);
    // ...코드 생략...
    return x;
}
redundantRepetition();
```

이 코드는 문법상 완벽하게 맞다. x를 두 번 이상 선언한다는 사실은 자바스크립트 엔진에서 완전히 무시된다. 함수 전체에서 사용되는 단일 x 변수를 생성한다. 이전 블록의 var와 마찬가지로 코드의 명백한 의도와 실제 효과는 서로 상충된다. 이미 선언한 변수를 다시 선언하는 것은 아마도 실수일 것이다. 이 경우 redundantRepetition의 원래 작성자는 정신이 없었고 "alpha"를 반환해야 했다. 하지만 나중에 다른 누군가가 와서 중간에 약간 추가했지만 x가 이미 사용되고 있다는 사실을 깨닫지 못했다.

많은 것들과 마찬가지로 좋은 프로그래밍 관행(함수를 짧게 유지)과 린트 도구와 좋은 IDE가 여기에서 도움이 될 수 있다. 이는 훌륭하지만 이제 자바스크립트 자체도 마찬가지다. let과 const는 동일한 범위에서 반복 선언을 하면 오류가 발생한다.

```
function redundantRepetition() {
    let x = "alpha";
    console.log(x);
    // ...코드 생략...
    let x = "bravo";        // SyntaxError: Identifier 'x' has already been declared
    console.log(x);
    // ...코드 생략...
    return x;
}
redundantRepetition();
```

또한 이것은 가장 좋은 종류의 오류다. 바로 사전 예방적 오류다. 코드가 구문 분석될 때 오류가 발생한다. redundantRepetition을 호출할 때까지 기다리지 않고 문제를 알려 준다.

2.4 호이스팅과 일시적 데드존

var 선언이 **호이스팅된다**는 것은 잘 알려져 있다. var를 사용하면 변수를 선언하기 전에 사용할 수 있다.

```
function example() {
    console.log(answer);
    answer = 42;
    console.log(answer);
    var answer = 67;
```

```
    }
    example();
```

example을 실행하면 다음이 출력된다.

```
undefined
42
```

변수가 선언되기 전에 신나게 사용했지만 var 선언이 함수의 맨 위로 이동한 것처럼 동작한다. 그리고 선언만 이동하고 그것에 연결된 초기화(var answer = 67의 = 67 부분)는 아니다.

이는 example 함수를 실행할 때 자바스크립트 엔진이 단계별 코드 실행을 시작하기 전에 var 선언을 처리하고 필요한 변수를 생성하는 함수를 스캔하기 때문에 발생한다. 함수의 맨 위에 선언을 "호이스트"한다(끌어올린다). 그렇게 할 때 undefined 기본값으로 선언한 변수를 초기화한다. 그러나 다시 말하지만, 코드의 명백한 의도와 실제 효과는 동기화되지 않았으므로 여기에 버그가 있음을 의미할 수 있다. 첫 번째 줄은 포함 범위(아마도 전역일 수도 있음)에 있는 응답 변수에 할당하려고 하지만 대신 로컬을 사용하는 것 같다. 또한 작성자가 answer가 생성될 때 값이 67로 시작되도록 의도한 것처럼 보인다.

let과 const를 사용하면 코드의 단계별 실행에서 선언이 처리될 때까지 변수를 사용할 수 없다.

```
function boringOldLinearTime() {
    answer = 42;          // ReferenceError: 'answer' is not defined
    console.log(answer);
    let answer;
}
boringOldLinearTime();
```

겉보기에는 let 선언은 var 선언처럼 함수의 맨 위로 올라가지 않는다. 하지만 이것은 흔히들 하는 오해다. let과 const도 호이스팅된다. 단지 **다르게** 호이스팅될 뿐이다.

코드가 포함 범위의 answer에 할당하려고 시도했을 수 있다는 사실을 고려하자. 해당 시나리오를 살펴보겠다.

```
let answer;               // 외부 'answer'
function hoisting() {
    answer = 42;          // ReferenceError: 'answer' is not defined
    console.log(answer);
    let answer;           // 내부 'answer'
}
hoisting();
```

마지막에 내부의 let answer까지 answer가 존재하지 않는다면, 함수의 시작 부분에서 answer = 42; 라인이 외부 answer에 할당되어야 하지 않는가?

그렇게 설계되었을 수도 있다. 그렇다. 하지만 얼마나 혼란스러울까? 범위의 초기에는 식별자를 사용하지만 범위의 후반에는 버그를 요구하는 것이다.

대신, let과 const는 **임시 데드존**(Temporal Dead Zone, TMZ)이라는 개념을 사용한다. 코드 실행 내에서 식별자를 전혀 사용할 수 없는 기간인 TDZ는 포함된 범위의 엔트리를 참조하는 데도 사용되지 않는다. var와 마찬가지로 자바스크립트 엔진은 코드의 단계별 실행을 시작하기 전에 let과 const 선언에 대한 코드를 살펴보고 처리한다. 그러나 answer에 접근할 수 있도록 하고 정의되지 않은 값을 제공하는 대신 엔진은 answer를 "아직 초기화되지 않음"으로 표시한다.

```
let answer;              // 외부 'answer'
function notInitializedYet() {
                         // 여기에 'answer'를 예약해 둔다.
    answer = 42;         // ReferenceError: 'answer' is not defined
    console.log(answer);
    let answer;          // 내부 'answer'
}
notInitializedYet();
```

TDZ는 코드 실행이 선언이 나타나는 범위에 들어갈 때 시작되고 선언이 실행될 때까지 계속된다(초기화가 붙어 있는 상태로). 이 예에서 내부 answer는 notInitializedYet(TDZ가 시작되는 곳)의 시작 부분에 예약되고 선언이 있는 곳(TDZ가 끝나는 곳)에서 초기화된다. 따라서 let과 const는 역시 호이스트되고 var와는 다르게 호이스트된다.

TDZ는 공간적(위치 관련)이 아니라 시간적(시간 관련)이라는 점을 이해하는 것이 중요하다. 식별자를 사용할 수 없는 범위의 맨 위에 있는 영역이 아니다. 식별자를 사용할 수 없는 기간이다. 코드 2-1의 코드를 실행하자.

코드 2-1 TDZ의 시간적 특성의 예 - tdz-is-temporal.js

```
function temporalExample() {
    const f = () => {
        console.log(value);
    };
    let value = 42;
    f();
}
temporalExample();
```

TDZ가 공간에 관한 것이라면 value는 temporalExample의 맨 위의 코드 블록에서 사용될 수 없고, 코드도 작동하지 않아야 한다. 하지만 TDZ는 시간에 관한 것이며 f가 value를 사용하기 전에 선언이 실행되었으므로 문제가 없다. 해당 함수의 마지막 두 줄을 교환하면, 즉 f()를 let value = 42; 위로 옮기면 f가 초기화되기 전에 값을 사용하려고 하기 때문에 실패한다(시도해 보자!).

TDZ는 함수에 적용되는 것과 마찬가지로 블록에도 적용된다.

```
function blockExample(str) {
    let p = "prefix";              // 바깥 'p' 선언
    if (str) {
        p = p.toUpperCase();       // ReferenceError: 'p' is not defined
        str = str.toUpperCase();
        let p = str.indexOf("X");  // 내부 'p' 선언
        if (p != -1) {
            str = str.substring(0, p);
        }
    }
    return p + str;
}
```

블록 내부의 첫 번째 줄에는 p를 사용할 수 없다. 왜냐하면 함수에서 선언되었더라도 p 식별자의 소유권을 갖는 블록 내부에 **섀도잉**(shadowing) 선언이 있기 때문이다. 따라서 식별자는 let 선언이 실행된 후에만 새로운 내부 p를 참조할 수 있다. 이것은 코드가 어떤 p를 사용하고 있는지에 대한 혼동을 방지한다.

2.5 / 새로운 종류의 전역(global)

전역 스코프에서 var를 사용하면 전역 변수가 생성된다. ES5와 이전 버전에서는 모든 전역 변수가 전역 객체의 속성이기도 했다. 하지만 ES2015에서 변경되었다. 이제 자바스크립트에는 var(전역 객체의 속성이기도 함)와 새로운 스타일의 전역(전역 객체의 속성이 아님)으로 생성된 기존 전역이 있다. 전역 스코프에서 let과 const는 이러한 새로운 종류의 전역을 만든다.

다음은 var를 사용하여 전역 객체의 속성인 전역 변수를 만드는 예이다. 전역 스코프에서 실행해
야 한다(노드제이에스나 jsFiddle.net을 사용하는 경우 1장에 설명한 대로 모듈 또는 함수 범위가
아닌 전역 스코프에서 작업해야 한다).

```
var answer = 42;
console.log("answer == " + answer);
console.log("this.answer == " + this.answer);
console.log("has property? " + ("answer" in this));
```

이를 실행한 결과는 다음과 같다.

```
answer == 42
this.answer == 42
has property? true
```

이제 let을 사용해 보자(새 창에서).

```
let answer = 42;
console.log("answer == " + answer);
console.log("this.answer == " + this.answer);
console.log("has property? " + ("answer" in this));
```

이번에는 다음과 같은 결과를 얻을 수 있다.

```
answer == 42
this.answer == undefined
has property? false
```

answer는 더 이상 전역 객체의 속성이 아니다.

const도 동일하다. 전역 변수를 생성하지만 전역 변수는 전역 객체의 속성이 아니다.

이러한 전역 변수는 전역 객체의 속성이 아니더라도 어디에서나 접근할 수 있으므로 전역 변수를
피하지 않아도 된다는 의미는 아니다. 그렇다면 전역 객체의 속성이 아닌 것이 유용한 이유는 무
엇일까?

최소한 몇 가지 이유가 있다.

- 전역 객체는 이미 가장 일반적인 환경인 웹 브라우저에서 속성으로 인해 극적으로 과부하 상태이다. var로 선언된 모든 전역 변수가 등록될 뿐만 아니라 ID가 있는 모든 요소, 이름이 있는 대부분의 요소, 기타 많은 "자동 전역"에 대한 속성도 가져온다. 그냥 혼잡하다. 적당한 것이 좋은 것이다.

- 다른 코드에서 발견하기가 더 어렵다. let이나 const 전역 변수를 사용하려면 해당 이름을 알아야한다. 전역 객체의 속성 이름을 보면서 찾을 수 없다. 이것은 그다지 유용하지 않다. 비공개를 원한다면 전역 변수를 만들지 말자. 어쨌든 정보 유출은 조금 덜 된다.

- 자바스크립트 엔진이 전역 객체의 속성에 적용할 수 없는 방식으로 변수(특히 const)에 대한 접근을 최적화할 수 있다.

자동 전역에 대해 말하자면, let이나 const (또는 class)로 선언된 전역은 자동 전역을 덮어쓴다 (즉, 숨긴다. let과 const 선언이 "이긴다"). var로 선언된 전역의 모든 경우에 해당되는 것은 아니다. 전통적인 예는 웹 브라우저에서 전역 name을 사용하려는 것이다. 브라우저에서 전역 객체는 페이지에 대한 window 객체이며 name이라는 속성이 있으며 var 전역으로 숨길 수 없으며 값은 항상 문자열이다.

```
// 브라우저에서의 전역 스코프
var name = 42;
console.log(typeof name); // "string"
```

하지만 let이나 const 전역은 자동 전역/window 속성을 성공적으로 덮어쓴다.

```
// 브라우저에서의 전역 스코프
let name = 42;
console.log(typeof name); // "number"
```

하지만 원칙적으로 전역 객체에서 let과 const를 분리하는 것은 전역 객체에 의존하는 것에서 멀어짐에 따라 언어 방향의 일부이자 부분일 뿐이다. 이는 앞으로의 장(특히 13장 모듈)에서 더 많이 배울 것이다.

2.6 const: 자바스크립트의 상수

이미 let과 공유하는 const에 대한 몇 가지 특징을 다뤘다. 이 절에서는 const에 대해 자세히 알아보자.

2.6.1 const 기초

알다시피 const는 상수를 만든다.

```
const answer = 42;
console.log(answer); // 42
```

당연하게도 상수에 새 값을 할당할 수 없지만 변수에 새 값을 할당할 수 없다는 점을 제외하면 동일한 범위 규칙, 임시 데드존 등 모든 것은 let으로 변수를 만드는 것과 똑같다. 상수에 새 값을 할당하려고 할 때 어떤 일이 발생할까? 어떤 점이 가장 유용할까?

맞다. 오류가 발생한다.

```
const answer = 42;
console.log(answer); // 42
answer = 67;         // TypeError: invalid assignment to const 'answer'
```

> Note ≡   오류 메시지의 텍스트는 구현에 따라 다르지만 TypeError가 된다. 이 글을 쓰는 시점에서 적어도 하나의 구현은 재미있고 모순적으로 "TypeError: Assignment to constant variable"이라고 표시한다.

언뜻 보기에는 코드에서 "매직 넘버"를 피하는 작업에만 const를 사용한 것처럼 보일 수 있다. 예를 들어 코드에서 사용자가 어떤 동작을 했을 때 작업 중 메세지를 표시하기 전에 일반적인 지연에 사용할 수 있다.

```
const BUSY_DISPLAY_DELAY = 300; // milliseconds
```

const는 그보다 유용하다. 우리는 변수의 값을 자주 변경하지만 값을 변경하지 않는 경우도 많으며, 변수를 사용하여 변하지 않는 정보를 보관하기도 한다.

실제 예를 살펴보자. 코드 2-2는 특정 클래스가 있는지 여부에 따라 div에 텍스트를 추가하는 간단한 루프다. 변수를 상당히 간단하게 사용한 것을 볼 수 있다.

코드 2-2 ES5 버전의 div 업데이트 루프 – element-loop–es5.js

```
var list, n, element, text;
list = document.querySelectorAll("div.foo");
for (n = 0; n < list.length; ++n) {
    element = list[n];
    text = element.classList.contains("bar") ? " [bar]" : "[not bar]";
    element.appendChild(document.createTextNode(text));
}
```

이 코드에는 4개의 변수가 있다. 자세히 보면 그중 하나가 다른 세 개와 다르다는 것을 알 수 있다. 무엇이 다른지 알아볼 수 있는가?

변수 중 하나는 결코 변하지 않는 값을 가지고 있다. 바로 list이다. 다른 변수(n, element, text)는 실제로 변수이지만 list는 상수이다.

const의 몇 가지 측면을 더 다룬 후 이후 절에서 이 코드로 돌아오겠지만, 그동안 마음속으로 지금까지 알고 있는 내용을 기반으로 하여 let과 const를 (식별자를 제거하지 않고) 해당 코드에 적용할 수 있는 방법을 생각해 보자.

2.6.2 const가 참조하는 객체는 여전히 변경 가능

상수로 변경할 수 없는 것이 무엇인지 기억하는 것이 중요하다. 상수의 값이다. 그 값이 객체 참조라면 어떤 식으로든 객체가 **변경 불가능**하다는 것(상태를 변경할 수 없음)을 의미하지는 않는다. 객체는 여전히 **변경 가능**하다. 이는 상숫값을 변경하기 때문에 **다른** 객체에 대한 상수 지점을 만들수 없음을 의미한다. 확인해 보자.

```
const obj = {
    value: "before"
};
console.log(obj.value);        // "before"
```

위 코드에 상수에 객체에 대한 참조가 있다. 메모리에는 그림 2-1과 같이 존재한다.

obj:[Ref55462] ┈┈┈▶ ┌─────────────────┐
│   (객체)   │
│ value: "before" │
└─────────────────┘

obj 상수는 객체를 직접 포함하지 않고 객체에 대한 참조를 포함한다(그림 2-1에서 "Ref55462"로 표시됨). 물론 이것은 개념적일 뿐이며 객체 참조의 실제 값을 볼 수 없다. 따라서 객체의 상태를 다음과 변경할 때

```
obj.value = "after";
console.log(obj.value);        // "after"
```

obj 상수의 값은 변경하지 않았다. 여전히 동일한 객체에 대한 참조이다("Ref55462"). 객체의 상태가 업데이트되어 value 속성에 대해 다른 값을 저장만 하면 된다. 그림 2-2를 참조하자.

✔ 그림 2-2

obj:[Ref55462] ┈┈┈▶ ┌─────────────────┐
│   (객체)   │
│ value: "after" │
└─────────────────┘

const가 하는 일은 다른 객체를 참조하거나 null 또는 완전히 다른 것으로 설정하는 것처럼 obj의 실제 값을 변경하지 못하도록 하는 것이다.

```
obj = {}; // TypeError: invalid assignment to const 'obj'
```

다음은 주어진 HTML을 단락으로 부모 요소에 추가하는 함수의 실용적인 예이다.

```
function addParagraph(parent, html) {
    const p = document.createElement("p");
    p.innerHTML = html;
    parent.appendChild(p);    return p;
}
```

코드에서 p의 참조가 아니라 단락의 상태(innerHTML 속성)만 변경하므로 p를 상수로 만들 수 있다.

2.7 / 루프의 블록 스코프

이 장의 앞부분에서 블록 스코프를 보았다. 겉으로 보기에는 매우 간단하다. 블록 내에서 let이나 const로 선언된 변수는 블록 내에서만 접근할 수 있다.

```
function anotherBlockExample(str) {
    if (str) {
        let index = str.indexOf("X");    // 'index'는 블록 내에서만 존재한다.
        if (index != -1) {
            str = str.substring(0, index);
        }
    }
    // 여기서 'index'를 사용할 수 없다. 블록 외부이다.
    return str;
}
anotherBlockExample();
```

블록이 루프에 연결되면 어떻게 될까? 모든 루프 반복이 동일한 변수를 사용할까? 아니면 각 반복마다 별도의 변수가 생성될까? 루프 내에서 생성된 클로저는 어떻게 작동할까?

자바스크립트의 블록 스코프를 설계하는 사람들은 영리한 일을 했다. 각 루프 반복은 함수에 대한 다른 호출이 각각 고유한 지역 변수를 얻는 것과 거의 똑같은 방식으로 고유한 블록 변수를 얻는다. 즉, 블록 스코프를 사용하여 고전적인 "루프 내 클로저" 문제를 해결할 수 있다.

2.7.1 "루프 내 클로저" 문제

아마도 "루프 내 클로저" 문제에 대해 잘 알고 있을 것이다. 코드 2-3의 코드를 실행하여 이 문제를 확인하자.

코드 2-3 루프 내 클로저 문제 - closures-in-loops-problem.js

```
function closuresInLoopsProblem() {
    for (var counter = 1; counter <= 3; ++counter) {
        setTimeout(function() {
            console.log(counter);
        }, 10);
    }
```

```
    }
closuresInLoopsProblem();
```

(이 문제를 해결하는 데 도움이 될 수 있는 setTimeout의 기능은 무시하자. 이는 비동기 작업의 자리를 표시하는 예일 뿐이다).

코드가 1, 2, 3을 출력할 것으로 예상했을 텐데 실제로는 4, 4, 4를 출력한다. 그 이유는 루프가 끝날 때까지 각 타이머가 콜백을 실행하지 않기 때문이다. 콜백을 호출할 때까지 counter의 값은 4이고 var로 선언되었기 때문에 counter는 ClosuresInLoopsProblem 함수 전체에서 정의된다. 세 타이머 콜백은 모두 동일한 counter 변수를 통해 감싸지므로 모두 값 4를 본다.

ES5와 이전 버전에서 이를 해결하는 일반적인 방법은 다른 함수를 도입하고 counter를 인수로 전달한 다음 console.log에서 counter 대신 해당 인수를 사용하는 것이다. 개발자는 코드 2-4와 같이 즉시 호출하는 인라인 익명 함수로 이를 수행하는 경우가 많다.

코드 2-4 루프 내 클로저 문제. 일반적인 ES5 해결법 – closures-in-loops-es5.js

```
function closuresInLoopsES5() {
    for (var counter = 1; counter <= 3; ++counter) {
        (function(value) {          // 익명 함수의 시작
            setTimeout(function() {
                console.log(value);
            }, 10);
        })(counter);                // 끝에 counter를 넘겨 호출한다.
    }
}
closuresInLoopsES5();
```

이를 실행하면 타이머 함수가 counter가 아닌 value를 사용하기 때문에 예상되는 1, 2, 3을 출력하고 익명 래퍼 함수에 대한 각 호출은 타이머 함수가 종료될 자체 value 매개변수를 가져온다. 이러한 value 매개변수는 변경되지 않으므로 콜백은 예상 값(1, 2, 3)을 기록한다. 하지만 ES2015의 let 덕분에 훨씬 더 간단하게 해결할 수 있다. var를 let으로 변경하면 된다. 코드 2-5의 코드를 실행하자.

코드 2-5 루프 내 클로저. let으로 해결 – closures-in-loops-with-let.js

```
function closuresInLoopsWithLet() {
    for (let counter = 1; counter <= 3; ++counter) {
        setTimeout(function() {
            console.log(counter);
```

```
        }, 10);
    }
}
closuresInLoopsWithLet();
```

역시 예상대로 1, 2, 3을 출력한다. 작은 변화로 큰 결과를 얻었다. 하지만 어떻게 작동할까? 확실히 함수가 counter를 감쌀까? 어떻게 서로 다른 값을 볼 수 있을까?

익명 함수에 대한 호출이 타이머 함수에 대한 여러 value 매개변수를 생성한 것처럼 코드 2-5의 루프는 루프에서 생성된 타이머 함수에 대해 루프 반복마다 하나씩 여러 counter 변수를 생성한다. 따라서 각 반복은 자체 counter 변수를 갖는다.

왜 그런지를 이해하려면 자바스크립트에서 변수(와 상수)가 어떻게 작동하는지 더 자세히 살펴봐야 한다. 뒤에 나올 장에서도 이 내용이 도움이 될 것이다.

2.7.2 바인딩: 변수, 상수, 기타 식별자의 작동 방식

이 장의 앞부분에서 const는 범위, 보유할 수 있는 값의 종류 등의 관점에서 let과 동일하게 동작한다는 것을 배웠다. 이는 그럴 만한 이유가 있다. 내부적으로 변수와 상수는 사양에서 **바인딩**(특히 이 경우 **식별자 바인딩**)이라고 부르는 동일한 것이다. 이는 식별자와 해당 값에 대한 저장소 간의 연결이다. 예를 들어 다음과 같이 변수를 만들 때,

```
let x = 42;
```

x라는 식별자에 대한 바인딩을 만들고 해당 바인딩의 저장소 슬롯에 값 42를 저장한다. 이 경우 **변경 가능한** 바인딩(값이 변경될 수 있는 바인딩)이다. 상수를 만들 때 **변경할 수 없는** 바인딩(값을 변경할 수 없는 바인딩)을 만든다.

식별자 바인딩에는 이름과 값이 있다. 이는 객체 속성과 약간 비슷하지 않은가? 그리고 객체 속성과 마찬가지로 컨테이너에 있으며 **환경 객체**라고 부를 것이다. 예를 들어, 다음 코드가 실행되는 컨텍스트의 환경 객체[1]는

```
let a = 1;
const b = 2;
```

---

1 내가 "환경 객체"라고 부르는 것은 사양에서 어휘 환경과 여기에 포함된 환경 레코드로 나뉜다. 여기서 이 부분은 중요하지 않다.

그림 2-3과 비슷하다.

❤ 그림 2-3

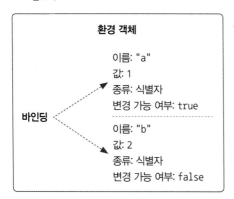

중첩된 범위를 처리하기 위해 환경 객체는 체인으로 함께 연결된다. 각 객체에는 "외부" 객체에 대한 링크가 있다. 코드에 현재 환경 객체에 없는 식별자가 필요한 경우 외부 환경 객체에 대한 링크를 따라 찾아 찾는다(전역 변수가 작동하는 방식인 전역 환경을 통해 필요에 따라 반복됨).

외부 환경은 다양한 방식으로 설정된다. 예를 들어 코드 실행이 블록 스코프 식별자가 있는 블록에 들어가면 블록에 대한 환경 객체는 블록을 외부 환경으로 포함하는 코드에 대한 환경 객체를 가져온다. 함수가 호출되면 호출을 위한 환경 객체는 함수가 생성된 환경(함수에 저장되며 사양에서는 이를 함수의 [[Environment]] 내부 슬롯이라고 함)을 외부 환경으로 가져온다. 이것이 클로저가 작동하는 방식이다.

예를 들어 다음 코드를 보자(전역 스코프에 있다고 가정한다).

```
let x = 1;
function example() {
    const y = 2;
    return function() {
        let z = 3;
        console.log(z, y, x);
    };
}
const f = example();
f();
```

f() 호출 내에서 코드 실행이 console.log 줄에 도달하면 환경 객체 체인은 그림 2-4와 같은 것이다.

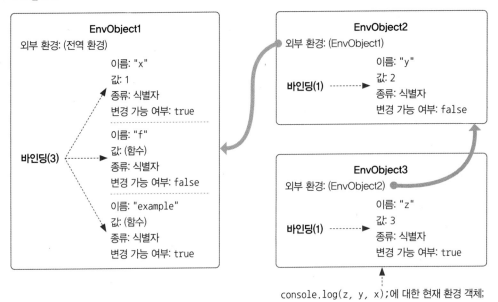

▼ 그림 2-4

```
console.log(z, y, x);에 대한 현재 환경 객체;
```

함께 따라 가 보자.

- 자바스크립트 엔진은 전역 환경(EnvObject1)을 만들고 바인딩 x, f, example을 여기에 추가한다.

- example 함수를 생성하고 example의 저장된 환경 링크를 현재 환경(전역 환경인 EnvObject1)에 설정하고 example 바인딩의 값을 함수에 설정한다.

- let x = 1;을 실행한다. x를 1로 설정한다.

- const f = example(); 줄을 실행한다.

  - EnvObject2라는 새 환경 객체를 생성하고 외부 환경을 example의 저장된 환경 (EnvObject1)으로 설정한다.

  - 해당 환경 객체에 y라는 바인딩을 만든다.

  - const y = 2; 줄을 실행한다. y를 2로 설정한다.

  - 현재 환경(example 호출을 위한 EnvObject2)을 저장된 환경으로 설정하여 함수를 생성한다.

  - 호출에서 함수를 반환한다.

  - 함수를 f에 할당한다.

- 마지막으로 엔진은 f();줄을 실행한다. 함수 f를 호출한다는 것은 다음을 의미한다.

  - 호출에 대한 새 환경 객체(EnvObject3)를 만들고, 해당 외부 환경을 함수의 저장된 환경 (EnvObject2, 이전 example 호출에서 가져온 환경)으로 설정하고, 여기에 z 바인딩을 만든다.

  - z를 3으로 설정한다.

  - console.log 줄을 실행한다.

console.log 줄에서 엔진은 현재 환경에서 z를 찾지만 y를 찾기 위해 외부 환경(example 호출을 위한 환경)으로 이동해야 하고 x를 찾기 위해 두 단계를 이동해야 한다. 이 모든 것이 우리가 ClosuresInLoopsWithLet을 이해하는 데 어떻게 도움이 될까? 그 함수를 다시 살펴보자. 코드 2-6을 보자.

코드 2-6 루프 내 클로저, let으로 해결(이전과 동일) - closures-in-loops-with-let.js

```javascript
function closuresInLoopsWithLet() {
    for (let counter = 1; counter <= 3; ++counter) {
        setTimeout(function() {
            console.log(counter);
        }, 10);
    }
}
closuresInLoopsWithLet();
```

for 루프를 실행할 때 자바스크립트 엔진은 각 루프 반복에 대해 각각 별도의 counter 변수가 있는 새 환경 객체를 생성하므로 각 타이머 콜백은 다른 counter 변수를 감싼다. 다음은 자바스크립트 엔진이 해당 루프로 수행하는 작업이다.

1. 호출에 대한 환경 객체를 만든다. CallEnvObject라고 하자.

2. ClosuresInLoopsWithLet 함수(생성된 곳, 이 경우 전역 환경)에 저장된 환경에 대한 CallEnvObject의 외부 환경 참조를 설정한다.

3. for의 초기화 부분에서 let으로 선언된 변수 목록을 기억하여 for 처리를 시작한다. 이 경우 counter 하나뿐이지만 더 많이 가질 수 있다.

4. CallEnvObject를 외부 환경으로 사용하여 루프의 초기화 부분에 대한 새 환경 객체를 만들고 값이 1인 counter에 대한 바인딩을 만든다.

5. CallEnvObject를 외부 환경 객체로 사용하여 첫 번째 반복에 대해 새 환경 객체(LoopEnv Object1)를 만든다.

6. 3 단계의 목록을 참조하여 LoopEnvObject1의 카운터에 대한 바인딩을 작성하고 값을 1(초기화 환경 객체의 값)로 설정한다.

7. LoopEnvObject1을 현재 환경 객체로 설정한다.

8. counter <= 3이 참이기 때문에 첫 번째 타이머 함수(timerFunction1이라고 하자)를 만들어 for의 본문을 실행하고 저장된 환경 객체로 LoopEnvObject1에 대한 참조를 제공한다.

9. timerFunction1에 대한 참조를 전달하는 setTimeout을 호출한다.

이 시점에서 메모리는 그림 2-5와 같다.

▼ 그림 2-5

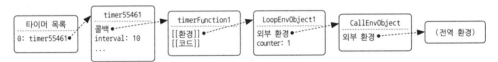

이 시점에서 자바스크립트 엔진은 다음 루프 반복을 위한 준비가 되었다.

10. CallEnvObject를 외부 환경으로 사용하여 새로운 환경 객체(LoopEnvObject2)를 생성한다.

11. 3단계의 바인딩 목록을 사용하여 LoopEnvObject2에 카운터에 대한 바인딩을 만들고 해당 값을 LoopEnvObject1에 있는 카운터의 현재 값(이 경우 1)으로 설정한다.

12. LoopEnvObject2를 현재 환경 객체로 설정한다.

13. for 루프의 "증가" 부분(++counter)을 수행한다. 증가하는 counter는 현재 환경 객체인 LoopEnvObject2에 있는 카운터다. 값이 1이므로 2가 된다.

14. for 루프를 계속한다. 조건이 참이므로 두 번째 타이머 함수(timerFunction2)를 생성하여 루프 본문을 실행하고 LoopEnvObject2에 대한 참조를 제공하여 그 안의 정보를 감싼다.

15. timerFunction2에 대한 참조를 전달하는 setTimeout을 호출한다.

보다시피 두 타이머 함수는 counter의 다른 사본을 다른 환경 객체에서 감싼다. 첫 번째는 여전히 counter = 1이다. 두 번째 것은 counter = 2이다. 이 시점에서 메모리는 그림 2-6과 같다.

▼ 그림 2-6

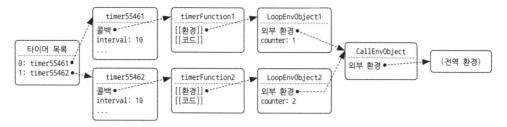

세 번째와 마지막 루프 반복 이후 모든 일이 발생하면 메모리에 그림 2-7과 같은 결과를 얻게 된다.

▼ 그림 2-7

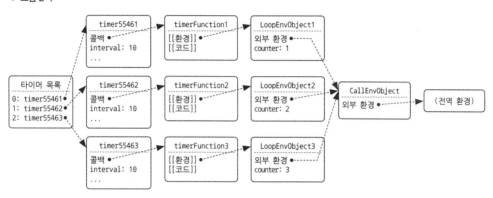

타이머 함수가 타이머에 의해 호출될 때 각각 별도의 환경 객체를 사용하고 각각 자체 counter 복사본을 사용하기 때문에 동일한 환경 객체와 변수를 모두가 공유하는 var의 값인 4, 4, 4 대신 1, 2, 3이 표시된다.

요컨대, 루프의 블록 스코프 메커니즘은 ES5 솔루션의 익명 함수가 수행한 작업을 정확히 수행했다. 각 타이머 함수에 바인딩의 자체 복사본으로 감쌀 수 있는 다른 환경 객체를 제공했다(let 솔루션의 counter, ES5의 값 해결책). 그러나 별도의 함수와 함수 호출없이 더 효율적으로 수행했다.

물론 때로는 이전 동작을 원한다. 이 경우 루프 밖에 변수를 선언하자(이것은 물론 var가 한 일이다).

루프에 대해 방금 배운 동작의 유일한 부분은 하나의 환경 객체에서 다음 객체로 바인딩의 값을 복사하고 for의 초기화 부분에서 생성된 변수를 추적하는 부분이다. 그러나 블록이 자체 환경 객체를 얻는다는 사실은 for 루프에만 국한되지 않으며, 무엇보다도 while과 do-while 루프가 자체 환경 객체를 얻는 블록의 이점을 얻을 수 있음을 의미한다. 방법을 살펴보겠다.

2.7.3 while과 do-while 루프

while과 do-while은 블록이 자체 환경 객체를 가진다는 사실에서 오는 이점도 있다. for의 초기화 표현식이 없기 때문에 거기에 선언된 바인딩 값을 복사하는 작업을 수행하지 않지만 각 루프 반복과 연관된 블록은 여전히 자체 환경을 갖는다. 실제로 작동하는지 보자. 코드 2-7을 실행한다.

코드 2-7 while 루프에서 클로저 - closures-in-while-loops.js

```javascript
function closuresInWhileLoops() {
    let outside = 1;
    while (outside <= 3) {
        let inside = outside;
        setTimeout(function() {
            console.log("inside = " + inside + ", outside = " + outside);
        }, 10);
        ++outside;
    }
}
closuresInWhileLoops();
```

ClosuresInWhileLoops를 실행할 때 콘솔의 출력은 다음과 같다.

```
inside = 1, outside = 4
inside = 2, outside = 4
inside = 3, outside = 4
```

모든 타이머 함수는 단일 외부 변수에 대해 감싸지만(루프 외부에서 선언되었기 때문에) 각각 내부 변수에 대해 감싼다. 그림 2-8을 참조하자.

▼ 그림 2-8

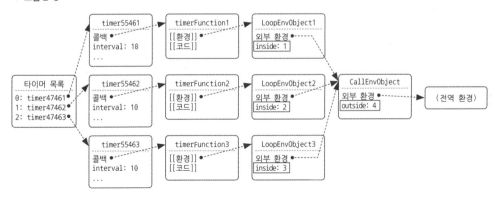

2.7.4 성능 영향

루프에서 블록 스코프가 작동하는 방식에 대해 생각하면 다음과 같이 생각할 수 있다. "잠깐, 루프에서 블록 변수를 사용하고 이를 보유하고 체인을 설정하고 (for 루프의 경우) 복사할 새 환경 객체를 만들어야 하고 어딘가에서 어딘가로 반복 바인딩 값을 복사해야 한다면 루프 속도가 느려지지 않을까?"

이에 대한 두 가지 답변이 있다.

1. 아마 상관하지 않을 것이다. 성급한 최적화는 성급하다는 것을 기억하자. 실제 성능 문제가 있어 해결해야 하는 경우에 걱정하자.

2. 그렇기도 하고 아니기도 하다. 자바스크립트 엔진이 차이를 최적화하지 않았고 차이를 최적화할 수 없는 경우(루프의 클로저 예 포함)가 있다면 확실히 더 많은 오버 헤드가 발생한다. 다른 경우에는 클로저를 생성하지 않거나 엔진이 클로저가 루프 반복 변수를 사용하지 않는다고 결정할 수 있다면 차이를 최적화할 수 있다. 최신 엔진은 많은 최적화를 수행한다. ES2015의 let이 새로워졌을 때 크롬의 V8 엔진은 var를 사용한 경우보다 루프 변수에 let을 사용하면 for 루프가 현저히 느려졌다. V8의 엔지니어가 이를 최적화하는 방법을 찾았기 때문에 (클로저가 생성되지 않는 경우 등) 속도 차이는 사라졌다.

루프에 실제 문제가 발생하고 변수의 별도 사본이 있는 것이 중요하지 않은 경우, 둘러싼 범위로 이동하자.

```
let n;
for (n = 0; n < aReallyReallyBigNumber; ++n) {
    // ...
}
```

또는 해당 범위에서 원하지 않는 경우 전체 루프를 익명 블록으로 래핑하고 해당 블록에서 변수를 선언한다.

```
function wrappingInAnonymousBlock() {
    // ...관련 없는 코드...

    // 이제 우리는 반복당 'n' 초기화하는 성능/메모리 문제를 식별했다.
    // 그래서 익명 블록을 사용하여 단 하나의 'n'을 갖게 한다.
    {
        let n;
        for (n = 0; n < aReallyReallyBigNumber; ++n) {
```

```
        // ...
    }
}

// ...관련 없는 코드...
}
wrappingInAnonymousBlock();
```

2.7.5 루프 블록에서 const

const에 대한 이전 절에서 변수(목록) 중 하나가 실제로 변경되지 않은 간단한 div 업데이트 루프 (코드 2-8)를 보았고 let과 const를 코드에 (식별자를 제거하지 않고) 어떻게 적용할지 생각해 보라고 요청했다.

코드 2-8 ES5 버전의 div 업데이트 루프 – element-loop-es5.js

```
var list, n, element, text;
list = document.querySelectorAll("div.foo");
for (n = 0; n < list.length; ++n) {
    element = list[n];
    text = element.classList.contains("bar") ? " [bar]" : "[not bar]";
    element.appendChild(document.createTextNode(text));
}
```

코드 2-9 ES2015 버전의 div 업데이트 루프 – element-loop-es2015.js

```
const list = document.querySelectorAll("div.foo");
for (let n = 0; n < list.length; ++n) {
    const element = list[n];
    const text = element.classList.contains("bar") ? " [bar]" : "[not bar]";
    element.appendChild(document.createTextNode(text));
}
```

그 당시에는 요소와 텍스트를 for 루프 블록으로 옮기는 것을 생각하지 않았을 수도 있고, 그렇게 했다면 그것들을 const 선언이 아닌 let으로 남겨 두었을 수도 있다. 그러나 블록 내의 값은 절대 변경되지 않으며, 물론 각 블록은 자체 사본을 가져오므로 범위 내에서 상수이며 const를 선언하여 수정하는 것이 아니라 사용하려는 의도를 표시할 수 있다.

변경하지 않는다는 이유만으로 const를 선언할 필요가 없다. 변경 여부는 스타일의 문제이며 팀이 논의하고 동의해야 하는 사항이다(const를 사용하거나, const를 사용하지 않거나, 개별 스타일에 맡겨라). 개발 중에 사용하면 실용적인 이점이 있다(팀원이 const로 선언한 것을 변경하려고 하면 초기 오류가 발생한다. 그런 다음 의도적으로 선언을 변경하거나 해당 상수의 값을 변경하지 않는다). (나중에) 오류를 찾을 수 있는 전체 테스트 스위트를 사용한다.

2.7.6 for-in 루프에서 const

네 부분(초기화, 종료조건, 증감식, 본문)이 있는 일반적인 for 루프 외에도 자바스크립트에는 for-in, for-of, for-await-of 같은 다른 유형의 for 루프가 있다(6장에서 for-of에 대해 배우고 9장에서 for-await-of에 대해 배울 것이다). 일반적인 for-in에 대해 간단히 살펴보자.

```
var obj = {a: 1, b: 2};
for (var key in obj) {
    console.log(key + ": " + obj[key]);
}
```

ES2015+에서 작성하려는 경우 key에 let이나 const를 사용할 수 있을까?

둘 중 하나를 사용할 수 있다. 어휘 선언이 있는 for-in 루프는 while처럼 각 루프 반복에 대해 별도의 환경 객체를 얻는다. 루프 본문의 코드는 키를 변경하지 않으므로 원하는 경우 const가 될 수 있다.

```
const obj = {a: 1, b: 2};
for (const key in obj) {
    console.log(key + ": " + obj[key]);
}
```

JAVASCRIPT THE NEW TOYS

2.8 과거 습관을 새롭게

다음은 새로운 습관으로 대체할 수 있는 몇 가지 과거 습관이다.

2.8.1 var 대신 const 또는 let 사용

과거 습관: var 사용

새로운 습관: 대신에 const나 let을 사용하자. var에 대한 유일한 나머지 사용 사례는 레거시 코드이다. 예를 들어 페이지에 로드될 수 있는 여러 스크립트에서 최상위 레벨이

```
var MyApp = MyApp || {};
```

이고 모두 MyApp 객체의 다른 부분에 기록된다면, 이를 수행하는 작업은 모듈로 대체된다(13 장 참조).

변경하지 않으려는 "변수"에 const를 채택하면 원래 생각했던 것보다 훨씬 더 많이 const를 사용한다는 것을 알게 될 것이다. 특히 객체 참조를 사용한다고 해서 변경할 수 없다는 의미는 아니기 때문이다. 객체의 상태는 상수가 참조하는 객체를 변경할 수 없음을 의미한다. 객체가 많은 코드(자바스크립트에서는 거의 불가피함)를 작성하는 경우 실제 **변수**는 얼마 되지 않는다는 점에 놀랄 것이다.

2.8.2 변수 범위를 좁게 유지

과거 습관: 함수의 맨 위에 var를 나열하는 것

새로운 습관: 합리적이라면 가장 좁은 범위에서 let과 const를 사용하자. 이는 코드의 유지 보수성을 향상시킨다.

2.8.3 인라인 익명 함수 대신 블록 스코프 사용

과거 습관: 인라인 익명 함수를 사용하여 루프 내 클로저 문제를 해결한다.

```
for (var n = 0; n < 3; ++n) {
    (function(value) {
        setTimeout(function() {
            console.log(value);
        }, 10);
    })(n);
}
```

새로운 습관: 대신 블록 스코프를 사용한다.

```
for (let n = 0; n < 3; ++n) {
    setTimeout(function() {
        console.log(n);
    }, 10);
}
```

훨씬 깨끗하고 읽기 쉽다.

즉, 완벽한 이름의 재사용 가능한 함수를 정당한 이유 없이 블록 스코프로 대체하지 말라.

```
// 재사용 가능한 명명된 함수를 사용하여 이미 이와 같다면
// 함수 코드를 루프로 이동할 필요가 없다.
function delayedLog(msg, delay) {
    setTimeout(function() {
        console.log(msg);
    }, delay);
}
// ...나중에...
for (let n = 0; n < 3; ++n) {
    delayedLog(n, 10);
}
```

블록 스코프는 기능의 크기를 지정하는 대신 사용할 수 없지만 혼동되는 인라인 익명 기능을 제거하는 데 유용한 도구이다.

전역 변수 생성을 피하기 위해 전역 스코프에서 스코프 지정 함수를 사용하는 경우 이를 블록(또는 13장에서 배우게 될 모듈)으로 대체할 수도 있다. 블록은 if나 for와 같은 흐름 제어문에 연결될 필요가 없다. 독립적으로 사용할 수 있다. 따라서 범위 지정 기능은 범위 지정 블록이 될 수 있다.

```
{                        // 범위 블록
    let answer = 42;     // 'answer'는 블록 내에서 전역이 아니라 지역적이다.
    console.log(answer);
}
```

memo

3^장

새로운
함수 기능

이 장의 내용

- 화살표 함수와 예약어 this, super 등

- 기본값 매개변수

- "나머지" 매개변수

- 매개변수 목록과 함수 호출의 후행 쉼표

- 함수 이름 속성

- 블록 내부의 함수 선언

이 장의 코드 다운로드

이 장의 코드는 https://thenewtoys.dev/bookcode 또는 https://www.wiley.com/go/javascript-newtoys에서 다운로드할 수 있다.

이 장에서는 화살표 함수, 콜백과 관련된 전체 문제를 해결하는 가볍고 간결한 새로운 형태의 함수 등 최신 자바스크립트 함수의 흥미로운 새 기능에 대해 알아본다. 즉, 함수 코드를 단순화하고 도구 지원을 개선하기 위한 **기본값 매개변수**, 인수의 "나머지"를 명명된 변수 뒤에 실제 배열로 함수에 제공하는 **나머지 매개변수**, 함수에 대한 새로운 공식 이름 속성과 설정되는 여러 가지 다양한 방법, 흐름 제어 블록 내의 함수 선언이 작동하는 방법 등을 알아볼 것이다.

다음 세 가지 기능과 관련해서는 나중에 알아보겠다.

- **매개변수 디스트럭처링**은 7장에서 다룬다.

- **제너레이터 함수**는 6장에서 다룬다.

- **비동기 함수**는 9장에서 다룬다.

Note ≡　**매개변수와 인수**

프로그래밍에서 여러분이 자주 상호 교환적으로 사용하는, 밀접하게 관련된 두 용어인 **매개변수**와 **인수**가 있다. 함수는 **매개변수**를 선언하고 사용한다. **인수**라는 매개변수에 대한 특정 값을 사용하여 해당 함수를 호출한다. 간단한 예를 들어 보겠다.

```
function foo(bar) {
    console.log(bar * 6);
}
foo(7);
```

함수 foo는 bar라는 **매개변수**를 선언하고 사용한다. 코드는 **인수** 7과 함께 foo를 호출한다.

3.1 화살표 함수와 this, super, 그 외

ES2015는 자바스크립트에 화살표 함수를 추가했다. 화살표 함수는 특히 콜백을 사용하여 전체 문제를 해결한다. 함수 내부의 this가 함수 외부의 this와 동일한지 보장한다. 또한 function 키워드를 사용하여 만든 기존 함수보다 가볍고 간결하다(때로는 훨씬 간결하다).

문법부터 시작해 보겠다. 그런 다음 this와 화살표 함수가 기존 함수와 다르게 처리하는 것들에 대해 좀 더 자세히 살펴보겠다.

3.1.1 화살표 함수 문법

화살표 함수는 간결한 본문(종종 **간결한 화살표 함수**라고 함)과 표준 **함수 본문**(전통적인 함수만큼 장황하지는 않지만 **장황한 화살표 함수**라고 함)의 두 가지 형태로 제공된다. 먼저 간결한 형태를 살펴보겠다.

값이 30 미만인 엔트리만 유지하도록 배열을 필터링한다고 가정한다. Array.prototype.filter로 콜백 함수를 전달하여 수행할 수 있다. ES5에서는 다음과 같다.

```
var array = [42, 67, 3, 23, 14];
var filtered = array.filter(function(entry) {
    return entry < 30;
});
console.log(filtered); // [3, 23, 14]
```

이것은 콜백의 일반적인 사용 사례다. 간단한 작업을 수행하고 값을 반환해야 하는 콜백이다. 화살표 함수는 이를 수행하는 매우 간결한 방법을 제공한다.

```
const array = [42, 67, 3, 23, 14];
const filtered = array.filter(entry => entry < 30);
console.log(filtered); // [3, 23, 14]
```

익숙한 기존 함수와 비교할 때 거의 함수처럼 보이지 않는다! 걱정하지 마라. 곧 익숙해질 것이다.

보다시피, 화살표 함수의 간결한 형태는 말 그대로 받아들이는 매개변수의 이름일 뿐이다. 화살표(=>)는 파서(parser)에게 이것이 화살표 함수임을 알리고, 표현식은 반환하는 값을 정의할 뿐이다.

이게 다다. function 키워드, 함수 본문을 정의하는 중괄호, return 키워드는 없다. 매개변수, 화살표, 본문 표현식만 있다.

화살표 함수가 여러 매개변수를 받아들이도록 하려면 매개변수 목록을 괄호로 묶어 모두가 화살표 함수의 매개변수임을 명확히 해야 한다. 예를 들어 배열을 필터링하는 대신 정렬하려면 다음을 수행한다.

```
const array = [42, 67, 3, 23, 14];
array.sort((a, b) => a - b);
console.log(array); // [3, 14, 23, 42, 67]
```

매개변수 주위의 괄호를 확인하자. 문법에 왜 이런 게 들어갔을까? 이게 없었다면 어떻게 보일지 생각해 보자.

```
array.sort(a, b => a - b);
```

문제를 찾았는가? 맞다! 정렬 메서드에 두 개의 인수를 전달하는 것처럼 보인다. a라는 변수와 화살표 함수 b => a - b이다. 따라서 매개변수가 여러 개인 경우 괄호가 필요하다(일관성을 유지하려면 매개변수가 하나만 있더라도 괄호를 사용한다).

타이머 콜백에서와 같이 매개변수를 허용할 필요가 없는 경우에도 괄호를 사용한다. 괄호 안은 비워 두면 된다.

```
setTimeout(() => console.log("timer fired"), 200);
```

간결한 화살표 함수는 자주 줄 바꿈 없이 작성되지만 간결한 구문의 요구 사항은 아니다. array.sort 콜백에서 수행할 복잡한 계산이 있는 경우에는 넣을 수 있다.

```
const array = [42, 67, 3, 23, 14];
array.sort((a, b) =>
    a % 2 ? b % 2 ? a - b : -1 : b % 2 ? 1 : a - b
);
console.log(array); // [3, 23, 67, 14, 42]
```

이 코드는 배열을 두 그룹으로 정렬한다. 먼저 홀수와 짝수다. 함수의 본문은 여전히 단일 (복잡한) 표현식이며 간결한 화살표 양식에 중요하다.

그러나 화살표 함수에 단일 표현식이 아닌 여러 개의 문이 있어야한다면 어떨까? 복잡한 표현을 깨면 정렬 호출이 더 명확해질 것이라고 생각할 수 있다(확실히 그럴 것이라고 생각한다). 이를 위해 화살표 뒤에 중괄호를 사용하여 함수 본문을 제공하여 **함수 본문** 양식(또는 장황한 양식)을 사용할 수 있다.

```
const array = [42, 67, 3, 23, 14];
array.sort((a, b) => {
    const aIsOdd = a % 2;
    const bIsOdd = b % 2;
    if (aIsOdd) {
        return bIsOdd ? a - b : -1;
    }
    return bIsOdd ? 1 : a - b;
});
console.log(array); // [3, 23, 67, 14, 42]
```

이 콜백은 하나의 복잡한 표현식이 아닌 여러 개의 간단한 문을 사용하여 이전 콜백이 수행한 작업을 정확히 수행한다.

장황한 양식에 대해 주의해야 할 두 가지 사항은 다음과 같다.

- 화살표 바로 뒤에 여는 중괄호가 있다. 이것이 파서에게 장황한 양식을 사용하고 있음을 알려주는 것이다. 여기서 함수 본문은 기존 함수와 마찬가지로 중괄호 안에 있다.

- 기존 함수와 마찬가지로 return을 사용하여 값을 반환한다. return을 사용하지 않은 경우 기존 함수와 마찬가지로 화살표 함수는 명시적으로 반환값을 제공하지 않으며 이를 호출하면 값이 정의되지 않는다.

간결한 화살표 함수가 한 줄에 있을 필요가 없는 것처럼, 장황한 화살표 함수가 여러 줄에 있을 필요는 없다. 일반적으로 그렇듯이 줄 바꿈을 수행하는 위치는 사용자에게 달려 있다.

Note ≡   경고: 콤마 연산자와 화살표 함수

간결한 형태의 화살표 함수는 => 뒤에 표현식을 취하기 때문에 일부 프로그래머는 함수에서 할 일이 두세 가지만 있으면 장황한 양식을 사용하지 않기 위해 쉼표 연산자를 사용했다. 쉼표 연산자는 자바스크립트의 이상한 연산자 중 하나이다. 왼쪽 피연산자를 평가하고 결괏값을 버리고 오른쪽 피연산자를 평가하고 그 값을 결과로 취한다.

```
function returnSecond(a, b) {
    return a, b;
}
console.log(returnSecond(1, 2)); // 2
```

return a, b의 결과는 b의 값이다.

이것이 화살표 함수와 어떤 관련이 있을까? 부작용이 있는 왼쪽 피연산자의 식을 사용하여 간결한 양식에서 사용하는 식에서 둘 이상의 작업을 수행할 수 있다. "엔트리"를 감싸는 "핸들러" 배열이 있고 핸들러를 unregister 함수에 전달하여 각 엔트리를 변환한 다음 해당 엔트리를 register 함수에 전달하고 결과를 기억한다고 가정해 보자. 전통적인 함수를 사용하면 다음을 수행할 수 있다.

```
handlers = handlers.map(function(handler) {
    unregister(handler);
    return register(handler.item);
});
```

자세한 화살표 함수를 사용하여 더 짧게 만들 수 있다.

```
handlers = handlers.map(handler => {
    unregister(handler);
    return register(handler.item);
});
```

그러나 일부 프로그래머는 쉼표 연산자를 사용하거나 남용하는 대신 간결한 화살표 함수를 사용한다(하지만 일반적으로 모두 한 줄에 표시된다).

```
handlers = handlers.map (handler => (unregister (handler), register (handler.item)));
```

쉼표 식을 괄호로 묶어야 한다(그렇지 않으면 파서는 하나가 아닌 두 개의 인수를 handlers.map에 전달한다고 생각할 것이다). 따라서 이것이 장황한 양식보다 짧은 유일한 이유는 return 키워드 작성을 피하기 때문이다.

이것이 쉼표 연산자의 편리한 사용이나 남용이라고 생각하든, 현업에서 이런 식으로 사용되는 것을 볼 가능성이 높다는 점에 유의하자.

간결한 형태의 화살표 함수에 대해 알아야 할 한 가지 "함정"이 있다. 객체 리터럴로 생성된 객체를 반환하는 간결한 화살표 함수이다.

문자열 배열이 있고 문자열을 name 속성으로 사용하여 객체 배열로 변환하려고 한다고 가정하자. 이 말은 Array의 map 메서드와 간결한 화살표 함수에 대한 작업처럼 들린다.

```
const a = ["Joe", "Mohammed", "María"];
const b = a.map(name => {name: name});          // 동작하지 않는다.
console.log(b);
```

하지만 실행하려고 하면 객체 대신 undefined가 많은 배열이 있는 배열을 얻게 된다(또는 생성한 객체에 따라 구문 오류가 발생한다). 무슨 일이 일어난 걸까? 문제는 여는 중괄호가 자바스크립트 파서에게 간결한 양식이 아닌 자세한 양식을 사용하고 있음을 알려주므로 해당 중괄호를 사용하여 본문을 시작한 다음 내용(name: name)을 전통적인 함수처럼 본문으로 사용한다는 것이다.

```
const a = ["Joe", "Mohammed", "María"];
const b = a.map(function(name) {              // 동작하지 않는다.
    name: name
});
console.log(b);
```

함수는 아무것도 반환하지 않기 때문에(파서가 자세한 양식을 사용하고 있다고 생각하기 때문에) 호출 결과는 undefined 값이 되고 undefined로 채워진 배열로 끝난다. 함수의 본문은 변수에 대한 독립 참조가 뒤 따르는 레이블(중첩 루프와 함께 사용할 수 있는 것)처럼 보이기 때문에 (이 예에서는) 구문 오류가 아니다. 아무 일도 하지 않지만 유효한 구문이다.

정답은 파서가 화살표 바로 뒤에 중괄호를 보지 않고 간결한 양식을 사용하고 있음을 알 수 있도록 객체 리터럴을 괄호로 묶는 것이다.

```
const a = ["Joe", "Mohammed", "María"];
const b = a.map(name => ({name: name}));      // 동작한다.
console.log(b);
```

또는 물론 장황한 양식을 사용하고 반환하자. 작성할 때 가장 명확하게 보이는 것이 무엇이든 사용하면 된다.

짧게 딴소리를 하자면, 매핑에 대한 호출의 객체 리터럴은 5장에서 배우게 될 단축 속성을 이용하면 훨씬 더 짧을 수 있다.

3.1.2 화살표 함수와 this

지금까지 화살표 함수가 코드를 더 간결하게 만들 수 있음을 확인했다. 그 자체로 유용하지만 필살기는 아니다. 이것의 중요한 비결은 전통적인 함수와 달리 자체 버전이 없다는 것이다. 대신 변수를 감싸는 것처럼 생성된 컨텍스트의 this를 감싼다.

이게 왜 유용할까? 익숙한 문제를 살펴보겠다. 객체 메서드에 코드를 작성하면서 콜백을 사용하고 싶지만 콜백 내에서 this가 객체를 참조하기를 원한다. 전통적인 함수의 경우에는 그렇지 않은데, 전통적인 함수에는 호출 방법에 따라 설정되는 고유한 기능이 있기 때문이다. 따라서 이 ES5 코드에서와 같이 콜백이 감쌀 수있는 변수를 해결 방법으로 사용하는 것이 일반적이다.

```
Thingy.prototype.delayedPrepAndShow = function() {
    var self = this;
    this.showTimer = setTimeout(function() {
        self.prep();
        self.show();
    }, this.showDelay);
};
```

이제 콜백 내에서 this 대신 self 변수를 사용하고 있으므로 콜백에 다른 값을 가진 this의 자체 버전이 있는지는 중요하지 않다. 화살표 함수는 자체적으로 this를 가지고 있지 않아서 ES5 예가 변수 self에 대해 감싸는 것처럼 this에 감싼다. 따라서 self 변수 없이 해당 콜백을 화살표 함수로 다시 작성할 수 있다.

```
Thingy.prototype.delayedPrepAndShow = function() {
    this.showTimer = setTimeout(() => {
        this.prep();
        this.show();
    }, this.showDelay);
};
```

훨씬 간단하다(4장에서는 Thingy.prototype 속성에 할당하는 대신 해당 메서드를 만드는 새로운 방법을 배운다).

화살표 함수가 this만 감싸는 것은 아니다. 인수(함수가 받은 모든 인수의 자동 의사 배열)와 4장에서 배우게 될 super와 new.target도 감싼다.

3.1.3 화살표 함수는 생성자가 될 수 없다

화살표 함수는 this를 가지고 있지 않아서 화살표 함수가 생성자 함수가 될 수 없음을 이해했을 것이다. 즉, new와 함께 사용할 수 없다.

```
const Doomed = () => { };
const d = new Doomed(); // TypeError: Doomed is not a constructor
```

결국 생성자 함수의 주된 목적은 새로 생성된 객체를 채우는 것이다. 이는 this를 통해 함수에 전달된다. 함수에 고유한 것이 없으면 새 객체에 속성을 설정할 수 없으며 생성자가 되는 것은 의미가 없다. 생성자로 사용하는 것은 명시적으로 허용되지 않는다.

명시적으로 허용하지 않기 때문에 화살표 함수는 기존 함수보다 가벼워질 수 있다. 객체가 첨부된 프로토타입 속성을 가질 필요가 없기 때문이다. 함수를 생성자로 사용하면 생성된 새 객체의 프로토타입이 함수의 프로토타입에서 할당된다는 것을 기억할 것이다.

```
function Thingy() {
}
var t = new Thingy();
console.log(Object.getPrototypeOf(t) === Thingy.prototype); // true
```

자바스크립트 엔진은 기존 함수를 생성자로 사용할지 여부를 미리 알 수 없기 때문에 생성하는 모든 기존 함수에 참조할 프로토타입 속성과 객체를 넣어야 한다(물론 최적화를 해야 한다).

그런데 화살표 함수는 생성자가 될 수 없으므로 prototype 속성을 받지 않는다.

```
function traditional() {
}
const arrow = () => {
};
console.log("prototype" in traditional); // true
console.log("prototype" in arrow);       // false
```

화살표 함수가 현대 자바스크립트의 함수에서 유일한 새로운 함수은 아니다.

3.2 기본값 매개변수

ES2015부터 매개변수에 대한 기본값을 제공할 수 있다. ES5와 이전 버전에서는 다음과 같은 코드로 수행해야 한다.

```
function animate(type, duration) {
    if (duration === undefined) { // (또는 비슷한 확인 작업)
        duration = 300;
    }
    // 작업을 한다.
}
```

이제 선언적으로 수행할 수 있다.

```
function animate(type, duration = 300) {
    // 작업을 한다.
}
```

위 코드에서는 도구 지원이 더 간결하고 쉬워졌다.

함수가 호출될 때 매개변수의 값이 undefined면 기본값이 된다. 함수를 호출할 때 인수를 완전히 정의하지 않으면 매개변수의 값은 undefined가 된다. (물론) undefined를 값으로 제공하면 값도 undefined가 된다. 어느 쪽이든 함수는 기본값을 사용한다.

실제 동작을 살펴보자. 코드 3-1의 코드를 실행한다.

코드 3-1 기본적인 기본값 매개변수 – basic-default-parameters.js

```
function animate(type, duration = 300) {
    console.log(type + ", " + duration);
}
animate("fadeout");               // "fadeout, 300"
animate("fadeout", undefined); // "fadeout, 300" (다시)
animate("fadeout", 200);          // "fadeout, 200"
```

기본값을 처리하는 코드는 자바스크립트 엔진에 의해 함수 시작 부분에 효과적으로 삽입된다. 그런데 이 코드는 나중에 보게 될 자체 범위 안에 있다.

이 예에서 원하는 경우 type과 duration 모두에 대한 기본값을 제공할 수 있다.

```
function animate(type = "fadeout", duration = 300) {
    // 작업을 한다.
}
```

다른 언어와 달리 duration은 제공하지 않고 type에 대한 기본값을 제공할 수도 있다.

```
function animate(type = "fadeout", duration) {
    // 작업을 한다.
}
```

약간 이상하게 보일 수 있지만(논란의 여지가 있지만, 약간 이상하다) 값이 undefined인 경우 기본값이 적용된다는 사실로 되돌아간다. 인수가 제공되지 않아서 자주 발생하지만 undefined가 명시적으로 제공되었기 때문일 수도 있다. 코드 3-2의 코드를 실행하자.

```
function animate(type = "fadeout", duration) {
    console.log(type + ", " + duration);
}
animate("fadeout", 300);     // "fadeout, 300"
animate(undefined, 300);     // "fadeout, 300" (다시)
animate("fadein",  300);     // "fadein, 300"
animate();                   // "fadeout, undefined"
```

3.2.1 기본값은 표현식이다

매개변수 기본값은 표현식이다. 리터럴 값일 필요는 없다. 기본값은 함수를 호출할 수도 있다. 기본 표현식은 함수가 정의될 때가 아니라 함수가 호출될 때 평가되며 함수에 대한 특정 호출에 기본값이 필요한 경우에만 평가된다.

예를 들어 각 애니메이션 유형에 대해 다른 지속 시간을 사용하고 특정 유형에 대한 기본 지속 시간을 제공하는 함수가 있다고 가정한다. 다음과 같이 애니메이션 함수를 작성할 수 있다.

```
function animate(type, duration = getDefaultDuration(type)) {
    // 작업을 한다.
}
```

getDefaultDuration은 필요한 경우가 아니면 호출되지 않는다. 거의 정확히 다음과 같이 처리된다.

```
function animate(type, duration) {
    if (duration === undefined) {
        duration = getDefaultDuration(type);
    }
    // 작업을 한다.
}
```

주된 차이점은 범위와 관련이 있으며 잠시 후에 설명하겠다.

이 예에서 duration의 기본값은 type 매개변수를 사용한다. type이 duration보다 먼저 나오기 때문에 괜찮다. type이 duration 이후에 온다면 특정 호출에 duration의 기본값이 필요한 경우 ReferenceError가 된다.

```
function animate(duration = getDefaultDuration(type), type) {
    // 작업을 한다.
}
animate(undefined, "dissolve"); // ReferenceError: type is not defined
```

위 코드는 2장에서 보았듯이 let 선언 이전에 let으로 선언된 변수의 값에 접근하려고 시도한 것과 같다. 자바스크립트 엔진의 관점에서 이 함수는 다음 코드와 같다(다시 말하지만, 범위가 아니다).

```
function animate() {
    let duration = /* 인수 0의 값을 가져온다. */;
    if (duration === undefined) {
        duration = getDefaultDuration(type);
    }
    let type = /* 인수 1의 값을 가져온다. */;
    // 작업을 한다.
}
```

duration 없이 호출하면 기본값을 채우는 코드가 임시 데드존에 있을 때 type을 사용하려고 시도하므로 오류가 발생한다.

규칙은 간단하다. 기본값은 앞에 나열된 매개변수를 사용할 수 있지만 뒤에 나열된 매개변수는 사용할 수 없다.

3.2.2 기본값은 자체 범위에서 평가된다

배운 것처럼 기본값은 목록의 기본값 이전에 있는 한 다른 매개변수를 참조할 수 있으며, 이전 예의 getDefaultDuration 함수와 같이 외부 범위의 일부인 것을 참조할 수 있다. 하지만 함수 본문 내에 정의된 그 어떤 것도 참조할 수 없으며 호이스트된 것도 참조할 수 없다. 코드 3-3을 실행해 보자.

코드 3-3 기본값은 함수 본문에 있는 엔트리를 참조할 수 없다 - default-access-body.js

```
function example(value = x) {
    var x = 42;
    console.log(value);
}
example(); // ReferenceError: x is not defined
```

임시 데드존이 없기 때문에 var를 사용했으며 선언된 범위의 맨 위에 올려진다. 그런데 기본값 표현식은 여전히 사용할 수 없다. 그 이유는 기본값이 함수를 포함하는 범위와 함수 내부 범위 사이에 존재하는 자체 범위에서 평가되기 때문이다(그림 3-1 참조). 함수가 다음과 같이 기본값을 처리하는 다른 함수로 래핑된 것과 같다.

```
function example(value) {
    if (value === undefined) {
        value = x;
    }
    const exampleImplementation = () => {
        var x = 42;
        console.log(value);
    };
    return exampleImplementation();
}
example(); // ReferenceError: x is not defined
```

물론 말 그대로 그렇게 되는 것은 아니지만 개념적으로는 매우 비슷하다.

❤ 그림 3-1

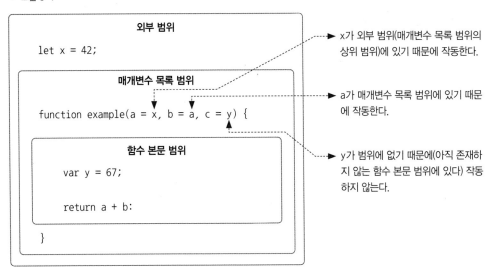

다행히도 매개변수 목록이 있는 함수를 살펴보면 시각적으로 구분되기 때문에(매개변수 목록은 함수 본문과 별도로 설정되어 있음) 자체 범위가 있는 매개변수 목록을 이해하기 쉽다.

기본값이나 배우게 될 다른 ES2015+ 매개변수 기능이 없는 단순한 매개변수 목록인 매개변수 목록을 "단순" 매개변수 목록이라고 한다. 매개변수 목록이 새로운 기능을 사용하는 경우 이를 "단순하지 않은" 매개변수 목록(기발하지 않는가?)이라고 한다.

놀랍게도 단순하지 않은 매개변수 목록이 있는 함수는 "use strict" 지시문을 가질 수 없다.

```
function example(answer = 42) {
    "use strict";          // SyntaxError: Illegal 'use strict' directive
                           // 단순하지 않은 매개변수 목록이 있는 함수
    console.log(answer);
}
```

왜 이것이 오류일까? 해당 함수가 느슨한 모드 코드로 정의되면 지시문이 함수 내에서 엄격 모드를 활성화하기 때문이다. 문제는 단순하지 않은 매개변수 목록이 매개변수 목록 내에서 발생하는 자동 처리(예: 기본값 적용)를 효과적으로 포함한다는 것이다. 함수 정의가 느슨한 모드로 나타나지만 함수가 "엄격 사용"으로 시작하는 경우 매개변수 목록의 코드가 엄격 모드 또는 느슨한 모드이어야 할까? 다음 코드를 살펴보자.

```
function example(callback = o => { with (o) { return answer; } }) {
    "use strict";
    console.log(callback({answer: 42}));
}
```

구문 오류일까(엄격 모드에서는 with가 허용되지 않기 때문에)? 매개변수 목록이 엄격하거나 느슨할까?

이 질문이 제기하는 혼란을 피하기 위해 함수는 그렇게 할 수 없다. 또한 구문 분석의 복잡성을 피하기 위해 함수 정의가 이미 엄격한 컨텍스트에 표시되더라도 단순하지 않은 매개변수 목록이 있는 경우 "use strict" 지시문을 가질 수 없다. 정의된 컨텍스트의 엄격함만 상속할 수 있다.

3.2.3 기본값은 함수의 인자 수에 포함되지 않는다

함수의 **인자 수**는 일반적으로 함수가 가지고 있는 공식 선언 매개변수의 수로 정의되며, 자바스크립트에서는 함수의 length 속성에서 가져올 수 있다.

```
function none() {
}
console.log(none.length); // 0
function one(a) {
}
console.log(one.length);  // 1
function two(a, b) {
```

```
}
console.log(two.length);  // 2
```

자바스크립트에서 기본값이 있는 매개변수는 인자 수를 계산할 때 계산되지 않으며 실제로 후속 매개변수도 계산되지 않는다.

```
function stillOne(a, b = 42) {
}
console.log(stillOne.length);    // 1
function oneYetAgain(a, b = 42, c) {
}
console.log(oneYetAgain.length); // 1
```

stillOne 함수의 결과는 간단하다. 기본값이 없는 하나의 매개변수와 기본값이 있는 매개변수가 있으므로 그 인자 수는 1이다. oneYetAgain 함수의 결과는 c 매개변수에 명시적인 기본값이 없다는 점에서 더 흥미롭지만 앞에 있는 매개변수에 기본값이 있기 때문에 인자 수에 포함되지 않는다.

3.3 "나머지" 연산자

일반적으로 함수를 작성할 때 어떤 매개변수가 필요한지 알고 있으며 각 호출에서 동일한 수의 매개변수가 필요하다. 하지만 일부 함수는 다양한 수의 매개변수를 허용해야 한다. 예를 들어, Object.assign이 ES2015에 추가되기 전에 많은 자바스크립트 프로그래머의 툴킷에는 대상 객체와 하나 이상의 소스 객체를 허용하는 extend 함수가 포함되었다. 이 함수는 소스 객체의 속성을 대상으로 복사한다. ES5 및 이전 버전에서는 다음과 같이 인수 의사 배열을 사용하여 해당 인수에 접근한다.

```
function extend(target) {
    var n, source;
    for (n = 1; n < arguments.length; ++n) {
        source = arguments[n];
        Object.keys(source).forEach(function(key) {
            target[key] = source[key];
        });
    }
```

```
            return target;
    }
    var obj = extend({}, {a: 1}, {b: 2});
    console.log(obj); // {a: 1, b: 2}
```

arguments에는 몇 가지 문제가 있다.

- 느슨한 모드에서는 양식 매개변수에 연결되는 방식으로 인해 성능 문제가 발생한다(엄격 모드를 사용하여 해결할 수 있다).
- **모든** 인수가 있다. 즉, 양식 매개변수와 동일한 인수를 넘어서 인덱싱해야 한다(extend 예에서 n = 0 대신 n = 1로 for 루프를 시작하는 이유다).
- 배열과 비슷하지만 배열이 아니므로 forEach이나 map 같은 배열 기능이 없다.
- 화살표 함수에는 자체 arguments 객체가 없다.
- 필자의 생각이지만 이러한 인수의 기능별 의미를 포착하지 못하는 어설픈 이름을 가지고 있다.

ES2015는 이러한 문제에 대한 해결책인 "나머지" 매개변수를 추가했다. 마지막 매개변수 앞에 줄임표(...)를 선언하면 자바스크립트 엔진이 해당 지점(인수의 "나머지")에서 모든 실제 인수를 수집하여 다음과 같이 실제 배열로 해당 매개변수에 넣도록 지시한다.

나머지 매개변수를 사용하도록 이전 extend 함수를 업데이트하는 경우 나머지 매개변수의 값이 실제 배열이기 때문에 for 대신 forEach(또는 6장에서 배우게 될 for-of)를 사용할 수 있다.

```
    function extend(target, ...sources) {
        sources.forEach(source => {
            Object.keys(source).forEach(key => {
                target[key] = source[key];
            });
        });
        return target;
    }
    const obj = extend({}, {a: 1}, {b: 2});
    console.log(obj); // {a: 1, b: 2}
```

게다가 extend 자체는 더 이상 자체 arguments 의사 배열이 필요하지 않기 때문에 화살표 함수가 될 수 있다.

```
const extend = (target, ...sources) => {
    sources.forEach(source => {
        Object.keys(source).forEach(key => {
            target[key] = source[key];
        });
    });
    return target;
};
const obj = extend({}, {a: 1}, {b: 2});
console.log(obj); // {a: 1, b: 2}
```

나머지 매개변수에 대한 인수가 전혀 제공되지 않으면 어떻게 될까? 즉, 하나의 인수인 target 객체만 있고 source 객체가 전혀 없이 extend 함수를 호출하면 어떻게 될까(물론 이렇게 하는 것이 이상하다)? 만약 그렇게 한다면 sources의 값은 무엇이라고 생각하는가?

아마도 extend 함수의 구현에서 빈 배열을 얻는다는 답을 추론했을 것이다. 이것이 바로 그 코드가 배열이 있는지 확인하기 위해 소스를 확인할 필요가 없는 이유다(이 기능의 설계자는 이 경우 sources에 undefined를 할당할 수 있었지만 일관성을 위해 빈 배열을 사용했다).

...은 연산자가 아니지만 사람들이 "나머지 연산자"라고 부르는 것을 들을 것이다. 단지 "구문" 또는 "표기"(이 경우 나머지 매개변수 구문/리터럴)이다. 5장에서 해당 내용과 연산자가 아닌 이유(그리고 연산자가 될 수 없는 이유)에 대해 자세히 알아본다.

3.4 매개변수 목록에서 후행 쉼표와 함수 호출

일부 코딩 스타일은 함수에 대한 매개변수를 별도의 줄에 나열한다. 필요한 경우 해당 매개변수를 설명하는 줄 주석을 추가할 수 있다.

```
function example(
    question,   // (string) 질문, 물음표로 끝나야 한다.
    answer      // (string) 답변, 적절한 구두점으로 끝나야 한다.
) {
    // ...
}
```

마찬가지로 함수를 호출할 때, 특히 인수가 긴 표현식인 경우 각 인수를 그 자신의 줄에 두는 것이 유용 할 때가 있다.

```
example(
    "소프트웨어 개발을 좋아하나요?",
    "당연하지!"
);
```

두 경우 모두 코드베이스가 발전하고 함수에 세 번째 매개변수를 추가해야 하므로 새 매개변수/인수로 새 줄을 추가할 때 이전 줄에 쉼표를 추가해야 한다.

```
function example(
    question,    // (string) 질문, 물음표로 끝나야 한다.
    answer,      // (string) 답변, 적절한 구두점으로 끝나야 한다.
    required     // (boolean) 필요한 경우 강제 적용됨(기본값은 false임)
) {
    // ...
}
example(
    "소프트웨어 개발을 좋아하나요?",
    "당연하지!",
    true
);
```

이를 잊어버리는 것은 흔히 하는 실수인데, 이를 수행해야 하는 경우 쉼표를 추가했기 때문에 해당 줄과 관련이 없는 코드 변경(예: commit diffs)이 포함된 것처럼 보인다.

ES2017을 사용하면 매개변수 목록과 인수 목록 끝에 **쉼표**를 붙일 수 있다. ES2017부터 다음과 같이 함수의 매개변수가 두 개인 원래 버전을 작성할 수 있다.

```
function example(
    question,    // (string) 질문, 물음표로 끝나야 한다.
    answer,      // (string) 답변, 적절한 구두점으로 끝나야 한다.
) {
    // ...
}
```

그리고 다음과 같이 호출할 수 있다.

```
example(
    "소프트웨어 개발을 좋아하나요?",
    "당연하지!",
);
```

위 코드는 순전히 구문 변경이며 다른 것은 변경하지 않는다. 명명되지 않은 세 번째 매개변수 또는 이와 유사한 것은 없다. question과 answer만 있는 함수에는 여전히 두 개의 매개변수가 있다. 길이 속성에 반영된 그 인자 수는 여전히 2다.

나중에 세 번째 매개변수를 추가할 때 새 줄만 추가하면 된다. 기존 엔트리를 변경할 필요가 없다.

```
function example(
    question,   // (string) 질문, 물음표로 끝나야 한다.
    answer,     // (string) 답변, 적절한 구두점으로 끝나야 한다.
    required,   // (boolean) 필요한 경우 강제 적용됨(기본값은 false임)
) {
    // ...
}
example(
    "소프트웨어 개발을 좋아하나요?",
    "당연하지!",
    true,
);
```

3.5 함수 name 속성

JAVASCRIPT THE NEW TOYS

ES2015는 마침내 함수 name 속성을 표준화했으며(몇 년 동안 일부 자바스크립트 엔진에서 비표준 확장이었다) 매우 흥미롭고 강력한 방식으로 이를 수행하여 무엇보다도 익명이었던 많은 함수를 더 이상 익명이 아닌 것으로 만든다.

함수가 이름을 얻는 명백한 방법은 함수 선언 또는 명명 된 함수 표현식을 사용하는 것이다.

```
// 함수 선언
function foo() {
}
console.log(foo.name); // "foo"
// 명명된 함수 표현식
const f = function bar() {
};
console.log(f.name);    // "bar"
```

이름을 알게 된다면 목적을 파악하는 데 편리하며 특히 오류에 대한 호출 스택에서 유용하다.

흥미롭게도 **익명** 함수 표현식을 사용하더라도 함수에 이름을 지정할 수 있다. 예를 들어 표현식의 결과를 상수 또는 변수에 할당하는 경우이다.

```
let foo = function() {
};
console.log(foo.name); // "foo"
```

이것은 자바스크립트 엔진에 의한 마술 알아맞히기가 아니다. 이름이 설정되는 시기와 위치는 사양에 명확하고 신중하게 정의되어 있다.

함수를 할당할 때 변수를 선언하든 나중에 함수를 할당하든 상관없다. 중요한 것은 함수를 만들 때이다.

```
let foo;
foo = function() {
};
console.log(foo.name); // "foo"
```

화살표 함수 표현식은 익명 함수 표현식과 동일하게 작동한다.

```
let foo = () => {
};
console.log(foo.name); // "foo"
```

하지만 변수/상수 할당만이 아니다. 이름이 문맥에서 파생되는 장소가 많이 있다.

예를 들어 객체 표현식에서 익명 함수 표현식의 결과를 속성에 할당하면 함수는 속성의 이름을 가져온다(5장에서 배울 메서드 구문을 사용하는 경우에도 작동한다).

```
const obj = {
    foo: function() {
    }
};
console.log(obj.foo.name); // "foo"
```

심지어 함수를 기본 매개변수 값으로 사용할 때도 작동한다.

```
(function(callback = function() { }) {
    console.log(callback.name); // "callback"
})();
```

놀랍게도 함수의 이름을 설정하지 않는 작업이 하나 있다. 기존 객체의 객체 속성에 할당하는 것이다. 예를 들어 다음을 보자.

```
const obj = {};
obj.foo = function() {
};
console.log(obj.foo.name); // "" - 이름이 없다.
```

왜 없을까? TC39는 이와 같은 특별한 사용을 너무 많은 정보 유출로 간주했다. 앱에 사용자와 관련된 일부 비밀 정보로 키가 지정된 핸들러 캐시가 있고 핸들러를 일부 외부 코드에 전달해야 한다고 가정해 보자. 다음과 같은 핸들러를 생성한 예를 보자.

```
cache[getUserSecret(user)] = function() {};
```

함수 이름은 해당 작업에 의해 설정되었으며 핸들러 함수를 타사 코드에 제공하면 getUserSecret(user)의 값이 제공된다. 따라서 위원회는 함수 이름 설정에서 특정 작업을 의도적으로 생략했다.

3.6 블록 내 함수 선언

수년 동안 함수 선언을 블록 안에 넣는 것은 사양에 포함되지 않았지만 허용되지 않은 것은 아니었다. 자바스크립트 엔진은 이를 "허용 가능한 확장"으로 처리할 수 있다. ES2015부터 블록의 함수 선언은 사양의 일부이다. 이에 대한 표준 규칙과 웹 브라우저의 느슨한 모드에서만 적용되는 "레거시 웹 의미 체계"도 있다.

먼저 블록의 함수 선언이 무엇인지 살펴보자.

```
function simple() {
    if (someCondition) {
        function doSomething() {
        }
        setInterval(doSomething, 1000);
    }
}
simple();
```

블록 안에 함수 선언(함수 표현식이 아님)이 있다. 그런데 함수 선언은 단계별 코드 이전에 호이스트되고 처리된다. 그렇다면 블록 내부의 함수 선언은 무엇을 의미할까?

구문이 지정되지 않았지만 허용되지 않았기 때문에 자바스크립트 엔진 제작자는 엔진에서 해당 구문에 대한 자체 의미를 자유롭게 정의할 수 있었다. 당연히 이것은 다른 엔진이 다른 일을 하기 때문에 문제를 야기했다. 이전의 simple 함수는 특별히 번거롭지는 않지만 다음 코드를 살펴보자.

```javascript
function branching(num) {
    console.log(num);
    if (num < 0.5) {
        function doSomething() {
            console.log("true");
        }
    } else {
        function doSomething() {
            console.log("false");
        }
    }
    doSomething();
}
branching(Math.random());
```

ES5 세계에서는 이를 처리하는 데 최소한 세 가지 방법이 있다.

첫 번째이자 가장 확실한 옵션은 구문 오류로 만드는 것이다.

두 번째 옵션은 다음과 같이 선언이 실제로 함수 표현식인 것처럼 처리하는 것이다.

```javascript
function branching(num) {
    console.log(num);
    var doSomething;
    if (num < 0.5) {
        doSomething = function doSomething() {
            console.log("true");
        };
    } else {
        doSomething = function doSomething() {
            console.log("false");
        };
    }
    doSomething();
}
branching(Math.random());
```

이는 개발자가 의도한 임의의 숫자에 따라 true 또는 false로 기록된다.

세 번째 옵션은 동일한 범위에서 여러 개의 호이스트 선언처럼 처리하는 것이다.

```
function branching(num) {
    function doSomething() {
        console.log("true");
    }
    function doSomething() {
        console.log("false");
    }
    console.log(num);
    if (Math.random() < 0.5) {
    } else {
    }
    doSomething();
}
branching(Math.random());
```

이는 항상 false로 기록된다(동일한 범위에서 반복된 선언이 있는 경우(이것은 허용되어 있다) 마지막 선언이 승리하기 때문이다). 아마도 개발자가 의도한 것이 아닐 수 있지만(이 특정 경우), 단계별 코드의 일부로 처리되기보다는 함수 선언이 호이스트된다고 보는 것이 사실에 더 가깝다.

그렇다면 자바스크립트 엔진 제작자는 무엇을 했을까?

세 개 모두 했다.

일부 엔진(간단한 예외를 제외하고 대부분 사소한 엔진)은 옵션 1, 다른 엔진은 옵션 2, 다른 엔진은 옵션 3을 사용했다.

TC39가 블록의 함수 선언에 대한 의미를 정의하려고 했을 때, 이 세상의 중요한 코드를 무효화하지 않고 합리적이고 일관된 것을 지정하는 매우 어려운 작업을 수행했다. 그래서 TC39는 다음 두 가지를 했다.

- ES2015의 나머지 부분과 일치하는 표준 의미를 정의했다.
- 그들은 웹 브라우저의 느슨한 모드 코드에 대해서만 "레거시 웹 의미론"을 정의했다.

3.6.1 블록 내 함수 선언: 표준 의미론

가장 간단한 처리는 표준 시맨틱으로, 웹 브라우저에서도 항상 엄격 모드로 적용된다. 실수로 레거시 의미 체계에 의존하는 코드를 작성하지 않으려면 엄격 모드를 사용하는 것이 좋다. 표준 의미 체계를 사용하면 함수 선언이 let 변수에 할당된 함수 표현식으로 효과적으로 변환되고(따라서 해당 변수가 속한 블록으로 범위가 지정됨), 블록 맨 위에 올라간다. 이전의 branching 함수를 가져와서 호이스팅을 확인하기 위해 로깅을 조금 더 추가해 보겠다.

```javascript
"use strict";
function branching(num) {
    console.log(num);
    if (num < 0.5) {
        console.log("true branch, typeof doSomething = " + typeof doSomething);
        function doSomething() {
            console.log("true");
        }
    } else {
        console.log("false branch, typeof doSomething = " + typeof doSomething);
        function doSomething() {
            console.log("false");
        }
    }
    doSomething();
}
branching(Math.random());
```

엄격 모드에서 자바스크립트 엔진은 해당 코드를 다음과 같이 처리한다.

```javascript
"use strict";
function branching(num) {
    console.log(num);
    if (num < 0.5) {
        let doSomething = function doSomething() {
            console.log("true");
        };
        console.log("true branch, typeof doSomething = " + typeof doSomething);
    } else {
        let doSomething = function doSomething() {
            console.log("false");
        };
        console.log("false branch, typeof doSomething = " + typeof doSomething);
```

```
        }
        doSomething();
    }
    branching(Math.random());
```

각 선언이 console.log 호출 위의 블록 내에서 어떻게 효과적으로 호이스트되었는지 확인하자.

당연히 실행하면 실패한다. 각 블록의 doSomething이 블록 스코프이기 때문에 맨 끝에 있는 doSomething은 함수의 최상위 범위에서 선언된 식별자가 아니기 때문이다. 따라서 위 코드를 코드 3-4와 같이 실행되도록 변경하여 실행해 보자.

코드 3-4 블록 내 함수 선언: 엄격 모드 – func-decl-block-strict.js

```
    "use strict";
    function branching(num) {
        let f;
        console.log(num);
        if (num < 0.5) {
            console.log("true branch, typeof doSomething = " + typeof doSomething);
            f = doSomething;
            function doSomething() {
                console.log("true");
            }
        } else {
            console.log("false branch, typeof doSomething = " + typeof doSomething);
            f = doSomething;
            function doSomething() {
                console.log("false");
            }
        }
        f();
    }
    branching(Math.random());
```

이제 실행하면 f는 한 함수 또는 다른 함수를 참조하고 true 또는 false를 기록한다. 호이스팅 때문에 doSomething은 해당 할당이 선언 위에 있더라도 f에 할당될 때 함수를 참조한다.

3.6.2 블록의 함수 선언: 레거시 웹 의미 체계

웹 브라우저의 느슨한 모드에서는 사양의 부속서 B에 정의된 레거시 웹 의미 체계가 적용된다(일부 엔진은 이를 웹 브라우저 외부에서도 적용한다). 사양은 블록의 함수 선언을 구문 오류로 처리하지 않을 때 엔진이 이를 처리하는 다른 방식이 해당 자바스크립트 엔진의 교차점에 의해 신뢰할 수 있는 동일한 방식으로 처리된 시나리오만 의미한다는 것을 명시한다. 이 세 가지 시나리오는 다음과 같다.

1. 함수는 단일 블록 내에서만 선언되고 참조된다.
2. 함수는 단일 블록 내에서 선언되고 사용 가능하지만 동일한 블록 내에 포함되지 않은 내부 함수 정의에 의해 참조된다.
3. 함수는 단일 블록 내에서 선언되고 사용 가능하지만 후속 블록 내에서도 참조된다.

이 장에서 사용한 branching 함수의 예에서는 두 개의 다른 블록에서 동일한 이름을 사용하는 두 개의 함수 선언이 있고 해당 블록 다음에 나오는 코드에서 해당 이름을 참조하기 때문에 이 세 가지 시나리오 중 어느 것도 맞지 않다. 그러나 이러한 세 가지 시나리오 중 하나와 일치하는 레거시 느슨한 모드 코드가 있는 경우 브라우저 간 작동을 기대할 수 있다. 그렇다고 레거시 웹 의미 체계에 의존하는 **새** 코드를 작성해야 한다는 의미는 아니다. 대신 표준 시맨틱에만 의존하는 코드를 작성하자(이를 보장하기 위해 엄격 모드 사용하여 작성한다).

레거시 의미 체계는 표준 의미 체계와 거의 동일하지만 블록에서 선언된 함수에 대한 블록 내의 let 변수 외에도 포함하는 함수의 범위(또는 전역 스코프)에 var 변수가 있다. 함수 안에 있지 않다). 블록의 let과 달리 var의 할당은 블록의 맨 위에 올리지 않고 코드에서 함수 선언에 도달할 때 수행된다(이상하게 보이겠지만 표준화 이전에 주요 엔진에 걸친 행동 교차 사례 #2를 지원하기 위한 것이다).

다시 말하지만, 분기 예는 레거시 시맨틱이 해결해야 하는 일반적인 처리 목록에 맞지 않지만 레거시 시맨틱은 현재 처리 방법을 알려 준다(이전 엔진에서는 이러한 방식으로 처리되지 않을 수 있다). 함수 범위에서 doSomething var 스타일 변수, 마지막에 doSomething 호출이 작동한다. "use strict";를 사용하지 않고 함수 선언 전후에 로깅을 사용하여 예를 다시 살펴보겠다. 코드 3-5를 불러서 실행하자.

```
function branching(num) {
    console.log("num = " + num + ", typeof doSomething = " + typeof doSomething);
    if (num < 0.5) {
        console.log("true branch, typeof doSomething = " + typeof doSomething);
        function doSomething() {
            console.log("true");
        }
        console.log("end of true block");
    } else {
        console.log("false branch, typeof doSomething = " + typeof doSomething);
        function doSomething() {
            console.log("false");
        }
        console.log("end of false block");
    }
    doSomething();
}
branching(Math.random());
```

보다시피, 이번에는 마지막에 doSomething이 범위를 벗어나지 않는다. 느슨한 모드에서 자바스크립트 엔진은 이를 다음과 같이 효과적으로 처리한다(물론 varDoSomething과 letDoSomething은 모두 단순히 doSomething이다).

```
function branching(num) {
    var varDoSomething;
    console.log("num = " + num + ", typeof doSomething = " + typeof varDoSomething);
    if (num < 0.5) {
        let letDoSomething = function doSomething() {
            console.log("true");
        };
        console.log("true branch, typeof doSomething = " + typeof letDoSomething);
        varDoSomething = letDoSomething; // 선언이 있던 곳
        console.log("end of true block");
    } else {
        let letDoSomething = function doSomething() {
            console.log("false");
        };
        console.log("false branch, typeof doSomething = " + typeof letDoSomething);
        varDoSomething = letDoSomething; // 선언이 있던 곳
        console.log("end of false block");
    }
```

```
        varDoSomething();
    }
    branching(Math.random());
```

함수는 함수 범위 var 변수에 할당되므로 블록 외부에서 접근할 수 있다. 그러나 선언은 여전히 블록 내에 들어 있다.

다시 말하지만 이러한 레거시 의미 체계에 의존하는 새 코드를 작성하지 않는 것이 가장 좋다. 대신 엄격 모드를 일관되게 유지해야 한다.

3.7 / 과거 습관을 새롭게

이러한 새로운 기능으로 개선할 수 있는 과거 습관이 많이 있다.

3.7.1 다양한 값 대신 화살표 함수 사용 해결 방법

과거 습관: 콜백에서 호출 컨텍스트 this에 접근할 수 있는 다양한 해결 방법은 다음과 같다.

- 변수 사용, 즉 var self = this;

- Function.prototype.bind 사용

- 지원한다면 함수의 thisArg 매개변수 사용

예를 들어 보면 다음 코드와 같다.

```
// 변수 사용
var self = this;
this.entries.forEach(function(entry) {
    if (entry.matches(str)) {
        self.appendEntry(entry);
    }
});

// Function.prototype.bind 사용
```

```
    this.entries.forEach(function(entry) {
        if (entry.matches(str)) {
            this.appendEntry(entry);
        }
    }.bind(this));

    // 'thisArg' 사용
    this.entries.forEach(function(entry) {
        if (entry.matches(str)) {
            this.appendEntry(entry);
        }
    }, this);
```

새로운 습관: 화살표 함수 사용

```
    this.entries.forEach(entry => {
        if (entry.matches(str)) {
            this.appendEntry(entry);
        }
    });
```

3.7.2 this 또는 인수를 사용하지 않을 때 콜백에 화살표 함수 사용

과거 습관: this 또는 인수를 사용하지 않는 콜백에 기존 함수 사용(선택의 여지가 없기 때문이다)

```
    someArray.sort(function(a, b) {
        return a - b;
    });
```

새로운 습관: 콜백이 this 또는 인수를 사용하지 않는 경우 화살표 함수를 사용하자. 화살표 함수가 더 가볍고 간결하다.

```
    someArray.sort((a, b) => a - b);
```

대부분의 배열 콜백(예: sort, forEach, map, reduce, …), 문자열 replace 호출의 콜백, 프라미스 생성과 이행 콜백(8장에서 프라미스에 대해 배운다), 다른 많은 콜백은 일반적으로 화살표 함수가 될 수 있다.

3.7.3 다른 곳에서도 화살표 함수 고려

과거 습관: (다시) 선택의 여지가 없었기 때문에 모든 것에 전통적인 함수를 사용한다.

새로운 습관: 콜백이 아니더라도 화살표 함수를 사용하는 것이 타당한지 고려하자. 이것은 주로 스타일의 문제다. 예를 들어 입력 문자열에서 초기 제한 문자열을 생성하는 다음 함수를 살펴보자.

```
function initialCap(str) {
    return str.charAt(0).toUpperCase() + str.substring(1);
}
```

다음의 화살표 함수 버전과 비교해 보자.

```
const initialCap = str =>
    str.charAt(0).toUpperCase() + str.substring(1);
```

이론적으로 화살표 함수는 기존 함수와 관련된 단점이 없다. 또한 해당 예에서와 같이 const를 사용하여 식별자가 재할당되는 것을 방지할 수 있다(또는 이를 방지하지 않으려면 let을 사용하자).

물론 전통적인 함수는 없어지지 않는다. 호이스팅은 때때로 유용하며, 일부는 함수 키워드 플래그업 기능을 선호하며, 간결함을 추구한다면 주목할 가치가 있다.

```
let x = () => { /* ... */ };
```

앞의 코드는 다음 코드보다 약간 길다.

```
function x() { /* ... */ }
```

당연하지만 다음 코드가 제일 짧다.

```
let x=()=>{ /* ... */ };
```

여러분(또는 여러분의 팀)의 스타일 선호도에 달려 있다.

3.7.4 호출자가 이 값을 제어해야 할 때 화살표 함수를 사용하지 말라

과거 습관: 호출자가 이것이 무엇인지 제어하는 것이 중요한 콜백으로 전통적인 함수를 사용한다.

새로운 습관: 음… 계속 그렇게 하자.

때로는 호출자가 이것이 무엇인지 설정하는 것이 중요하다. 예를 들어, jQuery를 사용하는 브라우저 코드에서 jQuery가 콜백에서 이것이 무엇인지 제어하기를 원한다. 또는 콜백을 호출할 때 요소를 참조하도록 this를 설정해서(대신 이벤트 객체의 currentTarget 속성을 사용할 수 있다) addEventListener로 연결한 DOM 이벤트에 응답할 때도 마찬가지다. 그리고 호출될 때 this를 설정하도록 허용하는 것이 중요해서 객체 간에 공유되는 객체 메서드를 정의할 때(예를 들면 프로토타입에 있기 때문에)도 마찬가지다.

따라서 화살표 함수로 전환하는 것이 어떤 경우에는 유용하지만 때로는 오래된 전통적인 함수 (또는 4장과 5장에서 배울 메서드 구문)가 원하는 것이다.

3.7.5 기본값을 제공하는 코드 대신 기본 매개변수 값 사용

과거 습관: 함수 내에서 코드를 사용하여 매개변수에 대한 기본값을 제공한다.

```
function doSomething(delay) {
    if (delay === undefined) {
        delay = 300;
    }
    // ...
}
```

새로운 습관: 가능하면 기본 매개변수 값을 대신 사용하자.

```
function doSomething(delay = 300) {
    // ...
}
```

3.7.6 인수 키워드 대신 나머지 매개변수 사용

과거 습관: 다양한 수의 인수를 받아들이는 함수에서 인수 의사 배열을 사용한다.

새로운 습관: 나머지 매개변수를 사용하자.

3.7.7 보증된 경우 후행 쉼표 고려

과거 습관: 매개변수 목록 및 함수 호출에 후행 쉼표를 포함하지 않는다(허용되지 않았기 때문이다).

```
function example(
    question,    // (string) 질문, 물음표로 끝나야 한다.
    answer       // (string) 답변, 적절한 구두점으로 끝나야 한다.
) {
    // ...
}
// ...
example(
    "소프트웨어 개발을 좋아하나요?",
    "당연하지!");
```

새로운 습관: 본인/팀의 스타일에 따라 후행 쉼표 사용을 고려할 수 있으므로 코드가 발전함에 따라 추가 매개변수/인수를 추가할 때 마지막 매개변수 또는 인수를 정의하는 행을 변경할 필요가 없다.

```
function example(
    question,    // (string) 질문, 물음표로 끝나야 한다.
    answer,      // (string) 답변, 적절한 구두점으로 끝나야 한다.
) {
    // ...
}
// ...
example(
    "소프트웨어 개발을 좋아하나요?",
    "당연하지!"
);
```

그러나 이것은 스타일의 문제다.

4^장

클래스

이 장의 내용

- 클래스란 무엇인가?
- 새로운 class 구문 소개
- 이전 구문과 비교
- 서브클래스 만들기
- 메서드와 속성 상속(프로토타입과 정적)
- 상속된 메서드와 속성 접근
- 내장 객체 서브 클래싱
- 계산된 메서드 이름
- Object.prototype 제외
- new.target의 정의와 사용 이유
- 18장에서 더 자세히 배울 것들

이 장의 코드 다운로드

이 장의 코드는 https://thenewtoys.dev/bookcode 또는 https://www.wiley.com/go/javascript-newtoys에서 다운로드할 수 있다.

이 장에서는 자바스크립트 생성자와 관련 프로토타입 객체를 생성하기 위한 class 구문이 작동하는 방식을 배운다. 새 구문을 이전 구문과 비교 및 대조하고, 여전히 자바스크립트가 프로토타입 상속 방식으로 유명함을 강조하고 새 구문이 얼마나 강력하고 간단한지 살펴본다. 내장 객체의 서브클래스(Array나 Error 같이 ES5와 이전 버전에서 서브클래스화할 수 없는 서브클래스 포함)를 포함하여 서브클래스를 만드는 방법, super의 작동 원리, new.target의 용도 및 사용 방법을 배울 것이다.

이 장에서는 공용 클래스 필드, 프라이빗 클래스 필드와 프라이빗 메서드 등 ES2020 또는 ES2021에서 제공되는 기능에 대해서는 다루지 않는다. 이에 대한 내용은 18장을 참고한다.

4.1 / 클래스란 무엇인가?

새로운 구문을 보기 전에 누구나 알고 있지만 누구도 얘기하지 않는 것에 대해 살펴보겠다. 자바스크립트에는 실제로 클래스가 없다. 그렇지 않은가? 자바스크립트는 단지 프로토타입으로 클래스를 모사한다. 맞는 말인가?

사람들이 자바나 C# 같은 클래스 기반 언어에서 제공하는 클래스 유형을 컴퓨터 과학 용어로서 클래스의 일반적인 개념과 혼동하기 때문에 흔히들 이렇게 인식한다. 하지만 클래스는 대체로 이러한 종류의 언어가 제공하는 정적인 구조 이상이다. 좀 더 일반적인 의미에서 언어가 클래스를 가지려면 캡슐화(데이터와 메서드를 함께 묶음[1])와 상속, 이렇게 이 둘을 제공해야 한다. 클래스를 갖는다는 것은 클래스 기반과 같지 않으며 언어가 캡슐화 및 상속을 지원한다는 의미이다. 프로토타입 언어는 자바스크립트가 발명되기 전부터 클래스를 가질 수 있었다. 두 번째 요구 사항(상속)을 제공하는 데 사용하는 메커니즘은 프로토타입 객체이다.

자바스크립트는 항상 여러분이 찾을 수 있는 가장 객체 지향적인 언어이다. 적어도 ECMAScript 1 이후로 클래스와 같은 방식으로 작업을 수행할 수 있었다. ES5가 상속을 직접 지원하기 위해 `Object.create`를 추가할 때까지(헬퍼 함수로 `Object.create`를 만들 수도 있다) 컴퓨터 과학 관점에서는 클래스가 없다고 주장할 수 있다. 또는 ES5조차도 선언적 구조와 슈퍼클래스 메서드를 참조하는 간단한 방법이 없기 때문에 자격이 없다고 주장할 수도 있다.

이제는 이러한 논쟁을 멈출 수 있다. ES2015부터는 어떠한 문제도 제기되지 않는다. 자바스크립트에는 클래스가 있다!

최신 자바스크립트에서 어떻게 작동하는지 살펴보겠다. 이 과정에서 새 구문을 ES5와 그 이전 구문과 비교할 것이다.

---

1 캡슐화라는 용어는 데이터 숨김(개인 속성 등)을 지칭할 수도 있지만 언어에 "클래스"가 있을 필요는 없다(한편, 자바스크립트는 12장에서 배우게 될 클로저와 WeakMap을 통해 데이터 숨김을 제공하고 곧 18장에서 배우게 될 프라이빗 필드를 통해 제공한다).

4.2 새로운 클래스 문법 소개

코드 4-1은 인스턴스가 RGB로 표현된 class의 기본적인 예를 보여 준다(여기서 목표는 전체 구문을 표시하는 것이므로 목록에는 일부 메서드 본문 코드가 생략되어 있다. 메서드 코드는 다운로드한 예제 파일에 있다. 이 코드는 실행할 수 있으며 나중에 나온다).

코드 4-1 기본 클래스 문법의 클래스 – basic–class.js

```javascript
class Color {
    constructor(r = 0, g = 0, b = 0) {
        this.r = r;
        this.g = g;
        this.b = b;
    }

    get rgb() {
        return "rgb(" + this.r + ", " + this.g + ", " + this.b + ")";
    }

    set rgb(value) {
        // ...나중에 나옴...
    }

    toString() {
        return this.rgb;
    }

    static fromCSS(css) {
        // ...나중에 나옴...
    }
}

let c = new Color(30, 144, 255);
console.log(String(c));         // "rgb(30, 144, 255)"
c = Color.fromCSS("00A");
console.log(String(c));         // "rgb(0, 0, 170)"
```

위 코드는 다음과 같이 클래스를 정의한다.

- 생성자

- 세 가지 **데이터 속성**(r, g, b)

- **접근자 속성**(rgb)

- **프로토타입 메서드**(toString, 일반적으로 인스턴스를 통해 접근하기 때문에 **인스턴스 메서드**라고도 하지만 **프로토타입 메서드**가 더 정확하다. 실제 **인스턴스 메서드**는 프로토타입에서 상속되지 않고 인스턴스에만 존재한다)

- **정적 메서드**(fromCSS, 종종 **클래스 메서드**라고도 한다)

부분별로 나누어서 만들어 보자.

가장 먼저 작성해야 할 것은 클래스 정의 자체다. 보다시피 새로운 구조다. 함수와 마찬가지로 선언 또는 표현식으로 클래스를 정의한다.

```
// 클래스 정의
class Color {
}

// 익명 클래스 정의
let Color = class {
};

// 클래스 정의
let C = class Color {
};
```

지금은 선언을 고수하고 나중에 표현식으로 돌아올 것이다.

클래스 선언은 함수 선언처럼 호이스팅되지 않는다. 대신 2장에서 배운 임시 데드존으로 완성된 let 및 const 선언과 같이 호이스팅(또는 준 호이스팅)된다. 초기화가 아닌 식별자만 호이스팅된다. let 및 const와 마찬가지로 전역 스코프에서 클래스를 선언하면 클래스의 식별자는 전역이지만 전역 객체의 속성이 아니다.

4.2.1 생성자 추가

지금까지 작성한 것만으로도 클래스에 명시적인 생성자를 만들어지지 않았지만 기본 생성자가 있다. 기본 생성자에 대해서는 잠시 후 자세히 설명한다. 지금은 실제로 어떤 일을 하는 클래스에 생성자를 추가해 보겠다. 다음과 같이 생성자 정의에서 생성자에 대한 코드를 정의한다.

```
class Color {
    constructor(r = 0, g = 0, b = 0) {
        this.r = r;
        this.g = g;
        this.b = b;
    }
}
```

위 코드는 클래스의 식별자인 Color와 연관될 함수를 정의한다. 그럼 한번 살펴보자. function이라는 키워드는 사용하지 않고 constructor라고만 적었고, 여는 괄호, 매개변수 목록(r, g, b), 닫는 괄호, 정의할 중괄호만 사용했다. 생성자 본문, 즉 해당 중괄호 내의 생성자 코드를 작성했다 (실제 코드에서는 r, g, b 값의 유효성을 검사할 수 있다. 짧게 유지하기 위해 예에서 제외했다).

> **Note ☰** 생성자 정의의 닫는 중괄호 뒤에는 세미콜론이 없다. 클래스 본문의 생성자 및 메서드 정의는 선언과 비슷하며 뒤에 세미콜론이 없다(세미콜론은 존재하는 경우 허용된다. 문법은 이러한 쉬운 실수를 구문 오류로 만들지 않도록 특별히 허용한다).

ES5 및 이전 버전에서는 다음과 같이 생성자를 정의했을 것이다.

```
// 이전까지(~ES5)와 거의 동등한 코드
function Color(r, g, b) {
    // ...
}
```

하지만 클래스 선언은 함수 선언처럼 호이스트되지 않기 때문에 정확히 동일하지는 않다. 변수에 할당된 함수 표현식과 비슷하다.

```
// 이전까지(~ES5)와 거의 동등한 코드
var Color = function Color(r, g, b) {
    // ...
};
```

여기서 주목해야 할 한 가지는 클래스 구문을 사용하여 클래스 전체에 대한 구조를 작성하고 생성자 정의를 그 안에 별도로 작성하는 반면, 이전 구문에서는 방금 함수를 정의했다(함수이든 클래스의 생성자이든 상관없이 사용 방법에 따라 결정된다). 새 구문은 이와 유사하므로 동일한 컨테이너(클래스 구성) 내에서 클래스의 다른 측면을 선언적으로 정의할 수 있다.

앞서 언급했듯이 명시적 생성자를 제공하는 것은 선택 사항이다. Color 클래스는 x, y, z 속성을 설정하지 않는 것 외에는 완벽하게 유효하다. 생성자를 제공하지 않으면 자바스크립트 엔진은 마치 클래스에 있는 것처럼 정확하게 아무것도 하지 않는 생성자를 생성한다(나중에 배우게 될 서브클래스에서는 뭔가를 한다).

```
constructor() {
}
```

생성자는 함수이지만 객체 생성 프로세스의 일부로만 호출할 수 있다. 생성자 함수를 실행하려면 new를 사용한 결과(서브클래스에서 new를 사용하여 직접 또는 간접적으로) 또는 Reflect.construct 호출의 결과이어야 한다(14장에서 배울 것이다). 객체를 생성하지 않을 때 호출하려고 하면 오류가 발생한다.

```
Color();        // TypeError: Class constructor Color cannot
                // be invoked without 'new'
```

이는 이전 구문이 처리하지 못했던 생성자 함수를 new 없이도 호출될 수 있어 매우 혼란스러운 버그(이를 방지하기 위해서는 다량의 코드가 필요하다) 모두를 해결한다.

ES5 Color 예에 "비대해진 코드"를 추가하여 new를 통한 호출을 제외하고는 (다소) 호출을 허용하지 않도록 한다.

```
// 이전까지(~ES5)와 거의 동등한 코드
var Color = function Color(r, g, b) {
    if (!(this instanceof Color)) {
        throw new TypeError(
            "Class constructor Color cannot be invoked without 'new'"
        );
    }
    // ...
};
```

실제로 객체 생성 프로세스의 일부로 호출되도록 강요하지는 않지만(기존 객체와 함께 Color.call 또는 Color.apply를 통해 호출할 수 있음) 적어도 시도를 한다.

최소한의 클래스에서도 이미 상용구 코드를 줄이면서 새 구문을 사용하여 견고성 측면에서 실질적인 이점을 얻고 있음을 알 수 있다.

클래스 내부의 코드는 주변 코드가 아니더라도 항상 엄격 모드다. 따라서 ES5 예를 자세히 살펴보려면 모든 것을 스코프 지정 함수로 래핑하고 그 안에서 엄격 모드를 사용해야 한다. ES5 예를 더 복잡하게 만들지 말고 코드가 이미 엄격한 모드에 있다고 가정하자.

4.2.2 인스턴스 속성 추가

적어도 지금은 클래스의 새 인스턴스에 속성을 설정하는 표준 방법은 ES5에서와 같이 생성자에서 속성을 할당하는 것이다.

```
class Color {
    constructor(r = 0, g = 0, b = 0) {
        this.r = r;
        this.g = g;
        this.b = b;
    }
}
```

이러한 속성은 기본 할당을 통해 생성되기 때문에 구성, 쓰기, 열거가 가능하다.

당연히 매개변수에서 가져온 속성에 추가하여(또는 대신에) 생성자 인수에서 가져오지 않는 속성을 설정할 수 있다. 리터럴이나 다른 곳에서 가져온 값만 사용하면 된다. 예를 들어 모든 Color 인스턴스가 검은색으로 시작되도록 하려면 r, g, b 매개변수를 생략하고 r, g, b 속성이 모두 0 값으로 시작하도록 할 수 있다.

```
class Color {
    constructor() {
        this.r = 0;
        this.g = 0;
        this.b = 0;
    }
}
```

Note ≡ 18장에서는 ES2020 또는 ES2021에 포함될 가능성이 있지만 이미 트랜스파일을 통해 널리 사용되는 기능인 공용 클래스 필드(속성) 선언에 대해 알아본다.

4.2.3 프로토타입 메서드 추가

이제 모든 인스턴스가 접근할 수 있도록 클래스의 프로토타입 객체에 배치할 메서드를 추가해 보겠다.

```
class Color {
    constructor(r = 0, g = 0, b = 0) {
        this.r = r;
        this.g = g;
        this.b = b;
    }

    toString() {
        return "rgb(" + this.r + ", " + this.g + ", " + this.b + ")";
    }
}
```

생성자 정의와 toString 정의 사이에는 쉼표가 없다. 객체 리터럴에 있는 경우와 마찬가지다. 클래스 정의는 객체 리터럴과 다르다. 쉼표로 구분하지 않는다(그렇게 하면 구문 오류가 발생한다).

이전에 표시된 메서드 구문은 메서드를 Color.prototype 객체에 배치하므로 클래스의 인스턴스는 프로토타입에서 해당 메서드를 상속한다.

```
const c = new Color(30, 144, 255);
console.log(c.toString());                 // "rgb(30, 144, 255)"
```

새 구문을 ES5에서 일반적으로 프로토타입 함수가 추가되는 방식과 비교해 보자.

```
// 이전까지(~ES5)와 거의 동등한 코드
Color.prototype.toString = function toString() {
    return "rgb(" + this.r + ", " + this.g + ", " + this.b + ")";
};
```

새로운 구문인 ES2015의 **메서드 구문**은 더 선언적이고 간결하다. 또한 함수를 메서드로 구체적으로 표시하여 간단한 함수로는 가질 수 없는 기능에 접근할 수 있도록 한다(예: 나중에 배울 super). 새로운 구문은 또한 메서드를 열거 불가능하게 만든다. 이는 프로토타입의 메서드에 대한 합리적인 기본값으로, 이전에 표시된 ES5 버전은 그렇지 않다(ES5 코드에서 열거할 수 없게 하려면 할당을 사용하는 대신 Object.defineProperty로 정의해야 한다).

또한 메서드는 정의에 따라 생성자 함수가 아니므로 자바스크립트 엔진은 prototype 속성 및 관련 객체를 그 위에 배치하지 않는다.

```
class Color {
    // ...
    toString() {
        // ...
    }
}
const c = new Color(30, 144, 255);
console.log(typeof c.toString.prototype); // "undefined"
```

메서드는 생성자가 아니므로 new를 통해 메서드를 호출하려고 하면 오류가 발생한다.

반대로 ES5에서는 엔진이 알고 있는 한 모든 함수를 생성자로 사용할 수 있으므로 객체가 첨부 된 prototype 속성을 제공해야 한다.

```
// 이전까지(~ES5)와 거의 동등한 코드
var Color = function Color(r, g, b) {
    // ...
};
Color.prototype.toString = function toString() {
    // ...
};
var c = new Color(30, 144, 255);
console.log(typeof c.toString.prototype); // "object"
```

이론적으로 메서드 구문은 이전 함수 구문보다 메모리 효율성이 높다. 실제로 자바스크립트 엔진이 ES5 메서드에서도 불필요한 프로토타입 속성을 이미 최적화할 수 있었다면 놀라운 일이 아니다.

4.2.4 정적 메서드 추가

Color 클래스를 빌드할 때 지금까지 생성자, 몇 가지 인스턴스 속성 및 프로토타입 메서드를 보았다. 프로토타입 대신 Color 자체에 연결된 메서드인 **정적 메서드**를 추가해 보겠다.

```
class Color {
    // ...

    static fromCSS(css) {
```

```
        const match = /^#?([0-9a-f]{3}|[0-9a-f]{6});?$/i.exec(css);
        if (!match) {
            throw new Error("Invalid CSS code: " + css);
        }
        let vals = match[1];
        if (vals.length === 3) {
            vals = vals[0] + vals[0] + vals[1] + vals[1] + vals[2] + vals[2];
        }
        return new this(
            parseInt(vals.substring(0, 2), 16),
            parseInt(vals.substring(2, 4), 16),
            parseInt(vals.substring(4, 6), 16)
        );
    }
}
```

> **Note ≡** 특별한 정적 메서드 fromCSS는 클래스의 새 인스턴스를 만들고 반환한다. 분명히 모든 정적 메서드가 그렇게 하는 것은 아니지만 이 메서드는 그렇다. 이 예에서 그렇게 하는 방법은 new this(/ *··· * /)를 호출하는 것인데, Color.fromCSS(/ *··· * /)를 호출할 때 평소와 같이 호출 내에서 이 객체가 속성(Color)에서 접근되었으므로 new this(/ *··· * /)는 new Color(/ *··· * /)와 동일하다. 나중에 서브클래스에 관한 절에서 적절한 경우에 사용할 수 있는 대안에 대해 알아본다.

static 키워드는 자바스크립트 엔진이 Color.prototype이 아닌 Color 자체에 해당 메서드를 배치하도록 지시한다. Color에서 직접 호출한다.

```
const c = Color.fromCSS("#1E90FF");
console.log(c.toString());          // "rgb(30, 144, 255)"
```

이전 ES5에서는 Color 함수의 속성에 할당하여 이 작업을 수행했을 것이다.

```
Color.fromCSS = function fromCSS(css) {
    // ...
};
```

프로토타입 메서드와 마찬가지로 메서드 구문을 사용한다는 것은 fromCSS에 객체가 할당된 프로토타입 속성이 없다는 것을 의미한다. 이 속성은 ES5 버전이 생성자로서 호출할 수 없다.

4.2.5 접근자 속성 추가

Color 클래스에 **접근자 속성**을 추가해 보겠다. 접근자 속성은 getter 메서드, setter 메서드 또는 둘 다 모두가 있는 속성이다. Color의 경우 색상을 표준 rgb(r, g, b) 문자열로 가져오는 rgb 속성을 제공하고 문자열 자체를 만드는 대신 해당 속성을 사용하도록 toString 메서드를 추가하겠다.

```
class Color {
    // ...

    get rgb() {
        return "rgb(" + this.r + ", " + this.g + ", " + this.b + ")";
    }

    toString() {
        return this.rgb;
    }
}
let c = new Color(30, 144, 255);
console.log(c.rgb);              // "rgb(30, 144, 255)"
```

보다시피 이것은 ES5의 객체 리터럴에 접근자를 정의하는 것과 같다. 결과에는 한 가지 작은 차이가 있다. class 구문의 접근자 속성은 열거할 수 없다. 이는 프로토타입에 정의된 엔트리에 대해 의미가 있는 반면 객체 리터럴에 정의된 접근자 속성은 열거할 수 있다.

지금까지 Color의 rgb 접근자는 읽기 전용이다(setter가 없는 getter). setter를 추가하려면 set 메서드도 정의해야 한다.

```
class Color {
    // ...

    get rgb() {
        return "rgb(" + this.r + ", " + this.g + ", " + this.b + ")";
    }

    set rgb(value) {
        let s = String(value);
        let match = /^rgb\((\d{1,3}),(\d{1,3}),(\d{1,3})\)$/i.exec(
            s.replace(/\s/g, "")
        );
        if (!match) {
            throw new Error("Invalid rgb color string '" + s + "'");
```

```
        }
        this.r = parseInt(match[1], 10);
        this.g = parseInt(match[2], 10);
        this.b = parseInt(match[3], 10);
    }

    // ...
}
```

이제 rgb를 설정하고 가져올 수 있다.

```
let c = new Color();
console.log(c.rgb);              // "rgb(0, 0, 0)"
c.rgb = "rgb(30, 144, 255)";
console.log(c.r);               // 30
console.log(c.g);               // 144
console.log(c.b);               // 255
console.log(c.rgb);             // "rgb(30, 144, 255)"
```

ES5에서 접근자를 정의하고자 (해당 객체를 새 객체로 바꾸는 대신) prototype 속성을 사용해 기존 객체에 접근자를 추가하려 한다면 이는 다소 성가십니다.

```
// 이전까지(~ES5)와 거의 동등한 코드
Object.defineProperty(Color.prototype, "rgb", {
    get: function() {
        return "rgb(" + this.r + ", " + this.g + ", " + this.b + ")";
    },
    set: function(value) {
        // ...
    },
    configurable: true
});
```

드문 사용 사례일 수 있지만 정적 접근자 속성을 정의할 수도 있다. 앞에 static이 있는 접근자를 정의하기만 하면 된다.

```
class StaticAccessorExample {
    static get cappedClassName() {
        return this.name.toUpperCase();
    }
}
console.log(StaticAccessorExample.cappedClassName); // STATICACCESSOREXAMPLE
```

4.2.6 계산된 메서드 이름

경우에 따라 코드에서 문자 그대로 제공되는 대신 런타임에 결정되는 이름으로 메서드를 만들고 싶을 때가 있다. 이는 5장에서 배우게 될 **심볼**(symbol)을 사용할 때 특히 중요하다. ES5에서는 대괄호 속성 접근자 구문을 사용하여 쉽게 수행할 수 있었다.

```
// 기존(~ES5) 예
var name = "foo" + Math.floor(Math.random() * 1000);
SomeClass.prototype[name] = function() {
    // ...
};
```

ES2015에서는 메서드 구문으로 거의 동일한 작업을 수행할 수 있다.

```
let name = "foo" + Math.floor(Math.random() * 1000);
class SomeClass {
    [name]() {
        // ...
    }
}
```

메서드 이름 주위의 대괄호에 유의하자. 속성 접근자에서와 똑같은 방식으로 작동한다.

- 그 안에 어떤 표현이든 넣을 수 있다.

- 클래스 정의가 평가 될 때 식이 평가된다.

- 결과가 문자열이나 심볼이 아닌 경우(5장) 문자열로 변환된다.

- 결과가 메서드 이름으로 사용된다.

정적 메서드 및 접근자 속성 메서드도 계산된 이름을 가질 수 있다. 다음은 곱셈식의 결과에서 이름을 가져오는 정적 메서드의 예이다.

```
class Guide {
    static [6 * 7]() {
        console.log("Life, the Universe, and Everything");
    }
}
Guide["42"](); // "Life, the Universe, and Everything"
```

4.3 기존 문법과 비교

이 장에서 이미 새 구문과 이전 구문을 비교해 보았지만 ES2015 구문의 전체 Color 클래스 정의를 거의 동등한 ES5 버전과 비교해 보자. 코드 4-2를 코드 4-3과 비교하자.

코드 4-2 클래스 구문의 전체 기본 클래스 - full-basic-class.js

```javascript
class Color {
    constructor(r = 0, g = 0, b = 0) {
        this.r = r;
        this.g = g;
        this.b = b;
    }

    get rgb() {
        return "rgb(" + this.r + ", " + this.g + ", " + this.b + ")";
    }

    set rgb(value) {
        let s = String(value);
        let match = /^rgb\((\d{1,3}),(\d{1,3}),(\d{1,3})\)$/i.exec(
            s.replace(/\s/g, "")
        );
        if (!match) {
            throw new Error("Invalid rgb color string '" + s + "'");
        }
        this.r = parseInt(match[1], 10);
        this.g = parseInt(match[2], 10);
        this.b = parseInt(match[3], 10);
    }

    toString() {
        return this.rgb;
    }

    static fromCSS(css) {
        const match = /^#?([0-9a-f]{3}|[0-9a-f]{6});?$/i.exec(css);
        if (!match) {
            throw new Error("Invalid CSS code: " + css);
        }
        let vals = match[1];
        if (vals.length === 3) {
```

```
                vals = vals[0] + vals[0] + vals[1] + vals[1] + vals[2] + vals[2];
            }
            return new this(
                parseInt(vals.substring(0, 2), 16),
                parseInt(vals.substring(2, 4), 16),
                parseInt(vals.substring(4, 6), 16)
            );
        }
    }

    // 사용법:
    let c = new Color(30, 144, 255);
    console.log(String(c));            // "rgb(30, 144, 255)"
    c = Color.fromCSS("00A");
    console.log(String(c));            // "rgb(0, 0, 170)"
```

코드 4-3 예전 방식의 기본 클래스 – full-basic-class-old-style.js

```
"use strict";
var Color = function Color(r, g, b) {
    if (!(this instanceof Color)) {
        throw new TypeError(
            "Class constructor Color cannot be invoked without 'new'"
        );
    }
    this.r = r || 0;
    this.g = g || 0;
    this.b = b || 0;
};

Object.defineProperty(Color.prototype, "rgb", {
    get: function() {
        return "rgb(" + this.r + ", " + this.g + ", " + this.b + ")";
    },
    set: function(value) {
        var s = String(value);
        var match = /^rgb\(((\d{1,3}),(\d{1,3}),(\d{1,3})\)$/i.exec(
            s.replace(/\s/g, "")
        );
        if (!match) {
            throw new Error("Invalid rgb color string '" + s + "'");
        }
        this.r = parseInt(match[1], 10);
        this.g = parseInt(match[2], 10);
```

130

```
            this.b = parseInt(match[3], 10);
        },
        configurable: true
    });

    Color.prototype.toString = function() {
        return this.rgb;
    };
    Color.fromCSS = function(css) {
        var match = /^#?([0-9a-f]{3}|[0-9a-f]{6});?$/i.exec(css);
        if (!match) {
            throw new Error("Invalid CSS code: " + css);
        }
        var vals = match[1];
        if (vals.length === 3) {
            vals = vals[0] + vals[0] + vals[1] + vals[1] + vals[2] + vals[2];
        }
        return new this(
            parseInt(vals.substring(0, 2), 16),
            parseInt(vals.substring(2, 4), 16),
            parseInt(vals.substring(4, 6), 16)
        );
    };

    // 사용법:
    var c = new Color(30, 144, 255);
    console.log(String(c));            // "rgb(30, 144, 255)"
    c = Color.fromCSS("00A");
    console.log(String(c));            // "rgb(0, 0, 170)"
```

JAVASCRIPT THE NEW TOYS

4.4 서브클래스 만들기

새로운 문법은 기본 클래스에도 유용하지만 실제로는 서브클래스와 함께 사용할 때 더욱 유용하다. ES5에서 생성자의 상속을 설정하는 것은 상당히 복잡하고 오류가 발생하기 쉽다. 서브클래스에서 메서드의 "super" 버전을 사용하는 것은 훨씬 더 그렇다. class 구문을 사용하면 모든 어려움이 사라진다.

불투명도 속성을 사용하여 ColorWithAlpha[2]라는 Color의 서브클래스를 만들어 보겠다.

```
class ColorWithAlpha extends Color {
}
```

그렇다. 위의 코드가 서브클래스를 생성하기 위해 해야 하는 작업의 전부이다. 다음과 같은 작업을 수행한다.

- ColorWithAlpha 서브클래스 생성자를 만든다.
- Color(슈퍼클래스 생성자 함수) ColorWithAlpha의 프로토타입을 만들어 Color의 모든 정적 속성/메서드를 ColorWithAlpha에서 접근할 수 있도록 한다(이 부분은 다시 다룰 것이다. Function.prototype 이외의 프로토타입을 갖는 함수의 개념은 새롭고 약간 놀랍게 보일 수 있다).
- 서브클래스 프로토타입 객체인 ColorWithAlpha.prototype을 만든다.
- Color.prototype을 객체의 프로토타입으로 만들어 새로운 ColorWithAlpha로 만든 객체가 슈퍼클래스 속성과 메서드를 상속하도록 한다.

그림 4-1은 Color/ColorWithAlpha 관계를 보여 준다. 즉, 생성자 함수에 대한 상속한 관계(ColorWithAlpha에서 Color에서 Function.prototype에서 Object.prototype으로)와 해당 생성자로 생성된 객체에 대한 병렬 상속 관계(ColorWithAlpha.prototype에서 Color.prototype에서 Object.prototype으로)를 보여 준다.

❤ 그림 4-1

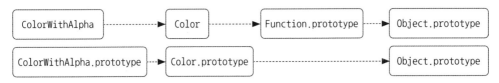

코드 4-4를 실행하여 서브클래스의 기본이 단순한 선언만으로 설정되었는지 확인하자.

코드 4-4 기본 서브클래스와 클래스 - class-and-basic-subclass.js

```
class Color {
    constructor(r = 0, g = 0, b = 0) {
        this.r = r;
```

---

2 왜 "알파"일까? ColorWithAlpha는 RGBA를 사용한다. RGBA에서 A는 투명도 정보가 저장/전송되는 "알파 채널"을 의미하는 "알파"를 의미한다.

```
        this.g = g;
        this.b = b;
    }

    get rgb() {
        return "rgb(" + this.r + ", " + this.g + ", " + this.b + ")";
    }

    set rgb(value) {
        let s = String(value);
        let match = /^rgb\((\d{1,3}),(\d{1,3}),(\d{1,3})\)$/i.exec(
            s.replace(/\s/g, "")
        );
        if (!match) {
            throw new Error("Invalid rgb color string '" + s + "'");
        }
        this.r = parseInt(match[1], 10);
        this.g = parseInt(match[2], 10);
        this.b = parseInt(match[3], 10);
    }

    toString() {
        return this.rgb;
    }

    static fromCSS(css) {
        const match = /^#?([0-9a-f]{3}|[0-9a-f]{6});?$/i.exec(css);
        if (!match) {
            throw new Error("Invalid CSS code: " + css);
        }
        let vals = match[1];
        if (vals.length === 3) {
            vals = vals[0] + vals[0] + vals[1] + vals[1] + vals[2] + vals[2];
        }
        return new this(
            parseInt(vals.substring(0, 2), 16),
            parseInt(vals.substring(2, 4), 16),
            parseInt(vals.substring(4, 6), 16)
        );
    }
}

class ColorWithAlpha extends Color {
```

```
}

// 사용법:
const c = new ColorWithAlpha(30, 144, 255);
console.log(String(c)); // "rgb(30, 144, 255)"
```

ColorWithAlpha에 명시적으로 정의된 생성자가 없더라도 이를 사용하여 색상을 구성해도 잘 작동한다. 자바스크립트 엔진이 기본 생성자를 제공했기 때문이다. 엔진이 기본 클래스에 대해 제공하는 "아무것도 하지 않는" 기본값 대신 서브클래스의 기본값은 슈퍼클래스의 생성자를 호출하여 수신하는 모든 인수를 전달한다(서브클래스가 생성자를 상속한다고 할 수도 있지만 그렇지 않다. 엔진은 슈퍼클래스 생성자를 호출하는 별도의 함수를 생성한다). 이것은 매우 강력한 기본값이며, 많은 경우에 서브클래스에 명시적 생성자를 제공할 필요가 없음을 의미한다.

Note ≡   자바 또는 C# 또는 이와 유사한 언어를 사용해 본 적이 있다면 자바스크립트의 기본 생성자와 자바 또는 C# 컴파일러가 제공하는 생성자 간에는 큰 차이가 있다. 자바 및 C#(그 외 관련된 언어)에서 기본 생성자는 매개변수를 허용하지 않으며 인수 없이 슈퍼클래스 생성자를 호출한다.

```
// 자바
Subclass() {
    super();
}
// C#
Subclass() : base() {
}
```

자바스크립트에서 서브클래스의 기본 생성자는 여러 인수를 허용하고 모든 인수를 슈퍼클래스 생성자로 전달한다(다음 절에서 super에 대해 배운다)

```
// 자바스크립트
constructor(/* ...여기에 임의의 수의 인수가 있다... */) {
    super(/* ...모두 super로 전달된다... */);
}
```

이것은 자바스크립트가 자바와 C#과 같은 방식으로 함수 오버로딩 및 함수 시그니처를 사용하지 않는다는 사실의 자연스러운 결과다. 자바나 C#에서는 각각 다른 수 또는 유형의 매개변수를 허용하는 여러 "오버로드된" 생성자를 가질 수 있다. 자바스크립트에서는 생성자가 하나뿐이며 매개변수 목록의 모든 변형은 생성자 내에서 처리된다. 생성자가 기대하는 것을 변경할 필요가 없는 서브클래스가 생성자를 완전히 꺼 놓을 수 있도록 기본적으로 수신한 모든 인수를 사용하여 슈퍼클래스를 호출하는 것이 더 합리적이다.

새 구문의 작동 방식을 설명하기 위해 서브클래스 정의를 살펴보겠다.

```
class ColorWithAlpha extends Color {
}
```

그리고 위의 코드를 다음 코드와 비교해 보자.

```
// 이전까지(~ES5)와 거의 동등한 코드
var ColorWithAlpha = function ColorWithAlpha() {
    Color.apply(this, arguments);
};
ColorWithAlpha.prototype = Object.create(Color.prototype);
ColorWithAlpha.prototype.constructor = ColorWithAlpha;
```

이는 서브클래스를 설정하기 위해 오류가 발생할 가능성이 많은 상용구 코드이며 ColorWithAlpha 에서 Color의 정적 속성과 메서드를 사용할 수 없다. 끔찍하지는 않지만 분명하지 않고 잘못되기 쉽다. 새 구문은 더 명확하고 선언적이며 더 많은 기능을 제공하며 사용하기 쉽다.

하지만 서브클래스를 생성하는 데는 별 의미가 없다. 슈퍼클래스와 다른 작업을 수행하도록 만들지 않는다면 말이다. super에 대해 알아야 할 몇 가지 기능을 ColorWithAlpha에 추가해 보겠다.

4.4.1 super 키워드

ColorWithAlpha에 기능을 추가하려면 많은 경우 새로운 키워드인 super에 대해 알아야한다. 슈퍼클래스의 측면을 참조하기 위해 생성자와 메서드에서 super를 사용한다. 두 가지 방법으로 사용할 수 있다.

- super(): 서브클래스 생성자에서 마치 객체를 생성하는 함수인 것처럼 super를 호출하고 슈퍼클래스가 객체의 초기화를 수행하도록 한다.
- super.property와 super.method(): super.property와 super.method()가 대신 super에서 접근하여 슈퍼클래스 프로토타입의 속성 및 메서드를 참조한다(물론 점 리터럴 super.property 또는 대괄호 리터럴 super["property"]를 사용할 수 있다).

다음 두 절에서는 super 사용에 대해 자세히 설명한다.

Note ≡ super는 클래스에서 사용하기 위한 것이 아니다. 5장에서는 new 대신 객체 리터럴로 생성된 객체의 메서드에서 super가 어떻게 작동하는지 살펴볼 것이다.

4.4.2 서브클래스 생성자 작성

ColorWithAlpha에는 Color에 없는 속성인 불투명도가 필요하다. 이를 저장할 a("알파")라는 속성을 지정해 보겠다. a 속성은 0에서 1까지의 값을 갖는다. 예를 들어 값 0.7은 색상이 70%, 불투명(30% 투명)임을 의미한다.

ColorWithAlpha는 네 번째 구성 매개변수를 받아야 하므로 더 이상 기본 생성자를 사용할 수 없다. ColorWithAlpha만의 생성자가 필요하다.

```
class ColorWithAlpha extends Color {
    constructor(r = 0, g = 0, b = 0, a = 1) {
        super(r, g, b);
        this.a = a;
    }
}
```

ColorWithAlpha가 가장 먼저 하는 일은 super를 호출하고 r, g, b 매개변수를 전달하는 것이다. 이렇게 하면 객체가 생성되고 Color가 객체를 초기화할 수 있다. ES5로 만든다면 생성자는 다음과 같다.

```
// 이전까지(~ES5)와 거의 동등한 코드
var ColorWithAlpha = function ColorWithAlpha(r, g, b, a) {
    Color.call(this, r, g, b);
    this.a = a;
};
```

Color.call(this, r, g, b)는 super(r, g, b)와 거의 동일하지만 중요한 차이점이 있다. ES5에서는 ColorWithAlpha의 첫 번째 줄이 실행되기 전에 객체가 생성되었다. 원하는 경우 두 줄을 뒤집을 수 있다(사실 좋은 방법은 아니다).

```
var ColorWithAlpha = function ColorWithAlpha(r, g, b, a) {
    this.a = a;                    // Color를 호출하기 전이라도 동작한다.
    Color.call(this, r, g, b);
};
```

클래스에서는 그렇지 않다. ColorWithAlpha의 코드 시작 부분에서 객체는 아직 생성되지 않아서 사용하려고 하면 오류가 발생한다. 객체가 생성된 후에만 사용할 수 있으며 super를 호출할 때까지 생성되지 않는다. 코드 4-5의 코드를 실행해 보자.

```javascript
class Color {
    constructor(r = 0, g = 0, b = 0) {
        this.r = r;
        this.g = g;
        this.b = b;
    }
}

class ColorWithAlpha extends Color {
    constructor(r = 0, g = 0, b = 0, a = 1) {
        this.a = a;                  // 여기서 오류 발생
        super(r, g, b);
    }
}

// 사용법:
const c = new ColorWithAlpha(30, 144, 255, 0.5);
```

발생하는 정확한 오류는 자바스크립트 엔진마다 다르다. 다음은 그 예이다.

- ReferenceError: Must call super constructor in derived class before accessing 'this' or returning from derived constructor

- ReferenceError: must call super constructor before using |this| in ColorWithAlpha class constructor

- ReferenceError: this is not defined

이 요구 사항은 생성되는 객체의 초기화가 기본에서 위로 수행되도록 하기 위한 것이다. super를 호출하기 전에 생성자에 코드를 가질 수 있지만, 객체가 생성되고 슈퍼클래스가 인스턴스를 초기화할 기회가 있을 때까지 이 코드나 다른 인스턴스 특정 엔트리를 사용할 수 없다.

super를 호출할 때까지 this는 제한이 없을 뿐만 아니라 서브클래스 생성자의 어느 시점에서 super를 호출해야 한다. 그렇지 않으면 생성자가 반환할 때 오류가 발생한다. 마지막으로, 당연히 super를 두 번 호출하는 것은 오류이다. 이미 존재하는 객체는 만들 수 없다!

4.4.3 슈퍼클래스 프로토타입 속성, 메서드 상속, 접근

때로는 서브클래스가 메서드의 정의를 재정의하여 슈퍼클래스에서 상속된 것을 사용하는 대신 자신의 것을 제공한다. 예를 들어 ColorWithAlpha에는 rgba를 사용하며 a 속성을 포함하는 자체 toString이 있어야 한다.

```
class ColorWithAlpha extends Color {
    // ...

    toString() {
        return "rgba(" + this.r + ", " +
                         this.g + ", " +
                         this.b + ", " +
                         this.a + ")";
    }
}
```

이를 통해 ColorWithAlpha 인스턴스에서 toString을 호출하면 Color의 정의 대신 해당 정의가 사용된다.

때때로 서브클래스 메서드는 구현의 일부로 슈퍼클래스 메서드를 호출해야 한다. 분명히 this.methodName()은 자신을 호출하기 때문에 작동하지 않을 것이다. 한 단계 더 올라 가야한다. 이를 위해 super.methodName()을 통해 슈퍼클래스 메서드를 호출한다.

색상의 밝기(brightness, 휘도)를 계산하는 brightness 메서드를 Color에 추가하여 살펴보겠다.

```
class Color {
    // ...

    brightness() {
        return Math.sqrt(
            (this.r * this.r * 0.299) +
            (this.g * this.g * 0.587) +
            (this.b * this.b * 0.114)
        );
    }
}
```

복잡한 계산(그냥 휘도를 계산하는 식 중 하나이며 다른 것도 있음)은 무시하고 이러한 상수는 색상을 조정하여 사람의 눈이 빨강, 녹색, 파랑의 밝기를 다르게 인식한다는 사실을 기억하자.

이 밝기(brightness) 정의는 색상(Color)이 있는 경우에는 사용할 수 있지만 불투명도를 고려해야 하는 ColorWithAlpha에는 동작하지 않는다. 적어도 투명도를 기준으로 밝기를 어둡게 해야 하며 이상적으로는 그 뒤에 어떤 배경색이 있는지 알아야 한다. 배경색이 부분적으로 보이기 때문에 해당 색상의 밝기에 영향을 미친다. 따라서 ColorWithAlpha는 다음과 같은 자체 밝기(brightness) 버전이 필요하다.

```
class ColorWithAlpha extends Color {
    // ...

    brightness(bgColor) {
        let result = super.brightness() * this.a;
        if (bgColor && this.a !== 1) {
            result = (result + (bgColor.brightness() * (1 - this.a))) / 2;
        }
        return result;
    }
}
```

Color의 brightness를 사용하여 색상의 기본 밝기(super.brightness())를 얻은 다음 불투명도를 적용한다. 배경색이 주어지고 현재 색상이 완전히 불투명하지 않은 경우 배경색의 밝기를 고려한다. 코드 4-6에는 지금까지의 Color 및 ColorWithAlpha의 전체 코드와 brightness를 사용하는 몇 가지 예가 있다. 디버거에서 단계별로 실행하여 이 모든 작업을 확인해 보자.

코드 4-6 super를 이용해서 슈퍼클래스 메서드 사용 – using-superclass-method.js

```
class Color {
    constructor(r = 0, g = 0, b = 0) {
        this.r = r;
        this.g = g;
        this.b = b;
    }

    get rgb() {
        return "rgb(" + this.r + ", " + this.g + ", " + this.b + ")";
    }

    set rgb(value) {
        let s = String(value);
        let match = /^rgb\((\d{1,3}),(\d{1,3}),(\d{1,3})\)$/i.exec(
            s.replace(/\s/g, "")
        );
```

```javascript
        if (!match) {
            throw new Error("Invalid rgb color string '" + s + "'");
        }
        this.r = parseInt(match[1], 10);
        this.g = parseInt(match[2], 10);
        this.b = parseInt(match[3], 10);
    }

    toString() {
        return this.rgb;
    }

    brightness() {
        return Math.sqrt(
            (this.r * this.r * 0.299) +
            (this.g * this.g * 0.587) +
            (this.b * this.b * 0.114)
        );
    }

    static fromCSS(css) {
        const match = /^#?([0-9a-f]{3}|[0-9a-f]{6});?$/i.exec(css);
        if (!match) {
            throw new Error("Invalid CSS code: " + css);
        }
        let vals = match[1];
        if (vals.length === 3) {
            vals = vals[0] + vals[0] + vals[1] + vals[1] + vals[2] + vals[2];
        }
        return new this(
            parseInt(vals.substring(0, 2), 16),
            parseInt(vals.substring(2, 4), 16),
            parseInt(vals.substring(4, 6), 16)
        );
    }
}

class ColorWithAlpha extends Color {
    constructor(r = 0, g = 0, b = 0, a = 1) {
        super(r, g, b);
        this.a = a;
    }
```

```
            brightness(bgColor) {
                let result = super.brightness() * this.a;
                if (bgColor && this.a !== 1) {
                    result = (result + (bgColor.brightness() * (1 - this.a))) / 2;
                }
                return result;
            }

            toString() {
                return "rgba(" + this.r + ", " +
                               this.g + ", " +
                               this.b + ", " +
                               this.a + ")";
            }
        }

        // 짙은 회색으로 시작, 불투명
        const ca = new ColorWithAlpha(169, 169, 169);
        console.log(String(ca));                    // "rgba(169, 169, 169, 1)"
        console.log(ca.brightness());               // 169
        // 반투명하게 만들기
        ca.a = 0.5;
        console.log(String(ca));                    // "rgba(169, 169, 169, 0.5)"
        console.log(ca.brightness());               // 84.5
        // 파란색 배경 위에 있을 때 밝기
        const blue = new ColorWithAlpha(0, 0, 255);
        console.log(ca.brightness(blue));           // 63.774477345571015
```

ES5에서 brightness 메서드를 정의하는 방법을 살펴보자.

```
// 이전까지(~ES5)와 거의 동등한 코드
ColorWithAlpha.prototype.brightness = function brightness(bgColor) {
    var result = Color.prototype.brightness.call(this) * this.a;
    if (bgColor && this.a !== 1) {
        result = (result + (bgColor.brightness() * (1 - this.a))) / 2;
    }
    return result;
};
```

슈퍼클래스 brightness 호출로 강조 표시된 줄은 여러 가지 방법으로 작성할 수 있다. 이 방법은
명시적으로 Color(슈퍼클래스)를 참조하는데, 리팩토링할 때 부모 클래스를 변경할 수 있으므로

이상적이지 않다. 또 다른 옵션은 ColorWithAlpha.prototype에서 Object.getPrototypeOf를 사용하는 것이다.

```
var superproto = Object.getPrototypeOf(ColorWithAlpha.prototype);
var result = superproto.brightness.call(this) * this.a;
```

또는 다음 코드와 같이 Object.getPrototypeOf를 두 번 사용한다.

```
var superproto = Object.getPrototypeOf(Object.getPrototypeOf(this));
var result = superproto.brightness.call(this) * this.a;
```

이렇게 만든 코드는 어색하다. 그리고 call을 사용하여 this를 관리해야 한다. 하지만 ES2015+에서는 super를 사용하면 이렇게 하지 않아도 된다.

이 구문은 메서드에만 해당되는 것이 아니라 프로토타입에서 메서드가 아닌 속성에 접근하는 데에도 사용할 수 있지만, 클래스 프로토타입 객체에 메서드가 아닌 속성이 있는 경우와 인스턴스를 통하지 않고 직접 접근하려는 경우는 드물다.

4.4.4 정적 메서드 상속

앞서 클래스에서 정적 메서드를 만드는 방법을 배웠다. 자바스크립트에서 정적 메서드는 서브클래스에 상속된다. ColorWithAlpha에서 fromCSS(Color에 정의됨)를 사용하는 것을 보여 주는 코드 4-7을 실행해 보자.

코드 4-7 서브클래스에서 정적 메서드 접근 – accessing-static-method-through-subclass.js

```
class Color {
    // ...코드 4-6과 동일...
}

class ColorWithAlpha extends Color {
    // ...코드 4-6과 동일...
}

const ca = ColorWithAlpha.fromCSS("#1E90FF");
console.log(String(ca));                  // "rgba(30, 144, 255, 1)"
console.log(ca.constructor.name);         // "ColorWithAlpha"
console.log(ca instanceof ColorWithAlpha); // true
```

ColorWithAlpha에서 fromCSS를 호출하는 방법과 Color 인스턴스가 아닌 ColorWithAlpha 인스턴스가 결과라는 점에 주목하자. 이제 이렇게 작동하는 이유를 살펴보겠다.

서브클래싱에 대한 이 절의 시작 부분에서 extends 절을 사용하면 두 개의 상속 체인이 생성된다는 것을 배웠다. 하나는 생성자 자체에, 하나는 생성자의 프로토타입 객체에 있다. 그림 4-1과 동일한 그림 4-2를 보자.

▼ 그림 4-2

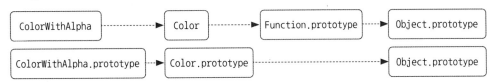

생성자 상속 체인은 ES2015의 새로운 기능이다. ES5까지 프로토타입이 Function.prototype이 아닌 진정한 자바스크립트 함수를 갖는 표준 방법이 없었다. 하지만 서브클래스의 생성자가 슈퍼클래스 생성자를 프로토타입으로 사용하고 결과적으로 그 속성과 메서드를 상속하는 것은 완벽하다.

하지만 왜 fromCSS가 Color 객체 대신 ColorWithAlpha 객체를 만들었을까? 이에 대해서는 이 장의 앞부분에서 매우 간략하게 다루었다. Color가 fromCSS를 어떻게 정의하는지 다시 살펴보자.

```
class Color {
    // ...

    static fromCSS(css) {
        const match = /^#?([0-9a-f]{3}|[0-9a-f]{6});?$/i.exec(css);
        if (!match) {
            throw new Error("Invalid CSS code: " + css);
        }
        let vals = match[1];
        if (vals.length === 3) {
            vals = vals[0] + vals[0] + vals[1] + vals[1] + vals[2] + vals[2];
        }
        return new this(
            parseInt(vals.substring(0, 2), 16),
            parseInt(vals.substring(2, 4), 16),
            parseInt(vals.substring(4, 6), 16)
        );
    }
}
```

핵심은 new Color가 아닌 new this를 사용하여 객체를 생성한다는 것이다. Color.fromCSS로 호출하는 경우 Color다. 그런데 ColorWithAlpha에서 호출하면 이것은 ColorWithAlpha이므로 new this로 생성자를 호출해야 한다. 다운로드한 accessing-static-method-through-subclass.js 파일을 복사해 new Color로 변경하자.

4.4.5 정적 메서드에서 super

서브클래스 생성자는 실제로 슈퍼클래스 생성자에서 상속되므로 정적 서브클래스 메서드 내에서 super를 사용하여 슈퍼클래스 버전을 참조할 수 있다. ColorWithAlpha의 불투명도를 위해 fromCSS에 대한 두 번째 인수를 허용한다고 가정하자. 코드 4-8을 보자. super.fromCSS를 호출한 다음 결과 객체에 불투명도를 추가하여 구현한다.

코드 4-8 정적 메서드에서 super 사용 - super-in-static-method.js

```javascript
class Color {
    // ...코드 4-6과 동일...
}

class ColorWithAlpha extends Color {
    constructor(r = 0, g = 0, b = 0, a = 1) {
        super(r, g, b);
        this.a = a;
    }

    brightness(bgColor) {
        let result = super.brightness() * this.a;
        if (bgColor && this.a !== 1) {
            result = (result + (bgColor.brightness() * (1 - this.a))) / 2;
        }
        return result;
    }

    toString() {
        return "rgba(" + this.r + ", " +
                        this.g + ", " +
                        this.b + ", " +
                        this.a + ")";
    }
```

```
    static fromCSS(css, a = 1) {
        const result = super.fromCSS(css);
        result.a = a;
        return result;
    }
}

const ca = ColorWithAlpha.fromCSS("#1E90FF", 0.5);
console.log(String(ca));                    // "rgba(30, 144, 255, 0.5)"
```

4.4.6 새 인스턴스를 반환하는 메서드

이 절에서는 Color.fromCSS 같은 정적 메서드나 배열의 slice와 map 같은 인스턴스 메서드처럼 클래스의 메서드에서 클래스의 새 인스턴스를 생성하는 패턴에 대해 알아본다.

이미 하나의 패턴을 사용하여 클래스의 인스턴스를 만드는 정적 메서드인 Color.fromCSS를 보았다. 이 메서드는 new this(/* ... */)를 사용하여 새 인스턴스를 만든다. 꽤 잘 작동한다. Color.fromCSS를 호출하면 Color 인스턴스를 얻는다. ColorWithAlpha.fromCSS를 호출하면 ColorWithAlpha 인스턴스를 얻는다. 바로 이것이 일반적으로 원하는 동작이다. 인스턴스 메서드에서는 this.constructor가 일반적으로 객체의 생성자를 참조하므로 this가 아니라 this.constructor를 사용한다. 예를 들어 다음은 원본 밝기의 절반에 해당하는 색상을 반환하는 Color 메서드다.

```
halfBright() {
    const ctor = this.constructor || Color;
    return new ctor(
        Math.round(this.r / 2),
        Math.round(this.g / 2),
        Math.round(this.b / 2)
    );
}
```

fromCSS와 halfBright가 Color 인스턴스를 반환하는 대신 Color 서브클래스를 만들고 싶다고 가정해 보겠다(fromCSS가 하는 것이 약간 이상한 일이지만 지금은 무시하겠다). fromCSS 및 halfBright의 현재 구현을 사용해서 다음 코드와 같이 이를 재정의하고 명시적으로 Color를 사용해야 한다.

```
class ColorSubclass extends Color {
    static fromCSS(css) {
        return Color.fromCSS(css);
    }
    halfBright() {
        return new Color(
            Math.round(this.r / 2),
            Math.round(this.g / 2),
            Math.round(this.b / 2)
        );
    }
}
```

메서드가 하나라도 괜찮고 둘이라도 괜찮다. 그런데 Color에 새 인스턴스를 생성하는 다른 작업이 여러 개 있고 이러한 작업이 ColorSubclass 인스턴스가 아닌 Color를 생성하기를 원하면 어떻게 될까? 모두를 재정의해야 하는데, 그러면 더 복잡해질 수 있다(새 배열을 만드는 slice와 map과 같은 모든 배열 메서드와 기본 동작을 원하지 않는 경우 배열 서브클래스에서 모든 배열 메서드를 재정의해야 하는 번거로움을 생각해 보라).

새 인스턴스를 만드는 대부분의 메서드가 서브클래스에서 쉽게 재정의할 수 있는 방식으로 동일한 생성자를 사용하도록 하려면 Symbol.species라는 더 나은 대안이 있다.

심볼에 대해서는 아직 살펴보지 않았는데, 5장에서 배울 것이다. 지금 여러분이 알아야 할 것은 심볼이 새로운 종류의 프리미티브(primitive)이며 속성 키로 사용될 수 있다는 사실이다(문자열과 같지만 문자열이 아니다). 여기에서 사용할 것을 포함하여 Symbol 함수의 속성으로 사용할 수 있는 "잘 알려진" 것이 있다. 바로 Symbol.species다.

Symbol.species는 "그" 클래스의 새 인스턴스를 만들어야 하는 메서드에서 발생하는 작업을 서브클래스가 제어할 수 있도록 특별히 설계된 패턴의 일부다. 기본 클래스(이 예에서는 Color)에서 지금까지 수행한 것처럼 this 또는 this.constructor에서 메서드가 갖는 생성자를 사용하는 대신 species 패턴을 사용하는 메서드는 Symbol.species를 조회하여 사용할 생성자를 결정한다. this/this.constructor의 속성이다. 결과가 null이거나 undefined이면 클래스는 대신 사용하는 기본값을 정의한다. fromCSS에서 다음과 같을 것이다.

```
static fromCSS(css) {
    // ...
    let ctor = this[Symbol.species];
    if (ctor === null || ctor === undefined) {
        ctor = Color;
```

```
    }
    return new ctor(/* ... */);}
```

null과 undefined는 모두 거짓이고 정의에 따른 생성자 함수는 절대 거짓이 아니기 때문에 조금 더 단순화할 수 있다.

```
static fromCSS(css) {
    // ...
    const ctor = this && this[Symbol.species] || Color;
    return new ctor(/* ... */);}
```

(나중에 this을 사용하는 대신 명시적인 폴백(fallback)인 Color를 사용하는 이유를 알게 될 것이다)

코드가 다소 방어적이라는 점에 유의하여 this가 참으로 평가되는 값인지 확인한다(클래스 코드가 엄격 모드이고 undefined을 포함한 모든 값이 될 수 있기 때문이다).

다시 말하지만 정적 메서드가 이를 수행하는 것은 약간 이상할 수 있다(사용 사례에 따라 다르다). 프로토타입 메서드 halfBright에서 이를 살펴보겠다.

```
halfBright() {
  const ctor = this && this.constructor && this.constructor[Symbol.species] || Color;
  return new ctor(
    Math.round(this.r / 2),
    Math.round(this.g / 2),
    Math.round(this.b / 2)
  );
}
```

(19장에서는 첫 번째 문장을 const ctor = this?.constructor?.[Symbol.species] || Color; 같이 더 간단하게 만드는 선택적 연결에 대해 배울 것이다)

Symbol.species 패턴을 사용할 때 기본 클래스는 this를 반환하는 접근자로서 해당 속성을 영리하게 정의한다.

```
class Color {
    static get [Symbol.species]() {
        return this;
    }
    // ...
}
```

이렇게 서브클래스가 Symbol.species 속성을 재정의하지 않으면 클래스가 new this(/* ... */)를 사용하는 것처럼 된다. 즉, 메서드가 호출된 생성자가 사용된다(Color인지 ColorWithAlpha인지에 따라 다르다). 하지만 서브클래스가 Symbol.species 속성을 재정의하면 해당 재정의의 생성자가 대신 사용된다.

이제 모두 다 합쳐 보자.

```
class Color {
    static get [Symbol.species]() {
        return this;
    }
    static fromCSS(css) {
        const ctor = this && this[Symbol.species] || Color;
        return new ctor(/* ... */);
    }
    halfBright() {
        const ctor = this && this.constructor &&
                     this.constructor[Symbol.species] || Color;
        return new ctor(/* ... */);
    }
    // ...
}
```

이 패턴을 사용하는 표준 라이브러리 객체는 정적 메서드가 아니라 프로토타입과 인스턴스 메서드에만 사용한다. 정적 메서드에서 사용하는 강력한 이유가 없었기 때문에 그렇게 하면 ColorWithAlpha 인스턴스 대신 Color 인스턴스를 반환하는 ColorWithAlpha.fromCSS 같이 이상하거나 오해의 소지가 있는 코드가 생성된다. 표준 라이브러리가 species 패턴을 사용하는 방법에 대한 간단한 합성 예로 코드 4-9를 보자.

코드 4-9 Symbol.species 사용하기 - using-Symbol-species.js

```
class Base {
    constructor(data) {
        this.data = data;
    }

    static get [Symbol.species]() {
        return this;
    }

    static create(data) {
```

```
        // `Symbol.species`를 사용하지 않는다.
        const ctor = this || Base;
        return new ctor(data);
    }

    clone() {
        // `Symbol.species`를 사용한다.
        const ctor = this && this.constructor &&
                    this.constructor[Symbol.species] || Base;
        return new ctor(this.data);
    }
}

// Sub1은 기본 동작을 사용한다.
class Sub1 extends Base {
}

// Sub2는 패턴을 따르는 모든 메서드가 Sub2 대신 Base를 사용하게 한다.
class Sub2 extends Base {
    static get [Symbol.species]() {
        return Base;
    }
}

const a = Base.create(1);
console.log(a.constructor.name);        // "Base"
const aclone = a.clone();
console.log(aclone.constructor.name);   // "Base"

const b = Sub1.create(2);
console.log(b.constructor.name);        // "Sub1"
const bclone = b.clone();
console.log(bclone.constructor.name);   // "Sub1"

const c = Sub2.create(3);
console.log(c.constructor.name);        // "Sub2"
const d = new Sub2(4);
console.log(d.constructor.name);        // "Sub2"
console.log(d.data);                    // 4
const dclone = d.clone();
console.log(dclone.constructor.name);   // "Base"
console.log(dclone.data);               // 4
```

4

패턴

Sub1에서 create를 호출하면 Sub1 인스턴스가 생성되고 해당 인스턴스에서 clone을 호출하면 Sub1 인스턴스도 생성된다. Sub2에서 create를 호출하면 Sub2 인스턴스가 생성되지만 Sub2 인스턴스에서 clone을 호출하면 Base 인스턴스가 생성된다.

앞서 Symbol.species 속성 값이 null이거나 undefined인 경우 해당 예에서 명시적 기본값(Base, 이전 예에서 Color)을 사용하는 이유를 설명하겠다고 했다. 그것이 Array 같은 내장 클래스가 하는 일이다. 대신에 this(정적 메서드에서) 또는 this.constructor(프로토타입 메서드에서)를 기본값으로 사용할 수 있지만 명시적인 기본값을 사용하여 서브클래스의 서브클래스에 현재 서브클래스 생성자가 아닌 원래 기본값을 요청하는 방법을 제공한다. 따라서 이전 예의 Base를 다음 코드에 사용하면 Base의 기본값은 서브클래스의 엔트리가 아닌 SubSub2의 복제 방법에 적용된다(다운로드한 explicit-constructor-default.js를 사용해 한번 해 보자).

```
class Sub extends Base {
}

class SubSub1 extends Sub {
}

class SubSub2 extends Sub {
    static get [Symbol.species]() {
        return null;
    }
}

const x = new SubSub1(1).clone();
console.log(x.constructor.name); // "SubSub1"

const y = new SubSub2(2).clone();
console.log(y.constructor.name); // "SubSub2"나 "Sub"가 아닌 "Base"
```

4.4.7 내장 객체 상속

ES5에서 Error와 Array 같은 일부 내장 생성자는 서브클래스를 제대로 만들지 못하는 것으로 악명이 높다. 하지만 ES2015에서 수정되었다. 내장 객체를 class로 서브클래싱하는 것은 다른 것을 서브클래싱하는 것과 같다(Reflect.construct를 통해 class 구문 없이 서브클래싱할 수도 있다. 자세한 내용은 14장에서 설명한다). 예로 배열을 살펴보겠다. 코드 4-10은 배열의 DOM 요소에 대한 스타일 정보를 설정하는 style 메서드로 Array를 확장하는 매우 간단한 Elements 클래스를 보여 준다. 3개 이상의 div 요소가 있는 페이지에서 실행해 보자(다운로드한 subclassing-array.html 파일).

코드 4-10 배열 상속 - subclassing-array.js

```javascript
class Elements extends Array {
    select(source) {
        if (source) {
            if (typeof source === "string") {
                const list = document.querySelectorAll(source);
                list.forEach(element => this.push(element));
            } else {
                this.push(source);
            }
        }
        return this;
    }

    style(props) {
        this.forEach(element => {
            for (const name in props) {
                element.style[name] = props[name];
            }
        });
        return this;
    }
}

// 사용법:
new Elements()
    .select("div")
    .style({color: "green"})
    .slice(1)
    .style({border: "1px solid red"});
```

위 코드 마지막의 사용법 코드는 다음 작업을 수행한다.

- Array의 서브클래스인 Elements의 인스턴스를 만든다.

- select 메서드를 사용하여 페이지의 모든 div 요소를 인스턴스에 추가한다(배열 메서드 push를 사용하여 추가).

- 해당 요소의 스타일로 녹색 텍스트를 지정한다.

- 배열 메서드 slice를 사용하여 두 번째와 세 번째 div 요소만 가져오는 새 Elements 인스턴스를 만든다.

- style 메서드를 사용하여 해당 div 요소 주위에 빨간색 테두리를 추가한다.

(슬라이스를 사용하여 새 Array가 아닌 새 Elements 인스턴스를 만드는 방법에 유의하자. Array는 마지막 절에서 배운 Symbol.species 패턴을 사용하고 Elements가 기본값을 재정의하지 않기 때문이다)

물론 Elements는 예일 뿐이다. 실제 구현에서는 인스턴스를 채우기 위해 나중에 별도의 선택 호출을 사용하는 대신 선택자를 Elements 생성자에 전달할 수 있다. 강력한 방식으로 이를 수행하려면 아직 배운 적이 없는 기능(6장의 이터러블 스프레드)을 사용해야 한다. 어떻게 보이는지 (6장의 for-of, 5장의 Object.entries 및 7장의 디스트럭처링 사용) 보고 싶다면 다운로드한 subclassing-array-using-later-chapter-features.js를 참조하자.

4.4.8 super를 이용할 수 있는 곳

ES2015 이전에는 자바스크립트에서 **메서드**라는 용어를 느슨하게 사용하여 객체 속성에 할당된 모든 함수(또는 this를 사용하는 함수만)를 참조했다. ES2015에서는 여전히 비공식적으로 일반적이지만 실제 메서드와 속성에 할당된 함수 사이에는 차이가 있다. 즉, 실제 메서드 내부의 코드는 super에 접근할 수 있다. 속성에 할당된 기존 함수의 코드는 그렇지 않다. 코드 4-11을 통해 이를 증명해 보자.

코드 4-11 메서드 vs 함수 – method-vs-function.js

```
class SuperClass {
    test() {
        return "SuperClass's test";
    }
}
class SubClass extends SuperClass {
    test1() {
        return "SubClass's test1: " + super.test();
    }
}
SubClass.prototype.test2 = function() {
```

```
    return "SubClass's test2: " + super.test();       // 여기서 오류 발생
};

const obj = new SubClass();
obj.test1();
obj.test2();
```

자바스크립트 엔진은 해당 코드의 구문 분석을 거부하고 목록에 표시된 줄에 super가 예상되지 않았다고 불평한다. 하지만 왜 안될까?

메서드는 생성된 객체에 대한 링크가 있지만 속성에 할당된 기존 함수에는 링크가 없기 때문이다. super.foo 같은 속성 조회 작업에서 사용되는 경우 super는 [[HomeObject]]라는 포함 함수의 내부 필드에 의존한다. 자바스크립트 엔진은 메서드의 [[HomeObject]] 필드에서 객체를 가져와서 프로토타입을 가져온 후 다음 의사 코드와 같이 해당 객체에서 method 속성을 찾는다.

```
// 의사 코드
let method = (the running method);
let homeObject = method.[[HomeObject]];
let proto = Object.getPrototypeOf(homeObject);
let value = proto.foo;
```

"잠깐! 메서드가 정의된 위치에 super가 신경을 쓰는 이유는 뭐지? 그렇다면 위치는 this의 프로토타입인가? 아니면 프로토타입의 프로토타입인가?" 아니다. 그런 식으로 작동할 수 없다. 그 이유를 알아보려면 코드 4-12의 3계층 구조를 확인해 보자.

코드 4-12 3계층 구조 – three-layer-hierarchy.js

```
class Base {
    test() {
        return "Base test";
    }
}
class Sub extends Base {
    test() {
        return "Sub test> " + super.test();
    }
}
class SubSub extends Sub {
    test() {
        return "SubSub test> " + super.test();
    }
```

```
    }

    // 사용법:
    const obj = new SubSub();
    console.log(obj.test()); // SubSub test> Sub test> Base test
```

해당 obj 인스턴스를 만들 때 프로토타입 체인은 그림 4-3과 같다.

❤ 그림 4-3

이 프로토타입이 프로토타입 메서드에서 사용되기 때문에 this의 프로토타입의 프로토타입으
로 이동해야 한다는 것을 알고 super가 이 작업을 수행했다고 가정해 보겠다. obj.test를 호출
하면 obj와 같다. super.test()를 사용하면 프로토타입의 프로토타입을 가져온다. obj의 프로
토타입은 SubSub.prototype이고 SubSub.prototype의 프로토타입은 Sub.prototype이므로 Sub.
prototype에서 test를 받는다. 지금까지 모든 것이 좋다. 그런 다음 이 설정을 obj로 설정하여
Sub.prototype의 test를 호출한다. 코드의 일부로 Sub.prototype.test는 super.test()도 호
출한다. 이제 자바스크립트 엔진이 멈췄다. this는 여전히 obj이기 때문에 자바스크립트 엔진은
SubSub에서 Sub로 임포트 위해 했던 것과 같은 일을 할 수 없다. 그래서 this의 프로토타입의 프
로토타입은 여전히 Sub.prototype이고 같은 위치에 있게 된다. 코드 4-13의 코드를 살펴보고 실
행해 보면 Sub.prototype.test가 계속 자신을 호출하기 때문에 결국에는 스택 오버플로 오류가
발생한다.

코드 4-13 잘못된 3계층 구조 – broken-three-layer-hierarchy.js

```
function getFakeSuper(o) {
    return Object.getPrototypeOf(Object.getPrototypeOf(o));
}
class Base {
    test() {
        console.log("Base's test");
        return "Base test";
    }
}
class Sub extends Base {
    test() {
        console.log("Sub's test");
```

154

```
            return "Sub test> " + getFakeSuper(this).test.call(this);
        }
    }
    class SubSub extends Sub {
        test() {
            console.log("SubSub's test");
            return "SubSub test> " + getFakeSuper(this).test.call(this);
        }
    }

    // 사용법:
    const obj = new SubSub();
    console.log(obj.test()); // 스택 오버플로 오류가 발생할 때까지
                             // "SubSub의 test" 후 "Sub의 test" 반복
```

이것이 메서드가 정의된 객체([[HomeObject]])를 나타내는 필드를 가져야하는 이유다. 따라서 자바스크립트 엔진은 해당 객체를 얻은 후에야 프로토타입을 가져와 super의 테스트 버전에 접근할 수 있다. 그림 4-4를 보면서 설명해 보겠다. obj.test 내에서 super.test()를 수행하기 위해 자바스크립트 엔진은 SubSub.prototype인 obj.test의 [[HomeObject]]를 보고 다음의 프로토타입을 가져온다. 해당 객체(Sub.prototype)를 확인하고 test 메서드를 호출한다. Sub.prototype.test에서 super.test()를 처리하기 위해 엔진은 Sub.prototype.test에서 [[HomeObject]]를 가져와서 Base.prototype인 프로토타입을 가져온 후 test 메서드를 호출한다.

❤ 그림 4-4

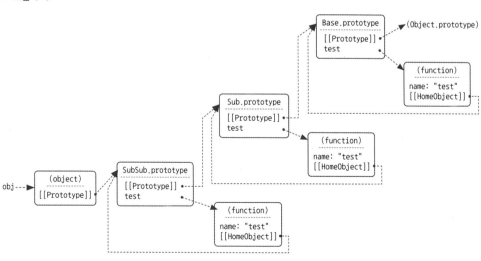

여기서 중요한 시사점이 있다. 객체에서 객체로 메서드를 복사하는 것("mixin"[3]을 가진 친숙한 패턴)은 메서드의 [[HomeObject]]를 변경하지 않는다. mixin 메서드에서 super를 사용하는 경우 복사된 객체의 프로토타입이 아닌 원래 HomeObject의 프로토타입을 계속 사용한다. 이렇게 하면 메서드의 원래 Home과 이를 복사한 대상 간에 미묘한 혼선이 발생할 수 있다. 의도적으로 (mixin의 원래 부모의 기능을 사용하여) 그렇게 한다면 괜찮다. 그러나 새로운 Home의 계층 구조 내에서 작동할 것으로 예상하는 mixin 메서드에서 super를 사용하면 버그가 될 것이다.

ES2015가 개발되는 단계에서 메서드의 [[HomeObject]]를 변경하는 데 사용할 수 있는 기능이 있었지만(특히 mixin을 활성화하기 위해) 사양이 완료되기 전에 삭제되어 (아직) 다시 추가되지 않았다. 따라서 적어도 당분간은 기존 기능으로 mixin을 정의하거나 super를 사용하지 말라. 사용한다면 새로운 계층이 아닌 원래 계층 내에서 계속 작동할 계획일 때 사용하자.

4.5 / Object.protoype 떠나보내기

기본적으로 기본 클래스도 사실상 Object의 서브클래스다. 기본 클래스의 인스턴스는 Object. prototype에서 상속받는다. 여기에서 기본 toString, hasOwnProperty와 그 외 메서드를 얻을 수 있다. 즉, 다음 두 클래스는 사실상 동일하다(다만, A 함수의 프로토타입은 Function.prototype 이지만 B 함수의 프로토타입은 Object다. 하지만 A.prototype과 B.prototype의 프로토타입은 모두 Object.prototype다).

```
class A {
    constructor() {
    }
}

class B extends Object {
    constructor() {
        super();
    }
}
```

---

3 여러 프로토타입으로 복사하는 유틸리티 함수를 가진 객체

클래스의 인스턴스가 Object.prototype에서 상속받지 않게 하려면 어떻게 해야 할까? 즉, 기본 toString, hasOwnProperty 등을 원하지 않는다면? 그렇게 하고 싶은 경우는 매우 드물지만 extends null을 사용하여 할 수 있다고 해 보자.

```
class X extends null {
}
const o = new X();
console.log(o.toString); // undefined
console.log(Object.getPrototypeOf(X.prototype) === null); // true
```

extends null은 자바스크립트 엔진이 정상적으로 Object.prototype을 사용하는 대신 X.prototype 객체의 프로토타입으로 null을 사용하도록 지시한다.

이 기능의 의도는 항상 분명했지만 ES2015 및 후속 사양에서 extends null과 관련하여 정확한 기술 세부 사항에 사소한 문제가 있어 구현에 문제가 발생했다. 결과적으로 extends null은 이글을 쓰는 현재 대부분의 주요 자바스크립트 엔진에서 아직 작동하지 않는다(new X를 실행하면 실패한다). extends null이 필요한 경우 대상 환경에서 테스트해야 한다(당연히 항상 테스트하고 있지 않은가?).

4.6 new.target

함수와 생성자는 두 가지 방법으로 호출할 수 있다.

- 직접 호출(클래스 구문을 통해 생성된 생성자는 이를 허용하지 않음)
- 객체 생성의 일부로서 호출(14장에서 설명할 super 또는 Reflect.construct를 통해서)

때로는 함수가 어떻게 호출되었는지 아는 것이 중요하다. 추상 클래스(서브클래스의 일부로 인스턴스 생성만 허용함) 또는 최종 클래스(서브클래스 허용 안 함)을 만들고 싶을 수 있다. 아마도 new 또는 직접 호출 여부에 따라 수행되는 작업을 변경하는 함수를 원할 것이다.

이러한 경우 new.target을 사용하여 함수가 어떻게 호출되었는지 확인할 수 있다. 함수가(new를 통하지 않고) 직접 호출된 경우 new.target은 undefined 값을 갖는다.

```
function example() {
    console.log(new.target);
}
example(); // undefined
```

현재 함수가 new 연산자의 직접 대상인 경우 new.target은 현재 함수를 참조한다.

```
class Base {
    constructor() {
        console.log(new.target.name);
    }
}
new Base(); // "Base"
```

현재 함수가 super를 통해 호출된 경우 new.target은 new의 대상이었던 서브클래스 생성자를 참조한다(Reflect.construct를 사용하는 다른 방법은 14장에서 다룬다).

```
class Base {
    constructor() {
        console.log(new.target.name);
    }
}

class Sub extends Base {
    // 이것은 정확히 기본 생성자가 될 것이지만,
    // 명확성을 위해 `super()` 호출을 명시적으로 표시한다.
    constructor() {
        super();
    }
}

new Sub();  // "Sub"
```

이를 염두에 두고 앞에서 언급한 세 가지 시나리오(추상 클래스, 최종 클래스, 생성자로 호출되었는지 함수로 호출되었는지에 따라 다른 작업을 수행하는 함수) 모두를 사용하겠다.

코드 4-14는 Shape라는 추상 클래스와 Triangle 및 Rectangle이라는 두 서브클래스를 정의한다. 추상 클래스는 직접 인스턴스화할 수 없는 클래스다. 서브클래스를 통해서만 인스턴스화할 수 있다. Shape는 생성자에서 new.target === Shape가 참이면 오류를 발생시켜 추상적으로 만들어진다. 이는 새 Shape(또는 이와 동등한 것)를 통해 생성되었음을 의미하기 때문이다. 예를 들어 Triangle을 인스턴스화할 때 new.target은 Shape가 아니라 Triangle이므로 생성자가 오류를 발생시키지 않는다.

```
class Shape {
    constructor(color) {
        if (new.target === Shape) {
            throw new Error("Shape can't be directly instantiated");
        }
        this.color = color;
    }

    toString() {
        return "[" + this.constructor.name + ", sides = " +
                this.sides + ", color = " + this.color + "]";
    }
}
class Triangle extends Shape {
    get sides() {
        return 3;
    }
}
class Rectangle extends Shape {
    get sides() {
        return 4;
    }
}
const t = new Triangle("orange");
console.log(String(t));      // "[Triangle, sides = 3, color = orange]"

const r = new Rectangle("blue");
console.log(String(r));      // "[Rectangle, sides = 4, color = blue]"

const s = new Shape("red"); // Error: "Shape can't be directly instantiated"
```

(사실 확인을 하더라도 Shape.prototype을 프로토타입으로 직접 사용하는 객체를 만들 수 있다. 이를 위해 Shape를 호출할 필요가 없기 때문이다(Object.create를 사용하면 된다). 다만 누군가 가 Shape가 사용되도록 정의된 방식을 적극적으로 작업하는 것을 전제로 한다)

마지막 클래스는 그 반대다. 서브클래스 인스턴스를 **허용하지 않는다**. 코드 4-15는 Shape 검사 의 역순으로 이를 수행한다. new.target이 클래스의 자체 생성자와 같지 않으면 오류가 발생 한다. InvalidThingy의 인스턴스를 만들려고 하면 오류가 발생한다(안타깝게도 현재는 해당 오류를 좀 더 사전 예방적으로 만들 수 없다. 나중에 새 InvalidThingy가 사용될 때가 아니라 InvalidThingy 클래스 정의가 평가될 때 오류가 발생한다).

```
class Thingy {
    constructor() {
        if (new.target !== Thingy) {
            throw new Error("Thingy subclasses aren't supported.");
        }
    }
}
class InvalidThingy extends Thingy {
}

console.log("Creating Thingy…");
const t = new Thingy();          // 작동한다.
console.log("Creating InvalidThingy…");
const i = new InvalidThingy();   // Error: "Thingy subclasses aren't supported."
```

(Shape 예와 마찬가지로 Object.create를 사용하면 Thingy.prototype에서 상속된 프로토타입을 사용하여 객체를 생성할 수 있다. 따라서 어떤식으로든 서브클래스 객체이지만 Thingy 주변에서 적극적으로 작업하는 것을 전제로 한다)

마지막으로, 코드 4-16은 함수로 호출되었는지 또는 new를 통해 호출되었는지에 따라 다른 작업을 수행하는 함수를 정의한다. 객체 생성의 일부를 제외하고는 class를 통해 정의된 생성자를 호출할 수 없기 때문에 기존 함수로만 이 작업을 수행할 수 있다. 이 예는 new(또는 이와 동등한 것)를 통해 호출되지 않았음을 감지하고 이를 new 호출로 변환한다.

```
const TwoWays = function TwoWays() {
    if (!new.target) {
        console.log("Called directly; using 'new' instead");
        return new TwoWays();
    }
    console.log("Called via 'new'");
};
console.log("With new:");
let t1 = new TwoWays();
// "Called via 'new'"

console.log("Without new:");
let t2 = TwoWays();
// "Called directly; using 'new' instead"
// "Called via 'new'"
```

4.7 클래스 선언 대 클래스 표현식

function과 마찬가지로 class는 선언이나 표현식으로 사용할 수 있다. 그리고 function처럼 class는 자신이 나타나는 문맥에 따라 달라진다. 즉, class가 문장이나 표현식이 유효한 곳에 나타나면 선언이고 표현식이 유효한 곳에 나타나면 표현식이다.

```
// 선언
class Class1 {
}

// 익명 클래스 표현식
let Color = class {
};

// 명명된 클래스 표현식
let C = class Color {
};
```

4.7.1 class 선언

class 선언은 몇몇 중요한 차이점이 있지만 function 선언과 매우 유사하게 작동한다.

function 선언과 마찬가지로 class 선언은 다음과 같이 동작한다.

- 현재 범위에 클래스 이름을 추가한다.
- 닫는 중괄호 뒤에 세미콜론이 필요하지 않다(자바스크립트는 불필요한 세미콜론을 무시하기 때문에 쓸 수는 있다).

그리고 function 선언과 달리 class 선언은 다음과 같이 동작한다.

- 호이스트되지 않고 절반만 호이스트된다. 식별자는 범위 전체에서 예약되지만 코드의 단계별 실행에서 선언에 도달 할 때까지 초기화되지 않는다.
- 임시 데드존에 참여한다.
- 전역 스코프에서 사용되는 경우 클래스 이름에 대한 전역 객체에 속성을 만들지 말라. 대신 전역 객체의 속성이 아닌 전역을 만든다.

마지막 부분은 아마 익숙할 것이다. 이는 2장에서 let과 const에 대해 배운 규칙과 동일하기 때문이다. 이러한 규칙은 클래스 선언에도 적용된다.

코드 4-17은 class 선언의 다양한 측면을 보여 준다(코드 4-17의 코드는 전역 스코프에서 class 선언이 어떻게 되는지 보여 주기 위해 전역 스코프에서 실행되어야 한다. 노드제이에스에서는 일반적인 방식으로 실행할 수 없다. 브라우저를 사용하거나 노드제이에스의 REPL 환경에서 실행해야 한다. 1장을 참고하자).

코드 4-17 class 선언 - class-declarations.js

```
// 여기서 'TheClass'를 사용하려고 하면 Temporal Dead Zone 때문에
// ReferenceError가 발생한다.
let name = "foo" + Math.floor(Math.random() * 1000);

// 선언
class TheClass {
    // 선언은 단계별 코드의 일부로 처리되기 때문에
    // 여기에서 `name`을 사용할 수 있으며 위에서 할당한 값을 가진다.
    [name]() {
        console.log("This is the method " + name);
    }
} // <== 세미콜론이 필요하지 않음

// 전역이 생성됨
console.log(typeof TheClass);       // "function"

// 전역 객체에 대한 속성이 없음
console.log(typeof this.TheClass); // "undefined"
```

4.7.2 class 표현식

class 표현식은 function 표현식과 매우 유사하게 작동한다.

- 명명된 방식과 익명 방식이 모두 있다.
- 클래스 이름이 나타나는 범위에 클래스 이름을 추가하지 않지만 클래스 정의 자체 내에서 클래스 이름을 사용할 수 있도록 한다(이름이 있는 경우).
- 변수나 상수에 할당되거나 함수에 전달되거나 무시될 수 있는 값(클래스의 생성자)이 생성된다.

- 자바스크립트 엔진은 익명 함수식에 대해 3장에서 배운 것과 동일한 규칙을 사용하여 컨텍스트에서 익명 클래스 식으로 만든 클래스의 name 속성 값을 유추한다.
- 할당의 오른쪽으로 사용되는 경우 할당식을 종료하지 않는다. 클래스 표현식이 할당식의 마지막 엔트리인 경우 뒤에 세미콜론이 와야 한다(대부분의 경우 자동 세미콜론 삽입(Automatic Semicolon Insertion, ASI)은 누락된 세미콜론을 수정할 수 있지만 항상 그런 것은 아니다).

코드 4-18은 class 표현식의 예이다.

코드 4-18 class 표현식 – class-expressions.js

```
let name = "foo" + Math.floor(Math.random() * 1000);

// 표현식
const C = class TheClass {
    [name]() {
        console.log("This is the method " + name +
                    " in the class " + TheClass.name);
        // The class name is in-scope -^
        // within the definition
    }
}; // <== 세미콜론 필요함

// 클래스 이름이 이 영역에 추가되지 않았음
console.log(typeof TheClass);      // "undefined"

// 표현식의 값은 클래스임
console.log(typeof C);             // "function"
```

JAVASCRIPT THE NEW TOYS

4.8 앞으로 더 배울 것

공용 클래스 필드(속성) 선언, 프라이빗 필드, 프라이빗 메서드, 퍼블릭과 프라이빗 정적 필드, 프라이빗 정적 메서드와 같은 class 정의(예: ES2021)에 곧 추가될 몇 가지 기능이 있다. 오늘날 많은 것을 트랜스파일과 함께 사용할 수 있다. 이 기능 모두는 18장에서 다룬다.

4.9 과거 습관을 새롭게

이 장에서 "과거 습관을 새롭게" 할 것은 하나뿐이다.

4.9.1 생성자 함수를 만들 때 클래스 사용

과거 습관: 전통적인 함수 구문을 사용하여 생성자 함수를 생성한다(선택의 여지가 없었기 때문에!).

```
var Color = function Color(r, g, b) {
    this.r = r;
    this.g = g;
    this.b = b;
};
Color.prototype.toString = function toString() {
    return "rgb(" + this.r + ", " + this.g + ", " + this.b + ")";
};
console.log(String(new Color(30, 144, 255)));
```

새로운 습관: class를 사용한다.

```
class Color {
    constructor(r, g, b) {
        this.r = r;
        this.g = g;
        this.b = b;
    }
    toString() {
        return "rgb(" + this.r + ", " + this.g + ", " + this.b + ")";
    }
};
console.log(String(new Color(30, 144, 255)));
```

생성자 함수를 사용하지 **않는다면** 클래스 사용을 시작해야 한다는 의미는 아니다. 생성자 함수와 prototype 속성(ES5와 ES2015+ 모두)은 자바스크립트의 프로토타입 상속을 사용하는 방법 중 하나일 뿐이다. 그러나 생성자 함수를 사용한다면 간결함, 표현력, 기능의 모든 이점을 고려할 때 class를 사용하는 것이 분명히 유익하다.

5^장

새로운 객체 기능

이 장의 내용

- 계산된 속성 이름
- 단축 속성
- 객체의 프로토타입 얻기와 설정하기
- 브라우저의 `__proto__`
- 메서드 문법과 super 외부 클래스
- 심볼
- 다양한 새로운 객체 유틸리티 함수
- `Symbol.toPrimitive`
- 속성 순서
- 속성 스프레드 구문

이 장의 코드 다운로드

이 장의 코드는 https://thenewtoys.dev/bookcode 또는 https://www.wiley.com/go/javascript-newtoys에서 다운로드할 수 있다.

이 장에서는 덜 반복적이거나 더 간결한 코드를 작성하는 데 도움이 되는 기능부터 이전에는 할 수 없었던 작업을 수행할 수 있는 기능까지 ES2015+의 새로운 객체 기능에 대해 알아본다.

5.1 / 계산된 속성 이름

ES5에서 이름이 변수에서 온 속성을 사용하여 객체를 만들려면 먼저 객체를 만든 후 다음과 같이 별도 작업으로 속성을 추가해야 한다.

```
var name = "answer";
var obj = {};
obj[name] = 42;
console.log(obj); // {answer: 42}
```

이는 다소 불편하기 때문에 ES2015는 속성 정의 자체에 앞의 코드에서 사용된 대괄호와 같이 대괄호([ ])를 사용하는 **계산된 속성 이름**(computed property name)을 추가했다.

```
var name = "answer";
var obj = {
    [name]: 42
};
console.log(obj); // {answer: 42}
```

(이 코드에서는 let과 관련이 없다는 것을 강조하기 위해 var를 사용했지만 앞으로는 let과 const를 사용하는 것으로 돌아갈 것이다)

속성 정의의 대괄호는 속성 값을 가져오거나 설정할 때 항상 사용했던 대괄호처럼 작동한다. 즉, 대괄호 안의 모든 표현식을 사용할 수 있으며 표현식의 결과가 이름으로 사용된다.

```
let prefix = "ans";
let obj = {
    [prefix + "wer"]: 42
};
console.log(obj); // {answer: 42}
```

표현식은 각 속성 정의가 평가될 때(소스 코드 순서대로) 객체 리터럴 평가의 일부로 즉시 평가된다. 이를 설명하기 위해 다음 예는 추가 임시 변수 temp 및 name을 갖는 것 외에 이전 예가 수행하는 작업을 정확히 수행한다.

```
let prefix = "ans";
let temp = {};
let name = prefix + "wer";
temp[name] = 42;
let obj = temp;
console.log(obj); // {answer: 42}
```

다음 예에서 작동하는 순서를 볼 수 있다.

```
let counter = 0;
let obj = {
    [counter++]: counter++,
    [counter++]: counter++
};
console.log(obj); // {"0": 1, "2": 3}
```

카운터가 사용되고 증가된 순서에 유의하자. 먼저 첫 번째 속성의 이름(0, 속성 이름으로 사용될 때 "0"으로 변환됨)을 가져온 후 해당 속성의 값(1)을 가져온 다음 두 번째 속성("2"로 변환되는 2)의 이름을 가져오고 마지막으로 해당 속성의 값(3)을 가져온다.

5.2 / 단축 속성

같은 이름의 변수(또는 매개변수와 같은 다른 범위 내 식별자)에서 값을 가져오는 속성을 사용하여 객체를 만드는 것이 일반적이다. 예를 들어 배열에서 최소 및 최대 수를 찾고 min 및 max 속성이 있는 객체를 반환하는 getMinMax 함수가 있다고 가정한다. ES5 버전은 일반적으로 다음과 같다.

```
function getMinMax(nums) {
    var min, max;
    // nums를 순회하여 최소와 최대를 찾는 코드
    return {min: min, max: max};
}
```

코드에 마지막에 객체를 만들 때 min과 max를 두 번(속성 이름에 대해 한 번, 해당 속성의 값에 대해 다시 한 번) 지정해야 하는 게 보이는가?

ES2015부터 **단축 속성**(shorthand property)을 사용할 수 있다. 식별자를 한 번만 제공하면 속성 이름을 지정하고 속성 값을 가져올 위치를 식별하는 데 모두 사용된다.

```
function getMinMax(nums) {
    let min, max;
    // nums를 루핑하여 최소와 최대를 찾는 코드
    return {min, max};
}
```

당연히 값이 단순한 범위 내 식별자(변수, 매개변수 등)에서 오는 경우에만 이 작업을 수행할 수 있다. 값이 다른 표현식의 결과에서 나온 경우에도 name: expression 양식을 사용해야 한다.

5.3 객체의 프로토타입 얻기와 설정하기

생성자 함수를 통해 특정 프로토타입 객체로부터 상속받은 객체를 생성하는 것은 항상 가능했다. ES5는 Object.create를 통해 직접 수행하고 Object.getPrototypeOf를 통해 객체의 프로토타입 을 가져오는 기능을 추가했다. ES2015에는 기존 객체의 프로토타입을 **설정하는** 기능이 추가되었 다. 이렇게 하는 경우는 매우 드문 일이겠지만 가능하다.

5.3.1 Object.setPrototypeOf

이를 수행하는 기본 방법은 Object.setPrototypeOf를 통해 변경할 수 있으며 변경할 객체와 제공 할 프로토타입을 받는다. 예를 들면 다음과 같다.

```
const p1 = {
    greet: function() {
        console.log("p1 greet, name = " + this.name);
    }
};
const p2 = {
    greet: function() {
        console.log("p2 greet, name = " + this.name);
    }
};
const obj = Object.create(p1);
obj.name = "Joe";
obj.greet(); // p1 greet, name = Joe
Object.setPrototypeOf(obj, p2);
obj.greet(); // p2 greet, name = Joe
```

이 코드에서 obj는 프로토타입으로 p1을 사용하여 시작하므로 obj.greet()에 대한 첫 번째 호 출은 p1의 인사를 사용하고 "p1 greet, name = Joe"를 표시한다. 그런 다음 코드는 p2를 사용 하도록 obj의 프로토타입을 변경하므로 두 번째 greet 호출은 p2의 greet를 사용하고 대신 "p2 greet, name = Joe"를 표시한다.

다시 말하지만, 객체를 만든 후 프로토타입을 변경하는 것은 드문 일이며 그렇게 하면 객체를 최 적화 해제하여 속성 조회가 훨씬 느려질 수 있다. 하지만 꼭 해야 한다면 이제 표준 메커니즘을 통 해 할 수 있다.

5.3.2 브라우저에서 __proto__ 속성

브라우저 환경에서 __proto__라는 접근자 속성을 사용하여 객체의 프로토타입을 가져오고 설정할 수 있지만 새 코드에서는 그렇게 하지 말라. 공식적으로 브라우저가 아닌 자바스크립트 엔진에 대해서는 정의되지 않았다(어쨌든 엔진은 제공할 수 있다).

> Note ≡ __proto__는 비표준 확장으로서의 동작을 공식적으로 설명하기 위해서만 표준화된 레거시 기능이다. 새 코드에서는 사용하지 않아야 하다. 대신 getPrototypeOf와 setPrototypeOf를 사용하자.

다음은 __proto__ 사용 예이다. Object.setPrototypeOf를 사용하는 마지막 절의 예와 동일한 코드이며, 유일한 변경 사항은 마지막에서 두 번째 줄이다.

```
const p1 = {
    greet: function() {
        console.log("p1 greet, name = " + this.name);
    }
};
const p2 = {
    greet: function() {
        console.log("p2 greet, name = " + this.name);
    }
};
const obj = Object.create(p1);
obj.name = "Joe";
obj.greet(); // p1 greet, name = Joe
obj.__proto__ = p2;
obj.greet(); // p2 greet, name = Joe
```

__proto__는 Object.prototype에 의해 정의된 접근자 속성이므로 사용하는 객체는 Object.prototype에서 (직간접적으로) 상속해야 사용할 수 있다. 예를 들어 Object.create(null)을 통해 생성된 객체에는 __proto__가 없으며 해당 객체를 프로토타입으로 사용하는 객체도 없다.

5.3.3 브라우저에서 __proto__ 리터럴 속성 이름

__proto__는 객체 리터럴에서 결과 객체의 프로토타입을 설정하는 데 사용할 수도 있다.

```
const p = {
    hi() {
        console.log("hi");
    }
};
const obj = {
    __proto__: p
};
obj.hi(); // "hi"
```

위 코드는 명시적 구문이고 __proto__ 접근자 속성의 결과가 아니며 문자 그대로 지정된 경우에만 작동한다. 예를 들어 계산된 속성 이름을 사용하여 이를 수행할 수 없다.

```
const p = {
    hi() {
        console.log("hi");
    }
};
const name = "__proto__";
const obj = {
    [name]: p
};
obj.hi(); // TypeError: obj.hi is not a function
```

다시 말하지만, 새 코드에서 __proto__를 사용하지 말라. Object.create를 사용하여 처음에는 올바른 프로토타입으로 객체를 만들고 필요한 경우 Object.getPrototypeOf 및 Object.setPrototypeOf를 사용하여 나중에 프로토타입을 가져오거나 설정한다. 이렇게 하면 코드가 브라우저에서 실행 중인지 여부와 (접근자 속성의 경우) 객체가 Object.prototype에서 상속되는지 여부에 대해 걱정할 필요가 없다.

JAVASCRIPT THE NEW TOYS

5.4 / 메서드 문법과 super 외부 클래스

4장에서 클래스 구조 내의 메서드 정의에 대해 배웠다. ES2015에는 객체 리터럴에도 메서드 구문이 추가되었다. 이전에 다음과 같은 function 키워드로 자세한 내용을 작성했을 것이다.

```
var obj1 = {
    name: "Joe",
    say: function() {
        console.log(this.name);
    }
};
obj1.say(); // "Joe"
```

새로운 메서드 구문을 사용하면 다음과 같이 작성할 수 있다.

```
const obj2 = {
    name: "Joe",
    say() {
        console.log(this.name);
    }
};
obj2.say(); // "Joe"
```

즉, 콜론과 function 키워드를 완전히 생략한다.

메서드 구문은 객체 리터럴에서 함수를 정의하는 간단한 구문이 아니지만 대부분의 경우 마치 그랬던 것처럼 작동하는 것이 좋다. 클래스에서처럼 메서드 구문은 기존 함수로 초기화된 속성보다 더 많거나 적은 작업을 수행한다.

- 메서드에 객체가 있는 prototype 속성이 없으며 생성자로 사용할 수 없다.
- 메서드는 정의된 객체인 **홈 객체**에 대한 링크를 가져온다. 기존 함수(obj1)를 사용하는 예는 객체의 say 속성을 통해 객체에서 함수로의 링크만 만들었다(그림 5-1). 메서드 구문 예는 4장에서 배운 [[HomeObject]] 필드를 통해 객체(obj2)에서 함수(say 속성을 통해)로, 함수에서 홈 객체(obj2)로의 링크를 생성한다(그림 5-2).

❤ 그림 5-1

❤ 그림 5-2

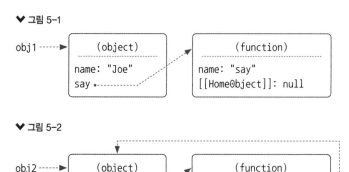

172

메서드에서 객체로 다시 연결하는 목적은 메서드 내에서 super 사용을 지원하는 것이다. 예를 들어 toString 함수가 프로토타입의 toString을 사용했지만 모두 대문자로 만든 객체를 만들고 싶다고 가정해 보겠다. ES5에서는 다음과 같이 프로토타입의 함수를 명시적으로 호출해야 했다.

```
var obj = {
    toString: function() {
        return Object.prototype.toString.call(this).toUpperCase();
    }
};
console.log(obj.toString()); // "[OBJECT OBJECT]"
```

ES2015+에서는 메서드 구문과 super를 사용할 수 있다.

```
const obj = {
    toString() {
        return super.toString().toUpperCase();
    }
};
console.log(obj.toString()); // "[OBJECT OBJECT]"
```

메서드 이름은 리터럴 식별자일 필요는 없다. 속성 키와 마찬가지로 문자열(큰따옴표 또는 작은따옴표 사용) 또는 계산된 이름일 수 있다.

```
const s = "ple";
const obj = {
    "biz-baz"() {        // String literal method name
        console.log("Ran biz-baz");
    },
    ["exam" + s]() {     // Computed method name
        console.log("Ran example");
    }
};
obj["biz-baz"]();  // "Ran biz-baz"
obj.example();     // "Ran example"
```

처음에는 객체 리터럴의 super 메서드가 상당히 제한적인 것 같다. 객체의 프로토타입이 객체 리터럴에 의해 생성되기 때문에 객체의 프로토타입이 Object.prototype이 될 것이기 때문이다. 그러나 앞서 배웠듯이 ES2015+에서는 객체가 생성된 후 객체의 프로토타입을 변경할 수 있으며 브라우저에서는 리터럴에서 __proto__를 사용하여 프로토타입을 Object.prototype이 아닌 다른 것으로 설정하여 시작할 수 있다(새 코드에서는 그렇게 하지 않는 것이 가장 좋다). super가 구현되는 방식은 여러분의 예상대로 작동하게끔 한다.

```
const obj = {
    toString() {
        return super.toString().toUpperCase();
    }
};
Object.setPrototypeOf(obj, {
    toString() {
        return "a different string";
    }
});
console.log(obj.toString()); // "A DIFFERENT STRING"
```

위 코드가 [[HomeObject]]가 들어오는 곳이다. 자바스크립트 엔진이 super(예: super.toString)에 대한 속성 참조를 처리하는 방법은 명확성을 위해 일부 세부 정보를 건너뛰었다.

1. 현재 함수의 [[HomeObject]] 내부 슬롯 값을 가져온다. 이 예에서는 obj가 참조하는 객체이다.

2. (함수가 생성될 때가 아니라 super.toString 코드가 실행될 때) 해당 객체의 **현재** 프로토타입을 가져온다.

3. 프로토타입 객체의 속성을 조회하고 사용한다.

이 예에서 obj.toString()을 호출할 때 코드는 이미 obj가 참조하는 객체의 프로토타입을 변경했으므로 원래 프로토타입의 toString 대신 새 프로토타입의 toString이 사용된다.

이론적으로 [[HomeObject]] 링크는 메서드가 super를 사용하는지 여부에 관계없이 존재한다. 실제로 자바스크립트 엔진은 super를 사용하지 않으면 링크를 최적화할 가능성이 높다(또한 메서드에서 최적화하는 기능을 제한하는 eval과 같은 것을 사용하지 않는다).

5.5 심볼

ES5까지 속성 이름("키")은 항상 문자열(배열 인덱스와 같이 숫자로 자주 쓰는 이름 포함)이었다. ES2015부터는 속성 키는 문자열 또는 심볼이 될 수 있다. 심볼은 고유한 기본값이다. 유일하다는 것이 주요 목적과 특징이다. 심볼은 객체 속성 외에도 사용할 수 있지만 일반적으로 사용하는 곳이 객체 속성이므로 이 장에 포함했다.

5.5.1 왜 심볼인가?

곧 심볼을 만들고 사용하는 방법을 살펴본다. 먼저 다음과 같은 질문을 해 보자. 속성 키로 사용할 수 있는 고유한 값을 보장하는 것이 왜 그렇게 중요할까?

보장된 고윳값은 일반적으로 유용하지만(GUID의 인기에서 알 수 있듯이) 자바스크립트의 심볼에 대한 한 가지 주요 동기는 ES2015에 추가할 수 없었던 여러 가지를 추가할 수 있다는 것이다. 새로운 기능 중 일부는 객체에 대한 새 속성을 찾고 존재하는 경우 이를 사용해야 한다. 키가 문자열이면 이전 버전과 호환되지 않는다.

예를 들어 Object.prototype의 toString 함수는 "[object XYZ]" 양식의 문자열을 만든다. Date와 같은 기본 제공 생성자에 의해 생성된 객체의 경우 XYZ는 생성자의 이름이 된다("[object Date]", "[object Array]" 등). 그러나 ES2015 이전에는 자체 생성자(또는 일반 객체)에 의해 생성된 인스턴스의 경우 문자열은 "[object Object]"이다.

ES2015에서 TC39는 사용할 이름으로 객체 속성을 지정하여 프로그래머가 기본 toString으로 XYZ가 무엇인지 결정할 수 있기를 원했다. 문제는 그들이 선택한 문자열 이름이 다른 목적으로 다른 곳에서 사용되었을 수 있으므로 해당 속성에 대해 선택할 수 있는 안전한 문자열 이름이 없다는 것이다. 따라서 그렇게 사용하면 기존 코드가 손상될 수 있다. 그리고 생성자의 이름을 사용하여 시작할 수는 없었다. 생성자 이름을 사용하면 해당 객체에 대해 "[object Object]"를 보는 데 의존하는 기존 코드도 손상되기 때문이다. 새로운 기능은 기본 포함이어야 했다.

심볼이 우리를 구하리라! Object.toString은 문자열이 아닌 Symbol로 식별되는 속성을 만들었다. 즉, ES2015 이전에 정의된 객체에 존재할 수 있는 다른 속성과 충돌할 수 없다는 의미이다(심볼이 아직 존재하지 않았기 때문이다). 작동 중인 속성은 다음과 같다.

```
class Example1 {
}
class Example2 {
    get [Symbol.toStringTag]() {
        return "Example2";
    }
}
console.log(new Example1().toString()); // "[object Object]"
console.log(new Example2().toString()); // "[object Example2]"
```

Symbol.toStringTag의 값은 Object.prototype.toString 메서드가 찾는 미리 정의된 잘 알려진 심볼[1]이다. ES5에서 "[object Object]"를 반환했을 때 ES2015+에서는 Symbol.toStringTag 속성을 찾는다. 속성의 값은 문자열이고 toString은 결과 "[object XYZ]" 문자열의 XYZ 부분에 해당하는 값을 사용한다. 그렇지 않으면 예전대로 Object를 사용한다. 예에서 new Example1(). toString()은 적절한 심볼 이름을 가진 객체에 속성이 없기 때문에 "[object Object]"를 반환했다. 그런데 new Example2() .toString() 호출은 속성이 존재하고(Example2.prototype에서 상속됨) 값이 "Example2"이기 때문에 "[object Example2]"를 반환했다.

toStringTag의 일반적인 사용 사례는 이전 예에서와 같이 클래스이지만 일반 객체에서도 잘 작동하므로 생성자 함수보다 다른 유형의 객체 팩토리를 선호하는 경우에 유용하다.

```
// 직접 사용
const obj1 = {
    [Symbol.toStringTag]: "Nifty"
};
console.log(obj1.toString()); // "[object Nifty]"

// 프로토타입을 통해
const p = {
    [Symbol.toStringTag]: "Spiffy"
};
const obj2 = Object.create(p);
console.log(obj2.toString()); // "[object Spiffy]"
```

이제 심볼이 필요한 이유에 대해 충분히 이해했는가?

---

1 이 장의 뒷부분에서 잘 알려진 기호에 대해 자세히 알아본다.

5.5.2 심볼 생성 및 사용

심볼 함수를 호출하면 새롭고 고유한 심볼을 얻을 수 있다. 이건 생성자가 아니다. 기억하자! 심볼은 기본 요소이므로 new를 사용하지 않는다. 심볼이 있으면 생성 중에 계산된 속성 이름 표기법을 사용하거나 생성 후 대괄호 표기법을 사용하여 객체에 추가할 수 있다.

```
const mySymbol = Symbol();
const obj = {
    [mySymbol]: 6                   // 계산된 속성 이름
};
const anotherSymbol = Symbol();
obj[anotherSymbol] = 7;             // 대괄호 표기법
console.log(obj[mySymbol]);         // 6
console.log(obj[anotherSymbol]);    // 7
```

디버깅을 돕기 위해 심볼을 생성할 때 Symbol에 문자열을 전달하여 설명을 제공할 수 있다.

```
const mySymbol = Symbol("my symbol");
console.log(mySymbol); // Symbol(my symbol)
```

console.log가 심볼의 표현을 표시하는 환경에서 해당 코드에 있는 mySymbol의 console.log는 심볼에서 toString이 반환하는 문자열인 "Symbol (my symbol)"을 표시할 수 있다. ES2019부터 심볼의 설명이 심볼의 설명 속성으로 제공된다.

```
const mySymbol = Symbol("my symbol");
console.log(mySymbol.description); // "my symbol"
```

설명은 단지 설명이며 다른 의미는 없다(나중에 다른 용도로 사용되는 Symbol.for가 나온다). 설명은 심볼의 값이 아니며, 두 개의 다른 심볼은 동일한 설명을 가질 수 있지만 여전히 다른 심볼이다.

```
const a = Symbol("my symbol");
console.log(a);        // Symbol(my symbol)
const b = Symbol("my symbol");
console.log(b);        // Symbol(my symbol)
console.log(a === b); // false
const obj = {
    [a]: 6,
    [b]: 7
};
console.log(obj[a]);  // 6
console.log(obj[b]);  // 7
```

문자열이 아닌 심볼로 키가 지정된 속성은 열거 가능한 속성(및 Object.keys의 경우 자체[2] 속성)인 경우에도 for-in 루프 또는 Object.keys에서 반환된 배열에 포함되지 않는다.

5.5.3 심볼은 정보 은닉을 위한 것이 아니다

심볼에 대한 일반적인 오해 중 하나는 프라이빗 속성에 대한 것이다. 예를 들어 다음 코드를 보자.

```
const everUpward = (() => {
    const count = Symbol("count");
    return {
        [count]: 0,
        increment() {
            return ++this[count];
        },
        get() {
            return this[count];
        }
    };
})();
console.log(everUpward.get());           // 0
everUpward.increment();
console.log(everUpward.get());           // 1
console.log(everUpward["count"]);        // undefined
console.log(everUpward[Symbol("count")]); // undefined
```

count에 저장된 심볼에 대한 접근 권한이 없으면 속성을 얻을 수 없다. 맞는 말인가? 이것은 "count" 속성이 아니며 count 상수는 선언된 함수에 대해 비공개일까?

아니다. count에 저장된 심볼은 검색할 수 있기 때문에 심볼은 비공개가 아니다(그것을 참조하는 상수가 있더라도). 예를 들어, Object.getOwnPropertySymbols라는 적절한 이름을 통해 객체가 사용하는 기호를 가져올 수 있다. 검색 가능하므로 심볼은 속성에 대한 정보 은닉을 제공하지 않는다. 약간의 모호하다. 아마도 특히 설명을 제공하지 않는 경우에 그렇다. 그러나 접근 제어는 없다. 진정한 비공개 속성은 완전히 다른 메커니즘(18장 참조)을 통해 ES2020 이상에서 도입되거나 WeakMap(12장)을 사용하여 객체에 대한 진정한 비공개 정보를 보유할 수 있다.

그렇다면 왜 이런 오해를 할까? 부분적으로는 심볼이 자바스크립트에 추가되는 길을 택했기 때문

---

2   객체는 속성을 상속할 수 있으며 고유한 속성을 가질 수 있다. "자체" 속성은 상속되는 것이 아니라 객체에 직접 존재하는 속성이다.

이다. 즉, 심볼은 "프라이빗 이름 객체"로 시작했으며 원래 객체에 대한 개인 속성을 만드는 메커니즘으로 사용될 것으로 예상되었다. 시간이 지남에 따라 이름이 바뀌고 기본 요소가 되었으며 이를 프라이빗 속성에 사용하는 것은 진행되지 않았지만 보장된 고유 식별자를 갖는 것이 매우 유용한 것으로 판명되어 심볼은 유지되었다.

5.5.4 전역 심볼

Symbol을 호출하여 심볼을 생성할 때 다른 코드에 접근할 수 있도록 하지 않는 한(예: 객체의 속성 키로 만드는 등) 코드만 해당 코드에 대해 알고 있다. 일반적으로 이것이 여러분이 원하는 것이다. 그런데 라이브러리 작성자의 경우, 특히 여러 **영역**에서 심볼을 사용해야 하는 경우 복잡한 문제가 발생할 수 있다.

영역은 전역 환경, 해당 환경에 대한 내장 함수(배열, 객체, 날짜 등), 해당 환경에 로드된 모든 코드, 기타 상태 및 기타 비트로 구성된 약간의 코드가 있는 전체 컨테이너다. 이러한 브라우저를 생각하면 코드가 있는 영역은 포함된 페이지와 해당 창과 관련된 모든 엔트리에 대한 창이다(기술 용어를 용서하자).

코드는 자신의 영역에 접근할 수 있을 뿐만 아니라 다른 영역에 있는 엔트리에도 접근할 수 있다. 자식 창에는 부모 창과 다른 영역이 있고 웹 워커는 해당 영역과 구별되는 자체 영역이 있다. 하지만 대부분의 경우 해당 영역의 코드는 영역 간에 객체를 전달할 수 있다. 이는 문제가 되지 않지만 두 개의 다른 영역에 있는 코드가 심볼로 식별되는 속성에 대한 접근을 공유해야 하는 경우 심볼도 공유해야 한다. 이때 **전역 심볼**이 필요하다.

예를 들어 BarkCounter라는 클래스를 작성하고 BarkCounter가 심볼을 사용하여 객체에 대한 정보를 저장한다고 가정한다. 코드 5–1의 상당히 좋지 않은 예를 참고하자.

코드 5–1 상당히 좋지 않은 BarkCounter 클래스, 버전 1 – barkcounter-version-1.js

```
const BarkCounter = (() => {
    const barks = Symbol("nifty-barks");

    return class BarkCounter {
        constructor(other = null) {
            this[barks] = other && barks in other ? other[barks] : 0;
        }

        bark() {
```

```
            return ++this[barks];
        }

        showBarks(label) {
            console.log(label + ": Barks = " + this[barks]);
        }
    };
})();
```

BarkCounter 클래스의 인스턴스는 bark를 호출하는 횟수를 계산한다(이것을 상당히 좋지 않다고 했다). 수를 늘리고 새 값을 반환하여 bark에 응답한다. barks 상수에 저장된 심볼로 키가 지정된 속성에 barks 수를 저장한다. 해당 심볼로 키가 지정된 속성이 있는 BarkCounter 생성자에 객체를 전달하면 해당 인스턴스에서 barks 수를 복사한다. 그렇지 않으면 0에서 시작한다. 콘솔에 barks 수를 표시하도록 요청할 수 있지만 barks 수를 제공하도록 요청할 수는 없다.

동작하는 BarkCounter는 다음과 같다.

```
const b1 = new BarkCounter();
b1.bark();
b1.bark();
b1.showBarks("b1");          // b1: Barks = 2
const b2 = new BarkCounter(b1);
b2.showBarks("b2");          // b2: Barks = 2
```

코드가 b1에서 b2로 barks 수를 성공적으로 복사했다. 이는 b2를 생성하는 코드가 b1을 생성한 동일한 BarkCounter 생성자에 전달하기 때문이다. 따라서 b1에서 barks 수를 조회할 때 동일한 심볼이 사용된다.

메인 창과 iframe에서 BarkCounter를 사용하고 메인 창에서 iframe으로 BarkCounter 인스턴스를 전달하는 교차 영역 예를 살펴보겠다. 코드 5-2와 5-3을 보자.

코드 5-2 교차 영역에서 BarkCounter 사용하기: 메인, 버전 1 – barkcounter-main-1.html

```
<!doctype html>
<html>
<head>
<meta charset="UTF-8">
<title>BarkCounter Across Realms - Main - Version 1</title>
</head>
<body>
<script src="barkcounter-version-1.js"></script>
```

```
<script>
var barkCounterFrame = document.createElement("iframe");
barkCounterFrame.addEventListener("load", function() {
    const b1 = new BarkCounter();
    b1.bark();
    b1.bark();
    b1.showBarks("main");              // main: Barks = 2
    barkCounterFrame.contentWindow.useBarkCounter(b1);
});
barkCounterFrame.src = "barkcounter-frame-1.html";
document.body.appendChild(barkCounterFrame);
</script>
</body>
</html>
```

코드 5-3 교차 영역에서 BarkCounter 사용하기: 프레임, 버전 1 - barkcounter-frame-1.html

```
<!doctype html>
<html>
<head>
<meta charset="UTF-8">
<title>BarkCounter Across Realms - Frame - Version 1</title>
</head>
<body>
<script src="barkcounter-version-1.js"></script>
<script>
function useBarkCounter(b1) {
    b1.showBarks("frame-b1");
    const b2 = new BarkCounter(b1);
    b2.showBarks("frame-b2");
}
</script>
</body>
</html>
```

---

barkcounter—main—1.html은 iframe을 로드하고 BarkCounter(b1)의 인스턴스를 생성하여 useBarkCounter라는 iframe의 전역 함수에 전달한다. 메인 창과 iframe은 다른 영역이다.

barkcounter—frame—1.html의 useBarkCounter는 BarkCounter 인스턴스를 수신하고 이전에 표시된 코드와 같이 BarkCounter 생성자에 전달하여 b1의 barks 수를 새 인스턴스로 복사한다.

barkcounter-version-1.js와 함께 해당 파일을 로컬 웹 서버에 복사한 다음 브라우저에서 개발자 도구 콘솔을 열고 barkcounter-main-1.html을 로드한다. 출력은 다음과 같다.

```
main: Barks = 2
frame-b1: Barks = 2
frame-b2: Barks = 0
```

barks 속성은 복사되지 않았다(만약 있다면 마지막 줄은 0이 아니라 2를 표시한다). 왜 안 될까?

문제는 메인 창에 로드된 BarkCounter의 복사본이 iframe 창에 로드된 BarkCounter의 복사본과 분리되어 있고 둘 다 고유의 barks 심볼을 생성한다는 것이다. 이러한 심볼은 정의상 동일하지 않으므로 BarkCounter 생성자가 b1에서 barks 수를 얻으려고 할 때 아무것도 보지 않고 0을 시작점으로 사용했다.

이상적으로는 로드된 모든 BarkCounter 사본이 barks에 대해 동일한 심볼을 공유해야 한다. 메인 창에서 b1과 함께 iframe으로 심볼을 전달하면 그렇게 할 수 있지만 빠르게 복잡해진다. 이렇게 특별한 경우에는 b1의 속성을 반복하여 적절한 설명이 있는 심볼로 이름이 지정되었는지 확인할 수 있지만 모든 상황에서 작동하지는 않다(적어도 심볼에 설명이 없거나 다른 심볼이 동일한 설명을 갖는 경우).

그 대신에 Symbol 함수 대신 Symbol.for 함수를 사용하여 문자열 키와 연결된 전역 심볼 레지스트리에 심볼을 게시하여 이를 수행할 수 있다. BarkCounter 코드를 약간 수정하여 다음 줄을 변경한다.

```
const barks = Symbol("nifty-barks");
```

```
const barks = Symbol.for("nifty-barks");
```

Symbol.for는 사용자가 제공한 키에 대한 전역 레지스트리에 심볼이 있는지 확인하고 있으면 반환한다. 그렇지 않은 경우 새 심볼(키를 설명으로 사용함)을 만들고 레지스트리에 추가한 다음 새 심볼을 반환한다.

이 변경 사항은 파일의 "-2"버전 (barkcounter-version-2.js, barkcounter-main-2.html 및 barkcounter-frame-2.html)에 있다. 로컬 서버에 로드하고 브라우저에서 실행하면 다음과 같이 표시된다.

```
main: Barks = 2
frame-b1: Barks = 2
frame-b2: Barks = 2
```

BarkCounter의 두 복사본은 동일한 전역 심볼을 사용한다. 즉, Symbol.for에 대한 메인 파일의 호출이 생성 및 등록된 후 프레임 파일의 Symbol.for 호출이 등록된 심볼을 검색한다. 따라서 두 BarkCounter 생성자가 속성에 대해 동일한 심볼을 사용하기 때문에 b1에서 b2로 barks 수를 복사하면 작동한다.

전역 변수와 마찬가지로, 다른 대안이 있을 때는 전역 기호를 사용하지 말고 올바른 경우에만 사용하자. 이러한 이름을 사용하는 경우 다른 용도 또는 향후 사양 버전에서 정의될 수 있는 이름과 충돌하지 않도록 충분히 고유한 이름을 사용해야 한다.

이터레이터와 이터러블에 대해 배울 때 6장에서 전역 심볼을 특히 편리하게 사용하는 것을 볼 수 있다.

마지막으로, 전역 심볼에 대해서 알아야 할 것이 있다. 즉, 심볼이 전역 심볼 레지스트리에 있는지, 그렇다면 심볼이 할당된 키를 알아야 하는 경우 Symbol.keyFor를 사용할 수 있다.

```
const s = Symbol.for("my-nifty-symbol");
const key = Symbol.keyFor(s);
console.log(key); // "my-nifty-symbol"
```

Symbol.keyFor는 전달한 심볼이 전역 레지스트리에 없으면 undefined를 반환한다.

5.5.5 잘 알려진 심볼

사양은 언어의 다양한 작업에서 사용되는 **잘 알려진 심볼**을 만들었다. 이러한 심볼은 symbol 함수 속성을 통해 사용할 수 있다. 이 중 하나는 4장(Symbol.species)과 이 장의 앞부분(Symbol.toStringTag)에서 보았다. 다음은 ES2015 – ES2018에서 잘 알려진 모든 심볼과 (ES2019에서는 추가하지 않았으며 ES2020에서는 추가하지 않을 것처럼 보임)과 이를 다루는 장 목록이다.

- Symbol.asyncIterator(9장)
- Symbol.hasInstance(17장)
- Symbol.isConcatSpreadable(17장)
- Symbol.iterator(6장)
- Symbol.match(10장)
- Symbol.replace(10장)
- Symbol.search(10장)

- `Symbol.species`(4장)

- `Symbol.split`(10장)

- `Symbol.toPrimitive`(5장)

- `Symbol.toStringTag`(5장)

- `Symbol.unscopables`(17장)

현재 정의된 잘 알려진 심볼도 모두 전역적이다(따라서 여러 영역에서 공유된다). 사양은 미래에 전역적이지 않은 일부를 가질 수 있는 가능성을 열어 두었다.

5.6 / 새로운 객체 함수

ES2015 및 ES2017은 Object 생성자에 몇 가지 새로운 기능을 추가했다. 그럼 살펴보자.

5.6.1 Object.assign

`Object.assign`은 하나 이상의 소스 객체에서 대상 객체로 속성을 복사하는 일반적인 "확장" 함수의 자바스크립트 버전이다. 메시지 상자를 사용자에게 제공하는 함수가 있다고 가정하자. 이 메시지 상자는 opts라는 옵션 객체를 통해 title, text, icon, className, buttons를 지원한다. 여기서 모든 옵션(옵션 객체 자체도 포함)은 선택 사항이다.[3] 선택 사항을 함수에 대한 매개변수로 받아들일 수 있지만 이렇게 하면 몇 가지 문제가 발생한다.

- 함수에 대한 호출을 작성할 때 순서를 기억해야 한다(IDE가 도움을 줄 수도 있다).

- 대부분이 선택 사항인 경우 호출자가 제공한 옵션과 생략한 옵션을 파악하는 함수의 코드가 매우 복잡해질 수 있다.

- 여러 유형이 동일한 유형인 경우(이 예에서 대부분의 옵션은 문자열임) 복잡할 뿐만 아니라 함수 코드가 호출자가 제공한 것을 결정하는 것이 불가능할 수 있다.

---

3 물론 text는 현실 세계에서 필수일 것이다. 하지만 여기서는 선택 사항이라고 하자.

3장에서 배운 기본 매개변수 값 기능을 사용하고 기본값을 원하는 엔트리에 대해 undefined를 전달할 수 있지만 이는 매우 어색하다.

이러한 상황에서는 개별 매개변수 대신 옵션에 대한 속성이 있는 객체를 사용하는 것이 일반적이다. 이러한 속성 중 일부를 선택적으로 만들기 위해 일반적인 방법은 전달된 객체를 복사하고 기본 객체의 기본값을 혼합하는 것이다. 도우미 함수가 없는 ES5에서는 다음 예처럼 상당히 번거롭다.

```
function showDialog(opts) {
    var options = {};
    var optionName;
    var hasOwn = Object.prototype.hasOwnProperty;
    for (optionName in defaultOptions) {
        if (hasOwn.call(defaultOptions, optionName)) {
            options[optionName] = defaultOptions[optionName];
        }
    }
    if (opts) { // `opts`은 선택 사항임
        for (optionName in opts) {
            if (hasOwn.call(opts, optionName)) {
                options[optionName] = opts[optionName];
            }
        }
    }
    // (`options.title`, `options.text` 등을 사용하라)
}
```

위 코드는 너무 흔하고 번거롭기 때문에 이 "확장" 함수는 많은 툴킷(jQuery, Underscore/Lodash 등)에서 일반적이 되었고 자바스크립트의 관용구가 되었다. 기존의 "확장"은 대상 객체를 허용한 다음 원하는 수의 원본 객체를 허용하여 원본 객체에서 대상 객체로 고유한 열거 가능한 속성을 복사한 다음 대상 객체를 반환값으로 반환한다.

이것이 Object.assign이 하는 일이다. 다음은 인라인 코드를 사용하는 대신 Object.assign을 사용하는 showDialog 함수이다(꼭 그래야 하는 건 아니지만 const로 변경했다).

```
function showDialog(opts) {
    const options = Object.assign({}, defaultOptions, opts);
    // (`options.title`, `options.text` 등을 사용하라)
}
```

훨씬 더 깨끗해졌다! 객체를 생성하고 첫 번째 인수("대상" 객체)로 전달하고 복사할 소스 객체를 전달한 다음 옵션에서 해당 객체(반환값)를 기억한다.

Object.assign은 소스 객체(예에서 defaultOptions 및 opts)를 통해 왼쪽에서 오른쪽 순서로 작동하므로 둘 이상의 값이 동일한 속성에 대한 값을 가질 때 마지막 객체가 "승리"한다. 즉, 최종 options 객체는 opts에 있는 옵션에 대한 opts의 옵션을 갖거나 opts에 없는 옵션에 대한 defaultOptions의 기본값을 갖게 된다.

Object.assign은 null 또는 undefined인 인수를 건너뛰므로 showDialog 코드는 호출자가 opts를 전혀 제공하지 않은 경우를 처리하기 위해 그 무엇도 할 필요가 없다.

영감을 준 "확장" 함수와 마찬가지로 Object.assign은 번거로운 버전의 루프와 마찬가지로 상속된 엔트리가 아닌 고유한 열거 가능한 속성만 소스 객체에서 복사하고 열거 불가능한 것으로 표시된 속성은 복사하지 않고 대상 객체를 반환한다. 그러나 이전의 for-in 예에서는 그렇지 않았던 심볼로 키가 지정된 속성과 문자열로 키가 지정된 속성을 복사한다(for-in은 객체의 문자열 이름이 지정된 속성을 반복만 수행한다).

7장에서는 **디스트럭처링 매개변수**를 사용하여 이러한 문제를 해결할 수 있는 다른 방법을 배우고, 이 장의 뒷부분에서는 Object.assign과 비슷하게 작동하지만 완전히 대체하지는 못하는 ES2018의 **속성 스프레드**에 대해 배우게 된다.

5.6.2 Object.is

ES2015의 Object.is는 사양의 값 같음(SameValue) 추상 연산에 따라 두 값을 비교한다. 값 같음 연산은 다음을 제외하고 ===(완전히 같음)과 같다.

- NaN은 자신과 동일하다(반면 NaN === NaN은 거짓이다).
- 양의 0(+0)과 음의 0(-0)은 서로 같지 않다(반면 +0 === -0은 참이다).

따라서 다음 코드와 같고 이 밖의 모든 것은 ===와 같다.

```
console.log (Object.is (+0, -0)); // false
console.log (Object.is (NaN, NaN)); // true
```

5.6.3 Object.values

ES5는 Object.keys를 추가하여 키가 문자열(심볼 아님)인 객체 고유의 열거 가능한 속성 이름 배열을 제공한다. ES2017에서 추가된 Object.values는 논리적 대응 요소이다. 즉, 동일한 속성 **값**의 배열을 제공한다.

```
const obj = {
    a: 1,
    b: 2,
    c: 3
};
console.log (Object.values (obj)); // [1, 2, 3]
```

상속된 속성, 열거할 수 없는 속성 및 심볼로 키가 지정된 속성의 값은 포함되지 않는다.

5.6.4 Object.entries

열거 가능한 고유한 문자열 키 속성에 접근하는 방법 외에도 ES2017은 [이름, 값] 배열의 배열을 제공하는 Object.entries도 추가했다.

```
const obj = {
    a: 1,
    b: 2,
    c: 3
};
console.log (Object.entries (obj)); // [[ "a", 1], [ "b", 2], [ "c", 3]]
```

Object.entries는 특히 6장의 for-of 루프와 7장의 **디스트럭처링** 그리고 바로 지금 배울 Object.fromEntries와 결합하여 매우 강력한 도구를 만든다.

5.6.5 Object.fromEntries

Object.fromEntries는 ES2019에 추가된 유틸리티 함수로, 키/값 쌍의 목록(반복 가능)을 받아서 객체를 생성한다.

```
const obj = Object.fromEntries ([
    ["a", 1],
    ["b", 2],
    ["c", 3]
]);
console.log (obj);
// => {a : 1, b : 2, c : 3}
```

fromEntries는 Object.entries의 반대다. Map.prototype.entries는 Object.fromEntries가 예상하는 정확한 유형의 목록을 반환하므로 맵(12장)을 객체로 변환하는 데도 편리하다.

5.6.6 Object.getOwnPropertySymbols

ES2015의 Object.getOwnPropertySymbols는 ES5 메서드 Object.getOwnPropertyNames에 대한 대위법이지만 메서드 이름에서 알 수 있듯이 객체의 고유한 심볼—이름 속성에 대한 심볼 배열을 반환한다(반면 Object.getOwnPropertyNames는 명명된 문자열에 대한 배열을 반환한다).

5.6.7 Object.getOwnPropertyDescriptors

ES2017의 Object.getOwnPropertyDescriptors는 객체의 모든 속성에 대한 속성 설명자가 있는 객체를 반환한다(열거할 수 없는 속성과 문자열이 아닌 심볼로 키가 지정된 속성을 포함한다).

한 가지 용도는 반환하는 객체를 다른 객체의 Object.defineProperties에 전달하여 정의를 해당 객체에 복사하는 것이다.

```
const s = Symbol("example");
const o1 = {
    // 심볼로 명명된 속성
    [s]: "one",
    // 접근자 속성
    get example() {
        return this[s];
    },
    set example(value) {
        this[s] = value;
    },
    // 데이터 속성
```

```
        data: "value"
    };
    // 열거할 수 없는 속성
    Object.defineProperty(o1, "nonEnum", {
        value: 42,
        writable: true,
        configurable: true
    });
    // 해당 속성을 새 객체에 복사
    const descriptors = Object.getOwnPropertyDescriptors(o1);
    const o2 = Object.defineProperties({}, descriptors);
    console.log(o2.example); // "one"
    o2.example = "updated";
    console.log(o2[s]);      // "updated", [s]에 작성된 접근자 속성
    console.log(o2.nonEnum); // 42
    console.log(o2.data);    // "value"
```

접근자 속성을 접근자 속성으로 복사하지 않는 동일한 상황에서 `Object.assign`을 사용하는 것과 반대된다. 대신 `Object.assign`이 호출되었을 때 접근자 속성에서 반환한 값을 복사한다. 또한 열거할 수 없는 속성을 복사하지 않는다.

5.7 Symbol.toPrimitive

`Symbol.toPrimitive`는 객체를 프리미티브 값으로 변환하는 새롭고 강력한 방법을 제공한다.

첫째, 약간의 배경 지식이다. 유명하게도 자바스크립트는 객체를 프리미티브 값으로 강제 변환하는 것을 포함하여 다양한 컨텍스트에서 값을 강제 변환한다. 수행 중인 작업은 결과가 숫자 또는 문자열인 것을 선호할 수 있다(또는 선호 사항이 없을 수도 있다). 예를 들어, `n - obj`(여기서 obj는 객체임)에서 기본 설정은 `obj`를 숫자로 변환하여 빼기가 수행될 수 있도록 하는 것이다. 하지만 `n + obj`에서는 숫자 대 문자열에 대한 선호가 없다. `String(obj)` 또는 `someString.indexOf(obj)` 같은 다른 경우 기본 설정은 문자열이다. 사양 용어로 ToPrimitive 연산에 대한 "힌트"가 있는데, 숫자, 문자열 또는 부재(선호도 없음을 의미함)이다.

여러분의 객체의 경우 전통적으로 toString(문자열을 선호하는 작업에 사용됨) 및(또는) valueOf(숫자를 선호하는 객체와 선호하지 않는 객체 모두에서 사용됨)를 구현하여 이 변환 프로세스에 연결했다. 상당히 잘 작동하지만, 선호도가 숫자에 대한 것이거나 전혀 없을 때 여러분의 객체가 다른 일을 할 수 없다는 것을 의미한다. 즉, 이 두 상황 모두는 valueOf에 함께 묶여 있다.

Symbol.toPrimitive는 바로 이 문제를 해결한다. 객체에 Symbol.toPrimitive에 의해 키가 지정된 메서드("자신" 메서드 또는 상속된 메서드)가 있는 경우 valueOf 또는 toString 대신 해당 메서드가 사용된다. 더 좋은 점은 기본 작업에 선호도가 없는 경우 선호하는 유형(**유형 힌트**)을 인수 ("number", "string", "default")로 받는다. 다음 객체가 있다고 가정한다.

```javascript
const obj = {
    [Symbol.toPrimitive](hint) {
        const result = hint === "string" ? "str" : 42;
        console.log("hint = " + hint + ", returning " + JSON.stringify(result));
        return result;
    }
};
```

더하기 연산자(+)를 사용하면 선호도가 없기 때문에 Symbol.toPrimitive 메서드는 다음과 같이 "default" 힌트로 호출된다.

```javascript
console.log("foo" + obj);
// hint = default, returning 42
// foo42
```

다음 코드와 같이 더하기 연산자일 경우 다른 피연산자가 문자열, 숫자 또는 다른 무엇이든 "default"이다.

```javascript
console.log(2 + obj);
// hint = default, returning 42
// 44
```

빼기 연산자(-)이면 다음과 같이 힌트는 "number"이다.

```javascript
console.log(2 - obj);
// hint = number, returning 42
// -40
```

문자열이라면 힌트는 "string"이다.

```
console.log(String(obj));
// hint = string, returning "str"
// str
console.log("this is a string".indexOf(obj));
// hint = string, returning "str"
// 10 (the index of "str" in "this is a string")
```

메서드는 기본값을 반환해야 하며 그렇지 않으면 TypeError가 발생한다. 값이 힌트와 일치하지 않아도 된다. 힌트는 힌트일 뿐이다. 예를 들어 힌트가 문자열에 대한 것일지라도 숫자를 반환할 수 있으며 힌트가 숫자에 대한 것일지라도 불 값을 반환할 수 있다.

Symbol.toPrimitive는 Date 객체에 대한 사양에서 약간의 마법을 가져온다. ES2015까지 ToPrimitive가 valueOf 또는 toString을 호출할지 여부를 결정하는 데 사용하는 내부 작업([[DefaultValue]])에는 Date 객체에 대한 특별한 경우가 있었다. 즉, 유형 힌트가 없는 경우 기본값은 힌트가 Number인 것처럼 작동하는 것이었다. 대신 기본적으로 String으로 설정된 Date 객체는 제외되는데, 이것이 Date 객체에 -를 사용할 때 숫자로 변환되더라도 Date 객체에 +를 사용할 때 문자열로 변환되는 이유이다. Symbol.toPrimitive 없이는 자신의 개체에서 그렇게 하는 것이 불가능했다. 완전성을 위해 객체에 Symbol.toPrimitive 메서드가 없는 경우 사양은 효과적으로 다음이 수행되도록 정의한다.

```
[Symbol.toPrimitive](hint) {
    let methods = hint === "string"
            ? ["toString", "valueOf"]
            : ["valueOf", "toString"];
    for (const methodName of methods) {
        const method = this[methodName];
        if (typeof method === "function") {
            const result = method.call(this);
            if (result === null || typeof result !== "object") {
                return result;
            }
        }
    }
    throw new TypeError();
}
```

5.8 속성 순서

예전에는 "객체 속성에는 순서가 없다!"라는 걸 보면 소리를 지르곤 했다. 하지만… 사람들은 객체 속성이 순서를 가질 것으로 기대했다. 특히 배열에 있는 것과 같이 1, 7, 10 같은 이름을 가진 속성(이 이름은 **문자열**임을 기억하자. "배열의 신화" 참고). for-in 같은 객체(배열 아님) 반복 메커니즘을 사용할 때에도 숫자 순서로 방문할 것으로 예상된다. 그리고 초기 자바스크립트 엔진은 속성에 명백한 순서를 부여했고, 나중에 엔진이 복사(종종 약간의 차이가 있음)하고 사람들이 의존했다.

> **Note ≡ 배열의 신화**
>
> 자바스크립트의 표준 배열은 약간의 신화이다. 사양에 정의된 대로, 동일한 크기의 슬롯으로 분할된 연속적인 메모리 블록이라는 고전적인 컴퓨팅 의미의 배열이 아니다(11장에서 배우겠지만 자바스크립트는 양식화된 타입이 있는 형태로 되어 있다). 자바스크립트의 배열은 Array.prototype에서 상속하고 length 속성과 관련된 특별한 동작을 가지며 비록 문자열이더라도 사양 정의에 따라 이름이 배열 인덱스인 속성을 갖는 객체일 뿐이다(**배열 인덱스**[4]는 숫자로 변환될 때 값이 0 ≤ 값 <2^{32}-1인 정수인 숫자로만 구성된 속성 이름). 이 점을 제외하고는 배열은 다른 것과 같은 객체. 물론 자바스크립트 엔진은 가능하다면 배열을 크게 최적화하여 많은 경우 실제 배열로 만들지만 for-in을 배열에 적용하면 얻는 키가 문자열인 객체로 정의된다.

사람들은 계속해서 속성 순서를 원하거나 이에 의존하고 있었기 때문에 자바스크립트 엔진은 두 개의 유사한(그러나 다른) 순서를 정해 놓았기 때문에 상황을 예측할 수 있도록 ES2015에서 그 순서가 표준화되었지만, 특정 작업에 대해서만 그리고 "자신" 속성에 대해서만(상속된 속성이 아님) 표준화되었다. 순서는 다음과 같다.

- 첫째, 키가 숫자 순서로 **정수 인덱스**인 문자열인 속성이다. 정수 인덱스는 모든 자릿수이며 숫자로 변환될 때 0 ≤ 값 <2^{53}-1 범위에 있는 문자열이다(하한이 있는 배열 인덱스 (앞의 "배열의 신화" 참조)와 약간 다르다).

- 그다음으로 키가 문자열인 다른 속성은 해당 속성이 객체에 **생성된** 순서대로 지정된다.

- 그다음으로 키가 심볼인 속성은 해당 속성이 객체에서 생성된 순서대로 지정된다.

---

[4] https://tc39.github.io/ecma262/#sec-object-type

ES2015-ES2019에서 이 순서는 for-in 루프("자신" 속성의 순서뿐 아니라) 또는 Object.keys, Object.values 또는 Object.entries에서 반환된 배열에 적용되지 않았다. 이렇게 하면 구현자가 기존 코드에 영향을 미치는 위험을 원하지 않는 경우 자바스크립트 엔진이 기존 작업의 순서를 변경할 필요가 없었다. ES5의 Object.getOwnPropertyNames 및 JSON.stringify와 ES2015의 Object.getOwnPropertySymbols 및 Reflect.ownKeys 같은 다른 많은 메서드에 대해 새 순서가 지정되었다. 그러나 ES2020은 객체나 프로토타입이 프록시(14장), 타입이 있는 배열 또는 이와 유사한 것(11장), 모듈 네임 스페이스 객체(13장) 또는 "외래" 호스트 제공 객체(예: DOM 요소)가 아닌 경우 위에 나열된 메서드 및 for-in 등을 업데이트한다.

일반적으로 현재 정의된 순서가 있음에도 불구하고 객체의 속성 순서에 의존하는 것은 그리 좋은 생각이 아니다. 그렇게 하면 안정적이지 못하다. 예를 들어 다음 코드와 같이 객체에 두 가지 속성을 추가하는 함수가 있다고 가정해 보자.

```
function example(obj) {
    obj.answer = 42;
    obj.question = "Life, the Universe, and Everything";
    return obj;
}
```

다음과 같이 answer나 question 속성이 없는 객체로 호출하는 경우 그 순서는 코드가 속성을 추가하는 순서이므로 answer 다음에 question이 된다.

```
const obj = example({});
```

그럼 다음과 같이 이미 question 속성이 있는 객체를 전달했다고 가정해 보자.

```
const obj = example({question: "What's the meaning of life?"});
```

이제 순서는 question이 먼저 객체에 추가되었으므로 question 다음에 answer가 된다(예에서는 속성 값을 생성하는 대신 업데이트했다).

5.9 속성 스프레드 구문

경우에 따라 다른 객체의 모든 속성이 포함된 객체를 만들고 싶을 수도 있다. 객체를 절대 수정하지 않는 "불변" 접근 방식으로 프로그래밍할 때 특히 일반적이며, 그 대신 수정 사항을 통합하는 새 대체 객체를 만든다.

ES2018 이전에는 이를 수행하려면 복사할 속성을 명시적으로 지정하거나 for-in 루프 등을 작성하거나 이 장의 앞부분에서 언급한 공통 확장 관용구 같은 도우미 함수, 아마도 자바스크립트의 자체 Object.assign을 사용해야 했다. 하지만 ES2018+에서는 속성 스프레드 구문을 사용할 수 있다.

이 장의 앞부분에서 설명한 Object.assign 사용 예를 다시 살펴보겠다.

```
function showDialog(opts) {
    const options = Object.assign({}, defaultOptions, opts);
    // (Use `options.title`, `options.text`, etc.)
}
```

ES2018은 함수 호출 대신 구문을 사용하여 이를 수행하는 방법을 제공한다. 객체 리터럴 내에서 표현식 앞에 줄임표(...)를 사용하여 표현식 결과[5]의 고유한 열거 가능한 속성을 "스프레드"할 수 있다. 다음은 속성 스프레드를 사용하는 showDialog 예다.

```
function showDialog(opts) {
    const options = {...defaultOptions, ...opts};
    // (`options.title`, `options.text` 등을 사용)
}
```

그러면 새 객체가 만들어지고 defaultOptions의 속성으로 채워진 후 opts의 속성으로 채워진다. 객체 리터럴에서 항상 그렇듯이 속성은 소스 코드 순서(하향식, 왼쪽에서 오른쪽)로 처리되므로 defaultOptions 및 opts 모두 동일한 이름의 속성이 있는 경우 opts의 값이 "승리"한다.

속성 스프레드는 객체 리터럴 내에서만 유효하며 Object.assign과 거의 똑같이 작동한다. 속성 스프레드의 소스(줄임표 뒤에 오는 표현식의 결과)가 null이거나 undefined인 경우 속성 스프레드는 아무 작업도 수행하지 않다(오류가 **아니다**). 속성 스프레드는 프로토타입이나 열거할 수 없

5　표현식 결과가 프리미티브인 경우 해당 프리미티브는 스프레드 작업이 시작되기 전에 객체로 강제 변환된다. 예를 들어, 기본 문자열은 String 객체로 강제 변환된다.

는 속성에서 상속된 속성이 아닌 객체의 고유한 열거 가능한 속성만 사용한다.

언뜻 보기에 모든 곳에서 `Object.assign` 대신 속성 스프레드를 사용할 수 있는 것처럼 보이지만 `Object.assign`에는 여전히 역할이 있다. 즉, **기존** 객체에 할당할 수 있는 반면 속성 스프레드는 **새** 객체를 만들 때만 사용할 수 있다.

> Note ≡   ...를 연산자로 생각하고 싶은 유혹이 있겠지만, 연산자가 아니며 그럴 수도 없다. 연산자는 함수와 같다. 피연산자(함수 인수와 같음)가 있고 단일 결괏값(함수 반환값과 같음)을 생성한다. 그러나 "결괏값"은 "객체에서 이러한 속성 생성"이라고 말할 수 없다. 따라서 줄임표는 기본 구문/표기이다. 즉 연산자가 아니며 while 루프의 조건을 둘러싼 괄호와 같다. 이 경우 ( )는 그룹화 연산자가 아니며 while 루프 구문의 일부일 뿐이다. 연산자는 표현식이 예상되는 모든 곳에서 사용될 수 있기 때문에 구별이 중요하다. ...는 특정 위치(속성 스프레드의 경우 객체 리터럴 내)에서만 사용할 수 있다.

JAVASCRIPT THE NEW TOYS

5.10 / 과거 습관을 새롭게

이러한 모든 새로운 구문 기능과 도우미는 업데이트할 수 있는 몇 가지 습관을 제공한다.

5.10.1 동적 이름으로 속성을 만들 때 계산된 구문 사용

과거 습관: 객체를 만든 후 두 번째 단계로 런타임에 이름이 결정되는 속성을 생성한다.

```
let name = "answer";
let obj = {};
obj[name] = 42;
console.log(obj[name]); // 42
```

새로운 습관: 계산된 속성 이름을 사용한다.

```
let name = "answer";
let obj = {
    [name]: 42
};
console.log(obj[name]); // 42
```

5.10.2 이름이 같은 변수에서 속성을 초기화 할 때 단축 구문 사용

과거 습관: 속성 값이 동일한 이름의 범위 내 식별자(예: 변수)에서 오는 경우에도 속성 이름을 제공한다.

```
function getMinMax() {
    let min, max;
    // ...
    return {min: min, max: max};
}
```

새로운 습관: 단축 속성 구문을 사용하자.

```
function getMinMax() {
    let min, max;
    // ...
    return {min, max};
}
```

5.10.3 사용자 지정 "확장"함수 대신 Object.assign을 사용하거나 모든 속성을 명시적으로 복사

과거 습관: 사용자 정의 확장(또는 유사한) 기능을 사용하거나 루프를 사용하여 한 객체에서 다른 기존 객체로 모든 (자신의 열거 가능한) 속성을 힘들게 복사한다.

새로운 습관: Object.assign을 사용하자.

5.10.4 기존 객체의 속성을 기반으로 새 객체를 만들 때 스프레드 구문 사용

과거 습관: 사용자 지정 확장 또는 Object.assign을 사용하여 기존 객체의 속성을 기반으로 새 객체를 만든다.

```
const s1 = {a: 1, b: 2};
const s2 = {a: "updated", c: 3};
const dest = Object.assign({}, s1, s2);
console.log(dest); // {"a": "updated", "b": 2, "c": 3}
```

새로운 습관: 속성 스프레드 구문을 사용하자.

```
const s1 = {a: 1, b: 2};
const s2 = {a: "updated", c: 3};
const dest = {...s1, ...s2};
console.log(dest); // {"a": "updated", "b": 2, "c": 3}
```

5.10.5 이름 충돌을 피하기 위해 심볼 사용

과거 습관: 제어할 수 없는 이름과 충돌하지 않도록 속성에 모호한 문자열 이름을 사용한다.

새로운 습관: 심볼을 사용하자.

5.10.6 __proto__ 대신 Object.getPrototypeOf / setPrototypeOf 사용

과거 습관: 이전에 비표준 확장인 __proto__를 통해 객체의 프로토타입을 가져오거나 설정한다.

새로운 습관: 표준 Object.getPrototypeOf 및 Object.setPrototypeOf를 사용하자(현재 웹 브라우저에서 __proto__가 표준화되었음에도 불구하고).

5.10.7 메서드에 메서드 구문 사용

과거 습관: 객체의 메서드가 될 함수에 속성 이니셜라이저(initializer)를 사용한다.

```
const obj = {
    example: function() {
        // ...
    }
};
```

새로운 습관: 메서드 구문을 사용하자.

```
const obj = {
    example() {
        // ...
```

```
      }
   };
```

super를 사용하는 경우 메서드는 원래 객체에 대한 링크를 가지므로 다른 객체에 복사하면 새 객체가 아닌 원래 객체의 프로토타입을 계속 사용한다. super를 사용하지 **않으면**(그리고 eval을 사용하지 않으면) 좋은 자바스크립트 엔진이 해당 링크를 최적화한다.

6^장

이터러블,
이터레이터,
for-of,
이터러블 스프레드,
제너레이터

이 장의 내용

- 이터레이터과 이터러블
- for-of 루프
- 이터러블 스프레드 구문
- 제너레이터와 제너레이터 함수

이 장의 코드 다운로드

이 장의 코드는 https://thenewtoys.dev/bookcode 또는 https://www.wiley.com/go/
javascript-newtoys에서 다운로드할 수 있다.

자바스크립트는 ES2015에 새로운 기능을 추가했다. 일반화된 반복, 여러 언어에서 인기 있는 고전
적인 "for each" 관용구이다. 이 장에서는 새로운 기능의 **이터레이터**(iterator)와 **이터러블**(iterable)과
이를 만들고 사용하는 방법에 대해 알아본다. 또한 이터레이터를 쉽게 만들 수 있는 자바스크립트
의 강력한 새 **제너레이터**(generator)에 대해 배우고 개념을 더욱 발전시켜 양방향 통신을 만든다.

6.1 이터레이터, 이터러블, for-of 루프, 이터러블 스프레드 구문

이 절에서는 자바스크립트의 새로운 이터레이터와 이터러블, 이터레이터를 쉽게 사용하게 해 주
는 for-of 루프, 이터러블을 위한 편리한 스프레드 구문(...)에 대해 알아본다.

6.1.1 이터레이터와 이터러블

많은 언어에는 배열, 목록 또는 기타 컬렉션 객체의 엔트리를 반복하기 위한 일종의 "for each"
구조가 있다. 수년 동안 자바스크립트는 for-in 루프만 가지고 있었는데, 범용 도구는 아니다(객
체의 속성을 반복하기 위한 것이다). 새로운 **이터레이터**와 **이터러블** "인터페이스"(NOTE 참조)와
이를 사용하는 새로운 언어 구조가 이를 변경한다.

이터레이터는 next 메서드가 있는 객체이다. next를 호출할 때마다 나타내는 시퀀스의 다음 값(있는 경우)과 완료 여부를 나타내는 플래그를 반환한다.

이터러블은 콘텐츠에 대한 이터레이터를 가져오는 표준 메서드가 있는 객체이다. 자바스크립트 표준 라이브러리의 모든 리스트 또는 컬렉션 스타일 객체는 배열, 문자열, 타입이 있는 배열(11장), 맵(12장) 및 세트(12장)처럼 반복 가능하다. 일반 객체는 기본적으로 반복할 수 없다.

그럼 기본 사용법을 확인해 보자.

6.1.2 for-of 루프: 암시적으로 이터레이터 사용하기

이터레이터를 직접 가져와서 사용할 수 있지만 새로운 for-of 루프를 사용하는 등 간접적으로 사용하는 것이 더 일반적이다. for-of는 이터러블에서 이터레이터를 가져와서 이터러블의 내용을 반복하는 데 사용한다.

배열은 반복 가능하므로 for-of를 사용하여 배열을 반복하는 방법을 살펴보겠다.

```
const a = ["a", "b", "c"];
for (const value of a) {
    console.log(value);
}
// =>
// "a"
// "b"
// "c"
```

위 코드를 실행하면 "a", "b", "c" 순으로 표시된다. 배후에서 for-of 문은 배열로부터 이터레이터를 가져온 다음 이를 사용하여 각 값을 루프에서 value로서 사용 가능하게 만든다.

for-of는 for-in과 다르다. 해당 배열에서 for-in을 사용하면 배열 엔트리에 대한 속성 이름인 "0", "1", "2"가 차례로 나타난다. for-of는 배열의 이터레이터에 의해 정의된 엔트리의 **값**을 제공하는데, for-of가 배열에 추가했을 수 있는 다른 속성의 값이 아니라 배열 **엔트리**의 값만 제공한다는 것을 의미한다(배열은 객체이다).

다음 코드를 비교해 보자.

```
const a = ["a", "b", "c"];
a.extra = "extra property";
for (const value of a) {
    console.log(value);
}
// 위 코드는 "a", "b", "c"를 생성한다.

for (const key in a) {
    console.log(key);
}
// 위 코드는 "0", "1", "2", "extra"를 생성한다.
```

지금까지 이 책의 예에서 const 값을 본 적이 있는가? 2장에서 let을 사용하여 for 루프에서 변수를 선언하면 루프가 반복될 때마다 **새** 변수가 생성된다는 사실을 기억할 것이다. for-of 또는 for-in 루프에서도 마찬가지다. 하지만 for-of/for-in에서는 변수의 값이 루프 문에 의해 수정되지 않으므로[1] 원하는 경우 const로 선언할 수 있다(let 또는 var도 괜찮다. var 범위에 대한 일반적인 주의 사항이 있다. 루프 본문의 값을 변경하려면 let을 사용하자).

for-of는 매우 편리하여 많이 사용할 것이다. 하지만 for-of는 모든 것을 수행하기 때문에 이터레이터의 세부 사항을 이해하는 데 별로 도움이 되지 않는다. for-of는 이터레이터를 어떻게 얻을까? 그리고 어떻게 사용할까? 좀 더 자세히 살펴보자.

---

[1] 반면 for 루프에서는 제어 변수가 루프 반복 중에 수정된다는 것을 기억할 것이다. 특히 두 번째 반복이 시작될 때부터이다. 2장의 "루프의 블록 스코프", 특히 "바인딩: 변수, 상수 및 기타 식별자의 작동 방식" 절에 있는 일련의 단계를 참조하자.

6.1.3 이터레이터를 명시적으로 사용하기

이터레이터를 명시적으로 사용하고 싶다고 가정하자. 다음과 같이 사용할 수 있다.

```
const a = ["a", "b", "c"];
const it = a[Symbol.iterator](); // 1단계
let result = it.next();          // 2단계
while (!result.done) {           // 3.a단계
    console.log(result.value);   // 3.b단계
    result = it.next();          // 3.c단계
}
```

각 단계를 살펴보자.

1단계는 배열에서 이터레이터를 가져온다. 이터러블은 이름이 **잘 알려진 심볼**인 Symbol.iterator (5장에서 잘 알려진 심볼에 대해 배웠음) 메서드를 제공한다. 이 메서드를 호출하여 이터레이터를 가져온다.

```
const it = a[Symbol.iterator]();
```

2단계는 이터레이터의 next 함수를 호출하여 **결과 객체**를 가져온다. 결과 객체는 IteratorResult 인터페이스를 준수하는 객체이다. 이는 본질적으로 이터레이터가 반복 완료되었는지 여부를 나타내는 done 속성과 현재 반복에 대한 값을 포함하는 value 속성을 가지고 있음을 의미한다.

```
let result = it.next();
```

3단계는 일련의 하위 단계를 사용하여 루프를 수행한다. 결과 객체의 done 속성이 거짓(또는 적어도 falsy[2])인 동안(a), value를 사용하고(b) next를 다시 호출한다(c).

```
while (!result.done) {           // 3.a 단계
    console.log(result.value);   // 3.b 단계
    result = it.next();          // 3.c 단계
}
```

> Note ≡ 반복에 사용되는 심볼(Symbol.iterator과 9장에서 배울 또다른 심볼)은 전역 심볼(5장 참조)이므로 반복은 영역 전체에서 작동한다.

---

2 거짓으로 평가되는 값(falsy)은 불로 사용될 때 false로 간주된다. 거짓으로 평가되는 값은 0, NaN, "", undefined, null과 당연하게도 false이다. 다른 모든 값은 참으로 평가되는 값(truty)이다(브라우저에서는 document.all도 있다. 17장에서 거짓성에 대해 알아볼 것이다).

두 곳에서 result = it.next() 호출을 코딩하면 사소한 코드 유지 관리 위험이 발생한다는 사실을 알고 있을 것이다. 그렇게 하는 이유는 for-of 또는 다른 자동 구조를 사용하기 위함이다. 그런데 while 루프의 조건식에서 호출을 수행할 수도 있다.

```
const a = ["a", "b", "c"];
const it = a[Symbol.iterator]();
let result;
while (!(result = it.next()).done) {
    console.log(result.value);
}
```

이제 한곳에 있다.

결과 객체는 done 속성과 value 속성을 갖는 것으로 정의되지만 값이 false이면 done은 선택 사항이고 값이 정의되지 않으면 value는 선택 사항이다.

이것이 이터레이터를 사용하는 기본 단계이다.

6.1.4 반복 중지

이터레이터를 사용할 때 일찍 중지해야 할 이유가 있을 수 있다. 예를 들어 이터레이터의 시퀀스를 통해 무언가를 검색하는 경우 무언가를 발견하면 멈출 것이다. 그런데 next 호출을 중지하면 이터레이터는 완료되었는지 알지 못한다. 이터레이터는 여러분이 마치면 놓을 수 있는 자원을 보유하고 있을 수 있다. 어쨌든 가비지 컬렉션이 처리되지 않는 한 가비지 컬렉션을 받으면 결국 해제되지만, 이터레이터는 보다 적극적인 방법이 있다. return이라는 선택적 메서드다. 이터레이터에 작업을 완료하고 시퀀스 끝에 도달하면 일반적으로 정리할 리소스를 정리해야 한다고 알려준다.

선택 사항이므로 호출하기 전에 테스트해야 한다. 예를 들면 다음과 같다.

```
const a = ["a", "b", "c", "d"];
const it = a[Symbol.iterator]();
let result;
while (!(result = it.next()).done) {
    if (result.value === "c") {
        if (it.return) {
            it.return();
        }
        break;
    }
}
```

(19장에서는 더 간결하게 작성할 수 있는 선택적 연결에 대해 배우게 된다. if 대신 그냥 it.return?.();처럼 작성할 수 있다. 자세한 내용은 해당 장을 참조하자)

사양에 따르면 return은 "일반적으로" true로 설정된 결과 객체를 반환해야 하며(next가 하는 것과 같이), 인수를 return에 전달하면 결과 객체의 value는 "일반적으로" 해당 인수의 값이어야 하지만 요구 사항이 적용되지 않는다고도 말한다(나중에 이를 위반하는 방법을 보게 될 것이다). 결과적으로, 여러분은 아마도 두 행동 모두에 의존하고 싶지 않을 것이다. 자바스크립트 런타임 자체에서 제공하는 이터레이터는 return이 있는 경우 이러한 방식으로 작동하지만 그렇게 하는 타사 라이브러리의 이터레이터는 믿을 수 없다.

이터레이터에 대한 명시적인 참조가 없기 때문에 for-of를 사용하는 경우 이터레이터에서 return을 호출하는 방법이 궁금할 수 있다.

```
const a = ["a", "b", "c", "d"];
for (const value of a) {
    if (value === "c") {
        if (???.return) {
            ???.return();
        }
        break;
    }
}
```

답은 다음과 같다. for-of는 루프를 완료하지 않고 종료할 때(즉, break를 사용하거나 반환하거나 오류를 발생시켜) 루프를 자동으로 수행하기 때문에 그럴 필요가 없다. 따라서 이것에 대해 전혀 걱정할 필요가 없다.

```
const a = ["a", "b", "c", "d"];
for (const value of a) {
    if (value === "c") {
        break; // 괜찮다. 이터레이터의 `return`을 호출한다.
    }
}
```

두 번째 선택적인 메서드가 있다. 바로 throw다. 일반적으로 간단한 이터레이터와 함께 사용하지 않으며 for-of는 이를 호출하지 않는다(for-of 본문에서 오류를 던지더라도). 제너레이터 함수에 대해 배우는 이 장의 뒷부분에서 throw에 대해 배우게 된다.

6.1.5 이터레이터 프로토타입 객체

자바스크립트 런타임에서 제공하는 모든 이터레이터 객체는 가져온 이터레이터에 대한 적절한 next 메서드를 제공하는 프로토타입 객체에서 상속한다. 예를 들어, 배열 이터레이터는 배열에 대한 적절한 next 메서드를 제공하는 배열 이터레이터 프로토타입 객체에서 상속한다. 이 배열 이터레이터 프로토타입은 사양에서 %ArrayIteratorPrototype%로 알려져 있다. 문자열 이터레이터는 %StringIteratorPrototype%, 맵(12장) 이터레이터는 %MapIteratorPrototype% 등에서 상속받는다.

> Note ☰   표준 런타임에서 이들에 대한 직접 참조를 제공하는 공개적으로 정의된 전역 또는 속성은 없지만 배열 이터레이터 같은 원하는 유형의 이터레이터에서 Object.getPrototypeOf를 사용하여 쉽게 참조를 가져올 수 있다.

이러한 모든 이터레이터 프로토타입에는 기본 프로토타입이 있으며 사양에서 %IteratorPrototype% 을 호출한다. 단지 하나의 속성을 정의하고 그것이 정의하는 속성은 이터레이터 인터페이스의 일부가 아니기 때문에 약간 이상하게 보일 수 있다. this를 반환하는 Symbol.iterator 메서드를 효과적으로 정의한다.

```
const iteratorPrototype = { // (이 이름은 실제 이름이 아닌 허구다)
    [Symbol.iterator]() {
        return this;
    }
};
```

아마도 이렇게 생각할지도 모르겠다. "하지만 잠깐, 그건 이터러블을 위한 것이 아닌가? 대신 이터레이터에 있는 이유는 무엇인가?!"

대답은 "그렇다"이고 "반복할 수 있도록"이다. 이터레이터를 반복 가능하게 만들면 이터레이터를 for-of 또는 반복 가능을 예상하는 다른 구조로 전달할 수 있다. 예를 들어, 다음 코드와 같이 배열의 하위 집합을 임포트하기 위해 slice를 사용하지 않고 배열의 첫 번째 엔트리를 제외한 모든 엔트리를 반복하려는 경우이다.

```
const a = ["one", "two", "three", "four"];
const it = a[Symbol.iterator]();
it.next();
for (const value of it) {
    console.log(value);
}
```

```
// =>
// "two"
// "three"
// "four"
```

이 장 뒷부분의 "반복 가능한 이터레이터" 절에서 이에 대해 자세히 알아볼 수 있지만 %IteratorPrototype%에서 제공하는 이상한 방법을 설명하려고 했다.

대부분의 경우 이러한 프로토타입 객체에 대해 신경 쓸 필요가 없다. 하지만 이러한 프로토타입에 접근해야 하는 상황은 최소한 다음 두 가지 경우이다.

1. 이터레이터에 기능을 추가하려는 경우

2. 이터레이터를 수동으로 구현한 경우(다음 절 참조, 일반적으로 수동으로 구현하지는 않는다)

다음 절에서 2번의 경우를 볼 수 있다. 여기서는 1번 경우인 기능 추가를 살펴보자.

그전에 내장 객체의 프로토타입 수정에 대한 다음과 같은 일반적인 경고 사항이 모두 적용됨을 유념하자.

A. 추가한 속성/메서드가 열거할 수 없는지 확인한다.

B. 향후 추가될 수 있는 기능과 충돌할 가능성이 없는 이름인지 확인한다. 심볼 사용을 고려할 수 있다.

C. 대부분의 경우 라이브러리 코드(애플리케이션 또는 페이지별 코드가 아닌)는 프로토타입 수정을 완전히 피해야 한다.

모든 이터레이터(또는 적어도 %IteratorPrototype%에서 상속된 것)에 메서드를 추가해 보겠다. 배열의 find 메서드처럼 조건과 일치하는 첫 번째 엔트리를 찾는데, 그것을 find라고 부르지 않을 것이다. 왜냐하면 이것은 경고(B)를 위반할 것이기 때문이다. 따라서 myFind라고 부를 것이다. 배열에서 find와 마찬가지로 콜백을 호출할 때 사용할 콜백과 콜백을 호출할 때 this로 사용할 선택적 인수를 받고 콜백이 참으로 평가되는 값을 반환하는 첫 번째 결과 객체 또는 결과가 없는 경우 마지막 결과 객체(done=trued인)를 반환한다.

%IteratorPrototype%에 메서드를 추가하려면 먼저 참조를 가져와야 한다. 직접 참조하는 공용 전역 또는 속성은 없지만 사양에서 배열 이터레이터의 프로토타입이 %ArrayIteratorPrototype%임을 알고 있으며 (사양에서도) 프로토타입이 %IteratorPrototype%임을 안다. 따라서 다음 코드와 같이 배열을 만들고, 배열에 대한 이터레이터를 얻고, 프로토타입의 프로토타입을 가져옴으로써 %IteratorPrototype%을 얻을 수 있다.

```
const iteratorPrototype = Object.getPrototypeOf(
    Object.getPrototypeOf([][Symbol.iterator]())
);
```

사양에는 이를 정확히 설명하는 주석도 있다.

이제 참조를 얻었으므로 여기에 메서드를 추가할 수 있다. 일반적으로 프로토타입의 메서드는 열거할 수 없지만 쓰기 및 구성이 가능하므로 Object.defineProperty를 사용한다. 메서드 자체는 매우 간단하다. 콜백이 정확한 값을 반환하거나 값이 부족할 때까지 next를 호출한다.

```
Object.defineProperty(iteratorPrototype, "myFind", {
    value(callback, thisArg) {
        let result;
        while (!(result = this.next()).done) {
            if (callback.call(thisArg, result.value)) {
                break;
            }
        }
        return result;
    },
    writable: true,
    configurable: true
});
```

코드 6-1의 코드를 실행하여 실제 동작을 확인하자. 새 메서드가 정의되면 예에서는 이 메서드를 사용하여 문자 "e"가 있는 문자열 배열에서 엔트리를 찾는다.

코드 6-1 이터레이터에 myFind 추가 - adding-myFind.js

```
// myFind 추가
const iteratorPrototype = Object.getPrototypeOf(
    Object.getPrototypeOf([][Symbol.iterator]())
);
Object.defineProperty(iteratorPrototype, "myFind", {
    value(callback, thisArg) {
        let result;
        while (!(result = this.next()).done) {
            if (callback.call(thisArg, result.value)) {
                break;
            }
        }
        return result;
    },
    writable: true,
```

```
        configurable: true
    });

    // myFind 사용
    const a = ["one", "two", "three", "four", "five", "six"];
    const it = a[Symbol.iterator]();
    let result;
    while (!(result = it.myFind(v => v.includes("e"))).done) {
        console.log("Found: " + result.value);
    }
    console.log("Done");
```

이와 같은 확장은 이터레이터가 명시적으로 사용될 때만 유용하다. 나중에 **제너레이터 함수**에 대해 배울 때 이를 수행하는 더 간단한 방법을 배우게 된다.

6.1.6 무엇이든 반복 가능하게 만들기

이터러블의 Symbol.iterator 메서드를 호출하여 이터레이터를 얻는 것을 보았다. 그리고 이터레이터는 최소한 value와 done과 함께 "next" 결과 객체를 반환하는 next 메서드가 있는 객체라는 것을 보았다. 무언가를 반복 가능하게 하려면 Symbol.iterator 메서드를 제공하기만 하면 된다.

일반 객체로 의사 배열을 만들어 보자.

```
    const a = {
        0: "a",
        1: "b",
        2: "c",
        length: 3
    };
```

기본적으로 일반 객체는 반복할 수 없기 때문에 이 객체는 반복할 수 없다.

```
    for (const value of a) { // TypeError: a is not iterable
        console.log(value);
    }
```

반복 가능하게 하려면 Symbol.iterator 속성으로 함수를 추가해야 한다.

```
    a[Symbol.iterator] = /* 함수 본문은 이곳에 */;
```

다음 단계는 이터레이터 객체를 반환하도록 함수를 작성하는 것이다. 이 장의 뒷부분에서 이터레이터를 구현하는 데 대부분의 시간을 사용할 **제너레이터 함수**에 대해 배우게 된다. 제너레이터 함수는 대부분의 작업을 수행하므로 일부 세부 정보가 숨겨지므로 먼저 수동으로 수행하겠다.

첫 번째 접근 방식으로 이 의사 배열 객체에 대해 다음과 같은 제너레이터를 구현할 수 있다.

```
// 첫 번째 버전
a[Symbol.iterator] = function() {
    let index = 0;
    return {
        next: () => {
            if (index < this.length) {
                return {value: this[index++], done: false};
            }
            return {value: undefined, done: true};
        }
    };
};
```

(next는 화살표 함수다. 호출 방법에 관계없이 Symbol.iterator 메서드가 호출된 this를 사용하여 의사 배열을 참조하도록 하는 것이 중요하다. 또는 이 예에서 next가 a를 감싸므로 사용되는 두 위치에서 메서드 문법과 this 대신 a를 사용할 수 있다. 하지만 클래스에서 이 작업을 수행하고 length 같은 인스턴스 정보에 접근해야 하는 경우 일반적으로 this 외에는 접근할 수 없다. 따라서 화살표 함수를 사용하는 것이 의미가 있다)

이 버전은 괜찮지만 자바스크립트 런타임에서 가져온 모든 이터레이터와 마찬가지로 이터레이터가 %IteratorPrototype%에서 상속되지는 않았다. 따라서 이전에 myFind에서 했던 것처럼 %IteratorPrototype%에 추가하면 이 이터레이터는 추가되지 않는다. 또한 이터레이터를 반복할 수 있게 하는 프로토타입 속성을 상속하지 않았다. %IteratorPrototype%에서 상속하도록 해 보자.

```javascript
// 두 번째 버전
a[Symbol.iterator] = function() {
    let index = 0;
    const itPrototype = Object.getPrototypeOf(
        Object.getPrototypeOf([][Symbol.iterator]())
    );
    const it = Object.assign(Object.create(itPrototype), {
        next: () => {
            if (index < this.length) {
                return {value: this[index++], done: false};
            }
            return {value: undefined, done: true};
        }
    });
    return it;
};
```

이렇게 수동으로 이터레이터를 많이 작성하는 경우 next 구현을 전달하는 대부분의 작업을 재사용 할 수 있는 함수를 원할 것이다. 다시 말하지만 제너레이터 함수를 대신 사용할 것이다.

코드 6-2의 코드를 실행해 보자.

코드 6-2 기본 이터러블 예 – basic-iterable-example.js

```javascript
// 기본 이터레이터 예(제너레이터 함수를 사용하지 않을 때)
const a = {
    0: "a",
    1: "b",
    2: "c",
    length: 3,
    [Symbol.iterator]() {
        let index = 0;
        const itPrototype = Object.getPrototypeOf(
            Object.getPrototypeOf([][Symbol.iterator]())
        );
        const it = Object.assign(Object.create(itPrototype), {
            next: () => {
                if (index < this.length) {
                    return {value: this[index++], done: false};
                }
                return {value: undefined, done: true};
            }
        });
```

```
        return it;
    }
};
for (const value of a) {
    console.log(value);
}
```

이 예는 단일 객체에 대한 것이지만 종종 반복 가능한 객체 클래스를 정의하고 싶을 것이다. 이를 수행하는 일반적인 방법은 객체 클래스가 사용하는 프로토타입 객체에 Symbol.iterator 함수를 배치하는 것이다. 4장에서 배운 class 구문(반복 가능한 매우 간단한 LinkedList 클래스)을 사용한 코드 6-3 예를 살펴보자.

코드 6-3 클래스 이터레이터 - iterator-on-class.js

```
// 기본 클래스 이터레이터 예(제너레이터 함수를 사용하지 않을 때)
class LinkedList {
    constructor() {
        this.head = this.tail = null;
    }

    add(value) {
        const entry = {value, next: null};
        if (!this.tail) {
            this.head = this.tail = entry;
        } else {
            this.tail = this.tail.next = entry;
        }
    }

    [Symbol.iterator]() {
        let current = this.head;
        const itPrototype = Object.getPrototypeOf(
            Object.getPrototypeOf([][Symbol.iterator]())
        );
        const it = Object.assign(Object.create(itPrototype), {
            next() {
                if (current) {
                    const value = current.value;
                    current = current.next;
                    return {value, done: false};
                }
                return {value: undefined, done: true};
```

```
                }
            });
            return it;
        }
    }

    const list = new LinkedList();
    list.add("one");
    list.add("two");
    list.add("three");

    for (const value of list) {
        console.log(value);
    }
```

기본적으로 이전 이터레이터 구현과 동일하다. 객체에서 직접 정의하는 것이 아니라 프로토타입에서 정의할 뿐이다. 또한 next는 this를 사용하지 않기 때문에(의사 배열 예와 달리 인스턴스별정보가 필요하지 않다. 각 노드가 다음 노드에 링크됨), 화살표 함수를 참조하는 속성이 아닌 메서드 문법을 사용하여 정의할 수 있다.

6.1.7 반복 가능한 이터레이터

이전에 %IteratorPrototype%에서 상속된 모든 이터레이터도 **반복 가능**하다는 것을 배웠다. %IteratorPrototype%은 this를 반환하는 Symbol.iterator 메서드를 제공하기 때문이다. 호출된 이터레이터를 간단히 반환한다. 이터레이터를 반복 가능하게 만드는 데는 여러 가지 이유가 있다.

앞에서 설명한대로 엔트리 또는 일부 엔트리를 건너뛰거나 특수하게 처리한 다음 for-of 루프 또는이터레이터를 사용하는 다른 메커니즘(이터레이터 대신)을 사용하여 나머지를 처리할 수 있다.

또는 함수의 반환값과 같이 반복 가능한 객체 없이 이터레이터를 제공한다고 가정한다. 호출자는 for-of 또는 이와 유사한 것을 사용할 수 있다. 반복 가능하게 만들면 그렇게 할 수 있다.

다음은 반복 가능한 이터레이터를 반환하는 함수의 예이다. 이터레이터는 전달한 DOM 요소의부모를 제공한다(그런 다음 부모가 없을 때까지 해당 부모의 부모로 반복한다).

```
// %IteratorPrototype%를 사용하지 않는 예
// (만약 상속했다면 굳이 [Symbol.iterator] 함수를 구현할 필요가 없다)
function parents(element) {
```

```
        return {
            next() {
                element = element && element.parentNode;
                if (element && element.nodeType === Node.ELEMENT_NODE) {
                    return {value: element};
                }
                return {done: true};
            },
            // 이 이터레이터를 반복 가능하게 만든다.
            [Symbol.iterator]() {
                return this;
            }
        };
    }
```

물론 그런 함수를 실제로 작성하지는 않을 것이다. 왜냐하면 첫째로 제너레이터 함수를 작성할 것이기 때문이다(약속하겠다!). 둘째, 그렇지 않더라도 이터레이터가 Symbol.iterator를 직접 구현하는 대신 %IteratorPrototype%에서 상속하도록 한다. 코드 6-4의 페이지를 가지고 한번 해 보자. 그런 다음 Symbol.iterator 메서드를 직접 구현하는 대신 이터레이터가 %IteratorPrototype%에서 상속되도록 수정한다.

코드 6-4 반복 가능한 이터레이터 예 - iterable-iterator-example.html

```html
<!doctype html>
<html>
<head>
<meta charset="UTF-8">
<title>Iterable Iterator Example</title>
</head>
<body>
<div>
    <span>
        <em id="target">Look in the console for the output</em>
    </span>
</div>
<script>

// 실제로 이것을 작성하는 방법은 아니지만, Symbol.iterator 메서드를 구현하면
// 어떻게 `for-of`와 함께 반복자를 사용할 수 있는지 보여 준다.
function parents(element) {
    return {
        next() {
```

```
                element = element && element.parentNode;
                if (element && element.nodeType === Node.ELEMENT_NODE) {
                    return {value: element};
                }
                return {done: true};
            },
            // 이 이터레이터를 이터러블로 만든다.
            [Symbol.iterator]() {
                return this;
            }
        };
    }
    for (const parent of parents(document.getElementById("target"))) {
        console.log(parent.tagName);
    }
</script>
</body>
</html>
```

6.1.8 이터러블 스프레드 문법

이터러블 스프레드 문법은 함수를 호출하거나 배열을 생성할 때 결괏값을 이산 값으로 분산하여 이
터러블을 소비하는 방법을 제공한다(5장에서 이와 유사하지만 다른, 객체 리터럴에서만 사용되는
다른 종류의 스프레드인 **속성 스프레드 구문**에 대해 배웠다).

배열과 기타 이터러블에 대한 스프레드 문법이 ES2015에서 도입되었다. 숫자 배열에서 가장 낮
은 숫자를 찾는 예를 한번 보자. 루프를 작성하여 수행할 수 있지만 다음과 같이 가변 개수의 인수
를 받아들이고 가장 낮은 인수를 반환하는 Math.min을 사용할 수 있다.

```
console.log(Math.min(27, 14, 12, 64)); // 12
```

따라서 전달할 이산 숫자가 있는 경우 사용할 수 있다. 그런데 다음과 같이 숫자 배열이 있는 경우
이산 인수로 Math.min에 어떻게 제공할 수 있을까?

```
// ES5
var a = [27, 14, 12, 64];
```

ES2015 이전의 이전 방식은 Function.prototype.apply를 사용하는 것인데, 장황하고 이상하게 보였다.

```
// ES5var a = [27, 14, 12, 64];
console.log(Math.min.apply(Math, a)); // 12
```

이제 스프레드 문법으로 배열을 이산 인수로 분산할 수 있다.

```
const a = [27, 14, 12, 64];
console.log(Math.min(...a)); // 12
```

보다시피, 스프레드는 줄임표(3장에서 배운 나머지 매개변수와 5장에서 배운 속성 스프레드와 같이 연속된 세 개의 점)를 사용한다.

인수 목록의 어디에서나 스프레드 구문을 사용할 수 있다. 예를 들어, 다음과 같이 개별 변수에 두 개의 숫자와 배열의 숫자 목록이 있다고 해 보자.

```
const num1 = 16;
const num2 = 50;
const a = [27, 14, 12, 64];
```

이들 모두의 최소값을 얻으려면 다음 중 하나를 수행하면 된다.

```
console.log(Math.min(num1, num2, ...a)); // Math.min(16, 50, 27, 14, 12, 64) == 12
console.log(Math.min(num1, ...a, num2)); // Math.min(16, 27, 14, 12, 64, 50) == 12
console.log(Math.min(...a, num1, num2)); // Math.min(27, 14, 12, 64, 16, 50) == 12
```

스프레드를 넣으면 Math.max에 전달된 인수의 순서가 변경된다. Math.max는 순서에 대해 신경 쓰지 않지만 매개변수 목록을 허용하는 다른 함수가 문제가 될 수 있다(예를 들어, 배열의 push 메서드는 사용자가 제공한 인수를 제공한 순서대로 배열에 푸시한다).

이터러블 스프레드 구문의 다른 용도는 배열 리터럴 내에서 배열(또는 이터러블)을 확장하는 것이다.

```
const defaultItems = ["a", "b", "c"];
function example(items) {
    const allItems = [...items, ...defaultItems];
    console.log(allItems);
}
example([1, 2, 3]); // 1, 2, 3, "a", "b", "c"
```

다시 말하지만, 순서가 중요하다. defaultItems를 먼저 넣은 다음 items를 넣으면 다른 결과가 나온다.

```
const defaultItems = ["a", "b", "c"];
function example(items) {
    const allItems = [...defaultItems, ...items];
    console.log(allItems);
}
example([1, 2, 3]); // "a", "b", "c", 1, 2, 3
```

6.1.9 이터레이터, for-of 그리고 DOM

물론 자바스크립트의 대부분은 웹 기술로 구축된 웹 브라우저 또는 애플리케이션에서 사용된다. DOM에는 querySelectorAll에서 반환된 NodeList 또는 getElementsByTagName와 기타 이전 메서드에서 반환된 이전 HTMLCollection 같은 다양한 컬렉션 객체가 있다. 이러한 컬렉션 객체에 for-of를 사용할 수 있을지, 반복 가능할지 아마 궁금할 것이다.

NodeList는 최신 모던 브라우저(최신 크롬, 파이어폭스, 엣지 및 사파리)에 있으며 HTMLCollection은 엣지의 크로미움 이전 버전을 제외한 모든 브라우저에도 있다. WHAT-WG DOM 사양은 NodeList를 HTMLCollection이 아닌 이터러블로 표시하므로 이전 버전의 엣지는 사양과 일치하는 반면 다른 버전은 지정되지 않았음에도 불구하고 이 기능을 HTMLCollection에 추가했다.

코드 6-5는 querySelectorAll에서 NodeList를 반복하는 (좋지 않은) 예를 보여준다.

코드 6-5 DOM 컬렉션 루핑 - looping-dom-collections.html

```
<!doctype html>
<html>
<head>
<meta charset="UTF-8">
<title>Looping DOM Collections</title>
</head>
<body>
<p>
    Lorem <span class="cap">ipsum</span> dolor sit amet, consectetur adipiscing
    elit, sed do eiusmod <span class="cap">tempor</span> incididunt ut
    <span>labore</span> et dolore <span class="cap">magna</span>
    <span class="other">aliqua</span>.
</p>
```

```
<script>
for (const span of document.querySelectorAll("span.cap")) {
    span.textContent = span.textContent.toUpperCase();
}
</script>
</body>
</html>
```

과거에 했던 것처럼 DOM 컬렉션을 배열로 변환할 필요가 거의 없을 것이다. 예를 들어, forEach 를 사용하려면 DOM 컬렉션을 배열로 변환해야 했다. 최신 브라우저에서는 컬렉션에 forEach가 있기 때문에 더 이상 필요하지 않다. 그러나 배열에 대한 특정 요구가 있는 경우(아마도 고급 배열 메서드를 사용하려는 경우) 이터러블 스프레드를 사용하여 DOM 컬렉션을 배열로 변환할 수 있다. 다음 예는 NodeList를 배열로 변환한다.

```
const niftyLinkArray = [···document.querySelectorAll("div.nifty> a")];
```

이전 브라우저에서 사용하기 위해 트랜스파일하는 경우 배열에 대해 반복 작업을 수행하기 위해 폴리필(polyfill)이 필요할 수 있으며 DOM 컬렉션에서도 마찬가지다. 일반적으로 사용 중인 트랜스파일러(transpiler)는 적어도 Array.prototype에 대한 반복을 위한 폴리필을 제공하며 NodeList. prototype도 가능하다. 특별히 활성화해야 하는 옵션일 수 있다. 선호하는 폴리필이 DOM 컬렉션이 아닌 Array.prototype만 처리하는 경우 Array.prototype를 DOM 컬렉션에 적용할 수 있다 (Array.prototype.forEach와 동일하다). 코드 6-6을 확인해 보자(이전 환경에서도 직접 사용할 수 있도록 ES5로 작성되었다. 사용 중인 폴리필 후에 번들에 포함시켜야 할 것이다). 하지만 사용 중인 도구가 이를 처리하지 않는지 먼저 다시 확인하자. 일반적으로 직접 배포하는 것보다 선별된 폴리필을 사용하는 것이 좋다.

코드 6-6 Array.prototype 이터레이터를 DOM 컬렉션에 적용하는 법 - polyfill-dom-collections.js

```
;(function() {
    if (Object.defineProperty) {
        var iterator = typeof Symbol !== "undefined" &&
                    Symbol.iterator &&
                    Array.prototype[Symbol.iterator];
        var forEach = Array.prototype.forEach;
        var update = function(collection) {
            var proto = collection && collection.prototype;
            if (proto) {
                if (iterator && !proto[Symbol.iterator]) {
```

```
            Object.defineProperty(proto, Symbol.iterator, {
                value: iterator,
                writable: true,
                configurable: true
            });
        }
        if (forEach && !proto.forEach) {
            Object.defineProperty(proto, "forEach", {
                value: forEach,
                writable: true,
                configurable: true
            });
        }
    }
};

if (typeof NodeList !== "undefined") {
    update(NodeList);
}
if (typeof HTMLCollection !== "undefined") {
    update(HTMLCollection);
}
    }
})();
```

JAVASCRIPT THE NEW TOYS

6.2 제너레이터 함수

제너레이터 함수는 핵심적으로 수행하는 작업의 중간에 일시 중지하고 값을 생성하고 선택적으로 새 값을 수락한 다음 필요한 만큼(원하는 경우 영원히) 계속 진행할 수 있는 함수다. 이로 인해 처음에는 매우 강력하고 복잡해 보이지만 실제로는 매우 간단하다.

제너레이터 함소는 실제로 중간에 멈추지 않는다. 내부적으로 제너레이터 함수는 **제너레이터 객체**를 만들고 반환한다. 제너레이터 객체는 이터레이터이지만 양방향 정보 흐름을 사용한다. 이터레이터가 값만 **생성하는** 반면 제너레이터는 값을 **생성하고 소비할** 수 있다.

제너레이터 객체를 수동으로 생성할 수 있지만 제너레이터 함수는 과정을 현저하게 단순화하는 문법을 제공한다(for-of가 이터레이터 사용 프로세스를 단순화하는 것처럼).

6.2.1 값을 생성하는 기본 제너레이터 함수

정보의 단방향 흐름, 즉 값 생성만 하는 매우 기본적인 제너레이터 함수로 시작해 보자. 코드 6-7을 보자.

코드 6-7 기본 제너레이터 예 – basic-generator-example.js

```js
function* simple() {
    for (let n = 1; n <= 3; ++n) {
        yield n;
    }
}
for (const value of simple()) {
    console.log(value);
}
```

코드 6-7을 실행하면 콘솔에 1부터 3까지의 숫자가 표시된다.

1. 코드는 simple을 호출하고 제너레이터 객체를 얻은 다음 해당 객체를 for-of에 제공한다.

2. for-of는 제너레이터 객체에게 이터레이터를 요청한다. 제너레이터 객체는 자신을 이터레이터로 반환한다(제너레이터 객체는 %IteratorPrototype%에서 간접적으로 상속되므로 제공하는 "return this" Symbol.iterator 메서드를 갖는다).

3. for-of는 제너레이터 객체의 next 메서드를 사용하여 루프에서 값을 가져와 각각 console.log에 전달한다.

이 코드에는 몇 가지 새로운 것이 있다.

첫째 function 키워드 뒤에 *를 주목하자. 이것이 제너레이터 함수를 만든다. 원하는 경우 function 뒤와 * 앞에 공백을 둘 수 있다. 순전히 스타일의 문제다.

둘째, 새 키워드 yield에 주목하자. 제너레이터 함수가 겉보기에 일시 중지된 다음 다시 시작되는 위치를 표시한다. 그 뒤에 입력 한 값 (있는 경우)은 제너레이터가 해당 지점에서 생성하는 값이다. 따라서 코드 6-7에서 yield n;이 1, 2, 3을 생성하면 완료된다. 제너레이터를 사용하는 코드는 for-of를 통해 이를 확인한다(제너레이터도 이터레이터이기 때문이다).

자바스크립트에 추가되는 몇 가지 새로운 기능에는 yield와 같은 새로운 키워드가 포함된다. 그러나 yield와 마찬가지로 이러한 새 키워드 중 상당수는 자바스크립트에서 과거에 예약어가 아니었으며 기존 코드에서 식별자(변수 이름 등)로 사용되었을 수 있다. 그렇다면 기존 코드를 깨지 않고 어떻게 갑자기 키워드가 될 수 있을까?

이것은 몇 가지 다른 방식으로 수행되지만 공통적으로 새 키워드는 이전에는 나타나지 않았던 컨텍스트의 키워드일 뿐이라는 것이다. 이전에 나타날 수 있었던 문맥에서는 키워드가 아니며 코드에서 식별자로 사용할 수 있다.

이를 수행하는 한 가지 방법은 식별자가 구문 오류가 되는 위치에서만 새로운 키워드를 정의하는 것이다. 정의에 따라 변경으로 인해 손상될 기존 작업 코드가 없다(9장에서 이에 대한 예를 볼 수 있다. async는 함수 직전에 있을 때만 키워드이다. 추가되기 전에는 async function도 foo function이 여전히 그런 것처럼 구문 오류였다).

이를 수행하는 또 다른 방법은 이전에 존재하지 않았던 구조 내에서만 새 키워드를 정의하는 것이다. 이전에는 존재하지 않았기 때문에 식별자를 사용하는 기존 코드가 있을 수 없다. 이것이 yield가 작동하는 방식이다. 제너레이터 함수 내의 키워드일 뿐이고 제너레이터 함수는 새로운 것이다. 제너레이터 함수가 추가되기 전에 function *은 구문 오류였다. 제너레이터 함수 외부에서 yield를 식별자로 사용할 수 있다.

6.2.2 제너레이터 함수를 사용하여 이터레이터 만들기

제너레이터 함수는 제너레이터를 생성하고 제너레이터는 이터레이터의 한 형태이므로 제너레이터 함수 문법을 사용하여 고유한 이터레이터를 작성할 수 있다. 이렇게 하는 것은 이전에 next로 이터레이터 객체를 생성하는 프로토타입과 next 메서드 구현의 모든 코드보다 **훨씬** 간단하고 간결하다. 이터레이터의 구현인 코드 6-8(이전 코드 6-2의 반복)를 다시 살펴보자.

코드 6-8 기본 이터러블 예 (반복) – basic-iterable-example.js

```
// 기본 이터레이터 예(제너레이터 함수를 사용하지 않을 때)
const a = {
    0: "a",
    1: "b",
    2: "c",
    length: 3,
    [Symbol.iterator]() {
        let index = 0;
        const itPrototype = Object.getPrototypeOf(
            Object.getPrototypeOf([][Symbol.iterator]())
        );
        const it = Object.assign(Object.create(itPrototype), {
            next: () => {
                if (index < this.length) {
```

```
                return {value: this[index++], done: false};
            }
            return {value: undefined, done: true};
        }
    });
    return it;
    }
};
for (const value of a) {
    console.log(value);
}
```

제너레이터 함수에서 동일한 작업을 수행하는 코드 6-9와 비교해 보자.

코드 6-9 제너레이터를 사용한 기본 이터러블 – iterable–using–generator–example.js

```
const a = {
    0: "a",
    1: "b",
    2: "c",
    length: 3,
    // 다음 예는 다음 줄을 작성하는 더 간단한 방법을 보여 준다.
    [Symbol.iterator]: function*() {
        for (let index = 0; index < this.length; ++index) {
            yield this[index];
        }
    }
};
for (const value of a) {
    console.log(value);
}
```

훨씬 간단하고 명확하다(yield가 무엇을 의미하는지 알면). 제너레이터 함수는 모든 무거운 작업을 수행한다. 복잡한 세부 사항에 대해 걱정하기보다는 논리를 작성한다.

이 예에서는 속성 정의 문법을 사용한다.

```
[Symbol.iterator]: function*() {
```

제너레이터 함수가 메서드가 될 수 있기 때문에 메서드 문법도 사용할 수 있다. 이어서 알아보자.

6.2.3 메서드로서의 제너레이터 함수

제너레이터 함수는 메서드의 모든 기능(예: super를 사용할 수 있음)이 있는 메서드가 될 수 있다. 앞에서 수동으로 구현된 이터레이터를 사용하는 매우 간단한 반복 가능한 LinkedList 클래스의 예를 보았다. 대신 메서드 문법을 사용하여 제너레이터 함수로 이터레이터를 구현하는 클래스를 다시 살펴보겠다. 코드 6-10을 보자.

코드 6-10 제너레이터 메서드로 이터레이터를 구현하는 클래스 – generator-method-example.js

```javascript
class LinkedList {
    constructor() {
        this.head = this.tail = null;
    }

    add(value) {
        const entry = {value, next: null};
        if (!this.tail) {
            this.head = this.tail = entry;
        } else {
            this.tail = this.tail.next = entry;
        }
    }

    *[Symbol.iterator]() {
        for (let current = this.head; current; current = current.next) {
            yield current.value;
        }
    }
}

const list = new LinkedList();
list.add("one");
list.add("two");
list.add("three");

for (const value of list) {
    console.log(value);
}
```

제너레이터 메서드가 어떻게 선언되는지 주목하자. function 키워드 뒤에 있는 함수 이름 앞에 별표를 붙이는 것처럼 메서드 이름 앞에 별표(*)를 넣었다(이 예에서 메서드 이름은 4장에서 배운 계산된 이름 문법을 사용하지만 심볼로 메서드의 이름을 정의할 필요가 없다면 간단한 이름이 될 수 있다). 이것은 getter와 setter 메서드 선언 구문을 반영한다. *를 사용하여 get 또는 set가 될 것이다. 또한 제너레이터 버전이 수동으로 코딩된 것보다 얼마나 더 간단하고 명확하며 간결한 지 확인하자.

6.2.4 제너레이터 직접 사용

지금까지 for-of를 통해 제너레이터의 값을 마치 이터레이터인 것처럼 소비하는 것을 보았다. 이 터레이터와 마찬가지로 제너레이터를 직접 사용할 수도 있다. 코드 6-11을 보자.

코드 6-11 기본 제너레이터를 직접 사용 – basic-generator-used-directly.js

```javascript
function* simple() {
    for (let n = 1; n <= 3; ++n) {
        yield n;
    }
}
const g = simple();
let result;
while (!(result = g.next()).done) {
    console.log(result.value);
}
```

이 코드는 제너레이터 함수(simple)에서 제너레이터 객체(g)를 가져온 다음 이전에 사용된 제너 레이터를 본 방식으로 정확하게 사용한다(제너레이터는 이터레이터이므로). 그다지 흥미롭지는 않지만 다음 절에서 배우게 될 것처럼 제너레이터에서 값을 가져오는 것보다 값을 제너레이터에 전달하기 시작하면 훨씬 더 흥미로워진다.

6.2.5 제너레이터로 값 소비하기

지금까지 이 장에서 보았던 모든 제너레이터는 yield 연산자를 통해 값만 **제공했다**. 이것은 이터 레이터나 피보나치 수와 같은 끝이 없는 시퀀스를 작성하는 데 매우 유용하지만 제너레이터에는 또 다른 재주가 있다. 값을 **소비할** 수도 있다. yield 연산자의 **결과**는 제너레이터에 푸시된 값, 즉 소비할 수 있는 값이다.

for-of를 통해 제너레이터에 값을 푸시할 수 없으므로 대신 직접 사용하고 호출할 때 제너레이터에 푸시하려는 값을 next로 전달해야 한다.

여기에 아주 간단한 예가 있다. 아래는 푸시된 두 숫자를 더하는 제너레이터다. 코드 6-12를 참조하자.

코드 6-12 기본 양방향 제너레이터 – basic-two-way-generator-example.js

```javascript
function* add() {
    console.log("starting");
    const value1 = yield "Please provide value 1";
    console.log("value1 is " + value1);
    const value2 = yield "Please provide value 2";
    console.log("value2 is " + value2);
    return value1 + value2;
}

let result;
const gen = add();
result = gen.next();       // "시작"
console.log(result);       // {value: "Please provide value 1", done: false}
result = gen.next(35);     // "value1 is 35"
console.log(result);       // {value: "Please provide value 2", done: false}
result = gen.next(7);      // "value2 is 7"
console.log(result);       // {value: 42, done: true}
```

코드 6-12를 자세히 살펴보자.

1. const gen = add()는 제너레이터 함수를 호출하고 반환하는 제너레이터 객체를 gen 상수에 저장한다. 제너레이터 함수 내부의 논리가 아직 실행되지 않았다. "시작" 줄은 로그에 나타나지 않는다.

2. gen.next()는 첫 번째 yield까지 제너레이터 코드를 실행한다. "시작" 줄이 출력되고 첫 번째 yield의 값인 "Please provide value 1"이 평가되고 제너레이터가 호출자에게 제공한다.

3. 이 값은 result에 저장되는 첫 번째 결과 객체의 호출 코드에 의해 수신된다.

4. console.log(result)는 첫 번째 결과({value: "Please provide value 1", done: false})를 보여준다.

5. gen.next(35)는 35 값을 제너레이터로 보낸다.

6. 제너레이터 코드는 계속된다. 그 값(35)이 yield의 결과가 된다(이것이 전달된 값을 **사용하는** 제너레이터다). 코드는 해당 값을 value1에 할당하고 기록한 다음 "Please provide value 2" 값을 생성(yield)한다.

7. 호출 코드는 다음 결과 객체에서 해당 값을 수신하고 새 결과 객체({value: "Please provide value 2", done: false})를 기록한다.

8. gen.next(7)는 7 값을 제너레이터로 보낸다.

9. 제너레이터 코드는 계속된다. 그 값(7)은 yield의 결과가 된다. 코드는 이를 value2에 할당하고 값을 기록한 다음 value1과 value2의 합계를 반환한다.

10. 호출 코드는 결과 객체를 받아 value에 저장하고 기록한다. 이번에는 value가 합계(42)이고 done이 참임을 유의하자. 제너레이터가 그 값을 산출하는 것이 아니라 반환했기 때문에 그렇다.

이 예는 매우 기본적이지만 제너레이터를 사용하는 코드에서 다음 입력을 기다리면서 제너레이터 함수의 논리가 겉보기에 일시 중지되는 방식을 보여준다.

이 예에서 gen.next()에 대한 첫 번째 호출에는 인수가 없다. 사실 거기에 인수를 넣으면 제너레이터는 그것을 보지 못한다. next에 대한 첫 번째 호출은 제너레이터를 함수의 시작 부분에서 첫 번째 yield로 진행한 다음 첫 번째 yield가 생성하는 값을 가진 결과 객체를 반환한다. 제너레이터 함수 코드는 yield의 결과로 next에서 값을 받기 때문에 next에 대한 첫 번째 호출에서 전달된 값을 받을 방법이 없다. 제너레이터에 초기 입력을 제공하려면 next에 대한 첫 번째 호출이 아닌 제너레이터 함수의 인수 목록에 인수를 전달하자(이 예에서 값을 처음부터 추가하려면 next으로의 첫 번째 호출에 전달하는 대신 add에 전달한다).

지금까지 본 매우 기본적인 예에서는 제너레이터의 로직이 푸시된 값에 의존하지 않지만 종종 해당 값이 제너레이터 내에서 분기하는 데 사용된다. 코드 6-13은 그 예이다. 브라우저에서 실행하자.

코드 6-13 매우 간단한 알아맞히기 페이지 - guesser.html

```
<!doctype html>
<html>
<head>
<meta charset="UTF-8">
<title>Guesser</title>
<style>
.done .hide-when-done {
    display: none;
```

```
    }

    .running .hide-when-running {
        display: none;
    }
</style>
</head>
<body>
<p id="text"> </p><!--<ce:anchor id="pp:152 np:153" role="page-break"/>-->
<input class="hide-when-done" type="button" id="btn-yes" value="Yes">
<input class="hide-when-done" type="button" id="btn-no" value="No">
<input class="hide-when-running" type="button" id="btn-again" value="Go Again">
<script>
function* guesser() {
    if (yield "Are you employed / self-employed at the moment?") {
        if (yield "Do you work full-time?") {
            return "You're in full-time employment.";
        } else {
            return "You're in part-time employment.";
        }
    } else {
        if (yield "Do you spend time taking care of someone instead of working?") {
            if (yield "Are you a stay-at-home parent?") {
                return "You're a parent.";
            } else {
                return "You must be a caregiver.";
            }
        } else {
            if (yield "Are you at school / studying?") {
                return "You're a student.";
            } else {
                if (yield "Are you retired?") {
                    return "You're a retiree.";
                }
                else {
                    return "You're a layabout! ;-)";
                }
            }
        }
    }
}

function init() {
```

```javascript
    const text      = document.getElementById("text");
    const btnYes    = document.getElementById("btn-yes");
    const btnNo     = document.getElementById("btn-no");
    const btnAgain  = document.getElementById("btn-again");

    let gen;

    function start() {
        gen = guesser();
        update(gen.next());
        showRunning(true);
    }

    function update(result) {
        text.textContent = result.value;
        if (result.done) {
            showRunning(false);
        }
    }

    function showRunning(running) {
        const {classList} = document.body;
        classList.remove(running ? "done" : "running");
        classList.add(running ? "running" : "done");
    }

    btnYes.addEventListener("click", () => {
        update(gen.next(true));
    });
    btnNo.addEventListener("click", () => {
        update(gen.next(false));
    });
    btnAgain.addEventListener("click", start);

    start();
}

init();
</script>
</body>
</html>
```

코드에서 볼 수 있듯이 해당 제너레이터는 소비하는 값에 따라 상당히 분기된다. 상태 머신이지만 다른 자바스크립트 코드에서 사용하는 것과 동일한 논리적 흐름 구문을 사용하여 작성되었다. 제너레이터에 루프, 때로는 무한 루프가 포함되는 것이 일반적이다. "마지막 세 입력의 합계" 제너레이터를 보여 주는 코드 6-14를 확인하자.

코드 6-14 "마지막 세 입력의 합계" 제너레이터 – sum-of-last-three-generator.js

```
function* sumThree() {
    const lastThree = [];
    let sum = 0;
    while (true) {
        const value = yield sum;
        lastThree.push(value);
        sum += value;
        if (lastThree.length> 3) {
            sum -= lastThree.shift();
        }
    }
}

const it = sumThree();
console.log(it.next().value);  // 0  (아직 전달된 값이 없음)
console.log(it.next(1).value); // 1  (1)
console.log(it.next(7).value); // 8  (1 + 7)
console.log(it.next(4).value); // 12 (1 + 7 + 4)
console.log(it.next(2).value); // 13 (7 + 4 + 2; 1 "없어짐")
console.log(it.next(3).value); // 9  (4 + 2 + 3; 7 "없어짐")
```

코드 6-14의 제너레이터는 사용자가 입력한 마지막 세 값을 추적하여 호출할 때마다 마지막 세 값의 업데이트된 합계를 반환한다. 사용할 때 값을 직접 추적하거나 값이 떨어질 때 값을 빼는 것을 포함하여 누적 합계를 유지하는 논리에 대해 걱정할 필요가 없다. 값을 입력하고 생성된 합계를 사용하면 된다.

6.2.6 제너레이터 함수에서 return 사용

앞서 살펴본 것처럼 제너레이터 함수에 의해 생성된 제너레이터는 반환값과 함께 return 문을 사용할 때 흥미로운 작업을 수행한다. 반환값이 있고 done = true인 결과 객체를 생성한다. 예를 들면 다음과 같다.

```
function* usingReturn() {
    yield 1;
    yield 2;
    return 3;
}
console.log("Using for-of:");
for (const value of usingReturn()) {
    console.log(value);
}
// =>
// 1
// 2
console.log("Using the generator directly:");
const g = usingReturn();
let result;
while (!(result = g.next()).done) {
    console.log(result);
}
// =>
// {value: 1, done: false}
// {value: 2, done: false}
console.log(result);
// =>
// {value: 3, done: true}
```

여기에서 주목해야 할 몇 가지 사항이 있다.

- for-of는 done = true 결과 객체의 값을 보지 못한다. 왜냐하면 여러분이 본 while 루프처럼 value를 보지 않고 done을 확인하고 종료하기 때문이다.
- 최종 console.log (result);는 done = true와 함께 반환값을 보여 준다.

제너레이터는 반환값을 한 번만 제공한다. done = true로 결과 객체를 얻은 후에도 next를 계속 호출하면 done = true, value = undefined인 결과 객체를 얻게 된다.

6.2.7 yield 연산자의 우선순위

yield 연산자는 우선순위가 매우 낮다. 즉, yield가 완료되기 전에 가능한 한 많은 표현식이 함께 그룹화된다. 그렇지 않으면 합리적으로 보이는 코드가 헷갈리게 할 수 있기 때문에 이를 인식하는 것이 중요하다. 예를 들어 제너레이터에서 값을 소비하고 계산에 이 값을 사용하려 한다고 가정하

자. 언뜻 보기에는 괜찮아 보인다.

```
let a = yield + 2 + 30; // 잘못됨
```

실행은 되지만 결과는 이상하다.

```
function* example() {
    let a = yield + 2 + 30; // 잘못됨
    return a;
}
const gen = example();
console.log(gen.next());    // {value: 32, done: false}
console.log(gen.next(10)); // {value: 10, done: true}
```

첫 번째 호출은 제너레이터를 준비시킨다(제너레이터 함수의 코드는 next 호출에 대한 첫 번째 호출에 전달된 값을 볼 수 없음을 기억하자). 두 번째 호출의 결과는 전달된 값이다. 2와 30이 추가되지 않는다. 왜일까? 답에 대한 단서는 value = 32인 첫 번째 호출 결과에서 찾을 수 있다.

yield의 오른쪽에 있는 표현식은 피연산자이며 평가되고 next 값이 된다. 그 줄은 실제로 다음을 수행한다.

```
let a = yield (+ 2 + 30);
```

위 코드는 사실 다음 코드와 같다.

```
let a = yield 2 + 30;
```

왜냐하면 2 앞에 있던 단항 연산자 +는 2에 아무것도 하지 않기 때문이다(이미 숫자다).

덧셈이나 뺄셈 대신 곱셈을 사용하려고 하면 구문 오류가 발생한다.

```
let a = yield * 2 + 30; // 에러
```

단항 연산자 *는 없기 때문에 발생한다.

yield를 맨 뒤로 옮겨야겠다라는 생각을 할 수 있다.

```
let a = 2 + 30 + yield; // 에러
```

자바스크립트 문법은 이를 허용하지 않는다(주로 역사적 및 구문 분석 복잡성 이유로). 대신, 가장 명확한 방법은 다음과 같이 그 자체의 명령문을 만드는 것이다.

```
function* example() {
    let x = yield;
    let a = x + 2 + 30;
    return a;
}
const gen = example();
console.log(gen.next());   // {value: undefined, done: false}
console.log(gen.next(10)); // {value: 42, done: true}
```

원한다면 yield 주위에 괄호를 사용하여 의미 있는 표현식의 어느 곳에서나 사용할 수 있다.

```
function* example() {
    let a = (yield) + 2 + 30;
    return a;
}
const gen = example();
console.log(gen.next());   // {value: undefined, done: false}
console.log(gen.next(10)); // {value: 42, done: true}
```

6.2.8 return과 throw 메서드: 제너레이터 종료

제너레이터 함수에 의해 생성된 제너레이터는 이터레이터 인터페이스의 선택적 메서드인 return 과 throw를 모두 구현한다. 이를 사용하여 제너레이터를 사용하는 코드는 실제로 return 문을 삽입하거나 현재 yield가 있는 제너레이터 함수의 내에서 명령문을 throw할 수 있다.

이 장의 약간 앞부분에서 제너레이터가 return 문을 실행할 때 호출 코드는 의미 있는 값과 done = true를 모두 가진 결과 객체를 본다는 것을 기억할 것이다.

```
function* example() {
    yield 1;
    yield 2;
    return 3;
}
const gen = example();
console.log(gen.next()); // {value: 1, done: false}
console.log(gen.next()); // {value: 2, done: false}
console.log(gen.next()); // {value: 3, done: true}
```

제너레이터의 return 메서드를 사용하여 호출 코드는 실제로 제너레이터 함수의 코드에 없는 return을 발행할 수 있다. 코드 6-15를 실행하자.

코드 6-15 제너레이터 내 강제 return – generator-forced-return.js

```javascript
function* example() {
    yield 1;
    yield 2;
    yield 3;
}
const gen = example();
console.log(gen.next());     // {value: 1, done: false}
console.log(gen.return(42)); // {value: 42, done: true}
console.log(gen.next());     // {value: undefined, done: true}
```

gen.next()에 대한 첫 번째 호출은 제너레이터를 첫 번째 yield로 진행하고 값 1을 생성한다. 그런 다음 gen.return(42) 호출은 코드에서 42를 반환한 것처럼 제너레이터가 42를 반환하도록 한다(첫 번째 yield는 return이 호출될 때 중단되는 yield)다. 코드에 42를 반환한 것처럼 함수가 종료되므로 yield 2 및 yield 3 문을 모두 건너뛴다. 제너레이터가 완료되었으므로 다음 모든 next 호출은 코드 6-15의 마지막 호출에서 볼 수 있듯이 done = true와 value = undefined인 결과 객체를 반환한다.

throw 메서드는 return 대신 throw를 주입하는 동일한 방식으로 작동한다. 코드 6-16을 실행하자.

코드 6-16 제너레이터를 강제로 throw – generator-forced-throw.js

```javascript
function* example() {
    yield 1;
    yield 2;
    yield 3;
}
const gen = example();
console.log(gen.next());                   // {value: 1, done: false}
console.log(gen.throw(new Error("boom"))); // Uncaught Error: boom
console.log(gen.next());                   // (never executed)
```

위 코드는 마치 제너레이터가 현재 yield이 있는 부분에서 new Error("boom");를 호출한 것과 같다.

return과 throw 문과 마찬가지로 제너레이터는 try/catch/finally를 사용하여 삽입된 return과 throw와 상호 작용할 수 있다. 코드 6-17을 실행하자.

```javascript
function* example() {
    let n = 0;
    try {
        while (true) {
            yield n++;
        }
    } catch (e) {
        while (n >= 0) {
            yield n--;
        }
    }
}
const gen = example();
console.log(gen.next());                // {value: 0, done: false}
console.log(gen.next());                // {value: 1, done: false}
console.log(gen.throw(new Error()));    // {value: 2, done: false}
console.log(gen.next());                // {value: 1, done: false}
console.log(gen.next());                // {value: 0, done: false}
console.log(gen.next());                // {value: undefined, done: true}
```

제너레이터가 throw를 어떻게 처리했는지 주목하자. 카운트 업(try 블록)에서 카운트 다운(catch 블록)으로 전환하여 응답했다. 이것은 그 자체로 특별히 유용하지 않으며 **매우** 강력한 이유 없이는 하고 싶은 일이 아니다(제너레이터가 방향을 변경하는 경우 gen.next()를 통해 값을 전달하는 방식으로 제너레이터를 작성하는 것이 더 좋다). 하지만 제너레이터가 다른 제너레이터에 연결될 때 유용할 수 있다. 일반적으로 try/catch를 사용하면 다른 함수를 호출할 때 유용할 수 있다. 다음 절에서 서로 연결되는 제너레이터에 대해 자세히 알아보자.

6.2.9 제너레이터와 이터러블를 넘겨주는 방법: yield*

제너레이터는 다른 제너러이터(또는 이터러블)에 제어를 전달한 다음 yield*를 사용하여 해당 제너레이터(또는 이터러블)가 완료되면 다시 실행할 수 있다. 코드 6-18을 실행하자.

```javascript
function* collect(count) {
    const data = [];
    if (count < 1 || Math.floor(count) !== count) {
```

```
            throw new Error("count must be an integer>= 1");
        }
        do {
            let msg = "values needed: " + count;
            data.push(yield msg);
        } while (--count> 0);
        return data;
    }

    function* outer() {
        // `collect`는 두 값을 수집함:
        let data1 = yield* collect(2);
        console.log("data collected by collect(2) =", data1);
        // `collect`는 세 값을 수집함:
        let data2 = yield* collect(3);
        console.log("data collected by collect(3) =", data2);
        // 결과 배열 반환
        return [data1, data2];
    }

    let g = outer();
    let result;
    console.log("next got:", g.next());
    console.log("next got:", g.next("a"));
    console.log("next got:", g.next("b"));
    console.log("next got:", g.next("c"));
    console.log("next got:", g.next("d"));
    console.log("next got:", g.next("e"));
```

코드 6-18을 실행하면 다음 출력이 생성된다.

```
next got: { value: "values needed: 2", done: false }
next got: { value: "values needed: 1", done: false }
data collected by collect(2) = [ "a", "b" ]
next got: { value: "values needed: 3", done: false }
next got: { value: "values needed: 2", done: false }
next got: { value: "values needed: 1", done: false }
data collected by collect(3) = [ "c", "d", "e" ]
next got: { value: [ [ "a", "b" ], [ "c", "d", "e" ] ], done: true }
```

외부 yield*를 사용하여 collect할 때, collect에서 제너레이터에서 next 외부 제너레이터 호출 메
서드를 호출하여 해당 값을 생성하고 소비하는 값을 전달한다. 예를 들어, 다음 줄은 outer에 있다.

235

```
let data1 = yield* collect(2);
```

대략적으로(대략적으로만) 다음과 같이 변환한다.

```
// 직설적이지만 정확하게 맞는 건 아니다.
let gen1 = collect(2);
let result, input;
while (!(result = gen1.next(input)).done) {
    input = yield result.value;
}
let data1 = result.value;
```

이외에도 자바스크립트 런타임은 제너레이터가 yield*를 수행할 때 throw와 return 호출이 파이프라인을 통해 가장 깊은 제너레이터/이터레이터로 전파되고 거기에서 위쪽으로 적용되도록 보장한다(앞에 표시된 "직설적인" 코드를 사용하면 해당 제너레이터에서 throw나 return을 호출하면 전달되지 않는다. 호출한 제너레이터에서만 적용된다).

코드 6-19는 return을 사용하여 외부 제너레이터와 함께 내부 제너레이터를 종료하는 예이다.

코드 6-19 return 전달하기 – forwarded-return.js

```
function* inner() {
    try {
        let n = 0;
        while (true) {
            yield "inner " + n++;
        }
    } finally {
        console.log("inner terminated");
    }
}
function* outer() {
    try {
        yield "outer before";
        yield* inner();
        yield "outer after";
    } finally {
        console.log("outer terminated");
    }
}

const gen = outer();
let result = gen.next();
```

```
console.log(result);     // {value: "outer before", done: false}
result = gen.next();
console.log(result);     // {value: "inner 0", done: false}
result = gen.next();
console.log(result);     // {value: "inner 1", done: false}
result = gen.return(42); // "inner terminated"
                         // "outer terminated"
console.log(result);     // {value: 42, done: true}
result = gen.next();
console.log(result);     // {value: undefined, done: true}
```

위 코드를 실행하여 outer 제너레이터가 yield*를 사용해 inner 제너레이터로 제어를 넘기고 outer 제너레이터가 return하는 것이 inner 제너레이터로 포워딩되어 거기에서 어떤 일을 만드는지 finally 블록에서 console.log를 통해 확인하자. inner에서 return한 것뿐만 아니라 outer 제너레이터에서도 그랬다. inner 제너레이터에서 return 42가 있는 것과 마찬가지로 outer 제너레이터가 inner의 반환값을 반환하여 각 제너레이터가 일시 중지되었다.

outer 제너레이터는 inner 제너레이터가 종료했다는 이유만으로 값을 생성하는 것을 멈출 필요는 없다. 다운로드한 forwarded-return-with-yoking.js는 console.log("outer terminated"); 줄 바로 위에 있는 이 줄을 가진 forwarded-return.js와 같다.

```
yield "outer finally";
```

약간 다르게 출력하는 forwarded-return-with-yield.js를 실행하자.

```
const gen = outer();
let result = gen.next();
console.log(result);     // {value: "outer before", done: false}
result = gen.next();
console.log(result);     // {value: "inner 0", done: false}
result = gen.next();
console.log(result);     // {value: "inner 1", done: false}
result = gen.return(42); // "inner terminated"
console.log(result);     // {value: "outer finally", done: false}
result = gen.next();     // "outer terminated"
console.log(result);     // {value: 42, done: true}
```

gen.return 호출은 여러분이 넘긴 (42) 값을 반환하지 않았다. 대신 새로운 yield로 외부 제너레이터에서 외부에 "outer finally" 값을 반환하고 여전히 done=false이었다. 나중에 마지막 next

호출 후에 제너레이터가 완료되면 value = 42이고 done = true인 결과 객체를 반환한다. 42가 유지된 다음 나중에 반환된 것이 이상할 수 있지만 제너레이터 함수 외부에서 finally 블록이 작동하는 방식이다. 예를 들면 다음 코드와 같다.

```
function example() {
    try {
        console.log("a");
        return 42;
    } finally {
        console.log("b");
    }
}
const result = example(); // "a"
                          // "b"
console.log(result);      // 42
```

제너레이터가 return 메서드 호출에서 제공한 값과 다른 값을 반환할 수 있다. 즉, 다시 return 문을 갖는 것과 같다. 이 제너레이터가 아닌 함수는 무엇을 반환할까?

```
function foo() {
    try {
        return "a";
    } finally {
        return "b";
    }
}
console.log(foo());
```

맞다! 첫 번째 return을 finally 블록의 반환으로 대체하기 때문에 "b"를 반환한다. 일반적으로 좋지 않은 방법이지만 가능하다.

제너레이터 함수는 삽입된 return을 재정의하는 것을 포함하여 이를 수행할 수도 있다.

```
function* foo(n) {
    try {
        while (true) {
            n = yield n * 2;
        }
    } finally {
        return "override";  // (일반적으로 좋지 않은 방법)
    }
}
```

```
const gen = foo(2);
console.log(gen.next());    // { value: 4, done: false }
console.log(gen.next(3));   // { value: 6, done: false }
console.log(gen.return(4)); // { value: "override", done: true
```

return을 통해 반환된 결과 객체는 value = 4가 아니라 value = "override"다.

yield*는 이러한 호출을 가장 안쪽의 제너레이터로 전달하기 때문에 코드 6-19의 inner에서도 동일한 작업을 수행할 수 있다. 다음은 이에 대한 간략한 예이다.

```
function* inner() {
    try {
        yield "something";
    } finally {
        return "override"; // (일반적으로 좋지 않은 방법)
    }
}
function* outer() {
    yield* inner();
}
const gen = outer();
let result = gen.next();
console.log(gen.return(42)); // {value: "override", done: true}
```

return 호출이 어떻게 outer의 제너레이터에서 inner의 제너레이터로 전달되었는지 확인해 보자. 이는 inner가 yield 줄에서 효과적으로 return을 호출하도록 만들었지만, 그 yield는 finally 블록에 의해 무시되었다. 그런 다음 return 호출은 outer에 코드가 없더라도 outer에서 inner의 반환값을 반환하도록 만들었다.

이 상황에서 throw 메서드를 사용하는 것은 이해하기 더 간단하다. 가장 안쪽의 활성 제너레이터/이터레이터가 throw 문을 사용한 것처럼 정확하게 작동한다. 따라서 자연스럽게 try/catch를 통해 잡히지 않는 한(또는 이전 예에서처럼 finally 블록에서 return으로 재정의되지 않는 한) 호출 스택을 통해 전파된다.

```
function* inner() {
    try {
        yield "something";
        console.log("inner - done");
    } finally {
        console.log("inner - finally");
    }
```

```
    }
function* outer() {
    try {
        yield* inner();
        console.log("outer - done");
    } finally {
        console.log("outer - finally");
    }
}
const gen = outer();
let result = gen.next();
result = gen.throw(new Error("boom")); // inner - finally
                                        // outer - finally
                                        // Uncaught Error: "boom"
```

6.3 / 과거 습관을 새롭게

물론 스타일 선택에 따라 코딩에서 고려해야 할 몇 가지 변경 사항이 있다.

6.3.1 이터러블을 소비하는 구문의 사용

과거 습관: for 루프 또는 forEach를 사용하여 배열을 반복한다.

```
for (let n = 0; n < array.length; ++n) {
    console.log(array[n]);
}
// or
array.forEach(entry => console.log(entry));
```

새로운 습관: 루프 본문에 인덱스가 필요하지 않으면 대신 for-of를 사용하자.

```
for (const entry of array) {
    console.log(entry);
}
```

for와 forEach에 대한 사용 사례는 여전히 있다.

- 루프 본문에 인덱스 변수가 필요한 경우[3]
- 새 함수를 만드는 대신 기존 함수를 forEach에 전달하는 경우

6.3.2 DOM 컬렉션 반복 기능 사용

과거 습관: DOM 컬렉션을 반복하기 위해 배열로 변환하거나 DOM 컬렉션에서 Array.prototype.forEach.call을 사용한다.

```
Array.prototype.slice.call(document.querySelectorAll("div")).forEach(div => {
    // ...
});
// 또는
Array.prototype.forEach.call(document.querySelectorAll("div"), div => {
    // ...
});
```

새로운 습관: DOM 컬렉션이 사용자 환경에서 반복 가능한지 확인하고(아마도 폴리필링을 통해) 해당 반복성을 직접 사용하자.

```
for (const div of document.querySelectorAll("div")) {
    // ...
}
```

6.3.3 이터러블과 이터레이터 인터페이스 사용

과거 습관: 자신의 컬렉션 유형에 자신만의 반복 방법을 정의한다.

새로운 습관: Symbol.iterator 함수와 이터레이터(아마도 제너레이터 함수를 사용하여 작성함)를 구현하여 컬렉션 유형을 반복 가능하게 하자.

---

3 11장에서는 배열에 대한 새로운 엔트리 방법에 대해 배우게 되는데, 7장에서 배우게 될 반복 가능한 디스트럭처링과 결합되어 원하는 경우 인덱스를 원할 때도 for-of를 사용할 수 있다.

6.3.4 Function.prototype.apply를 사용하는 데 사용했던 대부분의 장소에서 이터러블 스프레드 구문 사용

과거 습관: 함수에 개별 인수를 제공하기 위해 배열을 사용할 때 Function.prototype.apply를 사용한다.

```
const array = [23, 42, 17, 27];
console.log(Math.min.apply(Math, array)); // 17
```

새로운 습관: 스프레드 문법을 사용하자.

```
const array = [23, 42, 17, 27];
console.log(Math.min(...array)); // 17
```

6.3.5 제너레이터 사용

과거 습관: 코드 흐름 문법을 더 잘 모델링 할 수 있는 매우 복잡한 상태 머신을 작성한다.

새로운 습관: 대신 제너레이터 함수에서 논리를 정의하고 결과 제너레이터 객체를 사용하자. 하지만 코드 흐름 문법으로 더 잘 모델링되지 않은 상태 머신의 경우 제너레이터 함수가 올바른 선택이 **아닐 수 있다.**

7장

디스트럭처링

이 장의 내용

- 객체 디스트럭처링

- 배열/이터러블 디스트럭처링

- 기본값 디스트럭처링

- 매개변수 디스트럭처링

이 장의 코드 다운로드

이 장의 코드는 https://thenewtoys.dev/bookcode 또는 https://www.wiley.com/go/javascript-newtoys에서 다운로드할 수 있다.

이 장에서는 객체와 배열의 값을 변수로 추출하기 위한 강력한 구문을 제공하는 **디스트럭처링**(destructuring)에 대해 알아본다. 새로운 문법이 객체와 배열 내용에 보다 간결하고 표현적으로 접근하는 데 어떻게 도움이 되는지 배우게 된다.

7.1 개요

디스트럭처링은 그것의 구조에서 무언가를 **추출**할 때 사용하는 문법이다. 예를 들어 객체 속성의 값을 가져와 변수에 넣는 것과 같이 프로그래밍하는 동안 일종의 수동 디스트럭처링을 수행했다.

```
var first = obj.first; // 수동 디스트럭처링
```

위 코드는 먼저 obj에서 복사(객체 구조에서 추출)하여 구조를 분해한다.

ES2015에서 추가되고 ES2018에서 확장된 디스트럭처링 구문은 이를 수행하는 새로운 방법을 제공한다. 이 방법은 더 간결하고(반드시 그런 것은 아님) 매우 강력하여 기본값, 이름 변경, 중첩 및 나머지 구문을 제공한다. 또한 특히 함수 매개변수에 적용될 때 명확성과 표현력을 제공한다.

7.2 기본 객체 디스트럭처링

새로운 구문은 일반적으로 반복과 불필요한 변수를 줄여 객체를 디스트럭처링하는 새로운 방법을 제공한다(처음에는 다소 장황해 보일 수 있지만 참아 달라).

```
let obj = {first: 1, second: 2};
let a = obj.first;          // 오래된, 수동 디스트럭처링
console.log(a);             // 1
```

위 코드는 다음 코드와 같이 쓸 수 있다.

```
let obj = {first: 1, second: 2};
let {first: a} = obj;       // 새로운 디스트럭처링 구문
console.log(a);             // 1
```

이 디스트럭처링은 자바스크립트 엔진에 first 속성의 값을 변수 a에 넣도록 지시한다. 다시 말하지만, 지금은 수동으로 하는 것보다 길고 어색하지만 잠시 후에 어떻게 더 간결하고 표현력이 향상되는지 알게 될 것이다.

디스트럭처링 패턴 {first: a}가 객체 리터럴과 얼마나 비슷하게 보이는지 확인하자. 객체 리터럴과 디스트럭처링 구문은 그 목적이 반대이지만 **정확히 같은 모양**이다. 객체 리터럴은 구조를 하나로 묶는 반면 객체 디스트럭처링 패턴은 정확히 동일한 방식으로 구조를 분리한다. 객체 리터럴 {first: a}에서 first는 만들 속성의 이름이고 a는 속성 값의 **소스**다. 객체 디스트럭처링 패턴 {first: a}에서는 그 반대다. first는 읽을 속성의 이름이고 a는 값을 넣을 **대상**이다. 자바스크립트 엔진은 문맥으로 객체 리터럴을 작성하는지 아니면 객체 디스트럭처링 패턴을 작성하는지 알고 있다. 객체 리터럴은 할당의 왼쪽에 있을 수 없으며, 할당의 오른쪽과 같이 값이 예상되는 곳에는 디스트럭처링 패턴을 사용할 수 없다.

다음과 같이 하면 객체 리터럴과 객체 디스트럭처링 패턴이 서로의 이미지를 효과적으로 미러링한다는 사실이 더욱 명확해진다.

```
let {first: a} = {first: 42};
console.log(a); // 42
```

첫 번째 줄의 개념은 그림 7-1을 참조하자. 먼저 객체 리터럴이 평가되어 새 객체를 생성하고 값 42를 first 속성에 넣은 다음 오른쪽에 할당을 수행할 때 디스트럭처링 패턴이 first 속성의 값을 가져와 변수 a에 넣는다.

❤ 그림 7-1

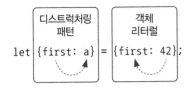

앞의 예에서 대상은 let, 변수 a로 선언되는 변수이다. 디스트럭처링 패턴의 대상은 변수, 객체 속성, 배열 엔트리 등 할당할 수 있는 모든 것이 될 수 있다. 할당의 왼쪽에 있을 수 있는 경우 디스트럭처링을 사용하여 할당할 수 있다(즉, 대상을 다른 구조화 패턴으로 만들 수 있음을 의미한다. 나중에 "중첩된 디스트럭처링" 절에서 이에 대해 알아본다).

이 절의 초기 예를 계속해 보겠다. 수동 디스트럭처링과 마찬가지로 객체에 읽으려는 속성이 없는 경우 변수는 undefined를 가져온다.

```
let obj = {first: 1, second: 2};
let {third: c} = obj;
console.log(c);        // undefined, obj는 'third'라는 속성이 없다.
```

이 디스트럭처링은 let c = obj.third;와 정확히 동일하므로 동일한 작업을 수행한다.

다음과 같이 반복하지 않고 속성 이름을 변수 이름으로 사용하는 것이 매우 일반적이다.

```
let obj = {first: 1, second: 2};
let {first: first} = obj;
console.log(first);       // 1
```

콜론과 이름은 생략할 수 있다.

```
let obj = {first: 1, second: 2};
let {first} = obj;
console.log(first);       // 1
```

이제 수동 디스트럭처링이 이름을 반복하기 때문에 이전의 수동 디스트럭처링보다 더 간결하다.

```
let first = obj.first;
```

{first}가 익숙해 보인다면 5장에서 배운 단축 속성의 반대이기 때문이다. {first}는 객체 리터럴이면 first라는 속성을 만들고 범위 내에서 속성의 초깃값을 가져오는데, 식별자가 먼저 호출된다. 다시 말하지만, 객체 디스트럭처링 구문은 객체 리터럴 구문과 정확히 동일하다. 둘 사이에 다른 것은 자바스크립트 엔진이 하는 일이다.

이와 같이 동일한 이름을 사용하는 것은 매우 일반적이므로 지금도 예에서 그렇게 할 것이다. 이 장의 뒷부분에서 변수에 다른 이름을 사용하는 방법과 이를 수행하려는 이유에 대해 다시 설명하겠다.

> Note ≡ 다양한 예에서 let을 사용하지만 디스트럭처링 let(또는 const 또는 var)의 기능이 아니다. 변수를 선언하는 방법(그리고 위치)은 중요하지 않다. 디스트럭처링은 변수 선언에 연결되지 않는다. 잠시 후에 더 자세히 설명하겠다.

하나 이상의 속성을 선택할 때 디스트럭처링은 강력해지기 시작한다.

```
const obj = {first: 1, second: 2};
let {first, second} = obj;
console.log(first, second); // 1, 2
```

위 코드는 다음 코드와 같다.

```
const obj = {first: 1, second: 2};
let first = obj.first, second = obj.second;
console.log(first, second); // 1, 2
```

이것이 바로 표현력을 보여 주는 예다. 왼쪽에 {first, second}를 놓고 오른쪽에 객체를 두면 무엇을 가져오는지 아주 분명해진다(익숙해지면!). 대조적으로, 더 긴 형태의 second는 명령문 중간에 묻혀 쉽게 간과된다. 또한 이 예에서 코드 작성/읽기의 상당한 부분을 절약할 수 있다. first, second, obj를 두 번 작성(또는 코드를 읽는 경우 두 번 읽기)하는 대신 한 번만 작성/읽기만 하면 된다.

간결하고 표현력만 있는 것이 아니라 불필요한 임시 변수를 피하는 데에도 도움이 된다. 객체를 반환하는 함수를 호출해야 하고 해당 객체에서 두 개의 속성만 원한다고 가정하자.

```
const obj = getSomeObject();
let first = obj.first;
let second = obj.second;
```

위 코드 대신 다음 코드로도 할 수 있다.

```
let {first, second} = getSomeObject();
```

obj 변수가 전혀 필요하지 않다!

디스트럭처링은 변수/상수 초기화에만 국한되지 않는다. 모든 할당(이후 절에서 볼 수 있듯이 매개변수 목록)에서 사용할 수 있다. 하나의 작은 "함정"이 있다. 자바스크립트 파서가 명령문(표현식이 아님)을 예상하는 할당을 수행하는 경우 파서가 초기 중괄호({)를 블록의 시작으로 처리하므로 할당 표현식을 괄호로 묶어야 한다.

```
let first, second;
// ...
{first, second} = getSomeObject();    // 문법 오류
({first, second} = getSomeObject()); // 동작함
```

괄호를 사용하면 구문 분석기가 표현식을 처리하고 있음을 알 수 있으므로 선행 {는 블록의 시작이 될 수 없다.

디스트럭처링은 이전 스타일과 동등한 코드로 속성을 선택하기 위한 문법적 설탕(syntactic sugar)일 뿐이다. 다음 코드에서는 어떤 일이 발생할까?

```
let {first, second} = undefined;
```

신택틱 슈거 없는 버전이 어떻게 생겼는지 보면 도움이 된다.

```
const temp = undefined;
let first = temp.first, second = temp.second;
```

오류라고 생각했다면, 맞다. 정확히 맞다. 항상 그렇듯이 undefined(또는 null)에서 속성을 읽으려고 하는 것은 TypeError다.

그럼, 여기서 결과는 무엇일까?

```
let {first, second} = 42;
```

아니다, 오류가 아니다. 약간의 속임수 질문이다. 문법적 설탕이 없는 버전을 기억하자.

```
const temp = 42;
let first = temp.first, second = temp.second;
```

숫자를 객체처럼 취급할 때와 마찬가지로 기본 숫자는 Number 객체로 강제 변환되며, 이 예에서 first와 second 속성은 해당 객체에서 읽는다. 물론 존재하지 않으므로(누군가가 Number.prototype을 수정하지 않는 한!) first와 second 값은 undefined 값을 얻는다(first 대신 toString으로 시도하고 무엇을 얻는지 확인하자).

7.3 기본 배열(과 이터러블) 디스트럭처링

배열과 다른 이터러블도 디스트럭처링할 수 있다. 당연히 구문은 객체 디스트럭처링에 사용되는 중괄호({}) 대신 대괄호([])를 사용한다.

```
const arr = [1, 2];
const [first, second] = arr;
console.log(first, second); // 1, 2
```

실제로 객체 디스트럭처링이 객체 리터럴과 똑같은 구문을 사용하는 것처럼 배열 디스트럭처링은 배열 리터럴과 똑같은 구문을 사용한다. 각 대상이 받는 값은 패턴의 위치에 따라 다르다. 따라서 [first, second]를 사용하면 first는 arr[0]에서 0번째 위치에 있는 값을 가져오고 second는 arr[1]에서 1번째 위치에 있는 값을 가져온다. 다음 코드와 같다.

```
const arr = [1, 2];
const first = arr[0], second = arr[1];
console.log(first, second); // 1, 2
```

원하지 않는 요소를 제외하는 것은 유효하다. 다음 코드에는 0번째 위치에 변수가 없다.

```
const arr = [1, 2];
const [, second] = arr;
console.log(second); // 2
```

중간에 간격을 둘 수도 있다.

```
const arr = [1, 2, 3, 4, 5];
const [, b, , , e] = arr;
console.log(b, e); // 2, 5
```

물론 미러링하는 배열 리터럴과 마찬가지로 두 개 이상의 요소를 제외하면 가독성이 떨어진다(이에 대한 대안은 이 장 뒷부분의 "다른 이름 사용하기"를 참조하자.)

객체 디스트럭처링과는 달리, 명령문이 예상되는 위치에서 초기화하는 대신 할당을 수행할 때 표현식을 괄호로 묶을 필요가 없다. 초기 대괄호([)는 초기 중괄호({)와 같이 모호하지 않다. 적어도 일반적인 경우에는 그렇지 않다.

```
const arr = [1, 2];
let first, second;
[first, second] = arr;
console.log(first, second); // 1, 2
```

명시적으로 세미콜론을 작성하는 대신 자동 세미콜론 삽입(ASI)에 의존하는 습관이 있다면 대괄호로 문을 시작하지 않도록 항상 주의하자. ASI는 종종 마지막에 있는 표현식의 일부라고 가정하기 때문이다. 세미콜론이 없는 경우 이전 줄을 표시한다. 이전 예의 코드는 세미콜론 없이도 문제가 없지만 디스트럭처링 전에 함수 호출이 있다면 그렇지 않다.

```
const arr = [1, 2]
let first, second
console.log("ASI hazard")
[first, second] = arr  // TypeError: Cannot set property 'undefined' of undefined
console.log(first, second)
```

파서가 [first, second]를 사용자가 작성한 것처럼 console.log가 반환하는 모든 엔트리에 속성을 설정하는 속성 접근자(내부에 쉼표식을 가진)로 처리하기 때문에 실패한다.

```
console.log("ASI hazard")[first, second] = arr
```

일련의 단계를 통해 console.log의 결과에 속성 값을 설정하려고 한다. console.log는 undefined를 반환하므로 실패한다. 정의되지 않은 속성은 설정할 수 없다(이와 같은 ASI 함정이 항상 오류 메시지를 생성하는 것은 아니며 가끔 이상한 버그가 발생시킨다. 하지만 여기서는 그럴 것이다).

ASI에 의존한다면 아마도 이미 그 위험에 대해 알고 있을 것이고 그렇다면 여는 대괄호로 시작하는 줄의 시작 부분에 세미콜론을 넣어 문제를 해결하는 습관도 있을 것이다.

```
const arr = [1, 2]
let first, second
console.log("ASI hazard")
;[first, second] = arr
console.log(first, second) // 1, 2
```

디스트럭처링을 사용하면 대괄호로 시작하는 줄이 더 많이 있을 수 있다.

7.4 기본값

이전 절에서 배운 것처럼 객체에 디스트럭처링 패턴에서 지정한 속성이 없으면 undefined 값을 얻는다(수동으로 디스트럭처링 할 때와 마찬가지로).

```
const obj = {first: 1, second: 2};
const {third} = obj;
console.log(third); // undefined
```

수동 디스트럭처링과 달리 속성이 없거나 값이 undefined인 경우에만 적용되는 기본값을 지정할 수 있다.

```
const obj = {first: 1, second: 2};
const {third = 3} = obj;
console.log(third); // 3
```

3장에서 본 기본 함수 매개변수와 똑같다. 즉, 속성을 검색한 결과가 undefined(객체에 속성이 없거나 속성이 undefined이기 때문에)인 경우에만 기본값이 평가되고 사용된다. third = obj. third || 3 트릭과 비슷하지만 함수 매개변수 기본값처럼 문제가 적다. 왜냐하면 기본값은 유혹 값이 거짓으로 평가되는 모든 값[1]이 아니라 undefined인 경우에만 사용되기 때문이다.

```
const obj = {first: 1, second: 2, third: 0};
const {third = 3} = obj;
console.log(third); // 0 (3이 아님)
```

> **Note** ≡ **"거짓으로 평가되는 값"과 "참으로 평가되는 값"**
>
> **거짓으로 평가되는 값**은 if 조건에서와 같이 불로 사용될 때 거짓으로 강제되는 모든 값이다. 거짓으로 평가되는 값은 0, "", NaN, null, undefined와 당연하게도 false이다(DOM의 document.all도 거짓으로 평가되는 값이다. 17장에서 이에 대해 배울 것이다). 다른 모든 값은 **참으로 평가되는 값**이다.

디스트럭처링 기본값을 자세히 살펴보자. 코드 7-1의 코드를 실행하자.

---

1 19장에서 배우게 될 **널 병합 연산자**(nullish coersing operator)를 이용하면 훨씬 더 편해진다. const third = obj.third ?? 3;는 왼쪽 피연산자의 값이 undefined이거나 null인 경우에만 오른쪽 피연산자를 사용한다. 자세한 내용은 19장을 참조하자. 이와 비슷하게 매개변수와 디스트럭처링 기본값 모두 정의되지 않은 경우에만 시작된다.

```javascript
function getDefault(val) {
    console.log("defaulted to " + val);
    return val;
}
const obj = {first: 1, second: 2, third: 3, fourth: undefined};
const {
    third = getDefault("three"),
    fourth = getDefault("four"),
    fifth = getDefault("five")
} = obj;
// "defaulted to four"
// "defaulted to five"
console.log(third);       // 3
console.log(fourth);      // "four"
console.log(fifth);       // "five"
```

obj에는 undefined가 아닌 third라는 속성이 있기 때문에 getDefault가 third에 대해 호출되지 않는다. 하지만 obj에는 four라는 속성이 있지만 그 값은 undefined이기 때문에 fourth는 호출된다. 그리고 getDefault는 fifth에 대해 호출된다. obj에는 fifth 속성이 전혀 없기 때문에 유횻값이 정의되지 않았다. 또한 getDefault에 대한 호출이 순서대로 이루어졌음을 알 수 있다. 첫 번째는 fourth 호출이고 다음은 fifth 호출이다. 디스트럭처링은 소스 코드 순서대로 수행된다.

디스트럭처링은 소스 코드 순서로 수행되기 때문에 이후 대상은 기본값(매개변수 목록의 기본값과 같이)에서 이전 대상의 값을 참조할 수 있다. 예를 들어, 객체에서 a, b, c를 디스트럭처링하고 c의 기본값을 a * 3으로 지정하려면 선언적으로 할 수 있다.

```javascript
const obj = {a: 10, b: 20};
const {a, b, c = a * 3} = obj;
console.log(c);  // 30
```

패턴에서 **이미** 정의된 대상만 참조할 수 있다. 예를 들어 다음은 작동하지 않는다.

```javascript
const obj = {a: 10, b: 20};
const {c = a * 3, b, a} = obj; // ReferenceError: a is not defined
console.log(c);
```

문법적 설탕을 제거한 버전을보면 알 수 있다. a가 아직 선언되지 않았다.

```
const obj = {a: 10, b: 20};
const c = typeof obj.a === "undefined"
        ? a * 3
        : obj.c;  // ReferenceError: a is not defined
const b = obj.b;
const a = obj.a;
console.log(c);
```

변수가 이미 선언된 경우에도 사용할 수 있다. 다음 코드를 실행한 결과는 무엇일까?

```
let a, b, c;
const obj = {a: 10, b: 20};
({c = a * 3, b, a} = obj);
console.log(c);
```

NaN을 출력한다고 했나? 맞다! c의 기본값이 계산될 때 a의 값은 undefined이고 undefined * 3은
NaN이기 때문이다.

JAVASCRIPT THE NEW TOYS

7.5 / 디스트럭처링 패턴에서 나머지 문법

함수의 매개변수 목록에서 나머지 매개변수를 사용하는 방법을 배운 3장에서 나머지 문법을 보았
다. 디스트럭처링할 때 나머지 문법을 사용할 수도 있으며 동일한 방식으로 작동한다.

```
const a = [1, 2, 3, 4, 5];
const [first, second, ...rest] = a;
console.log(first);     // 1
console.log(second);    // 2
console.log(rest);      // [3, 4, 5]
```

이 코드에서 first는 첫 번째 배열 엔트리의 값을 가져오고 second는 두 번째 엔트리의 값을 가져
오고 rest는 나머지 값을 포함하는 새 배열을 가져온다. 패턴의 나머지 엔트리는 끝에 있어야 한
다(함수 매개변수 목록의 끝에 있어야 하는 나머지 **매개변수**처럼).

배열 디스트럭처링을 위한 나머지 문법은 ES2015에서 추가되었다. ES2018은 객체 속성 스프레
드의 반대인 객체 디스트럭처링을 위한 나머지 문법도 추가했다(5장).

```
const obj = {a: 1, b: 2, c: 3, d: 4, e: 5};
const {a, d, ···rest} = obj;
console.log(a);     // 1
console.log(d);     // 4
console.log(rest);  // {b: 2, c: 3, e: 5}
```

나머지 엔트리는 디스트럭처링 패턴의 다른 엔트리에서 사용되지 않은 원래 객체의 속성을 가진
새 객체를 가져온다. 이 예에서 객체는 b, c, e 속성을 가지지만 a와 d는 패턴의 이전 부분에서 소
비되었기 때문에 a와 d가 아니다. 이터러블 디스트럭처링의 나머지 엔트리와 마찬가지로 패턴의
마지막 엔트리이어야 한다.

7.6 / 다른 이름 사용하기

이 장의 초반을 제외하고 지금까지 살펴본 모든 객체 디스트럭처링에서는 원본 속성의 이름을 대
상 변수/상수 이름으로 사용했다. 이전 예를 약간 업데이트한 다음 예를 살펴보자.

```
const obj = {first: 1, second: 2};
let {first} = obj;
console.log(first);     // 1
```

해당 속성 이름을 변수 이름으로 사용하지 않는 합당한 이유가 있다고 가정해 보자. 예를 들어 속
성 이름이 유효한 식별자가 아니라고 가정하자.

```
const obj = {"my-name": 1};
let {my-name} = obj;      // SyntaxError: Unexpected token -
let {"my-name"} = obj;    // SyntaxError: Unexpected token }
```

속성 이름은 거의 모든 것을 포함할 수 있지만 식별자 이름에는 상당히 엄격한 규칙(예: 대시 없
음)이 있으며 속성 이름과 달리 식별자에는 따옴표로 된 양식이 없다.

수동으로 수행하는 경우 그냥 다른 이름을 사용하면 된다.

```
const obj = {"my-name": 1};
const myName = obj["my-name"];
console.log(myName);      // 1
```

단축 문법을 사용하는 대신 명시적 변수 이름을 포함하면 디스트럭처링을 통해서도 다른 이름을 사용할 수도 있다.

```
const obj = {"my-name": 1};
const {"my-name": myName} = obj;
console.log(myName);      // 1
```

이는 앞의 수동 버전과 동일하다. 문법은 객체 이니셜라이저 구문과 동일하다. 여기에는 속성 이름을 인용할 수 있다는 사실이 포함된다.

속성 이름이 유효한 식별자 이름인데 어떤 이유로 그 이름을 사용하지 않으려면 따옴표가 필요하지 않다.

```
const obj = {first: 1};
const {first: myName} = obj;
console.log(myName);      // 1
```

이것은 배열에서 특정 인덱스 집합을 선택할 때도 편리하다. 패턴에 간격을 두는 이전 예를 상기하자.

```
const arr = [1, 2, 3, 4, 5];
const [, b, , , e] = arr;
console.log(b, e); // 2, 5
```

작동하지만 간격 수(특히 e 이전)를 추적하면 읽기가 어렵다. 배열은 객체이기 때문에 배열 디스트럭처링 보다는 객체 디스트럭처링을 사용하여 더 명확하게 할 수 있다.

```
const arr = [1, 2, 3, 4, 5];
const {1: b, 4: e} = arr;
console.log(b, e); // 2, 5
```

숫자 상수는 유효한 속성 이름이지만 유효한 식별자는 아니므로(1과 4라는 변수를 가질 수 없음) 따옴표가 필요하지 않지만 이름을 바꿀(이 경우 b 및 e로) 필요가 있다.

이 인덱스 트릭은 배열 인덱스가 속성 이름이기 때문에 작동한다. 따라서 이 트릭은 일반적으로 이터러블에서 작동하지 않고 배열에서만 작동한다(이터러블이 유한한 경우 Array.from을 사용하여 배열을 가져온 다음 이 트릭을 적용할 수 있다).

대상을 명시적으로 지정할 때 디스트럭처링 대상은 할당할 수 있는 모든 대상이 될 수 있다. 예를 들어 다음과 같은 객체 속성일 수 있다.

```
const source = {example: 42};
const dest = {};
({example: dest.result} = source);
console.log(dest.result); // 42
```

7.7 / 계산된 속성 이름

5장에서는 객체 리터럴에서 계산된 속성 이름에 대해 배웠다. 객체 디스트럭처링은 객체 리터럴과 똑같은 문법을 사용하므로 디스트럭처링할 때도 계산된 속성 이름을 사용할 수 있다.

```
let source = {a: "ayy", b: "bee"};
let name = Math.random() < 0.5 ? "a" : "b";
let {[name]: dest} = source;
console.log(dest); // 반은 "ayy", 반은 "bee"
```

이 코드에서 name 변수가 값 "a"를 가져오는 확률이 절반이고 값 "b"를 가져오는 확률이 절반이다. 따라서 dest 변수는 절반의 확률로 a 속성에서 값을 가져오고 절반의 확률로 b 속성에서 값을 가져온다.

7.8 / 중첩된 디스트럭처링

지금까지 배열/객체의 최상위 수준에서 배열 엔트리와 객체 속성 값을 가져오는 것을 보았지만 패턴에서 **중첩**을 사용하면 디스트럭처링 구문이 더 깊어질 수 있다. 놀랍게도 객체와 배열 리터럴에 중첩된 객체/배열을 만드는 것과 동일한 방식으로 수행한다! 누가 이런 일이 일어날 거라고 생각했을까. 한번 보자.

다음에서 array는 속성 값을 받을 대상이다.

```
const obj = {a: [1, 2, 3], b: [4, 5, 6]};
let {a: array} = obj;
console.log(array); // [1, 2, 3]
```

위 코드에서 대상(:의 오른쪽 부분)은 디스트럭처링된 값이 들어가야 하는 변수 또는 상수 등이다. 지금까지 본 모든 예에서 그렇다. 해당 배열의 처음 두 엔트리를 이산 변수로 원하면 대상 변수를 내부에 포함하여 대상을 배열 디스트럭처링 패턴으로 만들 수 있다.

```
const obj = {a: [1, 2, 3], b: [4, 5, 6]};
let {a: [first, second]} = obj;
console.log(first, second); // 1 2
```

이것이 first와 second 값을 사용하여 빌드된 새 배열로 초기화된 속성을 가진 객체를 만드는 방법을 정확히 미러링하는 방법을 다시 한번 주목하자. 구조를 합치지 않고 분리하기 때문에 등호 반대편에 미러링한 것을 사용하고 있다. 당연히 객체에 대해서도 잘 작동한다.

```
const arr = {first: {a: 1, b: 2}, second: {a: 3, b: 4}};
const {first: {a}, second: {b}} = arr;
console.log(a, b); // 1 4
```

위 코드는 first 속성이 참조하는 객체에서 a 속성을 선택하고 second 속성이 참조하는 객체에서 b 속성을 선택했다.

외부 구조는 객체 대신 배열이 될 수도 있다.

```
const arr = [{a: 1, b: 2}, {a: 3, b: 4}];
const [{a}, {b}] = arr;
console.log(a, b); // 1 4
```

위 코드는 첫 번째 배열 엔트리의 객체에서 a 속성을 선택하고 두 번째 배열 엔트리의 객체에서 b 속성을 선택했다.

객체와 배열 리터럴과 마찬가지로 사용할 수 있는 중첩 수는 기본적으로 무제한이다.

7.9 / 매개변수 디스트럭처링

디스트럭처링은 할당만을 위한 것이 아니다. 함수 매개변수도 디스트럭처링할 수 있다.

```
function example({a, b}) {
    console.log(a, b);
}
const o = {a: "ayy", b: "bee", c: "see", d: "dee"};
example(o);                 // "ayy", "bee"
example({a: 1, b: 2});    // 1, 2
```

매개변수 목록에 사용된 객체 디스트럭처링({a, b})에 주목하자. 이 example은 다음 코드와 거의 같게 하나의 매개변수를 받아 두 개의 로컬 바인딩으로 디스트럭처링한다.

```
function example(obj) {
    let {a, b} = obj;
    console.log(a, b);
}
```

(임시 매개변수 obj 때문에 "거의"이며, 매개변수 목록에 기본 매개변수 값이 포함되어 있으면 함수 본문이 아닌 매개변수 목록에 특정한 범위에서 발생하기 때문이다. 또한 매개변수는 다음으로 선언된 변수와 비슷하다. 역사적인 이유로 매개변수는 let으로 선언하기보다는 var로 선언한다)

디스트럭처링되지 않는 매개변수가 첫 번째이거나 유일한 매개변수일 필요는 없다. 매개변수 목록 어디에나 있을 수 있다.

```
function example(first, {a, b}, last) {
    console.log(first, a, b, last);
}
const o = {a: "ayy", b: "bee", c: "see", d: "dee"};
example("alpha", o, "omega");                // "alpha", "ayy", "bee", "omega"
example("primero", {a: 1, b: 2}, "ultimo"); // "primero", 1, 2, "ultimo"
```

개념적으로는 하나의 큰 중첩 배열 디스트럭처링 패턴으로 생각할 수 있다. 여기서 매개변수 목록은 대괄호로 묶여 배열 디스트럭처링 패턴을 형성한 다음 등호 기호와 인수 배열이 오른쪽으로 이동한다. 그림 7-2를 확인하자.

개념적으로 큰 중첩 배열
디스트럭처링

```
function example([first, {a, b}, last] = [the arguments]) {
    console.log(first, a, b, last);
}
```

```
function example(first, {a, b}, last) {
    console.log(first, a, b, last);
}
example(1, {a: 2, b: 3}, 4); // 1 2 3 4
```

따라서 위 코드의 함수와 호출은 다음처럼 매개변수를 배열로 사용하는 방식과 정확히 동일하다.

```
let [first, {a, b}, last] = [1, {a: 2, b: 3}, 4];
console.log(first, a, b, last); // 1 2 3 4
```

당연히 이터러블 디스트럭처링도 사용할 수 있다.

```
function example([a, b]) {
    console.log(a, b);
}
const arr = [1, 2, 3, 4];
example(arr);                  // 1, 2
example(["ayy", "bee"]);       // "ayy", "bee"
```

마찬가지로 디스트럭처링 기본값도 가능하다.

```
function example({a, b = 2}) {
    console.log(a, b);
}
const o = {a: 1};
example(o);               // 1, 2
```

자, b는 o에 없었기 때문에 기본값으로 설정되었다. o에 포함되어 있었어도 기본값이 되었을 수도 있지만 그 값이 정의되지 않았다.

이 예에서는 전달된 객체에 b가 없었지만 객체가 전달되었다. 그런데 객체가 전혀 전달되지 않은 경우는 어떨까? 동일한 함수가 주어지면 다음 호출에서 어떤 일이 발생할까?

```
example();
```

오류라고 생각했다면 정확하다. 이렇게 하는 것은 다음과 같다.

```
let {a, b = 2} = undefined;
```

또는 전체 매개변수 목록을 생각한다면 다음과 같다.

```
let [{a, b = 2}] = [];
```

undefined에서 속성을 읽을 수는 없다. 이를 시도하는 것은 TypeError다.

3장에서 배운 내용을 되돌아보면, 객체가 전혀 전달되지 않는 경우를 처리하는 데 사용할 수 있는 것이 있었을까?

맞다! 기본 매개변수 값이다. 놀라지 마라!

```
function example({a, b = "prop b def"} = {a: "param def a", b: "param def b"}) {
    console.log(a, b);
}
example();                // "param def a", "param def b"
example({a: "ayy"});      // "ayy", "prop b def"
```

약간 혼란스러울 수 있으므로 그림을 그려 보자(그림 7-3 참조).

- {a, b = "prop b def"}는 매개변수 디스트럭처링 패턴이다.
- 패턴의 = "prop b def"부분은 디스트럭처링된 b 속성의 기본값이다(전달된 객체에 없거나 값이 정의되지 않은 경우).
- = {a : "param def a", b : "param def b"}는 매개변수 기본값이다(이 매개변수에 대해 인수가 전달되지 않거나 인숫값이 정의되지 않은 경우).

❤ 그림 7-3

```
function example({a, b = "prop b def"} = {a: "param def a", b: "param def b"}) {
    console.log(a, b);
}
example();
example({a: "ayy"});
```

매개변수 디스트럭처링   디스트럭처링 된 b 속성의 기본값

매개변수 기본값

이 지식을 사용하여 두 종류의 호출을 살펴보겠다.

다음의 첫 번째 호출은 매개변수에 대해 아무것도 전달하지 않았으므로 매개변수 기본값 {a: "param def a", b: "param def b"}가 사용되었다. b에 대한 값을 가지고 있으므로 디스트럭처링 된 b는 "param def b" 값을 얻었다.

```
example();
```

두 번째 호출은 b가 없는 객체에 전달되었으므로 매개변수 기본값이 적용되지 않았지만(매개변수에 대한 인수가 있고 해당 값이 undefined가 아니다), b의 디스트럭처링 기본값이 적용되었다. b 속성이 없으므로 b는 "b def" 값을 얻었다.

```
example({a: "ayy"});
```

이 예를 통해 기본 함수 매개변수에 대해 생각했을 수 있다. 그렇지 않다면 잠시 멈추고 이 절에서 배운 다양한 것들을 생각해 보자(힌트: 매개변수 목록이 암시적 디스트럭처링 패턴인 것과 관련이 있다. 그림 7-3을 생각해 보자).

알았나? 이건 좀 까다롭다. 아직 보지 못하더라도 걱정하지 말라! 기본 함수 매개변수는 사실상 기본 디스트럭처링 값일 뿐이다. 이 예 함수 매개변수 목록은 매개변수 없이 예를 호출할 때 다음과 같은 디스트럭처링과 동일하다.

```
let [{a, b = "b def"} = {a: "param def a", b: "param def b"}] = [];
console.log(a, b); // "param def a", "param def b"
```

매개변수 목록의 디스트럭처링에 대한 마지막 참고 사항은 매개변수 목록에서 디스트럭처링을 사용하는 것은 **간단하지 않다**. 3장에서 배운 것처럼 단순하지 않은 매개변수 목록을 가진 함수는 "use strict" 지시문을 포함할 수 없다. 엄격 모드에 있도록 하려면 **이미** 엄격 모드에 있는 컨텍스트에 나타나야 한다.

7.10 / 반복문에서 디스트럭처링

자바스크립트에는 할당과 그다지 비슷하지 않은 할당이 있다. 특히 for-in과 for-of[2] 루프는 각 루프 반복이 시작될 때 루프 변수에 할당된다. 여기에도 디스트럭처링을 사용할 수 있다. for-in 루프에서 많이 사용되지는 않지만(for-in이 제공하는 키는 항상 문자열이며 문자열을 반복할 수 있기 때문에 가능하지만 문자열을 디스트럭처링하려는 경우는 드물다) for-of를 사용할 때 매우 편리할 수 있다.

객체 배열이 있고 객체의 이름 및 값 속성을 사용하여 반복하려고 한다고 가정한다.

```
const arr = [
    {name: "one", value: 1},
    {name: "two", value: 2},
    {name: "forty-two", value: 42}
];
for (const {name, value} of arr) {
    console.log("Name: " + name + ", value: " + value);
}
```

또는 객체가 있고 "자신의"(상속되지 않음) 속성 이름 및 값을 반복하려고 한다고 가정하자. 그러면 for-in 루프를 사용해야 할 것이다.

```
const obj = {a: 1, b: 2, c: 3};
for (const name in obj) {
    if (obj.hasOwnProperty(name)) {
        const value = obj[name];
        console.log(name + " = " + value);
    }
}
```

또는 for-of 루프와 5장에서 배운 Object.entries 함수를 사용하여 hasOwnPropertyCheck를 제거할 수 있다.

```
const obj = {a: 1, b: 2, c: 3};
for (const entry of Object.entries(obj)) {
    console.log(entry[0] + " = " + entry[1]);
}
```

---

2 그리고 for-await-of, 9장에서 배울 것이다.

entry[0]과 entry[1]은 그다지 의미 있는 이름이 아니다. 디스트럭처링을 사용하면 이터러블 디스트럭처링으로 해당 코드를 훨씬 더 명확하게 할 수 있다.

```javascript
const obj = {a: 1, b: 2, c: 3};
for (const [name, value] of Object.entries(obj)) {
    console.log(name + " = " + value);
}
```

7.11 과거 습관을 새롭게

사실상 이 절은 "눈치껏 디스트럭처링 사용하자"라고 말한다. 눈치껏이 무엇인지 몇 가지 구체적인 예가 있다.

7.11.1 객체에서 일부 속성만 가져올 때 디스트럭처링 사용

과거 습관: 함수에서 객체를 가져와서 변수에 기억한 다음 소수의 속성만 사용한다.

```javascript
const person = getThePerson();
console.log("The person is " + person.firstName + " " + person.lastName);
```

새로운 습관: 추후에 객체 자체가 필요하지 않다면 디스트럭처링을 사용하자.

```javascript
const {firstName, lastName} = getThePerson();
console.log("The person is " + firstName + " " + lastName);
```

7.11.2 옵션 객체에 디스트럭처링 사용

과거 습관: 옵션이 많은 함수에 옵션 객체를 사용한다.

새로운 습관: 디스트럭처링 사용을 고려하자.

디스트럭처링을 하기 전에 5개의 옵션을 받아들이는 함수는 다음과 같을 수 있다. 여기서 5개의 옵션의 기본값은 한 옵션의 값을 기반으로 한다.

```javascript
function doSomethingNifty(options) {
    options = Object.assign({}, options, {
        // 옵션의 기본값
        one: 1,
        two: 2,
        three: 3,
        four: 4

    });
    if (options.five === undefined) {
        options.five = options.one * 5;
    }
    console.log("The 'five' option is: " + options.five);
    // ...
}
doSomethingNifty(); // The 'five' option is: 5
```

이는 함수 코드 내부의 기본값을 숨긴다. 즉, 복잡한 기본값은 특수한 경우여야 하며 옵션을 사용할 때마다 옵션 객체에 대한 속성 접근을 수행해야 함을 의미한다.

대신 기본 옵션을 디스트럭처링 기본값으로 정의하고, 디스트럭처링 기본값 내에서 five의 기본값을 처리하고, 매개변수 기본값에 대한 전체 빈 객체를 제공하고, 결과 바인딩을 직접 사용할 수 있다.

```javascript
function doSomethingNifty({
        one = 1,
        two = 2,
        three = 3,
        four = 4,
        five = one * 5
} = {}) {
    console.log("The 'five' option is: " + five);
    // ...
}
doSomethingNifty(); // The 'five' option is: 5
```

8^장

프라미스

이 장의 내용

- 프라미스 생성과 사용
- "프라미스"와 "thenable"
- 프라미스 패턴
- 프라미스 안티 패턴

이 장의 코드 다운로드

이 장의 코드는 https://thenewtoys.dev/bookcode 또는 https://www.wiley.com/go/javascript-newtoys에서 다운로드할 수 있다.

이 장에서는 일회성 비동기 작업의 처리를 단순화하고 표준화하고 "콜백 지옥"을 줄이면서 (9장에서 다룰 ES2018의 **비동기**(async) **함수**를 위한 길을 닦은) ES2015의 **프라미스**에 대해 알아본다. 프라미스는 비동기 결과를 나타내는 객체다(예: HTTP 요청 완료 또는 일회성 타이머 발생). 프라미스를 사용하여 비동기 프로세스의 결과를 관찰하거나 다른 코드가 해당 결과를 관찰할 수 있도록 다른 코드에 프라미스를 제공한다. 프라미스는 promise, future, deferred라고도 불리는 패턴의 자바스크립트 버전이다. 그들은 선행 기술, 특히 Promises/A+ 사양[1]과 관련 작업에 크게 의존한다.

시작하기 전에, ES2018이 async 함수를 추가(9장)했기 때문에 프라미스가 쓸모없다고 들었을 것이다. 거의 틀린 말이다. async 함수를 사용할 때 프라미스가 **다르게** 상호 작용하는 것은 사실이지만 여전히 상호 작용하고 있으며 작동 방식에 대한 확실한 개념이 필요하다. 또한 비동기 함수에서도 프라미스를 직접 사용하는 경우가 있다.

8.1 / 왜 프라미스를 사용하는가?

프라미스는 그 자체로 어떠한 일도 하지 않으며 비동기식의 결과를 관찰하는 방법일 뿐이다. 프라미스는 작업을 비동기화하지 않는다. **이미** 비동기화된 작업의 완료를 **관찰**하는 수단을 제공할 뿐이다. 그렇다면 왜 사용할까?

---

[1] https://promisesaplus.com/

프라미스 이전에는 간단한 콜백이 일반적으로 사용되었지만 몇 가지 문제가 있었다.

- 여러 비동기 작업을 (직렬 또는 병렬로) 결합하면 빠르게 중첩된 콜백("콜백 지옥")이 발생한다.
- 콜백에는 오류가 발생했음을 나타내는 표준 방법이 없다. 따라서 사용하는 각 함수 또는 API는 오류 보고 방법을 정의해야 한다. 서로 다른 몇 가지 일반적인 방법이 있으므로 여러 라이브러리 또는 모듈을 결합하거나 프로젝트 간에 이동할 때 어렵다.
- 성공/실패를 나타내는 표준 방법이 없다는 것은 일반적인 도구를 사용하여 복잡성을 관리할 수 없음을 의미한다.
- 이미 완료된 프로세스에 콜백을 추가하는 것도 표준화되지 않았다. 어떤 경우에는 콜백이 호출되지 않음을 의미한다. 다른 경우에는 동기적으로 호출된다. 다른 경우에는 비동기적으로 호출된다. 이를 처리해야 할 때마다 사용하는 각 API의 세부 정보를 확인하는 것은 시간이 많이 걸리고 잊어버리도 쉽다. 잘못 가정하거나 기억할 때 생기는 버그는 종종 미묘하고 찾기도 어렵다.
- 작업에 여러 콜백을 추가하는 것은 불가능하거나 표준화되지 않았다.

프라미스는 이러한 모든 문제를 해결하는 단순하고 표준적인 문법을 제공하여 모든 문제를 처리한다. 이 장을 통해 이러한 문법을 사용하는 방법을 배우게 될 것이다. 그 과정에서 앞의 문제를 해결하는 프라미스와 기본 콜백을 사용하는 예를 볼 수 있다.

8.2 / 프라미스 기초

JAVASCRIPT THE NEW TOYS

이 절에서는 먼저 프라미스의 기본 사항을 배운다. 그런 다음 이후 절에서 이를 만들고 사용하는 방법에 대해 자세히 알아본다. 우선 용어부터 정리해 보자.

8.2.1 개요

프라미스는 세 가지 상태가 가능한 객체다.

- **대기**(pending): 프라미스가 보류 중/미결/아직 확정되지 않았다.

- **이행**(fulfilled): 프라미스가 값으로 정해졌다. 일반적으로 성공을 의미한다.

- **거부**(rejected): 거부 이유로 프라미스가 정해졌다. 일반적으로 실패를 의미한다.

프라미스는 대기 상태로 시작하여 한 번만 (이행 또는 거부로) **확정**될 수 있다. 확정된 프라미스는 대기 상태로 돌아갈 수 없다. 이행된 프라미스가 거부된 프라미스로 변경되거나 그 반대로 변경될 수 없다. 일단 확정되면 프라미스의 상태는 절대 변하지 않는다.

이행된 프라미스에는 **이행 값**(일반적으로 단순히 **값**)이 있다. 거부된 프라미스에는 **거부 이유**가 있다(때로는 단순히 **이유**이지만 **오류**도 흔함).

프라미스를 **이행**할 때 값을 가지고 이행하거나 다른 프라미스[2]에 의존하게 만든다. 다른 프라미스에 의존하게 만들면 다른 프라미스에 "이행"하도록 한다. 이는 다른 프라미스에 어떤 일이 발생 하느냐에 따라 궁극적으로 이행되거나 거부될 수 있음을 의미한다.

프라미스를 **거부하면** 거부 이유로 거부하게 된다.

> **Note ≡   거부 이유로서의 오류**
>
> 이 장의 코드에서 거부 이유의 모든 예가 Error 인스턴스임을 알 수 있다. 프라미스를 거부하는 것은 throw를 사용하는 것과 같기 때문이다. 두 경우 모두 오류가 제공하는 스택 정보를 갖는 것이 유용하다. 그렇게 하는 것은 스타일과 모범 사례의 문제이다. throw와 try/catch로 원하는 값을 사용할 수 있는 것처럼 원하는 값을 거부 이유로 사용할 수 있다.

프라미스의 상태와 값/거부 이유(있는 경우)를 직접 관찰할 수는 없다. 프라미스가 호출하는 핸들러 함수를 추가해야만 얻을 수 있다. 자바스크립트 프라미스에는 핸들러 등록을 위한 세 가지 메서드 있다.

- then: 프라미스가 이행된 경우/때 호출하는 **이행 핸들러**를 추가한다.[3]

- catch: 프라미스가 거부된 경우 호출하는 **거부 핸들러**를 추가한다.

- finally: 무엇이든 상관없이 프라미스가 확정된 경우/때 호출하는 **finally 핸들러** 추가한다 (ES2018에 추가됨).

---

2   또는 "thenable". 이 장에서는 thenable에 대해 조금 더 배운다.

3   이것이 단일 인수 버전이 하는 일이다. 이 장의 뒷부분에 나오는 "두 개의 인수가 있는 then 메서드"에서 배울 방법을 사용할 수도 있다.

프라미스의 중요한 점 중 하나는 then, catch, finally가 **새로운 프라미스를 반환**할 수 있다는 것이다. 새 프라미스는 메서드를 호출한 프라미스와 연결된다. 원래 프라미스에 발생하는 일과 핸들러 함수가 수행하는 작업에 따라 이행되거나 거부된다. 이 장 전체에서 이 핵심 사항을 확인할 것이다.

8.2.2 예

코드 8-1은 관찰 중인 비동기 작업에 대해 setTimeout을 사용하여 프라미스를 만들고 사용하는 간단한 예다. 예를 반복적으로 실행하자. 절반의 경우 setTimeout이 만들어내는 프라미스가 이행되며, 나머지 절반은 거부된다.

코드 8-1 기본적인 프라미스 예 – simple-promise-example.js

```javascript
function example() {
    return new Promise((resolve, reject) => {
        setTimeout(() => {
            try {
                const succeed = Math.random() < 0.5;
                if (succeed) {
                    console.log("42라는 값으로 이행(프라미스를 확정한다)");
                    resolve(42);
                } else {
                    console.log("new Error('failed')로 거부");
                    throw new Error("failed");
                }
            } catch (e) {
                reject(e);
            }
        }, 100);
    });
}

example()
.then(value => {  // 이행 핸들러
    console.log("다음 값으로 이행", value);
})
.catch(error => { // 거부 핸들러
    console.error("다음 값으로 거부", error);
})
.finally(() => {  // finally 핸들러
    console.log("finally");
});
```

예는 세 부분으로 구성되어 있다.

1. 프라미스 생성: 생성 및 반환하는 example 함수에 의해 수행

2. 프라미스 이행 또는 거부: example 함수의 타이머 콜백에 의해 수행

3. 프라미스 사용: example를 호출하는 코드로 수행

example는 Promise 생성자를 사용하여 프라미스를 만들고 함수를 전달한다. Promise 생성자에게 제공하는 함수는 **실행자**(executor) **함수**라는 멋진 이름을 가지고 있다. Promise 생성자는 resolve 또는 reject라는 두 함수를 인수로 전달하는 실행자 함수를 (동기적으로) 호출한다(resolve와 reject는 일반적으로 사용하는 이름이다. 물론 실행자 함수의 매개변수에 대해 원하는 이름을 사용할 수 있다. 잠시 후에 볼 수 있듯이 정확하지는 않지만 resolve 대신 fulfill가 표시되는 경우도 있다). resolve 또는 reject 함수를 사용하여 프라미스에 어떤 일이 발생하는지 확인하자.

- 다른 프라미스[4]로 resolve를 호출하면 해당 프라미스가 다른 프라미스로 **확정된다**(다른 프라미스에 발생하는 일에 따라 이행되거나 거부된다). 이것이 fulfill(이행)이 첫 번째 함수의 정확한 이름이 아닌 이유이다. 다른 프라미스로 호출하면 생성한 프라미스를 이행하지 않고 거부할 수 있는 다른 프라미스로 이행한다.

- 다른 값으로 resolve를 호출하면 해당 값으로 프라미스가 이행된다.

- reject를 호출하면 reject로 전달된 이유를 사용하여 프라미스가 거부된다(일반적으로 오류이지만 스타일의 문제이다). resolve와는 달리 reject는 프라미스를 전달한다고 다른 일을 하지 않는다. 항상 거부 이유로 제공하는 것을 사용한다.

이러한 함수를 사용해서만 프라미스를 이행하거나 거부할 수 있다. 이 함수 없이는 아무것도 이행하거나 거부할 수 없다. 이 함수는 프라미스 객체 자체에 대한 메서드로 사용할 수 없으므로 이를 수신하는 코드가 프라미스를 소비할 수만 있고 확정하거나 거부할 수 없다는 것을 알고 있는 다른 코드에 프라미스 객체를 제공할 수 있다.

example의 경우 setTimeout을 호출하여 비동기 작업을 시작한다. 프라미스는 비동기 작업을 **생성하는 것이 아니라** 비동기 작업[5]의 완료를 **관찰하는** 방법일 뿐이므로 setTimeout 또는 이와 유사한 것을 사용해야 한다. 타이머가 만료되면 example의 타이머 콜백은 임의의 결과에 따라 resolve 또는 reject를 호출한다.

---

4   또는, 이번에도 "thenable"이다. thenable에 대해 다음 절에서 배운다.

5   나중에 살펴보겠지만 여기엔 작은 주의 사항이 있다.

프라미스가 어떻게 사용되는지 보자. example를 사용하는 이 코드는 일련의 호출을 사용하며, 이 경우에는 then 다음에 catch, 그다음에 finally를 사용하여 각각 이행 핸들러, 거부 핸들러, finally 핸들러를 연결한다. 이 장에서 배울 이유로 인해 프라미스 메서드에서 연결은 매우 일반적이다.

이행과 거부를 모두 볼 수 있도록 코드 8-1의 코드를 실행하자. 프라미스가 이행되면 연결된 호출은 이행 값을 사용하여 이행 핸들러를 호출한 다음 finally 핸들러(값을 수신하지 않음)를 호출한다. 프라미스가 거부되면 연결된 호출은 거부 이유와 함께 거부 핸들러를 호출한 다음 finally 핸들러를 호출한다(다시 말하지만 값을 받지 못한다). 또한 원래 프라미스가 이행되었지만 이행 핸들러에서 오류가 발생한 경우 거부 핸들러(와 finally 핸들러)를 호출한다.

과장해서 말하자면, 이행, 거부, finally 핸들러는 try/catch/finally 문의 블록과 동일한 용도로 사용된다.

```
try {
    // 이행 핸들러
} catch (error) {
    // 거부 핸들러
} finally {
    // finally 핸들러
}
```

나중에 배우게 될 약간의 차이점이 있지만 이는 근본적으로 이행, 거부, finally 처리자에 대해 생각하는 좋은 방법이다.

new Promise를 사용하는 것은 API 함수 또는 then, catch, finally로 부터 얻은 프라미스를 사용하는 것과 비교하여 상당히 드문 경우이기 때문에 처음에는 프라미스를 사용하는 데 초점을 맞춘 다음 이를 생성하는 세부 사항으로 돌아올 것이다.

8.2.3 프라미스와 "thenable"

자바스크립트의 프라미스는 ECMAScript 사양에 정의된 규칙을 따르며, 이는 선행 기술, 특히 Promises/A+ 사양과 그에 이르는 작업에 크게 의존한다. 자바스크립트의 프라미스는 Promises/A+ 사양을 완전히 준수하며 catch와 finally와 같이 의도적으로 해당 사양에 포함되지 않은 일부 추가 기능이 있다(Promises/A+ 사양은 의도적으로 미니멀하여 then만 정의하는데, 이후 절에서 배우게 될 두 인수 버전으로 catch와 finally 작업을 수행할 수 있기 때문이다).

Promises/A+ 사양의 특징은 "프라미스"과 구별되는 "thenable" 개념이다. 이 사양에서 이를 다음과 같이 정의한다.

- "프라미스"는 동작이 [Promises/A+ 사양]을 따르는 then 메서드를 사용하는 객체 또는 함수다.
- "thenable"은 then 메서드를 정의하는 객체 또는 함수다.

따라서 모든 프라미스는 thenable이지만 모든 thenable이 프라미스는 아니다. 객체는 프라미스에 대해 정의된 대로 작동하지 않는 then 메서드를 정의할 수 있다. 그 객체는 thenable이지만 프라미스는 아니다.

이것이 왜 중요할까? 상호 운용성 때문이다.

때때로 프라미스 구현은 값이 프라미스를 이행하는 데 사용할 수 있는 단순한 값인지 아니면 프라미스를 확정해야 하는 thenable인지 알아야 한다. 값이 then 메서드를 사용하여 객체인지 확인하여 수행한다. 그렇다면 해당 객체는 thenable로 간주되고 프라미스 구현은 then 메서드를 사용하여 thenable에 대한 프라미스를 확정한다. 객체가 프라미스와 완전히 관련이 없는 것을 의미하는 then 메서드를 가질 수 있기 때문에 불완전하지만, 그 당시 존재했던 여러 프라미스 라이브러리를 허용했기 때문에 프라미스가 자바스크립트에 추가될 당시에는 최상의 솔루션이었다. 프라미스를 프라미스로 표시하는 다른 기능을 추가하기 위해 모든 구현을 업데이트하지 않고도 상호 운용할 수 있다(예를 들어 모든 라이브러리를 업데이트하여 추가할 수 있었다면 심볼(5장)에 대한 훌륭한 사용 사례였을 것이다).

지금까지 "thenable"을 사용하는 것이 더 정확한 몇 군데에서 각주와 함께 "프라미스"를 사용했다. 이제 thenable이 무엇인지 알았으니 적절한 곳에 사용하겠다.

8.3 기존 프라미스 사용하기

지금까지 살펴본 것처럼 then, catch, finally에 등록된 핸들러를 사용하여 프라미스의 이행, 거부, 종료에 연결한다. 이 절에서는 이에 대해 더 자세히 배우고, 프라미스 사용에 대한 몇 가지 일반적인 패턴을 배운다. 또한 "왜 프라미스를 사용하는가?"에서 앞서 언급한 일부 문제를 프라미스가 확정하는 방법을 배운다.

8.3.1 then 메서드

프라미스의 이행에 연결되는 then 메서드가 작동하는 것을 이미 간략하게 살펴봤다.[6] 그럼 좀 더 자세히 살펴보겠다. 다음과 같은 매우 기본적인 호출을 보자.

```
p2 = p1.then(result => doSomethingWith(result.toUpperCase()));
```

이미 배웠듯이, 이 코드는 이행 핸들러를 등록하고, 원래 프라미스(p1)에 발생하는 일과 핸들러에서 수행하는 작업에 따라 이행되거나 거부될 새 프라미스(p2)를 생성과 반환한다. p1이 거부되면 핸들러가 호출되지 않고 p1의 거부 이유와 함께 p2가 거부된다. p1이 충족되면 핸들러가 호출된다. 핸들러가 수행하는 작업에 따라 p2에 발생하는 작업은 다음과 같다.

- thenable을 반환하면 p2가 해당 thenable로 이행된다(thenable에 발생하는 일에 따라 이행 또는 거부된다).
- 다른 값을 반환하면 p2가 해당 값으로 확정된다.
- throw(또는 throw하는 함수 호출)를 사용하면 throw하는 무언가(일반적으로 오류)를 거부 이유로 사용하여 p2가 거부된다.

이 세 가지 요점은 아마 익숙할 것이다. 프라미스 실행자 함수에서 얻을 수 있는 resolve와 reject 함수로 수행할 수 있는 작업을 이전에 언급한 것과 거의 동일하기 때문이다. then 핸들러에서 무언가를 반환하는 것은 resolve를 호출하는 것과 같다. 핸들러에서 throw를 사용하는 것은 reject를 호출하는 것과 같다.

thenable을 반환하는 이 기능은 프라미스의 핵심이므로 더 자세히 살펴보겠다.

8.3.2 프라미스를 연결(체이닝)하기

then/catch/finally 핸들러에서 프라미스(또는 thenable)를 생성하여 반환할 수 있다는 사실은 프라미스/thenable을 제공하는 일련의 비동기 작업을 수행해야 하는 경우 then을 연속 사용할 수 있음을 의미한다. 첫 번째 작업을 수행하고 핸들러가 두 번째 작업에 대해 thenable을 반환하도록하고 필요한 만큼 반복한다. 다음은 프라미스를 반환하는 세 가지 작업이 있는 체인이다.

---

6 나중에 거부에 연결될 수 있는 두 인수 버전에 대해 배우게 된다.

```
firstOperation()
.then(firstResult => secondOperation(firstResult)) // 또는 .then(secondOperation)
.then(secondResult => thirdOperation(secondResult * 2))
.then(thirdResult => { /* `thirdResult` 값 사용 */ })
.catch(error => { console.error(error); });
```

해당 코드가 실행되면 firstOperation은 첫 번째 작업을 시작하고 프라미스를 반환한다. then을 호출하고 다음에 발생하는 작업에 대한 핸들러를 설정한다(그림 8-1 참조). 나중에 첫 번째 작업이 완료된 다음에 발생하는 일은 첫 번째 작업에 발생한 일에 따라 달라진다. 프라미스를 이행하면 첫 번째 이행 핸들러가 실행되고 두 번째 작업을 시작하여 secondOperation이 제공하는 프라미스를 반환한다. 그림 8-2를 확인하자.

❤ 그림 8-1

firstOperation이 시작되고 프라미스를 반환한다. then/catch이 체인을 설정한다

```
firstOperation()
.then(firstResult => secondOperation(firstResult))
.then(secondResult => thirdOperation(secondResult * 2))
.then(thirdResult => { /* `thirdResult` 값 사용 */ })
.catch(error => { console.error(error); });
```

❤ 그림 8-2

firstOperation이 성공하면 핸들러가 secondOperation을 시작한다

```
firstOperation()✓•
.then(firstResult => secondOperation(firstResult))
.then(secondResult => thirdOperation(secondResult * 2))
.then(thirdResult => { /* `thirdResult` 값 사용 */ })
.catch(error => { console.error(error); });
```

secondOperation이 프라미스를 이행하면 firstOperation이 반환된 프라미스를 이행하고 다음 이행 핸들러가 실행된다(그림 8-3). thirdOperation을 시작하고 결과 프라미스를 반환한다.

thirdOperation이 프라미스를 이행하면 secondOperation이 프라미스를 이행한다. 세 번째 결과를 사용하는 코드를 호출한다. 코드가 거부된 프라미스를 던지거나 반환하지 않으면 연결이 확정된다(그림 8-4). 거부가 없었기 때문에 이 경우 거부 핸들러는 전혀 실행되지 않는다.

♥ 그림 8-3

♥ 그림 8-3

secondOperation이 성공하고 핸들러가 thirdOperation을 시작한다

```
firstOperation()✓•
.then(firstResult => secondOperation(firstResult))✓•
.then(secondResult => thirdOperation(secondResult * 2))
.then(thirdResult => { /* `thirdResult` 값 사용 */ })
.catch(error => { console.error(error); });
```

♥ 그림 8-4

세 가지 작업이 모두 성공하고 연결은 최종 이행 핸들러를 호출한다

```
firstOperation()✓•
.then(firstResult => secondOperation(firstResult))✓•
.then(secondResult => thirdOperation(secondResult * 2))✓•
.then(thirdResult => { /* `thirdResult` 값 사용 */ })
.catch(error => { console.error(error); });
```

firstOperation이 프라미스를 거부하면 첫 번째 프라미스가 거부되고 두 번째 프라미스가 거부되고 **세 번째** 프라미스가 거부되고 마지막에 거부 핸들러가 호출된다. then 콜백은 거부가 아닌 이행을 위한 것이기 때문에 호출되지 않는다. 그림 8-5를 참조하자.

♥ 그림 8-5

첫 번째 작업은 실패한다

```
firstOperation() ✗•
.then(firstResult => secondOperation(firstResult))
.then(secondResult => thirdOperation(secondResult * 2))
.then(thirdResult => { /* `thirdResult` 값 사용 */ })
.catch(error => { console.error(error); });
```

첫 번째 작업이 성공하고 해당 이행 핸들러가 두 번째 작업을 시작하고 프라미스를 반환하지만 두 번째 작업이 실패하고 프라미스를 거부하면 첫 번째 작업에서 프라미스를 거부하고 두 번째 작업에서 프라미스를 거부하고 프라미스를 거부한다. 세 번째에서 거부 핸들러를 호출한다. 그림 8-6을 참조하자(마찬가지로 첫 번째 작업이 성공했지만 처리 핸들러가 throw되면 동일한 일이 발생한다. 나머지 핸들러는 건너뛰고 거부 핸들러가 실행된다).

❤ 그림 8-6

첫 번째 작업은 성공하지만 두 번째는 실패한다

```
firstOperation() ✓
.then(firstResult => secondOperation(firstResult)) X
.then(secondResult => thirdOperation(secondResult * 2))
.then(thirdResult => { /* `thirdResult` 값 사용 */ })
.catch(error => { console.error(error); });
```

당연히 첫 번째 작업과 두 번째 작업이 프라미스를 이행하지만 세 번째 작업이 프라미스를 거부하는 경우에도 마찬가지다(또는 시작하는 핸들러가 throw한다). 그림 8-7을 참조하자.

❤ 그림 8-7

첫 번째 작업은 성공하지만 두 번째는 실패한다

```
firstOperation() ✓
.then(firstResult => secondOperation(firstResult)) ✓
.then(secondResult => thirdOperation(secondResult * 2)) X
.then(thirdResult => { /* `thirdResult` 값 사용 */ })
.catch(error => { console.error(error); });
```

세 가지 작업이 모두 성공하면 최종 이행 핸들러가 실행된다. 해당 핸들러가 직접 또는 throw하는 함수를 호출하여 throw하면 거부 핸들러가 실행된다. 그림 8-8을 참조하자.

❤ 그림 8-8

첫 번째, 두 번째, 세 번째 작업은 성공하지만 마지막 핸들러가 throw한다

```
firstOperation() ✓
.then(firstResult => secondOperation(firstResult)) ✓
.then(secondResult => thirdOperation(secondResult * 2)) ✓
.then(thirdResult => { /* `thirdResult` 값 사용 */ }) X
.catch(error => { console.error(error); });
```

보다시피 이런 종류의 프라미스 연결은 다음과 같이 3개의 동기 작업(및 일부 최종 코드)에 대한 try/catch 블록과 매우 유사하다.

```
// 동기 작업으로 만든 동일 로직
try {
    const firstResult = firstOperation();
    const secondResult = secondOperation(firstResult);
    const thirdResult = thirdOperation(secondResult * 2);
    // 여기에 `thirdResult` 사용
} catch (error) {
    console.error(error);
}
```

오류 처리 로직에서 주 로직을 분리하는 것이 try/catch 동기 코드에서 유용하듯이 프라미스 연결의 오류(거부) 로직에서 주(이행) 로직을 분리하는 것이 유용하다.

다운로드한 basic-promise-chain.js 파일을 반복적으로 실행하면 이러한 다양한 시나리오가 실행되는 것을 볼 수 있다. 이 파일은 Math.random을 사용하여 각 작업(첫 번째, 두 번째, 세 번째)에 실패할 가능성을 20% 부여하고 최종 완료 핸들러에 throw할 가능성을 20% 부여한다.

> **Note ≡ 핸들러는 그저 함수일 뿐이다**
>
> 핸들러 함수는 함수일 뿐이며 특별한 의미는 없다. 이 절의 예에서는 필수가 아닌 화살표 함수를 사용했다.
>
> ```
> firstOperation()
>     .then(firstResult => secondOperation(firstResult))
>     .then(secondResult => thirdOperation(secondResult * 2))
>     .then(thirdResult => { /* Use `thirdResult` */ })
>     .catch(error => { console.error(error); });
> ```
>
> 이 코드는 다음과 같이 작성할 수도 있다.
>
> ```
> firstOperation()
>     .then(secondOperation)
>     .then(secondResult => thirdOperation(secondResult * 2))
>     .then(thirdResult => { /* Use `thirdResult` */ })
>     .catch(error => { console.error(error); });
> ```
>
> 첫 번째 연산의 값을 전달하는 경우 화살표 함수에서 secondOperation을 래핑할 필요가 없다. 대신 함수 참조를 전달한다.
>
> 프라미스 핸들러 함수는 항상 정확히 하나의 인수, 즉 값(then) 또는 거부 이유(catch)를 받기 때문에 선택적인 두 번째, 세 번째 등의 인수를 받는 함수의 경우에도 안전하다. 즉, a = a.map(parseInt)가 하나가 아닌 세 개의 인수로 콜백을 호출하기 때문에 배열 맵 함수와 parseInt와 관련된 문제가 없다. parseInt는 선택적 두 번째 인수를 허용한다.

8.3.3 콜백과의 비교

순수한 콜백을 사용하는 것과 이전 절의 프라미스 체인을 비교해 보겠다. 이 비교를 위해 비동기 작업을 시작하는 함수가 콜백을 수락한다고 가정해 보겠다. 작업이 성공하면 첫 번째 인수로 null을, 두 번째 인수로 결괏값을 사용하여 콜백을 호출한다. 작업이 실패하면 첫 번째 인수로 오류와 함께 콜백을 호출한다(이것은 노드제이에스에서 널리 사용되는 콜백의 일반적인 패턴 중 하나다). 다음은 해당 규칙을 사용했을 때의 이전 연결이 어떻게 변하는지 보여 준다.

```
firstOperation((error, firstResult) => {
    if (error) {
        console.error(error);
        // (아마도 여러분은 `else`를 피하기 위해 `return;`을 사용할 것이다)
    } else {
        secondOperation(firstResult, (error, secondResult) => {
            if (error) {
                console.error(error);
                // 아마도 `return;`
            } else {
                thirdOperation(secondResult * 2, (error, thirdResult) => {
                    if (error) {
                        console.error(error);
                        // 아마도 `return;`
                    } else {
                        try {
                            /* `thirdResult` 사용 */
                        } catch (error) {
                            Console.error(error);
                        }
                    }
                });
            }
        });
    }
});
```

다운로드한 basic-callback-chain.js를 사용하여 실행할 수 있다. 각 단계가 이전 단계의 콜백에 어떻게 중첩되어야 하는지 확인하자. 이것은 유명한 "콜백 지옥"이며, 일부 프로그래머가 읽기가 어렵더라도 두 문자 들여쓰기만 사용하는 이유는 깊이 중첩된 콜백이 화면 오른쪽에서 벗어나지 않도록 하기 위해서다. 콜백이 서로 중첩되지 않게 해당 코드를 작성할 수 있지만 어색하고 장황하다.

실제로, 더 정확하게 하려면 secondOperation에 대한 호출 주위에 try/catch 블록이 필요하고 thirdOperation에 대한 호출 주위에 또 다른 블록이 있어야 하지만, 이 예를 지나치게 복잡하게 만들고 싶지는 않았다. 프라미스가 이를 어떻게 더 간단하게 만드는지에 집중했다.

8.3.4 catch 메서드

이미 catch 메서드가 프라미스가 거부될 때 호출되는 핸들러를 등록한다는 것을 배웠다. 여러분이 제공하는 핸들러가 이행이 아닌 거부 시 호출된다는 점을 제외하면 catch는 **정확히** then과 같다.

```
p2 = p1.catch(error => doSomethingWith(error))
```

이 catch를 사용하면 p1에 거부 핸들러를 등록하여 원래 프라미스(p1)에 발생하는 일과 핸들러에서 수행하는 작업에 따라 완료되거나 거부될 새 프라미스(p2)를 만들고 반환한다. p1이 이행되면 핸들러가 호출되지 않고 p2는 p1의 이행 값으로 이행된다. p1이 거부되면 핸들러가 호출된다. 핸들러가 수행하는 작업에 따라 p2에 발생하는 작업은 다음과 같다.

- thenable을 반환하면 p2가 해당 thenable로 이행된다.
- 다른 값을 반환하면 p2가 해당 값으로 완료된다.
- throw를 사용하면 throw한 것을 거부 이유로 사용하여 p2가 거부된다.

익숙하게 들리는가? 맞다! 이것이 바로 그 핸들러로 하는 일이고, 다시 말해 프라미스 실행자 함수에서 얻는 resolve 함수가 하는 일이다. 일관성은 유용하며 다른 확정 메커니즘에 대해 다른 규칙을 기억할 필요가 없다.

특히 주목해야 할 점은 catch 핸들러에서 thenable이 아닌 것을 반환하면 catch의 프라미스가 **완료된다**는 것이다. 이는 p1의 거부를 p2의 이행으로 변환한다. 생각해 보면 try/catch의 catch와 같다. catch 블록에서 오류를 다시 throw하지 않는 한 catch 블록은 오류 전파를 중지한다. 프라미스에 대한 catch 메서드는 동일한 방식으로 작동한다.

여기에는 약간의 단점이 있다. 즉, catch 핸들러를 잘못된 위치에 배치하여 실수로 오류를 가릴 수 있다는 것이다. 다음 코드를 확인하자.

```
someOperation()
    .catch(error => {
        reportError(error);
    })
```

```
    .then(result => {
        console.log(result.someProperty);
    });
```

이 코드를 사용하면 someOperation에 의해 시작된 작업이 실패하면 reportError가 오류와 함께 호출되지만(지금까지는 괜찮다) 콘솔에 다음과 같은 오류가 표시된다.

```
Uncaught (in promise) TypeError: Cannot read property 'someProperty' of undefined
```

왜 someProperty는 undefined일까? 프라미스가 거부되었는데 then 핸들러가 호출되는 이유는 무엇일까?

try/catch/finally 비유로 돌아가 보자. 해당 코드는 다음 코드와 논리적으로 동일하다(완전히 동일한 것은 아니다).

```
let result;
try {
    result = someOperation();
} catch (error) {
    reportError(error);
    result = undefined;
}
console.log(result.someProperty);
```

catch는 오류를 포착하여 출력했지만 오류를 전파하기 위해 아무것도 하지 않았다. 따라서 try/catch 이후의 코드는 여전히 실행되고 result.someProperty를 사용하려고 한다. result가 undefined이기 때문에 실패한다.

프라미스 버전은 같은 방식으로 동작한다. 거부 핸들러가 오류를 잡아서 처리한 다음 아무것도 반환하지 않았기 때문이다. 이것은 undefined를 반환하는 것과 같다. 이는 undefined로 catch의 프라미스를 이행했다. 그래서 프라미스는 완료 핸들러를 호출하면서 결과로 undefined로 전달하였으며 핸들러가 result.someProperty를 사용하려고 할 때 새로운 오류가 발생했다.

"그런데 이 'unhandled rejection' 에러는 뭐지?"라고 물어볼 수 있다. 프라미스가 거부되고 거부를 처리할 코드가 없으면 보통은 버그이기 때문에 자바스크립트 엔진은 "unhandled rejection"를 보고한다. 이 예 코드는 마지막 완료 핸들러(result.someProperty가 포함된 핸들러)에서 오류를 처리하지 않으므로 result.someProperty를 사용하려는 오류는 프라미스를 then에서 거부시키고 "unhandled rejection"이 된다. 처리할 것이 없기 때문이다.

물론, 때로는 정확히 그렇게 하기 위해 중간에 catch를 넣어야 할 수도 있다. 오류를 처리하고 연결이 대체 값 또는 유사한 것으로 계속되도록 허용한다. 고의로 한다면 절대적으로 괜찮다.

Note ☰ 처리되지 않은 거부 감지

거부 처리 여부를 결정하는 프로세스는 프라미스가 이미 거부된 **후에** 거부 핸들러를 추가할 수 있다는 사실을 고려해야 하기 때문에 상당히 복잡하다. 예를 들어 프라미스를 반환하는 API 함수를 호출하고 있는데 잘못된 인수 값을 제공했기 때문에(API 함수 호출 중에) 동기적으로 거부되거나 나중에 비동기식으로 거부될 수 있다(비동기식 프로세스가 실패한다). 이에 대한 호출은 다음과 같다.

```
apiFunction(/* ...인수... */)
    .then(result => {
        // ...결과 사용...
    })
    .catch(error => {
        // ...오류 보고...
    });
```

거부가 잘못된 인수 값으로 인해 동기적으로 발생하는 경우 코드에서 거부 핸들러를 연결할 기회를 얻기 전에 프라미스가 **이미 거부된** 것이다. 하지만 자바스크립트 엔진이 처리되지 않은 거부라고 불평하는 것을 원하지는 않을 것이다. 코드가 이를 처리하기 때문이다. 거부는 오류를 처리/보고하는 거부 핸들러의 코드를 트리거한다. 따라서 "이 프라미스를 거부할 때다. 거부 핸들러가 첨부되어 있나?"라고 하는 것보다 더 복잡하다.

현대 엔진은 상당히 정교한 방식으로 이를 수행하지만 여전히 오탐지를 할 수 있다.

8.3.5 finally 메서드

finally 메서드는 앞에서 배운 것처럼 try/catch/finally의 finally 블록과 매우 유사하다. 프로미스가 이행되었는지 거부되었는지에 관계없이 호출되는 핸들러를 추가한다(마치 finally 블록처럼). then과 catch와 마찬가지로 원래 프라미스에 발생한 일과 finally 핸들러가 수행하는 작업에 따라 충족되거나 거부되는 새 프라미스를 반환한다. 하지만 then과 catch와는 달리 핸들러는 항상 호출되며 핸들러가 이를 통과하는 것에 대해 할 수 있는 일은 제한적이다.

다음은 간단한 예이다.

```
function doStuff() {
    spinner.start();
    return getSomething()
        .then(result => render(result.stuff))
        .finally(() => spinner.stop());
}
```

이 함수는 스피너(spinner) 회전을 시작하여 사용자에게 무언가를 하고 있음을 보여 주고, getSomething (프라미스를 반환하는 함수)을 사용하여 비동기 작업을 시작한 다음 프라미스가 완료되면 결과를 표시하고 프라미스에 어떤 일이 발생하더라도 스피너를 중지한다.

이 함수는 오류 처리를 시도하지 않는다. 대신 체인의 최종 프라미스를 반환한다. 이것은 상당히 일반적이다. 이를 통해 호출 코드는 작업의 성공 여부를 알 수 있고 오류 처리가 최상위 수준(종종 이벤트 핸들러 또는 이와 유사한 것, 예를 들어 자바스크립트 코드의 엔트리 포인트)에서 발생할 수 있다. finally를 사용하면 오류가 발생하더라도 스피너를 중지하는 동시에 호출자에게 오류 처리를 지연시킬 수 있다.

일반적인 경우 finally 핸들러는 이를 통과하는 이행 또는 거부에 영향을 미치지 않는다(다시 말하지만 finally 블록처럼). 거부된/될 thenable이 아닌 다른 값은 무시된다. 그러나 오류를 던지거나 거부하는 thenable을 반환하는 경우 해당 오류/거부는 이를 통과하는 모든 이행 또는 거부를 대체한다(finally 블록에서 throw와 마찬가지로). 따라서 다른 값을 반환하더라도 처리 값을 변경할 수는 없지만 거부 이유를 다른 거부 이유로 변경할 수 있고, 이행을 거부로 변경할 수 있으며, 처리를 지연시킬 수 있다(궁극적으로 완료되는 thenable, 잠시 후에 예를 보게 될 것이다).

또는 다른 말로 표현하면 return 문을 포함할 수 없는 finally 블록과 같다.[7] throw가 있거나 throw하는 함수를 호출할 수 있지만 새 값을 반환할 수 없다.

예를 보려면 코드 8-2의 코드를 실행하자.

코드 8-2 값을 반환하는 finally –finally–returning–value.js

```
// 주어진 값으로 주어진 지연 후에 완료되는 프라미스를 반환하는 함수
function returnWithDelay(value, delay = 10) {
    return new Promise(resolve => setTimeout(resolve, delay, value));
}

// 작업을 하는 함수
function doSomething() {
    return returnWithDelay("original value")
        .finally(() => {
            return "value from finally";
        });
}

doSomething()
```

---

7 finally 블록에서 return하는 것은 일반적으로 좋지 않긴 하다.

```
    .then(value => {
        console.log("value = " + value); // "value = original value"
    });
```

이 예에서 doSomething은 returnWithDelay를 호출하고 finally 핸들러(실제로는 일종의 정리를 위한 것)를 가지고 있다. doSomething은 finally를 호출하여 생성된 프라미스를 반환한다. 코드는 doSomething을 호출하고 반환되는 프라미스(finally에서 가져온 프라미스)를 사용한다. finally 핸들러는 값을 반환하지만 finally의 프라미스는 이를 이행 값으로 사용하지 **않고** 대신 호출된 프라미스에서 받은 값을 사용한다. finally 핸들러의 반환값은 thenable이 아니므로 완전히 무시되었다.

finally 핸들러가 처리를 변경하지 못하게 하는 이유는 다음 두 가지다.

- finally의 주요 사용 사례는 작업을 마쳤을 때 그 결과에 영향을 주지 않고 정리하는 것이다.
- 실질적으로 프라미스 메커니즘은 return을 전혀 사용하지 않는 함수(코드 실행이 함수의 "끝에서 떨어짐"), 피연산자 없이 return을 사용하는 함수 및 함수 간의 차이를 구분할 수 없다. 이 세 가지 함수를 모두 호출한 결과가 동일하기 때문에 return undefined를 사용한다. 값은 undefined다. 예를 들면 다음과 같다.

```
function a() {
}
function b() {
    return;
}
function c() {
    return undefined;
}
console.log(a()); // undefined
console.log(b()); // undefined
console.log(c()); // undefined
```

try/catch/finally 구조에서 자바스크립트 엔진은 코드 실행이 끝에서 떨어지는 finally 블록 (그 안에 있는 함수의 반환값에 영향을 주지 않음)과 return 문을 발행하는 블록 사이의 차이를 알 수 있다. 반면 프라미스 메커니즘은 그 차이를 알 수 없고 finally 핸들러의 주요 목적은 아무것도 변경하지 않고 정리하는 것이므로 finally 핸들러의 반환값을 무시하는 것이 좋다.

핸들러가 체인의 이행 값에 영향을 미칠 수 없다고 해서 프라미스 또는 thenable을 반환할 수 없다는 의미는 아니다. 만약 그렇다면 체인은 그 프라미스/thenable이 거부될 수 있기 때문에 then과 catch 핸들러가 thenable을 반환할 때와 마찬가지로 그 프라미스/thenable이 완료되기를 기다린다. 예로 코드 8-3의 코드를 실행하자.

코드 8-3 추후에 완료되는 프라미스를 반환하는 finally-finally-returning-promise.js

```javascript
// 주어진 값으로 주어진 지연 후에 완료되는 프라미스를 반환하는 함수
function returnWithDelay(value, delay = 100) {
    return new Promise(resolve => setTimeout(resolve, delay, value));
}

// 작업을 하는 함수
function doSomething() {
    return returnWithDelay("original value")
        .finally(() => {
            return returnWithDelay("unused value from finally", 1000);
        })
}

console.time("example");
doSomething()
    .then(value => {
        console.log("value = " + value); // "value = original value"
        console.timeEnd("example");       // example: 1100ms (or similar)
    });
```

finally 핸들러가 나중에 완료될 프라미스를 반환했다는 사실에 의해 값이 변경되지는 않았지만 체인은 계속하기 전에 해당 프라미스가 완료될 때까지 **기다렸다**. finally 핸들러 내부의 returnWithDelay에서 1000ms 지연으로 인해 100ms가 아닌 완료하는 데 약 1110ms가 걸렸다.

thenable은 finally 핸들러가 **거부**를 반환하는 경우 처리를 대체한다. 코드 8-4를 확인하자.

코드 8-4 거부를 발생시키는 finally-finally-causing-rejection.js

```javascript
// 주어진 값으로 주어진 지연 후에 완료되는 프라미스를 반환하는 함수
function returnWithDelay(value, delay = 100) {
    return new Promise(resolve => setTimeout(resolve, delay, value));
}

// 주어진 오류와 함께 주어진 지연 후 거부된 프라미스를 반환하는 함수
function rejectWithDelay(error, delay = 100) {
    return new Promise((resolve, reject) => setTimeout(reject, delay, error));
```

```
    }
console.time("example");
returnWithDelay("original value")
    .finally(() => {
        return rejectWithDelay(new Error("error from finally"), 1000);
    })
    .then(value => {
        // Not called
        console.log("value = " + value);
    })
    .catch(error => {
        console.error("error = ", error);    // "error =  Error: error from finally"
    })
    .finally(() => {
        console.timeEnd("example");            // example: 1100ms (or similar)
    });
```

8.3.6 then, catch, finally 핸들러에서 throw

이 장에서 then, catch, finally 핸들러를 throw하면 then/catch/finally에서 생성한 프라미스가 throw한 값으로 거부된다는 것을 배웠다. 실제 웹 프로그래밍에서 그 예를 살펴보겠다.

최신 브라우저에서는 옛날의 XMLHttpRequest 객체는 프라미스를 반환하고 일반적으로 사용하기가 더 간단한 새로운 fetch 함수로 대체되었다. 본질적으로 fetch(url)을 수행하면 네트워크 작업의 성공/실패에 따라 이행되거나 거부되는 프라미스를 반환한다. 성공 시, 이행 값은 다양한 속성이 있는 Response 객체이며, 응답 본문을 텍스트로, ArrayBuffer(11장 참조)로 읽은 다음 JSON, blob 등으로 이를 구문 분석하는 메서드(프라미스도 반환함)이다. 따라서 JSON 양식으로 일부 데이터를 검색하기 위한 fetch의 단순한 사용은 다음과 같은 형태일 것이다.

```
// 잘못됨
fetch("/some/url")
    .then(response => response.json())
    .then(data => {
        // data로 뭔가를 한다.
    })
    .catch(error => {
        // error로 뭔가를 한다.
    });
```

중요한 단계가 누락되었다. XMLHttpRequest를 사용할 때 status 속성의 결과를 확인해야 했던 것처럼, fetch로 인한 프라미스는 **네트워크 오류**가 있을 때만 거부되기 때문에 fetch로도 응답 상태(직간접적으로)를 확인해야 한다. 그 밖의 모든 것(404, 500 서버 오류 등)은 HTTP 작업이 실패한 경우에도 네트워크 작업이 성공했기 때문에 거부가 아니라 해당 상태 코드를 사용한 이행이다.

하지만 fetch를 사용하는 시간의 99.99%는 쉽게 할 수 있지만, 요청한 내용을 얻지 못한 이유는 신경 쓰지 않는다(네트워크 오류이든 HTTP 오류이든). 이를 처리하는 가장 쉬운 방법은 첫 번째 then 핸들러에서 오류를 발생시키는 것이다.

```
fetch("/some/url")
    .then(response => {
        if (!response.ok) {
            throw new Error("HTTP error " + response.status);
        }
        return response.json();
    });
    .then(data => {
        // data로 뭔가를 한다.
    })
    .catch(error => {
        // error로 뭔가를 한다.
    });
```

then 핸들러는 response.ok 편의 속성(HTTP 응답 상태 코드가 성공 코드이면 true, 그렇지 않으면 false)을 확인하고 false이면 throw를 사용하여 거부를 수행하여 HTTP 오류가 있는 처리를 거부로 변환한다. 대부분의 경우 항상 이러한 검사를 해야 하기 때문에 이를 수행하는 유틸리티 함수를 직접 만들었을 것이다. 그리고 오류 핸들러는 응답에 대한 접근이 필요하기 때문에 사용자 정의 Error 서브클래스를 만들어야 했을 것이다. Error의 message는 문자열이기 때문에 코드 8-5와 같은 형태였을 것이다.

코드 8-5 HTTP 에러를 거부로 변환하는 fetch 래퍼 – fetch-converting-http-errors.js

```
class FetchError extends Error {
    constructor(response, message = "HTTP error " + response.status) {
        super(message);
        this.response = response;
    }
}
const myFetch = (...args) => {
    return fetch(...args).then(response => {
```

```
            if (!response.ok) {
                throw new FetchError(response);
            }
            return response;
        });
    };
```

이를 통해 이전 예를 명확한 방법으로 작성할 수 있다.

```
    myFetch("/some/url")
        .then(response => response.json())
        .then(data => {
            // data로 뭔가를 한다.
        })
        .catch(error => {
            // error로 뭔가를 한다.
        });
```

myFetch의 then 핸들러는 핸들러에서 throw를 사용하여 HTTP 오류가 있는 이행을 거부로 변환한다.

8.3.7 두 개의 인수를 갖는 then 메서드

지금까지 본 모든 예는 단일 핸들러만 전달했지만, then은 두 개의 핸들러를 받을 수 있다. 하나는 이행용이고 다른 하나는 거부용이다.

```
    doSomething()
        .then(
            /* f1 */ value => {
                // `value`로 뭔가를 한다.
            },
            /* f2 */ error => {
                // `error`로 뭔가를 한다.
            }
        );
```

이 예에서 doSomething의 프라미스가 이행되면 첫 번째 핸들러가 호출된다. 거부되면 두 번째 핸들러가 호출된다.

p.then(f1, f2)를 사용하는 것은 p.then(f1).catch(f2)를 사용하는 것과 동일하지 **않다**. 큰 차이점이 있다. then의 두 인수 버전은 호출하는 프라미스에 두 핸들러를 모두 연결하지만 catch를 사용하면 거부 핸들러를 프라미스에 연결한 다음 대신 반환한다. 즉, p.then(f1, f2)를 사용하면 f1이 오류를 던지거나 거부하는 프라미스를 반환하는 경우가 아니라 p가 거부하는 경우에만 f2가 호출된다. p.then(f1).catch(f2)를 사용하면 p가 거부하거나 f1이 오류를 던지거나 거부하는 프라미스를 반환하면 f2가 호출된다.

Note ☰ **then의 두 인수 모두 선택 사항이다**

거부 핸들러를 연결하고 이행 핸들러를 연결하지 않으려면 .then(undefined, rejectionHandler)와 같이 undefined를 첫 번째 인수로 전달하면 된다.

"잠깐, 이건 catch가 아닌가?"라고 말할 것이다. 맞다. catch는 말 그대로 래퍼일 뿐이며 메서드 구문을 사용하여 이 예와 같이 효과적으로 정의된다.

```
catch (onRejected) {
    return this.then(undefined, onRejected);
}
```

finally도 then의 래퍼일 뿐이지만, catch처럼 수신하는 핸들러를 통과하지 않고 then에 전달되는 핸들러에 로직이 있다.

catch와 finally가 순전히 then에 대한 호출(개념적일 뿐만 아니라 문자 그대로)의 관점에서 구축된다는 사실은 이 장의 뒷부분에서 다시 설명할 것이다.

일반적으로 then의 단일 인수 버전만 원하며 catch를 통해 반환하는 프라미스에 거부 핸들러를 연결한다. 하지만 이행 핸들러가 아닌 원래 프라미스의 오류만 처리하려면 두 인수 버전을 사용해야 한다. 예를 들어 이전 절의 myFetch가 있고 서버에서 오류로 응답하는 경우 기본값을 제공하여 서버에서 일부 JSON 데이터를 검색하려고 하지만 오류가 있는 경우 처리하고 싶지 않다고 가정하자. JSON(response.json() 호출)을 읽고 파싱하지 못한다. 두 인수 then을 사용하면 다음과 같이 사용할 수 있다.

```
myFetch("/get-message")
    .then(
        response => response.json(),
        error => ({message: "default data"})
    )
    .then(data => {
        doSomethingWith(data.message);
    })
    .catch(error => {
```

```
        // 모든 에러를 처리
    });
```

then의 단일 인수 버전으로 이를 수행하는 것이 더 어색하다. .then(...).catch(...)를 수행
하여 json 호출에서 오류에 대해 핸들러가 호출되거나 json 함수로 객체에 기본값을 래핑하여
catch를 먼저 넣을 수 있다.

```
// 두 인수 then을 사용하지 않는 이상한 버전
// 좋은 방법이 아니다.
myFetch("/get-message")
    .catch(() => {
        return {json() { return {message: "default data"}; };
    })
    .then(response => response.json())
    .then(data => {
        doSomethingWith(data.message);
    })
    .catch(error => {
        // 모든 에러를 처리
    });
```

실제로는 일반적으로 .then(f1).catch (f2) 구조를 원하지만, 이 예에서와 같이 원래 프라미스
의 거부와 다르게 then 핸들러의 오류를 처리하려는 것은 비교적 드문 경우다. 따라서 then의 두
인수 버전을 사용하는 것이 좋다.

8.4 기존 프라미스에 핸들러 추가하기

이 장의 시작 부분의 "왜 프라미스를 사용하는가?" 절에서 본 기본 콜백의 두 가지 문제는 다음과
같다.

- 이미 완료된 프로세스에 콜백을 추가하는 것도 표준화되지 않았다. 어떤 경우에는 콜백이
  호출되지 않음을 의미한다. 다른 경우에는 동기적으로 또는 비동기적으로 호출된다. 이를
  처리해야 할 때마다 사용하는 각 API의 세부 정보를 확인하는 것은 시간이 많이 걸릴 뿐만
  아니라 잊기도 쉽다. 잘못 가정하거나 기억할 때 얻는 버그는 종종 미묘하고 찾기가 어렵다.

- 작업에 여러 콜백을 추가하는 것은 불가능하거나 표준화되지 않았다.

프라미스는 이행 핸들러(여러 개 포함)를 추가하기 위한 표준 문법을 제공하고 다음 두 가지를 보장하여 이를 처리한다.

- 핸들러가 호출된다(적절한 종류의 확정, 이행 또는 거부를 위한 경우).

- 호출이 비동기다.

즉, 어딘가에서 프라미스를 받는 코드가 있는 경우 다음을 수행한다.

```
console.log("이전");
thePromise.then(() => {
    console.log("내부");
});
console.log("이후");
```

코드는 "이전", "이후", 그리고 나중에(프라미스가 **이행되거나 이미 이행된** 경우) "내부"를 출력하도록 사양에 의해 보장된다. 프라미스가 나중에 이행되면 이행 핸들러에 대한 호출이 나중에 예약된다. 프라미스가 이미 이행된 경우에는 then을 호출하는 동안 예약되지만 실행되지는 않는다. 이행 또는 거부 핸들러에 대한 호출은 프라미스 작업 대기열에 작업을 추가하여 예약된다. 작업 대기열에 대한 자세한 내용은 바로 다음의 "스크립트 작업과 프라미스 작업"를 참조하자. 다운로드한 then-on-fulfilled-promise.js를 실행하여 작동하는지 확인하자.

이미 확정된 프라미스에서도 핸들러가 비동기식으로만 호출되도록 하는 것이 프라미스 자체가 여전히 비동기적이지 않은 것을 비동기식을 만드는 유일한 방법이다.

> **Note ☰ 스크립트 작업과 프라미스 작업**
>
> 자바스크립트 엔진의 각 자바스크립트 스레드는 작업 큐를 서비스하는 루프를 실행한다. 작업은 스레드가 다른 작업을 실행하지 않고 처음부터 끝까지 실행되는 작업 단위이다. 표준 작업 대기열에는 스크립트 작업과 프라미스 작업의 두 가지가 있다(또는 HTML 사양에서 태스크 및 마이크로 태스크라고 부른다). 스크립트 평가, 모듈 평가 (13장), DOM 이벤트 콜백 및 타이머 콜백은 스크립트 작업/태스크(일명 "**매크로 태스크**")의 예이다. 프라미스 반응(프라미스 이행 또는 거부 핸들러 호출)은 프라미스 작업/**마이크로 태스크**이다. 이행 또는 거부 핸들러에 대한 호출을 예약할 때 엔진은 해당 호출에 대한 작업을 프라미스 작업 대기열에 넣는다. 프라미스 작업 대기열의 모든 작업은 다음 스크립트 작업이 실행되기 전에 스크립트 작업이 끝날 때 실행된다(프라미스 작업이 프로니스 작업에 추가되기 훨씬 전에 스크립트 작업 대기열에 추가된 경우에도). 여기에는 프라미스 작업에 의해 추가된 프라미스 작업이 포함된다. 예를 들어 프라미스 작업 대기열의 첫 번째 프라미스 작업이 다른 프라미스 반응을 예약하는 경우 해당 반응은 예약된 프라미스 작업 이후에 발생하지만 다음 스크립트 작업이 실행되기 전에 발생한다. 개념적으로는 다음과 같다.
>
> ```
> // 개념적으로 그렇다는 것이다. 실제가 아니라!
> while (running) {
>     if (scriptJobs.isEmpty()) {
> ```

```
        sleepUntilScriptJobIsAdded();
    }
    assert(promiseJobs.isEmpty());
    const scriptJob = scriptJobs.pop();
    scriptJob.run(); // 프라미스 작업이나 스크립트 작업을 추가할 수 있다.
    while (!promiseJobs.isEmpty()) {
        const promiseJob = promiseJobs.pop();
        promiseJob.run(); // 프라미스 작업이나 스크립트 작업을 추가할 수 있다.
    }
}
```

사실상 프라미스 반응이 다른 작업보다 우선순위가 높다(호스트 환경에는 다른 종류의 작업도 있을 수 있다. 예를 들어 노드제이에스에는 스크립트 작업이나 프라미스 작업과 다른 방식으로 작업을 예약하는 setImmediate가 있다).

8.5 / 프라미스 만들기

프라미스를 만드는 방법에는 여러 가지가 있다. 프라미스를 만드는 주된 방법은 이미 배운 then, catch, finally로 기존 프라미스를 사용하여 만드는 방법이다. 프라미스가 아직 없을 때 프라미스를 만들려면 Promise 생성자 또는 유틸리티 함수 중 하나를 사용할 수 있다.

8.5.1 프라미스 생성자

Promise 생성자는 프라미스를 만든다. 새로운 프라미스가 동기 작업을 비동기 작업으로 전환한다는 오해가 자주 있지만 그렇지 않다. 프라미스는 작업을 비동기화하지 않는다. **이미** 비동기적인 결과를 보고하는 일관된 수단을 제공할 뿐이다.

new Promise를 사용할 필요는 거의 없다. 놀랍게 보일 수 있지만 대부분의 경우 다른 방법으로 프라미스를 받게 된다.

- 프라미스를 반환하는 무언가(API 함수 등)를 호출한다.
- 기존의 프라미스에서 then, catch, finally를 통해 얻는다.
- 특정 스타일의 콜백 API를 해당 콜백 스타일에서 프라미스로 변환하는 방법을 알고있는 유

틸리티 함수에서 얻는다(실제로는 이 목록의 첫 번째 글 머리 기호의 특정 예일 뿐이다).

- 이 절의 뒷부분에서 설명하는 Promise.resolve 또는 Promise.reject와 같은 Promise 정적 메서드 중 하나에서 가져온다.

이미 프라미스나 thenable이 있다면 new Promise가 필요하지 않다. then을 사용하여 연결하거나, thenable인데 프라미스를 원한다면 Promise.resolve를 사용하자(다음 절에서 배울 것이다).

때로는 처음부터 프라미스를 만들어야 할 때가 있다. 예를 들어, 여러분은 앞의 목록의 세 번째 내용을 보면서 콜백 API를 프라미스 API로 변환하는 유틸리티 함수를 작성 중일 수 있다. 그럼 한번 보자.

프라미스 기반 코드가 있고 프라미스를 제공하지 않는 API 함수로 작업해야 한다고 가정하자. 대신 옵션이 포함된 객체를 받아들이고, 그중 두 가지 옵션은 성공과 실패에 대한 콜백이다.

```
const noop = () => {}; // 아무것도 하지 않는 함수
/* 뭔가를 한다.
 * @param    data        뭔가를 하기 위한 데이터
 * @param    time        뭔가를 할 시각
 * @param    onSuccess   두 개의 인수로 호출되는 성공 콜백:
 *                       결과, 상태 코드
 * @param    onError     두 개의 인수로 호출되는 실패 콜백
 *                       (문자열 오류 메시지).
 */
function doSomething({ data, time = 10, onSuccess = noop, onError = noop} = {}) {
    // ...
}
```

코드가 프라미스 기반이므로 doSomething의 프라미스 기반 버전을 사용하는 것이 유용하다. 코드 8-6에서 promiseSomething처럼 보이는 래퍼를 작성할 수 있다(그래도 그보다 더 나은 이름을 지었으면 한다).

코드 8-6 mock API 함수 래퍼 - mock-api-function-wrapper.js

```
function promiseSomething(options = {}) {
    return new Promise((resolve, reject) => {
        doSomething({
            ...options,
            // 'doSomething'은 2개의 인수로 'onSuccess'를 호출하므로
            // 'resolve'에 전달할 객체로 이들을 래핑해야 함
            onSuccess(result, status) {
                resolve({result, status});
```

```
            },
            // `doSomething`은 문자열 오류와 함께 `onError`를 호출하고
            // 이를 Error 인스턴스로 래핑함.
            onError(message) {
                reject(new Error(message));
            }
        });
    });
}
```

이 장의 시작 부분에서 Promise 생성자에 전달하는 함수는 **실행자 함수**라는 것을 기억할 수 있다. Promise가 성공 또는 실패를 보고하는 프로세스를 시작하는 책임이 있다. Promise 생성자는 실행자를 동기적으로 호출한다. 즉, promiseSomething이 프라미스를 반환하기 전에 실행자 함수의 코드가 실행된다.

이 장의 초반에 실행자 함수를 보았고, 물론 지금은 코드 8-6에서도 확인했다. 요약하자면, 실행자 함수는 프라미스를 확정하기 위해 호출할 함수(일반적으로 이름이 resolve로 지정되지만 원하는 대로 호출할 수 있음)와 프라미스를 거부하기 위해 호출할 함수 (일반적으로 reject라는 이름이 주어짐) 두 가지 인수를 받는다. 이 두 가지 함수 중 하나에 접근할 수 없으면 어떤 것도 프라미스를 완료될 수 없다. 각각은 단일 매개변수를 허용한다. resolve는 thenable(이 경우 thenable에 대한 프라미스를 이행함) 또는 thenable이 아닌 값(이 경우 프라미스를 확정함)을 허용한다. reject는 거부 이유(오류)를 받는다. 인수 없이 둘 중 하나를 호출하면 값 또는 거부 이유에 대해 undefined가 사용된다. 둘 이상의 인수를 사용하여 둘 중 하나를 호출하면 첫 번째 인수만 사용된다. 다른 것은 무시된다. 마지막으로 resolve 또는 reject를 처음 호출한 후 둘 중 하나를 다시 호출해도 아무 작업도 수행되지 않는다. 오류가 발생하지는 않지만 호출은 완전히 무시된다. 프라미스가 확정(이행 또는 thenable로 확정)되거나 거부되면 이를 변경할 수 없기 때문이다. 이행 또는 거부는 결정적으로 설정된다.

코드 8-6의 실행자 함수가 하는 일을 살펴보겠다.

- 새 옵션 객체를 생성하고 속성 스프레드(5장에서 배웠음)를 사용하여 전달된 옵션 객체의 속성을 제공하고 자체 onSuccess 및 onError 함수를 추가한다.
- onSuccess의 경우 코드는 주어진 두 인수를 사용하고 result 및 status 속성이 있는 객체를 만든 다음 해당 객체로 resolve를 호출하여 프라미스를 이행하고 객체를 이행 값으로 설정한다.

- onError의 경우 코드는 doSomething에서 문자열 오류 메시지를 가져와서 Error 인스턴스에 래핑하고 해당 오류와 함께 reject를 호출하는 함수를 사용한다.

이제 프라미스 기반 코드에서 promiseSomething을 사용할 수 있다.

```
promiseSomething({data: "example"})
    .then(({result, status}) => {
        console.log("Got:", result, status);
    })
    .catch(error => {
        console.error(error);
    });
```

실행 가능한 전체 예를 보려면 다운로드한 full-mock-api-function-example.js를 실행하자.

resolve와 달리, thenable을 제공하면 reject는 다르게 작동하지 않는다. 그것은 **항상** 여러분이 주는 것을 취하고 그것을 거부 이유로 만든다. 또한 항상 프라미스를 거부하게 만들어 여러분이 전달하는 것에 대한 프라미스를 확정하지 않는다. thenable을 통과하더라도 thenable이 확정될 때까지 기다리지 않고 thenable 자체를 거부 이유로 사용한다. 예를 들어 다음 코드에서 willReject 프라미스는 확정되기를 기다리지 않고 **즉시** catch 핸들러에 전달한다(그런 다음 100ms 후에 willReject가 거부된 사실을 처리하는 것이 없기 때문에 처리되지 않은 거부 오류가 발생한다).

```
new Promise((resolve, reject) => {
    const willReject = new Promise((resolve2, reject2) => {
        setTimeout(() => {
            reject2(new Error("rejected"));
        }, 100);
    });
    reject(willReject);
})
.catch(error => {
    console.error(error);
});
```

이것이 resolve와 reject의 큰 차이이다. resolve가 프라미스를 확정하는 동안 다른 프라미스 또는 thenable(다른 프라미스를 기다리거나 이행할 수 있을 때까지 기다려야 할 수 있음)으로 확정할 수 있는 가능성을 포함하여 프라미스를 즉시 거부한다.

8.5.2 Promise.resolve

Promise.resolve(x)는 다음의 축약이다.

```
x instanceof Promise ? x : new Promise(resolve => resolve(x))
```

Promise.resolve (x)에서 x는 한 번만 평가된다는 점을 제외하고는 인수가 프라미스의 인스턴스인 경우(thenable이 아닌 경우) 인수를 직접 반환한다. 그렇지 않으면 새로운 프라미스 생성하고 그 프라미스를 여러분이 준 값으로 확정한다. 즉, 값이 thenable이면 그 프라미스는 thenable로 확정되고, 그 값이 thenable이 아니라면 프라미스는 그것으로 이행된다는 것을 의미한다.

Promise.resolve는 thenable이 어떻게 확정되는지에 따라 반환되는 프라미스가 정해지기 때문에 thenable을 네이티브 프라미스로 변환하는 데 매우 편리하다. 프라미스, thenable 또는 평범한 값이 될 수 있는 x(Promise.resolve를 통해 전달함) 라고 부르도록 하겠다.

```
x = Promise.resolve(x);
```

x는 항상 프라미스다. 예를 들어, 값 자체 또는 해당 값이 이행되는 경우 해당 이행 값 또는 거부 이유를 기록하는 유틸리티 함수가 필요하다고 가정하자. Promise.resolve를 통해 매개변수를 실행한다.

```
function pLog(x) {
    Promise.resolve(x)
    .then(value => {
        console.log(value);
    })
    .catch(error => {
        console.error(error);
    });
}
```

그런 다음 단순한 값으로 호출할 수 있다.

```
pLog(42);
// => 42(하나의 "틱" 이후, 비동기화임이 보장되어 있으므로)
```

또는 프라미스 또는 기타 thenable으로 호출할 수 있다.

```
pLog(new Promise(resolve => setTimeout(resolve, 1000, 42)));
// => 42(약 ~1000ms 이후)
```

프라미스/thenable이 거부할 수 있으므로 Promise.resolve의 프라미스도 거부할 수 있다.

```
pLog(new Promise((resolve, reject) => {
    setTimeout(reject, 1000, new Error("failed"));
));
// => 에러: 실패함(약 ~1000ms 이후)
```

또 다른 사용 사례는 각 연결이 이전 연결의 이행에 있는 일련의 프라미스 지원 비동기 작업을
연결하는 것이다. 이 장의 뒷부분에 있는 "연속된 프라미스" 절에서 이에 대해 자세히 알아볼 것
이다.

8.5.3 Promise.reject

Promise.reject(x)는 다음의 축약이다.

```
new Promise((resolve, reject) => reject(x))
```

즉, 거부 이유로 거부된 프라미스를 생성한다. Promise.reject는 Promise.resolve만큼 일반적인
용도는 아니지만 처리를 거부로 변환하려는 경우에 대한 일반적인 사용 사례 중 하나는 then 핸들
러에 있다. 일부 프로그래머는 다음과 같이 거부된 프라미스를 반환하는 것을 선호한다.

```
.then(value => {
    if (value == null) {
        return Promise.reject(new Error());
    }
    return value;
}
```

다음과 같이 throw를 사용하는 대신 말이다.

```
.then(value => {
    if (value == null) {
        throw new Error();
    }
    return value;
}
```

둘 다 똑같은 일을 하게 되지만 개인의 스타일로 Promise.reject가 사용되는 것을 볼 수 있다. 특히 장황한 것 대신 간결한 화살표 함수를 사용할 수 있음을 의미할 때 더욱 그렇다. 예를 들어, 이전 예는 간결한 화살표 함수로 작성할 수 있다.

```
.then(value => value == null ? Promise.reject(new Error()) : value);
```

throw는 명령문이고 간결한 화살표 함수의 본문은 단일 표현식이기 때문에 (아직) 간결한 화살표 함수에서 throw를 사용할 수 없다(throw 표현식은 아직 제안 단계[8]이므로 변경될 수 있다).

8.6 그 외 프라미스 메서드

Promise.resolve와 Promise.reject가 사용 가능한 유일한 프라미스 유틸리티 함수는 아니다. 이절에서 살펴볼 몇 가지가 더 있다.

8.6.1 Promise.all

서로 의존하지 않고 수행해야 하는 3개의 비동기 작업이 있다고 가정해 보자. 그러면 서로 겹치는 경우에는 문제가 없고 세 가지 결과가 모두 있을 때만 결과를 사용하려고 한다. 프라미스 연결을 사용했다면 순차적으로 실행된다. 그렇다면 하나씩 실행되는 걸 기다릴까? 이렇게 하면 각각을 시작하고 프라미스를 기억한 다음 순차적으로 호출할 수 있지만 매우 코드가 지저분하게 된다.

```
let p1 = firstOperation();
let p2 = secondOperation();
let p3 = thirdOperation();
p1.then(firstResult => {
    return p2.then(secondResult => {
        return p3.then(thirdResult => {
            // 여기에 `firstResult`, `secondResult`, `thirdResult`을 사용하라.
        });
    });
```

---

8 https://github.com/tc39/proposal-throw-expressions

```
})
.catch(error) {
    // 오류 처리
});
```

Promise.all가 우리를 구해 줄 것이다! Promise.all은 이터러블(예: 배열)을 받아들이고 그 안에 있는 모든 thenable이 확정될 때까지 기다린다. A)이터러블의 **모든** thenable이 충족될 때 충족되거나 B)**하나라도** 거부되면 즉시 거부된 프라미스를 반환한다. 이행될 때, 이행 값은 호출된 이터러블과 동일한 순서로 원래 이터러블의 모든 비 thenable 값과 함께 thenable들의 이행 값을 갖는 배열이다. 거부되면 거부된 thenable의 거부 이유를 사용한다(거부된 **첫 번째** thenable이다).

다음과 같이 Promise.all과 병렬로 실행할 수 있는 세 가지 작업을 기다릴 수 있다.

```
Promise.all([firstOperation(), secondOperation(), thirdOperation()])
    .then(([firstResult, secondResult, thirdResult]) => {
        // `firstResult`, `secondResult`, `thirdResult`를 여기서 사용한다.
    })
    .catch(error => {
        // 오류 처리
    });
```

secondOperation이 firstOperation 전에 완료되는지 여부는 중요하지 않다. Promise.all은 이행 값이 수신한 thenables와 동일한 순서인지 확인한다. 첫 번째 thenable의 결과는 항상 배열에서 첫 번째이고, 두 번째의 결과는 항상 두 번째다. 마찬가지로 원래 이터러블의 모든 thenable이 아닌 값은 결과 배열의 동일한 위치에 있다. 그림 8-9를 참조하자.

❤ 그림 8-9

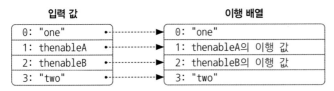

앞의 예에서 then 핸들러에서 디스트럭처링을 사용했다. 이터러블에서 알려진 수의 엔트리로 작업하는 경우 알 수 없는 엔트리 수를 사용하여 동적으로 생성하는 것과 달리 Promise.all에 전달하면 then 핸들러에서 디스트럭처링을 사용하여 코드의 명확성을 높일 수 있다. 그러나 그것은 전적으로 선택 사항이다.

빈 이터러블로 Promise.all을 호출하면 프라미스가 빈 배열로 즉시 이행된다.

thenables 중 **하나라도** 거부하면 Promise.all의 프라미스는 다른 thenable들이 확정되기를 기다리지 않고 거부 이유만으로 거부된다. 거부 이전에 발생했을 수 있는 이행에 대한 접근 권한은 물론 이후에 발생하는 이행이나 거부에 대한 접근 권한도 부여하지 않는다. 그러나 첫 번째 거부 이후 자동으로 거부를 "처리"하므로 처리되지 않은 거부 오류가 발생하지 않는다.

Thenable이 아닌 값은 그냥 전달된다는 점을 기억하라. Promise.all이 이터러블의 모든 값을 수신할 때 Promise.resolve를 통해 전달한 다음 결과 프라미스를 사용하기 때문이다. 예를 들어 실행할 작업이 두 개이고 전달하려는 세 번째 값이 있는 경우 다음과 같이 할 수 있다.

```
Promise.all([firstOperation(), secondOperation(), 42])
    .then(([a, b, c]) => {
        // `a`, `b`, `c`를 여기서 사용한다.
        // `c`는 이 예에서 42가 된다.
    })
    .catch(error => {
        // 오류 처리
    });
```

값이 마지막에 있을 필요는 없다. 어디에나 있을 수 있다.

```
Promise.all([firstOperation(), 42, secondOperation()])
    .then(([a, b, c]) => {
        // `a`, `b`, `c`를 여기서 사용한다.
        // `c`는 이 예에서 42가 된다.
    })
    .catch(error => {
        // 오류 처리
    });
```

8.6.2 Promise.race

Promise.race는 이터러블(일반적으로 thenables)을 받아들이고 결과에 대한 프라미스를 제공하면서 가장 **빠른** 것을 감시한다. 프라미스는 가장 빠른 thenable이 이행되자마자 이행되거나 가장 빠른 thenable이 거부되는 즉시 "승리한" 프라미스의 이행 값으로 이행되거나 거부 이유를 사용하여 거부된다. Promise.all과 마찬가지로 이터러블의 값을 Promise.resolve를 통해 전달하므로 thenable이 아닌 값도 작동한다.

제한 시간은 Promise.race의 한 사용 사례이다. 시간 제한이 있는 엔트리를 가져와야 하지만 사용 중인 불러오기 메커니즘이 시간 제한 기능을 제공하지 않는다고 가정하자. 불러오기와 타이머 사이에 경주를 실행할 수 있다.

```
// (timeoutAfter가 주어진 시간(밀리 초) 후에 시간 초과 오류와 함께 거부되는
// 프라미스를 반환한다고 가정한다)
Promise.race([fetchSomething(), timeoutAfter(1000)])
    .then(data => {
        // data로 뭔가를 한다.
    })
    .catch(error => {
        // 오류나 타임아웃을 처리한다.
    });
```

타임아웃이 경주에서 이기면 불러오기 작업이 중지되지는 않지만 나중에 불러오기 작업이 결국 (어느 쪽이든) 결정되면 이를 무시한다. 물론, 사용중인 불러오기 메커니즘이 시간 초과 또는 취소 방법을 지원하는 경우 이를 사용하는 것이 좋다.

8.6.3 Promise.allSettled

Promise.allSettled는 Promise.resolve를 통해 제공한 이터러블의 모든 값을 전달하고 이행 또는 거부 여부에 관계없이 모든 값이 확정될 때까지 기다린 다음 상태 status와 value 또는 reason 속성이 있는 객체 배열을 반환한다. status 속성이 "fulfilled"이면 프라미스가 이행된 것이며 객체의 value에 이행 값이 있다. 상태가 "rejected"이면 프라미스가 거부된 것이며 reason에 거부 이유가 있다(상태를 확인하는 경우 "fulfilled" 철자가 올바른지 확인하자. "ful"에 두 번째 "l"을 실수로 포함하기 쉽다).

Promise.all과 마찬가지로 배열은 thenable이 순서에 맞지 않더라도 제공된 이터러블과 동일한 순서가 된다.

예를 들면 다음과 같다.

```
Promise.allSettled([Promise.resolve("v"), Promise.reject(new Error("e"))])
.then(results => {
    console.log(results);
});
// 출력은 다음과 비슷하다.
```

```
// [
//     {status: "fulfilled", value: "v"},
//     {status: "rejected", reason: Error("e")}
// ]
```

8.6.4 Promise.any

이 글을 쓰는 시점에 3단계인 Promise.any⁹는 Promise.all의 반대이다. Promise.all과 마찬가지로 Promise.resolve를 통해 전달되는 값의 이터러블을 받아들이고 프라미스를 반환한다. 하지만 Promise.all은 성공(이행)을 "thenable이 이행된 **모두**"로 정의하는 반면 Promise.any는 성공을 "thenable이 이행된 **어느 하나**"로 정의한다. 그것은 이행된 최초의 thenable의 이행 값으로 프라미스를 이행한다. thenables가 모두 거부되면 errors 속성이 거부 이유 배열인 AggregateError로 프라미스를 거부한다. Promise.all의 이행 값 배열과 마찬가지로 거부 이유 배열은 전달된 이터러블 엔트리의 값과 항상 동일한 순서이다.

8.7 / 프라미스 패턴

이 절에서는 프라미스로 작업할 때 유용한 몇 가지 패턴을 배운다.

8.7.1 오류 처리 또는 프라미스 반환

프라미스의 기본 규칙 중 하나는 오류를 처리하거나 프라미스 체인을 호출자에게 전파하는 것이다(예: then, catch, finally의 최신 결과를 반환하여). 이 규칙을 어기는 것이 프라미스를 사용할 때 프로그램 오류의 가장 큰 원인일 수 있다.

호출 시 업데이트된 점수를 가져와 표시하는 함수가 있다고 가정하자.

---

9 https://github.com/tc39/proposal-promise-any

```
function showUpdatedScore(id) {
    myFetch("getscore?id=" + id).then(displayScore);
}
```

myFetch에 문제가 발생하면 어떻게 할까? 프라미스가 거절되는 것에 아무 처리하지 않는다. 브라우저에서 처리되지 않은 거부는 콘솔에 보고된다. 노드제이에스에서는 콘솔에 보고되며 프로그램을 완전히 종료할 수 있다.[10] 게다가, showUpdatedScore는 이것이 작동하지 않는다는 것을 모른다. 대신 showUpdatedScore는 then에서 프라미스를 반환해야 한다.

```
function showUpdatedScore(id) {
    return myFetch("getscore?id=" + id).then(displayScore);
}
```

그런 다음 호출하는 모든 것이 오류를 처리하거나 필요에 따라 체인을 전달할 수 있다(아마도 수행중인 다른 비동기 작업과 함께). 예를 들면 다음과 같다.

```
function showUpdates(scoreId, nameId) {
    return Promise.all([showUpdatedScore(scoreId), showUpdatedName(nameId)]);
}
```

모든 계층은 거부를 처리하거나 호출자가 거부를 처리할 것을 기대하면서 호출자에게 프라미스를 반환해야 한다. 최상위 수준은 거부 처리를 수행해야 한다. 체인을 전달할 수 있는 것이 없기 때문이다.

```
button.addEventListener("click", () => {
    const {scoreId, nameId} = this.dataset;    showUpdates(scoreId, nameId).
catch(reportError);
}
```

동기식 예외를 사용하면 전파가 메커니즘에 내장된다. 프라미스를 사용하면 체인의 마지막 프라미스를 반환하여 전파가 발생하는지 확인해야 한다. 그러나 절망하지 마라! 9장에서는 비동기 함수에서 어떻게 자동으로 전환되는지 살펴보겠다.

---

10 어쨌든 이 글을 쓰는 현재의 계획이다. 현재 노드제이에스 v13은 처리되지 않은 거부가 감지될 때 일부 향후 버전에서 처리되지 않은 거부가 프로세스를 종료한다는 경고만 표시한다.

8.7.2 연속된 프라미스

연속적으로 발생해야 하는 일련의 작업이 있고 모든 결과를 수집하거나 각 결과를 다음 작업에 제공하려는 경우 이를 수행하는 편리한 방법이 있다. 즉, 루프를 사용하여 프라미스 체인을 구성하는 것이다. 호출하려는 함수의 배열 (또는 이터러블) (또는 모든 경우에 동일한 함수를 호출하는 경우 호출하려는 인수의 배열/이터러블)로 시작하고 배열을 반복한다. 프라미스 체인을 생성하고 then을 통해 이전 작업의 이행에 대한 각 작업을 연결한다. Promise.resolve에 대한 호출로 시작하여 초깃값을 전달한다.

많은 사람들이 배열에서 reduce 함수를 사용하여 이를 수행하므로 reduce의 개념을 빠르게 요약해 보겠다. 콜백과 시드(seed) 값(여기서 사용하는 방식)을 사용하고 시드 값과 배열의 첫 번째 엔트리는 첫 번째 호출의 반환값과 배열의 다음 엔트리를 사용하여 콜백을 다시 호출하여 배열이 완료될 때까지 반복적으로 콜백에서 최종 결과를 반환한다. 따라서 이는 호출을 reduce한다.

```
console.log(["a", "b", "c"].reduce((acc, entry) => acc + " " + entry, "String:"));
console.log(value); // "String: a b c"
```

"String :"(시드 값)과 "a"(첫 번째 배열 엔트리)를 사용하여 콜백을 호출한 다음 "String : a"(이전 호출의 결과) 및 "b"(다음 배열)를 사용하여 다시 호출한다. 그런 다음 "String : ab"(이전 호출의 결과)와 "c"(마지막 배열 엔트리)를 사용하여 다시 호출한 다음 최종 결과인 "String : abc"를 반환한다. 이 코드가 수행하는 것과 동일한 작업을 수행한다.

```
const callback = (acc, entry) => acc + " " + entry;
callback(callback(callback("String:", "a"), "b"), "c")
console.log(value); // "String: a b c"
```

그러나 배열에 있는 많은 엔트리를 처리할 수 있기 때문에 더 유연하다.

이것을 프라미스에 적용하자. 일련의 구성 가능한 변환 함수(예: 웹 서버 프로세스의 미들웨어 또는 일련의 이미지 데이터 필터)를 통해 값을 전달하는 함수가 있다고 가정하자.

```
function handleTransforms(value, transforms) {
    // ...
}
```

변환 목록은 호출마다 다르기 때문에 변환 함수의 배열로 제공된다. 각 함수는 변환할 값을 받아 동기 또는 비동기적으로 변환된 값을 생성한다. 비동기식이면 프라미스를 반환한다. 루프에서 프라미스 체인을 생성하는 것은 이 작업에 적합하다. 초깃값을 reduce 누적값의 초깃값으로 사용하고 함수를 반복하여 프라미스를 함께 연결한다. 예는 다음과 같다.

```
function handleTransforms(value, transforms) {
    return transforms.reduce(
        (p, transform) => p.then(v => transform(v)), // 콜백
        Promise.resolve(value)                       // 시드 값
    );
}
```

reduce를 사용하는 코드는 읽기가 약간 까다로울 수 있다. for-of 루프를 사용하여 동일한 작업을 수행하는 버전을 살펴보겠다.

```
function handleTransforms(value, transforms)
{
    let chain = Promise.resolve(value);
    for (const transform of transforms) {
        chain = chain.then(v = > transform(v));    }
    return chain;
}
```

(앞의 두 예에서 화살표 함수를 제거할 수 있다. .then(v => transform(v)) 대신 .then(transform)로 하면 된다)

변환 함수 a, b, c를 사용하여 handleTransforms를 호출한다고 가정해 보자. 축소 코드를 사용하든 for-of 코드를 사용하든 handleTransforms는 체인을 설정한 다음 콜백이 실행되기 전에 반환한다(Promise.resolve의 프라미스에 대한 then은 콜백이 비동기적으로만 실행한다는 보장이 있기 때문이다). 그러면 다음과 같은 일이 발생한다.

- 거의 즉시 첫 번째 콜백이 실행된다. 초깃값을 a로 전달하여 값 또는 프라미스를 반환하며, 첫 번째 호출부터 then까지의 프라미스를 확정한다.

- 해당 이행은 두 번째 콜백을 호출하여 a가 b로 반환한 값을 전달하고 b의 결과를 반환하며, 두 번째 호출에서 then까지의 프라미스를 확정한다.

- 이 이행은 세 번째 콜백을 호출하여 b가 c에 반환한 값을 전달하고 c의 결과를 반환하며, 세 번째 호출에서 then까지의 프라미스를 확정한다.

호출자는 c의 최종 값으로 이행되거나 a, b 또는 c에서 제공한 거부 이유로 거부되는 최종 프라미스를 본다. 9장에서는 ES2018에 추가된 비동기 함수에 대해 알아본다. 비동기 함수를 사용하면

루프가 훨씬 더 명확해진다(대기 중인 것이 무엇인지 알면). 잠시 살펴보면 다음과 같다.

```
// `async`(비동기) 함수는 9장에서 다룬다.
async function handleTransforms(value, transforms) {
    let result = value;
    for (const transform of transforms) {
        result = await transform(result);
    }
    return result;
}
```

8.7.3 병렬 프라미스

작업 그룹을 병렬로 실행하려면 각 반환되는 프라미스의 배열(또는 다른 이터러블)을 한 번에 하나씩 시작하고 Promise.all을 사용하여 모두 완료될 때까지 기다린다(Promise.all를 다룬 이전 절을 참조하자).

예를 들어, 모두 가져오려고 하는 URL 배열이 있고 모두 병렬로 가져오는 것이 만족스럽다면 map을 사용하여 임포트 작업을 시작하고 프라미스를 얻은 다음 Promise.all을 사용하여 결과를 기다린다.

```
Promise.all(arrayOfURLs.map(
    url => myFetch(url).then(response => response.json())
))
.then(results => {
    // results 배열을 사용
    console.log(results);
})
.catch(error => {
    // 오류 처리
    console.error(error);
});
```

앞부분의 "연속된 프라미스" 절의 끝 부분에 있는 참고를 감안할 때 비동기 함수가 훨씬 더 간단하게 만드는지 궁금할 것이다. 대답은 약간 그렇지만 여전히 Promise.all을 사용한다. 잠시 살펴보면 다음과 같다.

```
// 이 코드는 비동기 함수 내부에 있어야 한다(9장).
try {
    const results = await Promise.all(arrayOfURLs.map(
        url => myFetch(url).then(response => response.json())
    ));
    // results 배열 사용
    console.log(results);
} catch (error) {
    // 오류 처리/보고
    console.error(error);
}
```

8.8 / 프라미스 안티 패턴

이 절에서는 피해야 할 몇 가지 일반적인 프라미스 관련 안티 패턴에 대해 알아본다.

8.8.1 불필요한 new Promise(/* ... */)

프라미스를 처음 사용하는 프로그래머는 다음과 같은 코드 또는 이것의 다양한 변형을 자주 작성한다.

```
// 틀림
function getData(id) {
    return new Promise((resolve, reject) => {
        myFetch("/url/for/data?id=" + id)
            .then(response => response.json())
            .then(data => resolve(data))
            .catch(error => reject(error));
    });
}
```

알다시피, then과 catch가 프라미스를 반환한다. 따라서 새로운 프라미스가 전혀 필요하지 않다. 앞의 내용은 다음과 같이 작성해야 한다.

```
function getData(id) {
    return myFetch("/url/for/data?id=" + id)
            .then(response => response.json());
}
```

8.8.2 오류를 처리하지 않음(또는 적절하게 처리하지 않음)

오류를 처리하지 않거나 오류를 적절하게 처리하지 않는 것은 프라미스를 사용하는 것에만 국한되지 않는다. 예외는 catch 블록이 처리할 때까지/하지 않는 한 호출 스택을 통해 자동으로 전파되는 반면, 프라미스 거부는 그렇지 않아 숨겨진 오류가 발생한다(또는 자바스크립트 환경이 처리되지 않은 거부를 보고하기 전까지는 숨겨진 오류였다). 프라미스 패턴에 대한 이전 절의 규칙을 기억하자. 프라미스의 기본 규칙은 오류를 처리하거나 호출자가 처리할 수 있도록 프라미스 연결을 호출자에게 전파하는 것이다.

8.8.3 콜백 API를 변환할 때 오류가 눈에 띄지 않게 하기

프라미스 래퍼에서 콜백 API를 래핑할 때 실수로 오류가 처리되지 않도록 허용하기 쉽다. 예를 들어, 데이터베이스에서 행을 반환하는 API에 대한 다음 가상 래퍼를 보자.

```
// 틀림
function getAllRows(query) {
    return new Promise((resolve, reject) => {
        query.execute((err, resultSet) => {
            if (err) {
                reject(err); // 또는 `reject(new Error(err))`나 비슷한 거부
            } else {
                const results = [];
                while (resultSet.next()) {
                    data.push(resultSet.getRow());
                }
                resolve(results);
            }
        });
    });
}
```

얼핏 보면 합리적으로 보인다. 쿼리를 수행하고 쿼리가 오류를 반환하면 이를 사용하여 거부한다. 그렇지 않은 경우 일련의 결과를 구축하고 프라미스를 이행한다.

resultSet.next()가 오류를 던지면 어떻게 될까? 기본 데이터베이스 연결이 끊어졌을 수 있다. 그러면 콜백이 종료된다. 즉, resolve 또는 reject가 호출되지 않고 대부분 조용히 실패하고 프라미스가 영원히 불안정하게 된다.

그렇지 않다면 콜백의 오류가 포착되어 거부로 바뀌는지 확인하자.

```
function getAllRows(query) {
    return new Promise((resolve, reject) => {
        query.execute((err, resultSet) => {
            try {
                if (err) {
                    throw err; // 또는 `reject(new Error(err))`나 비슷한 거부
                }
                const results = [];
                while (resultSet.next()) {
                    data.push(resultSet.getRow());
                }
                resolve(results);
            } catch (error) {
                reject(error);
            }
        });
    });
}
```

프라미스 실행자 함수 자체에서 오류가 발생하면 (나중에 콜백이 아닌) 프라미스 생성자가 해당 오류를 사용하여 프라미스를 자동으로 거부하므로 query.execute 호출 시 try/catch가 필요하지 않다.

8.8.4 거부를 이행으로 암시적으로 변환

기본 규칙(오류 처리 또는 프라미스 체인 반환)을 들은 프라미스를 처음 접하는 프로그래머는 때때로 "… **그리고** 프라미스 연결을 반환"이라고 잘못 듣고 다음과 같은 코드를 작성한다.

```
function getData(id) {
    return myFetch("/url/for/data?id=" + id)
            .then(response => response.json())
            .catch(error => {
                reportError(error);
            });
}
```

해당 코드에 문제를 찾았는가(조금 미묘하다)?

문제는 오류가 발생하면 getData의 프라미스가 undefined 값으로 **이행되고** 거부되지 않는다는 것이다. catch 핸들러에는 반환값이 없으므로 이를 호출하면 undefined 값이 생성되고 생성된 프라미스 catch는 거부되지 않고 undefined 값으로 이행된다. 따라서 getData를 사용하기가 매우 어색하다. then 핸들러는 정의되지 않았는지 또는 요청한 데이터인지 확인해야 한다.

규칙은 "… **또는** 프라미스 이행을 반환"이며, 이것이 바로 getData가 수행해야 하는 작업이다.

```
function getData(id) {
    return myFetch("/url/for/data?id=" + id)
            .then(response => response.json());
}
```

그러면 호출자가 then을 사용하고 결과를 포착할 수 있다. then 핸들러가 데이터를 수신하고 catch 핸들러가 거부를 수신한다는 것을 알 수 있다.

8.8.5 연결 외부의 결과 사용 시도

비동기 프로그래밍을 처음 접하는 프로그래머는 다음과 같은 코드를 자주 작성한다.

```
let result;
startSomething()
.then(response => {
    result = response.result;
});
doSomethingWith(result);
```

여기서 문제는 doSomethingWith(result); 때 result가 undefined라는 것이다. 콜백이 비동기이기 때문이다. 대신, doSomethingWith에 대한 호출은 then 콜백 **안에** 있어야 한다(물론 코드는 거부를 처리하거나 프라미스 체인을 다음과 같이 반환해야 한다).

```
startSomething()
.then(response => {
    doSomethingWith(response.result);
})
.catch(reportError);
```

8.8.6 아무것도 하지 않는 핸들러 사용

프라미스를 처음 사용할 때 일부 프로그래머는 다음과 같이 아무것도 하지 않는 핸들러를 작성한다.

```
// 틀림
startSomething()
.then(value => value)
.then(response => {
    doSomethingWith(response.data);
})
.catch(error => { throw error; });
```

위 핸들러 3개 중 2개는 무의미하다(표시된 대로 해당 코드에 또 다른 문제가 있다). 무엇일까?

맞다! 어떤 방식으로든 값을 변경하지 않거나 어떤 용도로 사용하지 않는다면 then 핸들러가 필요하지 않다. catch 핸들러에서 오류를 던지면 생성된 프라미스 catch를 거부한다. 그래서 첫 번째 핸들러와 catch 핸들러는 아무것도 하지 않는다. 코드를 다음과 같이 고칠 수 있다(여전히 문제는 있다).

```
startSomething()
.then(response => {
    doSomethingWith(response.data);
});
```

별개의 이야기이지만 혹시 남은 문제를 발견했나? 더 많은 컨텍스트 없이 문제를 아는 것은 약간 까다롭지만 문제는 오류를 처리하거나 연결을 원하는 것으로 반환해야 한다는 것이다.

8.8.7 연결을 잘못 분기

초보자가 하는 또 다른 일반적인 실수는 다음과 같이 연결을 잘못 분기하는 것이다.

```
// 틀림
const p = startSomething();
p.then(response => {
    doSomethingWith(response.result);
});
p.catch(handleError);
```

여기서 문제는 then 핸들러의 오류가 처리되지 않는다는 것이다. catch는 then의 프라미스가 아니라 **원래** 프라미스에서 호출되기 때문이다. 원래 프라미스의 오류와 then 핸들러의 오류 모두에 대해 handleError를 호출해야 하는 경우 연결로 작성해야 한다.

```
startSomething()
.then(response => {
    doSomethingWith(response.result);
})
.catch(handleError);
```

작성자가 다른 방식으로 작성한 이유가 원래 프라미스의 오류와 다르게 이행 핸들러의 오류를 처리하기를 원하기 때문인 경우 몇 가지 방법이 있다. then의 두 인수 버전을 보자 (handleErrorFromThenHandler는 절대로 throw하지 않고 거부된 프라미스를 반환하지 않는다고 가정한다).

```
startSomething()
.then(
    response => {
        doSomethingWith(response.result);
    },
    handleErrorFromOriginalPromise
)
.catch(handleErrorFromThenHandler);
```

또는 원래 구조에 거부 핸들러를 추가할 수 있다.

```
const p = startSomething();
p.catch(handleErrorFromOriginalPromise);
p.then(response => {
    doSomethingWith(response.result);
})
.catch(handleErrorFromThenHandler);
```

8.9 / 프라미스 서브클래스

일반적인 방법으로 프라미스의 고유한 서브클래스를 만들 수 있다. 예를 들어 4장에서 배운 클래스 구문을 사용해보자.

```
class MyPromise extends Promise {
    // ...자신만의 기능...
}
```

그렇게 할 때 프라미스가 제공하는 다양한 기본 보장을 깨지 않는 것이 중요하다. 예를 들어 then 메서드를 재정의하지 말고 프라미스가 이미 이행되었을 때 핸들러를 동기적으로 호출하도록 한다면 이는 핸들러가 항상 비동기적으로 호출된다는 보장을 깨뜨린다. 그렇게 했다면 서브클래스는 유효한 **thenable**이 될 것이지만, 서브클래스의 "is a" 규칙을 위반하는 **프라미스**가 아니다.

> Note ≡ 프라미스 서브클래스를 생성하는 것은 하고 싶은 일이 아니다. 왜냐하면 결국은 여러분의 서브클래스 대신 네이티브 프라미스를 처리하는 것이 너무 쉽기 때문이다. 예를 들어 프라미스를 제공하는 API를 처리하는 경우 프라미스 서브클래스를 사용하려면 해당 API의 프라미스를 서브클래스에 래핑해야 한다(일반적으로 YourPromiseSubclass.resolve(theNativePromise)를 사용한다). 즉, 프라미스를 올바르게 서브클래스로 지정하면 자체 메서드에서 얻은 프라미스가 서브클래스의 인스턴스가 될 것이라고 믿을 수 있다.

then, catch, finally, Promise.resolve, Promise.reject, Promise.all 등 프라미스를 반환하는 것들을 서브클래스를 생성하는 경우 Promise 메서드 **모두**를 재정의해야 한다는 우려가 있을 수 있다. 좋은 소식이 있다! Promise 메서드의 구현은 똑똑하다. Promise 메서드는 서브클래스를 사용하여 새로운 프라미스를 만들도록 한다. 실제로 이 절의 시작 부분에 표시된 빈 MyPromise 셸은 완전히 작동하며 MyPromise 인스턴스에서 then을 호출(또는 catch 또는 finally)하여(또는 MyPromise.resolve, MyPromise.reject 등을 사용하여) 올바르게 작동하는 MyPromise의 새 인스턴스를 반환한다. 즉, 명시적으로 구현할 필요가 없다.

```
class MyPromise extends Promise {
}
const p1 = MyPromise.resolve(42);
const p2 = p1.then(() => { /* ... */ });
console.log(p1 instanceof MyPromise); // true
console.log(p2 instanceof MyPromise); // true
```

프라미스를 서브클래스로 만들기로 결정한 경우 다음 사항에 유의해야 한다.

- 자체 생성자를 정의할 필요는 없으며 기본 생성자이면 충분하다. 그러나 생성자를 정의하면,
  - 첫 번째 인수(실행자 함수)를 super()에 전달해야 한다.
  - 다른 인수를 받을 것으로 예상하지 않는지 확인한다(then과 같이 생성자를 사용하는 프라미스 메서드의 구현에서 받을 수 없으므로).

- then, catch, finally를 재정의하는 경우 제공하는 기본 규칙을 위반하지 않도록 하자(예: 핸들러를 동기적으로 실행하지 말자).

- then이 프라미스 인스턴스의 중심 메서드임을 기억하자. catch와 finally를 호출하여 작업을 수행하자(개념적으로가 아니라 문자 그대로). 프라미스에 핸들러를 연결하는 프로세스에 연결해야 한다면 then만 재정의하면 된다.

- then을 재정의하는 경우 **두 개**의 매개변수(일반적으로 onFulfilled와 onRejected라고 함)가 있으며 **둘 다** 선택 사항이다.

- 프라미스를 만드는 새 메서드를 만드는 경우 자체 생성자를 직접 호출하지 말라(예: new MyPromise());). 서브클래스에 비우호적이다. 대신 4장에서 배운 Symbol.species 패턴을 사용하거나 인스턴스 메서드에서 new this.constructor[Symbol.species](/* ... */)를 사용하거나 정적 메서드에서 new this[Symbol.species](/* ... */) 사용) 또는 인스턴스 메서드에서 new this.constructor (/* ... */)를 직접 사용하고 정적 메서드에서 new this(/* ... */)를 사용하자. 네이티브 프라미스 클래스는 후자를 수행하며 species 패턴을 사용하지 않는다.

- 마찬가지로 MyPromise 메서드의 코드에서 MyPromise.resolve 또는 MyPromise.reject를 사용하려면 직접 사용하지 말고 인스턴스 메서드에서 this.constructor.resolve/reject를 사용하거나 정적 메서드에서 this.resolve/reject를 사용하자.

다시 말하지만 프라미스를 서브클래스로 상속해야 할 가능성은 거의 없다.

8.10 / 과거 습관을 새롭게

변경해야 할 "과거 습관"은 단 하나뿐이다.

8.10.1 성공/실패 콜백 대신 프라미스 사용

과거 습관: 일회성 비동기 프로세스를 시작하는 함수를 사용하면 성공, 실패, 완료를 보고하는 콜백(1~3개)을 받는다.

새로운 습관: 비동기 함수를 통해 명시적 또는 암시적으로 프라미스를 반환하자(9장에서 배우게 될 것이다).

비동기 함수,
이터레이터,
제너레이터

이 장의 내용

- async 함수
- await 연산자
- async 이터레이터와 제너레이터
- for-await-of 문

이 장의 코드 다운로드

이 장의 코드는 https://thenewtoys.dev/bookcode 또는 https://www.wiley.com/go/javascript-newtoys에서 다운로드할 수 있다.

이 장에서는 동기 코드를 작성할 때 사용하는 것과 동일한 친숙한 흐름 제어 구조(for 루프, if 문, try/catch/finally, 함수 호출과 결과 대기 등)를 통해 비동기 코드를 작성할 수 있는 문법을 제공하는 비동기 함수와 await 연산자를 배운다. 또한 비동기 이터레이터, 비동기 제너레이터와 for-await-of 문에 대해서도 알아본다.

async 함수는 프라미스를 기반으로 하기 때문에 아직 8장을 읽지 않았다면 이 장으로 넘어가기 전에 지금 읽는 것이 좋다.

9.1 async 함수

어떤 의미에서 async/await 구문은 프라미스를 생성하고 소비하기 위한 "그냥" 문법적 설탕이지만 비동기 코드를 작성하는 방법을 완전히 변환하여 동기 흐름만 작성하고 비동기 부분 콜백을 사용하는 대신 논리적 흐름을 작성할 수 있다. async/await는 근본적으로 비동기 코드 작성을 변경하고 단순화한다.

비동기가 아닌 함수에서는 자바스크립트 엔진이 수행하는 동안 다른 작업을 허용하지 않고 순서대로 수행할 일련의 작업을 작성한다("영역당 단일 스레드" 참조). 그 코드는 나중에 비동기적으로 호출할 것에 콜백을 전달할 수 있지만, 그렇게 하는 코드는 나중에 호출할 함수를 전달하는 것일 뿐 호출이 바로 완료되지는 않는다.

예를 들어 다음 코드를 보자(이 모든 함수는 동기식이라고 가정한다).

```
function example() {
    let result = getSomething();
    if (result.flag) {
        doSomethingWith(result);
    } else {
        reportAnError();
    }
}
```

위 코드는 getSomething을 호출하고 반환된 객체의 플래그를 확인한 다음 객체를 전달하는 doSomethingWith를 호출하거나 reportAnError를 호출한다. 이 모든 것은 마지막 이후에 한 번만 발생하며 그 동안에는 아무 일도 일어나지 않는다.[1]

비동기 함수 이전에 비동기 작업으로 유사한 작업을 수행하는 것은 콜백 전달, 아마도 프라미스를 콜백하는 것과 관련이 있다. 예를 들어 fetch(최신 브라우저에서 XMLHttpRequest 대체)를 사용하면 비동기 함수에서 다음 코드를 가질 수 있다.

```
function getTheData(spinner) {
    spinner.start();
    return fetch("/some/resource")
        .then(response => {
            if (!response.ok) {
                throw new Error("HTTP status " + response.status);
            }
            return response.json();
```

---

1 그 외에는 모든 스레드가 환경에 의해 일시 중지(일시 중지)될 수 있다. 동일한 자바스크립트 환경에서 이 스레드가 다른 작업을 수행하는 일은 일어날 수 없다는 것이다.

```
    })
    .then(data => {
        useData();              return data;
    })
    .finally(() => {
        spinner.stop();
    });
}
```

그러면 spinner.start를 호출한 다음 fetch를 호출하고, 반환되는 then을 호출하고, 반환되는 then을 호출하고, finally를 호출하고, finally에서 프라미스를 반환한다. 그 모든 것은 그 사이에 아무 일도 일어나지 않는 연속된 시리즈에서 발생한다. 나중에 요청이 완료되면 해당 콜백이 실행되지만 이는 getTheData가 반환된 이후다. getTheData가 반환된 후 이러한 작업이 완료되기 전에 스레드는 다른 작업을 수행할 수 있다.

다음은 비동기 함수의 동일한 코드다.

```
async function getTheData(spinner) {
    spinner.start();
    try {
        let response = await fetch("/some/resource");
        if (!response.ok) {
            throw new Error("HTTP status " + response.status);
        }
        let data = await response.json();
        useData(data);
        return data;
    } finally {
        spinner.stop();
    }
}
```

코드가 동기적으로 보이는가? 하지만 그렇지 않다. 비동기 프로세스가 완료될 때까지 일시 중지하고 기다리는 로직이 있다. 대기하는 동안 스레드는 다른 작업을 수행할 수 있다. 해당 장소는 await 키워드로 표시된다.

async 함수의 네 가지 주요 기능은 다음과 같다.

- async 함수는 암시적으로 프라미스를 만들고 반환한다.
- async 함수에서 await는 프라미스를 사용하여 코드가 프라미스가 확정될 때까지 비동기식으로 대기하는 지점을 표시한다.

- 함수가 프라미스가 확정되기를 기다리는 동안 스레드는 다른 코드를 실행할 수 있다.

- async 함수에서 전통적으로 동기식으로 여겨졌던 코드(for 루프, a + b, try/catch/finally 등)는 await를 포함하는 경우 비동기식이다. 논리는 동일하지만 타이밍이 다르다. 대기한 프라미스가 확정될 수 있도록 실행 일시 중지가 있을 수 있다.

- 예외는 거부이고 거부는 예외다. 반환은 확정이고 완료는 결과다(즉, 프라미스는 await하는 경우 프라미스의 이행 값을 await 표현식의 결과로 본다).

각각에 대해 더 자세히 살펴보자.

9.1.1 async 함수는 프라미스를 만든다.

async 함수는 함수 내의 코드를 기반으로 해당 프라미스를 확인하거나 거부하면서 프라미스를 생성하고 반환한다. 다음은 이전에 표시된 getTheData 비동기 함수가 자바스크립트 엔진에 의해 **개념적으로** 처리되는 방식을 나타내는 번역이다. 말 그대로 정확하지는 않지만 엔진이 이를 처리하는 방법에 대한 아이디어를 얻을 수 있을 만큼 유사하다.

```javascript
// 직접 작성하면 이렇게 하지 않는다.
function getTheData(spinner) {
    return new Promise((resolve, reject) => {
        spinner.start();
        // 이 내부 프라미스의 실행 함수는 `try` 블록이다.
        new Promise(tryResolve => {
            tryResolve(
                Promise.resolve(fetch("/some/resource"))
                .then(response => {
                    if (!response.ok) {
                        throw new Error("HTTP status " + response.status);
                    }
                    return Promise.resolve(response.json())
                        .then(data => {
                            useData(data);
                            return data;
                        });
                })
            );
        })
        .finally(() => {
```

```
            spinner.stop();
        })
        .then(resolve, reject);
    });
}
```

프라미스를 직접 사용하여 작성하는 경우에는 이렇게 하지 않는다. 특히, 8장에서 배웠듯이 fetch 를 사용하는 경우 이미 프라미스가 있으므로 new Promise가 필요하지 않기 때문이다. 그러나 위 예는 async 함수가 내부적으로 어떻게 작동하는지에 대한 합리적인 설명이다.

첫 번째 await(spinner.start에 대한 호출 및 fetch에 대한 호출) 이전의 해당 async 함수의 일 부는 **동기적이다.** 번역된 버전에서는 동기적으로 호출되는 프라미스 실행자 함수로 재배치되었다. 이것은 async 함수가 작동하는 방식의 중요한 부분이다. 프라미스를 생성하고 첫 번째 await 또 는 return(또는 논리가 함수의 끝에서 떨어질 때까지)까지 동기적으로 코드를 실행한다. 해당 동 기 코드가 throw되면 async 함수는 프라미스를 거부한다. 동기 코드가 완료되면(일반적으로 또는 오류가 있음) async 함수는 호출자에게 프라미스를 반환한다. 이는 프라미스 실행자 함수가 하는 것처럼 비동기식으로 완료되는 프로세스를 동기식으로 시작할 수 있도록 하기 위한 것이다.

이전 장과 특히 안티 패턴에 대한 절을 읽은 후 "번역된" 코드에 대한 첫 번째 반응은 아마도 "하 지만 코드에서 new Promise를 사용한다(두 번이나!). 프라미스를 가져와서 연결해야 한다."일 것 이다. 맞는 말이지만 async 함수가 작동하는 방식은 코드가 await를 사용하지 않을 가능성을 허 용할 만큼 충분히 일반적이어야 하므로 절대 기다리지 않는 async 함수를 사용할 이유가 거의 없 지만 연결된 프라미스는 없다. 이 예는 또한 fetch를 호출하는 예외가 있는 경우 finally 핸들러 가 실행되는지 확인해야 한다. 수동으로 수행하는 경우 함수를 다르게 작성하지만 async 함수에 는 다음과 같은 몇 가지 사항을 보장해야 한다.

- async 함수가 반환하는 프라미스는 기본 프라미스다. then의 결과를 반환하는 것은 그 결과 가 제3자 프라미스가 될 수 있음을 의미한다. 또는 프라미스가 호출하는 객체가 thenable 이지만 프라미스가 아닌 경우 프라미스가 아닐 수도 있다(Promise.resolve를 사용하여 그 렇게 할 수는 있다).
- 코드의 동기 부분에서 발생하는 모든 오류는 동기 예외가 아니라 거부로 전환된다.

new Promise를 사용하면 대부분의 경우 수동으로 작성된 코드에 대한 안티 패턴임에도 불구하고 체이닝되는 프라미스가 있을 때 이러한 요구 사항을 모두 확정한다. 둘 다 다른 방법으로 확정할 수 있었지만 이 간단한 방법은 사양을 작성하는 방법이다.

9.1.2 await는 프라미스를 사용한다

getTheData의 "번역된" 버전에서 볼 수 있는 또 다른 것은 await가 프라미스를 사용한다는 것이다. await의 피연산자가 네이티브 프라미스가 아닌 경우 자바스크립트 엔진은 네이티브 프라미스를 생성하고 피연산자의 값을 사용하여 확정한다. 그런 다음 자바스크립트 엔진은 마치 then을 사용하고 이행 또는 거부 핸들러 모두에서 전달된 것처럼 함수에서 다음 코드를 진행하기 전에 해당 프라미스가 확정될 때까지 기다린다. 프라미스를 확정하는 것이 반드시 그것을 이행하는 것을 의미하지는 않음을 기억하자. 대기할 피연산자가 thenable이면 네이티브 프라미스가 해당 thenable로 확정되고 thenable이 거부되면 거부된다. 값이 thenable이 아닌 경우 네이티브 프라미스는 값으로 이행된다. await 연산자는 await가 사용되는 모든 곳에서 피연산자의 값에 대해 Promise.resolve를 효과적으로 사용하여 이를 수행한다(말 그대로 Promise.resolve가 아니라 프라미스를 생성하고 값으로 확정하는 기본 작업이다).

9.1.3 await가 사용될 때 표준 로직은 비동기적이다.

async 함수에서 await가 들어간 경우 전통적으로 동기적 코드는 비동기적이다. 예를 들어 다음 비동기 함수를 보자.

```
async function fetchInSeries(urls) {
    const results = [];
    for (const url of urls) {
        const response = await fetch(url);
        if (!response.ok) {
            throw new Error("HTTP error " + response.status);
        }
        results.push(await response.json());
    }
    return results;
}
```

이를 실행하려면 다운로드한 async-fetchInSeries.html, async-fetchInSeries.js, 1.json, 2.json, 3.json을 사용하자. file:// URL에서 로드된 페이지에서 ajax 요청을 수행하는 것은 종종 허용되지 않기 때문에 대부분의 브라우저에서 이를 실행하려면 웹 서버를 통해 이를 제공해야 한다.

비동기 함수가 아닌 경우(또는 await를 사용하지 않은 경우) 이러한 임포트 호출은 직렬(연속 실행)이 아니라 병렬(모두 한 번에 실행)일 것이다. 그러나 이것은 async 함수이고 for-of 루프 내에서 await가 사용되기 때문에 루프가 비동기적으로 실행된다. 프라미스를 직접 사용하는 버전을 만든다면 다음과 같이 작성할 수 있다.

```
function fetchInSeries(urls) {
    let chain = Promise.resolve([]);
    for (const url of urls) {
        chain = chain.then(results => {
            return fetch(url)
                .then(response => {
                    if (!response.ok) {
                        throw new Error("HTTP error " + response.status);
                    }
                    return response.json();
                })
                .then(result => {
                    results.push(result);
                    return results;
                });
        });
    }
    return chain;
}
```

이를 실행하려면 다운로드한 promise-fetchInSeries.html, promise-fetchInSeries.js, 1.json, 2.json, 3.json을 사용하자. 다시 말하지만, HTML을 로컬에서 열지 말고 웹 서버를 통해 제공해야 한다.

for-of 루프가 비동기 작업이 완료되기 전에 완료하여(8장에서 보았듯이) 프라미스 체인을 설정하는 방법에 주목하자. 또한 코드를 따르는 것이 얼마나 더 복잡하고 어려운지 주목하자.

이것은 async 함수의 주된 장점이다. 콜백 함수로 **논리** 흐름을 분할할 필요 없이 await를 사용하여 비동기 결과 대기를 처리하는 익숙한 방식으로 논리를 작성한다.

9.1.4 예외는 거부이고 거부는 예외다. 반환은 확정이고 완료는 결과다

for-of, while, 기타 제어 흐름 문이 비동기 함수 내에서 비동기 작업을 처리하도록 조정되는 방식과 유사하게 try/catch/finally, throw, return도 모두 조정된다.

- 거부는 예외다. 프라미스를 기다리고 프라미스가 거부되면 예외로 바뀌고 try/catch/finally를 사용하여 확인할 수 있다.

- 예외는 거부다. async 함수에서 throw하면(그리고 그것을 catch하지 않으면) 함수의 프라미스를 거부하는 것으로 변환된다.

- return은 확정이다. async 함수에서 return하는 경우 return을 제공한 피연산자의 값으로 프라미스를 이행된다(thenable이 아닌 값을 제공하는 경우 이를 이행하거나 제공한 경우 thenable로 확정한다).

작업이 완료될 때 spinner.stop이 호출되었는지 확인하기 위해 try/finally를 사용한 getTheData 예에서 이를 보았다. 좀 더 자세히 살펴보자. 코드 9-1의 코드를 실행하자.

코드 9-1 async 함수 내 try/catch – async-try-catch.js

```javascript
function delayedFailure() {
    return new Promise((resolve, reject) => {
        setTimeout(() => {
            reject(new Error("failed"));
        }, 800);
    });
}
async function example() {
    try {
        await delayedFailure();
        console.log("Done"); // (여기는 실행되지 않는다)
    } catch (error) {
        console.error("Caught:", error);
    }
}
example();
```

delayFailure는 나중에 거부되는 프라미스를 반환하지만 await를 사용할 때 example과 같은 async 함수는 이를 예외로 보고 try/catch/finally를 사용하여 처리할 수 있다.

코드 9-1은 스크립트의 최상위 수준에서 async 함수를 호출한다. 그렇게 할 때 async 함수가 절대 오류를 던지지 않는다는 것을 알고 있거나(즉, 반환하는 프라미스는 절대 거부되지 않음) 또는 반환하는 프라미스에 catch 핸들러를 추가해야 한다. 이는 코드 9-1의 예에 해당한다. 전체 함수 본문이 catch가 첨부된 try 블록에 있기 때문이다(적어도 어떤 이유에서든 console.error에서 예외가 발생하지 않는 한 사실이다). async 함수가 잘 실패할 수 있는 일반적인 경우에 오류가 처리되었는지 확인해야 한다.

```
example().catch(error => {
        // 여기에서 오류 처리/보고
    });
```

이번에는 throw를 보자. 코드 9-2의 코드를 실행하자.

코드 9-2 비동기 함수에서 throw – async-throw.js

```
function delay(ms, value) {
    return new Promise(resolve => setTimeout(resolve, ms, value));
}
async function delayedFailure() {
    await delay(800);
    throw new Error("failed");
}
function example() {
    delayedFailure()
        .then(() => {
            console.log("Done"); // (여기는 실행되지 않는다)
        })
        .catch(error => {
            console.error("Caught:", error);
        });
}
example();
```

이 버전의 delayFailure는 800ms를 기다린 다음 throw를 사용하여 예외를 throw하는 async 함수다. 이 비동기 버전의 예는 await 대신 프라미스의 메서드를 사용하고 해당 예외를 프라미스 거부로 보고 거부 핸들러를 통해 catch한다.

이 코드에서는 new Error를 사용하지만 이는 단지 관례일 뿐이다(그리고 틀림없이 모범 사례다). 자바스크립트를 사용하면 어떤 값이든 throw할 수 있고 어떤 값이든 거부 이유로 사용할 수 있으므로 Error를 사용할 필요는 없다. 예를 들어 대신 문자열을 사용하는 코드 9-3을 참조하자. 하지만 이전 장에서 배웠듯이 Error 인스턴스를 사용하면 가지고 있는 호출 스택 정보 덕분에 디버 깅에 이점이 있다.

코드 9-3 async 함수 에러 예 – async-more-error-examples.js

```javascript
// 일반적인 문자열을 사용하여 `거부`
function delayedFailure1() {
    return new Promise((resolve, reject) => {
        setTimeout(() => {
            reject("failed 1"); // Error 인스턴스가 아닌 값으로 거부
        }, 800);
    });
}
async function example1() {
    try {
        await delayedFailure1();
        console.log("Done"); // (여기는 실행되지 않는다)
    } catch (error) {
        console.error("Caught:", error); // Caught: "failed 1"
    }
}
example1();

// 일반적인 문자열을 사용하여 `throw`
function delay(ms, value) {
    return new Promise(resolve => setTimeout(resolve, ms, value));
}
async function delayedFailure2() {
    await delay(800);
    throw "failed 2"; // Error 인스턴스가 아닌 값으로 throw
}
function example2() {
    delayedFailure2()
        .then(() => {
            console.log("Done"); // (여기는 실행되지 않는다)
        })
        .catch(error => {
            console.error("Caught:", error); // Caught: "failed 2"
        });
}
example2();
```

9.1.5 async 함수의 병렬 작업

async 함수에서 await를 사용하면 기다리고 있는 프라미스가 확정될 때까지 함수가 일시 중단된다. 그러나 async 함수에서 병렬로 실행할 수 있는 일련의 작업을 수행하려고 한다고 가정해 보자.

이것은 async 함수에서도 프라미스(또는 최소한 프라미스 메서드)를 직접 다시 사용하는 상황 중하나다. 다음과 같은 fetchJSON 함수가 있다고 가정하자.

```
async function fetchJSON(url) {
    const response = await fetch(url);
    if (!response.ok) {
        throw new Error("HTTP error " + response.status);
    }
    return response.json();
}
```

이제 가져오려는 리소스가 세 개 있고 병렬로 수행해도 괜찮다고 가정하자. 다음처럼 하면 **안 된다**.

```
// 병렬로 수행하려면 이렇게 하지 말자.
const data = [
    await fetchJSON("1.json"),
    await fetchJSON("2.json"),
    await fetchJSON("3.json")
];
```

그 이유는 병렬이 아닌 직렬로(하나씩) 수행되기 때문이다. 자바스크립트 엔진은 배열을 생성하고 데이터 변수에 할당하기 전에 배열의 내용을 구성하는 표현식을 평가하므로 함수는 해당 프라미스가 완료될 때까지 await fetchJSON("1.json")에서 일시 중단된 다음 await fetchJSON("2.json") 등을 실행한다.

이전 장을 다시 생각해 보면 Promise.all과 같은 병렬 작업을 처리하도록 특별히 설계된 것이 있음을 기억할 것이다. async 함수를 사용하고 있다고 해서 사용하지 못할 이유는 없다.

```
const data = await Promise.all([
    fetchJSON("1.json"),
    fetchJSON("2.json"),
    fetchJSON("3.json")
]);
```

fetchJSON 호출의 개별 프라미스가 아니라 Promise.all의 프라미스를 await한다. 이러한 프라미스가 Promise.all에 전달한 배열을 채우도록 한다.

Promise.race와 다양한 다른 것들을 같은 방식으로 사용할 수 있다.

9.1.6 await를 반환할 필요가 없다.

이 절의 fetchJSON 함수가 다음 코드와 같이 끝나는 것을 눈치챘을 것이다.

```
return response.json();
```

다음 코드로 끝나지 않는다.

```
return await response.json();
```

여기에는 await를 사용할 필요가 없다. async 함수는 반환값을 사용하여 함수가 생성한 프라미스를 확정하므로 반환값이 thenable이면 이미 사실상 기다린다. return await는 await await와 약간 비슷하다. 때때로 return이 대기하는 것을 볼 수 있으며 동일한 방식으로 동작하는 것처럼 보이지만 그렇지 않다. 피연산자가 네이티브 프라미스가 아닌 thenable인 경우, 하나의 비동기 주기(또는 "틱")를 유지하는 추가 프라미스 확인 계층을 추가한다. 즉, 대기가 있는 버전은 대기가 없는 버전보다 약간 늦게 완료된다. 다음(다운로드한 return-await-thenable.js)을 실행하여 동작을 볼 수 있다.

```
function thenableResolve(value) {
    return {
        then(onFulfilled) {
            // thenable은 다음과 같이 동기적으로 콜백을 호출할 수 있다.
            // 네이티브 프라미스는 절대 그럴 수 없다.
            // 이 예에서는 동기식 콜백을 사용하여 비동기식으로 만드는 데 사용된
            // 메커니즘이 추가 틱의 원인이라는 인상을 주지 않도록 한다.
            onFulfilled(value);
        }
    };
}
async function a() {
    return await thenableResolve("a");
}
async function b() {
    return thenableResolve("b");
}
a().then(value => console.log(value));
```

```
b().then(value => console.log(value));
// b
// a
```

b의 콜백이 a가 먼저 호출되었음에도 불구하고 a보다 먼저 실행되는 방식에 유의하자. a의 콜백은 await 때문에 한 번의 추가 비동기 주기를 기다려야 한다.

이것은 네이티브 프라미스를 기다린 경우에도 사실이었지만 ES2020에는 return await nativePromise가 추가 비동기 틱을 제거하도록 최적화되도록 하는 사양 변경이 포함되어 있으며 해당 최적화는 이미 자바스크립트 엔진에 적용되고 있다. 노드제이에스 v13 이상[2] 또는 최신 버전의 크롬, 크로미움 또는 브레이브를 사용하는 경우 모두 최적화된 V8 버전이 있다. 노드제이에스 v12 이하(플래그 없음) 또는 크롬 v72 이하를 사용하는 경우 최적화 없이 V8 버전을 사용한다. 최신 환경에서 다음(return-await-native.js)을 실행하여 최적화가 작동하는지 확인하자.

```
async function a() {
    return await Promise.resolve("a");
}
async function b() {
    return Promise.resolve("b");
}
a().then(value => console.log(value));
b().then(value => console.log(value));
```

최적화가 있는 엔진을 사용하면 a를 먼저 보이고 b가 보이며, 없는 엔진에서는 b가 먼저 보이고 그 다음 a가 보인다.

결론은 return await가 필요하지 않고 return을 사용하면 된다.

9.1.7 함정: 예기치 않은 장소에서 비동기 함수 사용

배열에서 filter 작업을 수행한다고 가정하자.

```
filteredArray = theArray.filter((entry) => {
    // ...
});
```

---

2 노드제이에스 v11과 v12에도 --harmony-await-optimization 플래그를 켜면 가능하다.

그리고 filter 콜백에서 비동기 작업의 데이터를 사용하려고 한다. 아마도 다음에서 await fetch(entry.url)를 던질 것이다.

```
// 실패한다.
filteredArray = theArray.filter((entry) => {
    const response = await fetch(entry.url);
    const keep = response.ok ? (await response.json()).keep : false;
    return keep;
});
```

await 키워드에 대해 불평하는 오류가 발생한다. async 함수 외부에서 사용하려고 하기 때문이다. filter 콜백에서 async를 사용하고 싶은 유혹이 있다.

```
// 틀림
filteredArray = theArray.filter(async (entry) => {
    const response = await fetch(entry.url);
    const keep = response.ok ? (await response.json()).keep : false;
    return keep;
});
```

이제 오류가 발생하지 않는다. 하지만 FilteredArray에는 여전히 원래 배열의 모든 값이 있다! 그리고 임포트 작업이 완료될 때까지 기다리지 않는다. 왜 그렇다고 생각하는가(힌트: 비동기 함수는 무엇을 반환하고 필터는 무엇을 기대할까)?

맞다! 문제는 async 함수가 항상 프라미스를 반환하고 filter가 프라미스를 기대하지 않고 keep 플래그를 기대한다는 것이다. 프라미스는 객체이고 객체는 참으로 평가되는 값이므로 filter는 반환된 각 프라미스를 엔트리를 유지하자는 플래그로 간주한다.

이 상황은 사람들이 async/await를 처음 사용하기 시작할 때 많이 생긴다. 강력한 도구이지만 작성 중인 함수가 콜백일 때 해당 콜백의 반환값이 사용되는 방식을 고려해야 한다는 점을 기억하는 것이 중요하다. async 함수를 호출하는 것(이 예에서는 filter가 프라미스를 다시 받을 것으로 예상하는 경우)에만 async 함수를 콜백으로 사용하자.

async 함수를 비-프라미스 특정 API에 대한 콜백으로 사용하는 것이 완벽하게 유효한 곳이 몇 군데 있다. 한 가지 좋은 예는 배열에 맵을 사용하여 Promise.all 또는 이와 유사한 것에 전달할 프라미스 배열을 구축하는 것이다. 그러나 대부분의 경우 명시적으로 프라미스와 관련이 없는 것에 대한 콜백으로 비동기 함수를 작성하는 경우 이 함정에 빠지지 않았는지 다시 확인하자.

9.2 / 비동기 이터레이터, 이터러블, 제너레이터

이전 장에서 이터레이터, 이터러블, 제너레이터에 대해 배웠다. ES2018부터 이들 모두의 비동기 버전이 있다. 아직 해당 장을 읽지 않았다면 이 절을 계속하기 전에 읽자.

이터레이터는 done과 value 속성이 있는 결과 객체를 반환하는 next 메서드가 있는 객체라는 것을 기억할 것이다. **비동기** 이터레이터는 결과 객체를 직접 반환하는 대신 결과 객체의 **프라미스**를 반환하는 이터레이터다.

또한 **이터러블**은 이터레이터를 반환하는 Symbol.iterator 메서드가 있는 객체라는 것을 기억할 것이다. **비동기** 이터러블에는 비동기 이터레이터를 반환하는 유사한 메서드인 Symbol.asyncIterator가 있다.

마지막으로 제너레이터 함수는 값을 생성, 소비하고 next, throw, return 메서드가 있는 객체인 제너레이터 객체를 생성하기 위한 구문을 제공한다는 것을 기억할 것이다. **비동기** 제너레이터 함수는 값 자체가 아닌 값의 **프라미스**를 생성하는 비동기 제너레이터를 만든다.

다음 두 절에서 비동기 이터레이터와 비동기 제너레이터에 대해 더 자세히 살펴보겠다.

9.2.1 비동기 이터레이터

비동기 이터레이터는 next 메서드가 result 객체 자체가 아닌 result 객체에 대한 프라미스를 제공하는 단순 이터레이터다. 이터레이터와 마찬가지로 수동으로 작성하거나(async 메서드를 next하거나 수동으로 프라미스를 반환) 비동기 제너레이터 함수를 사용할 수 있다(비동기 제너레이터도 비동기 이터레이터이기 때문에). 또는 필요에 따라 new Promise를 사용하여 완전히 수동으로 작성할 수도 있다.

대부분의 경우 비동기 이터레이터를 원할 때 비동기 제너레이터 함수를 작성하는 것이 가장 좋다. 하지만 이터레이터와 마찬가지로 기본 메커니즘을 이해하는 것이 유용하다. 이후 절에서 비동기 제너레이터에 대해 배울 것이다. 이 절에서는 비동기 이터레이터를 수동으로 구현하여 메커니즘을 자세히 살펴보겠다.

자바스크립트 자체에서 얻은 모든 이터레이터는 사양이 %IteratorPrototype%을 호출하는 프로토타입 객체에서 상속한다는 것을 이전 장에서 보았다. %IteratorPrototype%은 이터레이터가 반복 가능하도록 이터레이터 자체를 반환하는 기본 Symbol.iterator 메서드를 제공한다. 이는 for-of 문 등에 편리하다. 또한 이터레이터에 기능을 추가할 수 있는 장소를 제공한다. 비동기 이터레이터는 동일한 방식으로 작동한다. 자바스크립트 자체에서 가져오는 모든 비동기 이터레이터(다른 코드와 반대)는 사양에서 %AsyncIteratorPrototype%을 호출하는 객체에서 상속한다. 이터레이터 자체를 반환하는 기본 Symbol.asyncIterator 메서드를 제공하므로 비동기 이터레이터도 비동기 이터러블이므로 이 장의 뒷부분에서 for-await-of에 대해 배울 때 유용하다.

%IteratorPrototype%과 마찬가지로 %AsyncIteratorPrototype%를 참조하는 공개적으로 접근할 수 있는 전역 또는 속성이 없으며 %IteratorPrototype%보다 접근하기가 조금 더 어색하다. 방법은 다음과 같다.

```
const asyncIteratorPrototype =
    Object.getPrototypeOf(
        Object.getPrototypeOf(
            (async function *(){}).prototype
        )
    );
```

아마도 일반적으로 비동기 이터레이터를 수동으로 구현하지 않는 것이 좋다. 그 뒤에 숨겨진 세부 정보를 보려면 "%AsyncIteratorPrototype% 임포트"를 참고하자.

비동기 이터레이터의 프로토타입을 얻는 방법을 알았으므로 이제 만들 차례다. 이 장의 앞부분에서 fetch를 통해 여러 URL을 차례로 가져오고 모든 결과가 포함된 배열을 제공하는 fetchInSeries 함수를 보았다. 다음으로 넘어가기 전에 개별적으로 가져오고 그 결과를 제공하는 함수를 원한다고 가정한다. 이것이 비동기 이터레이터의 사용 사례이다. 코드 9-4를 참조하자.

코드 9-4 비동기 이터레이터를 만들기 위해 비동기 함수를 사용 – async-iterator-fetchInSeries.js

```javascript
function fetchInSeries([···urls]) {
    const asyncIteratorPrototype =
        Object.getPrototypeOf(
            Object.getPrototypeOf(
                async function*(){}
            ).prototype
        );
    let index = 0;
    return Object.assign(
        Object.create(asyncIteratorPrototype),
        {
            async next() {
                if (index>= urls.length) {
                    return {done: true};
                }
                const url = urls[index++];
                const response = await fetch(url);
                if (!response.ok) {
                    throw new Error("URL 가져오기 실패: " + url);
                }
                return {value: await response.json(), done: false};
            }
        }
    );
}
```

이 fetchInSeries 구현은 비동기 함수로 구현되는 비동기 이터레이터를 반환한다. async 함수이기 때문에 호출될 때마다 프라미스를 반환하며 이는 return 문을 통해 이행되거나 throw 문을 통해 거부된다.

매개변수 목록의 디스트럭처링에 대해 궁금할 수 있다. (url)이 아니라 왜 ([...url])일까? 디스트럭처링을 사용하여 코드는 전달된 배열의 방어적인 복사본을 만든다. 물론 호출 코드가 원래 배열을 수정할 수 있기 때문이다. 비동기식 이터레이터와는 아무런 관련이 없으며 전달된 배열과 비동기식으로 작동하는 함수에 대한 상당히 표준적인 관행일 뿐이다.

다음은 이터레이터를 수동으로 가져오고 다음을 호출하여 fetchInSeries를 사용할 수 있는 한 가지 방법이다.

```
// async 함수 내에서
const it = fetchInSeries(["1.json", "2.json", "3.json"]);
let result;
while (!(result = await it.next()).done) {
    console.log(result.value);
}
```

next는 프라미스를 반환하기 때문에 코드는 await it.next()를 사용하여 다음 결과 객체를 얻는다.

다운로드한 async-iterator-fetchInSeries.html, async-iterator-fetchInSeries.js, 1.json, 2.json, 3.json 파일을 가져와서 로컬 디렉터리에 넣으면 작동하는 것을 볼 수 있다. 웹 서버를 열고 HTTP를 통해 연다. 다시 말하지만 파일 시스템에서 직접 HTML을 여는 것만으로는 ajax 때문에 작동하지 않는다.

다시 말하지만, 실제 코드에서는 비동기 이터레이터를 만들기 위해 비동기 제너레이터 함수를 작성할 것이다. 수동으로 작성하는 경우 next는 비동기 작업을 시작하고 이에 대한 프라미스를 반환하므로 이전 호출의 작업이 완료되기 전에 next에 대한 다음 호출을 가져올 수 있다. 이 절의 예에 있는 코드는 문제가 없지만 이 버전의 next를 대신 사용했다면 그렇지 않을 것이다.

```
// 틀림
async next() {
    if (index>= urls.length) {
        return {done: true};
    }
    const url = urls[index];
    const response = await fetch(url);
    ++index;
    if (!response.ok) {
        throw new Error("URL 가져오기 실패: " + url);
    }
    return {value: await response.json()};
}
```

urls.length에 대한 인덱스 검사와 이를 증가시키는 ++index 사이에 await가 있기 때문에 겹치는 next에 대한 두 번의 호출은 모두 동일한 URL을 가져오고 두 번째는 건너뛴다. 진단하기 어려운 버그다.

비동기 제너레이터를 작성하는 방법을 살펴보겠다.

9.2.2 비동기 제너레이터

비동기 제너레이터 함수는 당연히 async 함수와 제너레이터 함수의 조합이다. async 키워드와 제너레이터 함수를 나타내는 *를 모두 사용하여 생성한다. 호출되면 비동기 제너레이터를 생성한다. 비동기 제너레이터 함수 내에서 await를 사용하여 비동기 작업이 완료될 때까지 기다리고 yield를 통해 값을 생성할 수 있다(비동기 제너레이터 함수에서와 같이 값을 소비한다).

fetchInSeries의 비동기 제너레이터 버전은 코드 9-5를 참조하자(다운로드한 async-generator-fetchInSeries.html을 통해 실행할 수 있다).

코드 9-5 비동기 제너레이터 함수 - async-generator-fetchInSeries.js

```js
async function* fetchInSeries([...urls]) {
    for (const url of urls) {
        const response = await fetch(url);
        if (!response.ok) {
            throw new Error("HTTP 에러 " + response.status);
        }
        yield response.json();
    }
}
```

수동으로 작성하는 것보다 훨씬 간단하다! 기본 논리는 여전히 동일하지만 인덱스 변수에 대해 클로저를 사용하는 대신 for-of 루프를 내부에 await와 함께 사용하여 URL을 반복하고 각 결과를 생성할 수 있다. 또한 제너레이터는 %AsyncIteratorPrototype%에서 상속되는 %AsyncGeneratorPrototype%에서 상속되는 적절한 프로토타입인 fetchInSeries.prototype을 자동으로 가져온다.

그것을 사용하는 코드(지금은 수동으로 다음 절에서 for-await-of를 사용하는 더 간단한 방법에 대해 배운다)는 이전 코드와 동일하다.

```
// async 함수 내부에서
const g = fetchInSeries(["1.json", "2.json", "3.json"]);
let result;
while (!(result = await g.next()).done) {
    console.log(result.value);
}
```

이전 비동기 제너레이터 함수의 코드에서 이 줄을 다시 살펴보자.

```
yield response.json();
```

이것은 직접적으로 프라미스를 yIeld한다. 대신 다음과 같이 작성된 행을 볼 수 있다.

```
yield await response.json(); // 모범 사례가 아니다.
```

그리고 둘 다 같은 일을 하는 것 같다. 왜 여기에서 await가 선택 사항일까? 비동기 제너레이터 함수에서 yield는 사용자가 제공한 모든 피연산자에 await를 자동으로 적용하므로 필요하지 않다. 이것은 async 함수에서 return await와 같다. 프라미스 확정의 또 다른 계층을 추가하여 잠재적으로 또 다른 "틱"을 지연시킬 수 있다(자세한 내용은 이 장의 앞부분에 있는 "return await가 필요하지 않음" 참조).

지금까지는 비동기 제너레이터를 사용하여 값을 **생성**했지만 제너레이터는 값을 **사용**할 수도 있다. 제너레이터가 yield 연산자의 결과로 볼 값을 next로 전달할 수 있다. 동기 제너레이터는 값을 생성 및 소비하고 비동기 제너레이터는 프라미스에서 생성한 값을 자동으로 래핑하므로 다음으로 전달하면 프라미스가 자동으로 대기하는지 궁금할 수 있다. 아니다, 그렇지 않다. 프라미스를 next로 전달하면 비동기 제너레이터 코드는 해당 프라미스를 yield 연산자의 결과로 보고 명시적으로 대기해야 한다(또는 then 등을 사용). 이것은 프라미스를 생성할 때 발생하는 일과 비대칭이지만 비동기 제너레이터 코드에 제공되는 프라미스로 수행할 작업을 제어할 수 있음을 의미한다. 아마도 여러 개를 하나의 배열로 모아서 Promise.all을 기다리고 싶을 것이다. yield에서 받은 값을 자동으로 기다리지 않으면 유연성이 생긴다.

다음 엔트리를 건너뛰고 싶다는 플래그를 다음 엔트리에 전달할 수 있도록 fetchInSeries를 수정해 보겠다. 코드 9-6을 참조하자.

코드 9-6 값을 소비하는 비동기 제너레이터-fetchInSeries-with-skip.js

```
async function* fetchInSeries([...urls]) {
    let skipNext = false;
    for (const url of urls) {
```

```
            if (skipNext) {
                skipNext = false;
            } else {
                const response = await fetch(url);
                if (!response.ok) {
                    throw new Error("HTTP 에러 " + response.status);
                }
                skipNext = yield response.json();
            }
        }
    }
}
```

이것을 실제로 보려면 async-generator-fetchInSeries-with-skip.html, async-generator-fetchInSeries-with-skip.js, 1.json, 2.json, 3.json 파일을 로컬 웹 서버에 복사하자. HTTP를 통해 거기에서 HTML 파일을 연다.

비동기 제너레이터에 대한 마지막 참고 사항은 제너레이터가 일시 중지되고 다음에서 프라미스를 반환하면 next를 다시 호출하더라도 해당 프라미스가 확정될 때까지 제너레이터의 코드는 계속되지 않는다. next에 대한 두 번째 호출은 평소와 같이 두 번째 프라미스를 반환하지만 제너레이터를 진행하지 않는다. 첫 번째 프라미스가 완료되면 제너레이터가 진행되고 (결국) 두 번째 프라미스가 확정된다. 이것은 제너레이터의 return 및 throw 메서드에 대한 호출에도 해당된다.

9.2.3 for-await-of

지금까지 비동기 이터레이터를 명시적으로 사용하여 이터레이터 객체를 가져오고 next 메서드를 호출하는 예만 보았다.

```
// 비동기 함수 내에서
const it = fetchInSeries(["1.json", "2.json", "3.json"]);
let result;
while (!(result = await it.next()).done) {
    console.log(result.value);
}
```

동기 이터레이터를 더 편리하게 사용하기 위한 for-of 루프가 있는 것처럼(6장), 비동기 이터레이터를 더 편리하게 사용하기 위한 for-await-of 루프가 있다.

```
for await (const value of fetchInSeries(["1.json", "2.json", "3.json"])) {
    console.log(value);
}
```

for-await-of는 Symbol.asyncIterator 메서드[3]를 호출하여 전달한 이터레이터를 가져온 다음 자동으로 next 호출 결과를 기다린다.

실제로 작동하는지 확인하려면 for-await-of.html, async-generator-fetchInSeries-with-skip.js, 1.json, 2.json, 3.json 파일을 로컬 웹 서버에 복사하자. HTTP를 통해 거기에서 HTML 파일을 연다.

JAVASCRIPT THE NEW TOYS

9.3 과거 습관을 새롭게

다음은 이 장에서 배운 새로운 장난감을 사용하기 위해 업데이트할 수 있는 몇 가지 과거 습관이다.

9.3.1 명시적 프라미스와 then/catch 대신 비동기 함수를 사용

과거 습관: 명시적 프라미스 구문 사용한다.

```
function fetchJSON(url) {
    return fetch(url)
        .then(response => {
            if (!response.ok) {
                throw new Error("HTTP 에러 " + response.status);
            }
            return response.json();
        });
}
```

---

3 비동기 이터러블이 아닌 비동기 이터레이터를 전달하는 경우, 이터레이터가 올바르게 생성되었다면(즉, this를 반환하는 Symbol.asyncIterator 메서드가 있음) 괜찮다.

새로운 습관: async/await를 사용하여 비동기 부분에 대한 콜백을 사용하지 않고도 코드의 논리를 작성할 수 있다.

```
async function fetchJSON(url) {
    const response = await fetch(url);
    if (!response.ok) {
        throw new Error("HTTP 에러 " + response.status);
    }
    return response.json();
}
```

10^장

템플릿, 태그 함수, 새로운 문자열 함수

이 장의 내용

- 템플릿 리터럴
- 템플릿 태그 함수
- 문자열에서 향상된 유니코드 지원
- 문자열 반복
- 새로운 문자열 메서드
- match, split, search, replace의 업데이트

이 장의 코드 다운로드

이 장의 코드는 https://thenewtoys.dev/bookcode 또는 https://www.wiley.com/go/javascript-newtoys에서 다운로드할 수 있다.

이 장에서는 ES2015의 새로운 템플릿 리터럴과 템플릿 태그 함수와 더불어 향상된 유니코드 지원, 반복 및 추가된 메서드 같은 새로운 문자열 함수에 대해 배운다.

10.1 / 템플릿 리터럴

ES2015의 **템플릿 리터럴**(template literal)은 텍스트와 포함된 대체를 결합한 리터럴 구문을 사용하여 문자열(및 기타 엔트리)을 생성하는 방법을 제공한다. 따옴표로 구분된 문자열 리터럴("hi")과 슬래시로 구분된 정규 표현식 리터럴(/\s/)과 같은 다른 종류의 리터럴에 익숙할 것이다. 템플릿 리터럴은 백틱(`)으로 구분되며 **악센트**(accent)라고도 한다.

템플릿 리터럴은 태그가 없는 것과 태그가 있는 것의 두 가지 종류가 있다. 태그가 지정되지 않은 (독립 실행형) 템플릿 리터럴을 먼저 살펴본 다음 태그가 있는 리터럴을 살펴보겠다.

10.1.1 기본 기능(태그 없는 템플릿 리터럴)

태그가 지정되지 않은 템플릿 리터럴은 문자열을 만든다. 다음은 간단한 예이다.

```
console.log(`이것이 템플릿 리터럴이다`);
```

지금까지는 문자열 리터럴이 어떤 장점도 없는 것 같지만 템플릿 리터럴에는 몇 가지 편리한 기능
이 있다. 템플릿 리터럴 내에서 **치환자**를 사용하여 표현식의 내용을 채울 수 있다. 치환자는 달러
기호($)로 시작하고 바로 뒤에 여는 중괄호({)가 오고 닫는 중괄호(})로 끝난다. 중괄호 사이의 모
든 것은 치환자 본문으로 자바스크립트 표현식이다. 템플릿 리터럴이 평가될 때 표현식이 평가된
다. 그 결과가 치환자 대신 사용된다. 다음은 예이다.

```
const name = "Fred";
console.log(`내 이름은 ${name}`);              // 내 이름은 Fred
console.log(`크게 외쳐 봐! ${name.toUpperCase()}!`); // 크게 외쳐 봐! FRED!
```

태그가 지정되지 않은 템플릿 리터럴에서 표현식의 결과가 문자열이 아니면 문자열로 변환된다.

텍스트에 중괄호가 뒤에 오는 실제 달러 기호가 필요한 경우 달러 기호를 이스케이프하자.

```
console.log(`치환하지 않는다: \${foo}`); // 치환하지 않는다: ${foo}
```

여는 중괄호가 뒤에 오는 경우가 아니면 달러 기호를 이스케이프할 필요가 없다.

또 다른 편리한 기능은 문자열 리터럴과 달리 템플릿 리터럴에는 이스케이프되지 않은 줄 바꿈이
포함될 수 있으며 템플릿에 유지된다는 것이다.

```
console.log(`Line 1
Line 2`);
```

위 코드는 다음 코드를 출력한다.

```
Line 1
Line 2
```

줄 바꿈 다음 줄의 선행 공백은 템플릿에 포함된다.

```
for (const n of [1, 2, 3]) {
    console.log(`Line ${n}-1
    Line ${n}-2`);
}
```

그래서 위 코드 다음을 출력한다.

```
Line 1-1
    Line 1-2
Line 2-1
    Line 2-2
Line 3-1
    Line 3-2
```

치환 내용은 자바스크립트 표현식이므로 치환 본문이 복잡한 경우 줄 바꿈과 들여쓰기를 사용할 수 있다. 이는 표현식의 공백일 뿐이므로 문자열에 포함되지 않는다.

```
const a = ["one", "two", "three"];
console.log(`Complex: ${
    a.reverse()
     .join()
     .toUpperCase()
}`);                        // "Complex: THREE,TWO,ONE"
```

치환 본문의 표현은 어떤 식으로든 제한되지 않는다. 완전한 표현문이다. 무엇보다도, 이는 템플릿 리터럴을 템플릿 리터럴 내에 넣을 수 있음을 의미하지만 읽고 유지하는 것이 빠르게 어려워질 수 있다.

```
const a = ["text", "from", "users"];
const lbl = "Label from user";
show(`<div>${escapeHTML(`${lbl}: ${a.join()}`)}</div>`);
```

잘 작동한다. 그러나 스타일의 문제로, 단순성을 위해 내부 템플릿 리터럴을 외부 템플릿에서 옮기는 것이 더 나을 것이다.

```
const a = ["text", "from", "users"];
const lbl = "Label from user";
const userContent = `${lbl}: ${a.join()}`;
show(`<div>${escapeHTML(userContent)}</div>`);
```

템플릿 리터럴 내에서 모든 표준 이스케이프 시퀀스는 문자열 리터럴에서와 같이 작동한다. \n은 개행을 생성하고 \u2122는 ™ 문자 등이다. 즉, 템플릿에 실제 백슬래시를 넣으려면 문자열 리터럴에서처럼 \\로 이스케이프해야 한다.

10.1.2 템플릿 태그 함수(태그가 지정된 템플릿 리터럴)

문자열을 생성하기 위한 태그 없는 사용 외에도 **태그 기능**과 결합된 템플릿 리터럴은 다른 용도로 유용하다.

태그 함수는 태그가 지정된 함수 호출 구문을 사용하여 호출하도록 설계된 함수로, 일반 호출처럼 괄호(( ))를 사용하지 않는다. 대신 템플릿 리터럴(선택적으로 사이에 공백 포함)이 오는 함수 이름을 작성한다.

```
example`This is the template to pass to the function`;
// 또는
example `This is the template to pass to the function`;
```

이것은 example 함수를 호출한다. 자바스크립트에 대한 새로운 스타일의 함수 호출이다(ES2015 기준). 이러한 방식으로 호출되면 example 함수는 **템플릿** 리터럴(리터럴의 하드코딩된 텍스트 세그먼트 배열)에서 템플릿을 첫 번째 인수로 받고 대체 표현식을 평가한 결괏값에 대한 개별 인수가 뒤따른다. 예를 들어 코드 10-1의 코드를 실행하자.

코드 10-1 기본적인 태그 함수 예－tag-function-example.js

```
function example(template, value0, value1, value2) {
    console.log(template);
    console.log(value0, value1, value2);
}
const a = 1, b = 2, c = 3;
example`Testing ${a} ${b} ${c}.`;
```

해당 코드는 다음을 출력한다.

```
["testing ", " ", " ", "."]
1 2 3
```

템플릿 배열에는 후행 공백, 세 치환 사이의 공백, 템플릿 끝에 있는 마지막 대체 뒤의 텍스트(마침표)를 포함하는 초기 단어 "testing"이 포함된다. 대체 값이 있는 다음 인수(value0에는 ${a}의 결과가 포함되고, value1에는 ${b}의 결과가 포함되는 등)가 포함된다.

함수가 고정된 수의 치환자를 예상하지 않는 한 다음과 같이 치환 값에 나머지 매개변수를 사용하는 것이 일반적이다.

```
function example(template, ...values) {
    console.log(template);
    console.log(values);
}
const a = 1, b = 2, c = 3;
example`Testing ${a} ${b} ${c}.`;
```

값이 이제 배열(values)에 있다는 점을 제외하고는 이전과 거의 동일한 결과를 출력한다.

```
["testing ", " ", " ", "."]
[1, 2, 3]
```

평가된 치환 값은 문자열로 변환되지 않는다. 태그 함수는 실제 값을 가져온다. 그 값은 앞의 예에서 values 배열의 숫자와 같은 기본값일 수도 있고, 객체 참조 또는 함수 참조일 수도 있다. 어떤 값이든 상관없다. 코드 10-2에는 이 부분을 강조하기 위한 예가 있다. 이 절의 나머지 부분에서는 문자열을 생성하는 치환을 사용할 것이기 때문이다.

코드 10-2 문자열이 아닌 값을 받는 태그 함수 - non-string-value-example.js

```
const logJSON = (template, ...values) => {
    let result = template[0];
    for (let index = 1; index < template.length; ++index) {
        result += JSON.stringify(values[index - 1]) + template[index];
    }
    console.log(result);
};

const a = [1, 2, 3];
const o = {"answer": 42};
const s = "foo";
logJSON`Logging: a = ${a} and o = ${o} and s = ${s}`;
```

위 코드를 실행하면 다음이 출력된다.

```
Logging: a = [1,2,3] and o = {"answer":42} and s = "foo"
```

보다시피 logJSON은 문자열로 변환된 버전이 아니라 배열과 객체를 받았다.

Array.prototype.reduce는 logJSON과 같이 template과 values 배열의 엔트리를 산재할 때 편리하다. template에는 최소 하나의 엔트리[1]이 있고 값보다 하나의 엔트리가 더 긴 것이 보장되므로

---

1 빈 배열에 대해 reduce를 호출하면 시드 값을 제공하지 않으면 오류가 발생한다는 것을 기억할 수 있지만 template은 절대 비어 있지 않음이 보장되므로 logJSON에는 해당 문제가 없다(태그 함수로 호출되는 경우).

시드 없는 reduce는 함께 압축하는 데 적합하다. 루프 대신 reduce를 사용하는 logJSON 버전은 코드 10-3을 참고하자.

코드 10-3 문자열이 아닌 값을 받는 태그 함수(reduce) - non-string-value-example-reduce.js

```javascript
const logJSON = (template, ...values) => {
    const result = template.reduce((acc, str, index) =>
        acc + JSON.stringify(values[index - 1]) + str
    );
    console.log(result);
};

const a = [1, 2, 3];
const o = {"answer": 42};
const s = "foo";
logJSON`Logging: a = ${a} and o = ${o} and s = ${s}`;
```

이 방식은 태그 함수에 적합하다. 예를 들어 태그가 지정되지 않은 템플릿 리터럴의 문자열 생성 동작을 에뮬레이트하려면 다음과 같이 할 수 있다.

```javascript
function emulateUntagged(template, ...values) {
    return template.reduce((acc, str, index) => acc + values[index - 1] + str);
}
const a = 1, b = 2, c = 3;
console.log(emulateUntagged`Testing ${a} ${b} ${c}.`)
```

(아마도 여기서 하는 일을 정확히 하기 위해 reduce를 사용하지 않을 것이다. 나중에 이 특정 예에 대한 더 간단한 방법에 대해 배우게 될 것이다. 그러나 reduce는 값에 대해 결과를 만드는 프로세스에서 일부 작업을 수행하는 경우 유용하다)

템플릿에서 문자열을 만드는 것은 매우 강력한 사용 사례이지만 문자열이 아닌 사용 사례도 많이 있다. 태그 함수와 템플릿 리터럴을 사용하면 필요한 거의 모든 DSL(Domain-Specific Language, e 도메인 특화 언어)을 만들 수 있다.

정규 표현식이 좋은 예이다.

문자열을 받기 때문에 RegExp 생성자를 사용하는 것이 어색하고 정규 표현식에 대한 모든 백슬래시는 이스케이프되어야 한다(문자 그대로 사용하려는 모든 백슬래시는 **이중** 이스케이프되어야 한다. 한 번은 문자열 리터럴에, 한 번은 정규 표현식에 총 4개의 백슬래시). 이것이 자바스크립트에 정규 표현식 리터럴이 있는 이유 중 하나다.

그러나 정규 표현식에서 변숫값을 사용하려면 정규 표현식 생성자를 사용해야 하며 백슬래시와 명확성 부족과 싸워야 한다. 리터럴을 사용할 수 없다. 태그 함수가 당신을 구하리라!

"하지만 잠깐만. template 매개변수의 문자열이... 그냥 문자열이 아닌가? 백슬래시로 생성된 이스케이프 시퀀스가 있는 경우 이미 처리되지 않을까?"

좋은 지적이다! 맞다, 그렇다. 이것이 템플릿 배열에 raw라는 추가 속성이 있는 이유이다(이는 배열이 객체라는 사실을 이용하므로 배열 엔트리가 아닌 속성을 가질 수 있다) raw 속성은 템플릿의 텍스트 세그먼트에 대한 **미가공** 텍스트 배열을 포함한다. 코드 10-4의 코드를 실행하자.

코드 10-4 raw 문자열 세그먼트를 표시하는 태그 함수-tag-function-raw-strings.js

```javascript
function example(template) {
    const first = template.raw[0];
    console.log(first);
    console.log(first.length);
    console.log(first[0]);
}
example`\u000A\x0a\n`;
```

이 코드는 전달한 첫 번째 텍스트 세그먼트(예에서 유일한 것)의 raw 버전을 가져와서 해당 세그먼트의 길이와 첫 번째 문자만 출력한다. 다음을 출력한다.

```
\u000A\x0a\n
12
\
```

백슬래시는 실제로는 백슬래시라는 점을 확인하자. 이스케이프 시퀀스가 해석되지 않았으며, 어떤 정식 양식으로 바뀌지 않았다는 점에 유의하자. **템플릿 리터럴에 작성된 대로다.** \u000A, \x0a, \n은 모두 정확히 동일한 문자(U+000A, 개행)를 인코딩하는 것을 알고 있을 것이다. 그러나 raw 버전은 말 그대로 가공되지 않은 것다. 템플릿 리터럴에 있는 해당 텍스트 세그먼트의 가공되지 않은 내용이다.

ES2015부터 ES2017까지 템플릿 리터럴의 이스케이프 시퀀스는 유효한 자바스크립트 이스케이프 시퀀스로 제한되었다. 예를 들어, \ufoo는 구문 오류를 일으킬 것이다. 왜냐하면 유니코드 이스케이프 시퀀스에는 \u 뒤에 foo가 아니라 숫자가 있어야 하기 때문이다. 그러나 DSL에 대해서는 제한이 되었기 때문에 ES2018은 그 제한을 해제했다. 텍스트 세그먼트에 잘못된 이스케이프 시퀀스가 포함된 경우 템플릿의 해당 엔트리에는 undefined 값이 있고 미가공 텍스트는 template.raw에 있다.

```
const show = (template) => {
    console.log("template:");
    console.log(template);
    console.log("template.raw:");
    console.log(template.raw);
};
show`Has invalid escape: \ufoo${","}Has only valid escapes: \n`;
```

위 코드는 다음을 출력한다.

```
template:
[undefined, "Has only valid escapes: \n"]
template.raw:
["Has invalid escape: \\ufoo", "Has only valid escapes: \\n"]
```

raw 배열을 사용하여 템플릿 리터럴의 텍스트가 사용되는 정규 표현식을 만드는 태그 함수를 만들 수 있다.

```
const createRegex = (template, ···values) => {
    // raw 텍스트 세그먼트와 values에서 source 빌드
    // (이후 절에서 이 reduce 호출을 대체할 수 있는 것을 보게 될 것이다)
    const source = template.raw.reduce(
        (acc, str, index) => acc + values[index - 1] + str
    );
    // /expr/flags 양식인지 확인한다.
    const match = /^\/(.+)\/([a-z]*)$/.exec(source);
    if (!match) {
        throw new Error("Invalid regular expression");
    }
    // 표현식과 플래그를 가져오고, 정규 표현식을 생성한다.
    const [, expr, flags = ""] = match;
    return new RegExp(expr, flags);
};
```

해당 태그 함수를 사용하면 엔트리를 이중으로 이스케이프하지 않고도 포함된 변수가 있는 정규 표현식을 작성할 수 있다.

```
const alternatives = ["this", "that", "the other"];
const rex = createRegex`/\b(?:${alternatives.map(escapeRegExp).join("|")})\b/i`;
```

이 코드는 표준 자바스크립트 라이브러리의 일부는 아니지만 많은 프로그래머의 툴킷에 있는 escapeRegExp 함수를 가정한다. 전체 예(escapeRegExp 함수 포함)를 보려면 코드 10-5를 실행 하자.

코드 10-5 createRegex 전체 코드 - createRegex-example.js

```
const createRegex = (template, ···values) => {
    // raw 텍스트 세그먼트와 values에서 source 빌드
    // (이후 절에서 이 reduce 호출을 대체할 수 있는 것을 보게 될 것이다)
    const source = template.raw.reduce(
        (acc, str, index) => acc + values[index - 1] + str
    );
    // /expr/flags 양식인지 확인한다.
    const match = /^\/(.+)\/([a-z]*)$/.exec(source);
    if (!match) {
        throw new Error("Invalid regular expression");
    }
    // 표현식과 플래그를 가져오고, 정규 표현을 생성
    const [, expr, flags = ""] = match;
    return new RegExp(expr, flags);
};
// TC39 제안으로 부터: https://github.com/benjamingr/RegExp.escape
const escapeRegExp = s => String(s).replace(/[\\^$*+?.()|[\]{}]/g, "\\$&");

const alternatives = ["this", "that", "the other"];
const rex = createRegex`/\b(?:${alternatives.map(escapeRegExp).join("|")})\b/i`;

const test = (str, expect) => {
    const result = rex.test(str);
    console.log(str + ":", result, "=>", !result == !expect ? "Good" : "ERROR");
};
test("doesn't have either", false);
test("has_this_but_not_delimited", false);
test("has this ", true);
test("has the other ", true);
```

정규 표현식은 DSL의 한 예일 뿐이다. 검색할 값과 트리 모두에 대한 치환을 사용하여 자바스크립트 객체 트리를 쿼리하기 위해 인간과 유사한 논리 표현식을 사용하는 태그 함수를 생성할 수 있다.

```javascript
// 가상의 예
const data = [
    {type: "widget", price: 40.0},
    {type: "gadget", price: 30.0},
    {type: "thingy", price: 10.0},
    // …
];

// ...사용자 입력에 대한 응답으로 호출...
function searchClick(event) {
    const types = getSelectedTypes();         // 아마도 `["widget", "gadget"]`
    const priceLimit = getSelectedPriceLimit(); // 아마도 `35`
    const results = search`${data} for type in ${types} and price < ${priceLimit}`;
    for (const result of results) {
        // ...결과 표시...
    }
}
```

10.1.3 String.raw

태그 함수로 사용될 때 String.raw는 평가된 치환 값과 결합된 템플릿의 raw 텍스트 세그먼트가 있는 문자열을 반환한다. 다음 코드를 보자.

```javascript
const answer = 42;
console.log(String.raw`Answer:\t${answer}`); // Answer:\t42
```

이스케이프 시퀀스 \t는 해석되지 않았다. 결과 문자열에는 문자 그대로 백슬래시 다음에 문자 t가 있다. 이것은 무엇에 유용할까?

문자열의 이스케이프 시퀀스를 해석하지 않고 문자열을 생성하고자 할 때마다 유용하다. 다음의 예를 보자.

- 윈도 컴퓨터의 유틸리티 스크립트에서 하드코딩된 경로 지정

```javascript
fs.open(String.raw`C:\nifty\stuff.json`)
```

- 백슬래시와 변수 부분을 포함하는 정규 표현식 만들기(이전에 본 createRegex 함수의 대안)

  ```
  new RegExp(String.raw`^\d+${separator}\d+$`)
  ```

- LaTeX 또는 PDF 시퀀스 출력(역슬래시도 포함될 수 있음)

기본적으로 String.raw는 해석된 문자열이 아니라 입력한 미가공 문자열(대체 가능)을 원할 때마다 유용하다.

다른 태그 함수에서 사용할 때도 정말 유용하다. 예를 들어, 이전의 createRegex 태그 함수에서 DSL(이 경우 정규 표현식)의 미가공 소스를 생성하려면 다음과 같이 텍스트 세그먼트의 raw 배열과 치환을 통해 태그 함수에 전달된 값을 다시 모아야 했다.

```
const source = template.raw.reduce(
    (acc, str, index) => acc + values[index - 1] + str
);
```

특정 클래스의 태그 함수(템플릿과 값(아마도 사전 처리된 값)를 문자열로 수집하는 함수)의 경우 이것이 일반적인 요구 사항이며 String.raw가 하는 일이다. 그래서 reduce 호출을 대체하여 우리를 위해 그 부분을 수행하도록 호출할 수 있다. 템플릿 리터럴 없이 호출하기 때문에 호출에 대해 태그 표기법이 아닌 일반 () 표기법을 사용한다.

```
const source = String.raw(template, ···values);
```

그러면 createRegex 함수가 더 간단해진다.

```
const createRegex = (template, ...values) => {
    // raw 텍스트 세그먼트와 values에서 source 빌드
    const source = String.raw(template, ...values);
    // /expr/flags 양식인지 확인한다.
    const match = /^\/(.+)\/([a-z]*)$/.exec(source);
    if (!match) {
        throw new Error("Invalid regular expression");
    }
    // 표현식과 플래그를 가져오고, 정규 표현식을 생성한다.
    const [, expr, flags = ""] = match;
    return new RegExp(expr, flags);
};
```

다운로드한 simple-createRegex.js 파일을 실행하여 작동하는지 확인하자.

10.1.4 템플릿 리터럴 재사용하기

템플릿 리터럴에 대해 자주 묻는 질문 중 하나는 다음과 같다. 어떻게 재사용할까? 결국 태그가 지정되지 않은 템플릿 리터럴의 결과는 템플릿 객체가 아니라 문자열이다. 재사용할 템플릿을 원하면 어떻게 할까? 예를 들어, 이름, 성을 출력한 다음 괄호 안에 별명 또는 "핸들"을 출력하려는 경우가 많다고 가정하자. ${firstName} ${lastName} (${handle})`)과 같은 템플릿 리터럴을 사용할 수 있지만 이는 즉시 평가되어 문자열로 바뀐다. 어떻게 재사용할까?

이것은 무언가를 지나치게 생각하는 고전적인 경우이지만 반복해서 나타난다.

"이것을 어떻게 재사용할까?"라는 질문이 종종 있는 경우다. 답은 함수로 래핑하는 것이다.

```
const formatUser = (firstName, lastName, handle) =>
    `${firstName} ${lastName} (${handle})`;
console.log(formatUser("Joe", "Bloggs", "@joebloggs"));
```

10.1.5 템플릿 리터럴과 자동 세미콜론 삽입

세미콜론 없이 코드를 작성하는 것을 선호한다면(자동 세미콜론 삽입에 의존), 여는 괄호나 대괄호((또는 [))로 줄을 시작하는 것을 피하는 데 익숙할 것이다. 이것은 잘못된 함수 호출이나 배열의 시작을 의미하는 속성 접근자와 같이 의도하지 않은 동작을 유발할 수 있다.

템플릿 리터럴은 새로운 "ASI 위험"을 추가한다. 템플릿 리터럴을 시작하기 위해 백틱으로 줄을 시작하면 이전 줄의 끝에서 참조되는 함수에 대한 태그 호출로 볼 수 있다(여는 괄호처럼).

따라서 ASI를 사용하는 경우 (와 [처럼 줄 시작 부분에 세미콜론을 넣은 문자 목록에 백틱을 추가하자.

JAVASCRIPT THE NEW TOYS

10.2 향상된 유니코드 지원

ES2015는 문자열과 정규 표현식에 여러 기능을 추가하여 전체 유니코드 문자 집합으로 작업하는 것을 더 간단하게 하여 자바스크립트의 유니코드 지원을 크게 개선했다. 이 절에서는 문자열 개선 사항을 다룬다. 정규 표현식 개선 사항은 15장에서 다룬다.

새로운 기능에 대해 알아보기 전에 먼저 용어를 살펴보고 복습을 하겠다.

10.2.1 유니코드와 자바스크립트 문자열은 무엇일까?

이미 유니코드와 유니코드 변환 양식(Unicode Transformation Format, UTF), 코드 포인트, 코드 단위 등에 대해 확실히 이해하고 있다면 자바스크립트 문자열은 유효하지 않은 대리 쌍(surrogate pair)을 허용하는 일련의 UTF-16 코드 단위이다. 이 문장을 편안하게 이해한 몇 안 되는 사람 중 하나라면 다음 절로 건너뛸 수 있다. 여러분이 그렇지 않은 대다수에 속해 있다면(왜냐하면 꽤 난해한 용어이기 때문이다!) 계속 읽자.

인간의 언어는 복잡하다. 인간의 언어 쓰기 시스템은 두 배로 그렇다. 영어는 가장 간단한 것 중 하나이다. 간단하게 말하면 각 기본 영어 자소("특정 쓰기 시스템의 맥락에서 최소한으로 구별되는 쓰기 단위")는 26자와 10개의 숫자 중 하나다. 그러나 많은 언어가 그런 식으로 작동하지 않는다. 프랑스어와 같은 일부 언어에는 기본 알파벳과 일부 문자를 수정하는 데 사용되는 소수의 발음 구별 기호가 있다(예: "voilà"의 "a"에 대한 억양). "à"는 부분으로 구성되어 있음에도 불구하고 원어민 독자에게 단일 자소로 인식된다. 인도와 네팔에서 사용되는 문자 체계인 데바나가리는 주어진 자음과 기본 모음 소리("about"의 "a")가 있는 음절에 기본 알파벳을 사용한다. 예를 들어, "na"는 "문자" न이다. 다른 모음 소리가 있는(또는 모음 소리가 없는) 음절의 경우 데바나가리 문자는 분음 부호를 사용한다. '나' 대신 '니'를 쓰기 위해 '나'(न)의 기본 문자를 'i' 소리(ि)의 분음 부호로 수정하여 '니'(नि)를 만든다. "नि"은 (다시) 부분으로 구성되어 있지만 원어민 독자에 의해 단일 자소로 인식된다. 중국어는 수천 개의 고유한 자소를 사용하며 (다시 세부 사항을 무시하면서) 단어는 일반적으로 이 중 1~3개로 구성된다. 따라서 컴퓨터를 사용하기 전에도 복잡하다.

이 모든 복잡성을 처리하기 위해 유니코드는 **코드 포인트**, 0x000000(0)에서 0x10FFFF(1,114,111) 범위의 값을 특정 의미와 속성으로 정의하며 일반적으로 "U+" 다음에 4~6자리의 16진수로 작성된다. 일반적인 오해이지만 코드 포인트는 "문자"가 아니다. 코드 포인트는 그 자체로 "문자"(예: 영문자 "a")이거나 "기본 문자"(예: न, 데바나가리 문자의 "na" 음절) 또는 "결합"일 수 있다. "문자"(예: "na"를 "ni"로 바꾸는 분음 부호 "ि") 또는 기타 몇 가지. 또한 유니코드에는 너비가 0인 공백과 같이 문자소가 아닌 엔트리와 이모티콘과 같이 단어의 일부가 아닌 엔트리에 대한 여러 코드 포인트가 있다.

유니코드는 원래 16비트에 맞는 범위 0x0000에서 0xFFFF를 사용했다("UCS-2", 2바이트 범용 문자 집합이라고 함). 코드 포인트는 단일 16비트 값으로 유지될 수 있다. 현대(당시) 시스템은 16비트 "문자"를 사용하여 문자열을 저장했다. 유니코드를 16비트 이상으로 확장해야 하는 경우(0x000000에서 0x10FFFF는 21비트 필요), 모든 코드 포인트가 더 이상 16비트 값에 맞지는 않다. 이러한 16비트 시스템을 지원하기 위해 **대리 쌍**의 개념이 만들어졌다. 0xD800 ~ 0xDBFF 범위의 값은 "선행"(또는 "높음")이며 0xDC00 ~ 0xDC00 범위의 값이 뒤따를 것으로 예상된다. 0xDFFF, "후행"(또는 "낮음") 쌍을 함께 취하면 상당히 간단한 계산을 사용하여 단일 코드 포인트로 변환할 수 있다. 16비트 값을 코드 포인트와 구별하기 위해 **코드 단위**라고 한다. 21비트 코드 포인트 값을 16비트 코드 단위 값으로 "변환"하는 것을 UTF-16이라고 한다. 잘 구성된 UTF-16에서는 선행 써로게이트(surrogate)가 없고 뒤에 후행 써로게이트가 오지 않거나 그 반대의 경우도 마찬가지다.

자바스크립트는 최신 시스템 중 하나다. 자바스크립트 "문자열"은 일련의 UTF-16 코드 단위이다. 단, 자바스크립트 문자열은 유효하지 않은 써로게이트(후행이 없는 선행 써로게이트)을 허용하고 이에 대한 의미 체계를 정의한다는 점을 제외하고 대리 쌍의 절반을 다른 절반 없이 마주치면 코드 단위가 아니라 코드 포인트인 것처럼 처리해야 한다. 따라서 예를 들어 0xD820이 분리되어 발견되면 선행 써로게이트가 아니라 코드 포인트 U+D820으로 처리된다(U+D820은 예약되어 있으므로 할당된 의미가 없으므로 문자열이 출력되면 "알 수 없는 문자" 글리프가 렌더링된다).

이 모든 것은 인간의 관점에서 볼 때 단일 자소가 하나 이상의 **코드 포인트**일 수 있고 단일 코드 포인트가 하나 또는 두 개의 UTF-16 **코드 단위**(자바스크립트 문자열 "문자")일 수 있음을 의미한다. 표 10-1의 예를 참조하자.

▼ 표 10-1 코드 포인트와 코드 단위 예

"문자"	코드 포인트	UTF-16 코드 단위
영어 "a"	U+0061	0061
데바나가리 "नि"	U+0928 U+093F	0928 093F
스마일 이모지(☺)	U+1F60A	D83D DE0A

영어 자소 "a"가 단일 코드 포인트이고 단일 UTF-16 코드 단위이지만, 데바나가리 "ni" 자소 "नि"은 두 개의 코드 포인트가 필요하며, 각각은 단일 UTF-16 코드 단위이다. 웃는 얼굴 이모티콘은 단일 코드 포인트이지만 두 개의 UTF-16 코드 단위와 두 개의 자바스크립트 "문자"가 필요하다.

```
console.log("a".length    // 1
console.log("ﾆ".length); // 2
console.log("☺".length);  // 2
```

UTF-16은 자바스크립트와 관련이 있지만 UTF-8와 UTF-32도 있다는 점은 주목할 가치가 있다. UTF-8은 코드 포인트를 1~4개의 8비트 코드 단위로 인코딩한다(유니코드가 더 커야 하는 경우 5~6개의 코드 단위로 확장할 수 있다). UTF-32는 32비트 코드 단위를 사용하는 코드 단위에 대한 코드 포인트의 일대일 매핑이다.

어휴! 사전 지식이 많이도 필요하다. 이제 새로운 기능을 살펴보겠다.

10.2.2 코드 포인트 이스케이프 시퀀스

자바스크립트 문자열 리터럴에서 이스케이프 시퀀스를 사용하여 두 개의 UTF-16 코드 단위가 필요한 코드 포인트를 작성하려면 다음과 같이 UTF-16 값을 파악하고 별도로 작성해야 했다.

```
console.log("\uD83D\uDE0A"); // ☺ (스마일 이모지)
```

ES2015에는 **유니코드 코드 포인트 이스케이프 시퀀스**가 추가되어 대신 실제 코드 포인트 값을 지정할 수 있다. 더 이상 번거로운 UTF-16 계산이 필요하지 않다. 중괄호 안에 16진수로 작성한다(일반적으로 유니코드 값은 16진수로 나열된다). 우리가 사용한 웃는 눈의 웃는 얼굴은 U+1F60A이므로 다음과 같다.

```
console.log("\u{1F60A}"); // ☺ (스마일 이모지)
```

10.2.3 String.fromCodePoint

ES2015는 또한 String.fromCharCode(코드 단위로 작동)에 해당하는 코드 포인트인 String.fromCodePoint를 추가했다. 하나 이상의 코드 포인트를 숫자로 전달할 수 있으며 동일한 문자열을 제공한다.

```
console.log(String.fromCodePoint(0x1F60A)); // ☺ (스마일 이모지)
```

10.2.4 String.prototype.codePointAt

코드 포인트 지원에 대한 주제를 계속해서 String.prototype.codePointAt를 통해 문자열의 주어진 위치에서 코드 포인트를 얻을 수 있다.

```
console.log("☺".codePointAt(0).toString(16).toUpperCase()); // 1F60A
```

하지만 이것은 약간 까다롭다. 전달하는 인덱스는 코드 포인트가 아니라 **코드 단위**(자바스크립트 "문자")다. 따라서 s.codePointAt(1)은 문자열의 두 번째 코드 포인트를 반환하지 않고 문자열의 인덱스 1에서 시작하는 코드 포인트를 반환한다. 문자열의 첫 번째 코드 포인트에 두 개의 코드 단위가 필요한 경우 s.codePointAt(1)은 해당 코드 포인트의 후행 써로게이트 코드 단위 값을 반환한다.

```
const charToHex = (str, i) =>
    "0x" + str.codePointAt(i).toString(16).toUpperCase().padStart(6, "0");

const str = " ☺☺ "; // 두 개의 동일한 스마일 이모지
for (let i = 0; i < str.length; ++i) {
    console.log(charToHex(str, i));
}
```

이 코드는 각각의 웃는 얼굴이 문자열에서 두 개의 "문자"를 차지하기 때문에 네 개의 값 (0x01F60A, 0x00DE0A, 0x01F60A, 0x00DE0A)을 출력하지만 코드는 각 반복에서 카운터를 하나씩만 진행한다. 두 번째와 네 번째 위치에 표시되는 값인 0x00DE0A는 웃는 얼굴을 정의하는 쌍의 후행 써로게이트다. 코드는 후행 써로게이트를 건너뛰고 문자열의 실제 코드 포인트를 나열(또는 찾기)해야 한다.

처음부터 반복하는 경우 솔루션은 간단하다. for 루프 대신 for-of를 사용하자. 자세한 내용은 이 장의 뒷부분에 나오는 "반복" 절을 참조하자.

문자열 한가운데에 도착하여 가장 가까운 코드 포인트의 시작을 찾고자 하는 경우에도 그렇게 어렵지 않다. 현재 위치에서 "코드 포인트"를 가져와 0xDC00와 0xDFFF(포함) 사이인지 확인한다. 그렇다면, 그것은 (아마도) 쌍의 후행 써로게이트이므로 쌍의 시작 부분으로 이동하기 위해 한 단계 뒤로 물러나거나(잘못된 대리 쌍을 허용하기 위해 필요한 경우 반복) 다음 코드 포인트의 시작 부분으로 이동하기 위해 앞으로 이동한다(필요한 경우 반복). 또한 0xD800 ~ 0xDBFF 범위의 격리된 선행 써로게이트를 확인할 수도 있다. 이 두 범위는 서로 옆에 있으므로 독립 실행형 선행 또는 후행 써로게이트를 포함하는 검사에 0xD800에서 0xDFFF를 사용할 수 있다.

10.2.5 String.prototype.normalize

향상된 유니코드 지원의 마지막으로, 문자열의 normalize 메서드는 유니코드 컨소시엄에서 정의한 정규화 양식 중 하나를 사용하여 새로운 "정규화된" 문자열을 만든다.

유니코드에서는 동일한 문자열을 여러 가지 방법으로 작성할 수 있다. 정규화는 "정상" 양식(그중 4개가 정의됨)으로 작성된 새 문자열을 만드는 프로세스이다. 이것은 비교나 고급 처리 등에 중요할 수 있다. 좀 더 자세히 살펴보겠다.

프랑스어에서 문자 "c"는 "a"가 뒤에 오는 경우 "거센소리"(영어 "k"처럼 발음됨)다. 뒤에 "a"가 있지만 "예사소리"(문자 "s"처럼 발음됨)이어야 하는 단어에서는 그 아래에 갈고리형 발음 구별 부호가 추가된다. Français라는 프랑스어 이름 자체에서 이것을 볼 수 있다. "frankay"가 아니라 "fransay"로 발음되는데 "c"에 갈고리형 발음 기호가 있기 때문이다. "c"에 그 표시가 있으면 창의적으로 **c 갈고리**라고 하자.

대부분 역사적인 이유[2]로 c 갈고리("ç")에는 고유한 코드 포인트 U+00E7이 있다. 그러나 문자 "c"(U+0063)와 갈고리형 발음 기호의 결합 기호(U+0327)의 조합으로도 쓸 수 있다.

```
console.log("Français");       // Français
console.log("Franc\u0327ais"); // Français
```

글꼴에 따라 **약간** 다르게 보일 수 있지만 단순 비교를 하면 다르지만 동일한 단어이다.

```
const f1 = "Français";
const f2 = "Franc\u0327ais";
console.log(f1 === f2);        // false
```

정규화는 이것을 해결한다.

```
console.log(f1.normalize() === f2.normalize()); // true
```

문자열이 다를 수 있지만 여전히 동일한 텍스트를 인코딩하는 한 가지 방법이다. 일부 언어는 동일한 "문자"에 여러 발음 구별 기호를 적용할 수 있다. 한 문자열과 다른 문자열에서 표시 순서가 다른 경우 문자열은 단순 검사에서 동일하지 않지만 정규화된 양식에서는 동일하다.

---

2 컴퓨터 역사, 즉, 프랑스어는 컴퓨터에서 지원하는 초기 언어 중 하나였으며 분음 부호가 있는 문자 집합에 별도의 문자를 사용하는 것이 해당 문자를 지원하는 간단한 방법이었다.

유니코드에는 표준과 호환성이라는 두 가지 기본 정규화 유형이 있다. 각각에는 분해와 구성의 두 가지 양식이 있다. 너무 자세히 설명하지 않고 유니코드 표준이 두 가지 유형의 정규화에 대해 말하는 내용은 다음과 같다.

> 표준 동등성은 동일한 추상 문자를 나타내는 문자 또는 문자 시퀀스 사이의 근본적인 동등성이며 올바르게 표시될 때 항상 동일한 시각적 모양과 동작을 가져야 한다….
>
> 호환성 동등성은 동일한 추상 문자(또는 추상 문자 시퀀스)를 나타내지만 뚜렷한 시각적 모양 또는 동작을 가질 수 있는 문자 또는 문자 시퀀스 간의 더 약한 유형의 동등성이다. 호환성 등가 양식의 시각적 모양은 일반적으로 해당 문자(또는 문자 시퀀스)의 예상되는 시각적 모양 범위의 하위 집합을 구성한다. 그러나 이러한 변형 양식은 일부 텍스트 컨텍스트에서는 중요하지만 다른 컨텍스트에서는 그렇지 않은 시각적 구분을 나타낼 수 있다. 결과적으로 호환성 동등성의 사용은 적절한 시기를 결정하는 데 더 많은 주의가 필요하다. 시각적 구분이 스타일인 경우 마크업 또는 스타일을 사용하여 서식 정보를 나타낼 수 있다. 그러나 호환성 분해가 있는 일부 문자는 의미론적 특성의 구별을 나타내기 위해 수학적 표기법으로 사용된다. 이러한 컨텍스트에서 양식을 지정하여 고유한 문자 코드의 사용을 대체하면 문제가 발생할 수 있다….
>
> – 유니코드 표준 부속서 #15: 유니코드 정규화 양식

이 표준은 "호환성" 유형이 문제를 일으킬 수 있는 경우에 대한 좋은 예를 제공한다. 문자열 "i9"은 수학에서는 "i의 9승"이다. 그러나 호환성 정규화를 사용하여 해당 문자열을 정규화하면 문자열 "i9"가 표시된다. 위 첨자 "9"(U+2079)는 숫자 "9"(U+0039)로 바뀌었다. 수학적 맥락에서 이 두 문자열은 **매우** 다른 것을 의미한다. 표준(호환성이 아니라) 정규화 유형은 코드 포인트의 위 첨자 특성을 유지한다.

normalize는 사용되는 양식을 제어할 수 있는 선택적 인수를 허용한다.

- **"NFD"(정규화 양식 D)**: 표준 분해. 이 양식에서 문자열은 표준 방식으로 가장 개별적인 조각으로 분해된다. 예를 들어, 갈고리형 발음 기호 코드 포인트를 사용하는 "Français"의 경우 NFD는 갈고리형 발음 기호를 별도의 "c" 코드 포인트와 결합 갈고리형 발음 기호 코드 포인트로 분리한다. 단일 기반에 영향을 미치는 여러 결합 코드 포인트가 있는 문자열에서는 표준 순서로 배치된다.

- **"NFC"(정규화 양식 C)**: 표준 구성. 이 양식(이것이 기본값이다)에서 문자열은 먼저 표준 방식(NFD)으로 분해된 다음 해당하는 경우 단일 코드 포인트를 사용하여 정규 방식으로 재구성

맵플릿, 태그 함수, 세로운 문자열 함수

된다. 예를 들어, 이 양식은 "c" 다음에 갈고리형 발음 기호를 결합하여 단일 "c 갈고리" 코드 포인트로 결합한다.

- **"NFKD"(정규화 양식 KD)**: 호환성 분해. 이 양식에서 문자열은 "호환성" 유형의 정규화(위 첨자 "9"를 일반 "9"로 변경한 것)를 사용하여 가장 이산적인 조각으로 분해된다.

- **"NFKC"(정규화 양식 KC)**: 호환성 구성. 이 양식에서 문자열은 정규화의 호환성 유형으로 분해된 다음 표준 구성으로 재구성된다.

지정하지 않는 경우 기본값은 "NFC"이다.

사용 사례에 따라 네 가지 양식 중 하나를 선택할 수 있지만 많은 사용 사례의 경우 기본 표준 구성 양식이 최선의 선택일 수 있다. 갈고리형 발음기호와 같은 조합된 양식에 대해 표준 코드 포인트를 사용하면서 문자열의 전체 정보를 유지한다.

이것이 유니코드 변경 사항이다. 개선된 문자열 방식들을 살펴보겠다.

10.3 반복

6장에서 이터러블과 이터레이터에 대해 배웠다. ES2015부터 문자열은 이터러블이다. 반복은 문자열의 각 코드 포인트(각 코드 단위가 아닌)를 방문한다. 코드 10-6을 실행하자.

코드 10-6 간단한 문자열 반복 예 - simple-string-iteration-example.js

```
for (const ch of "> ☺ <") {
    console.log(`${ch} (${ch.length})`);
}
```

위 코드는 다음을 출력한다.

```
> (1)
☺ (2)
< (1)
```

스마일 이모지는 단일 코드 포인트이지만 두 개의 UTF-16 코드 단위(자바스크립트 "문자")가 필요하다는 것을 기억하자. 길이는 코드 단위의 길이를 나타내므로 두 번째 반복은 "☺ (2)"를 출력한다.

이것의 결론 중 하나는 사용 사례에 따라 일반적으로 문자열을 문자 배열로 변환하는 방법을 변경할 수 있다는 것이다. ES2015 이전의 관용적 방법은 문자열을 코드 단위의 배열로 분할하는 str.split("")이었다. ES2015부터 Array.from(str)을 대신 사용하도록 선택할 수 있으며, 그 결과 코드 포인트의 배열(코드 단위가 아님)이 생성된다. 11장에서 Array.from에 대해 배우겠지만 간단히 말하면 전달한 반복 가능한 엔트리를 반복하고 각 반복된 값을 배열에 추가하여 배열을 만든다. 따라서 문자열에서 Array.from을 사용하면 문자열 이터레이터를 통해 코드 포인트 배열로 분할된다.

```
const charToHex = ch =>
    "0x" + ch.codePointAt(0).toString(16).toUpperCase().padStart(6, "0");
const show = array => {
    console.log(array.map(charToHex));
};

const str = ">☺<";
show(str.split(""));   // ["0x00003E", "0x00D83D", "0x00DE0A", "0x00003C"]
show(Array.from(str)); // ["0x00003E", "0x01F60A", "0x00003C"]
```

즉, 사용 사례에 따라 Array.from(str)이 str.split("")보다 더 나을 수 있지만("더 나은" 정의를 어떻게 하냐에 따라 다르겠지만) 단일 인간-인지 자소 형성하기 위해 결합하는 코드 포인트를 분해한다. 데바나가리 음절 "ni"(नि)를 기억하나? 두 개의 코드 포인트(기저와 발음 구별 부호)가 필요하지만 단일 자소로 인식되는 코드는 무엇일까? 코드 포인트로 분할해도 분리된다. 데바나가리로 데바나가리인 **देवनागरी**에는 5개의 인지된 자소(**दे व ना ग री**)가 있지만 Array.from 접근 방식에서도 8개의 코드 포인트 배열이 생성된다. 보다 정교한 알고리즘은 자소(유니코드 데이터베이스에서 사용 가능)를 "확장"하는 코드 포인트에 대한 유니코드 정보를 사용할 수 있지만 문자열 반복은 그 수준의 정교함을 시도하지 않는다.

10.4 / 새로운 문자열 메서드

JAVASCRIPT THE NEW TOYS

ES2015는 문자열에 몇 가지 편리한 유틸리티 메서드를 추가했다.

10.4.1 String.prototype.repeat

이름에서 이것이 무엇을 하는지 추측했다고 해도 경품은 없다!

맞다. repeat은 단순히 주어진 횟수만큼 호출한 문자열을 반복한다.

```
console.log("n".repeat(3)); // nnn
```

0이나 NaN을 전달하면 빈 문자열이 반환된다. 0보다 작은 값이나 무한대(양수 또는 음수)를 전달하면 오류가 발생한다.

10.4.2 String.prototype.startsWith, endsWith

startsWith 및 endWith는 문자열이 부분 문자열(선택적으로 시작 또는 끝 인덱스 포함)로 시작하거나 끝나는지 여부를 확인하는 간단한 방법을 제공한다.

```
console.log("testing".startsWith("test")); // true
console.log("testing".endsWith("ing"));    // true
console.log("testing".endsWith("foo"));    // false
```

빈 부분 문자열("foo".startsWith(""))을 전달하면 startsWith와 endsWith 모두 true를 반환한다.

startsWith 시작 인덱스를 전달하면 문자열이 해당 인덱스에서 시작된 것처럼 처리한다.

```
console.log("now testing".startsWith("test"));    // false
console.log("now testing".startsWith("test", 4)); // true
// Index 4 ------^
```

인덱스가 문자열 길이보다 크거나 같으면 해당 지점의 문자열에 일치할 수 있는 엔트리가 없기 때문에 호출 결과는 false가 된다(공백이 아닌 부분 문자열을 전달하는 경우). endWith 종료 인덱스를 전달하면 문자열이 해당 인덱스에서 끝난 것처럼 처리된다.

```
console.log("now testing".endsWith("test"));    // false
console.log("now testing".endsWith("test", 8)); // true
// Index 8 ----------^
```

이 예에서 인덱스 8을 사용하면 endWith가 문자열이 "now testing"이 아니라 "now test"인 것처럼 작동한다.

0을 전달하면 결과가 false가 된다(공백이 아닌 부분 문자열을 전달하는 경우). 찾고 있는 문자열이 사실상 비어 있기 때문이다.

startsWith와 endWith로 하는 검사는 항상 대소문자를 구분한다.

ES2015 - ES2020(지금까지)에서는 문자열이 아닌 정규 표현식을 전달하면 오류가 발생하기 위해 startsWith와 endsWith가 필요하다. 이는 구현에서 정규 표현식에 대한 자체 추가 동작을 제공하지 못하도록 방지하여 이후 버전의 자바스크립트 사양에서 동작을 정의할 수 있도록 한다.

10.4.3 String.prototype.includes

이 메서드는 이름이 당신이 알아야 할 것을 거의 알려주는 또 다른 것이다. include는 호출한 문자열에 전달한 부분 문자열이 포함되어 있는지 확인하고 선택적으로 문자열의 지정된 위치에서 시작하는지 확인한다.

```
console.log("testing".includes("test"));     // true
console.log("testing".includes("test", 1));  // false
```

이 예에서 두 번째 호출은 문자열의 인덱스 1에서 검사를 시작하기 때문에 false를 반환하고 "testing"이 아니라 "esting"을 검사하는 것처럼 선행 문자 "t"를 건너뛴다.

빈 부분 문자열을 찾으려고 전달하면 결과가 true가 된다.

startsWith과 endWith와 마찬가지로 음수 또는 무한 인덱스를 전달하거나 문자열이 아닌 정규 표현식을 전달하면 오류가 발생한다(이에 따라 향후 사양 버전에서 이에 대한 동작을 정의할 수 있다).

10.4.4 String.prototype.padStart, padEnd

ES2017은 padStart와 padEnd를 통해 표준 라이브러리에 문자열 패딩을 추가했다.

```
const s = "example";
console.log(`|${s.padStart(10)}|`);
// => "|   example|"
console.log(`|${s.padEnd(10)}|`);
// => "|example   |"
```

원하는 문자열의 전체 길이를 지정하고 선택적으로 패딩에 사용할 문자열(기본값은 공백)을 지정한다. padStart는 결과가 지정한 길이가 되도록 문자열 시작 부분에 필요한 패딩이 있는 새 문자열을 반환한다. padEnd는 대신 끝을 채운다.

원하는 패딩의 양이 아니라 결과 문자열의 총 길이를 지정한다는 점에 유의하자. 앞의 예에서 "example"은 7개의 문자를 가지고 있고 앞의 코드에서 사용된 길이는 10이므로 3칸의 패딩이 추가된다. 이 예에서는 대신 대시를 사용한다.

```
const s = "example";
console.log(`|${s.padStart(10, "-")}|`);
// => "|---example|"
console.log(`|${s.padEnd(10, "-")}|`);
// => "|example---|"
```

패드 문자열의 길이는 두 개 이상일 수 있다. 필요에 따라 반복하거나 잘린다.

```
const s = "example";
console.log(`|${s.padStart(10, "-*")}|`);
// => "|-*-example|"
console.log(`|${s.padEnd(10, "-*")}|`);
// => "|example-*-|"
console.log(`|${s.padStart(14, "...ooo000")}|`);
// => "|...ooo0example|"
```

이 상황에서는 "시작"과 "끝"이 아니라 "왼쪽"과 "오른쪽"을 보는 데 익숙할 것이다. TC39는 문자열이 현대 히브리어와 아랍어와 같은 오른쪽에서 왼쪽(RTL) 언어 컨텍스트에서 사용될 때 혼동을 피하기 위해 "시작" 및 "끝"을 사용하기로 결정했다.

10.4.5 String.prototype.trimStart, trimEnd

ES2019는 문자열에 trimStart와 trimEnd를 추가했다. trimStart는 문자열의 시작 부분에서 공백을 제거하고 끝 부분에서 trimEnd를 제거한다.

```
const s = "   testing   ";
const startTrimmed = s.trimStart();
const endTrimmed = s.trimEnd();
console.log(`|${startTrimmed}|`);
// => |testing   |
```

```
console.log(`|${endTrimmed}|`);
// => |      testing|
```

이것이 추가된 역사는 다소 흥미롭다. ES2015가 문자열에 trim을 추가했을 때 대부분의 자바스크립트 엔진(결국 모든 주요 엔진)은 사양에 없었지만 trimLeft와 trimRight도 추가했다. 이를 표준화할 때 TC39는 ES2017의 padStart와 padEnd와 일치하도록 trimLeft와 trimRight 대신 trimStart와 trimEnd라는 이름을 사용하기로 결정했다. 그러나 trimLeft와 trimRight는 부속서 B(웹 브라우저용 ECMAScript 추가 기능)에 trimStart와 trimEnd에 대한 별칭으로 등록되었다.

10.5 match, split, search, replace 메서드 업데이트

자바스크립트 문자열 메서드 match, split, search, replace는 ES2015에서 더 일반화되었다. ES2015 이전에는 정규 표현식과 매우 밀접하게 연결되어 있었다. match와 search에는 정규 표현식이 필요하거나 정규 표현식으로 변환할 수 있는 문자열이 필요했다. split과 replace는 정규 표현식을 사용하는 경우 정규 표현식을 사용하고 그렇지 않은 경우 인수를 정규 표현식으로 강제 변환했다.

ES2015부터는 match, search, split, replace와 함께 사용할 고유한 객체를 생성할 수 있으며 메서드가 특정 이름을 가진 메서드에서 찾는 특정 기능이 있는 경우 해당 메서드를 객체에 전달할 수 있다. 그들이 찾는 이름은 잘 알려진 심볼이다(5장에서 잘 알려진 심볼에 대해 배웠다).

- match: Symbol.match를 찾음

- split: Symbol.split를 찾음

- search: Symbol.search를 찾음

- replace: Symbol.replace를 찾음

전달한 객체에 관련 메서드가 있는 경우 문자열 메서드는 해당 메서드를 호출하여 문자열을 전달하고 결과를 반환한다. 즉, 객체의 메서드를 따른다.

split을 예로 들어보자. ES2015부터 split 메서드는 개념적으로 다음과 같다.

```
// String.prototype 내부
split(separator) {
    if (separator !== undefined && separator !== null) {
        if (separator[Symbol.split] !== undefined) {
            return separator[Symbol.split](this);
        }
    }
    const s = String(separator);
    const a = [];
    // ...`s`에서 문자열을 분할하고 `a`에 추가...
    return a;
}
```

보다시피 String.prototype.split은 매개변수의 Symbol.split 메서드가 있는 경우 해당 메서드로 전달한다. 그렇지 않으면 과거에 비정규 표현식 구분 기호로 항상 수행했던 작업을 수행한다. 정규 표현식에는 이제 Symbol.split 메서드가 있으므로 구분 기호로 정규 표현식을 사용하는 것을 계속 지원하므로 split은 이를 따른다.

다른 종류의 검색 메커니즘으로 replace를 사용하는 방법을 살펴보겠다. 문자열에서 {{token}} 양식의 토큰을 찾아 객체의 일치하는 속성으로 바꾸는 것이다. 코드 10-7을 보자.

코드 10-7 정규 표현식이 아닌 치환자 - non-regex-replacer.js

```
// 설정 가능한 토큰 매칭으로 토큰 치환자 정의하기
class Replacer {
    constructor(rexTokenMatcher = /\{\{([^}]+)\}\}/g) {
        this.rexTokenMatcher = rexTokenMatcher;
    }

    [Symbol.replace](str, replaceValue) {
        str = String(str);
        return str.replace(
            this.rexTokenMatcher,
            (_, token) => replaceValue[token] || ""
        );
    }
}
Replacer.default = new Replacer();

// 기본 토큰 치환자를 `replace`와 함께 사용
const str = "Hello, my name is {{name}} and I'm {{age}}.";
const replaced = str.replace(Replacer.default, {
    name: "María Gonzales",
    age: 32
```

```
    });
    console.log(replaced); // "Hello, my name is María Gonzales and I'm 32."

    // 커스텀 토큰 사용
    const str2 = "Hello, my name is <name> and I'm <age>.";
    const replacer = new Replacer(/<([^>]+)>/g) ;
    const replaced2 = str2.replace(replacer, {
        name: "Joe Bloggs",
        age: 45
    });
    console.log(replaced2); // "Hello, my name is Joe Bloggs and I'm 45."
```

코드 10-7을 실행하면서 관찰해야 할 핵심은 String의 replace가 Replacer의 Symbol.replace 메서드를 호출한다는 것이다. 더 이상 RegExp 인스턴스나 문자열만 허용하지 않는다.

match, split, search도 유사한 작업을 수행할 수 있다.

JAVASCRIPT THE NEW TOYS

10.6 과거 습관을 새롭게

다음은 바꾸면 좋은 몇 가지 과거 습관이다.

10.6.1 문자열 연결 대신 템플릿 리터럴 사용(적절한 경우)

과거 습관: 문자열 연결을 사용하여 범위 내 변수에서 문자열을 작성한다.

```
const formatUserName = user => {
    return user.firstName + " " + user.lastName + " (" + user.handle + ")";
};
```

새로운 습관: 스타일의 문제일 수 있지만 대신 템플릿 리터럴을 사용하자.

```
const formatUserName = user => {
    return `${user.firstName} ${user.lastName} (${user.handle})`;
};
```

사실, 어떤 사람들은 항상 문자열 리터럴 대신 템플릿 리터럴을 사용하는 아이디어를 고려하고 있다. **모든 곳에서** 그렇게 할 수는 없지만 여전히 문자열 리터럴만 허용되는 곳이 몇 군데 있다. 가장 큰 것은 객체 이니셜라이저에서 인용된 속성 이름(대신 계산된 속성 이름을 사용할 수 있음), 정적 import/export를 위한 모듈 지정자(13장)와 "use strict"이다. 그러나 과거에 일반적으로 문자열 리터럴을 사용했던 거의 모든 곳에서 템플릿 리터럴을 사용할 수 있다.

10.6.2 커스텀 플레이스 홀더 메커니즘 대신 DSL을 위해 태그 함수와 템플릿 리터럴 사용

과거 습관: DSL을 생성할 때 자신만의 플레이스 홀더 메커니즘을 만든다.

새로운 습관: 의미가 있는 상황에서는 템플릿에서 제공하는 대체 평가를 활용하여 태그 기능과 템플릿 리터럴을 사용하자.

10.6.3 문자열 이터레이터 사용

과거 습관: 인덱스로 문자열의 문자에 접근한다.

```
const str = "testing";
for (let i = 0; i < str.length; ++i) {
    console.log(str[i]);
}
```

새로운 습관: 문자열을 코드 단위가 아닌 일련의 코드 포인트로 처리하려면 codePointAt 또는 for-of 또는 기타 유니코드 인식 기능을 사용하자.

```
const str = "testing";
for (const ch of str) {
    console.log(ch);
}
```

11장

새로운 배열 함수,
타입이 있는 배열

이 장의 내용

- 새로운 배열 함수
- 타입이 있는 배열
- DataView 객체

이 장의 코드 다운로드

이 장의 코드는 https://thenewtoys.dev/bookcode 또는 https://www.wiley.com/go/javascript-newtoys에서 다운로드할 수 있다.

이 장에서는 기존 배열과 새로운 타입의 배열을 위한 새로운 함수를 포함하여 ES2015+ 배열의 새로운 함수에 대해 배운다.

이 장의 핵심으로 들어가기 전에 용어에 대해 간략한 설명을 먼저 하겠다. 배열의 내용을 참조하는 데 가장 많이 사용되는 두 용어는 "요소"(element)와 "엔트리"(entry)이다. "요소"가 "엔트리"보다 좀 더 자주 사용되지만, DOM 요소와 혼동을 피하기 위해 그리고 배열의 엔트리에 대한 이터레이터를 얻는 데 사용하는 배열 메서드 이름이 entries이기 때문에 이 책에서 "엔트리"를 사용하겠다. 하지만 자바스크립트 사양의 대부분을 비롯하여 "요소"를 더 많이 듣게 될 것이다. "요소"는 또한 타입이 있는 배열에 대한 표준 API의 한 위치에서 사용된다.

11.1 새로운 배열 메서드

ES2015(주로), ES2016와 ES2019에는 배열 생성과 요소의 접근과 수정을 위한 많은 새로운 배열 메서드가 추가되었다.

11.1.1 Array.of

시그니처:

```
arrayObject = Array.of(value0[, value1[, ... ]])
```

Array.of는 다음과 같이 이산 인수로 전달한 값을 포함하는 배열을 만들고 반환한다.

```
const a = Array.of("one", "two", "three");
console.log(a); // ["one", "two", "three"]
```

배열 이니셜라이저를 사용할 수 있기 때문에 언뜻 보기에 이것은 불필요해 보일 수 있다.

```
const a = ["one", "two", "three"];
console.log(a); // ["one", "two", "three"]
```

Array.of는 리터럴 양식이 없기 때문에 배열 **서브클래스**에 유용하다.

```
class MyArray extends Array {
    niftyMethod() {
        // ...뭔가 멋진 일을 한다...
    }
}
const a = MyArray.of("one", "two", "three");
console.log(a instanceof MyArray); // true
console.log(a); // ["one", "two", "three"]
```

4장에서 MyArray 함수의 프로토타입이 Array 함수라는 것을 배웠다. 즉, MyArray.of는 Array에서 상속된다. Array.of는 호출된 this를 충분히 똑똑하게 볼 수 있으며 생성자인 경우 해당 생성자를 사용하여 새 배열을 생성한다(생성자가 아닌 경우 Array.of는 기본적으로 Array를 사용한다). 따라서 재정의할 필요 없이 MyArray.of는 MyArray의 인스턴스를 만든다.

11.1.2 Array.from

시그니처:

```
arrayObject = Array.from(items[, mapFn[, thisArg]])
```

Array.of와 마찬가지로 Array.from은 전달한 인수를 기반으로 배열을 생성한다. 그러나 개별 값을 사용하는 대신 이터러블이나 배열과 유사한[1] 객체를 첫 번째 인수로 받아들이고 해당 객체의 값을 사용하여 배열을 만들고 선택적으로 매핑 함수를 적용한다. Array.from null 또는 undefined를 제공하면 오류가 발생한다. 이터러블이 아니거나 배열과 유사하지 않은 거의 모든

---

1   배열과 유사한 객체는 "엔트리"가 0에서 length – 1까지의 정수의 표준 문자열 양식으로 된 이름을 가진 속성 length를 가진 모든 객체이다.

경우에는 빈 배열을 반환한다.

10장에서 보았듯이 문자열은 이터러블이므로 Array.from은 문자열의 "문자"(유니코드 코드 포인트)에서 배열을 만들 수 있다.

```
const str = "123";
const a = Array.from(str);
console.log(a); // ["1", "2", "3"]
```

다음은 **배열과 유사한** 객체에서 배열을 구축하는 예이다(속성 이름 "0"과 "1"은 숫자 리터럴로 작성할 수 있지만 결국 문자열로 끝나므로 여기서는 강조를 위해 문자열을 사용했다).

```
const a = Array.from({length: 2, "0": "one", "1": "two"});
console.log(a); // ["one", "two"]
```

Array.from은 선택적 두 번째 인수인 mapFn을 허용한다. 이 인수는 배열에 추가될 때 각 값에 적용할 매핑 함수이다. 예를 들어, 숫자가 포함된 문자열을 가져와 숫자 배열을 숫자로 얻으려면 mapFn으로 변환 함수를 전달할 수 있다.

```
const str = "0123456789";
const a = Array.from(str, Number);
console.log(a); // [0, 1, 2, 3, 4, 5, 6, 7, 8, 9]
```

매핑 함수의 시그니처는 mapFn(value, index)이다. 여기서 value는 매핑되는 값이고 index는 결과 배열에서 새 값이 가질 인덱스다. Array.prototype.map 콜백이 받는 인수와 유사하지만 from(엔트리를 매핑할 때)과 map 사이에는 다음과 같은 두 가지 차이점이 있다.

- Array.from 매핑 콜백은 매핑 콜백이 수행하는 세 번째 인수인 매핑되는 소스 객체를 받지 않는다. 포함하자는 이야기가 있었지만 배열이나 배열과 같은 객체가 아닌 이터러블 객체일 때는 인덱싱이 작동하지 않기 때문에 그다지 유용하지 않다.
- map은 소스 배열에 있는 엔트리에 대해서만 콜백을 호출하지만(희소 배열에서 "누락된" 엔트리 건너뛰기), 배열과 유사한 객체를 처리할 때 from은 0에서 length - 1(포함) 범위의 모든 인덱스에 대해 콜백을 호출한다. 해당 색인에 해당 엔트리가 없는 경우에도 마찬가지다.

매핑 함수는 인덱스를 두 번째 인수로 받기 때문에 여러 매개변수를 허용하고 수신하는 두 번째 인수로 인해 혼동될 수 있는 함수를 전달하는 고전적인 map 함정을 피해야 한다. 고전적인 예는 맵과 함께 parseInt를 사용하는 것이다. 이 문제는 Array.from의 매핑 함수에도 적용된다.

```
const str = "987654321";
const a = Array.from(str, parseInt);
console.log(a); // [9, NaN, NaN, NaN, NaN, 4, 3, 2, 1]
```

parseInt는 두 개의 매개변수를 허용한다. 두 번째 매개변수는 사용할 기수이다.(숫자 기수: 2진
수의 경우 2, 10진수의 경우 10 등). 따라서 map이 인덱스를 마치 기수인 것처럼 전달할 때 혼란
스러워진다. 해당 예의 NaN은 parseInt가 잘못된 기수 매개변수 또는 구문 분석하려는 숫자가 맞
지 않는 기수로 호출되었기 때문이다(첫 번째는 parseInt가 기수 0을 전달하면 이를 무시하기 때
문에 작동했다). 예를 들어 1이 잘못된 기수이기 때문에 두 번째 호출이 실패했다. 세 번째 호출은
2가 유효한 기수(2진법)이기 때문에 실패했지만 숫자 "7"은 이진법에서 유효하지 않다. map과 마
찬가지로 정답은 화살표 함수를 사용하거나 콜백이 적절한 인수만 수신하도록 하는 다른 방법을
사용하는 것이다. parseInt를 사용하면 일반적으로 어쨌든 기수를 명시적으로 사용해야 하므로
다음을 수행하면 된다.

```
const str = "987654321";
const a = Array.from(str, digit => parseInt(digit, 10));
console.log(a); // [9, 8, 7, 6, 5, 4, 3, 2, 1]
```

이터러블과 배열과 유사한 것에서 배열을 만드는 것 외에도 Array.from의 또 다른 사용 사례는 **범
위 배열**(range array)을 만드는 것이다. 주어진 범위의 숫자로 채워진 배열이다. 예를 들어, 값이 0에
서 99까지인 100개의 엔트리가 있는 배열을 만들려면 다음을 사용할 수 있다.

```
const a = Array.from({length: 100}, (_, index) => index);
// 또는: const a = Array.from(Array(100), (_, index) => index);
console.log(a); // [0, 1, 2, 3, … 99]
```

{length: 100}와 Array(100) 둘 다 값이 100인 length 속성을 가진 객체를 생성한다(첫 번째는
일반 객체, 두 번째는 희소 배열이다). Array.from은 0에서 99(포함) 범위의 각 인덱스에 대한 매
핑 콜백을 호출하여 첫 번째 인수[2]에 대해 undefined 값을 전달하고 두 번째 인수에 대해 인덱
스를 전달한다. 콜백은 인덱스를 반환하므로 결과 배열은 엔트리에 인덱스 값을 포함한다. 이를
rangeArray 함수로 일반화할 수 있다.

```
function rangeArray(start, end, step = 1) {
    return Array.from(
        {length: Math.floor(Math.abs(end - start) / Math.abs(step))},
```

---

2   이 예의 코드는 undefined 인수를 _ 매개변수로 받는다. 단일 밑줄은 자바스크립트에서 유효한 식별자이다. 함수에서 사용하지 않는 매개변
   수의 이름으로 종종 선택된다.

```
```

```
        (_, i) => start + (i * step)
    );
}

console.log(rangeArray(0, 5));      // [0, 1, 2, 3, 4]
console.log(rangeArray(6, 11));     // [6, 7, 8, 9, 10]
console.log(rangeArray(10, 20, 2)); // [10, 12, 14, 16, 18]
console.log(rangeArray(4, -1, -1)); // [4, 3, 2, 1, 0]
```

마지막으로 Array.from은 mapFn 호출에서 this 값을 결정하는 세 번째 매개변수인 thisArg를 허용한다. 따라서 메서드(method)가 있는 객체(example)가 있고 해당 메서드를 콜백으로 사용하려는 경우 다음 코드를 사용하여 메서드에 대한 호출 내에서 example 객체를 참조하는지 확인한다.

```
const array = Array.from(Array(100), example.method, example);
```

11.1.3 Array.prototype.keys

시그니처:

```
keysIterator = theArray.keys()
```

keys 메서드는 배열의 키에 대한 이터레이터를 반환한다. 배열의 키는 0부터 length - 1까지의 숫자이다. 예를 들면 다음은 0, 1, 2를 차례로 출력한다.

```
const a = ["one", "two", "three"];
for (const index of a.keys()) {
    console.log(index);
}
```

keys 메서드는 다음과 같은 특징이 있다.

- 배열이 아닌 이터레이터를 반환한다.
- 배열 엔트리의 이름이 기술적으로 문자열이지만(5장의 "속성 순서" 절에서 배운 것처럼 전통적인 배열은 실제로 배열이 아니므로) keys 메서드의 이터레이터가 반환하는 값은 숫자이다.
- 배열이 희소하더라도 0 <= n < length 범위의 모든 인덱스 값은 이터레이터에 의해 반환된다.

- 배열에 배열 인덱스가 있는 경우 배열 인덱스가 아닌 열거 가능한 속성의 이름은 포함되지 않는다.

배열을 반환하고, 인덱스를 문자열로 포함하고, 희소 배열에 없는 엔트리의 인덱스를 생략하고, 다른 고유(상속되지 않은) 열거 가능한 이름을 포함하는 Object.keys(someArray)와 이러한 점을 다르다.

다음은 희소 배열의 예와 keys 이터레이터가 공백인 인덱스를 포함하는 방법이다.

```
const a = [, "x", , , "y"];
for (const index of a.keys()) {
    console.log(index, index in a ? "present" : "absent");
}
```

배열 a는 인덱스 0, 2, 3에 엔트리가 없다. 인덱스 1과 4에만 엔트리가 있다. 이 코드는 다음을 출력한다.

```
0 "absent"
1 "present"
2 "absent"
3 "absent"
4 "present"
```

11.1.4 Array.prototype.values

시그니처:

```
valuesIterator = theArray.values()
```

values 메서드는 keys와 비슷하지만 키가 아닌 배열의 값에 대한 이터레이터를 반환한다. 예를 들면, 다음 코드를 실행하면 "one", "two", "three"가 출력된다.

```
const a = ["one", "two", "three"];
for (const index of a.values()) {
    console.log(index);
}
```

희소 배열의 누락된 엔트리에 대한 인덱스를 포함하는 keys와 마찬가지로 values에는 배열의 누락된 엔트리에 대해 undefined 값이 포함된다.

```
const a = [, "x", , , "y"];
for (const value of a.values()) {
    console.log(value);
}
```

위 코드는 다음을 출력한다.

```
undefined
"x"
undefined
undefined
"y"
```

결과적으로 values 이터레이터에서 값으로 undefined를 얻을 때 배열에 값이 undefined 엔트리가 있는지 또는 희소 배열에 공백이 있는지 알 수 없다. 알아야 할 경우 values 메서드를 사용하면 안 된다(entries를 사용하는 법에 대한 다음 절을 참조하자).

11.1.5 Array.prototype.entries

시그니처:

```
entriesIterator = theArray.entries()
```

entries 메서드는 효과적으로 keys와 values 메서드를 조합한다. 배열의 엔트리에 대한 이터레이터를 반환하며, 여기서 제공하는 각 엔트리는 [index, value] 배열이다.

```
const a = ["one", "two", "three"];
for (const entry of a.entries()) {
    console.log(entry);
}
```

위 코드는 다음을 출력한다.

```
[0, "one"]
[1, "two"]
[2, "three"]
```

entries에서 엔트리를 반복할 때 인덱스와 값을 이산 변수 또는 상수로 가져오기 위해 디스트럭처링 할당(7장 참조)을 사용하는 것이 일반적이다.

```
const a = ["one", "two", "three"];
for (const [index, value] of a.entries()) {
    console.log(index, value);
}
```

위 코드는 다음을 출력한다.

```
0 "one"
1 "two"
2 "three"
```

keys나 values와 마찬가지로 반복은 엔트리가 희소하기 때문에 배열에 존재하지 않는 경우에도 엔트리를 포함한다. values와 달리 배열에 키(index)가 있는지 확인하여 공백이거나 실제 엔트리로 인해 undefined 값을 얻는지 구별할 수 있다.

```
const a = [, undefined, , , "y"];
for (const [index, value] of a.entries()) {
    console.log(index, value, index in a ? "present" : "absent");
}
```

위 코드는 다음을 출력한다.

```
0 undefined "absent"
1 undefined "present"
2 undefined "absent"
3 undefined "absent"
4 "y" "present"
```

두 번째 undefined는 존재하는 엔트리에 대한 것이고 나머지는 모두 공백에 대한 것이다.

이터레이터의 컨슈머가 원래 배열에 접근할 수 없는 경우 해당 컨슈머는 [index, value] 배열의 undefined 값이 공백에서 나온 것인지 아니면 실제로 undefined에서 온 것인지 알 수 없다. entries 메서드의 [index, value] 배열은 희소 엔트리의 경우에도 항상 인덱스와 값을 모두 갖는다.

11.1.6 Array.prototype.copyWithin

시그니처:

```
obj = theArray.copyWithin(target, start[, end])
```

copyWithin 메서드는 배열의 한 부분에서 배열의 다른 부분으로 엔트리를 복사하여 어레이의 길이를 늘리지 않고 잠재적인 겹침 문제를 처리한다. 대상(target) 인덱스(복사된 엔트리를 넣을 위치), 시작(start) 인덱스(복사를 시작할 위치) 그리고 선택적으로 종료(end) 인덱스(중지할 위치, 제외, 기본값은 배열의 길이)를 지정한다. 메서드는 호출된 배열을 반환한다(자세한 내용은 "copyWithin 반환값" 참조). 인수 중 하나라도 음수이면 배열 끝에서 오프셋으로 사용된다. 예를 들어, 길이가 6인 배열에서 -2의 start는 6 - 2가 4이기 때문에 4의 start로 사용된다. start 인덱스 매개변수는 선택 사항으로 정의되지 않지만 그대로 두면 유횻값은 0이 된다. 사양이 start 값 해석을 처리하는 방식 때문이다.

> **Note ☰ copyWithin 반환값**
>
> copyWithin을 설명할 때 "… 호출된 배열을 반환한다."라고 말했다. 엄밀히 말하면 사실이 아니다. 호출된 이 값을 가져와서 아직 객체가 아닌 경우 이를 객체로 변환하고 작업을 수행한 다음 해당 객체를 반환한다. 일반적인 경우 배열에서 호출하므로 this는 해당 배열을 참조하고 해당 배열이 반환된다. 그러나 call 또는 apply 또는 이와 유사한 것을 사용하여 배열과 유사한 객체로 설정하여 this로 호출하면 배열이 아닌 해당 배열과 유사한 객체를 반환한다. 프리미티브로 설정하여 this로 호출하면 해당 프리미티브를 객체로 변환하고 해당 객체를 반환한다(요청한 복사를 수행할 수 없기 때문에 오류가 발생하지 않은 경우).

다음은 배열의 뒤쪽 엔트리를 배열 내의 앞쪽 위치로 복사하는 예이다.

```
const a = ["a", "b", "c", "d", "e", "f", "g", "h", "i", "j", "k"];
console.log("이전 ", a);
a.copyWithin(2, 8);
console.log("이후 ", a);
```

앞 코드는 다음을 출력한다.

```
이전 ["a", "b", "c", "d", "e", "f", "g", "h", "i", "j", "k"]
이후 ["a", "b", "i", "j", "k", "f", "g", "h", "i", "j", "k"]
```

호출은 인덱스 8에서 시작하여 배열의 끝까지("i", "j", "k") 엔트리를 배열 내에서 복사하여 인덱스 2에서 시작하여 쓴다. 그림 11-1을 참조하자.

인덱스 2-4에 있는 앞쪽 엔트리를 복사본으로 **덮어썼다**. 복사본은 **삽입**된 것이 아니다.

▼ 그림 11-1

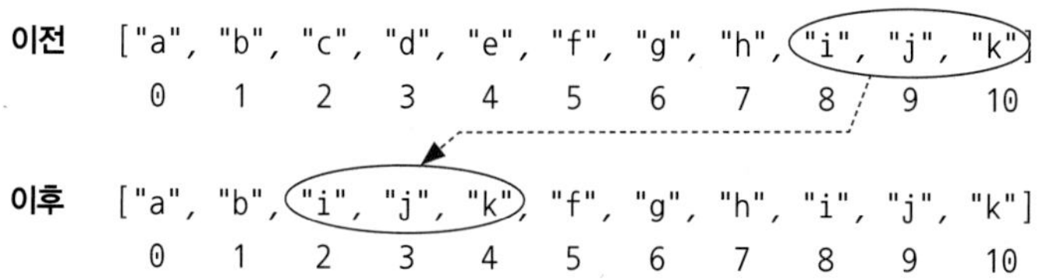

이전   ["a", "b", "c", "d", "e", "f", "g", "h", "i", "j", "k"]
        0   1   2   3   4   5   6   7   8   9   10

이후   ["a", "b", "i", "j", "k", "f", "g", "h", "i", "j", "k"]
        0   1   2   3   4   5   6   7   8   9   10

다음은 앞쪽 엔트리를 뒤쪽 위치로 복사하는 예이다.

```
const a = ["a", "b", "c", "d", "e", "f", "g"];
console.log("이전 ", a);
a.copyWithin(4, 2);
console.log("이후 ", a);
```

앞 코드는 다음을 출력한다.

```
이전 ["a", "b", "c", "d", "e", "f", "g"]
이후 ["a", "b", "c", "d", "c", "d", "e"]
```

그림 11-2를 참고하자.

▼ 그림 11-2

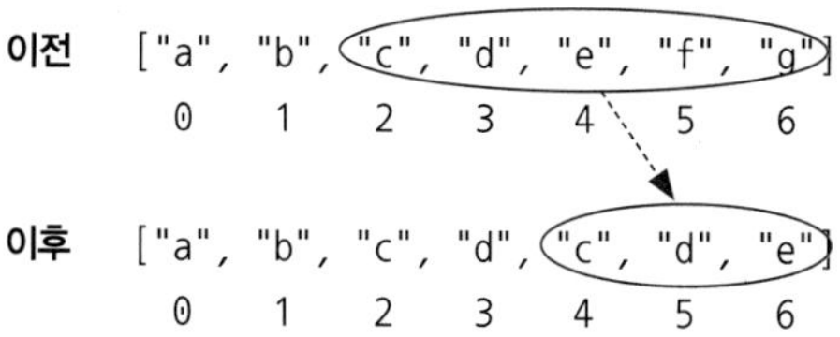

이전   ["a", "b", "c", "d", "e", "f", "g"]
        0   1   2   3   4   5   6

이후   ["a", "b", "c", "d", "c", "d", "e"]
        0   1   2   3   4   5   6

이 예에서는 다음 두 가지 사항에 주목해야 한다.

- 복사는 단순한 전진 for 루프가 아니다. 그렇다면 작업은 "e" 위에 "c"를 복사하고 나중에 "e"를 (올바르게) 사용하는 대신 마지막 엔트리에 대해 복사된 "c"를 사용하여 자체적으로 단계를 밟았을 것이다. 대신 copyWithin은 복사되는 엔트리가 작업이 시작되기 전의 상태인지 확인한다.

- 어레이를 확장하지 않고 복사가 중지되었다. 코드에는 종료 인덱스(세 번째 인수)가 없으므로 종료 인덱스는 기본적으로 배열의 길이로 설정된다. 작업은 "f"와 "g"를 복사하지 않았다. 그렇게 하면 배열이 더 길어질 것이기 때문이다. 이것이 그림 11-2에서 5개의 소스 엔

트리가 동그라미로 표시되어 있음에도 불구하고(호출이 인덱스 2에서 6까지의 엔트리를 지정했기 때문에) 메서드가 배열의 끝에 실행되기 전에 3개만 복사된 이유이다.

매우 독특한 작업처럼 보일 수 있지만, 실제로도 그렇다. 그래픽 응용 프로그램에서 일반적인 작업으로, 주로 그래픽 작업에 사용되는 **타입이 있는 배열**(이 장의 뒷부분에서 배우게 됨)에 포함되었기 때문에 기본 배열 함수에 포함되었다. TC39는 배열과 타입이 있는 배열의 API를 최대한 유사하게 유지하기로 결정했다. 타입이 지정된 배열에는 copyWithin 메서드가 있으며 배열도 마찬가지다.

타입이 있는 배열에 국한되지 않는 copyWithin의 흥미로운 특징 중 하나는 희소 배열을 처리하는 방법이다(나중에 배우겠지만 타입이 있는 배열은 희소성이 없다). copyWithin은 누락된 엔트리를 복사할 위치에서 엔트리를 삭제하여 공백을 "복사"한다.

```javascript
function arrayString(a) {
    return Array.from(a.keys(), key => {
        return key in a ? a[key] : "*공백*";
    }).join(", ");
}
const a = ["a", "b", "c", "d", , "f", "g"];
console.log("이전 ", arrayString(a));
a.copyWithin(1, 3);
console.log("이후 ", arrayString(a));
```

해당 배열의 공백에 유의하자. 인덱스 4에는 엔트리가 없다("e" 누락). 그 결과는 다음과 같다.

```
이전 a, b, c, d, *공백*, f, g
이후 a, d, *공백*, f, g, f, g
```

인덱스 4에 존재하는 간격은 인덱스 2에 복사되었다(그런 다음 인덱스 4의 간격은 나중에 인덱스 6의 값이 복사될 때 채워졌다).

11.1.7 Array.prototype.find

시그니처:

```
result = theArray.find(predicateFn[, thisArg])
```

find 메서드는 조건 함수를 사용하여 배열에서 첫 번째로 일치하는 엔트리의 값을 찾는 것이다.

배열의 각 엔트리에 대해 조건 함수를 호출하고, 선택적으로 해당 호출에 대해 지정된 thisArg를 this 값으로 사용하고, 조건 함수가 참으로 평가되는 값을 반환하는 첫 번째 엔트리의 값을 찾으면 중지하고 찾은 값을 반환하거나 더 이상 검사할 엔트리가 없으면 undefined를 반환한다. 예를 들면 다음과 같다.

```
const a = [1, 2, 3, 4, 5, 6];
const firstEven = a.find(value => value % 2 == 0);
console.log(firstEven); // 2
```

조건 함수는 세 개의 인수(forEach, map, some 등에 사용되는 것과 동일한 것)와 함께 호출된다. 해당 호출에 대한 값, 해당 인덱스와 find가 호출된 객체(일반적으로 배열)에 대한 참조이다. 조건자가 배열의 후속 엔트리를 방문하지 않고 참으로 평가되는 값을 반환할 때 find가 처음으로 중지된다.

빈 배열에서 find를 호출하면 조건자가 정확한 값을 반환하기 전에 find가 엔트리를 모두 사용하기 때문에 항상 undefined 값을 반환한다(조건 함수가 호출되지 않기 때문이다).

```
const x = [].find(value => true);
console.log(x);          // undefined
```

찾기 작업 중에 배열을 수정하는 것은 일반적으로 모범 사례가 아니지만 그렇게 하면 결과가 잘 정의된다. 방문할 엔트리의 범위는 find가 루프를 시작하기 전에 결정된다. 엔트리에 사용되는 값은 엔트리를 방문했을 때의 값이다(미리 저장되지 않는다). 이것은 다음을 의미한다.

- 맨 뒤에 새 엔트리를 추가하면 방문하지 않는다.
- 이미 방문한 엔트리를 변경하면 다시 방문하지 않는다.
- 아직 방문하지 않은 엔트리를 변경하면 방문할 때 **새** 값이 사용된다.
- 배열에서 엔트리를 제거하고 길이를 줄이면 배열의 공백에 대한 일반적인 값인 undefined 로 끝에 있는 공백이 방문된다.

다음 예를 보자.

```
const a = ["one", "two", "three"];
const x = a.find((value, index) => {
    console.log(`Visiting index ${index}: ${value}`);
    if (index === 0) {
        a[2] = a[2].toUpperCase();
    } else if (index === 1) {
```

```
        a.push("four");
    }
    return value === "four";
});
console.log(x);
```

앞 코드는 다음을 출력한다.

```
Visiting index 0: one
Visiting index 1: two
Visiting index 2: THREE
undefined
```

찾기가 시작될 때 방문할 엔트리의 범위를 벗어났기 때문에 "four" 엔트리를 방문하는 것을 볼 수 없지만 방문하기 전에 변경되었기 때문에 대문자로 "THREE"가 표시된다. "four" 엔트리를 방문한 적이 없기 때문에 조건 함수가 절대 값을 반환하지 않았기 때문에 find는 undefined 값을 반환한다(console.log(x)에 표시된다).

11.1.8 Array.prototype.findIndex

시그니처:

```
result = theArray.findIndex(predicateFn[, thisArg])
```

findIndex는 findIndex가 조건 함수가 참으로 평가되는 값을 반환한 엔트리의 **인덱스**를 반환하거나 엔트리가 부족한 경우 -1을 반환한다는 점을 제외하고는 find와 정확히 같다.

```
const a = [1, 2, 3, 4, 5, 6];
const firstEven = a.findIndex(value => value % 2 == 0);
console.log(firstEven); // 1 - - 첫 번째 짝수 값은 인덱스 1의 숫자 2이다.
```

즉, 조건 함수는 동일한 3개의 인수를 수신하고, findIndex가 방문하는 엔트리의 범위는 미리 결정되며, 방문한 값은 방문했을 때와 같다(미리 저장되지 않는다). 배열 간격의 길이는 끝에 방문하고 빈 배열의 findIndex는 항상 -1을 반환한다.

11.1.9 Array.prototype.fill

시그니처:

```
obj = theArray.fill(value[, start[, end]])
```

fill 메서드는 주어진 value를 사용하여 호출한 배열(또는 배열과 유사한 객체)을 채우고 선택적으로 start(기본값 0) 및 end(배타적, 기본 length) 인덱스로 정의된 범위만 채운다. 호출된 배열을 반환한다(사실상 반환값은 copyWithin과 같다). start 또는 end가 음수이면 배열 끝에서 오프셋으로 사용된다.

```
const a = Array(5).fill(42);
console.log(a); // [42, 42, 42, 42, 42]
```

이 예에서 Array(5)는 길이가 5로 설정된 희소 배열을 반환하지만 엔트리는 없다. 따라서 fill이 주어진 값(42)으로 배열을 채운다.

11.1.9.1 일반적인 함정: 객체를 채우기 값으로 사용

여러분이 제공하는 값이 바로 값이다. Array.from을 호출하는 대신 다음 코드와 같이 한 것처럼 배열에서 끝난다.

```
const a = Array(5);
const value = 42;
for (let i = 0; i < a.length; ++i) {
    a[i] = value;
}
console.log(a); // [42, 42, 42, 42, 42]
```

이를 염두에 두고, 다음 코드가 출력하는 내용은 무엇인지 생각해 보자.

```
const a = Array(2).fill({});
a[0].name = "Joe";
a[1].name = "Bob";
console.log(a[0].name);
```

"Bob"이라고 말했다면 잘했다! Array(2).fill({})은 **동일한** 객체를 배열의 두 엔트리에 모두 넣지만 배열을 여러 개의 고유한 객체로 채우지 않는다. 즉, a[0]과 a[1]은 모두 동일한 객체를 참조한다. a[0].name = "Joe"는 해당 객체의 이름을 "Joe"로 설정하지만 a[1].name = "Bob"은 대신 "Bob"으로 덮어쓴다.

각 배열 엔트리에 고유한 객체를 넣으려면 Array.fill을 사용하지 말고 다음과 같이 Array.from의 매핑 콜백을 사용해야 한다.

```
const a = Array.from({length: 2}, () => ({}));
a[0].name = "Joe";
a[1].name = "Bob";
console.log(a[0].name); // Joe
```

정말로 Array.fill을 사용하고 싶다면 먼저 배열을 채운 다음 map을 사용한다.

```
const a = Array(2).fill().map(() => ({}));
a[0].name = "Joe";
a[1].name = "Bob";
console.log(a[0].name); // Joe
```

map은 존재하지 않는 엔트리를 방문하지 않고 Array(2)는 길이가 2이지만 엔트리가 없는 배열을 생성하기 때문에 여기서 fill 호출(undefined로 배열을 채움)이 필요하다.

11.1.10 Array.prototype.includes

시그니처:

```
result = theArray.includes(value[, start])
```

includes 메서드(ES2016에 추가됨)는 사양에 정의된 등가0(SameValueZero) 알고리즘에 따라 주어진 값이 배열에 있으면 true를 반환하고 그렇지 않으면 false를 반환한다. 선택적으로 제공된 start 인덱스(있는 경우)에서 검색을 시작한다. start가 음수이면 배열 끝에서 오프셋으로 사용된다. 예를 들면,

```
const a = ["one", "two", "three"];
console.log(a.includes("two"));    // true
console.log(a.includes("four"));   // false
console.log(a.includes("one", 2)); // false, "one"은 2번 인덱스 전에 있다.
```

includes(value)가 indexOf(value) !== -1을 작성하는 더 짧은 방법이라는 것은 일반적인 오해인데, 정확한 이야기가 아니다. indexOf는 값을 확인하기 위해 엄격한 동등성 비교 알고리즘(예: ===)을 사용하지만 등가0(SameValueZero, ES2015의 새로운 기능)은 NaN을 처리하는 방식에서

엄격한 동등성과 다르다. 엄격한 동등성을 사용하면 NaN은 자신과 같지 않다. 등가0를 사용하면
다음을 수행한다.

```
const a = [NaN];
console.log(a.indexOf(NaN) !== -1); // false
console.log(a.includes(NaN));       // true
```

NaN 외에 등가0는 엄격한 동등성과 같다. 즉, 음수 0과 양수 0이 동일하므로 [-0].includes(0)은
true를 반환한다.

11.1.11 Array.prototype.flat

ES2019에 추가된 flat은 원래 배열에서 각 값을 가져와서 새로운 "평평한" 배열을 만들고 값이
배열인 경우 배열 자체가 아닌 결과에 넣을 값을 가져온다.

```
const original = [
    [1, 2, 3],
    4,
    5,
    [6, 7, 8]
];
const flattened = original.flat();
console.log(flattened);
// => [1, 2, 3, 4, 5, 6, 7, 8]
```

주로 concat을 사용하여 배열을 병합하는 일반적인 패턴을 대체한다.

```
const flattened = [].concat.apply([], original);
// 또는
const flattened = Array.prototype.concat.apply([], original);
```

임시 배열을 생성하고 버리지 않기 때문에 더 효율적이다(일반적으로 중요하지 않다). 그
런데 flat은 Symbol.isConcatSpreadable을 확인하지 않는다(17장 참조). 따라서 Symbol.
isConcatSpread가 true로 설정된 배열과 유사한 객체가 있는 경우 concat은 이를 스프레드
하지만 flat은 그렇지 않다. flat은 실제 배열만 퍼뜨린다(만약 그 행동을 원한다면, const
flattened = [].concat(...original);처럼 스프레드 표기법과 함께 concat을 계속 사용할 수
있다).

기본적으로 flat은 concat과 같이 한 레벨만 평평하게 하므로 한 레벨을 넘어 중첩된 배열은 평평해지지 않는다.

```
const original = [
    [1, 2, 3],
    [
        [4, 5, 6],
        [7, 8, 9]
    ]
];
const flattened = original.flat();
console.log(flattened);
// => [1, 2, 3, [4, 5, 6], [7, 8, 9]];
```

1 = 1레벨(기본값), 2 = 2레벨 등 주어진 깊이까지 재귀적 평탄화를 수행하도록 flat에 지시하는 선택적 **깊이** 인수를 제공할 수 있다. 또한, 다음과 같이 Infinity를 사용하여 깊이에 관계없이 구조를 완전히 평평하게 할 수도 있다.

```
const original = [
    "a",
    [
        "b",
        "c",
        [
            "d",
            "e",
            [
                "f",
                "g",
                [
                    "h",
                    "i"
                ],
            ],
        ],
    ],
    "j"
];
const flattened = original.flat(Infinity);
console.log(flattened);
// => ["a", "b", "c", "d", "e", "f", "g", "h", "i", "j"]
```

11.1.12 Array.prototype.flatMap

ES2019에 추가된 flatMap은 결과를 평면화하기 전에 매핑 함수를 통해 각 값을 전달하고 단일 레벨만 평면화한다는 점을 제외하고는 flat과 같다.

```
const original = [1, 2, 3, 4];
const flattened = original.flatMap(e => e === 3 ? ["3a", "3b", "3c"] : e);
console.log(flattened);
// => [1, 2, "3a", "3b", "3c", 4]
```

최종 결과는 map을 호출한 다음 결과에 대해 flat을 호출하여 얻을 수 있는 것과 정확히 같다(단 하나의 평탄화 수준, 기본값을 가진다).

```
const original = [1, 2, 3, 4];
const flattened = original.map(e => e === 3 ? ["3a", "3b", "3c"] : e).flat();
console.log(flattened);
// => [1, 2, "3a", "3b", "3c", 4]
```

유일한 기능적 차이점은 flatMap이 배열을 두 번이 아닌 한 번만 통과하여 수행한다는 것이다.

11.2 / 반복, 스프레드, 디스트럭처링

JAVASCRIPT THE NEW TOYS

ES2015의 배열에는 책의 다른 부분에서 다루는 몇 가지 다른 특징이 있다.

- 배열이 이터러블이 되었다(6장 참고).
- 배열 리터럴은 스프레드 표기법을 포함할 수 있다(6장 참고).
- 배열은 디스트럭처링할 수 있다(7장 참고).

11.3 배열 순서 유지 정렬

ES2019까지 Array.prototype.sort 메서드에서 사용하는 정렬 알고리즘은 "반드시 안정적일 필요는 없음"으로 정의되었다. 즉, 두 엔트리가 동일한 것으로 간주되더라도 결과 배열에서 상대적 위치가 여전히 반전될 수 있음을 의미한다(Int32Array와 같은 타입이 있는 배열에서도 마찬가지였다). ES2019부터 안정적인 정렬(일반과 타입이 있는 배열 모두)을 구현하려면 sort가 필요하다.

예를 들어, 대소문자 구분을 무시하고 배열을 정렬하는 다음 코드를 보자.

```
const a = ["b", "B", "a", "A", "c", "C"];
a.sort((left, right) => left.toLowerCase().localeCompare(right.toLowerCase()));
console.log(a);
```

이 코드는 다음과 같은 여러 가지의 가능한 결과를 생성할 수 있었다.

```
["a", "A", "b", "B", "c", "C"] - 동일한 엔트리가 바뀌지 않았다(안정적).
["A", "a", "B", "b", "C", "c"] - 모든 동일한 엔트리가 교환됨(불안정적)
["a", "A", "b", "B", "C", "c"] - 일부 동일한 엔트리가 바뀌었다(불안정적).
["a", "A", "B", "b", "c", "C"] - "
["a", "A", "B", "b", "C", "c"] - "
["A", "a", "b", "B", "c", "C"] - "
["A", "a", "b", "B", "C", "c"] - "
["A", "a", "B", "b", "c", "C"] - "
```

ES2019부터 구현은 첫 번째 결과만 일관되게 생성해야 한다. "a"는 "A" 앞에 와야 하고(정렬 전에 수행했기 때문) "b"는 "B"보다, "c"는 "C"보다 먼저 와야 한다.

11.4 타입이 있는 배열

이 절에서는 ES2015에서 자바스크립트에 추가된 기본 숫자 값의 실제 배열인 **타입이 있는 배열**에 대해 배운다.

11.4.1 개요

자바스크립트의 전통적인 "배열"은 고정 크기 단위로 분할된 연속적인 메모리 블록이라는 일반적인 컴퓨터 과학 정의의 배열이 아닌 것으로 유명하다. 대신 자바스크립트의 기존 배열은 "배열 인덱스"[3], 특별한 length 속성, 대괄호를 사용하는 리터럴 표기법, Array.prototype에서 상속된 메서드에 대한 사양의 정의에 맞는 속성 이름에 대한 특수 처리가 있는 다른 모든 객체와 마찬가지로 객체일 뿐이다. 즉, 자바스크립트 엔진은 최적화가 사양과 충돌하지 않는 곳에서 자유롭게 최적화할 수 있다.

자바스크립트의 기존 배열은 강력하고 유용하지만, 때로는 실제 배열이 필요하다(특히 파일 읽기/쓰기, 그래픽 또는 수학 API와 상호 운용할 때). 이러한 이유로 ES2015는 타입이 있는 배열의 형태로 언어에 실제 배열을 추가했다.

타입이 있는 배열은 다음을 제외하고 기존 자바스크립트 배열과 같다.

- 입력 값은 항상 프리미티브 숫자 값(8비트 정수, 32비트 부동 소수점 등)이다.
- 타입이 있는 배열의 모든 값은 동일한 타입이다(배열 유형에 따라 다름: Uint8Array, Float32Array 등).
- 고정 길이: 배열을 구성하면 길이를 변경할 수 없다(이에 관한 사소한 주의 사항은 16장에서 배울 것이다).
- 해당 값은 지정된 바이너리 양식으로 연속 메모리 버퍼에 저장된다.
- 타입이 있는 배열은 희소할 수 없지만(중간에 공백이 있을 수 없음) 기존 배열은 희소할 수 있다. 예를 들어, 기존 배열을 사용하면 다음과 같이 할 수 있다.

  ```
  [const a = [];]
  [a[9] = "nine";]
  ```

  그리고 배열은 인덱스 0에서 8까지의 엔트리 없이 인덱스 9에 **하나**의 엔트리만 갖는다.

  ```
  [console.log(9 in a); // true]
  [console.log(8 in a); // false]
  [console.log(7 in a); // false (etc.)]
  ```

- 타입이 있는 배열에서는 불가능하다.

---

3 0 <= n < 232 − 1 범위의 정수로 변환되는 표준 숫자 양식의 문자열이다.

- 타입이 있는 배열은 타입이 다른 경우에도 다른 타입의 배열과 메모리(기본 데이터 버퍼)를 공유할 수 있다.

- 타입이 있는 배열의 데이터 버퍼는 스레드 간에 **전송**되거나 **공유**될 수도 있다(예: 브라우저의 웹 워커나 노드제이에스의 워커 스레드). 16장에서 이에 대해 배울 것이다.

- 타입이 있는 배열 엔트리의 값을 가져오거나 설정할 때 항상 어떤 형태의 변환이 수반된다 (자바스크립트의 숫자는 Float64이므로 숫자를 Float64Array와 함께 사용하는 경우 제외).

표 11-1은 타입이 있는 배열의 11가지 타입을 나열한다. 타입의 이름(생성자 함수의 전역 이름이기도 함), 값 타입의 개념적 이름, 해당 배열의 엔트리가 차지하는 메모리 바이트 수, 값을 타입으로 변환하는 추상 사양 작업과 (간단한) 설명이다.

▼ 표 11-1 11가지 종류의 타입이 있는 배열

이름	값 타입	엔트리 사이즈	변환 작업	설명
Int8Array	Int8	1	ToInt8	8비트 2의 보수 부호 있는 정수
Uint8Array	Uint8	1	ToUint8	8비트 부호 없는 정수
Uint8Clamped Array	Uint8C	1	ToUint8Clamp	8비트 부호 없는 정수 (클램프 변환)
Int16Array	Int16	2	ToInt16	16비트 2의 보수 부호 있는 정수
Uint16Array	Uint16	2	ToUint16	16비트 부호 없는 정수
Int32Array	Int32	4	ToInt32	32비트 2의 보수 부호 있는 정수
Uint32Array	Uint32	4	ToUint32	32비트 부호 없는 정수
Float32Array	Float32	4	각주 참고[4]	32비트 IEEE-754 이진 부동 소수점
Float64Array	Float64/ "숫자"	8	(필요하지 않음)	64비트 IEEE-754 이진 부동 소수점
BigInt64Array	BigInt64	8	ToBigInt64	ES2020의 새로운 기능, 17장 참고
BigUint64Array	BigUint64	8	ToBigUint64	ES2020의 새로운 기능, 17장 참고

타입이 있는 배열은 포인터가 있는 미가공 데이터 블록이 아니다. 기존 배열과 마찬가지로 객체이다. 모든 일반적인 객체 작업은 타입이 있는 배열에서 작동한다. 타입이 있는 배열은 프로토타입, 메서드, length 속성을 가져서 기존 자바스크립트 배열처럼 엔트리가 아닌 속성을 넣을 수 있다.

그럼 이제 실제로 동작시켜 보자.

---

4 "가장 가까운 값으로 반올림, 짝수에 연결" 반올림 모드를 사용하여 64비트 이진 값을 32비트 이진 값으로 변환하기 위한 IEEE-754-2008 사양 규칙을 사용하여 숫자가 Float32로 변환된다.

11.4.2 기본 사용법

타입이 있는 배열은 리터럴 양식이 없다. 생성자를 호출하거나 생성자의 of 또는 from 메서드를 사용하여 타입이 있는 배열을 만들 수 있다.

각 타입의 배열(Int8Array, Uint32Array 등)에 대한 생성자는 모두 동일한 사용 가능한 양식을 갖는다. 다음은 다양한 특정 타입(Int8Array 등)에 대한 이름 대신 %TypedArray%를 사용하여 표시한 목록이다.

- new %TypedArray%(): 길이가 0으로 설정된 배열을 생성한다.

- new %TypedArray%(length): length 엔트리가 있는 배열을 생성한다. 각 엔트리는 처음에 모든 비트 끄기(0)로 설정된다.

- new %TypedArray%(object): 객체의 이터레이터(있는 경우)를 사용하거나 **배열과 유사하게** 처리하고 해당 내용을 읽기 위해 길이와 배열 인덱스 속성을 사용하여 지정된 객체에서 값을 복사하여 배열을 만든다. .

- new %TypedArray%(typedArray): 주어진 타입입 있는 배열에서 값을 복사하여 배열을 생성한다. 이것은 타입이 있는 배열의 이터레이터를 거치지 않는다. 효율성을 위해 기본 버퍼와 직접 작동한다(배열의 유형이 동일한 경우 매우 효율적인 메모리 복사가 될 수 있다).

- new %TypedArray%(buffer[, start[, length]]): 주어진 버퍼를 사용하여 배열을 생성한다(이는 ArrayBuffer에 대한 이후 절에서 다룬다).

길이를 제공하여 배열을 구성하는 경우 엔트리 값은 모든 타입의 배열에 대해 값 0인 모든 비트 끄기로 설정된다.

```
const a1 = new Int8Array(3);
console.log(a1); // Int8Array(3): [0, 0, 0]
```

타입이 있는 배열의 엔트리에 값을 할당하면(객체 또는 다른 유형의 배열을 제공하여 생성하는 동안 또는 그 이후에) 자바스크립트 엔진은 표 11-1에 나열된 변환 함수를 통해 값을 전달한다. 다음은 구성 후 수행하는 예이다.

```
const a1 = new Int8Array(3);
a1[0] = 1;
a1[1] = "2"; // 문자열인 점에 주목
a1[2] = 3;
console.log(a1); // Int8Array(3): [1, 2, 3] - 2가 숫자인 점에 주목
```

이 예에서는 세 값이 모두 변환되었지만 문자열에서 8비트 정수로 변환된 값 "2"가 가장 거슬린다(1과 3은 적어도 이론상으로는 자바스크립트 표준 숫자 유형인 IEEE-754 배정밀도 이진 부동소수점에서 8비트 정수로 변환되었다).

마찬가지로 다음은 of 및 from을 사용하는 예이다.

```
// `of` 사용하기:
const a2 = Int8Array.of(1, 2, "3");
console.log(a2); // Int8Array(3): [1, 2, 3] - "3"가 3으로 변환되었다.
// 배열과 유사한 객체와 함께 `from` 사용하기:
const a3 = Int8Array.from({length: 3, 0: 1, 1: "2"});
console.log(a3); // Int8Array(3): [1, 2, 0] - undefined가 0으로 변환되었다.
// 배열과 함께 `from` 사용하기:
const a4 = Int8Array.from([1, 2, 3]);
console.log(a4); // Int8Array(3): [1, 2, 3]
```

a3를 사용한 예에서는 배열과 유사한 객체의 길이가 3인데도 배열과 유사한 객체에 "2" 속성 값이 없기 때문에 from 메서드가 "2" 속성을 가져오면 undefined가 된다. Int8Array에 대한 변환 작업을 사용하여 0으로 변환한다(그리고 다시 말하지만, 이론상 모든 값은 변환되었지만 문자열과 undefined에서 가장 거슬린다).

잠시 후 ArrayBuffers에 대해 학습한 후 더 복잡한 예를 보게 될 것이다. 먼저 값 변환에 대해 간략하게 더 자세히 살펴보겠다.

11.4.2.1 값 변환 세부 정보

값 변환에 대해 좀 더 자세히 살펴보자.

배열 엔트리에 값을 할당할 때 수행되는 변환 작업은 제공된 값을 변환할 수 없는 경우 예외를 throw 하는 대신 항상 값을 생성한다. 예를 들어, 문자열 "foo"를 Int8Array의 엔트리에 할당하면 오류가 발생하지 않고 해당 엔트리의 값이 0으로 설정된다. 이 에서는 변환이 수행되는 방법을 배운다.

부동 소수점 배열의 경우는 매우 간단하다.

1. Float64 엔트리에 할당할 때 표준 자바스크립트 숫자는 Float64 값이기 때문에 필요한 경우 값이 먼저 표준 자바스크립트 숫자로 변환된 다음 그대로 저장된다.

2. Float32 엔트리에 할당할 때 값은 필요한 경우 먼저 표준 자바스크립트 숫자로 변환된 다음 IEEE-754-2008 사양의 "가장 가까운 값으로 반올림, 짝수에 연결" 반올림 모드를 사용하여 Float32로 변환된다.

정수형 엔트리에 할당하는 경우는 더 복잡하다.

1. 입력된 값이 아직 표준 자바스크립트 숫자가 아닌 경우 표준 자바스크립트 숫자로 변환된다.

2. 1단계의 결과가 NaN, 양수 또는 음수 0 또는 음의 무한대이면 값 0이 사용되며 다음 단계는 건너뛴다. 1단계의 결과가 양의 무한대이면 배열이 Uint8ClampedArray가 아니면 값 0이 사용되며 이 경우 값 255가 사용된다. 두 경우 모두 다음 단계를 건너뛴다.

3. 분수 값은 0으로 잘린다.

4. 배열이 Uint8ClampedArray이면 범위 검사를 사용하여 엔트리 값을 결정한다.

   a. 단계 3의 값이 0보다 작으면 0이 사용된다. 255보다 크면 255가 사용된다.

   b. 그렇지 않으면 값은 있는 그대로 사용된다.

5. 그렇지 않은 경우(배열이 클램프되지 않은 경우):

   a. 2^n을 제수로 사용하는 모듈로 연산(**나머지** 아님, "모듈로 vs 나머지" 참조)은 값이 정수 엔트리 크기(여기서 n은 비트 수, 예를 들어 Int8Array라면 2^8).

   b. 부호 있는 엔트리가 있는 배열의 경우는 **모듈로** 연산의 결괏값(2^n이 양수이므로 항상 0 또는 양수임)이 엔트리의 양수 범위 밖에 있으면 2^n을 빼고 그 결과가 사용된다.

Note ≡ 모듈로 vs 나머지

타입이 있는 배열 정수 값 변환은 첫 번째 단계에서 **모듈로** 연산을 사용한다. 이 연산자는 일반적으로 "모듈로 연산자"라고 부르지만(이것은 잘못 알려진 것이다). **나머지 연산자**(%)와 같은 연산이 아니다. 모듈로와 나머지는 두 피연산자가 모두 양수일 때 동일한 연산이지만 사용하는 **모듈로**의 종류에 따라 다를 수 있다.

사양은 다음과 같이 추상 모듈로 연산을 정의한다.

"x modulo y" 연산자(y는 유한하고 0이 아니어야 함)는 abs(k) < abs(y)이고 x - k = q × y가 되도록 y(또는 0)와 정수 q와 동일한 부호의 값 k를 계산한다.

타입이 있는 배열 값과 관련하여 사용되는 모듈로 연산은 항상 y에 대해 양수를 사용하기 때문에(예를 들어, Uint8Array의 경우 y = 2^8, 256) 이러한 연산의 결과는 항상 **부호 없는** 전체 범위 내에서 양수이다. 엔트리의 크기에 대해 가능한 값이다. 부호 있는 배열의 경우 후속 작업은 양식의 양수 범위를 벗어난 값을 음수로 변환한다.

예를 들어 Int8Array에 엔트리에 할당하면 숫자 25.4는 25가 되고 –25.4는 –25가 된다.

```
const a = new Int8Array(1);
a[0] = 25.4;
console.log(a[0]); // 25
```

```
a[0] = -25.4;
console.log(a[0]); // -25
```

부호 없는 타입(Uint8ClampedArray 제외)의 경우 음수 값의 변환이 놀랍게 보일 수 있다. 다음을 보자.

```
const a = new Uint8Array(1);
a[0] = -25.4;
console.log(a[0]); // 231
```

-25.4가 어떻게 231이 되었을까?!

첫 번째 부분은 쉽다. -25.4는 이미 숫자이므로 1로 변환할 필요가 없으며 0으로 자르면 -25가 된다. 이제 모듈로 작업을 수행할 시간이다(앞의 "모듈로 vs 나머지" 참조). 이 모듈로를 계산하는 한 가지 방법은 다음 코드 스니펫이다. 여기서 value는 값(-25)이고 최대값은 2^n(이 8비트 예에서는 2^8, 256)이다.

```
const value = -25;
const max = 256;
const negative = value < 0;
const remainder = Math.abs(value) % max;
const result = negative ? max - remainder : remainder;
```

이를 따르면 231이 된다. 그러나 이를 계산하는 또 다른 직접적인 방법이 있다. 타입이 있는 배열에서 서명된 값과 함께 사용되는 2의 보수 양식에서 **부호가 있는** 8비트 정수 값 -25는 동일한 비트 패턴인 **부호가 없는** 8비트 정수 값 231을 갖는다. 패턴은 두 경우 모두 11100111이다. 사양은 이를 계산하기 위해 비트 패턴이 아니라 수학을 사용한다.

11.4.3 ArrayBuffer: 타입이 있는 배열이 사용하는 저장소

모든 타입이 있는 배열은 값을 저장하기 위해 ArrayBuffer를 사용한다. ArrayBuffer는 바이트 단위로 지정된 고정 크기의 연결된 연속 데이터 블록이 있는 객체이다. 타입이 있는 배열은 배열이 제공하는 데이터 유형에 따라 ArrayBuffer의 데이터 블록에서 데이터를 읽고 쓴다. Int8Array는 버퍼의 바이트에 접근하고 비트를 부호가 있는(2의 보수) 8비트 정수로 사용하고 Uint16Array는 부호 없는 16비트 정수로 사용하여 버퍼의 2 바이트에 접근하는 식이다. 버퍼의 데이터에 직접 접근할 수 없으며 타입이 있는 배열이나 DataView를 통해서만 접근할 수 있다.

이전 예의 코드는 ArrayBuffer를 명시적으로 생성하지 않고 타입이 있는 배열을 직접 생성했다. 그렇게 하면 적절한 크기의 버퍼가 생성된다. 예를 들어, new Int8Array(5)는 5바이트 버퍼를 생성한다. new Uint32Array(5)는 20바이트 버퍼를 생성한다(5개 엔트리 각각이 4바이트의 저장 공간을 차지하기 때문이다).

배열의 버퍼 속성을 통해 타입이 있는 배열에 연결된 버퍼에 접근할 수 있다.

```
const a = new Int32Array(5);
console.log(a.buffer.byteLength); // 20(바이트)
console.log(a.length);            // 5(엔트리, 각각 4바이트를 차지한다)
```

ArrayBuffer를 명시적으로 생성한 다음 배열을 생성할 때 타입이 있는 배열 생성자에 전달할 수도 있다.

```
const buf = new ArrayBuffer(20);
const a = new Int32Array(buf);
console.log(buf.byteLength);   // 20(바이트)
console.log(a.length);         // 5(엔트리, 각각 4바이트를 차지한다)
```

ArrayBuffer 생성자에 제공하는 크기는 바이트 단위이다.

생성 중인 타입이 있는 배열에 대해 올바른 크기가 아닌 버퍼를 사용하려고 하면 오류가 발생한다 (이 장의 뒷부분에서 버퍼의 일부만 사용하는 방법을 볼 것이다).

```
const buf = new ArrayBuffer(18);
const a = new Int32Array(buf);   // RangeError: byte length of Int32Array
                                 // 4의 배수여야 한다
```

올바른 크기의 버퍼를 생성하는 데 도움이 되도록 타입이 있는 배열 생성자에는 버퍼 생성 시 사용할 수 있는 속성인 BYTES_PER_ELEMENT[5]가 있다. 따라서 5개 엔트리로 구성된 Int32Array에 대한 버퍼를 만들려면 다음과 같이 한다.

```
const buf = new ArrayBuffer(Int32Array.BYTES_PER_ELEMENT * 5);
```

버퍼를 별도로 생성해야 하는 이유가 있는 경우에만 그렇게 할 것이다. 그렇지 않으면 타입이 있는 배열 생성자를 호출하고 buffer에 접근해야 하는 경우 결과 배열의 버퍼 속성을 사용하면 된다.

---

[5] 이 장의 시작 부분에서 "요소"가 타입이 있는 배열과 관련하여 자바스크립트 표준 라이브러리의 한 곳에서 사용된다고 말한 것을 기억하는가? 이것이 바로 그 장소, 이 속성의 이름이다.

이제 ArrayBuffer를 보았으므로 타입이 있는 배열을 사용하는 보다 실제적인 예를 살펴보겠다. 웹 브라우저에서 파일을 읽고 PNG 파일인지 확인한다. 코드 11-1을 참고하자. 다운로드한 read-file-as-arraybuffer.html과 함께 코드 11-1(read-file-as-arraybuffer.js)의 코드를 사용하여 로컬에서 실행할 수 있다.

코드 11-1 로컬 파일을 읽고 PNG인지 확인 - read-file-as-arraybuffer.js

```javascript
const PNG_HEADER = Uint8Array.of(0x89, 0x50, 0x4E, 0x47, 0x0D, 0x0A, 0x1A, 0x0A);
function isPNG(byteData) {
    return byteData.length >= PNG_HEADER.length &&
            PNG_HEADER.every((b, i) => b === byteData[i]);
}
function show(msg) {
    const p = document.createElement("p");
    p.appendChild(document.createTextNode(msg));
    document.body.appendChild(p);
}
document.getElementById("file-input").addEventListener(
    "change",
    function(event) {
        const file = this.files[0];
        if (!file) {
            return;
        }
        const fr = new FileReader();
        fr.readAsArrayBuffer(file);
        fr.onload = () => {
            const byteData = new Uint8Array(fr.result);
            show(`${file.name} ${isPNG(byteData) ? "is" : "is not"} a PNG file.`);
        };
        fr.onerror = error => {
            show(`File read failed: ${error}`);
        };
    }
);
```

PNG 파일은 특정 8바이트 헤더로 시작한다. 코드 11-1의 코드는 type="file" 입력에서 파일을 선택받고 File API의 FileReader 객체를 사용하여 파일을 ArrayBuffer(FileReader의 result 속성을 통해 접근할 수 있음)로 읽은 다음 수신된 미가공 데이터의 헤더 8바이트를 확인하여 사용자에 응답한다. 이 예의 코드는 부호가 없는 바이트로 작동하므로 FileReader의 버퍼가 지원하는 Uint8Array를 사용한다.

FileReader는 범용적이다. ArrayBuffer를 제공하고 버퍼를 사용하여 코드에 바이트 단위로 접근할지(코드 11-1의 예와 같이) 16비트 단어로 또는 32비트 단어로 접근할지 또는 그 조합을 사용할지 정해 두지 않는다(나중에 Uint8Array를 사용하여 한 영역에 접근하고 Uint32Array를 사용하여 다른 영역에 접근할 수 있도록 단일 ArrayBuffer를 여러 타입의 배열에서 사용하는 방법을 볼 수 있다).

11.4.4 엔디언(바이트 순서)

ArrayBuffers는 바이트를 저장한다. 대부분의 타입이 있는 배열에는 여러 바이트의 저장 공간을 차지하는 엔트리가 있다. 예를 들어 Uint16Array의 각 엔트리에는 2바이트의 저장 공간이 필요하다. 256의 배수를 포함하는 **상위 바이트**(또는 "높은 바이트")와 1의 배수를 포함하는 **하위 바이트**(또는 "낮은 바이트")이다. 대부분이 사용하는 기본 10진법의 "10의 자릿수"와 "일의 자릿수"와 같다. 값 258(16진수 0x0102)에서 상위 바이트는 0x01을 포함하고 하위 바이트는 0x02를 포함한다. 값을 얻으려면 상위 바이트 값에 256을 곱한 다음 하위 바이트 값을 더하면 된다. 즉, 1 * 256 + 2는 258이다.

지금까지는 좋았지만, 바이트는 메모리에서 어떤 순서로 있어야 할까? 상위 바이트가 먼저 와야 할까? 아니면 하위 바이트가 먼저 와야 할까? 정답은 없다. 두 가지 방법이 모두 사용된다. 값이 높은 바이트/낮은 바이트 순서로 저장되면 **빅 엔디언**(big-endian) 순서이다(큰 쪽(높은 바이트)이 먼저임). 값이 낮은 바이트/높은 바이트 순서로 저장되면 **리틀 엔디언**(little-endian) 순서이다(작은 끝(낮은 바이트)이 먼저임). 그림 11-3을 보자.

❤ 그림 11-3

```
                바이트(앞에서 뒤로) ───────────────────────▶
빅 엔디언    25 C7 39 21 01 02 5F 9B A1 03 33 FA B6 62 97 5D
리틀 엔디언   C7 25 21 39 02 01 9B 5F 03 A1 33 B6 FA 62 5D 97
                         ↑
         빅 엔디언과 리틀 엔디언 순서에서 0x0102(십진수로 258)
```

아마 궁금할 것이다. 둘 다 사용되는 경우 언제 사용되는지 결정하는 것은 무엇일까? 이에 대한 두 가지 근본적인 대답이 있다.

- 컴퓨터의 컴퓨터 아키텍처(특히 CPU 아키텍처)는 일반적으로 해당 시스템의 메모리에 있는 값의 엔디언을 결정한다. 컴퓨터에 특정 메모리 주소에 0x0102를 저장하도록 지시하면

CPU는 고유한 엔디언을 사용하여 해당 값을 기록한다. Intel과 AMD의 메인스트림 CPU에서 사용하는 x86 아키텍처는 리틀 엔디언이므로 대부분의 데스크탑 컴퓨터는 리틀 엔디언 순서를 사용한다. 애플이 x86으로 전환하기 전에 구형 매킨토시 컴퓨터에서 사용되었던 PowerPC 아키텍처는 기본적으로 빅 엔디언이긴 하지만 리틀 엔디언으로 만들 수 있는 모드 스위치가 있다.

- 파일 양식, 네트워크 프로토콜 등은 서로 다른 아키텍처에서 올바르게 처리되도록 엔디언을 지정해야 한다. 어떤 경우에는 양식이 엔디언을 정한다. PNG 이미지 양식은 포트 번호와 같은 헤더의 정수에 대해 전송 제어 프로토콜(TCP/IP의 TCP)과 마찬가지로 빅 엔디언을 사용한다(사실, 빅 엔디언은 때때로 "네트워크 바이트 순서"라고도 한다). 다른 경우에 양식과 프로토콜의 데이터 자체 내에서 데이터의 엔디언을 지정할 수 있다. TIFF는 2바이트로 시작한다. 문자 II("Intel" 바이트 순서, 리틀 엔디언) 또는 MM("Motorola" 바이트 순서, 빅 엔디언) 중 하나이다. 양식이 1980년대에 개발되었을 때 인텔 CPU는 리틀 엔디언을 사용했기 때문이다. 모토로라 CPU는 빅 엔디언을 사용했다. 파일에 저장된 여러 바이트 값은 해당 초기 태그에 의해 정의된 순서를 사용한다.

타입이 있는 배열은 사용 중인 컴퓨터의 엔디언을 사용한다. 그 이유는 타입이 있는 배열이 기본 API(예: WebGL)와 함께 작동하는 데 사용되므로 기본 API로 전송되는 데이터는 시스템의 기본 엔디언이어야 한다는 것이다. 데이터를 쓰는 코드는 타입이 있는 배열(예: Uint16Array, Uint32Array 등)에 쓰고, 유형이 지정된 배열은 코드가 실행되는 시스템의 엔디언에서 ArrayBuffer에 쓴다. 당신의 코드는 그것에 대해 걱정할 필요가 없다. 해당 ArrayBuffer를 기본 API에 전달하면 코드가 실행되는 플랫폼의 기본 엔디언이 사용된다.

그렇다고 해서 엔디언을 걱정할 필요가 전혀 없는 것은 아니다. 특정 순서(빅 엔디언 또는 리틀 엔디언)로 정의된 파일(예: PNG) 또는 네트워크 데이터 스트림(예: TCP 패킷)을 읽을 때 순서가 다음과 같다고 가정할 수 없다. 코드가 실행되는 플랫폼, 즉 유형이 지정된 배열을 사용하여 접근할 수 없다. 다른 도구가 필요하다. 바로 DataView다.

11.4.5 DataView: 버퍼에 대한 미가공 접근

DataView 객체는 ArrayBuffer의 데이터에 대한 미가공 접근을 제공하며, 멀티바이트 데이터 읽기 옵션과 함께 타입이 있는 배열(Int8, Uint8, Int16, Uint16 등)이 제공하는 모든 숫자 양식의 데이터를 읽는 방법을 제공한다.

리틀 엔디언 또는 빅 엔디언 순서로. 코드 11-1의 코드가 이전에 수행한 것처럼 PNG 파일을 읽고 있다고 가정한다. PNG는 다양한 다중 바이트 정수 필드가 빅 엔디언 양식으로 정의되어 있지만 자바스크립트 코드가 빅 엔디언 플랫폼에서 실행되고 있다고 가정할 수 없다(사실, 리틀 엔디언은 데스크톱, 모바일, 서버 플랫폼의 전부는 아니지만 대부분에서 사용되기 때문에 그렇지 않을 가능성이 높다). 코드 11-1에서는 파일을 한 번에 한 바이트씩 8바이트 시그니처를 확인하여 PNG인지를 판단하였기 때문에 상관없었다(멀티 바이트 숫자를 포함하지 않았다). 그런데 PNG 이미지의 크기를 얻고 싶다고 가정하면 어떨까? 이를 위해서는 빅 엔디언 Uint32 값을 읽어야 한다.

이것이 DataView가 필요한 이유이다. 이를 사용하여 엔디언을 명시하면서 ArrayBuffer에서 값을 읽을 수 있다. 잠시 후 일부 코드가 표시되지만 먼저 PNG 파일 양식에 대한 매우 간단한 참고 사항이 있다.

코드 11-1에서 PNG 파일은 변하지 않는 8바이트 시그니처로 시작하는 것을 보았다. 그 후 PNG는 일련의 "청크"이며 각 청크는 다음 양식이다.

- **길이**: 청크의 데이터 세그먼트 길이(Uint32, big-endian)
- **유형**: 청크의 유형(제한된 문자 집합의 4개 문자, 문자당 1바이트, 사양에서는 문자가 아닌 이진 데이터로 처리하도록 권장하지만)
- **데이터**: 청크의 데이터(**길이** 바이트, 양식은 청크 유형에 따라 다름)
- **crc**: 청크의 CRC 값(Uint32, 빅 엔디언)

PNG 사양은 또한 첫 번째 청크(8바이트 헤더 바로 뒤)가 픽셀 단위의 너비와 높이, 색심도 등과 같은 이미지에 대한 기본 정보를 제공하는 "이미지 헤더"("IHDR") 청크이어야 한다고 요구한다. 너비는 청크 데이터 영역의 첫 번째 Uint32이다. 높이는 두 번째 Uint32이다. 둘 다 다시 빅 엔디언 순서이다.

FileReader에서 제공하는 ArrayBuffer에서 PNG의 너비와 높이를 얻으려고 한다고 가정하자. 먼저 8바이트 PNG 헤더가 올바른지, 첫 번째 청크의 유형이 실제로 IHDR인지 확인할 수도 있다. 그런 다음 둘 다 정확하다면 너비가 데이터의 바이트 오프셋 16에서 Uint32라는 것을 알 수 있다(처음 8바이트는 PNG 헤더, 다음 4바이트는 IHDR 청크 길이, 다음 4바이트는 유형 IHDR 청크의 8 + 4 + 4 = 16), 높이는 그다음 Uint32(바이트 오프셋 20에서)이다. DataView의 getUint32 메서드를 사용하여 리틀 엔디언 시스템에서도 빅 엔디언 양식으로 해당 Uint32 값을 읽을 수 있다.

```
const PNG_HEADER_1 = 0x89504E47; // PNG 헤더의 빅 엔디언 첫 번째 Uint32
const PNG_HEADER_2 = 0x0D0A1A0A; // PNG 헤더의 빅 엔디언 두 번째 Uint32
const TYPE_IHDR = 0x49484452;    // IHDR 청크의 빅 엔디언 유형
```

```
// …
fr.onload = () => {
    const dv = new DataView(fr.result);
    if (dv.byteLength)>= 24 &&
        dv.getUint32(0) === PNG_HEADER_1 &&
        dv.getUint32(4) === PNG_HEADER_2 &&
        dv.getUint32(12) === TYPE_IHDR) {
        const width = dv.getUint32(16);
        const height = dv.getUint32(20);
        show(`${file.name}은 ${width} 곱하기 ${height} 픽셀이다`);
    } else {
        show(`${file.name}은 PNG file이 아니다.`);
    }
};
```

(다운로드한 파일에 read-png-info.html와 read-png-info.js 의 실행 가능한 버전이 포함되어 있다. sample.png라는 PNG도 있다)

getUint32는 선택적 두 번째 매개변수인 littleEndian을 받는다. 이 매개변수를 true로 설정하면 대신 리틀엔디언 양식으로 값을 읽을 수 있다. 제공되지 않는 경우(이 예에서와 같이) 기본값은 빅 엔디언이다.

해당 코드가 Uint32Array를 사용했다면 플랫폼의 엔디언을 사용했을 것이다. 빅 엔디언이 아닌 경우(대부분의 시스템은 리틀 엔디언임) PNG 헤더 및 IHDR 청크 유형을 검사하는 코드는 실패한다(read-png-info-incorrect.html와 read-png-info-incorrect.js 파일을 참조하자). 헤더와 유형 검사를 수정하여 바이트를 사용하고 너비와 높이 읽기에 Uint32Array만 사용하더라도 리틀 엔디언 플랫폼에서는 매우 잘못된 값을 얻을 수 있다(read-png-info-incorrect2.html와 read-png-info-incorrect2.js 시도). 예를 들어, sample.png를 사용하면 "sample.png는 200 × 100 픽셀" 대신 "sample.png는 3355443200 × 1677721600 픽셀"이 된다.

11.4.6 배열 간에 ArrayBuffer 공유

ArrayBuffer는 다음 두 가지 방법으로 여러 유형의 배열 간에 공유할 수 있다.

- 겹침 없음: 버퍼의 고유한 부분만 사용하는 각 배열
- 겹침 있음: 버퍼의 동일한 부분을 공유하는 배열

11.4.6.1 겹침 없는 공유

코드 11-2는 Uint8Array가 ArrayBuffer의 첫 부분을 사용하는 반면 Uint16Array는 나머지 부분을 사용하는 것을 보여 준다.

코드 11-2 겹침 없이 ArrayBuffer 공유 – sharing-arraybuffer-without-overlap.js

```
const buf = new ArrayBuffer(20);
const bytes = new Uint8Array(buf, 0, 8);
const words = new Uint16Array(buf, 8);
console.log(buf.byteLength); // 20(바이트)
console.log(bytes.length);   // 8(바이트)
console.log(words.length);   // 6(6개의 2바이트(16비트) 워드 = 12바이트)
```

접근해야 하는 데이터가 포함된 버퍼가 제공되고 첫 번째 부분은 부호 없는 바이트로 접근해야 하지만 두 번째 부분은 부호 없는 16비트 워드(플랫폼별 엔디언에서)로 접근해야 하는 경우 이와 같이 할 수 있다.

버퍼의 일부만 사용하기 위해 코드는 앞에서 언급했지만 설명되지 않은 최종 생성자 시그니처를 사용한다.

new %TypedArray%(buffer[, start[, length]])

해당 매개변수는 다음과 같다.

- buffer: 사용할 ArrayBuffer
- start: 버퍼를 사용하기 시작할 버퍼의 시작 부분에서의 오프셋(바이트). 기본값은 0(처음부터 시작)이다.
- length: 엔트리 기준 새로운 타입이 있는 배열의 길이(바이트 아님). 기본값은 엔트리의 갯수를 ArrayBuffer의 나머지 부분에 맞춘다.

new Uint8Array(buf, 0, 8) 코드로 Uint8Array를 생성한다면 0은 ArrayBuffer의 시작 부분에서 시작한다고 지정하고 8은 Uint8Array를 8개 엔트리 길이로 만든다. new Uint16Array(buf, 8)로 Uint16Array를 생성할 때 8은 바이트 오프셋 8에서 시작하고 length 인수를 생략하면 나머지 ArrayBuffer를 사용하자는 뜻이다. byteOffset와 byteLength 속성을 보고 배열이 사용 중인 버퍼 부분을 찾을 수 있다.

```
console.log(bytes.byteOffset); // 0
console.log(bytes.byteLength); // 8
console.log(words.byteOffset); // 8
console.log(words.byteLength); // 12
```

세 번째 인수는 바이트가 아니라 **엔트리** 수라는 점을 염두에 두자. 코드가 하는 일을 변경하지 않고 명시적으로 제공하려는 경우 Uint16Array 생성자에 대한 세 번째 인수로 무엇을 사용하겠나?

6이라고 생각했다면 잘했다! 길이는 항상 바이트가 아닌 엔트리다. 12(사용할 바이트 수) 또는 ("길이"라는 이름이 아닌 경우) 20(사용하려는 버퍼 부분 끝의 오프셋)이라고 말하고 싶겠지만 length는 항상 **엔트리** 수가 %TypedArray%(length) 생성자와 일치한다.

11.4.6.2 겹침 있는 공유

코드 11-3은 동일한 ArrayBuffer(전체)를 공유하는 Uint8Array와 Uint16Array의 두 가지 배열을 보여준다.

코드 11-3 겹침 있는 ArrayBuffer 공유 – sharing-arraybuffer-with-overlap.js

```
const buf = new ArrayBuffer(12);
const bytes = new Uint8Array(buf);
const words = new Uint16Array(buf);
console.log(words[0]); // 0
bytes[0] = 1;
bytes[1] = 1;
console.log(bytes[0]); // 1
console.log(bytes[1]); // 1
console.log(words[0]); // 257
```

word[0]의 값은 0으로 시작하지만 bytes[0]과 bytes[1]에 1을 할당한 후에 words[0]은 257이 된다(16진수로 0x0101). 두 어레이가 동일한 기본 저장소(ArrayBuffer)를 사용하고 있기 때문이다. 따라서 1을 byte[0]과 byte[1]에 기록함으로써 단일 words[0] 엔트리를 구성하는 두 바이트 **모두**에 1을 기록했다. "엔디언(바이트 순서)" 절에서 앞서 논의한 바와 같이, 그중 하나는 **상위 바이트**이고 다른 하나는 하위 바이트이다. 둘 다에 값 1을 넣으면 16비트 값 1 * 256 + 1, 즉 257(0x0101)을 얻는다. 이것이 word[0]에서 얻은 값이다.

1을 byte[1]에 할당하는 대신 2를 할당하도록 코드를 변경했다고 가정하자. word[0]에서 얻을 수 있는 값은 무엇일까?

"그때그때 다르다"고 말했다면, 잘했다! 리틀 엔디언 플랫폼에서 코드를 실행 중이고 bytes[1]이 큰 엔드(높은 바이트)이므로 결과는 2 * 256 + 1 = 513이므로 513(0x0201)을 얻을 수 있다. 그러나 빅 엔디언 플랫폼을 사용하는 경우 bytes[1]이 로우 엔드(하위 바이트)이므로 결과는 1 * 256 + 2 = 258이므로 258(0x0102)을 얻는다.

11.4.7 타입이 있는 배열의 서브클래싱

일반적인 방법으로 타입이 있는 배열을 서브클래스로 만들 수 있다(아마도 여러분만의 사용자 정의 메서드가 있을 수 있다). 바로 class 구문이나 Reflect.construct와 함께 함수 사용(14장에서 리플렉션에 대해 배운다)하는 것이다. 유틸리티 메서드를 추가할 때 정말 유용할 것이다. 일반적으로 상속을 통하지 않고 조합을 통해(클래스가 뒤에서 사용하는 필드로) 타입이 있는 배열을 클래스에 포함하는 것이 가장 좋다.

타입이 있는 배열 클래스를 서브클래싱하는 경우 다음 "표준 배열 메서드" 절에서 설명하는 map과 filter에 대한 제한 사항에 유의하자.

11.4.8 타입이 있는 배열 메서드

타입이 있는 배열에는 전부는 아니지만 대부분의 일반적인 배열 메서드와 타입이 있는 배열에 특정한 몇 가지 메서드가 있다.

11.4.8.1 표준 배열 메서드

타입이 있는 배열은 동일한 알고리즘을 사용하여 기존 배열과 대부분의 동일한 방법을 구현하며 경우에 따라 이 절에서 설명하는 약간 다른 점이 있다.

타입이 있는 배열은 길이가 고정되어 있기 때문에 (잠재적으로) 배열의 길이를 변경하는 방법 (pop, push, shift, unshift, splice)이 없다.

타입이 있는 배열에는 flat, flatMap, concat도 없다. 타입이 있는 배열에는 중첩된 배열이 포함될 수 없으므로 flat과 flatMap은 타입이 있는 배열에 적합하지 않다. 마찬가지로 concat의 병합 동작은 타입이 있는 배열에 적용되지 않으며 concat의 다른 작업은 of와 스프레드 표기법을 사용하여 구현할 수 있다(타입이 있는 배열은 이터러블이기 때문이다).

```
const a1 = Uint8Array.from([1, 2, 3]);
const a2 = Uint8Array.from([4, 5, 6]);
const a3 = Uint8Array.from([7, 8, 9]);
const all = Uint8Array.of(…a1, …a2, …a3);
console.log(all); // Uint8Array [ 1, 2, 3, 4, 5, 6, 7, 8, 9 ]
```

새 배열을 만드는 프로토타입 메서드(예: filter, map, slice)는 해당 배열을 호출하는 타입이 있는 배열과 동일한 타입의 배열을 만든다. filter와 slice의 경우 놀라운 일이 아닐 수 있지만, map에는 그럴 수 있다. 다음 예를 보자.

```
const a1 = Uint8Array.of(50, 100, 150, 200);
const a2 = a1.map(v => v * 2);
console.log(a2); // Uint8Array [ 100, 200, 44, 144 ]
```

마지막 두 엔트리에 무슨 일이 일어났는지 주목하자. 새 배열도 Uint8Array이고 값 300(150 * 2)과 400(200 * 2)을 보유할 수 없기 때문에 값이 래핑된다.

타입이 있는 배열에 대한 map, filter, slice의 구현에는 또 다른 제한이 있다. 타입이 있는 배열을 서브클래싱하는 경우 Symbol.species(4장 참조)를 사용하여 map과 slice와 같은 메서드가 타입이 아닌 배열을 생성하도록 할 수 없다. 예를 들어 다음은 작동하지 않는다.

```
class ByteArray extends Uint8Array {
    static get [Symbol.species]() {
        return Array;
    }
}
const a = ByteArray.of(3, 2, 1);
console.log(a.map(v => v * 2));
// => TypeError: Method %TypedArray%.prototype.map called on
//    incompatible receiver [object Array]
```

다른 **종류**의 타입이 지정된 배열(이상하긴 하지만)을 만들 수 있지만 타입이 지정되지 않은 배열은 만들 수 없다. 그렇게 하는 서브클래스를 갖고 싶다면 다음과 같이 서브클래스의 메서드를 재정의해야 한다.

```
class ByteArray extends Uint8Array {
    static get [Symbol.species]() {
        return Array;
    }
    map(fn, thisArg) {
        const ctor = this.constructor[Symbol.species];
```

```
          return ctor.from(this).map(fn, thisArg);
      }
      // …그리고 `filter`, `slice`, `subarray`도 유사하다
  }
  const a = ByteArray.of(3, 2, 1);
  console.log(a.map(v => v * 2)); // [ 6, 4, 2 ]
```

11.4.8.2 %TypedArray%.prototype.set

시그니처:

```
theTypedArray.set(array[, offset])
```

set은 넘겨준 "배열"(타입이 있는 배열, 타입이 없는 배열, 배열과 유사한 객체(단순한 이터러블
이 아니라)일 수 있음)에서 타입이 있는 배열의 여러 값을 설정한다. 선택적으로 지정된 위치 오
프셋(바이트가 아닌 엔트리)에서 타입이 있는 배열에 쓰기 시작할 수 있다. set은 항상 제공한 전
체 배열을 복사한다(소스 배열 내에서 범위를 선택하기 위한 매개변수가 없다).

set을 사용하여 여러 유형의 배열을 결합할 수 있다.

```
const all = new Uint8Array(a1.length + a2.length + a3.length);
all.set(a1);
all.set(a2, a1.length);
all.set(a3, a1.length + a2.length);
```

두 번째 세트가 첫 번째가 작성한 마지막 엔트리 바로 뒤에 쓰기 시작하고 세 번째 세트가 두 번째
가 작성한 마지막 엔트리 바로 다음에 쓰기 시작하는 것을 주목하자.

set에는 특히 배열, 타입이 있는 배열 또는 배열과 유사한 객체가 필요하다. 이터러블은 처리하지
않는다. 이터러블을 set과 함께 사용하려면 먼저 배열로 스프레드 하자(또는 적절한 배열의 from
메서드나 타입이 있는 배열 생성자 등을 사용하자).

11.4.8.3 %TypedArray%.prototype.subarray

시그니처:

```
newArray = theTypedArray.subarray(begin, end)
```

subarray는 원래 배열의 버퍼를 공유하는(즉, 배열이 동일한 데이터를 공유하는) 호출한 배열의
부분을 새로운 타입이 있는 배열로 만든다.

새로운 배열 함수, 타입이 있는 배열

- begin은 하위 배열과 공유해야 하는 소스 배열의 첫 번째 엔트리 인덱스이다. 음수이면 배열 끝에서 오프셋으로 사용된다. 그대로 두면 0이 사용된다.

- end는 공유하지 않을 첫 번째 엔트리의 인덱스이다. 음수이면 배열 끝에서 오프셋으로 사용된다. 기술적으로 선택 사항으로 지정되어 있지는 않지만 생략하면 배열의 길이가 사용된다.

두 인덱스 모두 바이트가 아닌 엔트리다.

다음은 예이다.

```
const wholeArray = Uint8Array.of(0, 1, 2, 3, 4, 5, 6, 7, 8, 9);
const firstHalf = wholeArray.subarray(0, 5);
console.log(wholeArray); // Uint8Array [ 0, 1, 2, 3, 4, 5, 6, 7, 8, 9 ]
console.log(firstHalf);  // Uint8Array [ 0, 1, 2, 3, 4 ]
firstHalf[0] = 100;
console.log(wholeArray); // Uint8Array [ 100, 1, 2, 3, 4, 5, 6, 7, 8, 9 ]
console.log(firstHalf);  // Uint8Array [ 100, 1, 2, 3, 4 ]
const secondHalf = wholeArray.subarray(-5);
console.log(wholeArray); // Uint8Array [ 100, 1, 2, 3, 4, 5, 6, 7, 8, 9 ]
console.log(secondHalf); // Uint8Array [ 5, 6, 7, 8, 9 ]
secondHalf[1] = 60;
console.log(wholeArray); // Uint8Array [ 100, 1, 2, 3, 4, 5, 60, 7, 8, 9 ]
console.log(secondHalf); // Uint8Array [ 5, 60, 7, 8, 9 ]
```

firstHalf[0]에 할당하면 wholeArray[0]의 값도 어떻게 변경되는지 확인하자. firstHalf와 wholeArray는 맨 처음부터 시작하여 동일한 버퍼를 공유하기 때문이다. 마찬가지로 secondHalf[1]에 할당하면 wholeArray[6]의 값이 변경된다. secondHalf와 wholeArray는 동일한 버퍼를 공유하지만 secondHalf에서는 이 버퍼의 후반만 사용하기 때문이다.

11.5 / 과거 습관을 새롭게

이 장에서 배운 대부분의 내용은 이전에는 할 수 없었던 새로운 작업과 관련되어 있지만 여전히 고칠 수 있는 몇 가지 습관이 있다.

11.5.1 find와 findIndex를 사용하여 루프 대신 배열 검색(적절한 경우)

과거 습관: for 루프나 some 메서드 등을 사용하여 배열에서 엔트리(또는 해당 인덱스)을 찾는다.

```
let found;
for (let n = 0; n < array.length; ++n) {
    if (array[n].id === desiredId) {
        found = array[n];
        break;
    }
}
```

새로운 습관: find(또는 findIndex) 사용을 고려하자.

```
let found = array.find(value => value.id === desiredId);
```

11.5.2 Array.fill을 사용하여 루프 대신 배열 채우기

과거 습관: 루프를 돌면서 배열에 값을 채운다.

```
// 정적인 값
const array = [];
while (array.length < desiredLength) {
    array[array.length] = value;
}

// 유동적인 값
const array = [];
while (array.length < desiredLength) {
    array[array.length] = determineValue(array.length);
}
```

새로운 습관: Array.fill 또는 Array.from을 사용하자.

```
// 정적인 값
const array = Array(desiredLength).fill(value);

// 유동적인 값
const array = Array.from(
```

```
    Array(desiredLength),
    (_, index) => determineValue(index)
  );
```

11.5.3 readAsBinaryString 대신 readAsArrayBuffer 사용

과거 습관: FileReader 인스턴스에서 readAsBinaryString 사용하고, charCodeAt를 통해 결과 데이터 작업한다.

새로운 습관: 타입이 있는 배열을 통해 데이터 작업을 하는 대신 readAsArrayBuffer를 사용하자.

12^장

맵과 세트

12장

맵과 세트

이 장의 내용

- 맵
- 세트
- 위크맵
- 위크세트

이 장의 코드 다운로드

이 장의 코드는 https://thenewtoys.dev/bookcode 또는 https://www.wiley.com/go/javascript-newtoys에서 다운로드할 수 있다.

이 장에서는 ES2015+의 맵, 세트, 위크맵(WeakMap), 위크세트(WeakSet)에 대해 배운다. 맵은 키와 값이 (거의) 무엇이든 될 수 있는 키/값 쌍을 저장한다. 세트는 고윳값을 저장한다. 위크맵은 맵과 유사하지만 키는 객체이며 이러한 객체는 **약하게** 유지된다(가비지 콜렉션될 수 있으며 이렇게 되면 맵에서 엔트리를 제거한다). 위크세트는 고유한 객체를 약하게 보유한다.

12.1 맵

예를 들어 해당 ID가 있는 객체에 대해 ID와 객체를 매핑하는 것처럼 어떤 것을 다른 것으로 매핑하는 경우가 많다. 자바스크립트에서 이를 위해 종종(일부는 남용이라고 말하는) 객체를 사용했다. 그러나 객체를 사용하는 것은 설계된 목적이 아니기 때문에 일반 맵에 객체를 사용하는 데는 몇 가지 실무적인 문제가 있다.

- 키는 문자열(또는 ES2015부터는 심볼도)만 될 수 있다.
- ES2015까지는 객체의 엔트리를 루핑하는 경우 순서를 믿을 수 없었다. 5장에서 배웠듯이 ES2015에 순서가 추가되었지만 순서에 의존하는 것은 일반적으로 좋은 생각이 아니다. 왜냐면 순서는 속성이 객체에 추가된 순서와 속성 키의 양식(정식 정수 인덱스 양식의 문자열이 숫자적으로 먼저 온다)에 따라 달라진다.

- 객체는 대부분 속성이 추가되고 업데이트되며 제거되지 않는다는 가정하에 자바스크립트 엔진에 의해 최적화된다.
- ES5까지는 toString과 hasOwnProperty 같은 속성이 있는 프로토타입 없이 객체를 생성할 수 없었다. 자신의 키와 충돌할 가능성은 거의 없지만 여전히 문제였다.

맵은 이러한 문제를 다음과 같이 해결한다.

- 키와 값 모두 모든 값(객체 포함)이 될 수 있다(여기에는 한 가지 사소한 주의 사항이 있다. "키 동등성" 절에서 자세한 내용을 확인하자).
- 엔트리 순서가 정의된다. 엔트리가 추가된 순서다(엔트리 값을 업데이트해도 순서에서 해당 위치는 변경되지 않는다).
- 자바스크립트 엔진은 사용 사례가 다르기 때문에 객체와 맵을 다르게 최적화한다.
- 맵은 기본적으로 비어 있다.

12.1.1 기본 맵 동작

맵의 기본(엔트리 생성, 추가, 읽기, 제거)은 매우 간단하다. 빨리 코드를 처음부터 끝까지 실행해 보자(다운로드한 basic-map-operations.js 파일을 사용하여 이 절의 모든 코드를 실행할 수 있다).

맵을 만들려면 생성자를 사용한다(이 장의 뒷부분에서 자세히 설명한다).

```
const m = new Map();
```

엔트리를 추가하려면 set 메서드를 사용하여 키를 값과 연결한다.

```
m.set(60, "sixty");
m.set(4, "four");
```

이 예의 키는 숫자 60과 4이다(각 set 호출에 대한 첫 번째 인수이다). 값은 문자열 "sixty"와 "four"(두 번째 인수)이다.

set 메서드는 맵을 반환하므로 원하는 경우 여러 호출을 연결할 수 있다.

```
m.set(50, "fifty").set(3, "three");
```

맵에 몇 개의 엔트리가 있는지 보려면 그 맵의 size 속성을 사용한다.

```
console.log(`Entries: ${m.size}`);        // Entries: 4
```

특정 키의 값을 가져오려면 get 메서드를 사용한다.

```
let value = m.get(60);
console.log(`60: ${value}`);              // 60: sixty
console.log(`3: ${m.get(3)}`);            // 3: three
```

키에 대한 엔트리가 없는 경우 get 메서드는 undefined를 반환한다.

```
console.log(`14: ${m.get(14)}`);          // 14: undefined
```

지금까지 예의 키는 모두 숫자였다. 맵 대신 객체로 이 작업을 수행했다면 키는 문자열로 변환되지만 맵에서는 그렇지 않다.

```
console.log('Look for key "4" instead of 4:');
console.log(`"4": ${m.get("4")}`);        // "4": undefined (키는 "4"가 아니라 4임)
console.log('Look for key 4:');
console.log(`4: ${m.get(4)}`);            // 4: four
```

엔트리의 값을 업데이트하려면 set을 다시 사용하면 된다. 이때 기존 엔트리는 업데이트된다.

```
m.set(3, "THREE");
console.log(`3: ${m.get(3)}`);            // 3: THREE
console.log(`Entries: ${m.size}`);        // Entries: 4
```

엔트리를 삭제(제거)하려면 delete 메서드를 사용한다.

```
m.delete(4);
```

delete는 엔트리가 삭제된 경우 true를 반환하고 키와 일치하는 엔트리가 없으면 false를 반환한다. delete는 맵의 **메서드**이다. 즉, delete 연산자는 사용하지 않는다. delete m[2]는 맵 객체에서 "2"라는 속성을 삭제하려고 시도하지만 맵의 엔트리는 맵 객체의 **속성**이 아니므로 아무런 효과가 없다.

맵에 엔트리가 있는지 확인하려면 불을 반환하는 has 메서드를 사용한다(맵에 키에 대한 엔트리가 있으면 true, 없으면 false).

```
console.log(`Entry for 7? ${m.has(7)}`); // Entry for 7? false
console.log(`Entry for 3? ${m.has(3)}`); // Entry for 3? true
```

다시 말하지만 엔트리는 속성이 아니므로 in 연산자나 hasOwnProperty 메서드를 사용하지 않는다.

지금까지의 예의 모든 키는 동일한 타입(숫자)이었다. 종종 실제 사용할 때 그럴 수 있지만 반드시 그럴 필요는 없다. 맵의 키가 모두 같은 타입일 필요도 없다. 지금까지 숫자 키만 포함된 이 예 맵에 문자열 키가 있는 엔트리를 추가할 수 있다. 예를 들면 다음과 같다.

```
m.set("testing", "one two three");
console.log(m.get("testing"));          // one two three
```

키는 객체가 될 수 있다.

```
const obj1 = {};
m.set(obj1, "value for obj1");
console.log(m.get(obj1));               // value for obj1
```

다른 객체는 속성이 같더라도 항상 다른 키이다. obj1 키는 속성이 없는 일반 객체다. 속성이 없는 일반 객체를 키로 사용하여 다른 엔트리를 추가하면 다른 키가 된다.

```
const obj2 = {};
m.set(obj2, "value for obj2");
console.log(`obj1: ${m.get(obj1)}`);    // obj1: value for obj1
console.log(`obj2: ${m.get(obj2)}`);    // obj2: value for obj2
```

키는 (거의) 모든 자바스크립트 값이 될 수 있으므로 유효한 키는 null, undefined, 심지어 NaN(그 자체를 포함해 그 어떤 것과도 같지 않은 것으로 유명함)을 포함한다.

```
m.set(null, "value for null");
m.set(undefined, "value for undefined");
m.set(NaN, "value for NaN");
console.log(`null: ${m.get(null)}`);            // null: value for null
console.log(`undefined: ${m.get(undefined)}`);  // undefined: value for undefined
console.log(`NaN: ${m.get(NaN)}`);              // NaN: value for NaN
```

get은 두 가지 다른 상황에서 undefined를 반환한다. 키에 대해 일치하는 엔트리가 없는 경우와 키에 대해 일치하는 엔트리가 존재하지만 값이 undefined인 경우이다(객체 속성과 같다). 이러한 상황의 차이점을 알려야 한다면 has를 사용하자.

맵에서 모든 엔트리를 지우려면 clear 메서드를 사용한다.

```
m.clear();
console.log(`Entries now: ${m.size}`);  // Entries now: 0
```

12.1.2 키 동등성

맵의 키는 거의 모든 값이 될 수 있으며, "등가0" 연산을 사용하여 비교되는데, 이는 NaN이 자기 자신과 같다는 점을 제외하고는 엄격한 동등(===)과 동일하다. 이는 다음을 의미한다.

- 키를 일치시키려고 할 때 강제 형변환이 없다. 키는 항상 다른 타입의 키와 다르다("1"과 1은 다른 키다).
- 객체는 속성이 같더라도 항상 다른 객체와 다른 키다.
- NaN은 키로 작동한다.

"맵의 키는 거의 모든 값일 수 있음"의 "거의"는 값이 -0(음수 0)인 맵 키를 가질 수 없다는 것이다. 키가 -0인 엔트리를 추가하려고 하면 맵은 0을 키로 사용한다. 키 -0을 사용하여 엔트리를 찾는 경우 get은 0에 대한 엔트리를 찾는다.

```
const key = -0;
console.log(key);              // -0
const m = new Map();
m.set(key, "value");
const [keyInMap] = m.keys(); // (`keys`는 맵의 키에 대한 이터레이터를 반환함)
console.log(keyInMap);         // 0
console.log(`${m.get(0)}`);  // value
console.log(`${m.get(-0)}`); // value
```

0과 -0은 서로 구별하기 어렵기 때문에 모호성을 피하기 위한 것이다. 값은 서로 다르지만(자바스크립트 숫자가 준수하는 IEEE-754 사양에 따라) 서로 엄격하게 동일하다(0 === -0은 참이다). 숫자의 toString은 둘 다에 대해 "0"을 반환하고 대부분의(전부는 아니지만) 자바스크립트 작업은 이를 동일한 값으로 취급한다. Map과 Set를 설계할 때 두 개의 0(주어진 Map 또는 Set에서 동일하거나 다른지 여부를 결정하는 데 사용할 수 있는 플래그 포함)에 대해 많은 논의가 있었지만 그렇게 함으로서의 가치는 복잡성을 정당화하지 않았다. 따라서 실수로 발에 총을 쏘는 것을 방지하기 위해 Map은 키로 사용하려고 할 때 -0을 0으로 변환한다.

12.1.3 이터러블에서 맵 만들기

이전에 맵 생성자는 인수를 전달하지 않으면 빈 맵을 생성하는 것을 보았다. 또한 이터러블 객체(일반적으로 배열의 배열)를 전달하여 맵에 대한 엔트리를 제공할 수도 있다. 다음은 영어 단어를 이탈리아어로 매핑하는 간단한 예이다.

```
const m = new Map([
    ["one", "uno"],
    ["two", "due"],
    ["three", "tre"]
]);
console.log(m.size);         // 3
console.log(m.get("two"));  // due
```

이터러블이나 해당 엔트리가 배열일 필요는 없다. 모든 이터러블을 사용할 수 있으며 "0"과 "1" 속성을 가진 모든 객체를 엔트리에 사용할 수 있다. 실제로 Map의 생성자는 다음과 같다(정확하지는 않지만 개념적으로는 그렇다).

```
constructor(entries) {
    if (entries) {
        for (const entry of entries) {
            this.set(entry["0"], entry["1"]);
        }
    }
}
```

엔트리는 이터러블의 이터레이터가 제공한 순서대로 생성된다.

Map 생성자에 둘 이상의 인수를 전달하면 후속 인수는 현재 무시된다.

Map 생성자에 전달하기만 하면 맵을 복사할 수 있다(다음 절에서 작동 방식에 대해 자세히 알아본다).

```
const m1 = new Map([
    [1, "one"],
    [2, "two"],
    [3, "three"]
]);
const m2 = new Map(m1);
console.log(m2.get(2)); // two
```

12

맵과 셋

12.1.4 맵 내용 반복하기

맵은 이터러블이다. 기본 이터레이터는 각 엔트리에 대해 [key, value] 배열을 생성한다(이 때문에 Map 생성자에 전달하여 맵을 복사할 수 있다). 맵은 또한 키를 반복하기 위한 keys 메서드와 값을 반복하기 위한 values 메서드를 제공한다.

키와 값이 모두 필요한 경우 기본 이터레이터를 사용할 수 있다. 예를 들어 다음과 같이 이터러블 디스트럭처링이 있는 for-of 루프에서 그렇게 할 수 있다.

```
const m = new Map([
    ["one", "uno"],
    ["two", "due"],
    ["three", "tre"]
]);
for (const [key, value] of m) {
    console.log(`${key} => ${value}`);
}
// one => uno
// two => due
// three => tre
```

물론, 디스트럭처링을 사용할 필요는 없다. 루프 본문에서 배열을 사용할 수 있다.

```
for (const entry of m) {
    console.log(`${entry[0]} => ${entry[1]}`);
}
// one => uno
// two => due
// three => tre
```

또한 기본 이터레이터는 entries 메서드를 통해 사용할 수 있다(사실 Map.prototype.entries와 Map.prototype[Symbol.iterator]는 동일한 함수를 참조한다).

맵 엔트리에는 엔트리가 생성된 순서인 순서가 있다. 그렇기 때문에 이전의 두 예에서는 Map 생성자 호출의 배열에 나타나는 것과 동일한 순서로 엔트리를 표시했다. 엔트리 값을 업데이트해도 순서가 바뀌지 않는다. 그러나 엔트리를 삭제한 다음 동일한 키를 사용하여 다른 엔트리를 추가하면 새 엔트리가 맵의 "끝"에 놓인다(이전 엔트리를 삭제하면 더 이상 맵에 존재하지 않기 때문이다). 다음은 이러한 규칙의 예이다.

```javascript
const m = new Map([
    ["one", "uno"],
    ["two", "due"],
    ["three", "tre"]
]);

// 기존 엔트리 업데이트
m.set("two", "due (updated)");
for (const [key, value] of m) {
    console.log(`${key} => ${value}`);
}
// one => uno
// two => due (updated)
// three => tre

// 엔트리를 제거하고 다시 같은 키로 추가
m.delete("one");
m.set("one", "uno (new)");
for (const [key, value] of m) {
    console.log(`${key} => ${value}`);
}
// two => due (updated)
// three => tre
// one => uno (new)
```

이 순서는 맵의 모든 이터러블(entries, keys, values)에도 적용된다.

```javascript
const m = new Map([
    ["one", "uno"],
    ["two", "due"],
    ["three", "tre"]
]);
for (const key of m.keys()) {
    console.log(key);
}
// one
// two
// three

for (const value of m.values()) {
    console.log(value);
}
// uno
// due
// tre
```

배열에서 제공하는 것과 똑같은 forEach 메서드를 사용하여 다음과 같이 맵의 엔트리를 반복할 수도 있다.

```
const m = new Map([
    ["one", "uno"],
    ["two", "due"],
    ["three", "tre"]
]);
m.forEach((value, key) => {
    console.log(`${key} => ${value}`);
});
// one => uno
// two => due
// three => tre
```

배열과 마찬가지로 콜백에서 this가 무엇인지 제어하려는 경우 두 번째 인수를 전달할 수 있으며 콜백은 방문하는 값, 키, 반복하는 맵 등 세 가지 인수를 받는다(예에서는 키와 값만 사용한다).

12.1.5 맵 서브클래싱하기

다른 내장 기능과 마찬가지로 Map도 상속될 수 있다. 예를 들어, 내장 맵 클래스에는 배열의 filter와 같은 filter 함수가 없다. 일반적으로 필터링하려는 코드에 맵이 있다고 가정한다. Map.prototype에 고유한 filter를 추가할 수 있지만 기본 제공 프로토타입을 확장하는 것은 문제가 될 수 있다(특히 애플리케이션/페이지 코드가 아닌 라이브러리 코드에서). 대신 서브클래스를 사용할 수 있다. 예를 들어 코드 12-1은 filter 함수를 사용하여 MyMap을 생성한다.

코드 12-1 맵 서브클래싱하기-subclassing-map.js

```
class MyMap extends Map {
    filter(predicate, thisArg) {
        const newMap = new (this.constructor[Symbol.species] || MyMap)();
        for (const [key, value] of this) {
            if (predicate.call(thisArg, key, value, this)) {
                newMap.set(key, value);
            }
        }
        return newMap;
    }
}
```

```
// 사용법:
const m1 = new MyMap([
    ["one", "uno"],
    ["two", "due"],
    ["three", "tre"]
]);
const m2 = m1.filter(key => key.includes("t"));
for (const [key, value] of m2) {
    console.log(`${key} => ${value}`);
}
// two => due
// three => tre
console.log(`m2 instanceof MyMap? ${m2 instanceof MyMap}`);
// m2 instanceof MyMap? true
```

4장에서 배운 Symbol.species의 사용에 주목하자. Map 생성자는 this를 반환하는 Symbol.
species 게터(getter)를 가지고 있다. MyMap은 해당 기본값을 재정의하지 않으므로 해당 filter는
MyMap 인스턴스를 생성하는 동시에 이후에 만들 서브클래스(예: MySpecialMap)에서 filter가 해
당 서브클래스, MyMap 또는 Map(또는 다른 것, 하지만 가능성은 낮아 보임)의 인스턴스를 생성해
야 하는지 여부를 제어할 수 있다.

12.1.6 성능

맵의 구현은 당연히 개별 자바스크립트 엔진에 달려 있지만 사양에서는 "... 평균적으로 컬렉션의
요소 수에 대해 하위 선형인 접근 시간을 제공하는 해시 테이블 또는 기타 메커니즘을 사용하여
구현해야 한다."라고 정의했다. 이는 예를 들어 엔트리를 추가하는 것이 배열을 검색하여 엔트리
가 포함되어 있는지 여부를 확인하고 포함하지 않으면 추가하는 것보다 평균적으로 더 빨라야 함
을 의미한다. 코드에서 이는 다음을 의미한다.

```
map.set(key, value);
```

앞 코드는 평균적으로 다음 코드보다 더 빨라야 한다.

```
if (!array.some(e => e.key === key))) {
    array.push({key, value});
}
```

417

12.2 / 세트

세트는 고유한 값의 모음이다. 앞 절에서 맵의 키에 대해 배운 모든 내용은 세트의 값에 적용된다. 세트는 −0을 제외한 모든 값을 보유할 수 있으며 만약 −0을 추가하면 0으로 변환된다(맵의 키와 마찬가지로). 값은 등가0 연산을 사용하여 비교한다(맵의 키와 동일하다). 세트의 값 순서는 세트에 추가된 순서이다. 동일한 값을 다시 추가해도 위치가 변경되지 않는다(값을 제거한 다음 나중에 다시 추가하면 변경된다). 세트에 값을 추가할 때 세트는 먼저 값을 보유하고 있는지 여부를 확인하고 없는 경우에만 추가한다.

세트 이전에는 이 목적으로 객체가 사용되기도 했지만(값을 문자열로 변환하여 속성 이름으로하고 값은 아무거나 사용함), 맵에 객체를 사용하는 것과 같은 종류의 단점이 있다. 그 외에도 배열이나 배열과 유사한 객체가 세트 대신 사용되는 경우가 많았으며, 추가할 값이 이미 포함되어 있는지 확인하기 위해 추가하기 전에 배열을 검색했다(예를 들어 제이쿼리는 일반적으로 세트 기반이다. 제이쿼리 인스턴스는 배열과 유사하지만 제이쿼리 인스턴스에 동일한 DOM 요소를 추가하려고 하면 두 번째는 추가되지 않는다). ES2015+에서는 내부적으로 세트를 사용하는 것을 고려할 수 있다. 리스코프 치환 원칙 덕분에 DOM 요소 이외의 다른 요소를 포함할 수 있는 것을 허용하는 한, 세트의 서브클래스로도 만들 수도 있다(잘 알려져 있지는 않지만 제이쿼리도 이를 허용한다).

12.2.1 기본 세트 동작

엔트리 생성, 추가, 접근, 제거와 같은 세트의 기본 동작을 빠르게 살펴보겠다(다운로드한 basic-set-operations.js 파일을 사용하여 이 절의 모든 코드를 실행할 수 있다).

세트를 만들려면 생성자를 사용한다(이 장의 뒷부분에서 자세히 설명한다).

```
const s = new Set();
```

엔트리를 추가하려면 add 메서드를 사용한다.

```
s.add("two");
s.add("four");
```

add 메서드는 단일 값만 허용하며 둘 이상의 값을 전달하면 후속 값이 추가되지 않는다. 하지만 add 메서드는 세트를 반환하므로 여러 추가 호출을 함께 연결할 수 있다.

```
s.add("one").add("three");
```

세트에 주어진 값이 있는지 확인하려면 has 메서드를 사용한다.

```
console.log(`Has "two"? ${s.has("two")}`);      // Has "two"? true
```

세트의 엔트리는 속성이 아니므로 in 연산자나 hasOwnProperty 메서드를 사용하지 않는다.

세트의 엔트리 수를 얻으려면 size 속성을 사용한다.

```
console.log(`Entries: ${s.size}`);              // Entries: 4
```

세트는 본질적으로 동일한 값을 두 번 포함하지 않는다. 이미 있는 값을 추가하려고 하면 다시 추가되지 않는다.

```
s.add("one").add("three");
console.log(`Entries: ${s.size}`);              // Entries: 4
```

세트에서 엔트리를 삭제(제거)하려면 delete 메서드를 사용한다.

```
s.delete("two");
console.log(`Has "two"? ${s.has("two")}`);      // Has "two"? false
```

세트를 완전히 지우려면 clear 메서드를 사용한다.

```
s.clear();
console.log(`Entries: ${s.size}`);              // Entries: 0
```

이 절의 예 값은 문자열이지만 세트의 값은 거의 모든 자바스크립트 값(맵의 키와 같이 음수 0이 아님)이 될 수 있으며 모두 동일한 타입일 필요는 없다.

12.2.2 이터러블로부터 세트 만들기

세트 생성자는 이터러블을 허용하고 이터러블을 넣는 경우 (순서대로) 세트를 채운다.

```
const s = new Set(["one", "two", "three"]);
console.log(s.has("two")); // true
```

당연히 이터러블이 동일한 값을 두 번 반환하여도 결과 세트는 하나만 보유한다.

```
const s = new Set(["one", "two", "three", "one", "two", "three"]);
console.log(s.size); // 3
```

12.2.3 세트 내용 반복하기

세트는 이터러블이다. 방문 순서는 값이 세트에 추가된 순서이다.

```
const s = new Set(["one", "two", "three"]);
for (const value of s) {
    console.log(value);
}
// one
// two
// three
```

이미 세트에 있는 값을 추가해도 세트에서 해당 위치는 변경되지 않는다. 완전히 제거한 다음 나중에 다시 추가하면 변경된다(다시 추가할 때는 더 이상 세트에 없기 때문이다).

```
const s = new Set(["one", "two", "three"]);
for (const value of s) {
    console.log(value);
}
s.add("one"); // Again
for (const value of s) {
    console.log(value);
}
// one
// two
// three

s.delete("one");
s.add("one");
for (const value of s) {
    console.log(value);
}
// two
// three
// one
```

세트는 이터러블로부터 만들 수 있고 세트는 이터러블이므로 Set 생성자에 전달하여 세트를 복사할 수 있다.

```
const s1 = new Set(["a", "b", "c"]);
const s2 = new Set(s1);
console.log(s2.has("b")); // true
s1.delete("b");
console.log(s2.has("b")); // true (여전히 존재한다. s1에서 제거해도 s2에서 제거되지 않는다)
```

세트이 이터러블이라는 것을 사용하는 것은 배열을 복사하면서 중복 엔트리를 제거하는 편리한 방법이기도 하다(많은 프로그래머가 오랫동안 자주 사용하던 unique 함수).

```
const a1 = [1, 2, 3, 4, 1, 2, 3, 4];
const a2 = Array.from(new Set(a1));
console.log(a2.length);     // 4
console.log(a2.join(", ")); // 1, 2, 3, 4
```

즉, 고유한 값만 원한다면 배열이 아닌 처음부터 세트를 사용할 수 있었을 것이다.

세트의 기본 이터레이터는 값을 반복한다. 동일한 이터레이터는 values 메서드를 통해서도 접근할 수 있다. 맵과 세트의 인터페이스를 유사하게 만들기 위해 동일한 이터레이터를 keys 메서드를 통해 사용할 수도 있다. 사실 Set.prototype[Symbol.iterator], Set.prototype.values, Set.prototype.keys는 모두 같은 함수를 참조한다. 세트는 또한 (마치 세트의 키가 자신에게 매핑되는 맵인 것처럼) 두 엔트리 모두 세트의 값을 포함하는 두 엔트리 배열(맵의 entries와 같음)을 반환하는 entries 메서드를 제공한다.

```
const s = new Set(["a", "b", "c"]);
for (const value of s) { // 또는 `of s.values()`
    console.log(value);
}
// a
// b
// c
for (const key of s.keys()) {
    console.log(key);
}
// a
// b
// c
for (const [key, value] of s.entries()) {
    console.log(`${key} => ${value}`);
```

```
    }
// a => a
// b => b
// c => c
```

12.2.4 세트 서브클래싱하기

세트는 서브클래싱하기 쉽다. 예를 들어, add를 반복적으로 호출하지 않고 이터러블의 모든 값을 세트에 추가하는 addAll 메서드를 원하지만 라이브러리 코드를 작성하고 있기 때문에 Set.prototype에 추가하고 싶지 않다고 가정하자. 코드 12-2에는 메서드가 추가된 간단한 세트 서브클래스가 있다.

코드 12-2 세트 서브클래싱하기 – subclassing-set.js

```
class MySet extends Set {
    addAll(iterable) {
        for (const value of iterable) {
            this.add(value);
        }
        return this;
    }
}

// 사용법:
const s = new MySet();
s.addAll(["a", "b", "c"]);
s.addAll([1, 2, 3]);
for (const value of s) {
    console.log(value);
}
// a
// b
// c
// 1
// 2
// 3
```

맵과 마찬가지로 새 세트를 생성하는 메서드를 추가하려는 경우 species 패턴을 사용하여 새 인스턴스를 만들 수 있다.

12.2.5 성능

맵과 마찬가지로 세트의 구현은 특정 자바스크립트 엔진에 달려 있지만 맵과 마찬가지로 사양에서는 "... 해시 테이블 또는 다른 메커니즘을 사용하여 평균적으로 컬렉션에 있는 요소의 수의 선형이 아닌 접근 시간을 제공해야 한다"를 요구한다.

```
set.add(value);
```

따라서 앞 코드는 평균적으로 다음 코드보다 더 빨라야 한다.

```
if (!array.includes(value)) {
    array.push(value);
}
```

12.3 위크맵

위크맵을 사용하면 키를 메모리에 유지하지 않고도 객체(키)와 관련된 값을 저장할 수 있다. 키는 맵에 **약하게** 유지된다. 객체가 메모리에 유지되는 유일한 이유가 맵인 경우 해당 엔트리(키와 값)이 맵에서 자동으로 제거되어 키 객체가 가비지 컬렉션에 적합한 상태로 남는다(엔트리의 **값**은 엔트리가 존재하는 한 정상적으로 맵에 의해 유지된다. **키만** 약하게 유지된다). 동일한 객체가 둘 이상의 위크맵(또는 다음 절에서 배우게 될 위크세트에 있는 경우)에서 키로 사용되는 경우에도 마찬가지다. 키 객체에 대한 유일한 나머지 참조가 위크맵(또는 위크세트)에 있으면 자바스크립트 엔진은 해당 객체에 대한 엔트리를 제거하고 객체를 가비지 컬렉션에 사용할 수 있도록 한다.

예를 들어 DOM 요소와 관련된 정보를 요소 자체의 속성에 저장하지 않고 DOM 요소를 키로 저장하려는 정보를 값으로 사용하여 위크맵에 저장할 수 있다. DOM 요소가 DOM에서 제거되고 다른 어떤 것도 참조하지 않으면 해당 요소에 대한 엔트리가 맵에서 자동으로 제거되고 DOM 요소의 메모리를 회수할 수 있다(맵과 별도로 해당 값을 참조하는 다른 엔트리가 없는 경우 맵 엔트리의 값에 할당된 메모리와 함께 회수된다).

12.3.1 위크맵은 이터러블이 아니다.

위크맵의 중요한 측면 중 하나는 특정 키를 모르면 맵에서 가져올 수 없다는 것이다. 이는 구현상으로 다른 이유로 키가 도달할 수 없는 시점과 엔트리가 맵에서 제거되는 시점 사이에 지연이 있을 수 있기 때문이다. 그 시간 동안 맵에서 키를 얻을 수 있다면 이를 수행하는 코드에 불확정성을 도입할 것이다. 따라서 위크맵의 키를 모르는 경우 키를 얻을 수 있는 방법을 제공하지 않는다.

이는 위크맵에 상당한 영향을 미친다. 다시 말해 위크맵은 이터러블이 아니다. 사실 위크맵은 내용에 대한 정보를 거의 제공하지 않는다. 제공하는 내용은 다음과 같다.

- has: 키를 넘기면 해당 키에 대한 엔트리가 있는지 여부를 알려준다.
- get: 키를 넘기면 위크맵의 키 엔트리에 대한 값(맵과 같이 일치하는 엔트리가 없는 경우 undefined)을 제공한다.
- delete: 키를 넘기면 해당 키의 엔트리를 삭제하고(있는 경우) 플래그를 반환한다(엔트리가 발견되어 삭제된 경우 true, 찾지 못한 경우 false).

WeakMap에는 size, forEach, keys 이터레이터, values 이터레이터 등이 없다. WeakMap은 API의 공통 부분이 의도적으로 서로 유사하게 만들었지만 맵의 서브클래스는 아니다.

12.3.2 사용 사례와 예

위크맵의 몇 가지 사용 사례를 살펴보겠다.

12.3.2.1 사용 사례: 프라이빗 정보

위크맵의 전형적인 사용 사례 중 하나는 프라이빗 정보이다. 코드 12-3을 확인하자.

코드 12-3 프라이빗 정보에 위크맵 사용 - private-info.js

```
const Example = (() => {
    const privateMap = new WeakMap();

    return class Example {
        constructor() {
            privateMap.set(this, 0);
        }
```

```
        incrementCounter() {
            const result = privateMap.get(this) + 1;
            privateMap.set(this, result);
            return result;
        }

        showCounter() {
            console.log(`Counter is ${privateMap.get(this)}`);
        }
    };
})();

const e1 = new Example();
e1.incrementCounter();
console.log(e1);           // (객체라는 내용)

const e2 = new Example();
e2.incrementCounter();
e2.incrementCounter();
e2.incrementCounter();

e1.showCounter();          // Counter is 1
e2.showCounter();          // Counter is 3
```

Example의 구현은 인라인 호출 함수 표현식(Inline-Invoked Function Expression, IIFE)로 래핑되어 클래스 구현만으로 privateMap이 완전히 비공개되도록 한다.

Note ☰ **프라이빗 클래스 필드**

18장에서는 ES2021에 포함되도록 제안된 **프라이빗 클래스 필드**에 대해 배우고 클래스가 진정한 프라이빗 정보(인스턴스별과 정적 모두)를 가질 수 있는 방법을 제공한다. 이를 배우게 되면 두 가지 방법으로 사용할 수 있다. 위크맵을 사용하는 대신 카운터에 대해 프라이빗 필드를 간단히 사용할 수 있다. 또는 위크맵을 사용할 이유가 있는 경우(모든 인스턴스에 프라이빗 정보가 필요한 것은 아님) 맵 자체를 정적 프라이빗 필드로 만들 수 있다(IIFE 래퍼를 제거하여 구현을 단순화한다).

Example 생성자를 통해 인스턴스를 만들면 새 객체(this)로 키가 지정된 값이 0인 위크맵(privateMap)에 엔트리가 저장된다. incrementCounter를 호출하면 값을 증가시켜 해당 엔트리를 업데이트하고 showCounter를 호출하면 현재 값을 표시한다. 실제로 작동하는 모습을 보려면 디버거 또는 대화형 콘솔이 있는 환경에서 실행하는 것이 가장 좋다. "(객체라는 내용)" 줄에 기록된

객체를 자세히 살펴보자. 실제로 보면 객체가 카운터 값에 접근하고 심지어 변경할 수 있더라도 어디에서도 카운터 값을 찾을 수 없다. 카운터 값은 Example 클래스에 래핑된 스코프 지정 함수 내의 코드에 대해 실제로 비공개이다. 다른 코드는 privateMap에 접근할 수 없기 때문에 다른 코드는 해당 정보에 접근할 수 없다.

질문: 위크맵 대신 맵을 사용하면 어떻게 될까?

맞다! 시간이 지남에 따라 맵은 계속해서 생성되고 정리되지 않은 Example 객체로 인해 점점 더 커지고 더 커질 것이다. 맵이 메모리에 객체를 보관하기 때문에 다른 모든 코드가 완료되었을 때에도 마찬가지다. 그러나 위크맵을 사용하면 다른 모든 코드가 Example 객체로 완료되고 이에 대한 참조가 삭제되면 자바스크립트 엔진이 해당 객체에 대한 위크맵 엔트리를 제거한다.

12.3.2.2 사용 사례: 제어할 수 없는 객체에 대한 정보 저장

위크맵의 또 다른 주요 사용 사례는 사용자가 제어할 수 없는 객체에 대한 정보를 저장하는 것이다. 객체를 제공하는 API를 다루고 있고 해당 객체와 관련된 자신의 정보를 추적해야 한다고 가정하자. 이러한 객체에 속성을 추가하는 것은 일반적으로 좋지 않은 생각이다. API는 프록시나 고정된 객체를 제공하여 이를 불가능하게 할 수도 있다.

위크맵이 여러분을 구출할 것이다! 객체에 의해 키가 지정된 정보를 저장하기만 하면 된다. 위크맵은 키를 약하게 보유하므로 API 객체가 가비지 컬렉션되는 것을 방지하지 않는다.

코드 12-4와 12-5는 위크맵에서 DOM 요소를 키로 사용하여 DOM 요소에 대한 정보를 추적하는 예를 보여 준다.

코드 12-4 DOM 요소에 대한 정보 저장(HTML) - storing-data-for-dom.html

```
<!doctype html>
<html>
<head>
<meta charset="UTF-8">
<title>DOM 요소에 대한 정보 저장</title>
</head><style>
.person {
    cursor: pointer;}


</style>
<body>
<label>
```

```
<div id="status"></div>
<div id="people"></div>
<div id="person"></div>
<script src="storing-data-for-dom.js"></script>
</body>
</html>
```

```javascript
(async() => {
    const statusDisplay = document.getElementById("status");
    const personDisplay = document.getElementById("person");
    try {
        // DOM 요소와 관련된 정보를 보유할 위크맵
        const personMap = new WeakMap();
        await init();
        async function init() {
            const peopleList = document.getElementById("people");
            const people = await getPeople();
            // 이 루프에서 div를 키로 사용하여 위크맵의 각 div와 관련된 사람을 저장한다.
            for (const person of people) {
                const personDiv = createPersonElement(person);
                personMap.set(personDiv, person);
                peopleList.appendChild(personDiv);
            }
        }

        async function getPeople() {
            // 서버 또는 이와 유사한 것에서 사람 정보를 가져오는 작업을 위한 것이다.
            return [
                {name: "Joe Bloggs", position: "Front-End Developer"},
                {name: "Abha Patel", position: "Senior Software Architect"},
                {name: "Guo Wong",    position: "Database Analyst"}
            ];
        }

        function createPersonElement(person) {
            const div = document.createElement("div");
            div.className = "person";
            div.innerHTML =
                '<a href="#show" class="remove">X</a> <span class="name"></span>';
```

12
부록 솔

427

```
            div.querySelector("span").textContent = person.name;
            div.querySelector("a").addEventListener("click", removePerson);
            div.addEventListener("click", showPerson);
            return div;
        }

        function stopEvent(e) {
            e.preventDefault();
            e.stopPropagation();
        }

        function showPerson(e) {
            stopEvent(e);
            // 여기에서 위크맵에서 클릭한 요소를 찾아 사람을 표시한다.
            const person = personMap.get(this);
            if (person) {
                const {name, position} = person;
                personDisplay.textContent = `${name}'s position is: ${position}`;
            }
        }

        function removePerson(e) {
            stopEvent(e);
            this.closest("div").remove();
        }
    } catch (error) {
        statusDisplay.innerHTML = `Error: ${error.message}`;
    }
})();
```

12.3.3 키를 참조하는 값

이전 절의 DOM 정보 예(storing-data-for-dom.js)는 각 사람을 나타내는 div 요소에 대해
personMap에 값 객체(각 person)를 저장했다. person 객체가 DOM 요소를 다시 참조했다고 가정
해 보자. 예를 들어, init의 for-of 루프가 다음과 같이 personDiv 상수를 person 객체의 속성으
로 대체한 경우를 보자.

```
    for (const person of people) {
        const person.div = createPersonElement(person);
        personMap.set(person.div, person);
        peopleList.appendChild(person.div);
    }
```

이제 위크맵의 엔트리 키는 person.div이고 값은 person이다. 즉, 값(person)에는 키(person.div)에 대한 참조가 다시 포함된다. person 객체(와 personMap)만 키를 참조하더라도 키에 대한 person 객체의 참조가 존재하면 메모리에 키가 유지될까?

"아니, 그렇지 않을 것이다"라고 추측할 것이다. 이에 대해 사양은 읽기 쉬운 부분 중 하나이다. 이렇게 적혀 있다.[1]

> 위크맵 키/값 쌍의 키로 사용되는 객체가 해당 위크맵 내에서 시작하는 참조 체인을 따라야 도달할 수 있는 경우 해당 키/값 쌍은 접근할 수 없으며 위크맵에서 자동으로 제거된다.

한번 확인해 보자. 코드 12-6을 참조하자.

코드 12-6 키를 다시 참조하는 값 – value-referring-to-key.js

```
function log(msg) {
    const p = document.createElement("pre");
    p.appendChild(document.createTextNode(msg));
    document.body.appendChild(p);
}

const AAAAExample = (() => {
    const privateMap = new WeakMap();

    return class AAAAExample {
        constructor(secret, limit) {
            privateMap.set(this, {counter: 0, owner: this});
        }

        get counter() {
            return privateMap.get(this).counter;
        }

        incrementCounter() {
            return ++privateMap.get(this).counter;
```

---

1 https://tc39.github.io/ecma262/#sec-weakmap-objects

```
        }
    };
})();

const e = new AAAAExample();

let a = [];
document.getElementById("btn-create").addEventListener("click", function(e) {
    const count = +document.getElementById("objects").value || 100000;
    log(`Generating ${count} objects…`);
    for (let n = count; n> 0; --n) {
        a.push(new AAAAExample());
    }
    log(`Done, ${a.length} objects in the array`);
});
document.getElementById("btn-release").addEventListener("click", function(e) {
    a.length = 0;
    log("All objects released");
});
```

이 코드는 e로 참조되고 해제되지 않는 AAAAExample 객체를 생성한다. 버튼을 클릭하면 배열에서 기억하는 여러 AAAAExample 객체를 추가로 생성하고 다른 버튼을 클릭하면 배열에서 모든 객체를 해제한다. 다음 HTML과 코드 12-6의 value-referring-to-key.js 파일을 사용하여 페이지를 열자(다운로드한 value-referring-to-key.html).

```
<label>
    Objects to create:
    <input type="text" id="objects" value="100000">
</label>
<input type="button" id="btn-create" value="만들기">
<input type="button" id="btn-release" value="해제하기">
<script src="value-referring-to-key.js"></script>
```

해당 페이지를 새로 연 상태에서 다음 단계를 따르자.

1. 브라우저의 개발자 도구를 열고 메모리 탭으로 이동한다. 그림 12-1은 개발자 도구가 하단에 도킹된 크롬이다.

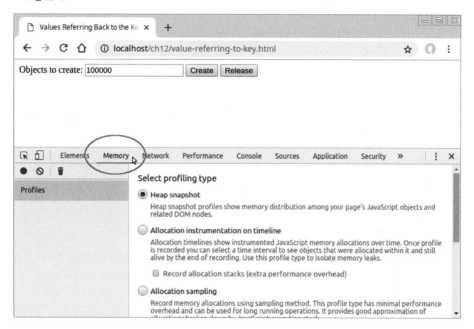

2. 웹 페이지에서 만들기(Create) 버튼을 클릭한다. 이렇게 하면 AAAAExample 생성자를 사용하여 100,000개의 객체(또는 변경한 객체 수)가 생성되고 배열(a)에 유지된다.

3. 브라우저가 제공하는 메커니즘을 사용하여 AAAAExample 생성자를 사용하여 생성된 메모리에 객체가 몇 개 있는지 확인한다(알파벳 목록의 맨 위에 표시되도록 이름이 지정된다). 크롬에서는 **Take Heap Snapshot** 버튼(그림 12-2)을 클릭한 다음 생성자(Constructor)별로 객체 목록을 확인하여 이 작업을 수행한다(Constructor 패널의 내용을 보려면 Retainers 라는 패널을 아래로 당긴다). 그림 12-3을 참고하자. 이 그림에서 메모리에 100,001개의 AAAAExample 객체가 있음을 알 수 있다(초기 릴리즈되지 않은 객체와 버튼 클릭에 대한 응답으로 생성된 100,000개). AAAAExample 행만 표시되도록 클래스 필터 상자에 **aaa** 를 입력하는 것이 유용할 수 있다(그림 12-4 참조).

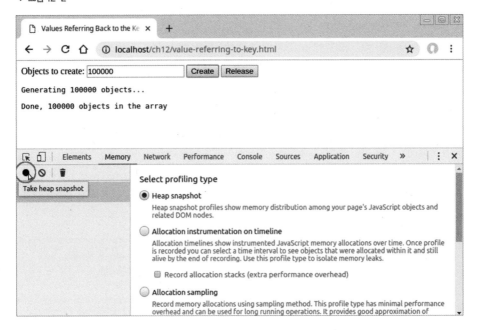

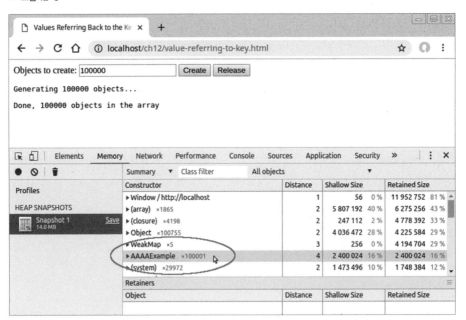

▼ 그림 12-4

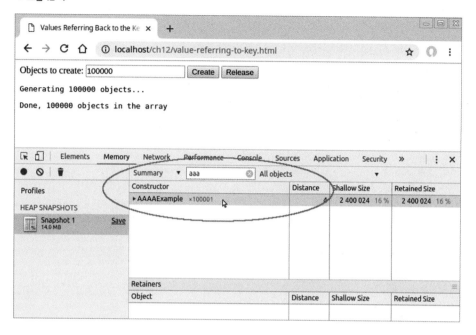

4. 웹 페이지에서 해제하기 버튼을 클릭하면 배열에서 객체가 제거된다.

5. 브라우저가 제공하는 메커니즘을 사용하여 강제로 가비지 컬렉션이 발생하도록 한다. 크롬에서는 그림 12-5와 같이 **Collect Garbage** 버튼을 사용한다.

▼ 그림 12-5

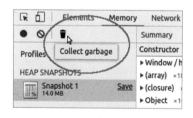

6. 또 다른 힙 스냅샷(또는 이와 유사한 것)을 만들고 AAAAExample 생성자를 사용하여 생성된 객체가 현재 몇 개 있는지 확인한다. 크롬에서 그렇게 하려면 다른 스냅샷을 찍은 다음 생성자 창을 다시 확인한다. 충분히 스크롤하면 AAAAExample이 나열된 것을 찾을 수 있다(그림 12-6). 또는 AAAAExample 행을 표시하기 위해 클래스 필터 상자에 **aaa**를 입력하는 것이 편리할 수도 있다(그림 12-7).

❤ 그림 12-6

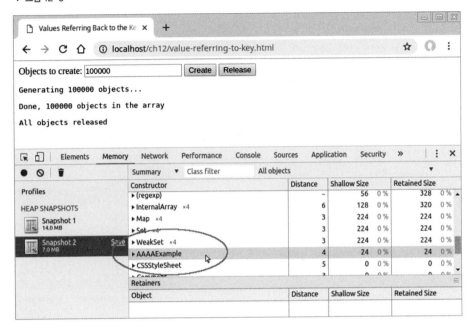

❤ 그림 12-7

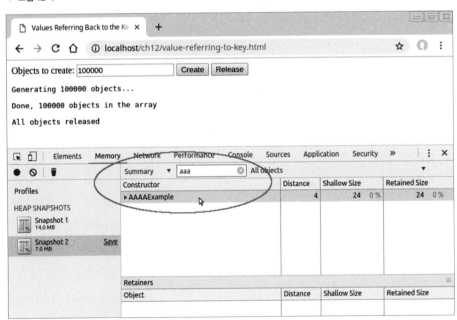

이를 통해 값 객체가 키 객체를 다시 참조하더라도 해당 엔트리의 정리를 방해하지 않는다는 것을 알았다. 사실, 한 엔트리의 값 객체는 첫 번째 엔트리의 키 객체(순환 참조) 또는 다른 엔트리를 참조하는 값을 가진 다른 엔트리의 키 객체를 참조할 수 있다. 그러나 위크맵 외부의 그 어느 것도 해당 키 객체를 더 이상 참조하지 않으면 자바스크립트 엔진이 엔트리를 제거하고 객체를 가비지 컬렉션에 사용할 수 있도록 한다.

12.4 / 위크세트

위크세트는 위크맵에 대응되는 세트이다. 즉, 세트에 있는 것이 객체 정리를 방해하지 않는 객체 집합이다. 위크세트는 키가 세트의 값이고 값이 (개념적으로) "맞다, 객체가 세트에 있다."라는 의미에서 true인 위크맵으로 생각할 수 있다. 또는 세트를 키와 값이 동일한 맵으로 생각해도 괜찮다(세트의 entries 이터레이터가 제안하는 것처럼 말이다. 위크세트에는 entries 이터레이터가 없지만 말이다).

위크맵이 이터러블이 아닌 것과 마찬가지로 위크세트는 이터러블이 아니며 다음만 제공한다.

- add: 세트에 객체를 추가한다.
- has: 객체가 세트에 있는지 확인한다.
- delete: 세트에서 객체를 삭제(제거)한다.

결과적으로 위크세트는 세트의 서브클래스가 아니지만 위크맵/맵과 마찬가지로 API의 공통 부분은 의도적으로 일치시켰다.

그렇다면 위크세트의 요점은 무엇일까? 이미 해당 객체가 알고 있지 않는 한 객체에 접근할 수 없다면 어떤 용도로 사용될까?

대답은 이 절의 첫 번째 절의 내용과 유사하다. 즉, 가지고 있는 객체가 세트에 있는지 확인할 수 있다. 이것은 코드의 특정 부분(세트에 추가한 코드)에서 이전에 객체를 본 적이 있는지 확인하는 데 유용하다. 이 일반적인 사용 사례의 몇 가지 예를 살펴보겠다.

12.4.1 사용 사례: 추적

객체를 "사용"하기 전에 해당 객체가 과거에 "사용"되었는지 여부를 알아야 하지만 이를 객체에 플래그로 저장하지 않는다고 가정하자(아마도 객체의 플래그인 경우 다른 코드가 그것을 보거나 그것이 여러분의 객체가 아니기 때문이다). 예를 들어, 이것은 일종의 일회용 액세스 토큰일 수 있다. 위크세트는 객체를 메모리에 강제로 유지하지 않고 이를 수행하는 간단한 방법이다. 코드 12-7을 보자.

코드 12-7 한 번만 사용하는 객체 - single-use-object.js

```
const SingleUseObject = (() => {
    const used = new WeakSet();

    return class SingleUseObject {
        constructor(name) {
            this.name = name;
        }
        use() {
            if (used.has(this)) {
                throw new Error(`${this.name} has already been used`);
            }
            console.log(`Using ${this.name}`);
            used.add(this);
        }
    };
})();

const suo1 = new SingleUseObject("suo1");
const suo2 = new SingleUseObject("suo2");
suo1.use();                              // suo1 사용
try {
    suo1.use();
} catch (e) {
    console.error("Error: " + e.message); // Error: suo1 has already been used
}
suo2.use();                              // suo2 사용
```

12.4.2 사용 사례: 브랜딩

브랜딩은 추적의 또 다른 형태이다. 객체를 제공하는 라이브러리를 설계하고 나중에 해당 객체를 다시 받아 작업을 수행한다고 가정하자. 라이브러리에서 반환된 객체가 라이브러리 코드에서 비롯된 것인지, 라이브러리를 사용하는 코드에 의해 위조되지 않았는지 절대적으로 확신하는 경우에 위크세트를 사용할 수 있다. 코드 12-8을 보자.

코드 12-8 알고 있는 객체만 허용 - only-accept-known-objects.js

```javascript
const Thingy = (() => {
    const known = new WeakSet();
    let nextId = 1;

    return class Thingy {
        constructor(name) {
            this.name = name;
            this.id = nextId++;
            Object.freeze(this);
            known.add(this);
        }

        action() {
            if (!known.has(this)) {
                throw new Error("Unknown Thingy");
            }
            // 이 부분의 코드는 this 객체가 this 클래스에 의해
            // 생성되었음을 알고 있음
            console.log(`Action on Thingy #${this.id} (${this.name})`);
        }
    }
})();

// 다른 코드에서:

// 실제 사용
const t1 = new Thingy("t1");
t1.action(); // Action on Thingy #1 (t1)
const t2 = new Thingy("t2");
t2.action(); // Action on Thingy #2 (t2)

// 가짜를 사용하려고 시도
const faket2 = Object.create(Thingy.prototype);
```

```
faket2.name = "faket2";
faket2.id = 2;
Object.freeze(faket2);
faket2.action(); // Error: Unknown Thingy
```

Thingy 클래스는 id와 name 속성이 있는 객체를 만든 다음 해당 객체를 **고정하여** 어떤 식으로도 변경할 수 없도록 한다. 해당 속성은 읽기 전용이며 재구성할 수 없으며 속성을 추가하거나 제거할 수 없으며 프로토타입 변경할 수 없다.

나중에 코드가 Thingy 객체에서 action 메서드를 사용하려고 하면 action은 known 세트를 조사하여 호출된 객체가 진짜 Thingy 객체인지 확인한다. 그렇지 않은 경우 작업 수행을 거부한다. 세트는 위크세트이므로 Thingy 객체가 가비지 컬렉션되는 것을 방지하지 않는다.

12.5 / 과거 습관을 새롭게

다음은 새로운 습관으로 고칠 수 있는 몇 가지 과거 습관이다.

12.5.1 객체를 범용 맵으로 사용하는 대신 맵 사용

과거 습관: 객체를 범용 맵으로 사용한다.

```
const byId = Object.create(null); // 그래서 이것이 프로토타입을 갖지 않도록
for (const entry of entries) {
    byId[entry.id] = entry;
}
// 나중에
const entry = byId[someId];
```

새로운 습관: 대신 맵을 사용하자.

```
const byId = new Map();
for (const entry of entries) {
    byId.set(entry.id, entry);
```

```
    }

    // 나중에
    const entry = byId.get(someId);
```

맵은 범용 매핑에 더 적합하며 키가 이미 문자열이 아니라면 키를 문자열로 만들지 말자.

12.5.2 세트를 위한 객체 대신 세트 사용

과거 습관: 객체를 가상의 세트로 사용한다.

```
const used = Object.create(null);
// 뭔가를 "사용됨"으로 표시
used[thing.id] = true;
// 뭔가가 사용되었는지 확인
if (used[thing.id]) {
    // ...
}
```

새로운 습관: 대신 세트를 사용하자.

```
const used = new Set();
// 뭔가가 "사용됨"으로 표시
used.add(thing.id);            // 또는 `thing`을 직접 사용하는 것도 가능
// 뭔가가 사용되었는지 확인
if (used.has(thing.id)) {      // 또는 `thing`을 직접 사용하는 것도 가능
    // ...
}
```

또는 적절하다면 위크세트를 사용하자.

```
const used = new WeakSet();
// 뭔가를 "사용됨"으로 표시
used.add(thing);
// 뭔가가 사용되었는지 확인
if (used.has(thing)) {
    // ...
}
```

12.5.3 공개 속성 대신 비공개 정보를 저장하기 위해 워크맵 사용

과거 습관: ("새로운 습관" 절의 주의 사항 참조) 밑줄(_) 접두사와 같은 명명 규칙을 사용하여 객체의 속성이 비공개이고 "외부" 코드에서 사용해서는 안 됨을 나타낸다.

```
class Example {
    constructor(name) {
        this.name = name;
        this._counter = 0;
    }
    get counter() {
        return this._counter;
    }
    incrementCounter() {
        return ++this._counter;
    }
}
```

새로운 습관: (예 뒤의 주의 사항 참조) 대신 워크맵을 사용하여 정보가 완전히 비공개되도록 하자 (코드 다음 주의 사항 참조).

```
const Example = (() => {
    const counters = new WeakMap();

    return class Example {
        constructor(name) {
            this.name = name;
            counters.set(this, 0);
        }
        get counter() {
            return counters.get(this);
        }
        incrementCounter() {
            const result = counters.get(this) + 1;
            counters.set(this, result);
            return result;
        }
    }
})();
```

이 새로운 습관에 대한 두 가지 주의 사항이 있다.

- 이를 위해 워크맵을 사용하면 코드 복잡성이 증가한다. 주어진 상황에서 비공개의 이득은 복잡성 비용보다 가치가 있을 수도 있고 그렇지 않을 수도 있다. 많은 언어에는 "프라이빗" 속성이 있지만 어쨌든 이러한 속성에 접근할 수 있다. 예를 들어 자바의 프라이빗 필드는 리플렉션을 통해 접근할 수 있다. 따라서 명명 규칙을 사용하는 것이 실제로 자바의 프라이빗 속성을 사용하는 것보다 훨씬 나쁘지는 않다.
- 머지 않아 클래스 구문(적어도)은 워크맵을 사용하지 않고 프라이빗 필드를 갖는 수단을 제공할 것이다. 이는 18장에서 배우게 될 것이다. 지금 프라이빗 정보에 워크맵을 사용하는 습관을 들이면 나중에 리팩토링할 수 있다.

결국 경우에 따라 다르다. 일부 정보는 실제로 적절하게 비공개되어야 한다(코드에서, 디버거에서 비공개로 사용할 수 없음을 기억하자). 다른 정보는 "사용하지 말라"라는 규칙으로 표시하면 괜찮을 것이다.

memo

13^장

모듈

이 장의 내용

- 모듈 소개
- import와 export
- 모듈이 로드되는 방법
- 동적 임포트: import( )
- 트리 셰이킹
- 번들러
- import.meta

이 장의 코드 다운로드

이 장의 코드는 https://thenewtoys.dev/bookcode 또는 https://www.wiley.com/go/javascript-newtoys에서 다운로드할 수 있다.

이 장에서는 ES2015의 모듈에 대해 배우게 된다. 모듈을 사용하면 코드를 작으면서 유지 관리할 수 있는 조각으로 쉽게 나누고 필요에 따라 함께 가져올 수 있다.

13.1 / 모듈 소개

수년 동안 자바스크립트 프로그래머는 코드를 전역 네임스페이스에 넣거나(전역 네임스페이스가 붐비기 때문에) 래퍼 함수(**스코프 지정 함수**)로 코드를 래핑했다. 때로는 스코프 지정 함수가 단일 전역 변수("모듈 패턴 공개")에 할당한 객체(때로는 **네임스페이스 객체**라고도 함)를 반환하도록 했다.

모든 규모의 프로젝트에서 프로그래머는 이름 충돌, 복잡한 종속성 및 코드를 적절한 크기의 파일로 분할하는 문제에 직면하게 된다. 이러한 문제로 인해 CommonJS(CJS), 비동기식 모듈 정의(Asynchronous Module Definition, AMD), 그 변형과 같은 코드 **모듈**을 정의하고 결합하기 위한 다양한 서로 다른 호환되지 않는 솔루션이 탄생했다. 호환되지 않는 여러 표준은 프로그래머, 도구 제작자, 라이브러리 작성자, 다른 소스의 모듈을 사용하려는 모든 사람의 삶을 어렵게 만든다.

고맙게도 ES2015는 자바스크립트용 모듈을 표준화하여 도구와 작성자가 사용할 수 있는 **대부분**의 공통 구문과 의미론을 제공한다(곧 "대부분"에 대해 알아보겠다). 이전 모듈 방식의 이름 목록과 유사하게 기본 모듈은 CJS 모듈, AMD 모듈 또는 기타 유형과 구별되는 **ESM 모듈**(ECMAScript Module)이라고 하는 경우가 많다.

13.2 / 모듈 기초

이 절에서는 모듈에 대한 간략한 개요를 제공하며 이후 절에서 자세한 내용을 다룬다.

모듈은 자체 "컴파일 단위"(느슨하게는 "파일")에 있는 코드 단위이다. 모듈은 자체 스코프가 있다(스크립트와 같이 전역 스코프에서 코드를 실행하는 대신). 다른 모듈에서 **임포트**(예: 함수와 변수)를 통하여 다른 모듈을 로드할 수 있다. 다른 모듈이 임포트할 엔트리를 **익스포트**할 수 있다. 각각의 익스포트를 가져오는 모듈 그룹은 일반적으로 **모듈 트리**라고 하는 그래프를 형성한다. 그림 13-1을 보자.

❤ 그림 13-1

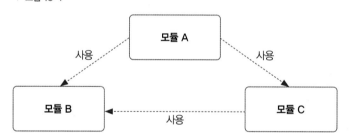

임포트할 때 모듈을 찾을 위치를 나타내는 문자열인 **모듈 지정자**(module specifier)를 사용하여 임포트할 모듈을 지정한다. 자바스크립트 엔진은 호스트 환경과 함께 작동하여 지정한 모듈을 로드한다. 자바스크립트 엔진은 영역[1]당 한 번만 모듈을 로드한다. 여러 다른 모듈에서 사용하는 경우 모두 동일한 복사본을 사용한다. 모듈은 **명명된 익스포트** 및/또는 단일 **기본 익스포트**를 가질 수 있다.

---

[1] 5장에서 배운 영역이 전역 환경, 해당 환경의 고유한 객체(배열, 객체, 날짜 등), 해당 환경에 로드된 모든 코드, 기타 상태 비트와 같은 코드 비트가 존재하는 전체 컨테이너임을 기억할 것이다. 브라우저 창(탭, 전체 창, iframe)은 영역이다. 웹 워커는 웹 워커는 이를 만든 창의 영역과는 별개의 영역이다.

모듈에서 무언가를 익스포트하려면 export 키워드로 시작하는 익스포트 선언을 사용한다. 다음은 두 가지 명명된 익스포트의 예이다.

```
export function example() {
    // ...
}
export let answer = 42;
```

모듈을 로드하고 (선택적으로) 모듈에서 무언가를 임포트하려면 임포트 선언이나 동적 임포트를 사용한다. 이 장의 뒷부분에서 동적 임포트에 대해 배울 것이다. 지금은 임포트 선언(정적 임포트라고도 함)을 살펴보겠다. 다음과 같이 import 키워드 다음에 가져오려는 엔트리를 사용하고 "from"이라는 단어 뒤에 모듈 지정자 문자열 리터럴이 오고 이를 통해 어떤 모듈에서 가져올지 알려 준다.

```
import { example } from "./mod.js";
import { answer } from "./mod.js";
// 또는
import { example, answer } from "./mod.js";
```

이러한 선언의 중괄호는 명명된 익스포트를 가져오는 것을 나타낸다(자세한 내용은 잠시 후에 배우게 될 것이다).

다음은 기본 익스포트이다(default 단어에 유의한다).

```
export default function example() {
    // ...
}
```

모듈에는 기본 익스포트가 하나만 있거나 없을 수 있다. 다음과 같이 가져올 수 있다(중괄호가 없다는 점에 유의하자. 잠시 후에 다시 한번 더 자세히 배우게 될 것이다).

```
import example from "./mod.js";
```

모듈에서 임포트할 엔트리를 나열하지 않고 사이드 이펙트만을 위해 모듈을 임포트할 수도 있다.

```
import "./mod.js";
```

이렇게 하면 모듈(과 종속 모듈)이 로드되고 해당 코드가 실행되지만 아무것도 임포트하지 않는다.

이것들이 가장 일반적인 export와 import 형태이다. 이 장의 뒷부분에서 몇 가지 추가 변형과 세부 사항을 배운다.

모듈의 코드만 이러한 선언적 export와 import 양식을 사용할 수 있다. 비모듈 코드는 할 수 없다. 모듈이 아닌 코드는 나중에 배우게 될 동적 임포트를 **사용할 수** 있지만 아무것도 내보낼 수 없다.

import와 export 선언은 모듈의 최상위 스코프에만 나타날 수 있다. 루프나 if 문과 같은 제어 흐름 구조 내부에 있을 수 없다.

```
if (a < b) {
    import example from "./mod.js"; // SyntaxError: Unexpected identifier
    example();
}
```

모듈은 선언한 엔트리만 익스포트할 수 있고 임포트한 엔트리를 다시 익스포트할 수 있다. 예를 들어 모듈은 전역 변수를 선언하지 않았기 때문에 전역 변수를 익스포트할 수 없다. 모듈 코드는 전역 스코프에서 실행되지 않기 때문에 모듈은 전역 변수를 선언할 수 없다(예를 들어 브라우저에서 window.varName = 42와 같이 할당을 통해 전역 객체에 속성을 추가하거나 17장에서 배우게 될 globalThis를 사용할 수 있지만 이는 선언이 아니다).

마무리하자면, 익스포트를 임포트하면 임포트한 엔트리에 대한 읽기 전용 "라이브" **간접 바인딩** (indirectbinding)이 생성된다. 해당 바인딩은 읽기 전용이다. 모듈은 원래 모듈이 엔트리의 값을 변경하는 경우 새 값을 보는 것을 포함하여 임포트한 엔트리의 값을 읽을 수 있지만 값을 직접 변경할 수는 없다.

이제 복잡한 내용을 좀 더 자세히 살펴보자.

13.2.1 모듈 지정자

앞의 예에서 "./mod.js" 부분은 모듈 지정자다.

```
import { example } from "./mod.js";
```

임포트 선언에서 모듈 지정자는 문자열을 생성하는 표현식이 아니라 문자열 **리터럴**이어야 한다. 선언은 정적 양식이기 때문이다(자바스크립트 엔진과 환경은 코드를 **실행하지 않고도** 이를 해석할 수 있어야 한다). 작은따옴표나 큰따옴표를 사용할 수 있다. 그 외에도 자바스크립트 사양은 모듈 지정자에 대해 거의 언급하지 않는다. 모듈 지정자 문자열의 양식과 의미는 호스트 환경에 맡긴다

(이것이 도입부의 "… **대부분**의 공통 구문과 의미론…"에서 "대부분"이라고 말한 이유다). 웹용 모듈 지정자의 양식과 의미는 HTML 사양에 정의되어 있다. 노드제이에스용은 노드제이에스에서 정의한다. 즉, 이와 같은 주요 환경에 대한 지정자를 처리하는 팀은 모듈이 여러 환경에서 사용하기 위해 생성되고 있음을 인식하고 불필요한 차이를 피하기 위해 노력하고 있다. 지금은 모듈 지정자에 대해 걱정하지 말자. 이 장의 뒷부분에 나오는 "브라우저에서 모듈 사용하기"과 "노드제이에스에서 모듈 사용하기"에서 자세히 알아볼 것이다.

13.2.2 명명된 익스포트 기초

이미 몇 가지 기본 명명된 익스포트를 보았다. 이 절에서는 명명된 익스포트에 대해 자세히 알아볼 것이다.

명명된 익스포트를 사용하여 변수, 상수, 함수, 클래스 생성자, 다른 모듈에서 가져온 엔트리와 같이 이름이 있는 모듈 내에서 선언된 모든 엔트리를 익스포트할 수 있다. 몇 가지 다른 방법이 있다. 한 가지 방법은 선언하거나 정의할 때 익스포트하려는 export 키워드를 원하는 것 앞에 두는 것이다.

```
export let answer = 42;
export var question = "Life, the Universe, and Everything";
export const author = "Douglas Adams";
export function fn() {
    // ...
}
export class Example {
    // ...
}
```

이 코드는 다섯 개의 명명된 익스포트(answer, question, author, fn, Example)를 생성한다. 이러한 각 명령문/선언문은 export가 앞에 고정되어 있지 않아 익스포트하지 않았더라면 어떠했을지 정확히 알 수 있다. 함수 선언과 클래스 선언은 둘 다 여전히 선언이며 표현식이 아니다(따라서 뒤에 세미콜론이 없다).

다른 모듈은 다음과 같이 이러한 이름을 사용하여 모듈에서 임포트를 원하는 것을 지정한다.

```
import { answer, question } from "./mod.js";
```

이 예에서 모듈은 answer과 question 익스포트만 필요하므로 author, fn, Example이 아닌 필요한 엔트리만 요청한다.

"모듈 소개"에서 중괄호는 기본 익스포트가 아니라 명명된 익스포트를 임포트하고 있음을 나타낸다고 한 것을 기억할 것이다. 이러한 중괄호로 인해 임포트의 해당 부분이 디스트럭처링(7장)처럼 보이지만 디스트럭처링되지는 **않는다**. 임포트 구문은 디스트럭처링과 완전히 별개다. 중첩을 허용하지 않고 디스트럭처링과 다르게 이름 바꾸기를 처리하며 기본값을 허용하지 않는데, 표면적으로 유사한 구문을 가진 다른 것들이다.

반드시 생성하는 위치에서 무언가를 익스포트할 필요는 없다. 대신 별도의 익스포트 선언을 사용할 수 있다. 다음은 (코드 끝에서) 단일 익스포트 선언을 사용하여 이전과 동일한 모듈이다.

```
let answer = 42;
var question = "Life, the Universe, and Everything";
const author = "Douglas Adams";
function fn() {
    // ...
}
class Example {
    // ...
}
export { answer, question, author, fn, Example };
```

다음과 같이 여러 개의 개별 선언을 가질 수 있다.

```
export { answer };
export { question, author, fn, Example };
```

개별 선언의 주요 사용 사례는 모든 익스포트를 한곳에 모아두는 코딩 스타일이다.

익스포트 선언은 끝, 시작 또는 중간에 있을 수 있다. 다음은 시작 부분에 단일 선언을 넣는 예이다.

```
export { answer, question, author, fn, Example };
let answer = 42;
const question = "Life, the Universe, and Everything";
const author = "Douglas Adams";
function fn() {
    // ...
}
class Example {
    // ...
}
```

스타일을 혼합할 수 있지만 모범 사례는 아닐 수 있다.

```
export let answer = 42;
const question = "Life, the Universe, and Everything";
const author = "Douglas Adams";
export function fn() {
    // ...
}
class Example {
    // ...
}
export { question, author, Example };
```

유일한 실제 제한 사항은 익스포트 이름이 고유해야 한다는 것이다. 두 가지 모두에 대해 answer 라는 이름을 사용하여 이전 예에서 answer를 두 번 익스포트하거나, answer라는 변수와 answer라 는 함수도 익스포트할 수 없다. 즉, 익스포트 중 하나의 이름을 바꾸면(이후 절에서 자세히 설명 함) 동일한 엔트리를 두 번 익스포트할 수 있고(비정상적일 경우) 명명된 익스포트와 기본 익스포 트 모두로 익스포트하는 것은 가능하다. 예를 들어 기본 이름과 별칭으로 함수를 내보낼 수 있다.

인라인, 끝에 선언, 시작에 선언, 조합 중에서 무엇을 사용하느냐는 전적으로 스타일의 문제이다. 평소와 같이 코드베이스 내에서 일관성을 유지하는 것이 가장 좋다.

13.2.3 기본 익스포트

명명된 익스포트 외에도 모듈은 선택적으로 단일 기본 익스포트를 가질 수도 있다. 기본 익스포트 는 default라는 이름을 사용하는 명명된 익스포트와 같지만 고유한 전용 구문이 있으며(default 라는 로컬 바인딩을 생성하지 않음) export 뒤에 키워드 default를 추가하여 기본 익스포트를 설 정한다.

```
export default function example() {
    // ...
}
```

다른 모듈은 중괄호 없이 작성자가 원하는 이름을 사용하여 임포트한다.

```
import x from "./mod.js";
```

익스포트하려는 엔트리에 이름이 있는 경우 이 양식이 기본값을 익스포트이기 때문에 해당 이름은 익스포트에 사용되지 않는다. 예를 들어 이전에 example이라는 함수를 익스포트하면 다른 코드에서 다음과 같이 임포트할 수 있다.

```
import example from "./mod.js";
// 또는
import ex from "./mod.js"; // 임포트 이름이 "example"일 필요는 없다.
```

하지만 명명된 익스포트가 아니기 때문에 이렇게 할 수 없다.

```
// 틀림(기본 익스포트의 경우)
import { example } from "./mod.js";
```

하나의 모듈에서 둘 이상의 export default는 오류이다. 모듈은 하나의 기본 익스포트만 가질 수 있다.

무언가를 선언한 다음 별도로 기본값으로 익스포트할 수 있다.

```
function example() {
}
export default example;
```

> **Note ☰** **익명 함수와 클래스 선언 익스포트**
>
> 거의 단순한 호기심이지만 다음을 확인해 보자.
>
> ```
> export default function() { /* ... */ }
> ```
>
> 이 코드는 함수 **표현식**이 아닌 내보낸 함수 **선언식**이다. 기본 익스포트는 이름 없이 함수를 선언할 수 있는 유일한 장소다. 익스포트 결과 함수의 이름은 default이다. 함수 선언이기 때문에 거의 중요하지 않지만 다른 모든 함수 선언처럼 호이스트된다(함수는 모듈의 단계별 실행이 시작되기 전에 생성된다).
>
> 기본 익스포트를 수행할 때만 다시 익명 class 선언을 가질 수도 있다.
>
> ```
> export default class { /* ... */ }
> ```
>
> class 선언이므로 코드 실행이 선언에 도달할 때까지 클래스가 생성되지 않는다. 그때까지는 TDZ에 있다(TDZ가 모듈에 어떻게 적용되는지는 이 장의 뒷부분에서 자세히 설명한다).

임의의 표현식의 결과를 내보낼 수 있는 두 번째 양식의 기본 익스포트가 있다.

```
export default 6 * 7;
```

이 양식의 기본 익스포트는 모듈 코드가 접근하는 데 사용할 수 있는 식별자가 없다는 점만 제외하면 let 익스포트와 똑같다.

```
export default 6 * 7;
```

변수를 *default*라고 부를 수 있다면, 앞 코드는 다음 코드와 같을 것이다.

```
// 개념적인 코드로 유효하지 않은 구문임
let *default* = 6 * 7;
export default *default*;
```

*default*는 모듈의 코드에 접근할 수 없다(나중에 바인딩에 대해 이야기할 때 *default*를 사용한 이유를 알게 될 것이다).

기술적으로 사양에 이 임의의 표현식 익스포트가 let 변수(const가 아님)와 동등한 것을 생성한다고 해도 코드에서 값을 변경할 방법이 없으므로 사실상 일정하다.

이 양식은 표현식을 평가하므로 let 익스포트와 마찬가지로 코드의 단계별 실행에서 익스포트 선언에 도달할 때까지 값이 존재하지 않는다. 그때까지는 TDZ에 있다.

13.2.4 브라우저에서 모듈 사용하기

웹 페이지 애플리케이션에서는 일반적으로 단일 엔트리 포인트 모듈을 사용하여 모듈 트리 로드를 시작한다(하나 이상 있을 수도 있다). 엔트리 포인트 모듈은 다른 모듈에서 가져온다(다른 모듈에서도 가져올 수 있다). script 요소의 코드가 모듈임을 브라우저에 알리려면 type="module"을 사용한다.

```
<script src="main.js" type="module"></script>
```

간단한 브라우저 기반 예를 살펴보겠다. 코드 13-1, 13-2, 13-3을 참조하자. 모든 최신 브라우저에서 다운로드한 파일을 사용하여 이 예를 실행할 수 있다.

코드 13-1 단순한 모듈 예(HTML) - simple.html

```
<!doctype html>
<html>
<head>
<meta charset="UTF-8">
<title>단순한 모듈 예</title>
```

```
  </head>
  <body>
  <script src="./simple.js" type="module"></script>
  </body>
  </html>
```

코드 13-2 단순한 모듈 예(엔트리 포인트 모듈) - simple.js

```
import { log } from "./log.js";

log("Hello, modules!");
```

코드 13-3 단순한 모듈 예(로그 모듈) - log.js

```
export function log(msg) {
    const p = document.createElement("pre");
    p.appendChild(document.createTextNode(msg));
    document.body.appendChild(p);
}
```

브라우저에서 simple.html을 로드하면 브라우저와 자바스크립트 엔진이 함께 작동하여 simple.
js 모듈을 로드하고, log.js에 대한 종속성을 감지하고, log.js를 로드하고 실행한 다음, log.js에
서 log 함수를 사용하여 메시지를 기록하는 simple.js의 코드를 실행한다.

log.js는 HTML의 어디에도 명시되지 않았음을 유의하자. simple.js가 log.js를 의존한다는 사실
은 import 문으로 표시된다. 원한다면 simple.js에 대한 script 태그를 추가하기 전에 log.js에
대한 스크립트 태그를 추가할 수 있다. 그렇게 하면 아마도 더 일찍 로드 프로세스를 시작할 수 있
지만 일반적으로 그럴 필요는 없다(그렇다고 하더라도 log.js는 여전히 한 번만 로드된다).

13.2.4.1 모듈 스크립트는 구문 분석을 지연시키지 않는다

type="module"인 script 태그는 모듈이 아닌 script 태그처럼 스크립트를 가져와 실행하는 동안
HTML의 구문 분석을 지연시키지 않는다. 대신, 모듈과 그 종속성은 구문 분석과 병렬로 로드된
다. 그런 다음 모듈의 코드는 구문 분석이 완료될 때(또는 로드가 완료될 때 중 마지막에 발생하는
시점) 실행된다.

친숙하게 들린다면 defer 속성이 있는 스크립트 태그가 처리되는 방식이기 때문이다. 실제로
script type="module" 태그는 암시적으로 지연된다(명시적으로 지정해도 효과가 없다).

하지만 한 가지 차이점이 있다. defer 속성은 인라인 콘텐츠가 있는 스크립트 태그가 아니라 src 속성을 통해 외부 리소스에서 콘텐츠를 로드하는 스크립트만 지연시킨다. 그러나 type="module"은 인라인 콘텐츠가 있는 스크립트도 연기한다.

모듈의 코드는 HTML 구문 분석이 완료될 때까지 실행되지 않지만 브라우저와 자바스크립트 엔진은 함께 **작동**하여 모듈의 종속성을 확인하고(import 선언에서) 모듈이 의존하는 모든 모듈을 HTML 구문 분석과 병렬로 가져온다. 모듈은 정적으로 분석할 수 있으므로 모듈의 코드는 종속성을 로드하기 위해 실행할 필요가 없다.

비모듈 script 태그와 마찬가지로 HTML 구문 분석이 아직 완료되지 않은 경우에도 실행할 준비가 되자마자 브라우저에서 모듈의 코드를 실행하도록 비동기 속성을 포함할 수 있다. async와 defer 속성을 설명하는 절의 WHAT-WG HTML 사양 다이어그램[2]에서 영감을 얻은 그림 13-2에서 다양한 script 태그가 처리되는 방식을 확인할 수 있다.

❤ 그림 13-2

13.2.4.2 nomodule 속성

모듈을 지원하는 브라우저에 모듈을 제공하고 인터넷 익스플로러와 같이 모듈을 지원하지 않는 브라우저에 스크립트를 제공하려는 경우 다음과 같이 모듈이 아닌 스크립트에 nomodule 속성을 사용할 수 있다.

```
<script type="module" src="./module.js"></script>
<script nomodule src="./script.js"></script>
```

안타깝게도 인터넷 익스플로러는 script.js 파일만 실행하더라도 두 파일을 **모두** 다운로드한다. 사파리는 엣지와 마찬가지로 여러 버전에서 그렇게 했지만(모듈 지원을 추가한 후에도) 둘 다 지금은 수정되었다.

---

2 https://html.spec.whatwg.org/multipage/scripting.html#attr-script-defer

이 문제를 해결하려면 대신 인라인 코드를 사용하여 로드할 모듈/스크립트를 식별할 수 있다.

```
<script type="module">
import "./module.js";
</script>
<script nomodule>
document.write('<script defer src="script.js"><\/script>');
</script>
```

(만약 document.write를 좋아하지 않고 많은 사람들이 좋아하지 않는다면 createElement와 appendChild를 사용할 수 있다)

13.2.4.3 웹의 모듈 지정자

이 글을 쓰는 시점에서 HTML 사양은 시간이 지남에 따라 향상될 수 있도록 모듈 지정자를 매우 좁게 정의한다. 모듈 지정자는 절대 URL이거나 /로 또는 ./ 또는 ../로 시작하는 상대 URL이다. CSS 파일의 URL과 마찬가지로 상대 URL은 기본 문서가 아니라 import 선언이 있는 리소스를 기준으로 확인된다. 모듈은 **확인된** URL로 식별된다(따라서 모듈에 대한 다른 상대 경로는 모두 동일한 모듈로 확인된다).

다음 임포트의 지정자는 모두 유효하다.

```
import /* ... */ "http://example.com/a.js"; // 절대 URL
import /* ... */ "/a.js";              // /로 시작
import /* ... */ './b.js';             // ./로 시작
import /* ... */ "../c.js";            // ../로 시작
import /* ... */ './modules/d.js';     // ./로 시작
```

다음 임포트의 지정자는 절대적이지 않고, /, ./, ../로 시작하지 않기 때문에 현재 브라우저에서 유효하지 않다.

```
import /* ... */ "fs";
import /* ... */ "f.js";
```

모듈을 가져오는 모듈과 동일한 위치에 있는 모듈의 경우 단순한 이름이 아니라 ./ 접두사가 필요하다(그냥 "mod.js"가 아니라 "./mod.js"). 이는 "mod.js" 또는 "mod"와 같은 이름 그 자체의 의미가 나중에 정의될 수 있도록 하기 위한 것이다. 현재 제안 중 하나인 임포트 맵[3]은 페이지가

---

3 https://wicg.github.io/import-maps

URL에 대한 모듈 지정자의 맵을 정의할 수 있도록 하여 모듈의 내용이 이름 자체로 사용할 수 있도록 하면서 해당 모듈이 실제로 위치하는 측면에서 포함하는 페이지의 유연성을 허용한다. 이 제안은 여전히 끊임없이 수정되고 있지만 발전하는 중인 것 같다.

파일에 확장자를 사용하는 경우 지정자는 파일 확장자를 포함해야 한다. 기본 확장자는 없다. 사용하는 확장자는 모듈이 아닌 스크립트와 마찬가지로 사용자에게 달려 있다. 많은 프로그래머가 .js를 고수한다. 그러나 일부는 파일에 스크립트뿐만 아니라 모듈이 포함되어 있다는 사실을 알리기 위해 대신 .mjs를 선택하고 있다. 그렇게 하는 경우 모듈에는 고유한 MIME 유형이 없기 때문에 올바른 MIME 유형인 text/javascript로 파일을 제공하도록 웹 서버를 구성해야 한다. 내 생각에는 그만한 가치가 있다는 점에서 모듈이 뉴 노멀이라는 것이다. 하지만 저자는 .js를 고수하고 있다.

노드제이에스에 관한 다음 절을 제외하고 이 장에 표시된 지정자는 모두 HTML 사양에서 웹에 대해 정의한 그대로이다.

13.2.5 노드제이에스에서 모듈 사용하기

노드제이에스는 원래의 CommonJS와 유사한(CJS) 모듈 외에도 자바스크립트의 기본 모듈(ESM)을 지원한다.[4] 이 글을 쓰는 시점에서 ESM 지원은 여전히 "실험적"으로 표시되어 있지만 아직 멀었다. v12(v12 장기 상태 릴리스 포함)에서는 --experimental-modules 플래그를 켜면 사용 가능하지만 v13 이상에서는 더 이상 플래그가 필요 없다.

> Note ≣ **V8부터 V11까지와 V12 이상 사이의 변경 사항**
> v8에서 v11까지 노드제이에스의 ESM 지원은 주로 파일 확장자를 기반으로 했다. 이 절에서는 v12 이상의 새로운 동작에 대해 설명한다.

노드제이에스는 오랫동안 자체 CJS 기반 모듈 시스템을 가지고 있기 때문에 ESM을 사용할 때 직접 설정해야 한다. 다음 세 가지 방법 중 하나로 수행한다.

1. 프로젝트에 type 필드를 "module" 값으로 package.json을 만든다.

```
{
    "name": "mypackage",
```

4　https://nodejs.org/api/esm.html

```
    "type": "module",
    ...기타 일반 필드...
  }
```

2. ESM 모듈 파일에서 `.mjs`를 파일 확장자로 사용한다.

3. 문자열을 노드에 전달할 때(`--eval`, `--print` 또는 파이프 텍스트에 대한 인수로) `--input-type=module`을 지정한다.

이는 node 명령줄을 제공하는 엔트리 포인트와 ESM 코드에서 가져오는 모든 모듈에 모두 적용된다.

`"type": "module"` 필드가 있는 package.json의 예는 코드 13-4, 13-5, 13-6을 참조하자. v12에서 다음과 같이 예를 실행한다.

```
node --experimental-modules index.js
```

v13 이상에서는 플래그가 더 이상 필요하지 않다.

```
node index.js
```

코드 13-4 간단한 노드제이에스 모듈 예(주 엔트리 포인트) - index.js

```
import { sum } from "./sum.js";

console.log(`1 + 2 = ${sum(1, 2)}`);
```

코드 13-5 간단한 노드제이에스 모듈 예(sum 엔트리 포인트) - sum.js

```
export function sum(...numbers) {
    return numbers.reduce((a, b) => a + b);
}
```

코드 13-6 간단한 노드제이에스 모듈 예(패키지) - package.json

```
{
  "name": "modexample",
  "type": "module"
}
```

또는 package.json에서 type 필드를 제거한 경우(또는 `"commonjs"`로 변경한 경우) 대신 (파일 이름과 index의 import 문을) index.mjs 나 sum.mjs로 이름을 변경하여 ESM을 사용할 수 있다.

기본적으로 ESM을 사용하여 파일에서 모듈을 임포트할 때 import 문에 파일 확장자를 포함해야 한다(나중에 "노드제이에스의 모듈 지정자" 절에서 자세히 설명한다). 코드 13-4에서는 ./sum이 아니라 ./sum.js임을 주목하자. "fs"와 같은 내장 패키지나 node_modules의 패키지를 임포트할 때 확장자를 사용하지 않고 모듈 이름을 사용하면 된다.

```
import fs from "fs";

fs.writeFile("example.txt", "Example of using the fs module\n", "utf8", err => {
    // ...
});
```

내장 모듈은 모두 명명된 익스포트도 제공하므로 앞의 코드는 다음과 같이 작성할 수 있다.

```
import { writeFile } from "fs";

writeFile("example.txt", "Example of using the fs module\n", "utf8", err => {
    // ...
});
```

package.json에서 "type": "module"을 사용하는지 여부에 관계없이 확장자가 .cjs인 파일을 임포트하면 노드제이에스는 해당 파일을 CJS 모듈로 로드한다.

```
import example from "./example.cjs"; // example.cjs는 CJS 모듈이어야 한다.
```

ESM 모듈은 CJS 모듈에서 임포트할 수 있다. CJS 모듈의 export 값은 기본 익스포트로 처리된다. 예를 들어 mod.cjs가 다음과 같다면,

```
exports.nifty = function() { };
```

ESM 모듈은 다음과 같이 임포트할 수 있다.

```
import mod from "./mod.cjs";
```

그런 다음 mod.nifty를 사용하거나 임포트 후에 디스트럭처링 할당을 사용하여 순수한 nifty를 얻을 수 있다.

```
import mod from "./mod.cjs";
const { nifty } = mod;
```

이 코드는 import { nifty }라는 명명된 익스포트 양식을 사용할 수 없다. 왜냐하면 이는 정적 임포트 선언이기 때문에 정적으로 분석할 수 있어야 함을 의미한다. CJS 모듈 익스포트는 정적이 아

니라 동적이다. 런타임 코드로 익스포트 객체에 할당하여 CJS 익스포트를 지정한다. CJS에서 명명된 임포트를 지원하려면 동적 명명된 익스포트를 허용하도록 자바스크립트 사양을 변경해야 한다. 이 문제를 해결할지 여부와 방법에 대한 지속적인 논의가 있지만 현재(또는 영원히) CJS 익스포트 값은 기본 익스포트로만 지원된다(나중에 배울 동적 임포트를 사용하는 경우에도 마찬가지다).

CJS 모듈은 동적 임포트를 통하지 않는 한 ESM 모듈에서 임포트할 수 없다.

13.2.5.1 노드제이에스의 모듈 지정자

모듈 **파일**을 임포트할 때 노드제이에스의 모듈 지정자는 기본적으로 웹에 정의된 것과 매우 유사하다. URL이 아닌 절대 또는 상대 파일 이름이며 파일 확장자가 필요하다. 그중 파일 확장자 부분은 노드제이에스의 CJS 모듈 로더와 다르므로 확장자를 생략하고 다양한 확장자(.js, .json 등)를 가진 파일을 시도할 수 있다. 한편 명령줄 인수를 사용하여 다른 동작을 활성화할 수 있다. v12에서는 다음과 같이 수행한다.

```
node --experimental-modules --es-module-specifier-resolution=node index.js
```

v13에서는 플래그가 약간 다르다(모듈 플래그가 필요하지 않다).

```
node --experimental-specifier-resolution=node index.js
```

플래그를 사용하고 있었다면 이전 코드 13-4의 임포트에서 .js 확장자를 생략할 수 있다.

```
import { sum } from "./sum"; // 플래그를 통해 노드 확인 모드가 활성화된 경우
```

fs 모듈을 사용하는 예에서 이전에 보았듯이 내장 패키지나 node_modules에 설치된 패키지를 임포트할 때 이름만을 사용한다.

```
import { writeFile } from "fs";
```

13.2.5.2 노드제이에스는 더 많은 모듈 기능을 추가하고 있다

노드제이에스는 package.json의 type 속성과 여기에 설명된 기본 기능을 고수하지 않는다. 익스포트 맵, 다양한 패키지 기능 등 많은 작업이 진행 중이다. 이들 중 대부분은 이 글을 쓰는 시점에서 아직 비교적 초기 단계에 있으므로 세부 사항은 현재 유동적이므로 여기에서 자세히 설명하지 않겠다. ECMAScript 모듈 절(https://nodejs.org/api/esm.html)의 노드제이에스 웹사이트에서 이에 대해 확인할 수 있다.

13.3 / 익스포트를 다시 이름 짓기

모듈에서 내보내는 식별자가 모듈 코드 내에서 사용하는 식별자와 같을 필요는 없다. 익스포트 선언 내에서 as 절을 사용하여 익스포트 이름을 바꿀 수 있다.

```
let nameWithinModule = 42;
export { nameWithinModule as exportedName };
```

exportName이라는 이름을 사용하여 다른 모듈에서 가져올 수 있다.

```
import { exportedName } from "./mod.js";
```

nameWithinModule은 모듈 외부가 아니라 모듈 **내에서만** 사용하기 위한 것이다.

개별적으로 익스포트할 때만 이름을 바꿀 수 있고 인라인으로 익스포트할 때는 이름을 바꿀 수 없다(따라서 export let nameWithinModule 또는 이와 유사한 것을 허용하지 않는다).

별칭을 만들고 싶다면(예를 들어, 10장에서 배운 trimLeft/trimStart와 같은 상황에 대해) 하나의 이름으로 인라인으로 익스포트하고 이름 바꾸기 익스포트를 사용할 수도 있다.

```
export function expandStart() {        // expandStart는 기본 이름이다.
    // ...
}
export { expandStart as expandLeft }; // expandLeft는 별명이다.
```

이 코드는 동일한 함수에 대해 두 개의 익스포트(expandStart와 expandLeft)를 생성한다.

좋은 방법은 아니지만 이름 바꾸기 구문을 사용하여 기본 익스포트도 만들 수 있다.

```
export { expandStart as default };      // 좋은 방법이 아니다.
```

앞에서 배운 것처럼 기본 익스포트는 default라는 익스포트 이름을 사용하는 명명된 익스포트와 같으므로 앞에서 배운 기본 익스포트와 동일하다.

```
export default expandStart;
```

13.4 다른 모듈의 익스포트를 다시 익스포트하기

모듈은 다른 모듈의 익스포트를 다시 익스포트할 수 있다.

```
export { example } from "./example.js";
```

이를 **간접 익스포트**(indirect export)라고 한다.

이것이 유용한 곳은 "롤업" 모듈이다. 제이쿼리와 같은 DOM 조작 라이브러리를 작성한다고 가정하자. 라이브러리가 제공하는 모든 것을 포함하는 단일 대규모 모듈로 작성할 수 있지만, 이는 이를 사용하는 모든 코드가 하나의 모듈을 참조해야 함을 의미한다. 이는 모든 코드가 사용되지 않음에도 모듈의 **모든** 코드를 메모리로 임포트한다(아마도 그럴 것이다. 나중에 트리 셰이킹에 대해 이야기할 때 더 자세히 설명한다). 이를 피하기 위해 라이브러리를 개발자가 필요한 부분만 임포트하도록 작은 부분으로 나눌 수 있다. 예를 들어 다음과 같다.

```
import { selectAll, selectFirst } from "./lib-select.js";
import { animate } from "./lib-animate.js";
// ...selectAll, selectFirst, animate를 사용하는 코드...
```

그런 다음 라이브러리의 모든 기능을 사용할 가능성이 있거나 전체 lib를 메모리에 로드하는 데 신경 쓰지 않는 프로젝트의 경우 lib는 모든 부분이 함께 모인 롤업 모듈을 lib.js와 같이 제공할 수 있다.

```
export { selectAll, selectFirst, selectN } from "./lib-select.js";
export { animate, AnimationType, Animator } from "./lib-animate.js";
export { attr, hasAttr } from "./lib-manipulate.js";
// ...
```

그런 다음 코드는 해당 기능을 모두 임포트할 때 lib.js를 사용할 수 있다.

```
import { selectAll, selectFirst, animate } from "./lib.js";
// ...selectAll, selectFirst, animate를 사용하는 코드...
```

이러한 익스포트를 명시적으로 나열하면 유지 보수 문제가 발생한다. 예를 들어 lib-select.js에 새 익스포트를 추가하면 새 엔트리를 익스포트 위해 lib.js를 업데이트하는 것을 잊기 쉽다. 이를 피하기 위해 "다른 모듈에 명명된 모든 익스포트를 익스포트하기"라는 별표(*)를 사용하는 특별한 형태가 있다.

```
export * from "./lib-select.js";
export * from "./lib-animate.js";
export * from "./lib-manipulate.js";
// ...
```

export *는 모듈의 기본 익스포트를 내보내지 않고 명명된 것만 익스포트한다.

다시 익스포트는 익스포트만 생성한다. 엔트리를 다시 익스포트하는 모듈 범위로 임포트하지 않는다.

```
export { example } from "./mod.js";
console.log(example); // ReferenceError: example is not defined
```

엔트리를 익스포트하면서 임포트해야 하는 경우 각 부분을 별도로 수행해야 한다.

```
import { example } from "./mod.js";
export { example };
console.log(example);
```

다시 익스포트할 때 as 절을 사용하여 익스포트 이름을 변경할 수 있다.

```
export { example as mod1_example } from "./mod1.js";
export { example as mod2_example } from "./mod2.js";
```

사용법은 거의 말 그대로 mod1.js의 example을 mod1_example로, mod2.js의 example을 mod2_example로 다시 익스포트한다.

모듈이 다른 모듈의 익스포트를 익스포트할 수 있는 또 다른 방법이 있다. 이는 이 장의 뒷부분에 나오는 "다른 모듈의 네임스페이스 객체 익스포트하기"에서 배우게 될 것이다.

13.5 임포트를 다시 이름 짓기

둘 다 example 함수를 내보내는 두 개의 모듈이 있고 모듈에서 이 두 함수를 모두 사용하려고 한다고 가정하자. 또는 사용된 모듈 이름이 코드의 엔트리와 충돌한다고 가정하자. 익스포트 이름바꾸기에 대한 이전 절을 읽은 경우 as 절을 사용하여 동일한 방식으로 임포트 이름을 바꿀 수 있다고 추측했을 것이다.

```
import { example as aExample } from "./a.js";
import { example as bExample } from "./b.js";

// 사용법:
aExample();
bExample();
```

기본 익스포트를 임포트할 때 이미 배웠듯이 항상 고유한 이름을 선택하므로 as 절은 관련이 없다.

```
import someName from "./mod.js";
import someOtherName from "./mod.js";
console.log(someName === someOtherName); // true
```

export의 이름 바꾸기 양식과 마찬가지로 import의 이름 바꾸기 양식을 사용하여 원하는 경우 기본 익스포트를 임포트할 수도 있지만 모범 사례는 아니다.

```
import { default as someOtherName }; // 모범 사례 아님
```

13.6 모듈의 네임스페이스 객체 임포트하기

개별 익스포트를 임포트하는 대신(또는 추가로) 전체 모듈에 대한 **모듈 네임스페이스 객체**를 임포트할 수 있다. 모듈 네임스페이스 객체는 모듈의 모든 익스포트에 대한 속성이 있는 객체이다(기본 익스포트가 있는 경우 속성 이름은 당연히 default이다). 따라서 다음과 같이 module.js가 있다면,

```
export function example() {
    console.log("example called");
}
export let something = "something";
export default function() {
    console.log("default called");
}
```

이전에 본 적이 없는 임포트 선언 양식을 사용하여 모듈의 네임스페이스 객체를 임포트할 수 있다.

```
import * as mod from "./module.js";
mod.example();            // example called
console.log(mod.something); // something
mod.default();            // default called
```

* as mod는 모듈의 네임스페이스 객체를 임포트해서 로컬 식별자(바인딩) mod와 연결하는 것을 의미한다.

모듈 네임스페이스 객체는 모듈과 동일하지 않다. 모듈의 모든 익스포트에 대한 속성을 사용하여 처음 요청될 때 생성되는(아무것도 요청하지 않으면 전혀 생성되지 않음) 별도의 객체이다. 속성 값은 소스 모듈이 익스포트 값을 변경할 때 (업데이트가 있다면) 동적으로 업데이트된다. 모듈 네임스페이스 객체가 생성되면 다른 모듈이 모듈의 네임스페이스 객체를 가져오는 경우에도 재사용된다. 객체는 읽기 전용이다. 객체의 속성을 쓸 수 없고 새 속성을 추가할 수 없다.

13.7 다른 모듈의 네임스페이스 객체 익스포트하기

제안을 신속하게 처리한 ES2020의 규범적 변경[5]에 따라 모듈은 다른 모듈의 네임스페이스 객체를 임포트해서 익스포트를 제공할 수 있다. module1.js에 다음 익스포트가 있다고 가정하자.

```
// module1.js 내부
export * as stuff from "./module2.js";
```

---

5 https://github.com/tc39/proposal-export-ns-from

그러면 임포트할 때 module2.js에 대한 모듈 네임스페이스 객체를 임포트하는 엔트리라는 이름의 익스포트가 module1.js에 생성된다. 이는 예를 들어 module3.js에서 다음을 임포트함을 의미한다.

```
// module3.js 내부
import { stuff } from "./module1.js";
```

그리고 이 임포트는 다음 코드와 동일한 작업을 수행한다.

```
// module3.js 내부
import * as stuff from "./module2.js";
```

module2.js에서 모듈 네임스페이스 객체를 가져오고 필요한 경우 생성하고 module3.js의 로컬 이름 엔트리에 바인딩한다.

이전에 "다른 모듈의 익스포트를 다시 익스포트하기"에서 배운 양식과 마찬가지로 롤업 모듈을 빌드할 때 때때로 유용하다. 또한 임포트 양식과 export ... from 양식 간의 대응성을 개선했다. 다음의 임포트 양식은

```
import { x } from "./mod.js";
```

export ... from 양식에 대응되는 익스포트가 있다.

```
export { x } from "./mod.js";
```

그리고 다음의 임포트 양식은

```
import { x as v } from "./mod.js";
```

export ... from 양식에 대응되는 익스포트가 있다.

```
export { x as v } from "./mod.js";
```

다음의 임포트 양식은

```
import * as name from "./mod.js";
```

export ... from 양식에 대응되는 익스포트가 있다.

```
export * as name from "./mod.js";
```

13.8 단지 사이드 이펙트를 위해 모듈 임포트하기

모듈에서 아무것도 가져오지 않고 모듈을 로드하고 실행하기 위해 임포트할 수 있다.

```
import "./mod.js";
```

이러한 임포트 코드가 main.js 모듈에 있다고 가정하자. 이 코드는 main.js가 필요로 하는 모듈 목록에 mod.js를 추가하지만 아무것도 임포트하지는 않는다. mod.js를 로드하면 최상위 코드가 실행되므로(의존하는 모듈을 로드한 후), 이는 최상위 코드에 있을 수 있는 부작용에 대해 모듈만 임포트할 때 유용하다.

일반적으로 모듈의 최상위 코드에 부작용이 없는 것이 가장 좋지만 예외를 만드는 것이 적절한 경우에 따라 모듈의 최상위 코드를 실행하게 하는 방법을 제공한다.

nomodule 속성에 대한 절의 앞부분에서 한 가지 가능한 사용 사례를 간략하게 보았다. 일부 브라우저(인터넷 익스플로러, 일부 구형 사파리와 엣지, 그 외)는 둘 중 하나만 실행하더라도 모듈 과 비모듈 코드를 모두 다운로드한다.

13.9 임포트와 익스포트 엔트리

자바스크립트 엔진이 모듈을 구문 분석할 때 모듈의 **임포트 엔트리** 목록(임포트하려는 엔트리)과 **익스포트 엔트리** 목록(익스포트하려는 엔트리)을 작성한다. 목록은 모듈 로드와 연결이 발생하는 방식을 사양에서 설명하는 방법을 제공한다(나중에 자세히 설명한다). 코드는 이러한 목록에 직접 접근할 수 없지만 이후 내용을 이해하는 데 도움이 될 것이므로 살펴보겠다.

13.9.1 임포트 엔트리

모듈의 임포트 엔트리 목록은 모듈이 임포트하는 엔트리를 설명한다. 각 임포트 엔트리에는 세 개의 필드가 있다.

- **[[ModuleRequest]]**: 임포트 선언의 모듈 지정자 문자열이며 임포트가 어떤 모듈에서 오는지 알려준다.

- **[[ImportName]]**: 임포트할 것의 이름이며 모듈 네임스페이스 객체를 임포트하는 경우 "*"이다.

- **[[LocalName]]**: 임포트한 엔트리에 사용할 로컬 식별자(바인딩)의 이름이다. 종종 [[ImportName]]과 동일하지만 임포트 선언에서 as를 사용하여 임포트 이름을 바꾼 경우에는 다를 수 있다.

이러한 필드가 다른 양식의 임포트 선언과 어떻게 관련되는지 보려면 사양의 "표 44(참고): ImportEntry 레코드에 대한 임포트 양식 매핑"을 기반으로 하는 표 13-1을 참조하자.

▼ 표 13-1 임포트 명령문과 임포트 엔트리

임포트 명령문 양식	[[MODULEREQUEST]]	[[IMPORTNAME]]	[[LOCALNAME]]
import v from "mod";	"mod"	"default"	"v"
import * as ns from "mod";	"mod"	"*"	"ns"
import {x} from "mod";	"mod"	"x"	"x"
import {x as v} from "mod";	"mod"	"x"	"v"
import "mod";	ImportEntry 레코드가 생성되지 않는다.		

모듈을 임포트할 때 부작용 때문에 생성되는 임포트 엔트리가 없는 이유(import "mod"; 테이블 끝에 있음)는 이 목록이 특히 모듈이 임포트하는 **엔트리**(바인딩)에 관한 것이기 때문이다. 모듈이 요청하는 다른 모듈의 목록은 구문 분석 중에 생성되는 별도의 목록이다. 부작용을 위해 임포트한 모듈은 다른 목록에 포함된다.

이 엔트리 목록은 이 모듈이 로드되기 위해 필요한 것이 무엇인지 자바스크립트 엔진에 알려준다.

13.9.2 익스포트 엔트리

모듈의 익스포트 엔트리 목록은 모듈이 익스포트하는 엔트리를 설명한다. 각 익스포트 엔트리에는 4개의 필드가 있다.

- **[[ExportName]]**: 익스포트의 이름이다. 임포트할 때 다른 모듈이 사용하는 이름이다. 기본 익스포트에 대한 문자열 "default"이다. 다른 모듈에서 모든 것을 다시 익스포트하는 export * from 선언의 경우 null이다(대신 해당 다른 모듈의 익스포트 목록이 사용된다).

- **[[LocalName]]**: 익스포트하는 로컬 식별자(바인딩)의 이름이다. 이것은 종종 [[ExportName]]과 동일하지만 익스포트 이름을 변경한 경우 다를 수 있다. 관련된 로컬 이름이 없기 때문에 이 엔트리가 다른 모듈의 익스포트를 다시 익스포트하는 export ... from 선언에서 익스포트를 위한 것이라면 이것은 null이다.

- **[[ModuleRequest]]**: 다시 익스포트하는 경우 export ... from 선언의 모듈 지정자 문자열이다. 모듈 자체 익스포트의 경우 null이다.

- **[[ImportName]]**: 다시 익스포트하는 경우 다시 익스포트할 다른 모듈의 익스포트 이름이다. 종종 이것은 [[ExportName]]과 동일하지만 다시 익스포트 선언에서 as 절을 사용한 경우 다를 수 있으며, 모듈 자체 익스포트의 경우 null이다.

이러한 필드가 다른 양식의 익스포트 선언과 어떻게 관련되어 있는지 보려면 사양의 "표 46(참고): ExportEntry 레코드에 대한 익스포트 양식 매핑"을 기반으로 하는 표 13-2를 참조하자.

▼ 표 13-2 익스포트 명령문과 익스포트 엔트리

익스포트 명령문 양식	[[EXPORTNAME]]	[[MODULEREQUEST]]	[[IMPORTNAME]]	[[LOCALNAME]]
export var v;	"v"	null	null	"v"
export default function f() {}	"default"	null	null	"f"
export default function () {}	"default"	null	null	"*default*"
export default 42;	"default"	null	null	"*default*"
export {x};	"x"	null	null	"x"
export {v as x};	"x"	null	null	"v"
export {x} from "mod";	"x"	"mod"	"x"	null

익스포트 명령문 양식	[[EXPORTNAME]]	[[MODULEREQUEST]]	[[IMPORTNAME]]	[[LOCALNAME]]
export {v as x} from "mod";	"x"	"mod"	"v"	null
export * from "mod";	null	"mod"	"*"	null
export * as ns from "mod";	"ns"	"mod"	"*"	null

이 엔트리 목록은 이 모듈이 로드될 때 제공하는 내용을 자바스크립트 엔진에 알려준다.

13.10 임포트는 살아있고 읽기 전용이다

모듈에서 무언가를 임포트할 때 원본 엔트리에 대한 **간접 바인딩**이라고 하는 읽기 전용 라이브 바인딩을 얻는다. 읽기 전용이므로 코드에서 바인딩에 새 값을 할당할 수 없다. 하지만 라이브 바인딩이기 때문에 코드는 원래 모듈이 할당한 새 값을 볼 수 있다. 예를 들어 코드 13-7에 표시된 mod.js와 코드 13-8에 표시된 main.js가 있다고 가정하자(제공된 main.html 파일을 사용하여 다운로드한 파일을 실행할 수 있다).

코드 13-7 카운터가 있는 간단한 모듈 – mod.js

```
const a = 1;
let c = 0;
export { c as counter };
export function increment() {
    ++c;
}
```

코드 13-8 카운터 모듈을 사용하는 모듈 – main.js

```
import { counter, increment as inc } from "./mod.js";
console.log(counter); // 0
inc();
console.log(counter); // 1
counter = 42;          // TypeError: Assignment to constant variable.
```

보다시피 main.js의 코드는 mod.js가 수행하는 카운터 변경 사항을 확인하지만 값을 직접 설정할 수는 없다. 코드에 표시된 오류 메시지는 최신 버전의 V8(크롬)의 메시지이다. (파이어폭스의) SpiderMonkey는 TypeError: "counter" is read-only 오류 메세지가 나온다.

2장의 "바인딩: 변수, 상수 및 기타 식별자의 작동 방식" 절에서 변수, 상수 및 기타 식별자가 개념적으로 **환경 객체**(객체의 속성과 매우 유사)에 **바인딩**된다는 것을 기억할 것이다. 각 바인딩에는 이름, 변경 가능한지 여부에 대한 플래그(mutable = 값을 변경할 수 있음, immutable = 변경할 수 없음)와 바인딩의 현재 값이 있다. 예를 들어 다음 코드는 그림 13-3과 같이 현재 환경 객체 내에 바인딩을 생성한다.

```
const a = 1;
```

▼ 그림 13-3

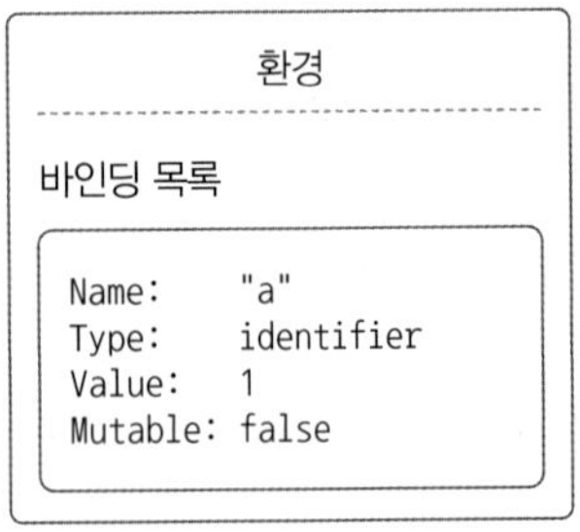

```
                환경
- - - - - - - - - - - - - - - - - - - -
바인딩 목록

  Name:     "a"
  Type:     identifier
  Value:    1
  Mutable:  false
```

각 모듈에는 **모듈 환경 객체**가 있다(비슷한 이름의 "모듈 네임스페이스 객체"와 혼동하지 말자. 다른 것이다). 모듈 환경 객체에는 해당 모듈의 모든 익스포트와 임포트에 대한 바인딩이 있다(다른 모듈에서 다시 익스포트하기는 제외). 임포트하거나 익스포트하지 않은 다른 최상위 바인딩(모듈 내에서 방금 사용된 바인딩)도 마찬가지다. 모듈 환경 객체에서 바인딩은 직접(익스포트와 내보내지 않은 바인딩의 경우) 또는 간접(임포트의 경우)일 수 있다. 간접 바인딩은 바인딩 값을 직접 저장하는 대신 소스 모듈에 대한 링크(해당 모듈의 환경 객체에 연결됨)와 사용할 해당 모듈의 환경에 바인딩 이름을 저장한다.

코드에 표시된 대로 main.js가 mod.js에서 가져올 때 main.js의 모듈 환경에는 그림 13-4와 같이 mod.js 모듈과 환경 객체의 c와 증분 바인딩을 참조하는 counter와 inc에 대한 간접 바인딩이 있다. 간접 바인딩에서 module은 모듈에 대한 링크이고 바인딩 이름은 사용할 해당 모듈 환경의 바인딩 이름이다.

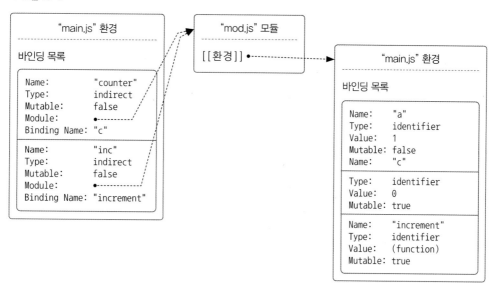

(main.js가 mod.js에서 임포트한 카운터 익스포트에 대한 바인딩이 c라는 것을 어떻게 알고 있는지 궁금할 것이다. 자바스크립트 엔진은 마지막 절에서 배운 mod.js의 익스포트 엔트리 목록에서 해당 정보를 얻었다. 이에 대해 조금 더 배우게 될 것이다)

main.js가 counter의 값을 읽을 때 자바스크립트 엔진은 main.js의 환경 객체가 counter에 대한 간접 바인딩을 가지고 있음을 확인하고 mod.js에 대한 환경 객체를 임포트한 다음 해당 모듈의 환경 객체에서 c라는 바인딩 값을 임포트하고 결괏값으로 사용한다.

임포트한 바인딩의 읽기 전용이지만 변경할 수 있는 특성은 모듈 네임스페이스 객체의 속성에서도 분명하다. 속성 값을 읽을 수만 있고 값을 설정할 수는 없다.

> **Note ≡** **모듈 네임스페이스 객체 속성 설명**
>
> 익스포트를 위해 모듈 네임스페이스 객체 속성에 Object.getOwnPropertyDescriptor를 사용하는 경우 반환되는 설명자(descriptor)는 항상 다음과 같다.
>
> ```
> {
>     value: /* ...값... */,
>     writable: true,
>     enumerable: true,
>     configurable: false
> }
> ```

설명자는 값 외에 변경되지 않는다. 예를 들어, const 익스포트를 나타내는 속성에 대한 설명자는 let 익스포트를 나타내는 속성에 대한 설명자와 정확히 동일하게 보인다. 그러나 속성에 쓰기 가능이라고 표시되어 있지만 속성에 쓰려고 하면 읽기 전용이라는 오류가 발생한다(모듈 네임스페이스 객체에는 속성 값을 설정하지 못하도록 하는 특별한 내부 [[Set]] 메서드가 있다). 속성에 쓸 수 없을 때 속성이 쓰기 가능하다고 주장하는 것이 이상하게 보일 수 있지만 이유가 있어서 그렇게 표시된다. 실제로 다음과 같은 다양한 이유가 있다.

- 모듈의 내부 구조에 대한 정보는 모듈 외부에 노출되어서는 안 되므로 const 익스포트와 let 익스포트(또는 함수 익스포트 등)가 동일하게 보이는 것이 중요하다(const를 익스포트하는 것은 그 존재뿐만 아니라 그것이 const라는 사실도 내보내고 있지만 현재로서는 최소한 정보가 숨겨져 있다는 것을 의미한다는 주장이 있을 수 있다).

- writable: true로 표시된 경우 값을 변경할 수 없다고 잘못 가정할 수 있지만 물론 값이 const가 아니고 내보내는 모듈의 코드가 변경하는 경우 값이 **변경될 수** 있다. 사실, 중요한 객체 동작 중 하나는 사양에 따라 구성할 수 없고 쓸 수 없는 **데이터 속성**(접근자가 아님)에 값이 있는 것으로 관찰되면 나중에 다시 읽을 때 동일한 값을 반환해야 한다는 것을 보장한다(이것은 사양의 "필수 내부 메서드의 불변" 절[6]에 있다. 이러한 불변 동작 보장에 대한 자세한 내용은 14장에서 설명한다). 이 규칙을 위반하는 객체는 허용되지 않는다. 따라서 이러한 속성은 쓰기 가능으로 정의되어야 한다.

JAVASCRIPT THE NEW TOYS

13.11 / 모듈 인스턴스는 영역 전용이다

이전에 모듈은 영역(창, 탭, 워커 등)당 한 번만 로드된다는 것을 배웠다. 특히 자바스크립트 엔진은 영역 내에서 로드된 모듈을 추적하고 두 번 이상 요청된 모듈을 재사용한다. 거꾸로 말하면 영역이 다르면 모듈 인스턴스도 다르다. 다른 영역은 모듈 인스턴스를 공유하지 않는다.

예를 들어, iframe이 있는 창이 있는 경우 기본 창과 iframe의 창은 다른 영역을 갖는다. 두 창의 코드가 mod.js 모듈을 로드하면 기본 창의 영역에서 한 번, iframe 창의 영역에서 다시 두 번 로드된다. 모듈의 이 두 복사본은 서로 완전히 분리되어 있다. 창의 두 전역 환경(기본 창의 프레임 배열과 iframe 창의 상위 변수를 통해 둘 사이에 링크가 있음)보다 훨씬 더 그렇다. mod.js에 의해 로드된 모든 모듈은 종속성과 마찬가지로 두 번 로드된다. 모듈은 영역 간에 공유되지 않고 영역 내에서만 공유된다.

---

6 https://tc39.github.io/ecma262/#sec-invariants-of-the-essential-internal-methods

13.12 / 어떻게 모듈을 읽어 오는가?

자바스크립트 모듈 시스템은 간단한 사용 사례를 단순하게 유지하지만 복잡한 사용 사례를 잘 처리하도록 설계되었다. 이를 위해 모듈은 세 단계로 로드된다.

- **임포트와 구문 분석**: 모듈의 소스 텍스트를 임포트하고 구문 분석하여 임포트 및 익스포트를 결정한다.
- **인스턴스화**: 모든 임포트 및 익스포트에 대한 바인딩을 포함하여 모듈의 환경 및 바인딩을 생성한다.
- **평가**: 모듈의 코드를 실행한다.

이 세 단계를 이해하기 위해 코드 13-9에서 13-12까지의 코드를 참조하자.

코드 13-9 모듈 로딩을 위한 HTML 페이지 - loading.html

```
<!doctype html>
<html>
<head>
<meta charset="UTF-8">
<title>Module Loading</title>
</head>
<body>
<script src="entry.js" type="module"></script>
</body>
</html>
```

코드 13-10 모듈 로딩 엔트리 포인트 - entry.js

```
import { fn1 } from "./mod1.js";
import def, { fn2 } from "./mod2.js";

fn1();
fn2();
def();
```

13

모듈

```javascript
import def from "./mod2.js";

const indentString = "  ";

export function indent(nest = 0) {
    return indentString.repeat(nest);
}

export function fn1(nest = 0) {
    console.log(`${indent(nest)}mod1 - fn1`);
    def(nest + 1);
}
```

```javascript
import { fn1, indent } from "./mod1.js";

export function fn2(nest = 0) {
    console.log(`${indent(nest)}mod2 - fn2`);
    fn1(nest + 1);
}
export default function(nest = 0) {
    console.log(`${indent(nest)}mod2 - default`);
}
```

코드에서 볼 수 있듯이 entry.js 모듈은 상호 의존적인 두 개의 다른 모듈에서 가져온다. mod1.js 는 mod2.js의 기본 익스포트를 사용하고 mod2.js는 mod1.js의 명명된 익스포트 fn1과 indent 를 사용한다. 두 모듈은 순환 관계에 있다. 대부분의 모듈에는 이와 같은 순환 관계가 없지만, 이 예는 해당 관계가 있을 때 처리 방법에 대한 기본을 보여 준다.

다운로드한 앞의 코드를 실행하면 콘솔에 다음과 같은 결과가 표시된다.

```
mod1 - fn1
  mod2 - default
mod2 - fn2
  mod1 - fn1
    mod2 - default
mod2 - default
```

브라우저(이 예에서는 자바스크립트 엔진의 호스트)가 어떻게 이런 결과에 도달하는지 살펴보겠다.

13.12.1 임포트와 구문 분석

호스트(브라우저)가 다음 태그를 보면 entry.js를 임포트해서 소스 텍스트를 자바스크립트 엔진에 전달하여 모듈로 구문 분석한다.

```
<script src="entry.js" type="module"></script>
```

모듈이 아닌 스크립트와 달리 모듈 스크립트는 HTML 파서를 멈추게 하지 않으므로 HTML 파서는 모듈을 파싱하고 로드하는 작업이 완료되는 동안 계속된다. 특히 모듈 스크립트는 기본적으로 **지연된다**(defer 속성이 있는 것처럼). 이는 HTML 파서가 페이지 구문 분석을 완료할 때까지 해당 코드가 평가되지 않음을 의미한다(HTML 파서가 완료되기 전에도 평가가 가능한 한 빨리 발생하도록 하려면 대신 async를 지정할 수 있다).

브라우저가 entry.js의 내용을 자바스크립트 엔진에 전달할 때 엔진은 이를 구문 분석하고 이에 대한 **모듈 레코드**를 생성한다. 모듈 레코드에는 구문 분석된 코드, 이 모듈에 필요한 모듈 목록, 앞에서 배운 모듈의 임포트 엔트리와 익스포트 엔트리 목록, 모듈 상태(로드와 평가 과정에 있음)가 들어간다. 그 모든 정보는 모듈의 코드를 **실행**하지 않고 **파싱**함으로써 정적으로 결정된다는 점에 유의하자. entry.js에 대한 모듈 레코드의 주요 부분이 어떻게 생겼는지 그림 13-5를 참조하자(그림의 이름은 개념적 객체의 필드에 대해 [[이름]] 규칙(이중 대괄호로 묶인 이름)을 사용하는 사양에서 가져온 것이다).

▼ 그림 13-5

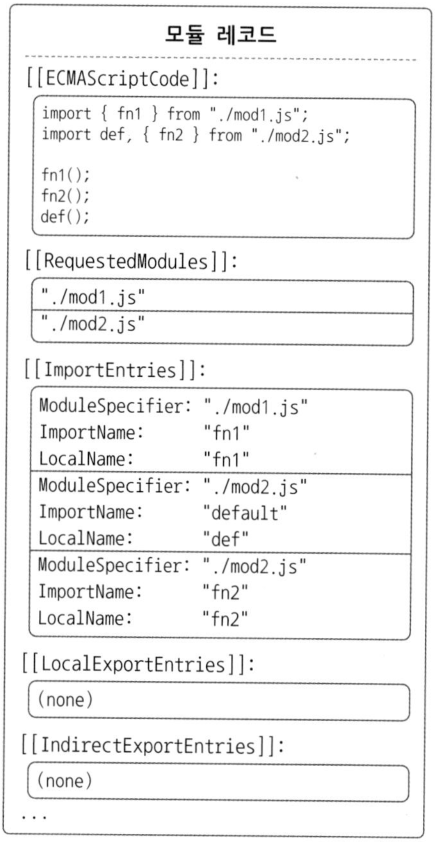

모듈 레코드

[[ECMAScriptCode]]:

```
import { fn1 } from "./mod1.js";
import def, { fn2 } from "./mod2.js";

fn1();
fn2();
def();
```

[[RequestedModules]]:

```
"./mod1.js"
"./mod2.js"
```

[[ImportEntries]]:

ModuleSpecifier:	"./mod1.js"
ImportName:	"fn1"
LocalName:	"fn1"
ModuleSpecifier:	"./mod2.js"
ImportName:	"default"
LocalName:	"def"
ModuleSpecifier:	"./mod2.js"
ImportName:	"fn2"
LocalName:	"fn2"

[[LocalExportEntries]]:

```
(none)
```

[[IndirectExportEntries]]:

```
(none)
```

...

자바스크립트 엔진은 해당 모듈 레코드를 호스트에 반환하고, 호스트는 이를 완전히 확인된 모듈 지정자 아래의 확인된 **모듈 맵**에 저장한다(loading.html이 http://localhost에서 온 경우 http://localhost/entry.js). 그림 13-6을 참조하자.

▼ 그림 13-6

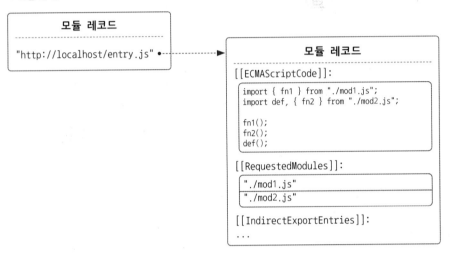

나중에 모듈 레코드가 필요할 때 자바스크립트 엔진은 호스트에게 요청한다. 호스트는 모듈 맵에서 찾아보고 발견하면 반환한다.

이 시점에서 entry.js가 임포트해서 구문 분석되었으므로 자바스크립트 엔진은 entry.js의 **인스턴스화** 단계를 시작한다(다음 절에서 다룬다). 기본적으로 가장 먼저 하는 일은 브라우저에 mod1.js와 mod2.js를 확인하도록 요청하는 것이다. 임포트하여 구문 분석되면 브라우저에는 세 가지 모듈 모두에 대한 엔트리가 있는 모듈 맵이 있다. 그림 13-7을 참조하자.

모듈 레코드의 정보를 통해 자바스크립트 엔진은 인스턴스화와 평가해야 하는 모듈 트리를 결정할 수 있다.[7] 이 예에서 트리는 그림 13-8과 같다.

---

[7] 아는 척 하기 좋아하는 사람들은 순환 관계를 가질 수 있기 때문에 트리가 아니라 그래프라는 점을 지적하고 싶어 한다. 그러나 거의 모든 사람들은 이것을 모듈 트리라고 부른다.

▼ 그림 13-7

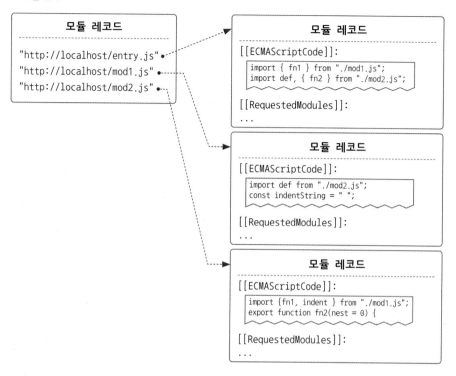

모듈 레코드

"http://localhost/entry.js" •
"http://localhost/mod1.js" •
"http://localhost/mod2.js" •

모듈 레코드

[[ECMAScriptCode]]:

```
import { fn1 } from "./mod1.js";
import def, { fn2 } from "./mod2.js";
```

[[RequestedModules]]:
...

모듈 레코드

[[ECMAScriptCode]]:

```
import def from "./mod2.js";
const indentString = " ";
```

[[RequestedModules]]:
...

모듈 레코드

[[ECMAScriptCode]]:

```
import {fn1, indent } from "./mod1.js";
export function fn2(nest = 0) {
```

[[RequestedModules]]:
...

▼ 그림 13-8

모듈 레코드
http://localhost/entry.js

[[Status]]: "instantiating"
[[ECMAScriptCode]]:

```
import { fn1 } from "./mod1.js";
import def, { fn2 } from "./mod2.js";
```

[[RequestedModules]]:

```
http://localhost/mod1.js
http://localhost/mod2.js •
```

모듈 레코드
http://localhost/mod1.js

[[Status]]: "uninstantiated"
[ECMAScriptCode]]:

```
import def from "./mod2.js";
const indentString = " ";
```

[[RequestedModules]]:

```
http://localhost/mod2.js •
```

모듈 레코드
http://localhost/mod2.js

[[Status]]: "uninstantiated"
[[ECMAScriptCode]]:

```
import {fn1, indent } from "./mod1.js";
export function fn2(nest = 0) {
```

[[RequestedModules]]:

```
http://localhost/mod1.js •
```

이제 인스턴스화가 제대로 진행될 수 있다.

13.12.2 인스턴스화

이 단계에서 자바스크립트 엔진은 모듈의 모든 임포트와 익스포트(mod1.js의 indentString과 같이 가질 수 있는 다른 모든 로컬과 함께)에 대한 바인딩을 포함하여 각 모듈의 환경 객체와 그 안에 최상위 바인딩을 만든다. 로컬(내보낸 것 포함)의 경우 직접 바인딩이다. 임포트의 경우 엔진이 익스포트를 위한 익스포트 모듈의 바인딩에 연결하는 간접 바인딩이다. 인스턴스화는 최하위 모듈이 먼저 인스턴스화되도록 깊이 우선 탐색을 사용하여 수행된다. 현재 예에서 결과 환경은 그림 13-9와 비슷하다.

❤ 그림 13-9

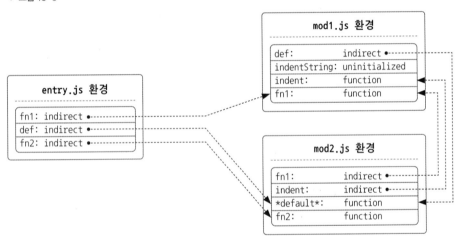

그림 13-9를 자세히 살펴보면 이름이 *default*인 바인딩이 궁금할 것이다. 익스포트하는 것이 익명(익명 함수 선언, 익명 클래스 선언 또는 임의 표현식의 결과)인 경우 기본 익스포트에 대한 로컬 바인딩이 가져오는 이름이다. mod2.js의 기본 익스포트는 익명 함수 선언이므로 이에 대한 로컬 바인딩을 *default*라고 한다(하지만 모듈의 코드는 실제로 해당 바인딩을 사용할 수 없다).

모듈을 인스턴스화하면 해당 범위(해당 환경 객체와 바인딩)가 생성되지만 해당 코드는 실행되지 않는다. 즉, **호이스트 가능한 선언**(예: 이 예의 모듈에 있는 모든 함수)이 처리되어 그에 대한 함수가 생성되지만 어휘 바인딩은 초기화되지 않은 상태로 남는다. 이러한 선언은 2장에서 배운 TDZ에 있다. 그렇기 때문에 그림 13-9에서 indent와 *default* 등은 값(함수)을 가지고 있지만 indentString은 초기화되지 않은 것을 볼 수 있다. TDZ에 대해 조금 더 자세히 알아보겠다.

단계별 코드 실행이 시작되기 전에 환경이 생성되고 호이스트 가능한 선언이 처리된다는 아이디어가 친숙하게 들리는가? 맞다! 이는 함수 호출의 첫 번째 부분과 매우 유사하며, 함수 호출을 위한 환경도 만들고 단계별 작업을 시작하기 전에 모든 호이스트 가능한 작업을 수행한다.

모든 모듈이 인스턴스화되면 세 번째 단계인 평가를 시작할 수 있다.

13.12.3 평가

이 단계에서 자바스크립트 엔진은 모듈의 최상위 코드를 다시 깊이 우선 순서로 실행하여 각 모듈을 "평가됨"으로 표시한다. 이것은 함수 호출의 두 번째 부분인 코드의 단계별 실행과 같다. 코드가 실행되면 모든 최상위 초기화되지 않은 바인딩(예: mod1.js의 indentString)이 코드 실행에 도달하면 초기화된다.

자바스크립트 모듈 시스템은 각 모듈의 최상위 코드가 한 번만 실행되도록 한다. 모듈에 부작용이 있을 수 있기 때문에 중요하다. 그러나 일반적으로 없는 경우가 가장 좋다(페이지/앱의 기본 모듈 제외한다).

앞에서 배운 것처럼 브라우저에서 엔트리 포인트에 대한 script 태그에 async 속성이 없으면 HTML 파서가 문서 구문 분석을 완료할 때까지 평가가 시작되지 않는다. async 속성이 있으면 HTML 파서가 문서에서 계속 작업 중이더라도 인스턴스화가 완료된 후 최대한 빨리 평가가 시작된다.

13.12.4 임시 데드존(TDZ)를 정리하며

모듈은 최상위 어휘 바인딩(let, const, class로 생성된 것)을 포함(임포트/익스포트)할 수 있다. 2장에서 어휘 바인딩은 해당 범위에 대한 환경 객체가 생성될 때 생성되지만 코드의 단계별 실행에서 선언에 도달할 때까지 초기화되지 않는다는 것을 기억할 것이다. 생성과 초기화 사이에는 임시 데드존에 있는데, 사용하려고 하면 오류가 발생한다.

```
function example() {
    console.log(a); // ReferenceError: a is not defined
    const a = 42;
}
example();
```

이 예에서 example 호출을 위한 환경 객체는 example 진입 시 생성되므로 로컬 const에 대한 바인딩이 있지만 바인딩은 아직 초기화되지 않았다. 코드가 시작되고 console.log가 실행되면 a에 대한 바인딩이 초기화되지 않았으므로 사용 시도가 실패한다.

또한 TDZ는 선언 "위" 또는 "아래" 코드의 상대적 위치가 아니라 생성과 초기화 사이의 시간과 관련이 있기 때문에 **임시적**이라고 한다. 다음은 잘 작동한다.

```
function example() {
    const fn = () => {
        console.log(a); // 42
    };
    const a = 42;
    fn();
}
example();
```

코드에서 a를 사용하는 console.log 행이 그 위에 있지만 해당 행은 코드의 단계별 실행에서 선언에 도달할 때까지 실행되지 않기 때문에 작동한다.

마지막으로, TDZ는 호이스트 가능한 선언(var 선언 변수 또는 함수 선언)을 통해 생성된 바인딩이 아니라 어휘 바인딩에만 관련된다는 것을 기억할 것이다. var로 생성된 바인딩은 undefined 값으로 즉시 초기화되고, 함수 선언으로 생성된 바인딩은 선언한 함수로 즉시 초기화된다.

이것은 모듈과 어떤 관련이 있을까? TDZ는 환경 객체가 생성되고 모듈에 대한 환경을 포함하여 해당 바인딩을 임포트할 때마다 적용된다. 이전 절에서 배웠듯이 모듈에 대한 환경 객체는 모듈 인스턴스화 중에 생성되고 해당 코드는 나중에 모듈 평가 중에 실행된다. 따라서 모듈이 최상위 범위에 있는 모든 어휘 바인딩은 인스턴스화부터 평가 중에 선언에 도달할 때까지 TDZ에 있다.

이는 모듈이 어휘 바인딩을 내보내는 경우 일부 상황에서 코드가 초기화되기 전에 바인딩을 사용하려고 할 수 있음을 의미한다. 예를 들어, 모듈 A가 모듈 B에서 가져오고 모듈 B가 모듈 A에서 직접 또는 간접적으로 가져오는 경우 가능하다(이를 **순환 종속성**이라 한다). 그럼 한번 살펴보자.

13.12.5 순환 종속성과 TDZ

모듈 로딩 예에서 mod1.js와 mod2.js는 서로를 참조한다. 즉, 순환 종속성(단순한 직접 종속성)에 있다. 모듈을 로드하고 평가하는 3단계 프로세스 때문에 자바스크립트 모듈 시스템에서는 문제가 되지 않는다.

mod1.js도 mod2.js도 최상위 코드에서 다른 쪽에서 임포트하는 것을 사용하지 않는지 확인하자. 함수 호출에 대한 응답으로 임포트한 것만 사용한다. 다음을 변경했다고 가정하자. mod2.js의 로컬 복사본을 수정하여 코드 13-13에 표시된 것처럼 최상위 수준에서 console.log에 대한 호출을 추가한다.

코드 13-13 mod2를 로드하는 모듈(수정됨) - mod2-updated.js

```javascript
import { fn1, indent } from "./mod1.js";

console.log(`${indent(0)}hi there`);

export function fn2(nest = 0) {
    console.log(`${indent(nest)}mod2 - fn2`);
    fn1(nest + 1);
}
export default function(nest = 0) {
    console.log(`${indent(nest)}mod2 - default`);
}
```

이제 loading.html을 다시 로드한다. 다음과 같다.

```
ReferenceError: indentString is not defined
```

mod2.js는 mod1.js가 평가되기 전에 indent를 사용하려고 하기 때문이다. indent 호출은 mod1.js가 인스턴스화되어 호이스트 가능한 선언이 처리되었기 때문에 작동하지만 indent가 indentString을 사용하려고 하면 indentString이 여전히 TDZ에 있기 때문에 실패한다.

이제 indentString 선언을 const가 아닌 var로 변경하고 loading.html을 다시 로드해 보자. 다른 오류가 발생한다.

```
TypeError: Cannot read property 'repeat' of undefined
```

바인딩이 인스턴스화 중에 정의되지 않은 값으로 초기화되었기 때문에 var로 선언되었고 mod1.js의 최상위 코드가 아직 평가되지 않았기 때문에 아직 두 개의 공백이 있는 문자열이 할당되지 않았다.

종종 순환 종속성은 리팩토링을 원할 수 있음을 나타낸다. 그러나 그것을 피할 수 없을 때 호이스트 선언은 괜찮으며(값이 정의되지 않은 var 선언 변수 제외), 다른 선언은 함수 내에서만 사용되는 경우(탑 레벨 코드에서 직접 호출되지 않는 경우에만, 최상위 모듈 코드가 아니라)에도 괜찮다.

13.13 임포트/익스포트 문법를 정리하며

이 장에서 임포트와 익스포트를 위한 여러 구문 옵션에 대해 배웠다. 모든 옵션을 보면서 빠르게 정리하겠다.

13.13.1 다양한 양식의 익스포트

다양한 익스포트 양식에 대한 요약이다.

다음 각각은 익스포트에 대한 바인딩 이름을 사용하여 로컬 바인딩(변수, 상수, 함수 또는 클래스)과 이에 대한 익스포트를 선언한다.

```
export var a;
export var b = /* ...어떤 값... */;
export let c;
export let d = /* ...어떤 값... */;
export const e = /* ...어떤 값... */;
export function f() { // (그리고 asyn과 제너레이터 양식)
}
export class G() {
}
```

다음 각각은 모듈의 다른 곳에서 선언된 로컬 바인딩에 대한 익스포트를 선언한다(익스포트 선언 위 또는 아래에 선언할 수 있다).

```
export { a };
export { b, c };
export { d as delta };      // 익스포트 된 이름은 `delta`다.
export { e as epsilon, f }; // 로컬 `e`는 `epsilon`으로 익스포트 되었다.
export { g, h as hotel, i}; // 다양한 양식을 섞어 사용할 수 있다.
```

각 바인딩에 대해 as 절이 포함되지 않은 경우 익스포트에 바인딩 이름이 사용되며, 이 경우 as 뒤에 지정된 이름이 대신 익스포트에 사용된다. 익스포트 목록(중괄호 안의 부분)에는 원하는 만큼 익스포트가 포함될 수 있다.

다음 각각은 현재 모듈에서 하나 이상의 mod.js 익스포트를 다시 내보내고 선택적으로 as 절을 통해 이름을 변경하는 간접 익스포트를 선언한다.

```
export { a } from "./mod.js";
export { b, c } from "./mod.js";
export { d as delta } from "./mod.js";
export { e, f as foxtrot } from "./mod.js"; // 위의 것들을 섞어 사용할 수 있다.
```

이것은 mod.js의 모든 명명된 익스포트에 대한 간접 익스포트를 선언한다.

```
export * from "./mod.js";
```

다음은 각각 로컬 바인딩(변수, 상수, 함수 또는 클래스)을 선언하고 기본 익스포트로 선언한다.

```
// 이 중 하나만 주어진 모듈에 나타날 수 있다.
// 하나의 모듈에서 하나의 기본 익스포트만 가능
export default function a() { /* ... */ }
export default class B { /* ... */ }
export default let c;
export default let d = "delta";
export default const e = "epsilon";
export default var f;
export default var g = "golf";
```

다음 각각은 *default*라는 로컬 바인딩을 선언한다(각각 익명이기 때문이다). *default*는 잘못된 식별자이므로 코드에서 접근할 수 없다. 기본 익스포트로 내보낸다.

```
export default function() { /* ... */ }
export default class { /* ... */ }
export default 6 * 7; // 임의의 표현
```

익명 함수 선언에 의해 생성된 함수는 이름으로 "default"를 가져오며 익명 class 선언에 의해 생성된 클래스 생성자도 마찬가지이다.

13.13.2 다양한 양식의 임포트

다양한 임포트 양식에 대한 요약이다.

다음은 example을 로컬 이름으로 사용하여 mod.js에서 명명된 익스포트 example을 임포트한다.

```
import { example } from "./mod.js";
```

483

다음은 example 대신 e를 로컬 이름으로 사용하여 mod.js에서 명명된 익스포트 example을 임포트한다.

```
import { example as e } from "./mod.js";
```

다음은 example을 로컬 이름으로 사용하여 mod.js의 기본 익스포트를 임포트한다.

```
import example from "./mod.js";
```

다음은 로컬 이름 mod를 사용하여 mod.js에 대한 모듈 네임스페이스 객체를 임포트한다.

```
import * as mod from "./mod.js";
```

기본 임포트를 모듈 네임스페이스 객체 임포트 **또는** 명명된 임포트와 결합할 수 있지만 구문 분석의 복잡성을 피하기 위해 네임스페이스 임포트와 명명된 익스포트를 결합할 수 없다. 세 가지를 함께 할 수도 없다. 기본값을 임포트하는 경우 네임스페이스 객체의 경우 * 또는 명명된 임포트 목록을 시작하는 {보다 먼저 와야 한다.

```
import def, * as ns from "./mod.js";          // 유효하다
import * as ns, def from "./mod.js";          // 유효하지 않다. 기본값이 첫 번째여야 한다.
import def, { a, b as bee} from "./mod.js";   // 유효하다
import * as ns, { a, b as bee} from "./mod.js"; // 유효하지 않다. 결합할 수 없다.
```

마지막으로 다음은 익스포트를 임포트하지 않고 부작용만을 위해 mod.js를 임포트한다.

```
import "./mod.js";
```

13.14 / 동적 임포트

지금까지 이 장에서 설명한 임포트 메커니즘은 정적 메커니즘이다.

- 모듈 지정자는 문자열을 생성하는 표현식이 아니라 문자열 리터럴이다.
- 임포트와 익스포트는 모듈의 최상위 수준에서만 선언할 수 있으며 if 또는 while과 같은 제어 흐름 문 내에서는 선언할 수 없다.

- 모듈의 임포트와 익스포트는 실행하지 않고 코드를 구문 분석하여 결정할 수 있다(정적으로 분석할 수 있다).

결과적으로 모듈은 임포트할 엔트리나 출처를 결정하기 위해 런타임에 얻은 정보를 사용할 수 없다.

대부분의 경우 이것이 우리가 원하는 것이다. 이를 통해 도구는 트리 셰이킹(나중에 배우게 될 것임)과 자동 번들링 등과 같은 매우 강력한 작업을 수행할 수 있다.

일부 사용 사례에서는 모듈이 런타임에 가져올 엔트리나 위치를 결정해야 한다. 이러한 이유로 ES2020은 동적 임포트[8]를 추가했다. 이 글을 쓰는 시점에서 주요 브라우저 중 크로미움 기반이 아닌 이전 버전의 엣지만 널리 지원되며 물론 인터넷 익스플로러에서는 지원하지 않는다.

13.14.1 동적으로 모듈 임포트

동적 임포트는 import가 함수인 것처럼 호출할 수 있는 새로운 구문을 추가한다. 호출되면 import는 모듈의 네임스페이스 객체에 대한 프라미스를 반환한다.

```
import(/* ...일부 런타임-결정 이름... */)
.then(ns => {
    // …`ns` 사용…
})
.catch(error => {
    // 오류 처리/보고
});
```

함수 호출처럼 보이지만 import(...)는 함수 호출이 아니다. ImportCall이라는 새로운 구문이다. 결과적으로 다음을 수행할 수 없다.

```
// 동작하지 않는다
const imp = import;
imp(/* ...일부 런타임-결정 이름... */)
.then(// ...
```

여기에는 두 가지 이유가 있다.

---

8 https://github.com/tc39/proposal-dynamic-import

- 호출은 일반 함수 호출이 전달하지 않는 컨텍스트 정보를 전달해야 한다.
- 앨리어싱을 허용하지 않으면(앞의 imp 예) 정적 분석이 모듈에서 동적 임포트가 사용되는지 여부를 알 수 있다(특히 해당 동적 임포트가 수행하는 작업을 결정할 수 없는 경우에도). 이 것이 왜 중요한지 나중에 "트리 셰이킹" 절에서 더 배우게 될 것이다.

동적 임포트를 위한 확실한 응용 프로그램 중 하나는 플러그인이다. 자바스크립트로 그래픽 편집 기를 일렉트론이나 윈도 유니버설 앱이나 이와 유사한 것으로 작성하고 확장을 허용하여 변환 또 는 사용자 정의 펜 등을 제공할 수 있도록 하려고 한다고 가정하자. 코드는 일부 플러그인 위치에 서 플러그인을 찾은 다음 다음과 유사한 코드로 로드할 수 있다.

```javascript
// 플러그인을 병렬로 로드하고 `plugins` 배열이 있는 객체를 반환한다.
// 로드된 플러그인과 로드에 실패한 `failed` 배열(`error`와 `pluginFile` 속성).
async function loadPlugins(editor, discoveredPluginFiles) {
    const plugins = [];
    const failed = [];
    await Promise.all(
        discoveredPluginFiles.map(async (pluginFile) => {
            try {
                const plugin = await import(pluginFile);
                plugin.init(editor);
                plugins.push(plugin);
            } catch (error) {
                failed.push({error, pluginFile});
            }
        })
    )
    return {plugins, failed};
}
```

또는 로케일을 기반으로 앱의 로컬라이저(localizer)를 로드할 수도 있다.

```javascript
async function loadLocalizer(editor, locale) {
    const localizer = await import(`./localizers/${locale}.js`);
    localizer.localize(editor);
}
```

동적으로 로드된 모듈은 정적으로 로드된 모듈과 마찬가지로 캐시된다. 모듈을 임포트하면 엔트 리 포인트 모듈을 로드하는 것처럼 모듈이 표현하는 정적 종속성과 해당 종속성 등을 로드하는 프 로세스가 동적으로 시작된다.

바로 다음의 예를 보자.

13.14.2 동적 모듈 예

dynamic-example.html을 실행하여 목록 13.14부터 13.19까지의 코드를 실행하자.

```html
<!doctype html>
<html>
<head>
<meta charset="UTF-8">
<title> example을 로드하는 동적 모듈</title>
</head>
<body>
<script src="dynamic-example.js" type="module"></script>
</body>
</html>
```

```js
import { log } from "./dynamic-mod-log.js";

log("entry point module top-level evaluation begin");
(async () => {
    try {
        const modName = `./dynamic-mod${Math.random() < 0.5 ? 1 : 2}.js`;
        log(`entry point module requesting ${modName}`);
        const mod = await import(modName);
        log(`entry point module got module ${modName}, calling mod.example`);
        mod.example(log);
    } catch (error) {
        console.error(error);
    }
})();
log("entry point module top-level evaluation end");
```

```js
log("log module evaluated");
export function log(msg) {
    const p = document.createElement("pre");
    p.appendChild(document.createTextNode(msg));
    document.body.appendChild(p);
}
```

```javascript
import { log } from "./dynamic-mod-log.js";
import { showTime } from "./dynamic-mod-showtime.js";

log("dynamic module number 1 evaluated");
export function example(logFromEntry) {
    log("Number 1! Number 1! Number 1!");
    log(`log === logFromEntry? ${log === logFromEntry}`);
}
```

```javascript
import { log } from "./dynamic-mod-log.js";
import { showTime } from "./dynamic-mod-showtime.js";

log("dynamic module number 2 evaluated");
export function example(logFromEntry) {
    log("Meh, being Number 2 isn't that bad");
    log(`log === logFromEntry? ${log === logFromEntry}`);
    showTime();
}
```

```javascript
import { log } from "./dynamic-mod-log.js";

log("showtime module evaluated");
function nn(n) {
    return String(n).padStart(2, "0");
}
export function showTime() {
    const now = new Date();
    log(`Time is ${nn(now.getHours())}:${nn(now.getMinutes())}`);
}
```

이 예에서 두 개의 동적 모듈은 동일한 양식을 가지며 Number 1 또는 Number 2로 자신을 식별한다.

dynamic-example.html 페이지를 로드하면 다음과 같은 출력이 표시된다(콘솔이 아닌 페이지 자체에서).

```
log module evaluated
entry point module top-level evaluation begin
entry point module requesting ./dynamic-mod1.js
entry point module top-level evaluation end
showtime module evaluated
dynamic module number 1 evaluated
entry point module got module ./dynamic-mod1.js, calling mod.example
Number 1! Number 1! Number 1!
log === logFromEntry? true
Time is 12:44
```

이 예에서 동적 모듈 Number 1이 로드되었지만 언제든지 Number 2일 수 있다.

코드에서 어떤 일이 일어나는지 살펴보겠다.

- 호스트(브라우저)와 자바스크립트 엔진은 엔트리 포인트 모듈과 정적으로 임포트하는 dynamic-mod-log.js 모듈에 대한 임포트와 구문 분석, 인스턴스화와 평가 프로세스를 거친다(이 모듈을 "로그 모듈"이라고 부르겠다). 이 두 모듈만 전체 정적 트리다(그림 13–10 참조). 평가는 깊이 우선이므로 로그 모듈이 먼저 평가되고("로그 모듈 평가") 엔트리 포인트 모듈이 평가된다("엔트리 포인트 모듈 최상위 평가 시작" 등).

▼ 그림 13–10

- 평가되는 동안 엔트리 포인트 모듈은 사용할 동적 모듈을 무작위로 선택하고 import()를 호출하여 로드하고 await를 사용하여 결과를 기다린다. 이제 최상위 평가가 완료되었다. 나중에 import()의 프라미스가 이행되면 계속해서 모듈을 사용한다.

- 호스트와 자바스크립트 엔진은 동적 모듈을 시작으로 임포트와 구문 분석, 인스턴스화와 평가 프로세스를 다시 시작한다. 동적 모듈에는 두 가지 정적 임포트가 있다. 로그 모듈의 log와 dynamic-mod-showtime.js 모듈의 showTime(그냥 "쇼타임 모듈"이라고 부를 것이다). 쇼타임 모듈은 또한 로그 모듈에서 log를 가져온다. 구문 분석이 완료되면 이 import

호출에 대해 처리할 모듈 트리에 세 개의 모듈이 포함되지만 기존 트리(초기 정적 임포트에서)에 연결된다. 그림 13-11을 참조하자. 로그 모듈의 상태("[[Status]]")는 "evaluated" 이므로 이미 로드 프로세스의 세 부분을 모두 거쳤으며 다시 처리되지 않는다. 하지만 쇼타임 모듈은 아직 로드되지 않았으므로 동적 모듈을 사용하는 프로세스를 거치고 로드 트리에 더 깊숙이 있으므로 먼저 평가된다("쇼타임 모듈 평가"). 그런 다음 동적 모듈이 평가된다("동적 모듈 번호 1 평가됨"). 이 예에서 예에 쇼타임 모듈이 있는 유일한 이유는 로그 모듈이 이미 평가되었지만 쇼타임 모듈이 동적 모듈에 의해 처음으로 로드되었기 때문에 로그 모듈과 어떻게 다른지 보여주기 위함이다.

▼ 그림 13-11

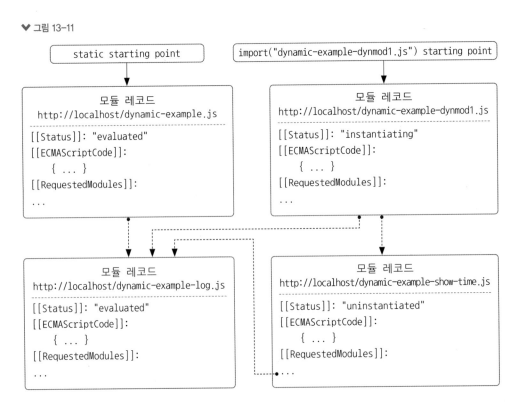

- import() 호출에 대한 로드 프로세스가 완료되었으므로 해당 프라미스는 동적 모듈에 대한 모듈 네임스페이스 객체로 이행된다.
- 입력 모듈의 async 함수는 await("엔트리 포인트에 모듈 ./dynamic-mod1.js가 있고 mod.example을 호출함")에서 계속되고 mod.example을 호출하여 로그 모듈에서 log 함수에 대한 참조를 전달한다.

- 동적 모듈의 example 함수가 실행되어 모듈별 메시지를 출력한 다음 "log == logFromEntry 인가? 맞다". true는 정적과 동적 프로세스가 동일한 모듈 레코드 세트와 관련 환경에서 작동함을 보여 준다. 로드된 로그 모듈의 복사본은 하나만 있으므로 하나의 로그 기능만 있다.
- 마지막으로 동적 모듈은 showTime을 호출한다.

13.14.3 비모듈 스크립트의 동적 임포트

정적 임포트와 달리 동적 임포트는 모듈뿐만 아니라 스크립트에서도 사용할 수 있다. 코드 13-20 과 13.21은 다른 HTML 페이지와 이전 동적 예(나머지 파일 재사용)에 대한 엔트리 포인트다.

코드 13-20 스크립트에서 동적 모듈 로드하기 (HTML) - dynamic-example-2.html

```html
<!doctype html>
<html>
<head>
<meta charset="UTF-8">
<title> 스크립트에서 동적 모듈 로드하기 - 예</title>
</head>
<body>
<script src="dynamic-example-2.js"></script>
</body>
</html>
```

코드 13-21 스크립트 예에서 동적 모듈 로드하기(엔트리 포인트) - dynamic-example-2.js

```javascript
(async() => {
    try {
        const {log} = await import("./dynamic-mod-log.js");
        log("entry point module got log");
        const modName = `./dynamic-mod${Math.random() < 0.5 ? 1 : 2}.js`;
        log(`entry point module requesting ${modName}`);
        const mod = await import(modName);
        log(`entry point module got module ${modName}, calling mod.example`);
        mod.example(log);
    } catch (error) {
        console.error(error);
    }
})();
```

보다시피 dynamic-example-2.js가 스크립트로 로드되고 있다. script 태그에는 type="module"이 없다. 코드를 보면 앞에서 설명한 dynamic-example.js 코드와 여러 면에서 비슷하지만 정적 임포트 선언 대신 import( ) 호출을 사용한다. 실행하면 최상위 평가 완료 이후에 도착하는 로그 모듈을 기다려야 하기 때문에 엔트리 포인트 코드가 최상위 평가의 시작과 끝을 기록할 수 없다는 점을 제외하면 출력은 이전과 동일하다.

```
log module evaluated
entry point module got log
entry point module requesting ./dynamic-mod1.js
showtime module evaluated
dynamic module number 1 evaluated
entry point module got module ./dynamic-mod1.js, calling mod.example
Number 1! Number 1! Number 1!
log === logFromEntry? true
Time is 12:44
```

내부적으로는 엔트리 포인트와 로그 모듈 간의 관계를 더 이상 정적 분석을 통해 결정할 수 없다는 점을 제외하면 거의 동일하게 작동한다(코드가 문자열 리터럴을 사용하여 import( )를 호출하기 때문에 영리한 도구로 해결할 수 있다).

한 가지 중요한 차이점은 로그 모듈에서 이름이 지정된 익스포트 log를 임포트하는 대신 동적 버전이 로그 모듈에 대한 전체 네임스페이스 객체를 임포트한다(그러나 log 함수만 선택하기 위해 디스트럭처링을 사용한다). 대조적으로, 정적 예에서는 모듈 네임스페이스 객체가 생성되지 않는다. 왜냐하면 아무것도 요구하지 않기 때문이다.

13.15 / 트리 셰이킹

트리 셰이킹(tree shaking)은 **데드 코드 제거**(dead code elimination)의 한 형태이다. **라이브 코드**(live code)는 페이지나 애플리케이션에서 잠재적으로 사용되는 코드이며, 데드 코드는 페이지나 애플리케이션(현재 양식)에서 확실히 사용되지 않는 코드이다. 트리 셰이킹은 모듈 트리를 분석하여 데드 코드를 제거하는 프로세스이다(**트리 셰이킹**이라는 용어는 나무를 세게 흔들면 살아 있는 가지는 그대로 있고 죽은 가지만 떨어지는 이미지에서 따왔다).

사용하는 로그 모듈에 함수를 추가하여 이 장의 첫 번째 예를 수정해 보겠다. 코드 13-22에서 13-24까지 참조하자.

코드 13-22 업데이트된 간단한 모듈 예(HTML) – simple2.html

```
<!doctype html>
<html>
<head>
<meta charset="UTF-8">
<title>Revised Simple Module Example</title>
</head>
<body>
<script src="simple2.js" type="module"></script>
</body>
</html>
```

코드 13-23 업데이트된 간단한 모듈 예(엔트리 포인트 모듈) – simple2.js

```
import { log } from "./log2.js";

log("Hello, modules!");
```

코드 13-24 업데이트된 간단한 모듈 예(로그 모듈) – log2.js

```
export function log(msg) {
    const p = document.createElement("pre");
    p.appendChild(document.createTextNode(msg));
    document.body.appendChild(p);
}
export function stamplog(msg) {
    return log(`${new Date().toISOString()}: ${msg}`);
}
```

앞의 코드를 검토할 때 주의해야 할 5가지 사항이 있다.

- 명명된 익스포트 stampedlog를 요청하는 것은 없다.

- 그 어떤 것도 로그 모듈의 모듈 네임스페이스 객체를 요청하지 않는다(만약 요청을 했다면 스마트 트리 셰이킹 도구는 여전히 결과 객체에 대해 이스케이프 분석을 수행하여 스탬프 로그 속성이 사용되었는지 확인할 수 있다).

13

493

- 로그 모듈의 최상위 코드에는 stamplog를 사용하는 코드가 없다.

- 로그 모듈의 다른 내보낸 함수 또는 호출하는 함수의 어떤 것도 stamplog를 사용하지 않는다.

- 정적 import 선언만 사용되며 import() 호출은 사용되지 않는다.

또한 이러한 모든 정보는 **정적 분석**을 통해 확인할 수 있다(코드를 실행하지 않고 구문 분석하고 검사하기만 하면 된다). 즉, simple.html에 있는 자바스크립트 번들러를 가리키고 모든 코드를 최적화된 파일로 묶으라고 지시하면 코드를 실행하지 않고도 stamplog가 어디에도 사용되지 않고 생략될 수 있다고 결정할 수 있다.

이것이 바로 트리 셰이킹이다. 트리 셰이킹은 브라우저의 모듈에 대한 기본 지원에도 불구하고 가까운 장래에 자바스크립트 번들러가 사라지지 않는 한 가지 이유이다. 다음은 이 간단한 예에서 하나의 번들러를 사용한 결과이다. 이 경우에는 Rollup.js를 사용하고 출력 옵션을 iife(즉시 호출되는 함수 표현식)로 설정하지만 모든 트리 셰이킹 번들러에서 유사한 결과를 얻을 수 있다. 다음 절에서 자세히 배운다.

```
(function () {
    "use strict";

    function log(msg) {
        const p = document.createElement("pre");
        p.appendChild(document.createTextNode(msg));
        document.body.appendChild(p);
    }

    log("Hello, modules!");

}());
```

한 블록의 코드는 simple.js와 log.js의 최적화된(최소화되지 않은) 조합이다. stamplog 함수는 어디에도 없다.

앞서 언급한 "주의해야 할 5가지 사항" 중 마지막 부분인 "정적 임포트 선언만 사용되며 import() 호출은 사용되지 않는다"를 기억해 보자.

이론적으로, 트리의 모든 모듈에서 문자열 리터럴 이외의 다른 것과 함께 import()를 한 번만 사용하더라도 도구는 실제로 사용되지 않는 것을 증명할 수 없기 때문에 트리 셰이킹을 수행할 수 없다. 실제로, 다른 번들러는 다양한 방식으로 동적 임포트의 영향을 최적화하고 트리 셰이크를 시도할지 여부와 시도 방법을 제어할 수 있는 구성 옵션을 제공할 수 있다.

13.16 번들링

모듈은 현재 최신 브라우저에서 기본적으로 지원되지만 사람들은 모듈을 지원하지 않는 브라우저에서 작동하는 최적화된 파일로 모듈을 변환하기 위해 자바스크립트 번들러를 사용하여 한동안 구문을 사용해 왔다. Rollup.js(https://rollupjs.org)과 웹팩(https://webpack.js.org/)과 같은 프로젝트는 매우 인기 있고 기능이 풍부하다.

모든 규모의 프로젝트에서 기본 모듈 지원이 있는 브라우저만 대상으로 하는 경우에도 번들러를 사용하고 싶을 것이다. 트리 셰이킹도 한 가지 이유이다. 다른 하나는 HTTP(심지어 HTTP/2 포함)를 통해 모든 개별 모듈 리소스를 전송하는 것이 단일 리소스를 전송하는 것보다 여전히 잠재적으로 느리다(HTTP/1.1만 사용하는 경우 확실히 느리다).

구글은 두 개의 인기 있는 실제 라이브러리(Moment.js와 Three.js)와 합성적으로 생성된 많은 모듈을 사용하여 기본 모듈 로딩과 로딩 번들을 비교하여 번들링이 여전히 유용한지 여부와 크롬 로딩 파이프라인에서 병목 현상이 발생한 위치를 확인하는 분석을 수행했다.[9] 구글이 테스트한 Moment.js[10] 버전은 최대 트리 깊이가 6인 104개의 모듈을 사용했다. 그리고 Three.js[11] 버전은 최대 깊이가 5인 333개의 모듈을 사용했다.

분석 결과를 바탕으로 구글의 애디 오스마니와 마티스 바이넌스는 다음을 권장한다.[12]

- 개발 중에는 기본 지원을 사용한다.

- 최신 브라우저만 대상으로 하는 100개 미만의 모듈과 얕은 종속성 트리(최대 깊이 5 미만)가 있는 소규모 웹 앱에 대해 프로덕션 환경에서 기본 지원을 사용한다.

- 그보다 큰 제품이나 모듈 지원이 없는 브라우저를 대상으로 하는 프로젝트를 위해 번들링을 사용한다.

어떤 이유로든 HTTP 1.1을 계속 사용해야 하는 경우에는 어느 쪽이든 장단점이 있다.

9 https://docs.google.com/document/d/1ovo4PurT_1K4WFwN2MYmmgbLcr7v6DRQN67ESVA-wq0/pub

10 https://momentjs.com/

11 https://threejs.org/

12 https://developers.google.com/web/fundamentals/primers/modules

13.17 메타데이터 임포트하기

경우에 따라 모듈은 로드된 URL 또는 경로, "주" 모듈인지(노드제이에스와 같은 단일 기본 모듈이 있는 환경에서) 등과 같은 자체 정보를 알아야 할 수도 있다. ES2015의 모듈은 현재 모듈이 해당 정보를 얻을 수 있는 방법을 제공하지 않는다. ES2020은 모듈이 자신에 대한 정보를 얻을 수 있는 방법을 추가했다. 바로 import.meta[13]이다.

import.meta는 모듈에 대한 속성을 포함하는 모듈 고유의 객체이다. 속성 자체는 호스트 지정이며 환경(예: 브라우저이거나 노드제이에스 이거나)에 따라 다르다.

웹 환경에서 import.meta의 속성은 HTML 사양의 HostGetImportMetaProperties 절[14]에 의해 정의된다. 현재 url이라는 단일 속성만 정의되어 있다. 모듈의 완전한 형태의 URL을 제공하는 문자열이다. 예를 들어 http://localhost에서 로드된 mod.js의 import.meta.url은 "http://localhost/mod.js" 값을 갖는다. 노드제이에스는 모듈의 절대 경로인 URL을 제공하여 url[15]을 지원한다. 시간이 지남에 따라 환경 중 하나 또는 둘 모두에 더 많은 속성이 추가될 것이다.

import.meta 객체는 자바스크립트 엔진과 호스트 간의 조정을 통해 처음 접근할 때 생성된다. 모듈에 고유하기 때문에 모듈이 대부분 소유하고 있으며 어떤 식으로든 잠겨 있지 않다는 사실에 반영되어 있다. 자신의 목적을 위해 속성을 추가할 수 있다(원하는 이유는 명확하지 않다). 또는 기본 속성을 변경할 수도 있다(호스트가 허용하지 않는 한).

13.18 워커 모듈

기본적으로 웹 워커는 모듈이 아닌 클래식 스크립트로 로드된다. 워커는 importScripts를 통해 다른 스크립트를 로드할 수 있지만 로드 스크립트와의 통신이 워커의 전역 환경을 통해 이루어지는 구식 방식이다. 그러나 웹 워커는 모듈이 될 수 있으므로 임포트와 익스포트 선언을 사용할 수 있다.

---

13 https://github.com/tc39/proposal-import-meta

14 https://html.spec.whatwg.org/multipage/webappapis.html#hostgetimportmetaproperties

15 https://nodejs.org/api/esm.html#esm_import_meta

마찬가지로 노드제이에스의 워커도 이제 ESM 모듈이 될 수 있다.

각각에 대해 살펴보겠다.

13.18.1 웹 워커를 모듈로 로드하기

워커를 모듈로 로드하여 모듈이 되는 것의 모든 일반적인 이점을 얻으려면 워커 생성자에 두 번째 인수로 전달된 options 객체의 type 옵션을 사용한다.

```
const worker = new Worker("./worker.js", {type: "module"});
```

모듈 또는 클래식 스크립트 내에서 이 방법으로 워커를 시작할 수 있다. 또한 기존 스크립트 워커와 달리 교차 출처(cross-origin)에서 사용할 수 있도록 하는 교차 출처 리소스 공유(Cross Origin Resource Sharing, CORS) 정보가 제공되는 경우 모듈 워커를 교차 출처로 실행할 수 있다.

브라우저가 워커를 모듈로 지원하는 경우 워커는 모듈로 로드된다. 2020년 초 이 글을 쓰는 시점에서 크롬과 크로미움 프로젝트(크로미움과 최신 버전의 엣지) 기반 브라우저가 지원하지만 워커 모듈에 대한 브라우저 지원은 광범위하지 않다.

코드 13-25, 26, 27은 워커를 모듈로 로드하는 예이다.

코드 13-25 모듈로서 웹 워커(HTML) - worker-example.html

```html
<!doctype html>
<html>
<head>
<meta charset="UTF-8">
<title>Web Worker Module Example</title>
</head>
<body>
<script>
const worker = new Worker("./worker-example-worker.js", {type: "module"});
worker.addEventListener("message", e => {
    console.log(`Message from worker: ${e.data}`);
});
</script>
</body>
</html>
```

```
import { example } from "./worker-example-mod.js";

postMessage(`example(4) = ${example(4)}`);
```

```
export const example = a => a * 2;
```

13.18.2 노드제이에스 워커를 모듈로 로드하기

ESM 모듈에 대한 노드제이에스의 지원은 워커 스레드로 확장된다. 코드를 실행하는 다른 방법과 동일한 규칙이 적용된다. 가장 가까운 package.json 파일에서 type: "module" 설정을 사용하거나 워커에게 .mjs 확장자를 지정하여 워커를 모듈로 시작할 수 있다.

13.18.3 워커는 자신의 영역에 있다

워커가 생성되면 새 영역에 배치된다. 자체 전역 환경, 고유한 객체 등이 있다. 워커가 모듈인 경우 로드하는 모듈은 로드된 모듈과 별도로 해당 영역 내에서 로드된다. 다른 영역. 예를 들어 브라우저에서 기본 창의 모듈이 mod1.js를 로드하고 mod1.js도 로드하는 워커를 시작하는 경우 mod1.js는 기본 창의 영역에서 한 번, 작업자의 영역에서 다시 두 번 로드된다. 워커가 mod1.js에서 가져오는 다른 모듈(예: mod2.js)을 로드하는 경우 해당 다른 모듈과 워커 모듈은 mod1.js의 공통 복사본을 공유하지만, 기본 창에서 로드하는 사본은 공유하지 **않는다**. 그림 13-12를 참조하자.

▼ 그림 13-12

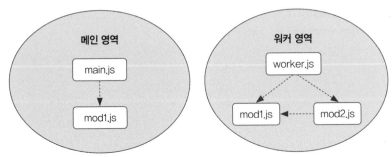

워커 영역은 메인 창의 영역과 분리되어 있을 뿐만 아니라 서로 간에도 분리되어 있으므로 모두 mod1.js를 로드하는 10개의 워커를 실행하면 10번(워커당 한 번) 로드된다. 각 워커는 고유한 영역에 있으므로 각각 고유한 모듈 트리가 있다.

이것은 웹 브라우저와 노드제이에스 모두에 해당된다.

13.19 / 과거 습관을 새롭게

다음은 개선을 고려할 수 있는 몇 가지 과거 습관이다.

13.19.1 의사 네임스페이스 대신 모듈 사용하기

과거 습관: "네임스페이스" 객체를 사용하여 코드에 대한 단일 공용 기호 제공한다(아마도 라이브 러리에서 제이쿼리의 $ 전역처럼)

```
var MyLib = (function(lib) {
    function privateFunction() {
        // ...
    }
    lib.publicFunction = function() {
        // ...
    };
    return lib;
})(MyLib || {});
```

새로운 습관: 모듈을 사용하자.

```
function privateFunction() {
    // ...
}
export function publicFunction() {
    // ...
}
```

참고: 개별적으로 사용하기 위한 속성/메서드가 있는 객체를 익스포트하지 말자. 대신 명명된 익스포트를 사용하자.

13.19.2 스코프 지정 함수에서 코드를 래핑하는 대신 모듈 사용하기

과거 습관: 전역 생성을 피하기 위해 코드 주변에 "스코프 지정 함수"를 사용한다.

```
(function() {
    var x = /* ... */;
    function doSomething() {
        // ...
    }
    // ...
})();
```

새로운 습관: 모듈의 최상위 범위가 전역 스코프가 아니므로 모듈을 사용하자.

```
let x = /* ... */;
function doSomething() {
    // ...
}
// ...
```

13.19.3 모듈을 사용하여 거대한 코드 파일 생성 방지하기

과거 습관: 프로덕션을 위해 더 작은 파일을 결합하는 것에 대해 걱정할 필요가 없도록 하나의 거대한 코드 파일이 있다(근데 이런 습관이 없지 않은가).

새로운 습관: 정적으로 선언된 종속성과 함께 적절한 크기의 다양한 모듈을 대신 사용하자. 어떤 크기가 올바른 크기인지에 대한 질문은 스타일의 문제이며 팀과 동의해야 한다. 각 기능을 자체 모듈에 넣는 것은 아마도 과잉이지만, 이것, 저것, 그리고 다른 하나를 내보내는 단일 대규모 모듈은 아마도 충분히 모듈화되지 않을 것이다.

13.19.4 CJS, AMD 및 기타 모듈을 ESM으로 변환하기

과거 습관: CJS, AMD, 기타 모듈를 사용한다(기본 자바스크립트 모듈 양식이 없었기 때문이다).

새로운 습관: ESM을 사용하여 기존 모듈을 변환하자(한 번의 큰 도약 또는 시간이 지남에 따라 더 천천히).

13.19.5 자작으로 만드는 것보다 잘 관리된 번들러를 사용하자

과거 습관: 개발에 사용된 개별 파일을 프로덕션을 위해 결합된 파일(또는 작은 파일 세트)로 결합하기 위한 여러 임시 메커니즘 중 하나이다.

새로운 습관: 잘 관리되고 커뮤니티가 지원하는 번들러를 사용하자.

13

부록

memo

14장

리플렉션—
리플렉트와
프록시

이 장의 내용

- Reflect 객체
- Proxy 객체

이 장의 코드 다운로드

이 장의 코드는 https://thenewtoys.dev/bookcode 또는 https://www.wiley.com/go/javascript-newtoys에서 다운로드할 수 있다.

이 장에서는 객체를 구성하고 상호 작용하는 데 유용한 유틸리티 함수를 제공하는 Reflect 객체와 클라이언트 코드에 API를 제공하는 데 중요할 수 있는 패턴이고 자바스크립트에 대한 궁극적인 파사드 패턴을 제공하는 Proxy에 대해 배운다.

Reflect와 Proxy는 함께 사용하도록 설계되었지만 각각은 다른 하나 없이 사용할 수 있다. 이 장에서는 Reflect를 간략하게 소개하지만 대부분 Proxy를 다루는 맥락에서 다룬다.

14.1 리플렉트

Reflect는 ES2015에서 객체에 대해 수행되는 기본 작업에 해당하는 다양한 메서드(속성 값 임포트와 설정, 객체 프로토타입 임포트와 설정, 객체에서 속성 삭제 등)에 추가되었다.

첫 번째 생각은 아마도 "왜 유틸리티 함수가 필요할까? 객체에 직접 연산자를 사용하여 이미 이러한 작업을 수행할 수 있다"일 것이다. 이는 부분적으로 사실이며 사실이 아닌 경우 일반적으로 작업을 수행하는 Object에 함수(또는 함수 조합)가 있다. 그러나 Reflect는 다음과 같은 몇 가지 사항을 제공한다.

- 일부는 구문이 되고 나머지는 Object 함수 또는 Object 함수의 조합이 되는 대신 모든 기본 객체 작업에 대한 얇은 래퍼 함수를 제공한다. 즉, in이나 delete 연산자와 같은 엔트리에 대해 자체 래퍼를 작성하지 않고도 기본 객체 작업을 전달할 수 있다.

504

- 해당 함수는 동등한 Object 함수가 대신 오류를 발생시키는 일부 경우에 성공/실패에 대한 반환값을 제공한다(자세한 내용은 잠시 후에 다룬다).

- "프록시" 절에서 배우게 될 것처럼 프록시 객체가 연결할 수 있는 각 "트랩"과 완벽하게 일치하는 함수를 제공하여 트랩에 대한 기본 동작을 구현하므로 동작만 수정하는 트랩을 행동을 완전히 바꾸는 것보다 간단하게 올바르게 구현할 수 있다.

- newTarget 인수를 사용하여 Reflect.construct 클래스 구문 외부에서 사용할 수 없는 작업을 제공한다.

Reflect와 Object에는 동일한 이름과 대부분 동일한 목적을 가진 여러 함수가 있다.

- defineProperty
- getOwnPropertyDescriptor
- getPrototypeOf
- setPrototypeOf
- preventExtensions

기본적으로 동일한 작업을 수행하지만 약간의 차이점이 있다.

- 일반적으로 Reflect 버전은 객체가 예상되는 곳에 비 객체를 전달하면 오류가 발생하지만 객체 버전은 (모든 경우는 아니지만 대부분) 프리미티브를 객체로 강제 변환하고 그 결과에 대해 작동한다. 또는 그냥 호출을 무시한다(예외는 Object.defineProperty로, Reflect 함수처럼 객체가 아닌 객체를 전달하면 throw된다).

- 일반적으로 수정 함수의 Reflect 버전은 성공/실패 플래그를 반환하는 반면 Object 버전은 수정하기 위해 전달한 객체를 반환한다(또는 호출이 기본 요소에 대해 아무 작업도 수행하지 않는 경우 기본 요소를 있는 그대로 반환한다). Object 버전은 일반적으로 실패 시 오류를 발생시킨다.

이와는 별도로 Reflect에는 Object.keys와 표면적으로 유사하지만 나중에 배우게 될 두 가지 중요한 차이점이 있는 ownKeys라는 함수도 있다.

대부분의 Reflect 함수는 주로 프록시를 구현하는 데 유용하지만, 자체적으로 유용한 함수도 살펴보겠다.

14

리플렉션-리플렉트와 프록시

14.1.1 Reflect.apply

Reflect.apply는 함수의 apply 메서드가 하는 일을 하는 유틸리티 함수이다. 특정 this 값과 배열(또는 배열과 유사한 객체)로 제공되는 인수 목록을 사용하여 함수를 호출한다.

```
function example(a, b, c) {
    console.log(`this.name = ${this.name}, a = ${a}, b = ${b}, c = ${c}`);
}

const thisArg = {name: "test"};
const args = [1, 2, 3];
Reflect.apply(example, thisArg, args); // this.name = test, a = 1, b, = 2, c = 3
```

이 예에서 Reflect.apply에 대한 호출을 example.apply에 대한 호출로 바꿀 수 있다.

```
example.apply(thisArg, args); // this.name = test, a = 1, b, = 2, c = 3
```

Reflect.apply에는 몇 가지 장점이 있다.

- example의 apply 속성이 Function.prototype.apply 이외의 다른 것으로 재정의되거나 덮어써도 작동한다.
- 약간의 변형: 함수의 프로토타입이 변경되어(예를 들어 Object.setPrototypeOf로) 함수가 더 이상 Function.prototype에서 상속되지 않도록 변경되어 apply가 없고 완전히 모호한 경우에도 작동한다.
- 진정한 자바스크립트 함수가 아니더라도 **호출 가능한** 모든 것([[Call]] 내부 작업이 있는 모든 객체)에서 작동한다. 예전보다 이러한 함수가 더 적지만 호스트가 제공한 "함수"가 예전만 해도 실제 자바스크립트 함수가 아니거나 apply가 없는 경우가 많았다(일부는 아직도 있다).

14.1.2 Reflect.construct

Reflect.construct는 new 연산자와 마찬가지로 생성자 함수를 통해 새 인스턴스를 만든다. 그런데 Reflect.construct는 new가 제공하지 않는 다음 두 가지 함수를 제공한다.

- 생성자에 대한 인수를 배열(또는 배열과 유사한 객체)로 받아들인다.
- new.target을 호출하는 함수가 아닌 다른 것으로 설정할 수 있다.

매우 간단하기 때문에 먼저 인수 측면을 살펴보겠다. 배열에 생성자(Thing)와 함께 사용하려는 인수가 있다고 가정한다. ES5에서는 배열의 인수로 생성자를 호출하는 것이 어색했다. 가장 간단한 방법은 객체를 직접 생성한 다음 apply를 통해 생성자를 일반 함수로 호출하는 것이었다.

```
// ES5에서
var o = Thing.apply(Object.create(Thing.prototype), theArguments);
```

Thing이 자체 객체를 생성하는 대신 호출된 this를 사용하는 경우 ES5에서 작동한다.

ES2015+에서는 스프레드 구문을 사용하는 방법과 Reflect.construct를 수행하는 두 가지 방법이 있다.

```
// ES2015+에서
let o = new Thing(…theArguments);
// 또는
let o = Reflect.construct(Thing, theArguments);
```

스프레드 구문은 이터레이터를 거치기 때문에 인수 "배열"의 length, 0, 1 등 속성에 직접 접근하는 Reflect.construct보다 더 많은 작업을 수행한다(일반적으로 중요하지는 않다). 즉, 스프레드는 Reflect.construct가 하지 않는 비배열과 같은 이터러블 객체와 함께 작동한다. 그리고 Reflect.construct는 스프레드가 되지 않는 배열과 같은 이터러블 아닌 객체와 함께 작동한다.

Reflect.construct가 제공하는 두 번째 사항은 new.target을 제어하는 new가 제공하지 않는 것인데, 프록시와 함께 Reflect를 사용할 때 주로 유용하지만(자세한 내용은 이후 절에서 다룸) 내장의 하위 유형인 인스턴스를 만드는 데 사용할 수도 있다. class 구문을 사용하지 않고 Error 또는 Array(ES5 기능만 사용하여 올바르게 서브클래스화할 수 없는 것으로 악명 높음)와 같다. 일부 프로그래머는 class나 new를 사용하는 것을 좋아하지 않고 다른 방법으로 객체를 만드는 것을 선호하지만 여전히 다른 프로토타입(자체 추가 기능 포함)이 있는 자체 Error, Array 또는 HTMLElement(웹 구성 요소용) 인스턴스를 만들고 싶어할 수 있다. class와 new를 사용하지 않으려면 Reflect.construct를 사용하는 것이 좋다.

```
// 사용자 정의 오류를 빌드하는 함수 정의
function buildCustomError(…args) {
    return Reflect.construct(Error, args, buildCustomError);
}
buildCustomError.prototype = Object.assign(Object.create(Error.prototype), {
    constructor: buildCustomError,
    report() {
        console.log(`this.message = ${this.message}`);
```

```
    }
});

// 사용법:
const e = buildCustomError("error message here");
console.log("instanceof Error", e instanceof Error);
e.report();
console.log(e);
```

강조 표시된 라인은 Error를 호출하지만 new.target 매개변수에 대해 buildCustomError를 전달한다. 즉, buildCustomError.prototype이 Error.prototype이 아닌 새로 생성된 객체에 할당됨을 의미한다. 결과 인스턴스는 사용자 지정 report 메서드를 상속한다.

14.1.3 Reflect.ownKeys

Reflect.ownKeys 함수는 표면적으로 Object.keys와 유사하지만 열거할 수 없는 키와 문자열이 아닌 심볼로 이름이 지정된 키를 포함하여 객체의 **모든** 자체 속성 키의 배열을 반환한다. 이름의 유사성에도 불구하고 Object.keys보다는 Object.getOwnPropertyNames와 Object.getOwnPropertySymbols의 조합에 가깝다.

14.1.4 Reflect.get, Reflect.set

이러한 함수는 객체의 속성을 가져오고 설정하는 편리한 기능이 있다. 접근 중인 속성이 **접근자** 속성인 경우 접근자 호출 내에서 이것이 무엇인지 제어할 수 있다. 사실상 그것들은 Reflect.apply의 접근자 속성 버전이다.

this를 속성 접근자를 얻은 객체와 다른 객체로 설정하는 것은 이상한 일처럼 보일 수 있지만, 생각해 보면 이미 4장의 super에서 그렇게 했다. 구성 매개변수의 곱을 계산하는 다음 기본 클래스와 그 결과를 가져와 두 배로 늘리는 서브클래스를 보자.

```
class Product {
    constructor(x, y) {
        this.x = x;
        this.y = y;
    }
```

```
    get result() {
        return this.x * this.y;
    }
}
class DoubleProduct extends Product {
    get result() {
        return super.result * 2;
    }
}

const d = new DoubleProduct(10, 2);
console.log(d.result);          // 40
```

DoubleProduct의 결과 접근자는 Super.result를 사용하여 DoubleProduct가 아닌 Product의 결과 접근자를 실행해야 한다. DoubleProduct의 버전을 사용하는 경우 재귀적으로 호출되어 스택 오버플로가 발생하기 때문이다. 그러나 결과 접근자의 Product 버전을 호출할 때 x 및 y에 대한 올바른 값이 사용되도록 this가 인스턴스(d)로 설정되었는지 확인해야 한다. 접근자를 가져오는 객체(Product.prototype, d 프로토타입의 프로토타입)와 접근자(d)에 대한 호출 내에서 this이어야 하는 객체는 다른 객체다.

super 없이 그렇게 해야 하는 경우 Reflect.get을 사용한다. Reflect.get이 없으면 결과에 대한 속성 설명자를 가져와야 하고 get.call/apply 또는 Reflect.apply를 통해 get 메서드를 호출해야 하는데, 다음과 같이 어색하다.

```
get result() {
    const proto = Object.getPrototypeOf(Object.getPrototypeOf(this));
    const descriptor = Object.getOwnPropertyDescriptor(proto, "result");
    const superResult = descriptor.get.call(this);
    return superResult * 2;
}
```

Reflect.get을 사용하면 다음 코드처럼 훨씬 더 간단해진다.

```
get result() {
    const proto = Object.getPrototypeOf(Object.getPrototypeOf(this));
    return Reflect.get(proto, "result", this) * 2;
}
```

물론 super가 있기 때문에 이 특정한 경우에 그렇게 할 필요는 없다. Reflect.get을 사용하면 super가 없는 상황(예: 나중에 배우게 될 프록시 핸들러에서) 또는 super가 적용되지 않는 상황을 처리할 수 있다.

Reflect.get의 시그니처는 다음과 같다(속성 값을 반환한다).

```
value = Reflect.get(target, propertyName[, receiver]);
```

- target은 속성을 가져올 객체다.
- propertyName은 가져올 속성의 이름이다.
- receiver는 속성이 접근자 속성인 경우 접근자 호출 중에 이것으로 사용할 선택적 객체다.

Reflect.get은 target에서 propertyName에 대한 속성 설명자를 가져오고 설명자가 데이터 속성에 대한 경우 해당 속성의 값을 반환한다. 서술자가 접근자를 위한 것이라면 Reflect.get은 this로 receiver를 사용하여 접근자 함수를 호출한다(이전의 "어색한" 코드가 그랬던 것처럼).

Reflect.set은 Reflect.get과 동일한 방식으로 작동하며 속성을 가져오는 대신 설정하면 된다. 다음은 Reflect.set의 시그니처이다.

```
result = Reflect.set(target, propertyName, value[, receiver]);
```

target, propertyName, receiver는 모두 동일하다. value는 설정할 값이다. 이 함수는 값이 설정되어 있으면 true를 반환하고 그렇지 않으면 false를 반환한다.

이 장의 뒷부분에서 배우게 될 것처럼 둘 다 프록시에서 특히 편리하다.

14.1.5 기타 리플렉트 함수

나머지 리플렉트 함수는 표 14-1에 나열되어 있다.

❤ 표 14-1 기타 리플렉트 함수

defineProperty	Object.defineProperty와 비슷하지만 오류가 발생하는 대신 성공하면 true를, 실패하면 false를 반환한다.
deleteProperty	delete 연산자의 함수 버전이다. 단, 엄격 모드에서도 항상 성공의 경우 true를 반환하고 실패의 경우 false를 반환한다.

getOwnPropertyDescriptor	Object.getOwnPropertyDescriptor와 유사하지만, 객체가 아닌 것을 전달하는 경우 (강제 적용이 아닌) 예외가 발생한다는 점이 다르다.
getPrototypeOf	Object.getPrototypeOf와 유사하지만, 객체가 아닌 것을 전달하는 경우(강제 적용이 아닌) 예외가 발생한다는 점이 다르다.
has	in 연산자의 함수 버전(hasOwnProperty와 다름. has는 프로토타입도 검사함)이다.
isExtensible	Object.isExtensible과 유사하지만 false를 반환하는 대신 객체가 아닌 것 전달하면 예외가 발생한다.
preventExtensions	Object.preventExtensions와 유사하지만 1) 객체가 아닌 것을 전달하면 아무것도 하지 않고 해당 값을 반환하는 대신 오류가 발생한다. 2) 작업이 실패하면 (오류를 던지지 않고) false를 반환한다.
setPrototypeOf	Object.setPrototypeOf와 유사하지만, 1) 객체가 아닌 것을 전달하면 아무것도 하지 않고 해당 값을 반환하는 대신 오류가 발생한다. 2) 작업이 실패하면 (오류를 던지지 않고) false를 반환한다.

14.2 / 프록시

14

프록시 객체는 대상 객체로 가는 도중에 기본적인 객체 작업을 가로채는 데 사용할 수 있는 객체다. 프록시를 생성할 때 속성 값 임포트나 새 속성 정의와 같이 처리할 작업에 대해 하나 이상의 **트랩**에 대한 핸들러를 정의할 수 있다.

프록시에 대한 많은 사용 사례가 있다.

- 객체에서 발생하는 작업 기록

- 존재하지 않는 속성 읽기/쓰기를 오류로 만들기(undefined를 반환하거나 속성을 생성하는 대신)

- 두 코드 영역 사이에 경계 제공(예: API와 컨슈머)

- 변경 가능한 객체의 읽기 전용 뷰 만들기

- 객체에 정보를 숨기거나 객체가 실제보다 더 많은 정보를 갖고 있는 것처럼 보이게 하기

그리고 더 많다. 프록시를 사용하면 기본 작업에 연결하고 (대부분의 경우) 수정할 수 있으므로 프록시로 수행할 수 있는 작업에는 제한이 거의 없다.

간단한 예를 살펴보겠다. 코드 14-1을 참조하자.

코드 14-1 첫 번째 프록시 예 – initial-proxy-example.js

```
const obj = {
    testing: "abc"
};
const p = new Proxy(obj, {
    get(target, name, receiver) {
        console.log(`(getting property '${name}')`);
        return Reflect.get(target, name, receiver);
    }
});

console.log("Getting 'testing' directly...");
console.log(`Got ${obj.testing}`);
console.log("Getting 'testing' via proxy...");
console.log(`Got ${p.testing}`);
console.log("Getting non-existent property 'foo' via proxy...");
console.log(`Got ${p.foo}`);
```

코드 14-1의 코드는 get 트랩(속성 값 임포트)에 대한 핸들러를 정의하는 프록시를 생성한다. 실행 결과는 다음과 같다.

```
Getting 'testing' directly...
Got abc
Getting 'testing' via proxy...
(getting property 'testing')
Got abc
Getting non-existent property 'foo' via proxy...
(getting property 'foo')
Got undefined
```

여기에는 주의할 사항이 몇 가지 있다.

- 프록시를 생성하려면 Proxy 생성자에 대상 객체와 **트랩 핸들러**가 있는 객체를 전달한다. 이 예에서는 get 작업에 대해 하나의 트랩 핸들러를 정의한다.

- 대상 객체에서 직접 수행되는 작업은 프록시를 트리거하지 않고 프록시를 통해 수행되는 작업만 수행한다. "Getting 'testing' direct..."와 "Got abc" 사이에는 "(getting property 'testing')" 메시지가 없다.

- get 트랩은 하나의 단일 속성에만 국한되지 않는다. 예의 끝에 있는 foo와 같이 존재하지 않는 속성에 대해서도 프록시의 모든 속성 접근이 이를 통과한다.

프록시가 기본 작업을 수신하는 것 이상을 할 수 없다고 해도 매우 유용하지만 작업 결과를 변경하거나 작업을 완전히 억제할 수도 있다. 이전 예에서 핸들러는 변경되지 않은 핸들러에서 기본 객체의 값을 반환했지만 수정했을 수 있다. 그 예를 보려면 코드 14-2를 실행하자.

코드 14-2 약간 수정한 간단한 프록시 예 - simple-mod-proxy-example.js

```
const obj = {
    testing: "abc"
};
const p = new Proxy(obj, {
    get(target, name, receiver) {
        console.log(`(getting property '${name}')`);
        let value = Reflect.get(target, name, receiver);
        if (value && typeof value.toUpperCase === "function") {
            value = value.toUpperCase();
        }
        return value;
    }
});

console.log("Getting directly...");
console.log(`Got ${obj.testing}`);
console.log("Getting via proxy...");
console.log(`Got ${p.testing}`);
```

코드 14-2 예에서 핸들러는 반환하기 전에 값을 수정하여(toUpperCase 메서드가 있는 경우) 결과는 다음과 같다.

```
Getting directly...
Got abc
Getting via proxy...
(getting property 'testing')
Got ABC
```

모든 기본 객체 작업에는 프록시 트랩이 있다. 트랩에 대한 핸들러는 거의 모든 작업을 수행할 수 있다. 트랩 이름 목록과 트랩 이름이 트랩하는 기본 작업에 대해서는 표 14-2를 참조하자(이름은 사양의 기본 작업 이름임). 기본 사항을 정리하면 트랩을 더 자세히 살펴보겠다.

▼ 표 14-2 프록시 트랩

트랩 이름	작업 이름	발생 시점
apply	[[Call]]	프록시가 함수로 함수 호출될 때(프록싱 함수일 때만 사용 가능)
construct	[[Construct]]	프록시가 생성자로 사용될 때(생성자를 프록시할 때만 사용 가능)
defineProperty	[[DefineOwnProperty]]	속성이 프록시에서 정의 또는 재정의될 때(데이터 속성인 경우 해당 값이 설정되는 경우 포함)
deleteProperty	[[Delete]]	프록시에서 속성이 삭제될 때
get	[[Get]]	속성 값을 프록시에서 읽어질 때
getOwnPropertyDescriptor	[[GetOwnProperty]]	속성의 설명자가 프록시에서 읽어질 때(예상보다 훨씬 더 자주 발생함)
getPrototypeOf	[[GetPrototypeOf]]	프록시의 프로토타입을 읽어질 때
has	[[HasProperty]]	프록시를 통해 속성의 존재 여부를 확인될 때(예: in 연산자 또는 이와 유사한 사용)
isExtensible	[[IsExtensible]]	프록시가 확장 가능한지 확인하기 위해 검사될 때(즉, 아직 확장이 방지되지 않았음)
ownKeys	[[OwnPropertyKeys]]	프록시의 고유한 속성 이름을 읽어질 때
preventExtensions	[[PreventExtensions]]	프록시에서 확장이 방지될 때
set	[[Set]]	속성 값이 프록시에서 설정될 때
setPrototypeOf	[[SetPrototypeOf]]	프록시의 프로토타입이 설정될 때

ES2015는 원래 프록시에서 for-in 루프의 초기화(와 해당 Reflect.enumerate 함수에 의해)에 의해 트리거된 14번째 트랩인 enumerate를 정의했지만 자바스크립트에서 발생하는 성능과 관찰 가능성 문제로 인해 ES2016에서 제거되었다. 엔진 구현자가 말하길 구현에 대한 세부 사항을 살펴보니 효율적일 수 있고 관찰 가능한 부작용이 있거나(예: 프록시 또는 비프록시를 처리하는지 여부를 알 수 있음) 비효율적일 수 있다라고 했다(1장에서 배운 새로운 개선 프로세스가 좋은 생각인 이유의 한 예이다. 기능이 스펙에 도달하기 전에 이러한 종류의 문제를 해결하기 위해 여러 구현이 있을 때까지 무언가가 사양에 포함되지 않는다).

트랩에 대한 핸들러를 지정하지 않으면 프록시가 작업을 대상 객체에 직접 전달한다. 이것이 코드 14-2의 코드가 get 트랩 핸들러를 정의하는 데만 필요한 이유다.

이 장의 뒷부분에서 각 트랩에 대한 세부 정보를 살펴보겠지만 모든 트랩을 보여주는 프록시 사용 사례의 예(객체에 대한 모든 기본 작업을 기록하는 프록시)부터 시작하겠다.

14.2.1 예: 로깅 프록시

이 절에서는 객체에서 발생하는 모든 기본 작업을 기록하는 로깅 프록시를 볼 수 있다. 이 예는 호출된 트랩을 말하고 호출된 매개변수 값을 보여 준다. 이 예의 모든 코드는 다운로드한 logging-proxy.js에 있으며 결과를 보려면 로컬에서 실행해야 하지만 부분적으로 살펴보겠다.

출력을 더 명확하게 하기 위해 객체의 이름을 추적한 후 객체가 매개변수 값이라는 로그 메시지를 출력할 때 객체의 내용을 표시하지 않고 이름을 사용한다(이 예가 그렇게 하는 또 다른 이유가 있다. 우리가 기록해야 하는 객체가 프록시 객체일 때 그 내용을 로깅하면 프록시 트랩이 트리거되고 이러한 트랩 중 일부의 경우 스택 오버플로로 이어지는 재귀가 발생한다).

코드는 로깅을 수행하는 log 함수로 시작한다.

```
const names = new WeakMap();
function log(label, params) {
    console.log(label + ": " + Object.getOwnPropertyNames(params).map(key => {
        const value = params[key];
        const name = names.get(value);
        const display = name ? name : JSON.stringify(value);
        return `${key} = ${display}`;
    }).join(", "));
}
```

names 맵은 코드가 객체의 이름을 추적하는 데 사용하는 것이다. 예를 들어 다음 코드는

```
const example = {"answer": 42};
names.set(example, "example");
log("Testing 1 2 3", {value: example});
```

객체의 내용이 아닌 "example"이라는 이름을 출력한다.

```
Testing 1 2 3: value = example
```

애플리케이션 애플리케이션 프록시

log 함수 이후에 코드는 모든 트랩에 대한 핸들러 함수로 handlers 객체를 정의하여 계속된다.

```javascript
const handlers = {
    apply(target, thisValue, args) {
        log("apply", {target, thisValue, args});
        return Reflect.apply(target, thisValue, args);
    },
    construct(target, args, newTarget) {
        log("construct", {target, args, newTarget});
        return Reflect.construct(target, args, newTarget);
    },
    defineProperty(target, propName, descriptor) {
        log("defineProperty", {target, propName, descriptor});
        return Reflect.defineProperty(target, propName, descriptor);
    },
    deleteProperty(target, propName) {
        log("deleteProperty", {target, propName});
        return Reflect.deleteProperty(target, propName);
    },
    get(target, propName, receiver) {
        log("get", {target, propName, receiver});
        return Reflect.get(target, propName, receiver);
    },
    getOwnPropertyDescriptor(target, propName) {
        log("getOwnPropertyDescriptor", {target, propName});
        return Reflect.getOwnPropertyDescriptor(target, propName);
    },
    getPrototypeOf(target) {
        log("getPrototypeOf", {target});
        return Reflect.getPrototypeOf(target);
    },
    has(target, propName) {
        log("has", {target, propName});
        return Reflect.has(target, propName);
    },
    isExtensible(target) {
        log("isExtensible", {target});
        return Reflect.isExtensible(target);
    },
    ownKeys(target) {
        log("ownKeys", {target});
        return Reflect.ownKeys(target);
    },
```

```
    preventExtensions(target) {
        log("preventExtensions", {target});
        return Reflect.preventExtensions(target);
    },
    set(target, propName, value, receiver) {
        log("set", {target, propName, value, receiver});
        return Reflect.set(target, propName, value, receiver);
    },
    setPrototypeOf(target, newProto) {
        log("setPrototypeOf", {target, newProto});
        return Reflect.setPrototypeOf(target, newProto);
    }
};
```

명확성을 위해 그리고 로그가 트랩 핸들러가 수신하는 매개변수 값의 이름을 표시할 수 있도록 예
에서 이렇게 장황한 방식으로 정의했다(그렇게 하고 싶지 않다면, Reflect에는 이름이 프록시 트
랩과 동일하고 트랩이 제공하는 인수를 정확히 예상하는 메서드가 있으니 간단한 루프로 연결할
수 있다).

다음으로 간단한 카운터 클래스를 정의한다.

```
class Counter {
    constructor(name) {
        this.value = 0;
        this.name = name;
    }
    increment() {
        return ++this.value;
    }
}
```

그런 다음 클래스의 인스턴스를 만들고 프록시를 둘러싸고 이 두 객체를 names 맵에 저장한다.

```
const c = new Counter("counter");
const cProxy = new Proxy(c, handlers);
names.set(c, "c");
names.set(cProxy, "cProxy");
```

이제 코드가 프록시에서 작업을 시작하여 트랩을 트리거한다. 먼저 프록시를 통해 카운터의 초기
value를 가져온다.

```
console.log("---- Getting cProxy.value (before increment):");
console.log(`cProxy.value (before) = ${cProxy.value}`);
```

get 프록시 트랩을 이미 보았으므로 출력에 놀라지 않을 것이다.

```
---- Getting cProxy.value (before increment):
get: target = c, propName = "value", receiver = cProxy
cProxy.value (before) = 0
```

두 번째 줄은 get 트랩이 target 객체 c로 설정되고 propName이 "value"로 설정되고 **수신자 객체**인 receiver가 프록시 자체인 cProxy로 설정되었음을 보여 준다(이후 절에서 receiver 객체의 중요성에 대해 배우게 될 것이다). 세 번째 줄은 반환된 값이 0임을 보여준다. 이는 카운터가 0에서 시작하기 때문에 의미가 있다.

다음으로 프록시에서 increment 함수를 호출한다.

```
console.log("---- Calling cProxy.increment():");
cProxy.increment();
```

이에 대한 출력은 조금 더 놀랍게 보일 수 있다.

```
---- Calling cProxy.increment():
get: target = c, propName = "increment", receiver = cProxy
get: target = c, propName = "value", receiver = cProxy
set: target = c, propName = "value", value = 1, receiver = cProxy
getOwnPropertyDescriptor: target = c, propName = "value"
defineProperty: target = c, propName = "value", descriptor = {"value":1}
```

4가지 다른 유형의 트랩이 발동되었으며, 그중 하나는 두 번 발생했다!

첫 번째 부분은 충분히 간단하다. cProxy.increment()는 [[Get]]을 수행하여 프록시에서 increment 속성을 조회하므로 get 트랩이 실행되는 것을 볼 수 있다. 그런 다음 increment의 구현을 기억하자.

```
increment() {
return ++this.value;
}
```

표현식 cProxy.increment()에서 increment 호출 내의 this는 cProxy로 설정되므로 ++this.value의 this는 프록시다. 먼저 엔진은 value에 대해 [[Get]]을 수행한 다음(0을 가져옴) value로 [[Set]] 한다(1로 설정한다).

아마도 "지금까지는 너무 좋았는데 getOwnPropertyDescriptor는 거기에서 무엇을 하고 있지? 그리고 왜 defineProperty?!"라고 할 것이다.

일반 객체에 대한 기본 [[Set]] 작업의 구현[1]은 프록시를 허용하도록 특별히 설계되었다. 먼저 속성이 데이터 속성인지 접근자인지 확인한다(이 확인은 프록시를 거치지 않고 직접 수행됨). 설정 중인 속성이 접근자이면 setter 함수가 호출된다. 그러나 데이터 속성인 경우 [[GetOwnProperty]]를 통해 프록시를 통해 속성의 설명자를 가져오고 value를 설정한 다음 수정된 설명자와 함께 [[DefineOwnProperty]]를 사용하여 업데이트하여 속성 값이 설정된다(속성이 아직 존재하지 않는 경우 [[Set]]은 속성에 대한 데이터 속성 설명자를 정의하고 [[DefineOwnProperty]]를 사용하여 생성한다).

[[DefineOwnProperty]]를 사용하여 값을 설정하는 것이 이상하게 보일 수 있다. 하지만 그렇게 하면 속성(쓰기 가능성, 구성 가능성, 확장성, 실제로 해당 값)을 수정하는 **모든** 작업이 중앙 작업인 [[DefineOwnProperty]]를 거치게 된다(예를 계속 진행하면서 다른 것들을 볼 수 있다).

코드는 다음과 같이 계속된다.

```
console.log("---- Getting cProxy.value (after increment):");
console.log(`cProxy.value (after) = ${cProxy.value}`);
```

이는 업데이트된 값을 보여 준다.

```
---- Getting cProxy.value (after increment):
get: target = c, propName = "value", receiver = cProxy
cProxy.value (after) = 1
```

지금까지 예제는 13개의 트랩 중 4개(get, set, getOwnPropertyDescriptor, defineProperty)를 트리거했다.

다음으로 Object.keys를 사용하여 cProxy의 고유한 열거 가능한 문자열 이름 속성 키를 가져온다.

```
console.log("---- Getting cProxy's own enumerable string-named keys:");
console.log(Object.keys(cProxy));
```

그러면 ownKeys 트랩이 트리거되고 Object.keys는 키를 배열에 포함하기 전에 키를 열거할 수 있는지 확인해야 하므로 반환하는 두 키 모두에 대한 속성 설명자를 가져온다.

---

1 https://tc39.es/ecma262/#sec-ordinaryset

```
---- Getting cProxy's own enumerable string-named keys:
ownKeys: target = c
getOwnPropertyDescriptor: target = c, propName = "value"
getOwnPropertyDescriptor: target = c, propName = "name"
["value", "name"]
```

다음으로 value 속성을 삭제한다.

```
console.log("---- Deleting cProxy.value:");
delete cProxy.value;
```

속성을 삭제하는 작업은 간단하므로 deleteProperty 트랩만 트리거된다.

```
---- Deleting cProxy.value:
deleteProperty: target = c, propName = "value"
```

그런 다음 in 연산자를 사용하여 value 속성이 여전히 존재하는지 확인한다.

```
console.log("---- Checking whether cProxy has a 'value' property:");
console.log(`"value" in cProxy? ${"value" in cProxy}`);
```

이것은 has 트랩을 유발한다. 프록시가 잠시 전에 삭제를 방지하지 않았기 때문에 객체에는 더 이상 value 속성이 없다.

```
---- Checking whether cProxy has a 'value' property:
has: target = c, propName = "value"
"value" in cProxy? false
```

다음으로 객체의 프로토타입을 가져온다.

```
console.log("---- Getting the prototype of cProxy:");
const sameProto = Object.getPrototypeOf(cProxy) === Counter.prototype;
console.log(`Object.getPrototypeOf(cProxy) === Counter.prototype? ${sameProto}`);
```

그러면 getPrototypeOf 트랩이 트리거된다.

```
---- Getting the prototype of cProxy:
getPrototypeOf: target = c
Object.getPrototypeOf(cProxy) === Counter.prototype? true
```

프록시는 작업을 통해 대상으로 전달되므로(트랩 핸들러가 개입하지 않는 한) 반환되는 것은 프록시가 아니라 c의 프로토타입이다(사실 프록시는 이런 식으로 동작하기 때문에 프로토타입이 할당되지 않으며 Proxy 생성자에는 prototype 속성이 없다).

다음 트랩을 트리거하기 위해 코드는 객체의 프로토타입을 설정한다.

```
console.log("---- Setting the prototype of cProxy to Object.prototype:");
Object.setPrototypeOf(cProxy, Object.prototype);
```

그리고 실제로 setPrototypeOf 트랩 핸들러가 트리거된다.

```
---- Setting the prototype of cProxy to Object.prototype:
setPrototypeOf: target = c, newProto = {}
```

그런 다음 cProxy의 프로토타입이 여전히 Counter.prototype인지 확인한다.

```
console.log("---- Getting the prototype of cProxy again:");
const sameProto2 = Object.getPrototypeOf(cProxy) === Counter.prototype;
console.log(`Object.getPrototypeOf(cProxy) === Counter.prototype? ${sameProto2}`);
```

코드가 방금 전에 Object.prototype으로 변경했기 때문에 그렇지 않다.

```
---- Getting the prototype of cProxy again:
getPrototypeOf: target = c
Object.getPrototypeOf(cProxy) === Counter.prototype? false
```

다음으로 확장 가능한지를 확인한다.

```
console.log("---- Is cProxy extensible?:");
console.log(`Object.isExtensible(cProxy) (before)? ${Object.isExtensible(cProxy)}`);
```

확장 가능 검사는 정말 간단한 작업이다. isExtensible 트랩 핸들러에 대한 단일 호출만 관련된다.

```
---- Is cProxy extensible?:
isExtensible: target = c
Object.isExtensible(cProxy) (before)? true
```

다음으로 확장을 방지한다.

```
console.log("---- Preventing extensions on cProxy:");
Object.preventExtensions(cProxy);
```

preventExtensions 트랩 실행한다.

```
---- Preventing extensions on cProxy:
preventExtensions: target = c
```

그런 다음 객체가 여전히 확장 가능한지 확인한다.

```
console.log("---- Is cProxy still extensible?:");
console.log(`Object.isExtensible(cProxy) (after)? ${Object.isExtensible(cProxy)}`);
```

트랩이 작업을 방해하지 않기 때문에 더 이상 그렇지 않다.

```
---- Is cProxy still extensible?:
isExtensible: target = c
Object.isExtensible(cProxy) (after)? false
```

지금까지 13개의 트랩 중 11개를 보았다. 나머지 두 개는 함수 객체의 프록시에만 의미가 있는 트랩이므로 예시 코드는 함수를 만들고 함수 주위에 프록시를 래핑한다(그리고 내용이 아닌 이름을 기록하도록 알 수 있도록 names에 함수를 등록한다).

```
const func = function() { console.log("func ran"); };
const funcProxy = new Proxy(func, handlers);
names.set(func, "func");
names.set(funcProxy, "funcProxy");
```

그런 다음 함수를 호출한다.

```
console.log("---- Calling funcProxy as a function:");
funcProxy();
```

이는 apply 트랩 핸들러를 트리거한다.

```
---- Calling funcProxy as a function:
apply: target = func, thisValue = undefined, args = []
func ran
```

그런 다음 함수를 생성자로 호출하여 마지막 트랩인 constructor를 보여 준다.

```
console.log("---- Calling funcProxy as a constructor:");
new funcProxy();
```

이는 다음 결과를 만든다.

```
---- Calling funcProxy as a constructor:
construct: target = func, args = [], newTarget = funcProxy
get: target = func, propName = "prototype", receiver = funcProxy
func ran
```

기존 함수를 모두 생성자로 사용할 수 있기 때문에 작동한다. 그러나 화살표 함수나 메서드와 같은 비생성자를 호출하려고 하면 프록시에 [[Construct]] 내부 함수가 전혀 없기 때문에 트랩이 트리거되지 않는다. 대신 시도가 실패한다. 이 예제는 화살표 함수와 이에 대한 프록시를 생성하여 다음을 보여 준다.

```
const arrowFunc = () => { console.log("arrowFunc ran"); };
const arrowFuncProxy = new Proxy(arrowFunc, handlers);
names.set(arrowFunc, "arrowFunc");
names.set(arrowFuncProxy, "arrowFuncProxy");
```

그런 다음 함수와 생성자로 호출하려고 한다.

```
console.log("---- Calling arrowFuncProxy as a function:");
arrowFuncProxy();
console.log("---- Calling arrowFuncProxy as a constructor:");
try {
    new arrowFuncProxy();
} catch (error) {
    console.error(`${error.name}: ${error.message}`);
}
```

이는 다음 결과를 만든다.

```
---- Calling arrowFuncProxy as a function:
apply: target = arrowFunc, thisValue = undefined, args = []
arrowFunc ran
---- Calling arrowFuncProxy as a constructor:
TypeError: arrowFuncProxy is not a constructor
```

마지막으로, 강조를 위해 함수는 객체이므로 다른 모든 함정도 객체에 적용된다는 점을 기억하자. 이 예는 화살표 함수의 name 속성을 가져오는 것으로 끝난다.

```
console.log("---- Getting name of arrowFuncProxy:");
console.log(`arrowFuncProxy.name = ${arrowFuncProxy.name}`);
```

이는 get 트랩을 트리거한다.

```
---- Getting name of arrowFuncProxy:
get: target = arrowFunc, propName = "name", receiver = arrowFuncProxy
arrowFuncProxy.name = arrowFunc
```

14.2.2 프록시 트랩

로깅 예시에서 작동 중인 모든 트랩을 보았다. 이 절에서는 제한 사항을 포함하여 각 트랩에 대해 자세히 설명한다.

14.2.2.1 일반적인 특징

일반적으로 프록시 트랩에 대한 핸들러는 **일부** 제한이 있기는 하지만 원하는 거의 모든 작업을 수행할 수 있다. 일반적으로 트랩 핸들러는 다음을 수행할 수 있다.

- 대상 객체/함수를 건드리지 않고 작업 자체를 처리하기
- 작업 조정하기(가끔 한도 내에서만)
- 작업 거부, 오류 플래그 반환 또는 오류 발생
- 트랩 핸들러는 임의의 코드이므로 원하는 부작용(예: 로깅 예시의 로깅 문) 수행하기

트랩 핸들러에 제한이 있는 경우 프록시와 같은 이국적인 객체를 포함하여 모든 객체에 대해 예상되는 **필수 불변 동작**[2]을 적용하기 위해 존재한다. 특정 트랩의 한계는 다음 절에서 설명한다.

14.2.2.2 apply 트랩

apply 트랩은 호출 가능한 객체(예: 함수)에 대한 [[Call]] 내부 작업을 위한 것이다. 프록시는 프록시하는 대상 객체에 하나가 있는 경우에만 [[Call]] 작업을 가진다(그렇지 않으면 프록시를 호출하려고 하면 호출할 수 없기 때문에 유형 오류가 발생한다). 따라서 apply 트랩은 대상이 다음과 같이 호출 가능한 프록시에만 적용된다.

apply 트랩 핸들러는 세 개의 인수를 받는다.

---

2   https://tc39.github.io/ecma262/#sec-invariants-of-the-essential-internal-methods

- target: 프록시의 타깃

- thisValue: 호출 시 this로 사용되는 값

- args: 호출에 대한 인수의 배열

반환값은 호출 작업의 반환값으로 사용된다(실제로 대상 함수를 호출했는지 여부에 따라).

트랩 핸들러는 기본 호출을 수행하거나 수행하지 않을 수 있으며 원하는 값을 반환하거나 오류를 발생시킬 수 있다. 일부 다른 트랩 핸들러와 달리 apply 핸들러가 수행할 수 있는 작업에는 제한이 없다.

14.2.2.3 construct 트랩

construct 트랩은 생성자의 [[Construct]] 내부 연산을 위한 것이다. 프록시는 프록시가 대상 객체에 하나가 있는 경우에만 [[Construct]] 작업을 가진다(그렇지 않으면 프록시를 생성자로 호출하려고 하면 생성자가 아니기 때문에 타입 오류가 발생함). 따라서 construct 트랩은 프록시에만 적용된다. 대상이 생성자(class 생성자 또는 전통적인 생성자로 사용할 수 있는 기존 함수)다.

construct 트랩은 세 개의 인수를 받는다.

- target: 프록시의 타깃

- args: 호출에 대한 인수의 배열

- newTarget: new.target의 값(4장에서 배웠음)

반환값은 construct 작업의 결과로 사용된다(실제로 수행했는지 여부에 따라).

이것은 원하는 **거의 모든** 것을 할 수 있다. construct 트랩 핸들러에 대한 한 가지 제한 사항은 오류를 던지지 않고 무언가를 반환하는 경우 해당 무언가가 객체여야 한다는 것이다(null이나 프리미티브가 아니다). null이나 프리미티브 타입을 반환하면 프록시에서 오류가 발생한다.

14.2.2.4 defineProperty 트랩

defineProperty 트랩은 [[DefineOwnProperty]] 내부 객체 작업을 위한 것이다. 로깅 예시에서 보았듯이 [[DefineOwnProperty]]는 객체에서 Object.defineProperty(또는 Reflect.defineProperty)를 호출할 때만 사용되는 것이 아니라 데이터 속성의 값이 설정되거나 속성이 할당을 통해 생성된다.

리플렉션-리플렉트와 프록시

defineProperty 트랩은 세 개의 인수를 받는다.

- target: 프록시의 타깃
- propName: 정의/재정의할 속성의 이름
- descriptor: 적용할 서술자

성공 시 true(속성 정의가 성공했거나 이미 기존 속성과 일치)를 반환하고 오류가 발생하면 false를 반환할 것으로 예상된다(참으로 평가되는 값이나 거짓으로 평가되는 값은 필요에 따라 강제 적용된다).

트랩 핸들러는 변경 사항을 거부하거나(거짓 반환 또는 오류 발생), 적용하기 전에 속성 설명자를 조정하거나, 기타 모든 트랩이 수행할 수 있는 작업을 거부할 수 있다.

트랩 핸들러가 true(성공)를 반환하는 경우 몇 가지 제한 사항이 있다. 기본적으로 작업이 완료되지 않은 것을 관찰할 수 있을 때 작업이 성공했다고 거짓말을 할 수 없다. 특히, 성공을 보고하고 핸들러가 반환할 때 속성이 다음과 같으면 오류가 발생한다.

- 존재하지 않으며 대상을 확장할 수 없다.
- 존재하지 않으며 설명자가 속성을 구성할 수 없는 것으로 표시했다.
- 존재하고 구성 가능하지만 설명자가 속성을 구성 불가능으로 표시했다.
- 존재하고 여기에 설명자를 적용하면 오류가 발생한다(예: 속성이 존재하고 구성할 수 없지만 설명자가 구성을 변경하는 경우).

이러한 규칙은 앞에서 언급한 객체에 대한 **필수 불변 동작** 제약 때문에 존재하는데, 여전히 많은 유연성을 남긴다. 예를 들어, 트랩은 속성 값이 쓰기 가능한 데이터 속성임에도 불구하고 속성 값이 (현재) 설정된 값이 아닐 때 속성 값을 설정하는 호출이 작동했다고 말할 수 있다.

속성이 설명자가 설명한 대로 정확히 존재하더라도(일반적으로 true를 반환함을 의미함) 트랩 핸들러는 false(실패)를 반환할 때 제한이 없다.

앞서 배운 것처럼 데이터 속성(접근자 속성과 반대)의 값을 설정할 때 defineProperty 트랩이 트리거되지만 설정 트랩이 중복되지는 않는다. set 트랩은 접근자 속성 값을 설정할 때도 트리거되지만 defineProperty는 그렇지 않다.

코드 14-3은 대상의 기존 속성을 쓰기 불가능으로 만드는 것을 금지하는 간단한 defineProperty 트랩을 보여 준다.

```
const obj = {};
const p = new Proxy(obj, {
    defineProperty(target, propName, descriptor) {
        if ("writable" in descriptor && !descriptor.writable) {
            const currentDescriptor =
                Reflect.getOwnPropertyDescriptor(target, propName);
            if (currentDescriptor && currentDescriptor.writable) {
                return false;
            }
        }
        return Reflect.defineProperty(target, propName, descriptor);
    }
});
p.a = 1;
console.log(`p.a = ${p.a}`);
console.log("Trying to make p.a non-writable...");
console.log(
    `Result of defineProperty: ${Reflect.defineProperty(p, "a", {writable: false})}`
);
console.log("Setting pa.a to 2...");
p.a = 2;
console.log(`p.a = ${p.a}`);
```

코드 14-3에서 프록시를 사용할 때 코드는 Reflect.defineProperty를 사용하여 Object.defineProperty가 아닌 쓰기 불가능 속성을 표시하려고 한다. 왜 그런 식으로 쓰였는지 생각할 수 있나? 이는 사물을 변경하는 함수의 Object 버전과 Reflect 버전 간의 주요 차이점 중 하나와 관련이 있다.

잘못된 결과와 defineProperty 호출 후에도 속성이 여전히 쓰기 가능하다는 사실을 보여 주고 싶었기 때문이다. Object.defineProperty를 사용했다면 false를 반환하지 않고 오류가 발생했을 것이므로 try/catch 블록을 작성해야 했다. 이런 종류의 상황에서 사용하는 것은 반환값을 원하는지 아니면 오류를 원하는지에 따라 다르다. 두 호출 모두 각각 용도가 있다.

마지막 참고 사항으로 트랩이 defineProperty(Object 또는 Reflect 버전)에 대한 호출에 의해 트리거된 경우 트랩은 해당 함수에 전달된 설명자 객체에 대한 직접 참조를 받지 않는다. 대신, 유효한 속성 이름만 있는 트랩을 위해 특별히 생성된 객체를 받는다. 따라서 함수에 전달된 속성에 설명자가 아닌 추가 속성이 포함된 경우에도 트랩은 해당 속성을 받지 않는다.

14

리플렉션-리플렉트 API와 프록시

14.2.2.5 deleteProperty 트랩

deleteProperty 트랩은 객체에서 속성을 제거하는 [[Delete]] 내부 객체 작업을 위한 것이다.

deleteProperty 트랩 핸들러는 두 개의 인수를 받는다.

- target: 프록시의 타깃
- propName: 삭제할 속성의 이름

삭제 연산자가 느슨한 모드에서 하는 것처럼(엄격 모드에서 실패한 삭제는 오류를 던짐) 성공 시 true를 반환하고 오류 시 false를 반환할 것으로 예상된다. 참으로 평가되는 값과 거짓으로 평가되는 값은 필요에 따라 강제된다.

핸들러는 속성 삭제(false 반환 또는 오류 발생) 또는 모든 트랩이 수행할 수 있는 기타 작업을 거부할 수 있다.

속성이 타깃에 있고 구성할 수 없는 경우 필수 불변 중 하나를 위반하므로 true를 반환할 수 없다. 그렇게 하면 오류가 발생한다.

코드 14-4는 value 속성 삭제를 거부하는 deleteProperty 트랩을 보여준다.

코드 14-4 deleteProperty 트랩 예시 - deleteProperty-trap-example.js

```
const obj = {value: 42};
const p = new Proxy(obj, {
    deleteProperty(target, propName, descriptor) {
        if (propName === "value") {
            return false;
        }
        return Reflect.deleteProperty(target, propName, descriptor);
    }
});
console.log(`p.value = ${p.value}`);
console.log("deleting 'value' from p in loose mode:");
console.log(delete p.value); // false
(() => {
    "use strict";
    console.log("deleting 'value' from p in strict mode:");
    try {
        delete p.value;
    } catch (error) {
        // TypeError: 'deleteProperty' on proxy: trap returned
        // falsish for property 'value'
```

```
        console.error(error);
    }
})();
```

14.2.2.6 get 트랩

기억하겠지만, get 트랩은 속성 값을 가져오는 [[Get]] 내부 객체 작업을 위한 것이다.

get 트랩 핸들러는 세 개의 인수를 받는다.

- target: 프록시의 타깃
- propName: 속성 이름
- receiver: [[Get]] 호출을 받은 객체

반환값은 [[Get]] 작업의 결과로 사용된다(속성에 접근하는 코드에서 해당 값으로 보는 값).

receiver 속성은 속성이 데이터 속성이 아닌 접근자 속성일 때 중요하다. 트랩 핸들러가 없는 경우 접근자를 호출하는 동안 이 값이 된다. 종종 receiver는 프록시이지만 receiver는 프록시를 프로토타입으로 사용하는 객체가 될 수 있다. 프록시는 결국 객체이며 프록시를 프로토타입으로 사용하는 것을 방해하는 것은 없다. 사용 사례에 따라 Reflect.get에 대한 호출을 전달하는 경우 receiver를 전달하지 않도록 선택할 수 있으므로 접근자 내의 this가 타깃이거나 다른 타깃으로 대체할 수 있다.

get 트랩은 값 수정 등 원하는 **거의 모든** 작업을 수행할 수 있다. 단, 다른 트랩과 마찬가지로 특정 필수 불변량을 위반할 수는 없다. 즉, 다음과 같은 경우 오류가 발생한다.

- 해당 속성이 구성할 수 없는 읽기 전용 데이터 속성인 경우 기본 대상 속성의 값과 동일하지 않은 값을 반환한다.
- 대상의 속성이 구성할 수 없는 쓰기 전용 접근자(getter가 없고 setter만 있음)인 경우 undefined 이외의 값을 반환한다.

get의 여러 예를 이미 보았다. 여기서 다른 작업은 수행할 필요가 없다. 나중에 "예: 속성 숨기기" 절에서 get을 다시 살펴보겠다.

14.2.2.7 getOwnPropertyDescriptor 트랩

getOwnPropertyDescriptor 트랩은 객체에서 속성에 대한 설명자 객체를 가져오는 [[GetOwn Property]] 내부 객체 작업을 위한 것이다. 앞서 로깅 예에서 배웠듯이 [[GetOwnProperty]]는 코드가 Object.getOwnPropertyDescriptor 또는 Reflect.getOwnPropertyDescriptor를 사용할 때뿐만 아니라 다른 내부 객체 작업을 처리하는 동안 여러 위치에서 호출된다.

getOwnPropertyDescriptor 트랩 핸들러는 두 개의 인수를 받는다.

- target: 프록시의 타깃
- propName: 속성의 이름

속성 설명자 객체를 반환하거나 속성이 존재하지 않는 경우 undefined를 반환해야 한다. 다른 값 (null 포함)을 반환하면 오류가 발생한다. 일반적으로 Reflect.getOwnPropertyDescriptor에서 설명자 객체를 가져오지만 설명자 객체를 손으로 만들거나 해당 호출에서 얻은 것을 수정할 수도 있다(한도 내에서). 다음은 속성에 따라 다양한 조합으로 사용되는 속성 설명자 객체의 속성 목록이다.

- writable: 속성이 쓰기 가능하면 true, 그렇지 않으면 false(접근자 속성이 아닌 데이터 속성만). 없을 경우 기본값은 false
- enumerable: 속성이 열거 가능한 경우 true, 그렇지 않은 경우 false 없을 경우 기본값은 false
- configurable: 속성을 구성할 수 있으면 true이고, 그렇지 않으면 false. 없을 경우 기본값은 false
- value: 데이터 속성인 경우 속성의 값. 그렇지 않으면 존재하지 않음
- get: 접근자 속성에 대한 getter 함수(값 또는 쓰기 가능과 결합할 수 없음)
- set: 접근자 속성에 대한 setter 함수(값 또는 쓰기 가능과 결합할 수 없음)

트랩에 의해 반환된 설명자 객체는 설명자를 요청하는 코드에 직접 반환되지 않는다. 대신 제공된 것에서 유효한 속성만 취하여 새 설명자 객체가 만들어진다. 다른 모든 속성은 자동으로 무시된다.

이 트랩은 필수 불변성을 유지하기 위해 할 수 있는 일에 몇 가지 제한이 있다. 다음과 같은 경우 오류가 발생한다.

- 핸들러가 undefined를 반환하고 타깃 객체에 속성이 있고 타깃을 확장할 수 없다.

- 핸들러가 undefined를 반환하고 타깃 객체에 속성이 있고 속성을 구성할 수 없다.

- 핸들러가 구성할 수 없는 속성에 대한 설명자를 반환하지만 속성이 존재하지 않거나 구성할 수 있다.

- 핸들러가 속성에 대한 설명자를 반환하지만 속성이 존재하지 않고 타깃이 확장할 수 없다.

getOwnPropertyDescriptor 트랩의 주요 사용 사례는 아마도 프록시를 사용하는 코드에서 타깃이 가진 속성을 숨기는 것이다. 그러나 그렇게 하는 것은 사소하지 않으며 여러 트랩에 대한 핸들러가 필요하다. 이 장의 뒷부분에 나오는 "예: 속성 숨기기" 절을 참조하자.

14.2.2.8 getPrototypeOf 트랩

getPrototypeOf 트랩은 [[GetPrototypeOf]] 내부 객체 작업을 위한 것이다. getPrototypeOf 트랩은 Object 또는 Reflect 객체의 getPrototypeOf 함수가 사용되거나(직접적으로 또는 웹 브라우저에서 Object.prototype.__proto__ getter를 통해 간접적으로) 내부 작업이 프록시의 프로토타입을 가져와야 할 때 트리거된다. [[Get]] 호출이 대상으로 전달되기 때문에 프록시에 속성이 없기 때문에 프로토타입 체인을 따르더라도 프록시에서 [[Get]]이 사용될 때 호출되지 않는다. 따라서 해당 지점에서 프로토타입 체인을 따를 때 사용되는 [[GetPrototypeOf]] 작업은 프록시가 아닌 타깃에서 호출된다.

getPrototypeOf 트랩은 하나의 인수만 받는다.

- target: 프록시의 타깃

객체 또는 null을 반환할 것으로 예상된다. 타깃이 확장할 수 없는 경우가 아니면 원하는 모든 객체를 반환할 수 있다. 타깃을 확장할 수 없는 경우 타깃의 프로토타입을 반환해야 한다.

코드 14-5는 프로토타입이 속성 확인에 사용되더라도 타깃의 프로토타입을 숨기는 프록시를 보여준다.

코드 14-5 getPrototypeOf 트랩 예 – getPrototypeOf-trap-example.js

```
const proto = {
    testing: "one two three"
};
const obj = Object.create(proto);
const p = new Proxy(obj, {
    getPrototypeOf(target) {
```

```
        return null;
    }
});
console.log(p.testing);              // one two three
console.log(Object.getPrototypeOf(p)); // null
```

14.2.2.9 has 트랩

has 트랩은 [[HasProperty]] 내부 객체 작업을 위한 것으로, 객체에 주어진 속성이 있는지(자체 또는 프로토타입을 통해) 결정된다.

has 트랩은 두 개의 인수를 받는다.

- target: 프록시의 타깃
- propName: 속성의 이름

속성이 있으면(직접 또는 프로토타입을 통해) true를 반환하고, 없으면 false를 반환할 것으로 예상된다(참으로 평가되는 값과 거짓으로 평가되는 값은 강제 변환된다).

이전 트랩의 한계를 기반으로 has 트랩의 한계가 무엇인지 추측할 수 있다.

- 존재하고 구성할 수 없는 속성에 대해 false를 반환하면 오류가 발생한다.
- 확장할 수 없는 타깃 객체에 있는 속성에 대해 false를 반환하면 오류가 발생한다.

핸들러는 확장할 수 없는 타깃 객체에서도 존재하지 **않는** 속성에 대해 true를 반환할 수 있다.

has 트랩으로 분명히 할 수 있는 것은 객체가 가지고 있는 속성을 숨기거나 객체에 없는 속성이 있다고 주장하는 것이다. 예시는 이 장의 뒷부분에 나오는 "예: 속성 숨기기" 절을 참조하자.

14.2.2.10 isExtensible 트랩

isExtensible 트랩은 [[IsExtensible]] 내부 객체 작업을 위한 것으로, 객체가 확장 가능한지 확인한다(즉, [[PreventExtensions]] 작업이 수행되지 않은 경우).

isExtensible 트랩 핸들러는 단 하나의 인수를 받는다.

- target : 프록시의 타깃

객체가 확장 가능하면 true를 반환하고 그렇지 않으면 false를 반환할 것으로 예상된다(참으로 평가되는 값과 거짓으로 평가되는 값은 강제 변환된다). isExtensible 트랩은 가장 제한된 트랩이다. 타깃 객체 자체가 반환했을 것과 동일한 값을 반환해야 한다. 결과적으로 이 트랩은 이전 예에서 본 것처럼 로깅과 같은 부작용에만 유용하다.

14.2.2.11 ownKeys 트랩

ownKeys 트랩은 [[OwnPropertyKeys]] 내부 객체 작업을 위한 것으로, 열거할 수 없는 키와 문자열이 아닌 심볼로 이름이 지정된 키를 포함하여 객체 자체 속성 키의 배열을 생성한다.

ownKeys 트랩 핸들러는 단 하나의 인수를 받는다.

- target: 프록시의 타깃

배열 또는 배열과 유사한 객체를 반환할 것으로 예상된다(이터러블을 반환할 수 없으며 배열과 비슷해야 한다).

ownKeys 트랩 핸들러가 다음과 같은 배열을 반환하면 오류가 발생한다.

- 중복이 있다.
- 문자열이 아니고 심볼이 아닌 엔트리가 있다.
- 타깃 객체가 확장할 수 없는 경우 누락되거나 추가 엔트리가 있다.
- 타깃에 존재하는 구성할 수 없는 속성에 대한 엔트리가 누락되었다.

이는 핸들러가 속성을 숨기거나(구성 가능하고 타깃이 확장 가능한 한) 추가 속성을 포함할 수 있음(대상이 확장 가능한 한)을 의미한다.

ownKeys의 일반적인 사용 사례 중 하나는 "예: 속성 숨기기" 예에서 볼 수 있듯이 속성을 숨기는 것이다.

14.2.2.12 preventExtensions 트랩

preventExtensions 트랩은 객체를 확장할 수 없는 것으로 표시하는 [[PreventExtensions]] 내부 객체 작업을 위한 것이다.

preventExtensions 트랩 핸들러는 단 하나의 인수를 받는다.

- target: 프록시의 타깃

성공 시 true, 오류 시 false를 반환할 것으로 예상된다(참으로 평가되는 값과 거짓으로 평가되는 값은 강제 변환된다). true를 반환하는데 타깃 객체가 확장 가능하면 오류이지만, 타깃이 확장 불가능할 때 false를 반환할 수 있다.

preventExtensions 트랩 핸들러는 코드 14-6에서와 같이 false를 반환하여 타깃이 확장 불가능해지는 것을 방지할 수 있다.

```javascript
const obj = {};
const p = new Proxy(obj, {
    preventExtensions(target) {
        return false;
    }
});
console.log(Reflect.isExtensible(p));        // true
console.log(Reflect.preventExtensions(p)); // false
console.log(Reflect.isExtensible(p));        // true
```

14.2.2.13 set 트랩

set 트랩은 속성 값을 설정하는 [[Set]] 내부 객체 작업을 위한 것으로, 데이터 속성이나 접근자 속성 값이 설정될 때 트리거된다. 앞서 배운 것처럼 트랩 핸들러가 작업을 허용하고 설정 중인 속성이 데이터 속성이면 데이터 속성 value를 설정하기 위해 defineProperty 트랩도 트리거된다.

set 트랩 핸들러는 4개의 인수를 받는다.

- target: 프록시의 타깃
- propName: 속성의 이름
- value: 설정할 값
- receiver: 작업을 받는 객체

성공 시 true, 오류 시 false를 반환할 것으로 예상된다(참으로 평가되는 값과 거짓으로 평가되는 값은 강제 변환된다). 필수 불변 연산 제약 조건은 핸들러가 true를 반환하고 다음과 같은 경우 오류임을 의미한다.

- 속성이 타깃 객체에 존재하고 구성할 수 없고 쓸 수 없는 데이터 속성이며 해당 값이 설정 중인 값과 일치하지 않는다.
- 속성이 타깃 객체에 존재하고 구성할 수 없는 접근자 속성이며 setter 기능이 없다.

set은 구성할 수 없는 속성과 확장할 수 없는 대상 객체에서도 false를 반환하여 설정 값을 방지할 수 있다. 이 장의 뒷부분에 나오는 "예: 속성 숨기기" 절에서 그 예를 볼 수 있다.

14.2.2.14 setPrototypeOf 트랩

setPrototypeOf 트랩은 [[SetPrototypeOf]] 내부 객체 작업을 위한 것으로, 객체의 프로토타입을 설정한다.

setPrototypeOf 트랩 핸들러는 두 개의 인수를 받는다.

- target: 프록시의 타깃
- newProto: 설정할 프로토타입

성공 시 true, 오류 시 false를 반환할 것으로 예상된다(참으로 평가되는 값과 거짓으로 평가되는 값은 강제 변환된다). 필수 불변성을 적용하기 위해 설정 중인 프로토타입이 이미 타깃의 프로토타입이 아닌 한 타깃이 확장 불가능하면 true를 반환할 수 없다. 그러나 코드 14-7에서처럼 새 프로토타입 설정을 거부할 수 있다.

코드 14-7 setPrototypeOf 트랩 예 – setPrototypeOf–trap–example.js

```
const obj = {foo: 42};
const p = new Proxy(obj, {
    setPrototypeOf(target, newProto) {
        // 이미 `newProto`가 `target`의 프로토타입이 아닌 한 fals를 반환
        return Reflect.getPrototypeOf(target) === newProto;
    }
});
console.log(Reflect.getPrototypeOf(p) === Object.prototype); // true
console.log(Reflect.setPrototypeOf(p, Object.prototype));    // true
console.log(Reflect.setPrototypeOf(p, Array.prototype));     // false
```

14.2.3 예: 속성 숨기기

이 절은 속성 숨기기의 예에 관해 설명한다. 불변 객체에 속성을 숨기는 것은 매우 쉽다. 객체에 대한 작업이 숨겨진 속성을 변경할 수 있을 때 속성을 숨기는 것은 다소 복잡하다.

시작하기 전에 속성을 숨길 필요가 거의 없다는 점에 유의할 필요가 있다. 선언적으로 비공개 속성이 있는 대부분의 언어에는 작성자가 정말로 비공개 정보를 얻고자 할 때 사용할 수 있는 백도

어(리플렉션을 통해)가 있다(흥미롭게도 18장에서 배우게 될 자바스크립트의 프라이빗 필드는 그렇지 않다). 따라서 대부분의 사용 사례에서 "이 속성에 접근하지 말라"라는 말과 간단한 명명 규칙으로 충분하다. 이것이 충분하지 않은 상황에서는 다음과 같은 (최소한) 네 가지 방법이 있다.

- 프로토타입에 두지 않고 생성자에서 클로저로 메서드를 만들고 생성자 호출 범위 내의 변수/매개변수에 "속성"을 저장한다.
- 12장에서와 같이 위크맵을 사용하여 숨기려는 속성이 객체에 전혀 없도록 한다.
- 구현(이 글을 쓰는 시점에서 3단계에 있음) 또는 트랜스파일을 통해 프라이빗 필드(18장에서 배우게 됨)를 사용한다.
- 프록시를 사용하여 속성을 숨긴다.

네 번째 방법은 프록시를 사용하는 객체의 구현을 수정하지 않기 때문에 다른 (어떤 이유에서든) 세 가지를 사용할 수 없는 경우에 유용하다.

직접 보자. 다음과 같은 간단한 카운터 클래스가 있다고 가정한다.

```
class Counter {
    constructor(name) {
        this._value = 0;
        this.name = name;
    }
    increment() {
        return ++this._value;
    }
    get value() {
        return this._value;
    }
}
```

이것을 사용하는 코드는 _value를 직접 관찰하고 수정할 수 있다(다운로드한 not-hiding-properties.js 파일에서 실행할 수 있다).

```
const c = new Counter("c");
console.log("c.value before increment:");
console.log(c.value);                    // 0
console.log("c._value before increment:");
console.log(c._value);                   // 0
c.increment();
console.log("c.value after increment:");
```

```
        console.log(c.value);                    // 1
        console.log("c._value after increment:");
        console.log(c._value);                    // 1
        console.log("'_value' in c:");
        console.log('_value' in c);               // true
        console.log("Object.keys(c):");
        console.log(Object.keys(c));              // ["name", "_value"]
        c._value = 42;
        console.log("c.value after changing _value:");
        console.log(c.value);                     // 42
```

카운터 인스턴스를 사용하는 코드에서 직접 관찰하거나 변경할 수 없도록 _value 속성을 숨기고 이를 위해 다른 메커니즘 중 하나를 사용할 수 없거나 사용하고 싶지 않다고 가정해 보겠다. 이렇게 하려면 최소한으로 다음을 여러 작업에 연결해야 한다.

- get: 값 대신 속성에 대해 undefined 값을 반환하도록 한다.

- getOwnPropertyDescriptor: 속성 설명자 대신 undefined를 반환한다.

- has: 속성의 존재를 보고하지 않도록 한다.

- ownKeys: 속성의 존재를 보고하지 않도록 한다.

- defineProperty: 속성 설정을 허용하지 않고(직접 또는 Object.defineProperty 또는 Reflect.defineProperty를 통해) 속성의 열거 가능성 등을 변경하는 것을 허용하지 않는다.

- deleteProperty: 속성을 삭제할 수 없게 한다.

앞에서 배운 것처럼 데이터 속성을 수정하는 모든 작업은 결국 defineProperty 트랩을 거치기 때문에 set 트랩을 사용할 필요가 없다(접근자 속성을 숨기고 있었다면 데이터 속성 변경만 defineProperty를 거치므로 set 트랩을 사용해야 한다).

여기에서 시작하여 어떻게 진행하는지 보자.

```
function getCounter(name) {
    const p = new Proxy(new Counter(name), {
        get(target, name, receiver) {
            if (name === "_value") {
                return undefined;
            }
            return Reflect.get(target, name, receiver);
        },
```

```
        getOwnPropertyDescriptor(target, propName) {
            if (name === "_value") {
                return undefined;
            }
            return Reflect.getOwnPropertyDescriptor(target, propName);
        },
        defineProperty(target, name, descriptor) {
            if (name === "_value") {
                return false;
            }
            return Reflect.defineProperty(target, name, descriptor);
        },
        has(target, name) {
            if (name === "_value") {
                return false;
            }
            return Reflect.has(target, name);
        },
        ownKeys(target) {
            return Reflect.ownKeys(target).filter(key => key !== "_value");
        }
    });
    return p;
}
```

약간의 트릭을 해야 할 것 같다. 이전과 동일한 일련의 작업을 수행하지만 const c = new Counter("c") 대신 const p = getCounter("p")를 사용하자.

```
const p = getCounter("p");
console.log("p.value before increment:");
console.log(p.value);                      // undefined
console.log("p._value before increment:");
console.log(p._value);                     // undefined
p.increment();                             // 에러가 발생한다!
```

정상적으로 시작되지만 ++this._value를 가리키는 increment 호출이 실패한다(다운로드한 hide-properties-1.js 실행).

```
TypeError: 'defineProperty' on proxy: trap returned falsish for property '_value'
```

Counter 코드 **내에서** 프록시가 해당 라인에 대해 호출된 이유는 무엇일까?

p.increment()가 실행될 때 어떤 일이 일어나는지 살펴보자.

- 객체에 대해 [[Get]]이 호출되어 increment 속성을 얻는데, 그 이름이 "_value"가 아니기 때문에 get 트랩 핸들러는 Reflect.get을 통해 함수를 반환한다.

- [[Call]]은 this가 설정된 상태로 increment를 호출한다. this는 타깃이 아닌 프록시로 설정된다. 결국 호출은 p.increment()였으므로 4 호출 내에서 this는 p다.

그렇다면 프록시가 아닌 타깃에서 증분 작업을 수행하는 방법은 무엇일까? increment를 둘러싼 함수 래퍼 또는 주변의 **프록시**(이 절은 결국 프록시에 관한 것이므로 함수의 name과 length 등이 래퍼에 반영된다) 등 몇 가지 방법이 있다. 그러나 이는 상당히 비효율적이어서 본질적으로 모든 함수 호출에 대해 새 프록시(또는 래퍼)를 생성한다. 12장에서 키를 메모리에 유지하지 않고도 객체의 맵을 유지하는 편리한 기술인 위크맵을 배웠다. 코드는 원래 함수를 키로 사용하고 해당 프록시를 값으로 사용하는 위크맵을 사용할 수 있다. 필요할 때 재사용을 위해 해당 프록시를 기억하면서 get 핸들러를 프록시 함수로 수정할 수 있다.

```
function getCounter(name) {
    const functionProxies = new WeakMap();
    const p = new Proxy(new Counter(name), {
        get(target, name) {
            if (name === "_value") {
                return undefined;
            }
            let value = Reflect.get(target, name);
            if (typeof value === "function") {
                let funcProxy = functionProxies.get(value);
                if (!funcProxy) {
                    funcProxy = new Proxy(value, {
                        apply(funcTarget, thisValue, args) {
                            const t = thisValue === p ? target : thisValue;
                            return Reflect.apply(funcTarget, t, args);
                        }
                    });
                    functionProxies.set(value, funcProxy);
                    value = funcProxy;
                }
            }
            return value;
        },
        // ...다른 트랩 핸들러는 변경 없음...
    });
    return p;
}
```

increment를 호출할 때 프록시가 프록시가 아닌 원래 타깃 객체(Counter 인스턴스, target)를 사용하는 방법에 유의하자. 프록시는 트릭을 수행한다. 다운로드한 hide-properties-2.js를 실행해 보자. increment는 여전히 작동하지만 _value는 외부에서 접근할 수 없음을 알 수 있다.

프록시(다운로드한 hiding-properties-fail.js) 대신 카운터의 프로토타입에서 증가분을 가져와서 이 프록시된 카운터를 실패하게 만드는 것은 여전히 가능하다.

```
const { increment } = Object.getPrototypeOf(p);
increment.call(p);
// => Throws TypeError: 'defineProperty' on proxy: trap returned falsish...
```

또는 프록시 주위에 프록시를 래핑하거나 프록시 카운터를 프로토타입으로 사용하여(두 경우 모두 apply 트랩의 thisValue === p 검사가 더 이상 참이 아니므로) 기본 사용 사례는 올바르게 처리된다. 프록시가 프로토타입으로 사용되는 경우를 허용하는 것이 가능하지만(프록시가 그중 하나인지 확인하기 위해 thisValue의 프로토타입을 반복하여) 프록시된 프록시 문제를 해결할 수는 없을 것이다.

"프록시를 매우 철저하게 테스트"하는 것 외에 여기서 요점은 프록시는 강력하지만 실제 사용에서는 잠재적으로 복잡하다는 것이다.

14.2.4 취소 가능한 프록시

이 장의 시작 부분에서 프록시가 API와 해당 컨슈머와 같은 코드의 두 영역 사이에 경계를 제공하는 데 유용하다는 것을 배웠다. **취소 가능한 프록시**(revocable proxy)는 시간이 되면 제공한 객체(프록시)를 **취소할 수** 있기 때문에 특히 유용하다. 프록시를 취소하면 다음 두 가지 중요한 작업이 수행된다.

- 해지된 프록시에 대한 모든 작업이 오류와 함께 실패한다. 최후의 보루이다!

- 프록시가 타깃 객체에 대해 가지고 있던 링크를 해제한다. 타깃에 대한 링크를 해제하는 프록시는 소비 코드가 여전히 프록시를 참조할 수 있지만 타깃 객체는 가비지 컬렉션될 수 있음을 의미한다. 이것은 컨슈머 코드에 의해 강력하게 유지되는 취소된 프록시의 메모리 영향을 최소화한다. 예를 들어, 빠른 테스트에 따르면 취소된 프록시는 타깃 객체가 더 클 가능성이 있는 크롬 V8 엔진(물론 변경될 수 있음)에서 32바이트에 불과하다.

취소 가능한 프록시를 만들려면 new Proxy를 사용하는 대신 Proxy.revocable 메서드를 호출한다. Proxy.revocable 메서드는 proxy 속성(프록시)과 revoke 메서드(프록시를 취소하기 위해)가 있는 객체를 반환한다. 코드 14-8을 참조하자.

코드 14-8 취소 가능한 프록시 예 – revocable-proxy-example.js

```
const obj = {answer: 42};
const { proxy, revoke } = Proxy.revocable(obj, {});
console.log(proxy.answer); // 42
revoke();
console.log(proxy.answer); // TypeError: Cannot perform 'get' on
                           // 취소된 프록시
```

프록시가 취소되면 사용 시도가 실패한다.

코드 14-8의 예는 트랩 핸들러를 지정하지 않았는데, 이는 예를 짧게 유지하기 위해서다. 이 장 전체에서 본 프록시와 동일한 동작을 가진 동일한 핸들러를 가질 수 있다.

JAVASCRIPT THE NEW TOYS

14.3 / 과거 습관을 새롭게

Reflect와 Proxy가 제공하는 기능은 근본적으로 자바스크립트의 새로운 기능이며 일반적으로 오래된 문제에 대한 새로운 해결책을 제공하기 보다는 새로운 문제를 해결한다. 그러나 여전히 개선을 고려할 수 있는 몇 가지 습관이 있다.

14.3.1 API 객체를 수정하지 않기 위해 컨슈머 코드에 의존하는 대신 프록시 사용

과거 습관: 코드를 소비하기 위해 API 객체를 직접 제공한다.

새로운 습관: 대신에 프록시(아마도 취소 가능한 것)를 제공하자. 이렇게 하면 코드에서 적절할 때 객체에 대한 모든 접근을 취소하는 것을 포함하여(취소 가능한 프록시를 제공하는 경우) 소비 코드가 객체에 대해 갖는 접근을 제어할 수 있다.

14

리플렉스-리플렉트와 프록시

541

14.3.2 프록시를 사용하여 구현 코드와 계측 코드 분리

과거 습관: 계측 코드(객체 사용, 성능 등의 패턴을 결정하는 데 도움이 되도록 설계된 코드)와 구현 코드(객체가 올바르게 작업을 수행하도록 보장하는 코드)를 혼합한다.

새로운 습관: 프록시를 사용하여 계측 계층을 추가하고 객체 자체 코드를 깔끔하게 유지하자.

15장

정규 표현식
업데이트

이 장의 내용

- flags 속성
- y, u, s 플래그
- 명명된 캡처 그룹
- 후방 탐색 지정
- 유니코드 코드 포인트 이스케이프
- 유니코드 속성 이스케이프

이 장의 코드 다운로드

이 장의 코드는 https://thenewtoys.dev/bookcode 또는 https://www.wiley.com/go/javascript-newtoys에서 다운로드할 수 있다.

이 장에서는 인스턴스의 모든 플래그를 반영하는 인스턴스의 flags 속성을 포함하여 ES2015와 ES2018에 추가된 새로운 정규 표현식 기능인, 더 읽기 쉽고 유지 관리 가능한 정규 표현식을 위한 명명된 캡처 그룹, 후방 탐색 지정, 강력한 일치 클래스를 제공하는 유니코드 속성 이스케이프 등을 배운다.

15.1 / 플래그 속성

ES2015에서 정규 표현식은 표현식에 대한 플래그가 포함된 문자열을 반환하는 flags 접근자 속성을 갖는다. flags 속성 이전에는 RegExp 객체에 어떤 플래그가 있는지 알 수 있는 유일한 방법은 개별 플래그(rex.global, rex.multiline 등)를 반영하는 개별 속성을 보거나 toString 메서드를 사용하여 문자열의 끝을 봐야 했다. flags 속성을 사용하면 문자열로 직접 사용할 수 있다.

```
const rex = /example/ig;
console.log(rex.flags); // "gi"
```

사양에서는 gimsuy 표현식이 생성될 때 플래그가 어떻게 지정되었는지에 관계없이 알파벳 순서로 플래그가 제공되도록 정의되어 있다(다음 절에서 s, u, y라는 새로운 세 가지에 대해 배우게 될 것

이다). 적용되는 순서는 예에서 볼 수 있다. 이 순서는 플래그 ig를 사용하여 표현식을 생성했지만
플래그 속성 값을 표시할 때 gi를 출력한다.

15.2 / 새로운 플래그

ES2015와 ES2018에서 TC39는 새로운 정규 표현식 모드 플래그를 추가했다.

- y: 고정(sticky) 플래그(ES2015)는 정규 표현식이 문자열에서 정규 표현식 객체의 마지막
  인덱스(lastIndex)에서 시작하는 것과만 일치함을 의미한다(이후 문자열에서 일치를 검색
  하지 않는다).
- u: 유니코드(Unicode) 플래그(ES2015)는 기본적으로 비활성화되어 있는 다양한 유니코드
  기능을 활성화한다.
- s: 만능 점(dot all) 플래그(ES2018)는 "어느 문자" 토큰(.)도 줄 바꿈 문자에 일치시킨다.

각각에 대해 더 자세히 살펴보겠다.

15.2.1 스티키 플래그(y)

y 플래그는 문자열에 대해 정규 표현식을 평가할 때 자바스크립트 엔진이 문자열 전체를 검색하
지 않고 정규 표현식 객체의 마지막 인덱스(lastIndex)에서 시작하는 문자열의 일치 엔트리만 확
인한다는 것을 의미한다. 코드 15-1을 보자.

코드 15-1 스티키 플래그 예 - sticky-example.js

```javascript
function tryRex(rex, str) {
    console.log(`lastIndex: ${rex.lastIndex}`);
    const match = rex.exec(str);
    if (match) {
        console.log(`Match:      ${match[0]}`);
        console.log(`At:         ${match.index}`);
    } else {
        console.log("No match");
```

```
    }
}

const str = "this is a test";

// 스티키가 아닐 때, 전체 문자열을 검색한다.
tryRex(/test/, str);
// lastIndex: 0
// Match:      test
// At:         10

// 스티키, 검색하지 못한다, `lastIndex`애서 일치해야만 한다.

const rex1 = /test/y;   // `rex.lastIndex`는 0이 기본값이다.
tryRex(rex1, str);
// lastIndex: 0
// No match

const rex2 = /test/y;
rex2.lastIndex = 10;    // 일치시키기를 원하는 곳으로 설정한다.
tryRex(rex2, str);
// lastIndex: 10
// Match:      test
// At:         10
```

코드 15-1의 코드를 실행하면 스티키 플래그(/test/)가 없는 정규 표현식이 문자열을 검색하여 일치 엔트리를 찾는 것을 볼 수 있다. lastIndex는 0이지만 정규 표현식은 인덱스 10에서 "test" 라는 단어를 찾는다. 스티키 플래그가 설정되어 있으면(/test/y), "test"가 인덱스 0의 문자열에 없기 때문에 lastIndex가 0일 때 "test"를 찾지 않는다. 그러나 lastIndex가 10일 때는 찾는다. 문자열 "test"는 "this is a test" 문자열의 인덱스 10에 있다.

이는 토큰별로 문자열 토큰을 이동하고 구문 분석과 같이 가능한 토큰 패턴(정규 표현식) 집합과 일치하는지 확인할 때 편리하다. 스티키 플래그가 추가되기 전에 이를 수행하려면 표현식 시작 부분에 ^(입력 시작) 앵커를 사용하고 일치를 수행하기 전에 문자열의 시작 부분에 있도록 문자열에서 이미 처리한 문자를 잘라야 했다. 스티키 플래그는 더 간단하고 잘린 문자열을 생성하지 않도록 하여 프로세스를 더 효율적으로 만든다.

flags를 살펴보거나 플래그가 설정된 경우 true인 표현식의 sticky 속성을 확인하여 스티키 플래그가 설정되었는지 확인할 수 있다.

15.2.2 유니코드 플래그(u)

ES2015는 정규 표현식을 포함하여 많은 영역에서 자바스크립트의 유니코드 지원을 개선했다(문자열에 대한 개선 사항은 10장을 참조한다). 그러나 기존 코드에 대한 문제를 방지하기 위해 정규 표현식의 새로운 유니코드 기능은 기본적으로 비활성화되고 u 플래그로 활성화된다. 이 장의 뒷부분에 나오는 "유니코드 기능" 절에서 u 플래그가 필요한 기능에 대해 배울 것이다.

flags를 살펴보거나 표현식의 unicode 속성을 확인하여 유니코드 플래그가 설정되었는지 확인할 수 있다. 플래그가 설정되어 있으면 true다.

15.2.3 "만능 점" 플래그(s)

ES2018은 자바스크립트의 정규 표현식에 s 플래그("dotAll")를 추가했다. 많은 종류의 정규 표현식(자바스크립트 포함)으로 인해 "어느 문자" 토큰(.)이 \r와 \n(와 두 개의 추가 유니코드 문자 \u2028와 \u2029)을 일치시키지 않는다. "만능 점"은 이 동작을 수정하는 일반적인 해결책이다. 그래서 그것은 줄 바꿈 문자와 일치된다. ES2018 이전에는 자바스크립트가 지원하지 않았기 때문에 사람들이 [\s\S](공백이 있거나 없는 모든 것), [\w\W]("단어이거나 아닌 모든 것)"와 같은 해결 방법을 사용해야 했다. 또는 자바스크립트에 특화된 [^](빈 부정 문자 클래스, "아무것도 아님"이 "아무것"과 동일함) 등이 있다.

"만능 점" 예시는 코드 15-3을 참조하자.

코드 15-3 만능 점 플래그 예 – dotAll-example.js

```
const str = "Testing\nAlpha\nBravo\nCharlie\nJavaScript";
console.log(str.match(/.[A-Z]/g));  // ["aS"]
console.log(str.match(/.[A-Z]/gs)); // ["\nA", "\nB", "\nC", "aS"]
```

예에서 s 플래그가 없으면 "JavaScript"의 "aS"만 일치하는 것을 볼 수 있다. 문자 "a"가 .과, 문자 "S"는 [A-Z]와 일치했다. s 플래그를 사용하여 "Alpha"의 "A", "Bravo"의 "B", "Charlie"의 "C" 앞에 있는 줄 바꿈 문자도 일치했다.

flags를 살펴보거나 플래그가 설정될 때 true인 dotAll 속성을 확인하여 표현식에 "만능 점" 플래그가 설정되었는지 확인할 수 있다.

15.3 / 명명된 캡처 그룹

ES2018은 **명명된 캡처 그룹**을 자바스크립트의 정규 표현식에 추가하여 기존의 익명 캡처 그룹에 합류시켰다. 명명된 캡처 그룹은 다음 양식으로 작성된다.

```
(?<name>pattern)
```

그룹 시작 부분에 있는 물음표(?) 바로 뒤에 그룹 이름을 꺾쇠 괄호(<>)로 묶는다. 명명된 캡처 그룹은 익명 캡처 그룹과 똑같이 작동하므로 일치 결과(result[1] 등)에서, 나중에 식(\1 등)에서 역참조로, replace($1 등) 사용 시 대체 토큰에서 접근할 수 있다. 그러나 다음 절에서 배우게 될 이름을 사용하여 명명된 그룹을 참조할 수도 있다.

15.3.1 기본 기능

명명된 캡처 그룹은 일치 결과의 일반적인 위치와 결과의 새 그룹 객체에 그룹 이름을 사용하는 속성으로 나타난다.

예를 들어 이 익명 캡처 그룹의 결과를 보자.

```
const rex = /testing (\d+)/g;
const result = rex.exec("This is a test: testing 123 testing");
console.log(result[0]);     // testing 123
console.log(result[1]);     // 123
console.log(result.index);  // 16
console.log(result.input);  // This is a test: testing 123 testing
```

일치가 성공했기 때문에 결과는 인덱스 0에 전체 일치 텍스트, 인덱스 1에 캡처 그룹, 인덱스 속성에 있는 일치 인덱스와 input 속성으로 일치 작업에 대한 입력이 있는 기능이 더해진 배열이다.

대신 number라는 명명된 캡처 그룹을 사용해 보자.

```
const rex = /testing (?<number>\d+)/g;
const result = rex.exec("This is a test: testing 123 testing");
console.log(result[0]);     // testing 123
console.log(result[1]);     // 123
console.log(result.index);  // 16
```

```
console.log(result.input);  // This is a test: testing 123 testing
console.log(result.groups); // {"number": "123"}
```

캡처 그룹의 값은 여전히 인덱스 1에 표시되지만 이름이 지정된 각 캡처 그룹(이 경우에는 하나: number)에 대한 속성이 있는 객체인 새 속성 groups에 주목하자.

새 groups 객체에는 Object.create(null)로 생성된 것처럼 프로토타입이 없다. 그래서 대부분의 객체가 toString과 hasOwnProperty와 같은 Object.prototype에서 상속하는 속성을 포함하여 속성이 전혀 없다. 그렇게 하면 명명된 캡처 그룹의 이름과 Object.prototype에 의해 정의된 속성 간의 충돌 가능성에 대해 걱정할 필요가 없다(이전 예를 실행할 때 환경에 따라 그룹에 null 프로토타입이 있음을 가리키는 출력을 보았을 수 있다).

캡처 그룹의 이름을 갖는 것은 정말 유용하다. mm/dd/yyyy 양식의 날짜를 구문 분석한다고 가정하자. 익명 캡처 그룹을 사용하면 코드 15-3과 같이 할 수 있다.

코드 15-3 익명 캡처 그룹으로 미국식 날짜 양식 구문 분석 – anon-capture-groups1.js

```
const usDateRex =
    /^(\d{1,2})[-\/](\d{1,2})[-\/](\d{4})$/;
function parseDate(dateStr) {
    const parts = usDateRex.exec(dateStr);
    if (parts) {
        let year  = +parts[3];
        let month = +parts[1] - 1;
        let day   = +parts[2];
        if (!isNaN(year) && !isNaN(month) && !isNaN(day)) {
            if (year < 50) {
                year += 2000;
            } else if (year < 100) {
                year += 1900;
            }
            return new Date(year, month, day);
        }
    }
    return null;
}
function test(str) {
    let result = parseDate(str);
    console.log(result ? result.toISOString() : "invalid format");
}

test("12/25/2019"); // Parses; shows date
test("2019/25/12"); // Doesn't parse; shows "invalid format"
```

정규 표현식 업데이트

549

연도는 인덱스 3(parts[3])에 있고, 월은 인덱스 1에 있고, 일은 인덱스 2에 있다는 것을 기억해야 한다는 것은 이미 이상적이지 않다. 먼저 yyyy-mm-dd를 시도한 후 일치하지 않으면 미국식으로 대체한다. 코드 15-4에서 볼 수 있듯이 약간 고통스럽다.

코드 15-4 익명 캡처 그룹 방법에 두 번째 양식을 추가 – anon-capture-groups2.js

```
const usDateRex =
    /^(\d{1,2})[-\/](\d{1,2})[-\/](\d{4})$/;
const yearFirstDateRex =
    /^(\d{4})[-\/](\d{1,2})[-\/](\d{1,2})$/;
function parseDate(dateStr) {
    let year, month, day;
    let parts = yearFirstDateRex.exec(dateStr);
    if (parts) {
        year  = +parts[1];
        month = +parts[2] - 1;
        day   = +parts[3];
    } else {
        parts = usDateRex.exec(dateStr);
        if (parts) {
            year  = +parts[3];
            month = +parts[1] - 1;
            day   = +parts[2];
        }
    }
    if (parts && !isNaN(year) && !isNaN(month) && !isNaN(day)) {
        if (year < 50) {
            year += 2000;
        } else if (year < 100) {
            year += 1900;
        }
        return new Date(year, month, day);
    }
    return null;
}
function test(str) {
    let result = parseDate(str);
    console.log(result ? result.toISOString() : "invalid format");
}

test("12/25/2019"); // 구문 분석에 성공하여 날짜를 보여준다.
test("2019-12-25"); // 구문 분석에 성공하여 날짜를 보여준다.
test("12/25/19");   // 구문 분석에 실패하여 "invalid format"라고 나온다.
```

작동하지만 표현식의 순서에 따라 일치 배열에 대한 인덱스와 일치하는 정규 표현식에 따라 다른 캡처 그룹의 값을 선택해야 한다. 어색하고 읽기 어려우며 유지 관리가 어렵고 오류가 발생하기 쉽다.

코드 15-5에서와 같이 원래 버전이 명명된 캡처 그룹을 사용했다고 가정하자.

코드 15-5 명명된 캡처 그룹으로 미국식 날짜 양식 구문 분석 – named-capture-groups1.js

```js
const usDateRex =
    /^(?<month>\d{1,2})[-\/](?<day>\d{1,2})[-\/](?<year>\d{4})$/;
function parseDate(dateStr) {
    const parts = usDateRex.exec(dateStr);
    if (parts) {
        let year  = +parts.groups.year;
        let month = +parts.groups.month - 1;
        let day   = +parts.groups.day;
        if (!isNaN(year) && !isNaN(month) && !isNaN(day)) {
            if (year < 50) {
                year += 2000;
            } else if (year < 100) {
                year += 1900;
            }
            return new Date(year, month, day);
        }
    }
    return null;
}
function test(str) {
    let result = parseDate(str);
    console.log(result ? result.toISOString() : "invalid format");
}

test("12/25/2019"); // 구문 분석에 성공하여 날짜를 보여 준다.
test("12/25/19");   // 구문 분석에 실패하여 "invalid format"라고 나온다.
```

그룹의 순서를 기억할 필요가 없기 때문에 더 좋다. 그룹 이름(parts.groups.year 등)으로 참조할 수 있다. 다른 양식을 추가하는 것도 훨씬 간단하다. 코드 15-5의 유일한 변경 사항인 강조 표시된 부분에 대해 코드 15-6을 보자.

15

정규 표현식 업데이트

551

```js
const usDateRex =
    /^(?<month>\d{1,2})[-\/](?<day>\d{1,2})[-\/](?<year>\d{4})$/;
const yearFirstDateRex =
    /^(?<year>\d{4})[-\/](?<month>\d{1,2})[-\/](?<day>\d{1,2})$/;
function parseDate(dateStr) {
    const parts = yearFirstDateRex.exec(dateStr) || usDateRex.exec(dateStr);
    if (parts) {
        let year  = +parts.groups.year;
        let month = +parts.groups.month - 1;
        let day   = +parts.groups.day;
        if (!isNaN(year) && !isNaN(month) && !isNaN(day)) {
            if (year < 50) {
                year += 2000;
            } else if (year < 100) {
                year += 1900;
            }
            return new Date(year, month, day);
        }
    }
    return null;
}
function test(str) {
    let result = parseDate(str);
    console.log(result ? result.toISOString() : "invalid format");
}

test("12/25/2019"); // 구문 분석에 성공하여 날짜를 보여 준다.
test("2019-12-25"); // 구문 분석에 성공하여 날짜를 보여 준다.
test("12/25/19");   // 구문 분석에 실패하여 "invalid format"라고 나온다.
```

훨씬 간단하다!

15.3.2 역참조

명명된 그룹을 사용하면 **역참조**(backreference)를 더 명확하고 쉽게 유지 관리할 수 있다.

식의 뒷부분에서 이전 캡처 그룹의 값과 일치시키기 위해 역참조를 포함할 수 있다는 것을 알 수 있다. 예를 들어 다음 표현식은 선행 따옴표에 캡처 그룹(([" ']))을 사용하고 후행 따옴표에 역참조(\1)를 사용하여 큰 따옴표 또는 작은 따옴표로 묶인 텍스트를 찾는다.

```
const rex = /(["']).+?\1/g;
const str = "testing 'a one', \"and'a two\", and'a three";
console.log(str.match(rex)); // ["'a one'", "\"and'a two\""]
```

역참조가 첫 번째 엔트리의 양쪽에 작은따옴표가 있고 두 번째 엔트리의 양쪽에 큰따옴표가 있다는 사실을 확인하자.

명명된 캡처 그룹을 사용하면 다시 언급하는 내용을 더 명확하게 알 수 있다. 명명된 역참조는 \k<name> 양식이다.

```
const rex = /(?<quote>["']).+?\k<quote>/g;
const str = "testing 'a one', \"and'a two\", and'a three";
console.log(str.match(rex)); // ["'a one'", "\"and'a two\""]
```

이제 역참조가 참조하는 내용을 알기 위해 캡처 그룹을 계산할 필요가 없다. 이름이 쉽게 만들어준다.

"이봐, 잠깐, 역참조에 대한 \k<name> 텍스트는 이미 의미가 있었어!"라고 생각할 수도 있다. 맞다. 그것은 불필요하게 이스케이프 처리된 k 다음에 <name> 텍스트가 온다. 그러한 것은 세상에 존재할 수 있기 때문에(사람들은 종종 불필요하게 뭔가를 이스케이프하지만 k는 이스케이프하기에 다소 이상할 수 있음) \k<name> 양식은 표현식에 명명된 캡처 그룹이 있는 경우에만 명명된 역참조로 정의한다. 그렇지 않으면 이전 의미로 되돌아간다. 명명된 캡처 그룹을 염두에 두고 작성된 새 식에는 명명된 캡처 그룹만 있을 수 있으므로(시퀀스(?<name>x)는 추가되기 전에 구문 오류였으므로) 명명된 캡처 그룹이 있는 표현식에서 명명된 역참조를 명명된 역참조로 해석하는 것이 안전하다.

마지막으로, 명확성을 위해 명명된 캡처 그룹과 함께 명명된 역참조를 사용하는 것이 가장 좋지만, 명명된 캡처 그룹은 익명의 캡처 그룹에 **더불어** 추가적인 이름 기능이 있으므로 이전 익명 양식(예: \1)으로 명명된 캡처 그룹을 참조할 수 있다.

15.3.3 대체 토큰

정규 표현식으로 대체할 때(일반적으로 String.prototype.replace를 통해) $1, $2 등과 같은 토큰을 통해 캡처 그룹을 참조하는 익숙한 방법 외에도 $<name> 양식의 명명된 토큰을 사용할 수 있다. 예를 들어 문자열의 날짜를 yyyy-mm-dd 양식에서 일반적인 유럽 dd/mm/yyyy 양식으로 변환하려는 경우 다음과 같다.

```
const rex = /^(?<year>\d{2}|\d{4})[-\/](?<month>\d{1,2})[-\/](?<day>\d{1,2})$/;
const str = "2019-02-14".replace(rex, "$<day>/$<month>/$<year>");
console.log(str); // "14/02/2019"
```

역참조와 일치 결과와 마찬가지로 원하는 경우 명명된 그룹과 함께 익명 양식($1 등)을 사용할 수 도 있다.

15.4 후방 탐색 지정

ES2018은 정규 표현식에 **후방 탐색 지정**(lookbehind assertion)을 추가했다. **긍정 후방 탐색**(positive lookbehind, Y가 일치하지 않는 경우에만 X와 일치)와 **부정 후방 탐색**(negative lookbehind, Y를 따르지 않는 경우에만 X와 일치하고 Y가 없는 곳은 일치하지 않음)이 있다. 이것은 자바스크립트가 수년 동안 가지고 있던 **전방** 탐색 지정(lookahead assertion)과 균형을 이룬다.

일부 다른 언어와 달리 자바스크립트의 후방 탐색 지정은 고정 길이 구조로 제한되지 않는다. 후방 탐색에서 자바스크립트 정규 표현식의 모든 기능을 사용할 수 있다.

자바스크립트에서 구현된 후방 탐색 지정의 주요 측면은 정규 표현식의 왼쪽에서 오른쪽 처리 대신 오른쪽에서 왼쪽으로 처리된다는 것이다. 다음 절에서 이 내용으로 다시 돌아올 것이다.

후방 탐색 지정을 좀 더 자세히 살펴보겠다. 다운로드한 lookbehind.js에서 이 절의 모든 예를 순서대로 찾아 실행할 수 있다.

15.4.1 긍정 후방 탐색

긍정 후방 탐색 양식은 (?<=Y)이며, 여기서 Y는 찾을 엔트리다. 예를 들어, 파운드 기호(, 영국에서 사용되는 통화)와 일치하지 않고 파운드 기호 뒤에 오는 숫자를 일치시키려면 긍정 후방 탐색을 사용하여 반드시 거기에 있어야 한다고 지정할 수 있다.

```
const str1 = "하나당  20에 10개의 케이스를 판매하고 하나당  12.99에 5개의 케이스를 판매했다.";
const rex1 = /(?<= )[\d.]+/g;
console.log(str1.match(rex1)); // ["20", "12.99"]
```

10과 5는 파운드 기호가 없기 때문에 어떻게 일치하지 않는지에 주목하자.

일치를 수행하기 위해 개념적으로 엔진은 지정이 아닌 부분([\d.]+)에 대한 일치를 찾은 다음 후방 탐색에서 표현식의 각 부분을 가져와서 앞의 텍스트에 대해 테스트하여 후방 탐색 적용한다. 부분별로 일치하며 오른쪽에서 왼쪽으로 이동한다.[1] 이 예에서는 후방 탐색( )에 한 부분만 있지만 더 복잡할 수 있다.

```
const str2 = '코드: 1E7("블루 피젯"), 2G9("화이트 플루겔"),' +
            '17Y7("블랙 다이아몬드")';
const rex2 = /(?<=\d+[a-zA-Z]\d+ \(").+?(?="\))/g;
console.log(str2.match(rex2));
// => ["블루 피젯", "화이트 플루겔", "블랙 다이아몬드"]
```

정규 표현식은 다음과 같다.

- 코드 양식(1E7, 2G9 등)과 여는 괄호-따옴표 조합과 일치하는 긍정 후방 탐색: (?<=\d+[a-zA-Z]\d+ \(")

- 설명과 일치하는 표현: .+?

- 닫는 따옴표-괄호 조합과 일치하는 긍정 전방 탐색: (?="\))

엔진은 .+?와 일치하는 엔트리를 찾은 다음 직전의 텍스트를 후방 탐색 (?<=\d+[a-zA-Z]\d+ \(")을 통해 오른쪽에서 왼쪽으로 그림 15-1과 같이 일치하는지 확인한다(다시 말하지만, 엔진은 이를 최적화할 수 있지만 작업에 대한 좋은 멘탈 모델을 만들기 위해서 이렇게 설명한다).

❤ 그림 15-1

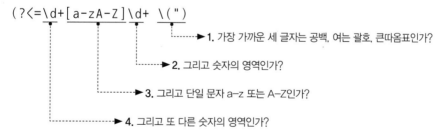

---

[1] 실제 구현이 그보다 더 효율적일 가능성이 높지만, 이렇게 생각하면 나중에 다룰 내용을 이해하는 데 도움이 된다.

15.4.2 부정 후방 탐색

부정 후방 탐색은 (?<!Y) 양식을 가진다. 여기서 Y는 존재해서는 안 되는 것이다. 따라서 파운드 기호 뒤의 숫자를 일치시키는 대신 이전 예의 10과 5를 일치시키려면 첫 번째 생각은 아마도 (?<=)를 (?<!)로 변경하는 것이다.

```
const str3 = "하나당  20에 10개의 케이스를 판매하고 하나당  12.99에 5개의 케이스를 판매했다.";
const rex3 = /(?<! )[\d.]+/g;
console.log(str3.match(rex3)); // ["10", "0", "5", "2.99"]
```

흠? 다른 숫자와 일치하는 이유는 무엇일까?

아직 예상하지 못했다면 (예를 들어) 20의 0이 일치하는 이유를 잠시 생각해 보자.

맞다! 20의 0은 바로 앞에 가 없고(바로 앞의 문자는 2임) 12.99의 2.99도 없다(2.99 바로 앞의 문자는 1이다). 따라서 부정 후방 탐색에 숫자와 소수를 추가해야 한다(다시 말하지만, 예를 단순하게 유지하기 위해 프로덕션 코드에서 원하는 만큼 엄격하지 않다).

```
const str4 = "하나당  20에 10개의 케이스를 판매하고 하나당  12.99에 5개의 케이스를 판매했다.";
const rex4 = /(?<![ \d.])[\d.]+/g;
console.log(str4.match(rex4)); // ["10", "5"]
```

긍정 후방 탐색과 마찬가지로 부정 후방 탐색도 부분별로 오른쪽에서 왼쪽으로 처리된다.

15.4.2.1 후방 탐색에서 오른쪽부터 왼쪽으로 나눠 갖는다

수량자(quantifier)를 사용하지 않는 후방 탐색 내에서 분배 순서는 일반적으로 왼쪽에서 오른쪽이 아니라 오른쪽에서 왼쪽이다. 따라서 후방 탐색의 오른쪽에서 왼쪽 처리에서 자연스럽게 흐른다.

후방 탐색 내에 하나 이상의 캡처 그룹이 있는 경우 이를 관찰할 수 있다.

```
const behind = /(?<=(?<left>\w+)(?<right>\w+))\d$/;
const behindMatch = "ABCD1".match(behind);
console.log(behindMatch.groups.left);
// => "A"
console.log(behindMatch.groups.right);
// => "BCD"
```

"left" \w+는 하나의 문자만 가지고 있지만 "right" \w+는 다른 모든 문자를 가지고 있음을 주목하자. 분배 순서는 오른쪽에서 왼쪽이었다. 후방 탐색(예측 포함) 외부에서 분배 순서는 왼쪽에서 오른쪽이다.

```
const ahead  = /\d(?=(?<left>\w+)(?<right>\w+))/;
const aheadMatch = "1ABCD".match(ahead);
console.log(aheadMatch.groups.left);
// => "ABC"
console.log(aheadMatch.groups.right);
// => "D"
```

15.4.2.2 캡처 그룹 번호 매기기와 참조

후방 탐색의 오른쪽에서 왼쪽 처리 동작에도 불구하고 내부 캡처 그룹의 번호는 동일하게 유지된다(정규 표현식에서 시작하는 순서, 왼쪽에서 오른쪽이다). 분배 순서의 이전 예에서는 명명된 캡처 그룹을 사용하고 이름으로 참조했다. 위치별로 참조하는 익명 캡처 그룹과 동일한 예를 살펴보겠다.

```
const behindAgain = /(?<=(\w+)(\w+))\d$/;
const behindMatchAgain = "ABCD1".match(behindAgain);
console.log(behindMatchAgain[1]);
// => "A"
console.log(behindMatchAgain[2]);
// => "BCD"
```

분배 순서는 오른쪽에서 왼쪽이었지만 그룹 번호는 여전히 왼쪽에서 오른쪽으로 할당되었다. 이것은 번호를 단순하게 유지하기 위한 것이다. 처리 순서가 아니라 표현식의 위치에 따라 번호가 매겨진다.

결과에서 그런 식으로 정렬된 경우에도 여전히 오른쪽에서 왼쪽으로 평가된다. 역참조를 보면 알 수 있다. 참조가 그룹의 왼쪽에 있으면 후방 탐색 외부에서 그룹을 유용하게 참조할 수 없다.

```
const rex = /\1\w+([ "'])/; // 말이 안 됨
```

구문 오류는 아니지만 식에서 사용할 때 캡처가 아직 평가되지 않았기 때문에 참조 값(\1)은 아무것도 일치하지 않는다.

똑같은 이유로 후방 탐색에서 참조는 캡처 **오른쪽**에 참조될 수 없다.

```
const referring1 = /(?<=([ "'])\w+\1)X/;    // 말이 안 됨
console.log(referring1.test("'testing'X"));
// => false
```

대신 처리가 오른쪽에서 왼쪽이므로 캡처를 오른쪽에 놓고 왼쪽에서 참조한다.

```
const referring2 = /(?<=\1\w+(["']))X/;
console.log(referring2.test("'testing'X"));
// => true
```

익명의 캡처 그룹이든 명명된 그룹이든 상관없이 사실이다.

```
const referring3 = /(?<=\k<quote>\w+(?<quote>["']))X/;
console.log(referring3.test("'testing'X"));
// => true
```

"역참조"라는 용어는 여전히 사용된다. "역참조"의 "뒤로"는 표현식 **정의**를 뒤돌아보는 것이 아니라 표현식 **처리**를 뒤돌아보는 것을 의미한다고 생각하자.

15.5 / 유니코드 기능

10장에서 자바스크립트의 유니코드 처리가 ES2015와 이후 버전에서 눈에 띄게 향상되었음을 배웠다. 이러한 개선 사항은 정규 표현식으로 확장된다. 새 기능을 활성화하려면 새 구문을 (우연히 또는 불필요하게) 사용할 수 있는 기존 정규 표현식에 대한 역호환성을 유지하기 위해 정규 표현식에 u 플래그가 있어야 한다. 예를 들어, 새로운 구문 기능 중 하나는 이전에 각각 문자 p와 P에서 불필요한 이스케이프였던 \p 및 \P 시퀀스에 의미를 할당한다. 단순히 의미를 변경하면 p 또는 P에 불필요한 이스케이프를 사용하여 작성된 정규 표현식이 손상될 수 있다. 그러나 새로운 u 플래그로 생성된 표현식에서 새 의미를 부여하는 것이 안전하다.

15.5.1 코드 포인트 이스케이프

이전 유니코드 이스케이프 시퀀스인 \uNNNN은 단일 UTF-16 코드 **단위**를 정의한다. 그러나 10장에서 기억할 수 있듯이 코드 단위는 대리 쌍의 절반에 불과할 수 있다. 예를 들어, 이스케이프 시퀀스를 사용하여 "웃는 눈에 웃는 얼굴" 이모지(U+1F60A)를 일치시키려면 두 개의 UTF-16 코드 단위(0xD83D와 0xDE0A)를 나타내는 두 개의 기본 유니코드 이스케이프 시퀀스가 필요하다.

```
const rex = /\uD83D\uDE0A/;
const str = "Testing: ☺";
console.log(rex.test(str)); // true
```

유니코드 코드 포인트(대략적으로 "문자")에 대한 UTF-16 코드 단위를 알아내는 것은 어색하다.

ES2015부터 u 플래그를 사용하는 정규 표현식은 **코드 포인트 이스케이프 시퀀스**(\u 뒤의 중괄호
({) 다음에 16진수로 표시된 코드 포인트 값과 닫는 중괄호(}))를 대신 사용할 수 있다.

```
const rex = /\u{1F60A}/u;
const str = "Testing: &#x293A;<![CDATA[";
console.log(rex.test(str)); // true
```

코드 포인트 이스케이프는 단독으로 작동하지 않는다. 문자 클래스에서 이를 사용하여 코드 포인
트 범위와 일치시킬 수 있다. 다음은 "이모티콘" 유니코드 블록(/[\u{1F600}-\u{1F64F}])의 모든
코드 포인트와 일치한다.[2]

15.5.2 유니코드 속성 이스케이프

유니코드 표준은 문자에 숫자 값을 할당할 뿐만 아니라 문자 자체에 대한 엄청난 양의 정보도 제
공한다. 예를 들어, 유니코드 표준은 (무엇보다도) 문자 "í"가 라틴 문자이고 알파벳이며 숫자가
아니며 구두점이 아님을 알려줄 수 있다. 문자 "¿"가 여러 스크립트에 공통적인 구두점임을 알
수 있는 것 외에도 여럿 있다. 이러한 다양한 것을 **유니코드 속성**이라고 한다. ES2018부터 u 플래
그를 사용하는 정규 표현식은 유니코드 속성으로 문자를 일치시키기 위해 **유니코드 속성 이스케이
프**를 포함할 수 있다. 이것은 매우 새로운 것이기 때문에 항상 대상 환경에서 지원을 확인하자.

속성에는 여러 유형이 있다. 자바스크립트의 정규 표현식과 관련된 두 가지는 (이름에서 알
수 있듯이) true 또는 false인 **이진 속성**과 가능한 값 목록이 있는 **열거 속성**이다. 예를 들어
\p{Alphabetic} 표현식은 이진 속성 Alphabetic을 사용하여 유니코드 표준에서 알파벳으로 간주
되는 모든 문자와 일치시킨다.

```
const rex1 = /\p{Alphabetic}/gu;
const s1 = "Hello, I'm James.";
console.log(s1.match(rex1));
// => ["H", "e", "l", "l", "o", "I", "m", "J", "a", "m", "e", "s"]
```

---

2 https://en.wikipedia.org/wiki/Emoticons_(Unicode_block)

보다시피 이스케이프는 \p{로 시작하고 }로 끝난다. 속성은 중괄호 내부와 일치한다.

(다운로드한 unicode-property-escapes.js 파일에서 이 절의 모든 예를 찾아 실행할 수 있다)

\p는 **긍정** 유니코드 속성 일치를 위한 것이다. **부정**(예: 알파벳이 아닌 모든 문자와 일치)의 경우 소문자 대신 대문자 P를 사용한다(숫자는 \d, 숫자가 아닌 경우 \D와 같은 다른 이스케이프와 관련 있다).

```
const rex2 = /\P{Alphabetic}/gu;
const s2 = "Hello, I'm James.";
console.log(s2.match(rex2));
// => [",", " ", "\"", " ", "."]
```

지정된 별칭을 사용할 수도 있다(예: Alphabetic 대신 Alpha). 사용할 수 있는 이진 속성 값과 별칭은 사양의 "이진 유니코드 속성 별칭과 해당 정식 속성 이름" 표[3]에 나열되어 있다.

사용할 수 있는 속성의 종류는 세 가지다.

- General_Category(별칭: gc): 가장 기본적인 전체 문자 속성. 유니코드 문자를 문자, 구두점, 기호, 기호, 숫자, 구분 기호 및 기타(다양한 하위 범주 포함)로 분류한다. 사용할 수 있는 General_Category 값과 별칭은 사양의 "유니코드 속성 General_Category에 대한 값 별칭 및 표준 값" 표[4]에 나열되어 있다. 유니코드 기술 표준 #18[5]에서 General_Category 속성에 대한 자세한 정보를 찾을 수 있다.

- Script(별칭: sc): 단일 스크립트 범주를 Latin(라틴어), Greek(그리스어), Cyrillic(키릴 자모) 등과 같은 문자에 할당한다. 여러 스크립트에서 사용되는 문자에 대해서는 Common에, 선행 기본 문자에서 해당 스크립트를 상속하는 여러 스크립트에서 사용되는 문자에 대해서는 Inherited에, 또는 스크립트 분류에 맞지 않는 다양한 코드 포인트에 대해서는 Unknown에 할당한다. 사용할 수 있는 값과 별칭은 "유니코드 속성 스크립트와 Script_Extensions에 대한 값 별칭과 표준 값" 표[6]의 사양에 나열되어 있다. 유니코드 기술 표준 #24[7]의 "스크립트 속성"에서 스크립트 속성에 대한 자세한 정보를 찾을 수 있다.

- Script_Extensions(별칭: scx): 문자가 발생하는 스크립트를 보다 정확하게 지정하기 위해 스크립트 범주 세트를 문자에 할당한다(단순히 Common이 아닌). 유효한 값 이름과 별칭

---

3 https://tc39.es/ecma262/#table‐binary-unicode-properties

4 https://tc39.es/ecma262/#table-unicode-general-category-values

5 https://unicode.org/reports/tr18/#General_Category_Property

6 https://tc39.es/ecma262/#table-unicode-script-values

7 https://unicode.org/reports/tr24/#Script

은 Script의 그것과 동일하다. 유니코드 기술 표준 #24[8]의 "Script_Extensions 속성"에서 Script_Extensions 속성에 대한 자세한 정보를 찾을 수 있다.

예를 들어, 문자열에서 그리스어 스크립트의 모든 문자를 찾으려면 다음과 같이 할 수 있다 (/\p{scx=Greek}/gu처럼 scx 별칭을 사용할 수도 있다).

```
const rex3 = /\p{Script_Extensions=Greek}/gu;
const s3 = "The greek letters alpha (α), beta (β), and gamma (γ) are used…";
console.log(s3.match(rex3));
// => ["α", "β", "γ"]
```

가장 유용한 열거 속성은 General_Category이므로 사용할 수 있는 약식 양식이 있다. 즉, General_Category= 부분을 생략할 수 있다. 예를 들어, \p{General_Category=Punctuation}과 \p{Punctuation} 모두 문자열에서 구두점을 찾는다.

```
const rex4a = /\p{General_Category=Punctuation}/gu;
const rex4b = /\p{Punctuation}/gu;
const s4 = "Hello, my name is Pranay. It means \"romance\" in Hindi.";
console.log(s4.match(rex4a));
// => [",", "'", ".", "\"", "\"", "."]
console.log(s4.match(rex4b));
// => [",", "'", ".", "\"", "\"", "."]
```

"하지만 Alphabetic과 같은 이진 속성을 지정하는 방법이 아닌가?"라고 생각할 수 있다. 맞다, 그렇다. 유효한 General_Category 값/별칭과 이진 속성 이름/별칭 간에 겹치는 부분이 없기 때문에 정규 표현식 구문 분석기에 모호하지 않다. 코드를 읽을 미래의 독자에게는 다소 불명확할 수 있지만, 그렇지 않은 경우 별칭을 알고 있다. General_Category 속성에 별칭 양식을 사용할지 여부는 스타일의 문제다.

속성 이름과 값은 대소문자를 구분한다. 즉, Script는 유효한 속성 이름이고 script는 아니다.

다른 정규 표현식 특징의 유사한 기능에 익숙하다면 자바스크립트의 유니코드 속성 이스케이프는 (어쨌든 당분간) 매우 엄격하고 좁은 대상으로 지정된다. 사양은 다양한 별칭이나 대체 양식이나 추가 유니코드 속성을 지원하지 않는다(또한 엔진에서 추가 기능으로 지원하지 않는다). 예로 다음이 있다.

---

8 https://unicode.org/reports/tr24/#Script_Extensions

- 중괄호 생략. 일부 정규 표현식 버전에서는 \p{L}(General_Category의 Lower 값에 대한 별칭 사용)을 \pL로 작성할 수 있지만 자바스크립트에서는 지원되지 않는다.

- 이름과 값을 지정할 때 = 대신 :를 사용. 일부 정규 표현식 버전은 \p{scx=Greek} 외에 \p{scx:Greek}도 허용하지만 자바스크립트에서는 등호(=)여야 한다.

- 다양한 장소에서 "is"를 허용. 일부 정규 표현식은 속성 이름이나 값에 "is"를 추가할 수 있다(예: \p{Script=IsGreek}). 이것은 자바스크립트에서 허용되지 않는다.

- General_Category, Script, Script_Extensions 이외의 이진 속성. 일부 정규 표현식 특징은 name 같은 다른 속성을 지원한다. 적어도 현재로서는 자바스크립트는 그렇지 않다.

작고 명확하게 정의된 범위와 엄격한 규칙으로 새 속성 이스케이프 기능을 추가하면 엔진 구현자가 추가하고 사람들이 사용하기가 더 쉽다. 추가 기능은 프로세스를 진행하기에 충분한 지원을 얻는 경우 후속 제안에서 항상 추가할 수 있다.

지금까지의 예제는 약간 인위적이었다. 실제 사용 측면에서 유니코드 이스케이프 제안의 예 중 하나인 \w의 유니코드 인식 버전이 유용하다. [A-Za-z0-9_]로 정의되는 \w는 상당히 영어 중심적이다. 다른 언어(예: "resumé"나 "naïve")에서 차용하여 영어에서 일반적으로 사용되는 많은 단어에서 발견되는 모든 문자와 일치하지도 않는다. 유니코드 기술 표준 #18에 설명된 유니코드 인식 버전은 다음과 같다.

    [\p{Alphabetic}\p{Mark}\p{Decimal_Number}\p{Connector_Punctuation}\p{Join_Control}]

또는 단축 별칭 사용하면 다음과 같다.

    [\p{Alpha}\p{M}\p{digit}\p{Pc}\p{Join_C}]

완전한 유니코드 인식 \w 예에 대한 코드 15-7을 참조하자.

코드 15-7 유니코드를 고려한 \w - unicode-aware-word.js

```
// 출처: https://github.com/tc39/proposal-regexp-unicode-property-escapes
// (출력을 위해 단축 속성을 쓰게 일부 정리를 함)
const regex = /([\p{Alpha}\p{M}\p{digit}\p{Pc}\p{Join_C}]+)/gu;
const text = `
Amharic: የኔ ማንዣበቢያ ሚና በዓሣዎች ተሟሟቷል
Bengali: আমার হভারক্রাফ্ট কুঁচো মাছ-এ ভরা হয়ে গেছে
Georgian: ჩემი ხომალდი საჰაერო ბალიშზე საჭსია გველთევზებით
Macedonian: Моето летачко возило е полно со јагули
Vietnamese: Tàu cánh ngầm của tôi đầy lươn
```

```
let match;
while (match = regex.exec(text)) {
    const word = match[1];
    console.log(`Matched word with length ${ word.length }: ${ word }`);
}


// Result:
// Matched word with length 7: Amharic
// Matched word with length 2: የኔ
// Matched word with length 6: ማንዣበሪያ
// Matched word with length 3: ሞቢና
// Matched word with length 5: በጓሣዎች
// Matched word with length 5: ተሟዊ፡ቲስ
// Matched word with length 7: Bengali
// Matched word with length 4: আমার
// Matched word with length 11: হভারক্রাফ্ট
// Matched word with length 5: কুঁচে
// Matched word with length 3: মাছ
// Matched word with length 1: এ
// Matched word with length 3: ভরা
// Matched word with length 3: হয়ে
// Matched word with length 4: গেছে
// Matched word with length 8: Georgian
// Matched word with length 4: ჩემი
// Matched word with length 7: ხომალდი
// Matched word with length 7: საჰაერო
// Matched word with length 7: ბალიშზე
// Matched word with length 6: საგსა
// Matched word with length 12: გველთევზებითთ
// Matched word with length 10: Macedonian
// Matched word with length 5: Моето
// Matched word with length 7: летачко
// Matched word with length 6: возило
// Matched word with length 1: e
// Matched word with length 5: полно
// Matched word with length 2: со
// Matched word with length 6: јагули
// Matched word with length 10: Vietnamese
// Matched word with length 3: Tàu
// Matched word with length 4: cánh
// Matched word with length 4: ngầm
```

```
// Matched word with length 3: của
// Matched word with length 3: tôi
// Matched word with length 3: đầy
// Matched word with length 4: lươn
```

15.6 과거 습관을 새롭게

대상 환경이 새로운 기능을 지원한다면(또는 트랜스파일러에 의해 변환될 수 있는 경우) 원하는 경우 새 습관으로 전환할 수 있는 다양한 과거 습관이 있다. 이 글을 쓰는 시점에서 바벨에는 이 장의 대부분의 기능에 대한 플러그인이 있다.

15.6.1 부분 문자열을 생성하고 구문 분석할 때 ^를 사용하는 대신 스티키 플래그(y)를 사용하자

과거 습관: 지정된 위치의 문자열에 대해 정규 표현식을 확인할 때 입력 시작 앵커(^)를 사용할 수 있도록 해당 위치에서 문자열을 분할한다.

```
const digits = /^\d+/;
// ...`pos`를 어쩌다 알고 있다...
let match = digits.exec(str.substring(pos));
if (match) {
    console.log(match[0]);
}
```

새로운 습관: 문자열을 분할하지 않고 ^ 없이 스티키 플래그(y)를 대신 사용하자.

```
const digits = /\d+/y;
// ...`pos`를 어쩌다 알고 있다...
digits.lastIndex = pos;
let match = digits.exec(str);
if (match) {
    console.log(match[0]);
}
```

15.6.2 대안을 사용하여 모든 문자(줄 바꿈 포함)를 일치시키는 대신 만능 점 플래그를 사용하자

과거 습관: [\s\S] 또는 [\d\D] 또는 자바스크립트 전용 [^]와 같이 모든 문자를 일치시키기 위한 다양한 해결 방법 사용

```
const inParens = /\(([\s\S]+)\)/;
const str =
`This is a test (of
line breaks inside
parens)`;
const match = inParens.exec(str);
console.log(match ? match[1] : "no match");
// => "of\nline breaks inside\nparens"
```

새로운 습관: "만능 점" 플래그와 .을 대신 사용하자.

```
const inParens = /\((.+)\)/s;
const str =
`This is a test (of
line breaks inside
parens)`;
const match = inParens.exec(str);
console.log(match ? match[1] : "no match");
// => "of\nline breaks inside\nparens"
```

15.6.3 익명 그룹 대신 명명된 캡처 그룹 사용

과거 습관: 여러 익명 캡처 그룹을 사용하고(선택의 여지가 없었기 때문에) 일치 결과, 정규 표현식 자체의 캡처 참조 등에서 올바른 인덱스를 사용하고 있는지 열심히 확인한다.

```
// 아래를 변경하면 나중에 디스트럭처링 할당을 변경해야 한다!
const rexParseDate = /^(\d{2}|\d{4})-(\d{1,2})-(\d{1,2})$/;
const match = "2019-02-14".match(rexParseDate);
if (match) {
    // 정규 표현식의 캡처 순서에 따라 다르다!
    const [, year, month, day] = match;
    console.log(`day: ${day}, month: ${month}, year: ${year}`);
} else {
```

```
        console.log("no match");
    }
    // => "day: 14, month: 02, year: 2019"
```

새로운 습관: 대신 명명된 캡처 그룹((?\<captureName\>content))을 사용하고 그룹 객체의 명명된 속성(match.groups.captureName) 또는 정규 표현식의 명명된 참조(\k{captureName})를 사용하자.

```
const rexParseDate = /^(?<year>\d{2}|\d{4})-(?<month>\d{1,2})-(?<day>\d{1,2})$/;
const match = "2019-02-14".match(rexParseDate);
if (match) {
    const {day, month, year} = match.groups;
    console.log(`day: ${day}, month: ${month}, year: ${year}`);
} else {
    console.log("no match");
}
// => "day: 14, month: 02, year: 2019"
```

15.6.4 다양한 해결 방법 대신 후방 탐색 사용

과거 습관: 자바스크립트에 후방 탐색이 없었기 때문에 다양한 해결 방법(불필요한 캡처 등)을 사용한다.

새로운 습관: 자바스크립트의 강력한 후방 탐색을 대신 사용한다.

15.6.5 정규 표현식에서 대리 쌍 대신 코드 포인트 이스케이프 사용

과거 습관: 정규 표현식에서 대리 쌍을 사용하고 때로는 코드 포인트를 사용하는 대신(선택의 여지가 없었기 때문에) 눈에 띄게 복잡해졌다. 예를 들어, 정규 표현식에서 "이모지" 유니코드 블록(앞서 언급)과 "딩뱃"(Dingbat) 블록[9]을 모두 일치시키려면 다음과 같다.

```
const rex = /(?:\uD83D[\uDE00-\uDE4F]|[\u2700-\u27BF])/;
```

이모티콘에 대한 대리 쌍을 처리한 다음 딩뱃에 대해 별도의 범위를 처리해야 하기 때문에 변경이 필요한 방법에 주목하자.

---

9 https://en.wikipedia.org/wiki/Dingbat#Dingbats_Unicode_block

새로운 습관: 대신 코드 포인트 이스케이프를 사용하자.

```
const rex = /[\u{1F600}-\u{1F64F}\u{1F680}-\u{1F6FF}]/u;
```

이제 몇 개의 범위가 있는 단일 문자 클래스다.

15.6.6 대안 대신 유니코드 패턴 사용

과거 습관: 일치시킬 유니코드 범위를 선택하는 유지 관리가 어려운 큰 문자 클래스를 사용하여 유니코드 패턴의 부족 문제를 해결한다.

새로운 습관: 대신 유니코드 속성 이스케이프를 사용하자(먼저 대상 환경이나 변환기가 지원하는지 확인하자).

memo

16^장

공유 메모리

이 장의 내용

- 스레드 간 메모리 공유(SharedArrayBuffer)
- Atomics 객체

이 장의 코드 다운로드

이 장의 코드는 https://thenewtoys.dev/bookcode 또는 https://www.wiley.com/go/javascript-newtoys에서 다운로드할 수 있다.

이 장에서는 스레드 간에 메모리를 공유할 수 있는 자바스크립트의 **공유 메모리** 기능(ES2017+)과 공유 메모리에서 낮은 수준의 공유 메모리 작업을 수행하고 이벤트를 기반으로 스레드를 일시 중단과 재개하는 데 사용할 수 있는 Atomics 객체에 대해 배운다.

16.1 / 소개

거의 10년 동안 브라우저의 자바스크립트가 단일 스레드가 아니었는데도(웹 워커 덕분에) 브라우저의 스레드 간에 메모리를 공유할 방법이 없었다. 초기에 스레드는 데이터가 포함된 메시지를 서로 게시할 수 있었지만, 데이터는 **복사되었다**. 데이터가 많거나 앞뒤로 많이 보내야 하는 경우에는 문제가 된다. 몇 년 후 타입이 있는 배열(11장)이 자바스크립트 외부에서 정의된 다음 ES2015에 추가되었을 때, 많은 경우 데이터를 복사하지 않고 한 스레드에서 다른 스레드로 데이터를 **전송**할 수 있게 되었지만 보내는 스레드는 전송되는 데이터에 접근을 포기해야 했다.

ES2017은 SharedArrayBuffer로 이를 변경했다. SharedArrayBuffer를 사용하면 한 스레드에서 실행되는 자바스크립트 코드가 다른 스레드에서 실행되는 자바스크립트 코드와 메모리를 공유할 수 있다.

자바스크립트에서 공유 메모리가 작동하는 방식에 대해 알아보기 전에, 실제로 공유 메모리를 사용해야 하는지 여부에 대한 질문을 살펴보겠다.

16.2 위험! 이곳에는 용이 살고 있다!

공유 메모리가 정말로 필요한가?

스레드 간에 메모리를 공유하면 일반적인 자바스크립트 환경에서 작업하는 프로그래머가 이전에 처리할 필요가 없었던 많은 데이터 동기화 문제가 발생한다. 데이터 경합, 재정렬된 저장소, 호이스트된 읽기, CPU 스레드 캐시 등 공유 메모리의 미묘함에 대해 한 권의 책을 쓸 수 있을 정도다. 이 장에서는 이러한 문제의 가장 기본적인 부분만 다룰 수도 있지만, 현실 세계에서 공유 메모리를 사용하려면 이를 철저히 이해하거나 최소한으로 모범 사례와 패턴을 알고 철저히 준수해야 한다. 그렇지 않으면 미묘하고 종종 복제하기 어려운 버그를 추적하는 데 몇 시간 또는 며칠을 소비하게 될 것이다. 지식을 개발하고 모범 사례를 마스터하는 것은 상당한 시간 투자다. 공유 메모리를 시도하는 것은 가볍게 할 일이 아니다.

대부분의 사용 사례에서 공유 메모리가 필요하지 않다. 부분적으로 스레드 간에 복사하지 않고 스레드 간에 **전송**할 수 있는 객체인 **트랜스퍼러블**(transferable) 덕분이다. ArrayBuffer를 포함하여 다양한 객체(브라우저의 일부 이미지 유형이나 캔버스 포함)를 전송할 수 있다. 따라서 두 스레드 간에 주고받아야 하는 데이터가 있는 경우 **전송**하여 복사하는 오버헤드를 피할 수 있다. 예를 들어 다음 코드는 Uint8Array를 만들고 워커 스레드에 전달하여 기본 데이터를 복사하는 대신 버퍼를 통해 전송한다.

```
const MB = 1024 * 1024;
let array = new Uint8Array(20 * MB);
// ...20MB의 데이터를 채운다...
worker.postMessage({array}, [array.buffer]);
```

첫 번째 인수는 보낼 데이터(배열)이다. 두 번째 인수는 복사가 아닌 전송할 트랜스퍼러블의 배열이다. 워커 스레드는 배열 **객체**의 복제본을 수신되고, 해당 **데이터**는 전송된다. 배열의 ArrayBuffer가 트랜스퍼러블의 목록에 나열되기 때문에 복제는 **원래** 배열의 데이터를 재사용한다. 마치 릴레이 경주에서 배턴을 넘겨주는 것과 같다. 보내는 스레드는 버퍼(배턴)를 워커 스레드로 전달하고 워커 스레드는 버퍼를 가져와 함께 실행한다. postMessage 호출 후 전송 스레드의 배열은 더 이상 버퍼에 접근할 수 없다. 해당 예의 array는 사실상 길이가 0인 배열이 된다.

워커가 배열을 수신하면 작업 중인 다른 스레드에 대해 걱정할 필요 없이 데이터를 사용하고 작업할 수 있으며 적절한 경우 원래 스레드(또는 다른 스레드)로 다시 전송할 수 있다.

16

야구 목모리

이러한 방식으로 데이터를 앞뒤로 전송하는 것은 매우 효율적이며 말 그대로 스레드 간에 기본 버퍼를 공유할 때 발생할 수 있는 전체 클래스의 문제를 방지한다. 공유 메모리를 사용하기 전에 전송이 충분한지 자문해 볼 가치가 있다. **많은** 시간과 수고를 절약할 수 있다.

16.3 / 브라우저 지원

공유 메모리에 대한 세부 정보를 다루기 전에 마지막으로 살펴볼 사항이 하나 있다. 2018년 1월에 브라우저는 CPU의 스펙터(Spectre)와 멜트다운(Meltdown) 취약점에 대응하여 공유 메모리를 비활성화했다. 크롬은 그해 7월 사이트 격리 기능이 활성화된 플랫폼에서 일부 사용 사례에 대한 지원을 다시 추가했지만 2019년 말에 브라우저에 표시되는 많은 사람들의 노력을 통해 보다 일반적인 접근 방식이 나타났다. 2020년 초. 이제 메모리를 다시 공유할 수 있지만 **보안 컨텍스트**[1] 간에만 가능하다.

"왜"에 대해 신경 쓰지 않고 "방법"에만 관심이 있다면, 두 개의 작업으로 메모리를 공유하면 된다. A)문서와 스크립트를 안전하게 또는 로컬로 제공한다(즉, https나 localhost 또는 유사한 것). 그리고 B)다음 두 HTTP 헤더를 포함한다(첫 번째 헤더는 프레임용 콘텐츠나 스크립트에는 필요하지 않지만 어쨌든 있으면 괜찮다).

```
Cross-Origin-Opener-Policy: same-origin
Cross-Origin-Embedder-Policy: require-corp
```

세부 사항에 관심이 없다면 지금 다음 절로 건너뛰어도 된다.

간단히 말해서 **컨텍스트**는 창/탭/프레임 또는 워커(예: 웹/전용 워커 또는 서비스 워커)의 컨테이너에 대한 웹 사양 개념이다. 창을 포함하는 컨텍스트는 한 원점에서 다른 원점으로 이동할 때에도 창에서 탐색이 수행될 때 재사용된다. DOM과 자바스크립트 영역은 탐색 중에 삭제되고 새 영역이 생성되지만 적어도 전통적으로 동일한 컨텍스트 내에 있다.

브라우저는 관련 컨텍스트를 **컨텍스트 그룹**으로 그룹화한다. 예를 들어, 창이 iframe을 포함하는 경우 창과 iframe의 컨텍스트는 전통적으로 동일한 컨텍스트 그룹에 있다. 왜냐하면 서로 상호작

---

1   https://w3c.github.io/webappsec-secure-contexts

용할 수 있기 때문이다(window.parent, window.frames 등을 통해). 마찬가지로 창의 컨텍스트와 창이 열리는 팝업은 상호 작용할 수 있기 때문에 전통적으로 동일한 컨텍스트 그룹에 있다. 컨텍스트가 다른 출처에서 온 경우 기본적으로 상호 작용이 제한되지만 여전히 일부 상호 작용이 가능하다.

컨텍스트와 컨텍스트 그룹이 중요한 이유는 무엇일까? 일반적으로 컨텍스트 그룹의 모든 컨텍스트는 동일한 운영 체제 프로세스 내에서 메모리를 사용하기 때문이다. 최신 브라우저는 일반적으로 하나 이상의 전체 조정 프로세스와 각 컨텍스트 그룹에 대한 별도의 프로세스가 있는 다중 프로세스 애플리케이션이다. 이 아키텍처는 브라우저를 더욱 강력하게 만든다. 한 컨텍스트 그룹의 충돌은 완전히 다른 운영 체제 프로세스에 있기 때문에 다른 컨텍스트 그룹이나 조정 프로세스에 영향을 주지 않는다. 그러나 동일한 컨텍스트 그룹의 모든 것은 일반적으로 동일한 프로세스에 있다.

이제 스펙터와 멜트다운이 이야기에 등장한다.

스펙터와 멜트다운은 하드웨어 취약점으로, 코드가 현재 프로세스의 **모든** 메모리에 접근할 수 있는 방식으로 최신 CPU의 분기 예측을 이용하여 프로세스 내 접근 검사를 우회한다. 브라우저에 국한되지는 않지만 브라우저에서 공유 메모리와 고정밀 타이머를 사용하면 자바스크립트 코드에서 이러한 취약점을 악용할 수 있다. 즉, 악성 코드는 프로세스의 **모든** 메모리, 심지어 다른 창이나 웹 워커의 메모리도 읽을 수 있다. 다른 출처의 컨텍스트 사이와 같이 브라우저가 제자리에 있을 수 있는 프로세스 내 접근 검사를 우회할 수 있다.

해결책은 리소스(스크립트, 문서)의 콘텐츠가 변조되지 않았는지 확인하고(보안 또는 로컬로 전달되도록 요구하여) 리소스가 로드할 수 있는 컨텍스트 그룹을 제한하도록 허용한다(헤더를 통해).

헤더를 살펴보자.

첫 번째 헤더인 Cross-Origin-Opener-Policy[2]는 최상위 창이 동일한 헤더 값(일반적으로 same-origin)을 가진 컨텍스트 그룹에만 해당 헤더가 있는지 확인할 수 있다. 최상위 탐색이 발생할 때 새 콘텐츠의 출처와 헤더가 이전 콘텐츠와 일치하지 않으면 브라우저는 새 컨텍스트 그룹에 새 컨텍스트를 만들어 새 리소스의 콘텐츠를 보관한다.

두 번째 헤더인 Cross-Origin-Embedder-Policy[3]는 리소스가 교환 출처 리소스 정책(Cross-Origin Resource Policy, CORP)[4] 헤더 또는 교환 출처 리소스 공유(CORS)[5]를 통해 명시적으로 승인한 창 또

---

2 https://docs.google.com/document/d/1Ey3MXcLzwR1T7aarkpBXEwP7jKdd2NvQdgYvF8_8scl/edit

3 https://wicg.github.io/cross-origin-embedder-policy

4 https://fetch.spec.whatwg.org/#cross-origin-resource-policy-header

5 https://fetch.spec.whatwg.org/#http-cors-protocol

는 동일한 출처 창에서만 로드할 수 있음을 리소스가 지정할 수 있도록 한다. 그러면 리소스가 신뢰하지 않는 컨테이너에 포함될 수 없다.

종합하면, 공유 메모리와 고정밀 타이머를 사용하여 스펙터나 멜트다운을 사용하여 코드가 접근해서는 안 되는 데이터에 접근하는 것을 방지한다. 더 자세히 알고 싶다면 아더 젠, 찰리 밥, 앤 반 케스테린의 "COOP와 COEP 설명"[6]을 추천한다.

16.4 / 공유 메모리 기초

이 절에서는 임계 구역(critical section)이 무엇인지와 같은 공유 메모리의 몇 가지 기본 사항을 배운다. 공유 메모리를 생성, 공유, 사용하는 방법, 잠금을 사용하여 **잠금, 조건 변수**로 코드의 임계 구역을 보호하는 방법 등이다.

16.4.1 임계 구역, 잠금, 조건 변수

임계 구역은 메모리를 공유하는 동시 스레드가 수행하는 모든 작업과 관련하여 원자적인(atomic) 방식으로 공유 메모리에 접근(읽기 및/또는 쓰기)해야 하는 스레드에서 실행되는 코드다. 예를 들어 임계 구역에서 동일한 메모리를 두 번 읽으면 항상 동일한 값이 나와야 한다.

```
const v1 = shared[0];
const v2 = shared[0];
// 임계 구역에서, `v1`과 `v2`는 반드시 같은 값을 가져야 한다.
```

마찬가지로 임계 구역에서 코드가 공유 메모리에서 읽고 값을 업데이트하고 공유 메모리에 다시 쓰는 경우 그동안 다른 스레드가 쓴 다른 값을 덮어쓸 가능성이 없어야 한다.

```
const v = shared[0] + 1;
shared[0] = v; // (임계 구역에서) 위에서 읽은 후 다른 스레드가 쓴 값을
               // 반드시 덮어쓰지 않아야 한다.
```

---

6 https://docs.google.com/document/d/1zDlfvfTJ_9e8Jdc8ehuV4zMEu9ySMCiTGMS9y0GU92k/edit

잠금은 잠금을 사용하여 스레드에 공유 메모리에 대한 독점 접근을 제공하여 임계 영역을 보호하는 수단이다. 잠금은 한 번에 단일 스레드에서만 획득할 수 있으며 해당 스레드만 공유 메모리에 접근할 수 있다(잠금을 "상호 배제"(mutual-exclusion)의 일종인 뮤텍스(mutex)라고도 한다).

조건 변수는 주어진 잠금을 사용하는 스레드가 조건이 참이 될 때까지 기다리고 참이 되면 서로 알릴 수 있는 방법을 제공한다. 스레드는 조건을 기다릴 수 있으며 대기 중인 스레드에 조건이 참이 되었음을 알릴 수 있다. 스레드가 조건이 참이라는 알림을 받으면 조건 변수와 관련된 잠금을 얻으려고 시도할 수 있으므로 조건이 참인 지금(또는 적어도 잠시 전까지는 **참이었으므로**—시간 여행과 마찬가지로 동사 시제는 동시 프로그래밍에서 약간 까다로울 수 있다) 수행해야 하는 작업을 수행할 수 있다.

간단한 상황에서 잠금에 대해 하나의 조건 변수만 필요하고 두 가지가 결합되는 경우가 있다. 이때 조건은 "잠금을 사용할 수 있다"이다. 예를 들어 공유 버퍼에서 동일한 종류의 작업을 수행하는 데 필요한 여러 스레드가 있는 경우에는 충분하다.

그러나 상황은 종종 그보다 더 복잡하여 동일한 잠금과 공유 메모리에 대해 둘 이상의 조건 변수가 필요하다. 공유 메모리의 한 가지 고전적인 사용은 대기열을 통해 작업을 스레드에 배포하는 것이다. 프로듀서 스레드는 대기열에 작업 조각을 넣고 컨슈머 스레드는 대기열에서 작업을 가져와 수행한다. 큐는 공유 메모리이며, 큐에 작업을 넣는 것은 코드의 중요한 부분이다. 큐를 깨뜨리지 않고 이를 수행하려면 스레드가 큐에 대한 임시 독점 접근이 필요하다. 서로의 변경 사항을 무시하기 때문에 큐의 내부 상태를 동시에 변경하는 두 개의 스레드를 가질 수는 없다. 대기열에서 작업을 제거하는 것도 같은 이유로 중요한 부분 중 하나다. 스레드는 잠금을 사용하여 이러한 임계 영역을 보호하므로 큐가 한 번에 둘 이상의 스레드에 의해 수정되지 않는다. 지금까지는 그런대로 잘됐다.

대기열에 작업이 없으면 컨슈머 스레드는 작업이 추가될 때까지 기다려야 한다. 큐의 크기가 제한되어 있기 때문에(100개 엔트리를 보유할 수 있다고 가정해 보자), 가득 차면 프로듀서 스레드는 더 이상 가득 차지 않을 때까지 기다려야 작업을 추가할 수 있다. 동일한 잠금과 관련된 두 가지 다른 조건, 즉 컨슈머가 기다리는 "큐에 작업이 있음" 조건과 프로듀서가 기다리는 "큐에 공간이 있음" 조건이 있다.

이 프로듀서/컨슈머 대기열을 단 하나의 조건("잠금을 사용할 수 있음")으로 구현할 수는 있지만 다음과 같은 몇 가지 이유로 비효율적이다.

- 조건이 하나만 있는 경우 프로듀서 스레드와 컨슈머 스레드는 서로 다른 이유로 한 조건을 기다려야 한다. 해당 조건이 참이 되었을 때 작업을 수행할 수 있음을 의미하거나 의미하지

않을 수도 있다. 예를 들어 4명의 워커가 작업을 기다리고 있고 하나의 작업이 추가되면 모두 알림을 받고 잠금을 얻기 위해 경쟁하고 잠금을 받은 작업자는 작업을 선택하고 나머지 3개는 다시 대기 상태로 돌아간다. 해당 컨슈머가 대기열에서 작업을 가져오면 잠금을 해제하여 다른 모든 컨슈머에게 알리므로 대기열에 새 작업이 추가되지 않았더라도 잠금을 얻기 위해 경쟁하게 된다. 두 번째 알림은 **프로듀서** 스레드를 사용하여 **컨슈머** 스레드가 아닌 대기열에 다시 공간이 있음을 알린다.

- 조건이 하나만 있는 경우 잠금을 사용하는 **모든** 스레드는 조건이 참이 되었음을 알려야 한다(프로듀서와 모든 컨슈머). 대조적으로, 두 개의 개별 조건("큐에 작업이 있음"와 "큐에 공간이 있음")이 있는 경우 각 조건이 참이 될 때 **하나의 스레드**만 알림을 받으면 된다. ("큐에 작업이 있음"가 사실이 되었을 때 모든 컨슈머 스레드를 깨울 필요가 없다. 그들 중 하나만이 그 레이스에서 이길 수 있을 때 모두 잠금을 위해 경쟁할 것이다. 그리고 "큐에 공간이 있음" 조건에 대해 컨슈머 스레드를 깨우는 것은 전혀 의미가 없다. 오직 프로듀서 스레드만이 조건에 관심을 갖는다.

그렇기 때문에 잠금과 조건 변수는 별개의 개념이지만 밀접하게 관련되어 있다. 이 장의 뒷부분에서 정확히 이러한 종류의 프로듀서/컨슈머 상황의 예를 보게 될 것이다.

16.4.2 공유 메모리 생성

공유 메모리가 있는 배열을 만들려면 먼저 SharedArrayBuffer를 만든 다음 배열을 만들 때 사용한다. SharedArrayBuffer의 크기를 **엔트리**가 아닌 바이트 단위로 지정하기 때문에 원하는 엔트리 수에 배열 생성자의 BYTES_PER_ELEMENT 속성[7]을 곱하는 경우가 많다. 예를 들어, 5개의 엔트리가 있는 공유 Uint16Array를 생성하려면 다음과 같이 한다.

```
const sharedBuf = new SharedArrayBuffer(5 * Uint16Array.BYTES_PER_ELEMENT);
const sharedArray = new Uint16Array(sharedBuf);
```

해당 배열을 브라우저의 웹 워커와 공유하려면 postMessage를 통해 메시지에 포함할 수 있다. 예를 들어 worker가 웹 워커를 참조한다고 가정하면 다음과 같이 앞의 sharedArray를 공유할 수 있다.

```
worker.postMessage(sharedArray);
```

---

[7] 엔트리는 종종 요소라고 하며, 이는 속성에 BYTES_PER_ELEMENT라는 이름이 있는 이유를 설명한다. DOM 요소와의 혼동을 피하기 위해 이 책에서는 엔트리로 사용한다.

워커는 message 이벤트에 대한 event 객체의 data 속성으로 공유 배열을 받는다. 종종 배열을 보내는 것보다 메시지 내용에 대한 일종의 표시와 함께 객체를 보내어 배열을 해당 객체의 속성으로 만드는 것이 유용하다.

```
worker.postMessage({type: "init", sharedArray});
```

속성 유형("init")과 sharedArray(공유 배열)를 가진 객체를 보낸다. 워커는 이벤트의 data 속성으로 해당 객체를 받는다(실제로 공유되는 내용에 대해서는 조금 더 자세히 설명한다).

앞에서 언급한 것들을 모아 기본 예로 만들어 보겠다. 코드 16-1은 Uint16Array를 웹 워커 스레드와 공유하는 메인 스레드 코드를 보여 준다.

코드 16-1 기본 SharedArrayBuffer 사용법(메인 스레드) - basic-SharedArrayBuffer-main.js

```javascript
const sharedBuf = new SharedArrayBuffer(5 * Uint16Array.BYTES_PER_ELEMENT);
const sharedArray = new Uint16Array(sharedBuf);
const worker = new Worker("./basic-SharedArrayBuffer-worker.js");
let counter = 0;
console.log("initial: " + formatArray(sharedArray));
worker.addEventListener("message", e => {
    if (e.data && e.data.type === "ping") {
        console.log("updated: " + formatArray(sharedArray));
        if (++counter < 10) {
            worker.postMessage({type: "pong"});
        } else {
            console.log("done");
        }
    }
});
worker.postMessage({type: "init", sharedArray});

function formatArray(array) {
    return Array.from(
        array,
        b => b.toString(16).toUpperCase().padStart(4, "0")
    ).join(" ");
}
```

코드 16-2는 워커 스레드의 코드다.

16

양우 목리

577

```javascript
let shared;
let index;
const updateAndPing = () => {
    ++shared[index];
    index = (index + 1) % shared.length;
    this.postMessage({type: "ping"});
};
this.addEventListener("message", e => {
    if (e.data) {
        switch (e.data.type) {
            case "init":
                shared = e.data.sharedArray;
                index = 0;
                updateAndPing();
                break;
            case "pong":
                updateAndPing();
                break;
        }
    }
});
```

워커는 "초기화" 메시지를 받으면 shared 변수와 함께 공유 배열을 기억한다. 그 시점에서 메인 스레드와 워커는 해당 배열의 메모리를 공유한다(그림 16-1).

❤ 그림 16-1

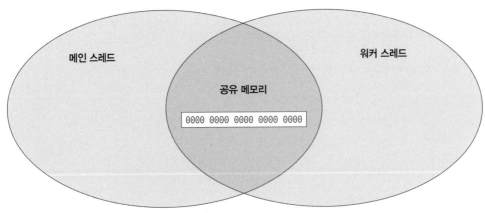

그런 다음 워커는 index를 0으로 설정하고 updateAndPing 함수를 호출한다. updateAndPing은 배열의 index 위치에서 엔트리를 증가시키고 index를 증가시킨 다음(끝에서 다시 0으로 줄 바꿈) 메인 스레드에 "ping" 메시지를 보낸다. 워커 업데이트 엔트리가 공유 메모리에 있기 때문에 워커와 메인 스레드 모두 업데이트를 본다(그림 16-2).

▼ 그림 16-2

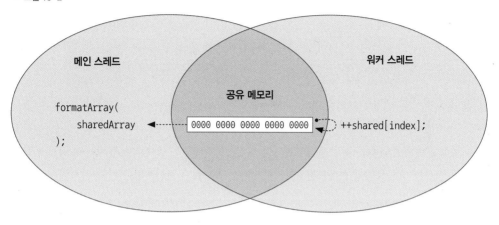

메인 스레드는 카운터를 증가시키고 "pong" 메시지를 보냄으로써 "ping" 메시지에 응답한다. 워커는 updateAndPing을 다시 호출하여 "pong"에 응답한다. 메인 스레드의 카운터가 10에 도달하고 "ping" 전송을 중지할 때까지 계속된다. 워커에게 보내는 각 메시지는 공유 배열의 다음 엔트리를 증가시키고 끝에 도달하면 줄 바꿈을 한다.

다운로드 받은 basic-SharedArrayBuffer-example.html을 사용하여 브라우저에서 이 코드를 실행한다. 웹 서버에서 파일을 제공해야 하고(파일 시스템에서 .html 파일을 열 수만 없음), 파일은 안전하게 또는 로컬로 제공되어야 하며, "브라우저 지원" 절 앞부분에서 배운 헤더와 함께 제공되어야 한다. 원하는 경우 자체 사본을 실행하는 대신 책 웹사이트에서 호스팅되는 버전(https://thenewtoys.dev/bookcode/live/16/basic-SharedArrayBuffer-example.html)을 사용할 수 있다. 콘솔에서 기본 스레드의 출력이 다음과 같이 표시되어야 한다(브라우저에 SharedArrayBuffer가 활성화된 경우).

```
initial: 0000 0000 0000 0000 0000
updated: 0001 0000 0000 0000 0000
updated: 0001 0001 0000 0000 0000
updated: 0001 0001 0001 0000 0000
updated: 0001 0001 0001 0001 0000
updated: 0001 0001 0001 0001 0001
updated: 0002 0001 0001 0001 0001
```

```
updated: 0002 0002 0001 0001 0001
updated: 0002 0002 0002 0001 0001
updated: 0002 0002 0002 0002 0001
updated: 0002 0002 0002 0002 0002
done
```

출력은 메인 스레드가 공유 메모리에 대한 워커의 업데이트를 확인함을 보여 준다.

다른 환경에서 공유 메모리와 다중 스레드를 사용한 적이 있다면 다음과 같이 궁금해할 수 있다. 업데이트가 메인 스레드에서 읽을 준비가 되었는지 어떻게 **알 수** 있을까? 업데이트가 스레드별 캐시(자바스크립트 가상 머신 또는 스레드별 CPU 캐시)에 있으면 어떻게 될까?

이 특정 예에 대한 대답은 postMessage가 **동기화 엣지**(synchronization edge, 동기화가 발생하는 경계)로 정의된다는 것이다. 워커 스레드는 메인 스레드에 postMessage를 사용하여 작업을 완료했음을 알리고 메인 스레드는 해당 메시지를 수신할 때만 결과를 읽으려고 하기 때문에 읽기가 발생하기 전에 쓰기가 완료되고 스레드별 캐시가 오래된 내용이 무효화되었다(이를 읽으려는 시도에서 이전 값을 읽지 않고 대신 새 값이 검색됨). 따라서 메인 스레드는 메시지가 게시될 때 업데이트된 내용을 볼 수 있다는 사실을 알고 배열을 안전하게 읽을 수 있다. 이 예는 또한 메인 스레드가 "ping"을 보낼 때까지 워커가 배열을 다시 수정하지 않는다는 사실에 의존하므로 메인 스레드는 진행 중인 쓰기를 읽는 것에 대해 걱정할 필요가 없다(자세한 내용은 곧 나온다).

postMessage가 유일한 동기화 엣지는 아니다. 이 장의 뒷부분에서 더 많은 동기화 엣지(Atomics.wait와 Atomics.notify)에 대해 배운다.

이 예에서 배열은 SharedArrayBuffer 전체를 사용했지만 일부만 사용할 수도 있고 다른 목적으로 버퍼의 다른 부분을 사용하는 다른 배열과 함께 사용할 수도 있다. 예를 들어 다음은 SharedArrayBuffer의 전반부를 사용하는 Uint8Array와 후반부를 사용하는 Uint32Array의 예이다.

```
const sab = new SharedArrayBuffer(24);
const uint8array  = new Uint8Array(sab, 0, 12);
const uint32array = new Uint32Array(sab, 12, 3);
```

버퍼의 길이는 24바이트다. Uint8Array는 12개의 1바이트 길이 엔트리에 대해 처음 12바이트를 사용하고, Uint32Array는 3개의 4바이트 길이 엔트리에 대해 두 번째 12바이트를 사용한다.

하지만 Uint8Array에 대해 12개가 아닌 10개의 엔트리만 필요하다고 가정한다. 버퍼를 2바이트 작게 만들고 버퍼의 인덱스 10에서 시작하도록 Uint32Array를 이동할 수 있다고 생각할 수도 있다. 하지만 작동하지 않는다.

```
const sab = new SharedArrayBuffer(22);
const uint8array  = new Uint8Array(sab, 0, 10);
const uint32array = new Uint32Array(sab, 10, 3);
// => RangeError: start offset of Uint32Array should be a multiple of 4
```

문제는 **메모리 정렬**(memory alignment)이다. 최신 컴퓨터 CPU는 단일 바이트 이상의 블록에서 메모리를 읽고 쓸 수 있다. 이렇게 하면 블록이 메모리에 **정렬될** 때 훨씬 더 효율적이다. 즉, 메모리에서 블록의 위치가 블록 크기로 균등하게 나눌 수 있는 경우이다. 일련의 바이트를 보여 주는 그림 16-3을 참조하자. 예를 들어 16비트 값을 읽을 때 CPU 명령어가 최적화되는 방식 때문에 0x0001에서 읽는 것보다 0x0000 또는 0x0002에서 읽는 것이 훨씬 더 효율적이다. 이러한 이유로 SharedArrayBuffer 인스턴스는 항상 CPU의 가장 큰 단위로 정렬된 블록(자바스크립트 엔진에서 처리)을 참조하며, 배열 유형에 맞게 정렬된 버퍼에 오프셋을 사용하여 멀티바이트 유형 배열만 생성할 수 있다. 따라서 버퍼의 오프셋에서 Uint8Array를 만들 수 있지만 Uint16Array는 오프셋 0, 2, 4 등에 있어야 한다. 마찬가지로 Uint32Array는 오프셋 0, 4, 8 등에 있어야 한다.

▼ 그림 16-3

주소	값
0x0000	0x08
0x0001	0x10
0x0002	0x27
0x0003	0x16
...	

16.5 객체가 아니라 메모리가 공유된다

16

영유 메모리

공유 메모리를 사용할 때 공유되는 것은 **메모리**뿐이다. 래퍼 객체(SharedArrayBuffer나 이를 사용하는 타입이 있는 모든 배열)는 공유되지 않는다. 예를 들어, 메인 스레드에서 워커로 SharedArrayBuffer를 사용하여 Uint16Array를 전달한 이전 예에서 Uint16Array와 SharedArrayBuffer 객체는 공유되지 않았다. 대신 새로운 Uint16Array와 SharedArrayBuffer 객체가 수신 측에서 생성되어 송신 스레드의 SharedArrayBuffer의 기본 메모리 블록에 연결되었다. 그림 16-4를 참조하자.

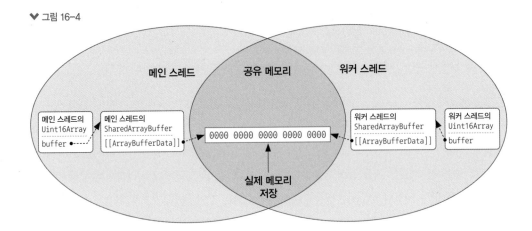

원하는 경우 버퍼와 배열 객체에 사용자 지정 속성을 추가한 다음 워커에 해당 사용자 지정 속성이 표시되지 않는다는 점에 유의하여 이를 쉽게 증명할 수 있다. 코드 16-3와 16-4를 참조하자. 다운로드한 objects-not-shared.html을 사용하여 실행할 수 있다(또는 https://thenewtoys. dev/bookcode/live/16/objects-not-shared.html, 다시 말하지만 올바른 헤더를 사용하여 안전하게 제공해야 한다).

코드 16-3 객체는 공유되지 않는다(메인)-objects-not-shared-main.js

```js
const sharedBuf = new SharedArrayBuffer(5 * Uint16Array.BYTES_PER_ELEMENT);
const sharedArray = new Uint16Array(sharedBuf);
sharedArray[0] = 42;
sharedBuf.foo = "foo";
sharedArray.bar = "bar";
const worker = new Worker("./objects-not-shared-worker.js");
console.log("(main) sharedArray[0] = " + sharedArray[0]);
console.log("(main) sharedArray.buffer.foo = " + sharedArray.buffer.foo);
console.log("(main) sharedArray.bar = " + sharedArray.bar);
worker.postMessage({type: "init", sharedArray});
```

코드 16-4 객체는 공유되지 않는다(워커)-objects-not-shared-worker.js

```js
this.addEventListener("message", e => {
    if (e.data && e.data.type === "init") {
        let {sharedArray} = e.data;
        console.log("(worker) sharedArray[0] = " + sharedArray[0]);
        console.log("(worker) sharedArray.buffer.foo = " + sharedArray.buffer.foo);
        console.log("(worker) sharedArray.bar = " + sharedArray.bar);
    }
});
```

이 코드의 출력은 다음과 같다.

```
(main) sharedArray[0] = 42
(main) sharedArray.buffer.foo = foo
(main) sharedArray.bar = bar
(worker) sharedArray[0] = 42
(worker) sharedArray.buffer.foo = undefined
(worker) sharedArray.bar = undefined
```

버퍼가 사용하는 메모리는 공유하지만, 버퍼 객체와 그것을 사용하는 배열 객체는 공유되지 않는
것을 볼 수 있다.

16.6 레이스 컨디션, 비순차 저장, 신선하지 않은 값, 찢어짐 등

다시 말하지만 이곳에는 용이 살고 있다. 우리는 용 중 일부를 아주 가볍게 다룰 것이지만, 이 책
은 스레드에서 공유 메모리를 올바르게 처리하는 방법에 대해 작성되었음을 기억하자.

한 가지 시나리오를 살펴보겠다. 다음과 같이 스토리지에 SharedArrayBuffer를 사용하는
Uint8Array가 있고 처음 몇 개의 엔트리를 특정 값으로 설정했다고 가정한다.

```
const sharedBuf = new SharedArrayBuffer(10);
const sharedArray = new Uint8Array(sharedBuf);
sharedArray[0] = 100;
sharedArray[1] = 200;
```

설정한 후 다른 스레드와 공유했다. 이제 두 스레드가 모두 실행 중이며 이 예에서는 스레드 간에
동기화나 조정을 수행하지 않았다. 특정 시점에 메인 스레드는 다음 두 엔트리(첫 번째 인덱스 0,
다음 인덱스 1)에 쓴다.

```
sharedArray[0] = 110;
sharedArray[1] = 220;
```

동시에 워커 스레드는 반대 순서(첫 번째 인덱스 1, 인덱스 0)로 두 엔트리를 읽는다.

16
공유 메모리

```
console.log(`1 is ${sharedArray[1]}`);
console.log(`0 is ${sharedArray[0]}`);
```

워커 스레드는 다음을 출력할 수 있다.

```
1 is 220
0 is 110
```

엄청 간단하다. 워커는 메인 스레드가 업데이트를 수행한 후 값을 읽고 워커는 업데이트된 값을 보았다.

다음과 같이 출력할 수도 있다.

```
1 is 200
0 is 100
```

아마도 워커는 주 스레드가 업데이트를 수행하기 직전에 값을 읽었을 것이다. 하지만(놀랄 수 있음) 메인 스레드가 업데이트를 수행한 **후** 작업자가 이를 읽었지만 여전히 이전 값을 볼 수도 있다. 성능을 최대화하기 위해 운영 체제, CPU 및/또는 자바스크립트 엔진은 짧은 시간(또는 때때로 짧지 않은 시간) 동안 각 스레드에 대한 작은 메모리 부분의 캐시된 복사본을 유지할 수 있다 따라서 메모리가 동기화되었는지 확인하기 위해 조치를 취하지 않는 한 워커가 새 값이 작성된 후에도 이전 값을 보는 직관적이지 않은 결과가 발생할 수 있다.

하지만 정말 까다로운 문제가 여기 있다. 워커는 다음을 출력할 수도 있다.

```
1 is 220
0 is 100
```

마지막 출력을 다시 살펴보자. 워커는 어떻게 220(sharedArray[1]의 업데이트된 값)을 보고 **이후에** 100(sharedArray[0]의 **원래** 값)을 볼 수 있을까? 메인 스레드는 새 값을 sharedArray[0]에 쓰기 전에 sharedArray[1]에 새 값을 쓰고, 워커는 sharedArray[0]을 읽기 전에 sharedArray[1]을 읽는다!

대답은 최적화를 위해 자바스크립트 컴파일러 또는 CPU에서 읽기와 쓰기를 모두 재정렬할 수 있다는 것이다. 스레드 내에서 이러한 종류의 재정렬은 결코 명백하지 않지만 스레드 간에 메모리를 공유할 때 스레드 간에 적절하게 동기화하지 않으면 관찰이 가능해질 수 있다.

코드가 실행되는 플랫폼의 아키텍처에 따라 전체 값이 부실하거나 기타 유사한 문제가 될 수 있을 뿐만 아니라 읽기 작업이 진행 중인 쓰기의 **일부**만 읽을 수 있다. 스레드가 Float32Array의 엔트리에 쓰고 있다고 가정하자(하나의 엔트리 = 4바이트). 해당 엔트리를 읽는 스레드가 이전 값의 일부(예: 처음 2바이트)와 새 값의 일부(예: 두 번째 2바이트)를 읽을 수 있다. 유사하게, Float64Array(하나의 엔트리 = 8바이트)를 사용하면 이전 값의 처음 4바이트와 새 값의 두 번째 4바이트를 읽을 수 있다. DataView를 통해 멀티바이트 값을 읽을 때도 문제가 발생할 수 있다. Int32Array와 같은 정수형 배열에서는 문제가 되지 **않는다**. 사양은 이러한 작업이 **찢어지지 않도록** 요구한다. 제안의 작성자 중 한 명인 랄스 T. 한센이 질문을 받았을 때 이 보증은 자바스크립트 엔진이 구현될 모든 관련 하드웨어에 존재하므로 제안에는 사양에 보증이 포함되어 있다고 말했다 (보증을 제공하지 않는 하드웨어에 구현된 엔진은 자체 보증을 처리해야 한다).

이것들은 공유 메모리와 여러 스레드가 관련되어 있을 때 겉보기에 논리적인 코드에 걸려 넘어질 수 있는 몇 가지 방법일 뿐이다.

해결책(한 스레드에서 쓰고 다른 스레드에서 읽어야 하는 경우)은 동일한 공유 메모리에서 작동하는 스레드 간에 동기화 양식을 보장하는 것이다. 이전에 브라우저 환경에 특정한 하나의 양식인 postMessage를 보았다. 자바스크립트 자체에 의해 정의된 이를 수행하는 방법도 있다. 바로 Atomics 객체이다.

16.7 Atomics 객체

데이터 레이스(data race), 신선하지 않은 값 읽기(stale read), 비순차적 쓰기(out-of-order write), 찢어짐(tearing) 등을 처리하기 위해 자바스크립트는 Atomics 객체를 제공하는데, 이 객체는 일관되고 순차적이며 동기화된 방식으로 공유 메모리를 처리하기 위한 고수준과 저수준 도구를 모두 제공한다. Atomics 객체에 의해 노출된 메서드는 이 장의 뒷부분에서 볼 수 있듯이 읽기-수정-쓰기 작업이 중단되지 않도록 할 뿐만 아니라 작업에 순서를 부과한다. Atomics 객체는 동기화 엣지를 보장하는 스레드 간의 신호를 제공한다(브라우저가 postMessage를 통해 제공하는 것과 같다).

"왜 Atomics이라고 불리는 걸까? 이것은 물리학이 아니라 프로그래밍인데…" Atomics 객체는 **원자적 작업**(atomic operation)을 지원하기 때문에 그렇게 명명되었는데, 이 작업은 **분할할 수 없다**. 물리학에서 원자는 쪼개지지 않는다는 것이 오랫동안 알려져 있었고, "원자"라는 단어는 원래 정확히 이것을 의미했다("자르지 않은, 다듬지 않은, 나눌 수 없는"을 의미하는 그리스어 **atomos**에서 유래). 1805년경 존 돌튼이 원자가 철과 산소와 같은 자연 요소의 불가분의 구성 요소라고 생각했기 때문이다.

이전 절의 예에서 메인 스레드는 다음과 같이 인덱스 0에 100, 인덱스 1에 200을 가진 sharedArray를 가지고 있었다.

```
sharedArray[0] = 100;
sharedArray[1] = 200;
```

그리고 다음을 수행했다.

```
sharedArray[0] = 110;
sharedArray[1] = 220;
```

해당 엔트리를 읽는 다른 스레드가 오래된 값을 읽거나 값이 순서 없이 기록되는 것을 볼 수 있다는 것을 그 절에서 배웠다. 이러한 쓰기가 배열을 공유하는 다른 스레드에서 보고 순서대로 표시되도록 하기 위해 기본 스레드는 Atomics.store를 사용하여 새 값을 저장할 수 있다. Atomics.store는 배열, 쓸 엔트리의 인덱스, 쓸 값을 받는다.

```
Atomics.store(sharedArray, 0, 110);
Atomics.store(sharedArray, 1, 220);
```

마찬가지로 작업자 스레드는 Atomics.load를 사용하여 값을 검색한다.

```
console.log(Atomics.load(sharedArray, 1));
console.log(Atomics.load(sharedArray, 0));
```

이제 워커가 읽기를 수행하기 전에 메인 스레드가 쓰기를 수행하면 작업자는 업데이트된 값을 볼 수 있다. 워커는 또한 인덱스 0으로 업데이트하기 전에 인덱스 1에 대한 업데이트를 보지 않도록 보장된다. Atomics 메서드를 사용하면 자바스크립트 컴파일러나 CPU에서 해당 작업을 재정렬하지 않는다(워커 스레드가 값을 다른 순서로 읽더라도, 만약 시간이 적절하고 주 스레드가 인덱스 0에 쓴 후 주 스레드가 인덱스 1에 쓰기 전에 읽기를 했다면 인덱스 0에서 업데이트된 값을 볼 수 있을 것이다).

Atomics 객체는 일반적인 작업을 위한 메서드도 제공한다. 예를 들어, 공유 메모리에서 주기적으로 카운터를 증가시켜야 하는 여러 워커가 있다고 가정하자. 다음과 같이 쓰고 싶을 수 있다.

```
// 잘못됨
const old = Atomics.load(sharedArray, index);
Atomics.store(sharedArray, index, old + 1);
```

해당 코드의 문제는 읽기(load)와 저장(store) 사이에 간격이 있다는 것이다. 그 간격 내에서 다른 스레드가 해당 엔트리를 읽고 쓸 수 있다(원자적 객체를 사용하는 두 호출 **사이에** 발생하기 때문에 Atomics 객체를 사용하는 경우에도 그렇다). 이 동일한 코드가 두 명의 워커에서 실행되는 경우 그림 16-5에 표시된 것과 같은 레이스가 있을 수 있다.

▼ 그림 16-5

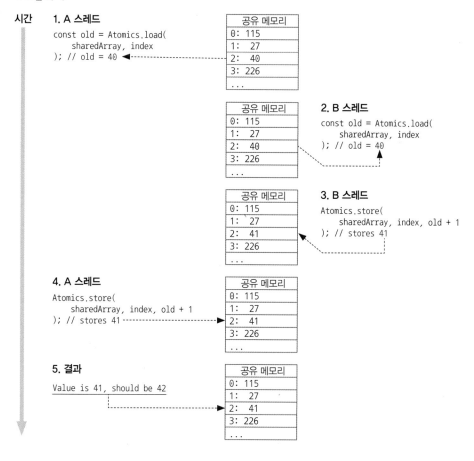

그림에서 볼 수 있듯이 워커 B의 증분을 워커 A가 덮어쓰고 카운터가 잘못된 값으로 남는다.

정답은? Atomics.add는 배열, 엔트리 색인과 값을 받는다. 해당 인덱스에서 엔트리의 값을 읽고 주어진 값을 추가하고 결과를 엔트리에 다시 저장한다(모두 원자적 연산으로). 그리고 엔트리의 이전 값을 반환한다.

```
oldValue = Atomics.add(sharedArray, index, 1);
```

add가 이전 값을 읽고 add가 새 값을 쓰기 전에 다른 스레드가 주어진 인덱스에서 값을 업데이트 할 수 없다. 앞에서 설명한 스레드 A와 스레드 B 간의 경쟁은 발생할 수 없다.

Atomics 객체는 엔트리의 값에 대해 수행하는 작업 외에 add가 수행하는 것과 정확히 동일한 방식으로 작동하는 여러 작업을 제공한다. 작업에 따라 엔트리의 값을 수정하고 결과를 저장하고 엔트리의 이전 값을 반환한다. 표 16-1을 참조하자.

▼ 표 16-1

메서드	작업	원자적 버전
Atomics.add	덧셈	array[index] = array[index] + newValue
Atomics.sub	빼기	array[index] = array[index] - newValue
Atomics.and	비트 AND	array[index] = array[index] & newValue
Atomics.or	비트 OR	array[index] = array[index] | newValue
Atomics.xor	비트 XOR	array[index] = array[index] ^ newValue

16.7.1 저수준 Atomics 객체 기능

고급 공유 메모리 알고리즘은 단순한 load, store, add 등의 메서드보다 더 나아가야 할 수도 있다. Atomics 객체는 이러한 알고리즘을 위한 빌딩 블록을 포함한다.

"원자적 교환" 작업은 다중 스레드 프로세스의 상당히 고전적인 빌딩 블록 중 하나다. 즉, 하나의 값을 다른 값으로 원자적으로 교환한다. 이 작업은 Atomics.exchange(array, index, value)에 의해 제공된다. array의 index에 있는 값을 읽고, 주어진 value를 그것에 저장하고, 이전 값을 반환하는 등 모두가 원자적 작업이다.

"원자적 비교와 교환" 작업은 또 다른 고전적인 빌딩 블록이다. 즉, 이전 값이 예상 값과 일치하는 경우에만 한 값을 다른 값으로 원자적으로 교환한다. 이는 Atomics.compareExchange(array, index, expectedValue, replacementValue)에서 제공한다. 배열 엔트리에서 이전 값을 읽고 예상 값과 일치하는 **경우에만** 이를 replacementValue로 바꾸고 이전 값을 반환한다(일치하는지 여부). compareExchange는 잠금을 구현하는 데 유용하다.

```
if (Atomics.compareExchange(locksArray, DATA_LOCK_INDEX, 0, 1) === 0) {
    //                                                ↑  ↑     ↑
    //                                                |  |     |
    //                            0일것으로 기대 --/  |     |
    //                              그렇다면 1을 쓴다 -/       |
    //                    이전 값이 기댓값(0)이었는지 확인한다. --/
    // 잠금을 얻었으므로 잠금으로 보호되는 데이터에 작업을 한다
    for (let i = 0; i < dataArray.length; ++i) {
        dataArray[i] *= 2;
    }
    // 잠금을 푼다
    Atomics.store(locksArray, DATA_LOCK_INDEX, 0);
}
```

이 예에서 locksArray의 엔트리는 dataArray에 대한 게이트키퍼로 사용된다. 스레드는 DATA_LOCK_INDEX의 엔트리를 0에서 1로 원자적으로 변경하는 데 성공한 경우에만 dataArray에 접근/수정할 수 있다. 이 예에서 잠금을 얻은 경우, 코드는 배열의 각 엔트리 값을 두 배로 늘린다. 프로그래머는 잠금 때문에 안전하게 할 수 있다는 것을 알고 있다. 배열 업데이트가 끝나면 코드는 잠금을 해제하기 위해 잠금 인덱스에 원자적으로 0을 다시 쓴다.

이 잠금은 dataArray에 접근할 수 있는 모든 코드가 동일한 잠금을 사용하는지 확인하는 경우에만 작동한다는 사실이 중요하다. 이 방식으로 compareExchange를 사용하면 현재 스레드가 공유배열을 "소유"하고 배열이 최신 상태인지 확인한다(CPU 스레드별 캐시 등에 보류 중인 변경 사항이 없다).

Atomics 객체 기능 중 하나를 사용하는 대신(for 루프에서 Atomics.load 등을 사용하는 것과 같은) 잠금을 직접 작성하고 싶은 이유는 무엇일까? 두 가지 이유가 있다.

- **전체 배열을 원자적으로 처리하기 위해**: Atomics.load 등의 개별 작업만 원자적으로 처리되도록 한다. 배열의 다른 부분은 거의 동시에 동일한 엔트리에서 작업을 시도하는 것을 포함하여 다른 코드에서 동시에 접근할 수 있다.

- **효율성을 위해**: 여러 엔트리에 접근할 때 Atomics가 모든 개별 작업에서 동기화와 잠금을 수행하도록 하는 것보다 전체 작업에 대해 한 번 잠그는 것이 훨씬 더 효율적이다.

이전 코드에서 dataArray를 수정하기 위해 Atomics 호출만 사용했다고 가정해 보겠다.

```
for (let i = 0; i < dataArray.length; ++i) {
    let v;
    do {
        v = Atomics.load(dataArray[i]);
    } while (v !== Atomics.compareExchange(dataArray, i, v, v * 2));
}
```

이는 이전 코드와 약간 다르다. locksArray 버전에서는 전체 dataArray가 전체적으로 처리된다. 이 두 번째 버전에서는 두 개의 스레드가 어레이의 다른 부분에서 동시에 작동할 수 있다(사용 사례에 따라 유용할 수도 있고 그렇지 않을 수도 있다. 동시 접근을 특별히 허용하려는 경우가 아니라면 버그가 기다리고 있을 가능성이 높다).

이 두 번째 버전의 코드도 더 복잡하다. 다른 코드가 값을 가져오고 업데이트된 값을 저장하려고 시도하는 사이에 엔트리 값을 변경할 수 있기 때문에 엔트리를 업데이트할 때 각 반복에 do-while 루프가 있어야 하는 방법에 유의하자(그림 16-5를 다시 생각해 보자. 스레드가 경쟁할 수 있기 때문에 Atomics.load와 Atomics.store만 사용할 수는 없다).

마지막으로, 이 두 번째 버전에는 **많은** 개별 저수준 잠금/잠금 해제 작업이 필요하다(dataArray의 엔트리당 2개 이상, 다른 스레드도 어레이를 업데이트하기 때문에 do-while 루프가 반복되어야 하는 경우가 더 많다).

16.7.2 Atomics 객체를 사용하여 스레드 일시 중단 및 재개하기

ES2017부터 스레드는 작업 중간에 일시 중단되었다가 다시 시작되어 해당 작업을 계속 처리할 수 있다. 대부분의 환경은 메인 스레드[8]를 일시 중단하는 것을 허용하지 않지만 워커 스레드를 일시 중단하는 것은 허용한다. Atomics 객체는 이를 수행하는 메서드를 제공한다.

스레드를 일시 중단하려면 공유 Int32Array의 엔트리에서 Atomics.wait를 호출한다.

```
result = Atomics.wait(theArray, index, expectedValue, timeout);
```

---

[8] 어쨌든 이 메커니즘을 통해서는 아니다. 브라우저의 alert, confirm 및 prompt 같은 구식 기능은 표시되는 모달(modal) 대화 상자가 닫힐 때까지 UI 스레드에서 자바스크립트를 일시 중단하지만 브라우저 제조업체는 제공하는 데 사용된 절대 차단을 천천히 약화시키고 있다(예를 들어 크롬은 더 이상 백그라운드 탭의 alert을 차단하지 않는다).

다음 예에서 Atomics.wait은 sharedArray[index]에서 값을 읽고 값이 42와 같으면 스레드를 일시 중단한다. 스레드는 무언가가 다시 시작되거나 시간 초과가 발생할 때까지 일시 중단된 상태로 유지된다(예에서 시간 초과는 30000ms, 30초). 제한 시간을 그대로 두면 기본값은 Number.Infinity다. 즉, 다시 시작될 때까지 영원히 기다린다.

```
result = Atomics.wait(sharedArray, index, 42, 30000);
```

Atomics.wait은 결과가 무엇인지 알려주는 문자열을 반환한다.

- "ok": 스레드가 일시 중단되었다가 이후에 재개된 경우(시간 초과가 아님)
- "timed-out": 스레드가 일시 중단되고 시간 초과에 도달하여 재개된 경우
- "not-equal": 배열의 값이 주어진 값과 같지 않기 때문에 스레드가 일시 중단되지 않은 경우

배열의 해당 엔트리를 기다리는 스레드를 재개하려면 Atomics.notify를 호출한다.

```
result = Atomics.notify(theArray, index, numberToResume);
```

다음 예에서 전달한 숫자(1)는 재개할 대기 스레드 수이다. 이 예에서는 여러 스레드가 해당 엔트리를 기다리고 있는 경우에도 하나의 스레드만 재개하도록 요청하고 있다. Atomics.notify는 실제로 재개된 스레드 수를 반환한다(대기가 없는 경우 0이다).

```
result = Atomics.notify(sharedArray, index, 1);
```

일시 중단되는 동안 스레드는 작업 대기열에서 더 이상 작업을 처리하지 않는다. 이는 자바스크립트의 "완료할 때까지 실행한다"는 원칙 때문이다. 스레드는 수행 중인 작업을 완료할 때까지 대기열에서 다음 작업을 선택할 수 없으며 작업 중간에 일시 중단된 경우 수행할 수 없는데, 대부분의 환경에서 메인 스레드가 일시 중단될 수 없는 이유가 된다. 일반적으로 작업을 계속 처리하는 것이 중요하다(예를 들어 브라우저의 메인 스레드는 UI 스레드다. UI 스레드를 일시 중단하면 UI가 응답하지 않게 된다).

다음 절에서는 스레드를 일시 중단/재개하는 예를 볼 수 있다.

16.8 / 공유 메모리 예

이 절의 예는 이 장의 전체에서 공유 메모리와 Atomics 메서드에 대해 배운 다양한 내용을 결합하여 메모리 블록의 해시(MD5, SHA-1 등)를 계산하는 작업(이 예에서)인 "공유 메모리 기본 사항"의 앞부분에서 언급한 프로듀서/컨슈머 대기열을 구현한다. 메인 스레드, 해시할 블록을 채우고 큐에 넣는 프로듀서 스레드, 큐에서 블록을 가져와 내용을 해시하고 결과를 메인 스레드에 게시하는 여러 컨슈머 스레드 간에 메모리를 공유한다(실제로 두 개의 큐가 있다. 하나는 해시 대기 중인 블록용이고 다른 하나는 새 데이터로 로드할 수 있는 블록용이다). 잠금으로 보호되는 임계 영역을 사용한다. 조건이 참이 될 때 신호를 보내는 조건 변수 Atomics.wait은 조건이 참이 되기를 기다리는 스레드를 일시 중단한다. 그리고 Atomics.notify는 조건이 참이 될 때 스레드를 통지(재개)한다.

재사용 가능한 Lock과 Condition 클래스부터 시작하겠다. 코드 16-5를 보자.

코드 16-5 Lock과 Condition 클래스 - lock-and-condition.js

```
// Lock과 Condition은 이 github repo에서 T. Hansen의 작업에서 영감을 받았다.
// https://github.com/lars-t-hansen/js-lock-and-condition
// 이 API는 거기 있는 것과 동일하지 않지만 내부 작동은 매우 유사하다.
// 그러나 버그를 발견하면 Harsen의 것이 아니라 내 것이라고 생각하라.


/**
 * 'Lock'과 'Condition' 클래스의 생성자가 취하는 인수와 checkArguments 함수가
 * 취하는 인수를 취하는 메서드의 인수를 검사하기 위해 사용되는 유틸리티 함수
 *
 * @param    {SharedArrayBuffer} sab          검사할 버퍼
 * @param    {number}            byteOffset   검증할 오프셋
 * @param    {number}            bytesNeeded  오프셋에 필요한
 *                                            바이트 수
 * @throws   {Error} 요구사항 중 하나라도 만족하지 않는 경우
 */
function checkArguments(sab, byteOffset, bytesNeeded) {
    if (!(sab instanceof SharedArrayBuffer)) {
        throw new Error("`sab` must be a SharedArrayBuffer");
    }
    // 오프셋은 버퍼 내 위치를 식별할 수 있는 정수여야 하고,
    // Int32Array를 사용하기 때문에 이 정수는 4로 나눌 수 있어야 하고,
    // 그래야 'Atomics.compareExchange'에서 사용할 수 있다. 해당 위치에서
    // 최소한 사용할 수 있는 바이트 수가 주어져야 한다.
    if ((byteOffset|0) !== byteOffset
```

```
        || byteOffset % 4 !== 0
        || byteOffset < 0
        || byteOffset + bytesNeeded > sab.byteLength
      ) {
        throw new Error(
            ```byteOffset`` must be an integer divisible by 4 and identify a ` +
            `buffer location with ${bytesNeeded} of room`
        );
    }
}


// 'Lock'과 'Condition'에서 사용하는 상태 값
//   상태 값은 아래와 같이 값 0, 1, 2만 가능하고, 그렇지 않으면 'unlock'의 구현은 실패해야 한다.
// (이름은 단순히 명확한 가독성을 위한 것이다)
const UNLOCKED = 0;     // 잠금 해제된 상태이고, 획득이 가능함
const LOCKED = 1;       // 잠금 상태이고, 대기하는 스레드는 없음
const CONTENDED = 2;    // 잠금 상태이고,
                        // 최소한 하나 이상의 스레드가
                        // 잠금 해제 통보를 대기하고 있음

/**
 * 'SharedArrayBuffer'의 주어진 영역(region)을 사용해 잠금을 구현하는 클래스
 *
 * '새 Lock'을 사용하여 SAB를 초기화함으로써 SAB 안에 새 잠금을 생성하고,
 * 이에 접근하기 위해 'Lock' 인스턴스를 가져온다. SAB에 기존 'Lock'을 사용하려면
 * '새 Lock'이 **아니라** '직렬화(serialize)'로 생성된 객체를 'Lock.deserialize'를 사용해서
 * 역직렬화(deserialize)해야 한다.
 */
export class Lock {
    // 구현 노트:
    //
    // 잠금 상태는 SharedArrayBuffer 내부에 (Int32Array로 통한) 단일 32비트 엔트리이다.
    // 잠금 상태 엔트리는 'Lock.initialize'를 통해 알려진 상태로 반드시 초기화된 이후에
    // 잠금 획득에 사용되어야 한다. 일단 초기화된 이후에 이 엔트리는
    // 'UNLOCKED', 'LOCKED', 'CONTENDED' 값만 가져야 한다.
    //
    // 이 클래스는 잠금을 해제하려는 코드가 최초에 잠금을 획득한 코드인지
    // 확인하지 않는다. 이렇게 구현한 이유는 단순함과 성능을
    // 위한 것이다.

    /**
     * 주어진 'SharedArrayBuffer'에서 잠금을 생성하고,
     * 잠금을 사용할 수 있는 'Lock' 인스턴스를 반환하거나
```

16

약수 목모린
```

```
 * ('Lock.deserialize'를 통해) 다른 코드에서 사용할 직렬화를 제공한다.
 *
 * @param    {SharedArrayBuffer} sab      사용할 버퍼
 * @param    {number}            byteOffset 사용할 버퍼의 영역에 대한
 *                                          오프셋. 'Lock' 객체는
 *                                          'Lock.BYTES_NEEDED' 바이트를
 *                                          사용한다
 */
constructor(sab, byteOffset) {
    checkArguments(sab, byteOffset, Lock.BYTES_NEEDED);
    this.sharedState = new Int32Array(sab);
    this.index = byteOffset / 4; // 바이트 오프셋 => Int32Array 인덱스
    Atomics.store(this.sharedState, this.index, UNLOCKED);
}


/**
 * 이 'Lock' 인스턴스가 사용할 'SharedArrayBuffer'를 가져온다
 */
get buffer() {
    return this.sharedState.buffer;
}


/**
 * 잠금을 가져온다. 성공할 때까지 영원히 대기한다. 스레드가 대기 상태에 진입해야
 * 하고, 대다수 환경에서는 메인 스레드가 대기 상태에 진입하는 것을 허용하지
 * 않기 때문에 (브라우저를 포함한) 대부분의 환경에서는 메인 스레드에서
 * 사용할 수 없다.
 */
lock() {
    const {sharedState, index} = this;
    // 기존의 'UNLOCKED' 값을 'LOCKED'로 바꿔서 잠금을 획득하려고
    // 시도한다. 'compareExchange'는 교환이 실제로 성사되었는지에
    // 관계없이 주어진 인덱스의 값을 반환하고 교환을 수행한다
    let c = Atomics.compareExchange(
            sharedState,
            index,
            UNLOCKED,    // 엔트리에 'UNLOCKED'가 포함되어 있다면,
            LOCKED       // 'LOCKED'로 바꾼다.
        );
    // 'c'가 'UNLOCKED'이면 이 스레드는 잠금을 획득한 것이고
    // 그렇지 않다면 잠금을 획득할 때까지 대기한다.
    while (c !== UNLOCKED) {
```

```
                    // 'c'가 이미 'CONTENDED'이거나 이 스레드가 'LOCKED'를
                    // 'CONTENDED'로 바꾸려고 시도하는 사이에 'c'가 이미 'UNLOCKED'로
                    // 바뀌었는지를 찾지 못했다면 대기한다.
                    const wait =
                        c === CONTENDED
                        ||
                        Atomics.compareExchange(
                            sharedState,
                            index,
                            LOCKED,        // 엔트리에 'LOCKED'가 포함되어 있다면
                            CONTENDED      // 'CONTENDED'로 바꾼다.
                        ) !== UNLOCKED;
                    if (wait) {
                        // 이 스레드가 시작했을 때의 값이 'CONTENDED'인 경우에만
                        // 대기 상태로 진입한다
                        Atomics.wait(sharedState, index, CONTENDED);
                    }
                    // 스레드는 다음 세 가지 방법 중 하나로 여기에 도달한다.
                    // 1. 대기 상태였다가 알림을 받았을 때, 또는
                    // 2. 'LOCKED'를 'CONTENDED'로 바꾸려고 시도했는데
                    // 이미 'UNLOCKED'인 것을 발견한 경우, 또는
                    // 3. 대기를 시도했지만, 대기를 시작할 때 거기에 있어야 할 값이
                    // 'CONTENDED'가 아닌 경우에
                    // "UNLOCKED"를 'CONTENDED'로 바꾸려고 시도한다
                    c = Atomics.compareExchange(sharedState, index, UNLOCKED, CONTENDED);
            }
        }

        /**
         * 잠금을 해제한다.
         */
        unlock() {
            const {sharedState, index} = this;
            // 상태의 현재 값에서 1을 빼고, 거기에 있었던 이전 값을 가져온다.
            // 이렇게 하면 'LOCKED'를 'UNLOCKED'로, 'CONTENDED'를 'LOCKED'로
            // 바꾸게 된다. (또는 잠금을 획득하지 않았는데 오류로 호출하게 된다면)
            // 'UNLOCKED'를 -1로 변환하게 된다.
            const value = Atomics.sub(sharedState, index, 1);
            // 이전 값이 'LOCKED'이고, 1을 뺐다면 이제는 'UNLOCKED'가 된다.
            if (value !== LOCKED) {
                // 이전 값이 'LOCKED'가 아니었다. 일반적으로 이것은
                // 'CONTENDED'였다는 뜻이고, 하나 이상의 스레드가 잠금 해제를
                // 대기하고 있었다는 뜻이다. 이런 경우 최대 한 개의 스레드에 알려준다.
```

```
            Atomics.store(sharedState, index, UNLOCKED);
            Atomics.notify(sharedState, index, 1);
            //              통지할 최대 스레드 개수 ^
        }
    }

    /**
     * 이 'Lock' 객체를 'postMessage'와 함께 사용할 수 있는 객체로
     * 직렬화한다.
     *
     * @returns 'postMessage'에 사용할 객체.
     */
    serialize() {
        return {
            isLockObject: true,
            sharedState: this.sharedState,
            index: this.index
        };
    }

    /**
     * '직렬화(serialize)'했던 객체를 다시 사용할 수 있는 'Lock'으로 역직렬화한다.
     *
     * @param   {object} obj 직렬화한 'Lock' 객체
     * @returns 'Lock' 인스턴스
     */
    static deserialize(obj) {
        if (!obj || !obj.isLockObject ||
            !(obj.sharedState instanceof Int32Array) ||
            typeof obj.index !== "number"
            ) {
            throw new Error("`obj` is not a serialized `Lock` object");
        }
        const lock = Object.create(Lock.prototype);
        lock.sharedState = obj.sharedState;
        lock.index = obj.index;
        return lock;
    }
}
Lock.BYTES_NEEDED = Int32Array.BYTES_PER_ELEMENT; // Lock은 하나의 항목만 사용한다

/**
 * 주어진 잠금과 'SharedArrayBuffer'의 주어진 영역('Lock'이 사용하는
```

```
 * 동일한 버퍼 안에 다른 영역)을 사용하여 조건 변수를 구현하는 클래스
 *
 * 'new Condition'을 사용하여 SAB에 새로운 조건 변수를 생성한다.
 * 이렇게 하면 SAB의 영역에 초깃값을 설정하고, 조건 변수에 접근하는 데
 * 사용할 수 있는 'Condition' 객체를 반환할 수 있다. 다른 코드는 'serialize'로 생성된
 * 객체에 ('new Condition'이 **아니라**) 'Condition.deserialize'를 사용하여
 * 조건 변수에 접근하는 방식으로 조건 변수를 사용할 수 있다.
 */
export class Condition {
    /**
     * 주어진 'Lock'과 'Lock'이 사용하는 버퍼의 주어진 영역에 대한
     * 상태 정보를 사용하는 'Condition' 객체를 생성한다. 이 영역은
     * 반드시 'Condition.initilize'로 특정 시점에 초기화되어야 하고
     * 'Lock' 또는 다른 'Condition'이 사용하는 영역과 겹쳐서는 안 된다.
     *
     * @param    {Lock}      lock         사용할 잠금
     * @param    {number}    byteOffset   'Lock'의 버퍼가 사용할
     *                                    영역의 오프셋. 오프셋에서 시작하는
     *                                    'Condition.BYTES_NEEDED' 바이트를
     *                                    사용할 것이다.
     */
    constructor(lock, byteOffset, noInit = false) {
        if (!(lock instanceof Lock)) {
            throw new Error("`lock` must be a `Lock` instance");
        }
        const sab = lock.buffer;
        checkArguments(sab, byteOffset, Condition.BYTES_NEEDED);
        this.sharedState = new Int32Array(sab);
        this.index = byteOffset / 4; // 바이트 오프셋 => Int32Array 인덱스
        this.lock = lock;
        Atomics.store(this.sharedState, this.index, 0);
    }

    /**
     * 'Condition'의 'Lock'을 해체하고 조건의 알림을 대기한다.
     * 이 호출 코드에는 반드시 잠금이 있어야 한다.
     */
    wait() {
        const {sharedState, index, lock} = this;
        const sequence = Atomics.load(sharedState, index);
        lock.unlock();
        Atomics.wait(sharedState, index, sequence);
        lock.lock();
```

```
    }

    /**
     * 하나의 대기 스레드에 알린다. 일반적으로 코드는 조건이
     * "true"가 될 때(특정 조건에 대한 의미가 무엇이든) 이를 수행한다.
     * 이 호출 코드에는 반드시 잠금이 있어야 한다.
     */
    notifyOne() {
        const {sharedState, index} = this;
        Atomics.add(sharedState, index, 1);      // 시퀀스를 1만큼 이동한다
        Atomics.notify(sharedState, index, 1);   // 1 = 하나의 스레드에만 알림
    }


    /**
     * 모든 대기 스레드에 알린다. 일반적으로 코드는 조건이
     * "true"가 될 때(특정 조건에 대한 의미가 무엇이든) 이를 수행한다.
     * 이 호출 코드에는 반드시 잠금이 있어야 한다.
     */
    notifyAll() {
        const {sharedState, index} = this;
        Atomics.add(sharedState, index, 1);      // 시퀀스를 1만큼 이동한다
        Atomics.notify(sharedState, index);      // 세 번째 인수 없음 = 모든 스레드에 알림
    }


    /**
     * 'Condition' 객체를 'postMessage'와 함께 사용할 객체로
     * 직렬화한다.
     *
     * @returns 'postMessage'에 사용할 객체.
     */
    serialize() {
        return {
            isConditionObject: true,
            sharedState: this.sharedState,
            index: this.index,
            lock: this.lock.serialize()
        };
    }

    /**
     * '직렬화(serialize)'했던 객체를 다시 사용할 수 있는 'Condition'으로 역직렬화한다.
     *
     * @param   {object} obj 직렬화한 'Condition' 객체
```

```
        * @returns 'Condition' 인스턴스
        */
    static deserialize(obj) {
        if (!obj || !obj.isConditionObject ||
            !(obj.sharedState instanceof Int32Array) ||
            typeof obj.index !== "number"
            ) {
            throw new Error("`obj` is not a serialized `Condition` object");
        }
        const condition = Object.create(Condition.prototype);
        condition.sharedState = obj.sharedState;
        condition.index = obj.index;
        condition.lock = Lock.deserialize(obj.lock);
        return condition;
    }
}
Condition.BYTES_NEEDED = Int32Array.BYTES_PER_ELEMENT;
```

Lock은 기본적이고 간단한 잠금을 제공한다. Lock 생성자를 사용하여 SharedArrayBuffer 내에 잠금을 만들고 SharedArrayBuffer와 잠금을 생성할 오프셋을 전달한다.

```
const lock = new Lock(sab, offset);
```

Lock 생성자는 SharedArrayBuffer의 잠금에 대한 초기 상태 정보를 설정하고 사용할 Lock 인스턴스를 반환한다. 잠금은 Int32Array 인스턴스를 사용하므로 배열 엔트리가 정렬되도록 오프셋을 4로 균등하게 나눌 수 있어야 한다(그렇지 않으면 RangeError가 발생한다. 이 장의 앞부분에 있는 "공유 메모리 생성"에서 정렬에 대한 설명 참조). Lock 클래스는 Lock.BYTES_NEEDED라는 속성을 통해 필요한 SharedArrayBuffer의 바이트 수를 알려준다(버퍼에 다른 것을 저장하거나 잠금을 위해 버퍼를 충분히 크게 만들어야 하는 경우).

잠금 지점은 스레드 간에 공유되어야 하므로 Lock을 공유하려면 serialize 메서드를 호출하여 postMessage를 통해 게시할 수 있는 간단한 객체를 가져온다.

```
worker.postMessage({type: "init", lock: lock.serialize()});
```

수신 스레드에서 Lock.deserialize를 사용하여 해당 스레드가 사용할 Lock 인스턴스를 가져온다.

```
const lock = Lock.deserialize(message.lock);
```

송신 스레드의 Lock 인스턴스와 수신 스레드의 Lock 인스턴스는 SharedArrayBuffer에서 동일한 기본 데이터를 공유한다.

다른 스레드가 잠금을 가지지 못하도록 잠금을 **획득하려면**(소유권을 받으려면) lock 메서드를 호출한다.

```
lock.lock();
```

lock은 잠금을 획득할 수 있을 때까지 무기한 대기한다(더 복잡한 Lock 클래스는 시간 초과 메커니즘을 제공할 수 있다). 현재 스레드를 대기 상태로 만들기 때문에(Atomics.wait를 통해) 대부분의 환경에서 기본 스레드에서 호출할 수 없다. 워커 스레드를 사용해야 한다. 이 예는 나중에 보게 될 코드의 프로듀서와 컨슈머 스레드에서 잠금을 사용한다.

코드가 잠금을 소유하면 임계 영역 코드로 진행할 수 있다. 완료되면 unlock을 통해 잠금을 해제한다.

```
lock.unlock();
```

Condition은 Lock과 유사한 방식으로 작동한다. Condition 생성자를 사용하여 Condition을 생성하고, 이를 사용해야 하는 Lock 인스턴스와 조건의 상태 정보를 유지해야 하는 SharedArrayBuffer 내의 오프셋을 전달한다.

```
const myCondition = new Condition(lock, conditionOffset);
```

Condition 생성자가 Lock 인스턴스를 받는다는 점에 유의하자. 이는 Condition이 동일한 공유 메모리와 관련하여 다른 Condition 또는 코드가 사용하는 동일한 잠금을 사용해야 하기 때문이다. 예를 들어, 프로듀서/컨슈머 스레드 예에서는 대기열에 값을 넣거나 값을 꺼내는 등의 기본 대기열 작업과 "대기열에 공간이 있다"와 "대기열에 작업이 있다"와 같은 작업이 사용하는 조건에 대해 대기열에 하나의 잠금이 사용된다.

Lock과 마찬가지로 Condition은 Int32Array를 사용하므로 생성자 호출에서 제공하는 오프셋은 4로 나눌 수 있어야 하는데, 이를 통해 Condition.BYTES_NEEDED 속성을 통해 SharedArrayBuffer에 얼마나 많은 공간이 필요한지 알려준다.

스레드가 Condition을 기다리게 하려면 Condition의 wait 메서드를 호출한다. 스레드는 wait을 호출할 때 Condition이 사용하는 잠금을 소유해야 한다. 이는 놀랍게 보일 수 있지만 Condition이 사용되는 방식을 보면 의미가 있다. 예를 들어, 이 예에서 사용하는 것과 같은 공유 큐에서 "넣기"

작업(큐에 값을 넣는 것)은 큐의 데이터에 접근하고 업데이트해야 하기 때문에 임계 영역이다. 따라서 "넣기"를 수행하는 스레드는 작업을 수행하기 전에 잠금 소유권을 얻어야 한다. 그러나 큐가 가득 차면 "큐에 공간이 있다" 조건이 참이 될 때까지 기다려야 한다. 그렇게 하려면 잠금을 해제하고 조건이 참라는 알림을 기다린 다음 잠금을 다시 획득해야 한다. Condition의 wait 메서드는 해당 작업을 적절한 방식으로 처리하므로 스레드가 이미 잠금을 가지고 있는 경우에만 호출해야 한다. 다음은 단순화된 예이다.

```
put(value) {
    this.lock.lock();
    try {
        while (/* ...큐가 가득 참... */) {
            this.hasRoomCondition.wait();
        }
        // ...큐에 값 넣기...
    } finally {
        this.lock.unlock();
    }
}
```

(다시 말하지만 this.lock은 this.hasRoomCondition이 사용하는 것과 동일한 잠금이어야 이 잠금은 큐 전체를 보호한다) 조건이 참이 되지만 대기 중인 스레드가 그렇지 않은 짧은 순간이 불가피하게 있기 때문에 잠금이 설정되면 조건이 **여전히** 참이라고 가정할 수 없다. 다른 스레드가 그 전에 잠입했을 수 있다! 이것이 바로 앞의 put 스니펫의 대기 코드가 단지 if가 아니라 while 루프에 있는 이유다.

그렇다면 조건은 어떻게 참이 되는가? "큐에 공간이 있다." 조건의 경우 다른 스레드가 큐에서 엔트리를 제거하는 작업을 수행한 후 대기 중인 스레드에 큐에 공간이 있음을 다시 **알려야** 한다. 이것은 다음과 같은 대기열의 "take" 메서드에 있다.

```
take() {
    this.lock.lock();
    try {
        // ...큐가 비어 있지 않은지 확인...
        const value = /* ...큐에서 다음 값을 가져와 공간을 확보... */;
        this.hasRoomCondition.notifyOne();
        return value;
    } finally {
        this.lock.unlock();
    }
}
```

Condition의 notifyOne 메서드는 Atomics.notify를 사용하여 이 조건을 기다리는 단일 스레드를 재개한다(코드 16-6에서 볼 수 있다).

앞의 스니펫은 대기열이 사용하는 두 번째 조건인 "큐에 작업이 있다."를 설명한다. 또한 역방식 (take 대기, put 알림)으로 put과 take 메서드에 의해 관리된다. 완전한 잠금 공유 메모리 대기열 구현을 살펴보겠다(코드 16-6).

코드 16-6 LockingInt32Queue 구현 - locking-int32-queue.js

```
// 부분적으로 가져온 링 버퍼 구현
// https://www.snellman.net/blog/archive/2016-12-13-ring-buffers/
// 증가 시 2**32-1에서 0으로 Unit32 랩 어라운드에 의존한다.

import {Lock, Condition} from "./lock-and-condition.js";

// 'LockingInt32Queue'의 'indexes' 배열의
// 앞(head), 뒤(tail) 인덱스의 인덱스
const HEAD = 0;
const TAIL = 1;

/**
 * 주어진 큐 용량(capacity)을 검증하고, 유효하지 않으면 오류를 발생시킨다
 *
 * @param {number} capacity 큐의 크기
 */
function validateCapacity(capacity) {
    const capLog2 = Math.log2(capacity);
    if (capLog2 !== (capLog2|0)) {
        throw new Error(
            "`capacity` must be a power of 2 (2, 4, 8, 16, 32, 64, etc.)"
        );
    }
}

/**
 * 주어진 숫자를 Uint32로 변환(그리고 다시 숫자로 변환)하는 방식으로
 * 표준 비부호 32비트 정수에 랩-어라운드(wrap-around, 순환)를 적용한다.
 * 예를 들어 -4294967294은 2로 변환된다.
 *
 * @param     {number}    n    변환할 숫자
 * @returns 변환한 결과
 */
function toUint32(n) {
```

```
    // 비부호 오른쪽 비트 이동 연산자는 피연산자를 Uint32 값으로 변환한다.
    // 'n'을 0자리만큼 비트 이동하면 Uint32로(그리고 다시 숫자로) 변환한다.
    return n >>> 0;
}


// LockingInt32 큐를 위한 유틸리티 함수
// 프라이빗 메서드가 발전할수록 프라이빗 메서드도 유용해질 것이다.

/**
 * 주어진 큐의 크기를 가져온다(큐에 사용되지 않은 엔트리의 개수).
 * 이 메서드는 **반드시** 큐의 잠금을 갖고 있는 코드에서만 호출되어야 한다.
 *
 * @param    {LockingInt32Queue} queue    크기를 가져올 큐
 * @returns 큐에서 사용되지 않은 엔트리의 개수
 */
function size(queue) {
    // Uint32로의 변환은 랩-어라운드(순환)를 처리할 필요가 있다.
    // (예를 들어) 앞(head) 인덱스가 1이고, 뒤(tail) 인덱스가 4294967295이면
    // 결과는 -4294967294가 아니라 2(4294967295 % capacity 인덱스의 엔트리와
    // 인덱스 0은 1이 된다)가 된다.
    return toUint32(queue.indexes[HEAD] - queue.indexes[TAIL]);
}


/**
 * 주어진 큐가 가득 찼는지 판단한다.
 * 이 메서드는 **반드시** 큐의 잠금을 갖고 있는 코드에서만 호출되어야 한다.
 *
 * @param    {LockingInt32Queue} queue    검사할 큐
 * @returns 큐가 가득 찼으면 'true', 아니면 'false'
 */
function full(queue) {
    return size(queue) === queue.data.length;
}


/**
 * 주어진 큐가 가득 비었는지 판단한다.
 * 이 메서드는 **반드시** 큐의 잠금을 갖고 있는 코드에서만 호출되어야 한다.
 *
 * @param    {LockingInt32Queue} queue    검사할 큐
 * @returns 큐가 비었으면 'true', 아니면 'false'
 */
function empty(queue) {
    return queue.indexes[HEAD] === queue.indexes[TAIL];
```

16

약속 목록화

```
    }

    /**
     * 이 값이 큐에 유효한가 검사한다.
     * 값이 유효하지 않으면 오류를 발생시킨다.
     *
     * @param {number} v 검사할 값
     */
    function checkValue(v) {
        if (typeof v !== "number" || (v|0) !== v) {
            throw new Error(
                "Queue values must be integers between -(2**32) and 2**32-1, inclusive"
            );
        }
    }

    /**
     * 큐에 값을 넣는다. 호출자(caller)는 **반드시** 큐의 잠금을 획득한 상태에서
     * 큐에 공간이 있는지 확인한 다음에 이 메서드를 호출해야 한다.
     * 이 메서드는 **반드시** 큐의 잠금을 갖고 있는 코드에서만 호출되어야 한다.
     *
     * @param   {LockingInt32Queue} queue    값을 넣을 큐
     * @param   {number}            value    넣을 값
     */
    function internalPut(queue, value) {
        queue.data[queue.indexes[HEAD] % queue.data.length] = value;
        ++queue.indexes[HEAD];
    }

    /**
     * 큐에 공간이 생길 때까지 'put' 메서드를 차단하고,
     * 큐에 반환할 항목이 있을 때까지 'take' 메서드를 차단하기 위한
     * 'Lock' 인스턴스가 있는 Int32 값의 큐
     */
    export class LockingInt32Queue {
        /**
         * 주어진 용량의 큐를 지원하기 위해 'SharedArrayBuffer' 내부에서
         * 큐를 구현하는데 필요한 바이트의 수를 구한다.
         *
         * @param   {number}    capacity    원하는 큐 용량
         */
        static getBytesNeeded(capacity) {
            validateCapacity(capacity);
            const bytesNeeded = Lock.BYTES_NEEDED +
```

```
                    (Condition.BYTES_NEEDED * 2) +
                    (Uint32Array.BYTES_PER_ELEMENT * 2) +
                    (Int32Array.BYTES_PER_ELEMENT * capacity);
        return bytesNeeded;
    }


    /**
     * 주어진 용량으로 새로운 큐를 생성한다. 옵션으로 주어진 'SharedArrayBuffer'에
     * 주어진 바이트 오프셋을 사용할 수 있다(옵션을 제공하지 않으면 적절한 크기의
     * 버퍼가 생성된다). 생성자는 기존 큐를 사용하지 않고 새로운 큐를 생성하는
     * 용도로**만** 사용된다. 이를 위해 큐 인스턴스의 'serialize' 메서드로 반환된
     * 객체에 'LockingInt32Queue.deserialize'를 사용한다.
     *
     * @param   {number}           capacity        큐가 담을 수 있는
     *                                             엔트리의 최대 개수
     * @param   {SharedArrayBuffer} sab            큐를 유지해야 하는
     *                                             'SharedArrayBuffer'.
     *                                             이 인수를 사용한다면
     *                                             'getBytesNeeded' 정적 메서드를
     *                                             사용해 큐에 필요한
     *                                             바이트 수를 구해야 한다.
     * @param   {number}           byteOffset      큐의 상태 정보가
     *                                             저장되어 있는
     *                                             SAB 내부의 바이트 오프셋
     * @param   {number[]}         initialEntries  큐에 미리 심어둘
     *                                             엔트리(선택사항)
     */
    constructor(capacity, sab = null, byteOffset = 0, initialEntries = null) {
        const bytesNeeded = LockingInt32Queue.getBytesNeeded(capacity);
        if (sab === null) {
            if (byteOffset !== 0) {
                throw new Error(
                    "`byteOffset` must be omitted or 0 when `sab` is " +
                    "omitted or `null`"
                );
            }
            sab = new SharedArrayBuffer(byteOffset + bytesNeeded);
        }
        // 오프셋은 버퍼 내 위치를 식별할 수 있는 정수여야 하고,
        // Int32Array를 사용하기 때문에 이 정수는 4로 나눌 수 있어야 하고,
        // 그래야 'Atomics.compareExchange'에서 사용할 수 있다. 해당 위치에서
        // 최소한 사용할 수 있는 바이트 수가 주어져야 한다.
```

```
        if ((byteOffset|0) !== byteOffset
            || byteOffset % 4 !== 0
            || byteOffset < 0
            || byteOffset + bytesNeeded> sab.byteLength
        ) {
            throw new Error(
                `\`byteOffset\` must be an integer divisible by 4 and ` +
                `identify a buffer location with ${bytesNeeded} of room`
            );
        }

        // 잠금과 조건을 생성한다
        this.byteOffset = byteOffset;
        let n = byteOffset;
        this.lock = new Lock(sab, n);
        n += Lock.BYTES_NEEDED;
        this.hasWorkCondition = new Condition(this.lock, n);
        n += Condition.BYTES_NEEDED;
        this.hasRoomCondition = new Condition(this.lock, n);
        n += Condition.BYTES_NEEDED;
        // 인덱스와 데이터 배열들을 생성한다
        this.indexes = new Uint32Array(sab, n, 2);
        Atomics.store(this.indexes, HEAD, 0);
        Atomics.store(this.indexes, TAIL, 0);
        n += Uint32Array.BYTES_PER_ELEMENT * 2;
        this.data = new Int32Array(sab, n, capacity);
        if (initialEntries) {
            if (initialEntries.length> capacity) {
                throw new Error(
                    `\`initialEntries\` has ${initialEntries.length} entries, ` +
                    `queue only supports ${capacity} entries`
                );
            }
            for (const value of initialEntries) {
                checkValue(value);
                internalPut(this, value);
            }
        }
    }

    /**
     * 이 큐의 용량
     */
```

```
get capacity() {
    return this.data.length;
}

/**
 * 큐에 대한 잠금을 획득하고, 큐 안에 주어진 값을 넣고, 잠금을 해제한다.
 * 잠금(시간 제한 없음)과 큐에 새 엔트리를 위한 공간이 있을 때까지
 * 영원히 대기한다.
 *
 * @param    {number}    value    넣을 값. 숫자는 반드시
 *                                32비트 비부호 정수여야 한다.
 * @returns 이 값을 넣은 직후에 큐의 크기
 *          (호출자가 값을 받는 즉시 만료된 것일 수 있음).
 */
put(value) {
    checkValue(value);
    this.lock.lock();
    try {
        // 큐가 가득찼다면 "큐에 공간이 있음" 조건이 참이 될 때까지
        // 대기한다. 대기는 잠금을 해제하고 재획득하기 때문에
        // 다른 스레드가 끼어들어서 이 스레드가 공간을 사용하기 전에
        // 공간을 사용하는 경우를 대비하여 큐가 가득 찼는지
        // 다시 확인한다.
        while (full(this)) {
            this.hasRoomCondition.wait();
        }
        internalPut(this, value);
        const rv = size(this);
        // 'take'에서 대기 중인 하나의 스레드에게
        // 현재 사용 가능한 큐가 있음을 알려준다.
        this.hasWorkCondition.notifyOne();
        return rv;
    } finally {
        this.lock.unlock();
    }
}

/**
 * 큐를 잠그고, 큐에서 다음 값을 가져오고, 큐의 잠금을 해제하고,
 * 값을 반환한다. 최소 하나의 엔트리가 들어 있는 큐와 잠금을
 * 영원히 대기한다.
 */
take() {
```

```
            this.lock.lock();
        try {
            // 큐가 비어 있으면 "queue has work" 조건이 참이 될 때까지
            // 대기한다. 대기는 잠금을 해제하고 재획득하기 때문에
            // 다른 스레드가 끼어들어서 이 스레드가 방금 추가한
            // 작업을 가져간 경우에 대비하여 큐가 비어 있는지
            // 다시 확인한다.
            while (empty(this)) {
                this.hasWorkCondition.wait();
            }
            const value = this.data[this.indexes[TAIL] % this.data.length];
            ++this.indexes[TAIL];
            // 'put'에서 대기 중인 하나의 스레드에게
            // 현재 큐 안에 새로운 엔트리를 위한 공간이 있음을 알려준다.
            this.hasRoomCondition.notifyOne();
            return value;
        } finally {
            this.lock.unlock();
        }
    }


    /**
     * 이 'LokcingInt32Queue' 객체를 'postMessage'와 함께 사용할 수 있는 객체로
     * 직렬화한다.
     *
     * @returns 'postMessage'에 사용할 객체.
     */
    serialize() {
        return {
            isLockingInt32Queue: true,
            lock: this.lock.serialize(),
            hasWorkCondition: this.hasWorkCondition.serialize(),
            hasRoomCondition: this.hasRoomCondition.serialize(),
            indexes: this.indexes,
            data: this.data,
            name: this.name
        };
    }


    /**
     * '직렬화(serialize)'했던 객체를 다시 사용할 수 있는 'LockingInt32Queue'로 역직렬화한다.
     *
     * @param    {object} obj 직렬화할 'LockingInt32Queue' 객체
```

```
        * @returns 'LockingInt32Queue' 인스턴스
        */
    static deserialize(obj) {
        if (!obj || !obj.isLockingInt32Queue ||
            !(obj.indexes instanceof Uint32Array) ||
            !(obj.data instanceof Int32Array)
        ) {
            throw new Error(
                "`obj` is not a serialized `LockingInt32Queue` object"
            );
        }
        const q = Object.create(LockingInt32Queue.prototype);
        q.lock = Lock.deserialize(obj.lock);
        q.hasWorkCondition = Condition.deserialize(obj.hasWorkCondition);
        q.hasRoomCondition = Condition.deserialize(obj.hasRoomCondition);
        q.indexes = obj.indexes;
        q.data = obj.data;
        q.name = obj.name;
        return q;
    }
}
```

LockingInt32Queue는 단일 잠금과 두 가지 조건("큐에 작업이 있음"(hasWorkCondition)과 "큐에 공간이 있음"(hasRoomCondition))을 사용하여 공유 메모리에 구현된 간단한 링 버퍼 큐다. 생성과 공유의 경우 Lock과 Condition과 동일한 접근 방식을 따른다. 생성자를 사용하여 큐를 생성하고 직렬화(serialize)와 역직렬화(serialize)를 통해 공유한다. 필요한 메모리 양은 필요한 큐의 크기에 따라 다르므로 LockingInt32Queue.getBytesNeeded 메서드를 제공하여 요청한 큐 용량에 필요한 바이트 수를 알려준다.

큐는 대기할(wait) 수 없는 메인 스레드에 의해 생성될 수 있고 메인 스레드는 일부 값으로 큐를 미리 채워야 할 수 있으므로 생성자는 선택적으로 대기열의 초깃값을 받는다. 나중에 코드 16-7의 메인 스레드가 사용 가능한 버퍼의 큐를 생성할 때 이를 볼 수 있다.

작업을 큐에 넣으려면 스레드가 단순히 put을 호출한다. 큐의 코드는 잠금을 획득하고, 필요한 경우 큐의 공간을 기다리고, 큐에 값을 넣고, 대기 중인 스레드에 현재 큐에 작업이 있음을 알리고처리한다(hasWorkCondition을 통해). 마찬가지로 큐에서 값을 임포트 위해 코드는 take를 호출하고 큐의 코드는 큐에서 값을 가져오고 가능한 대기 스레드에 현재 큐에 공간이 있음을 알리는 데 필요한 잠금과 대기를 처리한다(hasRoomCondition을 통해).

코드 16-7과 16-8에는 이 예의 주요 엔트리 포인트와 매우 작은 기타 유틸리티 모듈이 있다. 주 엔트리 포인트는 8개의 데이터 버퍼와 8개의 모든 버퍼 ID에 대한 용량을 가진 2개의 대기열을 생성한다. 하나는 해시할 데이터로 채울 준비가 된 버퍼용 큐(availableBuffersQueue)과 가득 차고 콘텐츠를 해시할 준비가 된 버퍼용 큐(pendingBuffersQueue)다. 그런 다음 프로듀서 스레드와 4개의 컨슈머 스레드를 만들고 다른 초기화 정보와 함께 버퍼와 직렬화된 대기열을 보낸다. 컨슈머 대기열에 메시지 수신기를 추가하여 계산한 해시를 받을 수 있다. 마지막으로, 잠시 후 프로듀서에게 새로운 값 생산을 중단하고 컨슈머에게도 중단하자고 지시한다.

지금은 fullspeed 플래그에 대해 걱정하지 말자. 잠시 후에 다시 설명하겠다.

코드 16-7 메인 모듈 예 – example-main.js

```
// 이 예에서는 하나의 프로듀서 워커와 여러 컨슈머 워커를 사용하여 데이터 버퍼의 해시를 계산한다.
// 작업은 두 개의 대기열을 사용하여 관리된다. 큐와 데이터 버퍼는 모두 단일 'SharedArrayBuffer'에
// 포함되어 있다. 프로듀서는 'availableBuffersQueue'에서 사용 가능한 버퍼 ID를 가져오고
// 해당 버퍼를 임의의 데이터로 채운다. 그러고나서 버퍼의 ID를 'pendingBuffersQueue'에 추가하여
// 컨슈머가 처리한다. 컨슈머가 보류 대기열에서 버퍼 ID를 가져오면 해시를 계산한 후 버퍼 ID를
// 사용 가능한 대기열에 다시 넣고 해시를 기본 스레드에 게시한다.

import {log, setLogging} from "./example-misc.js";
import {LockingInt32Queue} from "./locking-int32-queue.js";
const fullspeed = location.search.includes("fullspeed");
setLogging(!fullspeed);

// 대기열의 용량
const capacity = 8;

// 각 데이터 버퍼의 크기
const dataBufferLength = 4096;

// 버퍼 수, 대기열 용량 이상이어야 한다.
const dataBufferCount = capacity;

// 필요한 SAB의 크기, 데이터 버퍼는 바이트 배열이므로 Unit8Array.BYTES_PER_ELEMENT를
// 곱할 필요가 없다.
const bufferSize = (LockingInt32Queue.getBytesNeeded(capacity) * 2) +
                   (dataBufferLength * dataBufferCount);

// 만들 컨슈머의 수
const consumerCount = 4;

// 컨슈머로부터 받은 해시 수
```

```
let hashesReceived = 0;

// SAB, 데이터 버퍼 및 큐를 만든다. 다시 말하지만, 데이터 버퍼는 바이트 배열이므로 이 코드는
// `Unit8Array.BYTES_PER_ELEMENT`를 사용할 필요가 없다.
let byteOffset = 0;
const sab = new SharedArrayBuffer(bufferSize);
const buffers = [];
for (let n = 0; n < dataBufferCount; ++n) {
    buffers[n] = new Uint8Array(sab, byteOffset, dataBufferLength);
    byteOffset += dataBufferLength;
}
const availableBuffersQueue = new LockingInt32Queue(
    capacity, sab, byteOffset, [...buffers.keys()]
    //                         ^-- 초기에는 모든 버퍼가 사용 가능하다.
);
byteOffset += LockingInt32Queue.getBytesNeeded(capacity);
const pendingBuffersQueue = new LockingInt32Queue(
    capacity, sab, byteOffset // 초기에는 비어 있음
);

// 컨슈머로부터 해시를 받았다.
function handleConsumerMessage({data}) {
    const type = data && data.type;
    if (type === "hash") {
        const {consumerId, bufferId, hash} = data;
        ++hashesReceived;
        log(
            "main",
            `Hash for buffer ${bufferId} from consumer${consumerId}: ${hash}, ` +
            `${hashesReceived} total hashes received`
        );
    }
}

// 프로듀서와 컨슈머를 만들고 시작한다.
const initMessage = {
    type: "init",
    availableBuffersQueue: availableBuffersQueue.serialize(),
    pendingBuffersQueue: pendingBuffersQueue.serialize(),
    buffers,
    fullspeed
};
const producer = new Worker("./example-producer.js", {type: "module"});
```

```javascript
producer.postMessage({···initMessage, consumerCount});
const consumers = [];
for (let n = 0; n < consumerCount; ++n) {
    const consumer = consumers[n] =
        new Worker("./example-consumer.js", {type: "module"});
    consumer.postMessage({···initMessage, consumerId: n});
    consumer.addEventListener("message", handleConsumerMessage);
}

// 1초 후에 새 작업 생성을 중지한다.
setTimeout(() => {
    producer.postMessage({type: "stop"});
    setLogging(true);
    const spinner = document.querySelector(".spinner-border");
    spinner.classList.remove("spinning");
    spinner.role = "presentation";
    document.getElementById("message").textContent = "Done";
}, 1000);
// 메인 스레드가 방해되지 않았음을 표시
let ticks = 0;
(function tick() {
    const ticker = document.getElementById("ticker");
    if (ticker) {
        ticker.textContent = ++ticks;
        setTimeout(tick, 10);
    }
})();
```

코드 16-8 기타 모듈 예 - example-misc.js

```javascript
let logging = true;
export function log(id, message) {
    if (logging) {
        console.log(String(id).padEnd(10, " "), message);
    }
}
export function setLogging(flag) {
    logging = flag;
}
```

프로듀서 스레드는 코드 16-9에 있다. 초기화 메서드에서 버퍼와 대기열을 가져오고 루프를 시작하여 availableBuffersQueue에서 사용 가능한 버퍼 ID를 가져오고(컨슈머가 뒤에서 실행 중인 경우 대기 중일 수 있음) 해당 버퍼를 임의의 데이터로 채운 다음(이 예의 경우) pendingBuffersQueue에 ID를 넣는다. 500ms마다 한 번씩 루프를 중지하고 setTimeout을 사용하여 거의 즉시 다시 시작하도록 예약한다. 이는 postMessage를 통해 게시된 모든 메시지를 수신할 수 있도록 하기 위한 것이다. 중지 메시지를 받으면 버퍼 ID 대신 플래그 값으로 pendingBuffersQueue를 채워 컨슈머에게 중지하도록 지시한다.

코드 16-9 프로듀서 예 - example-producer.js

```javascript
import {log, setLogging} from "./example-misc.js";
import {LockingInt32Queue} from "./locking-int32-queue.js";

// 이 프로듀서가 계속 실행되어야 하는지 여부에 대한 기본 플래그다. actions.init'에 의해
// 설정되고(메인 스레드의 'init' 메시지에 의해 호출됨), 'stop' 메시지에 의해 삭제되거나
// 버퍼 ID가 -1인 경우 삭제된다.
let running = false;

// 이 프로듀서가 `log`를 호출할 때 사용하는 ID로 `actions.init`에 의해 설정된다.
let logId = "producer";

// 사용할 큐와 버퍼, 메인이 실행 중인 컨슈머 수(`actions.init`로 설정)
let availableBuffersQueue;
let pendingBuffersQueue;
let buffers;
let consumerCount;
let fullspeed;

// `running` 플래그가 더 이상 true가 아니거나 보류 중인 메시지를 수신하기 위해 이벤트 루프에
// 잠시 양보할 시간이 될 때까지 버퍼를 채운다.
function fillBuffers() {
    const yieldAt = Date.now() + 500;
    while (running) {
        log(logId, "Taking available buffer from queue");
        const bufferId = availableBuffersQueue.take();
        const buffer = buffers[bufferId];
        log(logId, `Filling buffer ${bufferId}`);
        for (let n = 0; n < buffer.length; ++n) {
            buffer[n] = Math.floor(Math.random() * 256);
        }
        log(logId, `Putting buffer ${bufferId} into queue`);
```

```javascript
            const size = pendingBuffersQueue.put(bufferId);
            if (Date.now()>= yieldAt) {
                log(logId, "Yielding to handle messages");
                setTimeout(fillBuffers, 0);
                break;
            }
        }
    }
}

// 메시지 처리, 적절한 조치 취하기
const actions = {
    // 메시지의 데이터에서 프로듀서 초기화
    init(data) {
        ({consumerCount, buffers, fullspeed} = data);
        setLogging(!fullspeed);
        log(logId, "Running");
        running = true;
        availableBuffersQueue =
            LockingInt32Queue.deserialize(data.availableBuffersQueue);
        pendingBuffersQueue =
            LockingInt32Queue.deserialize(data.pendingBuffersQueue);
        fillBuffers(data);
    },
    // 이 프로듀서를 중지
    stop() {
        if (running) {
            running = false;
            log(logId, "Stopping, queuing stop messages for consumers");
            for (let n = 0; n < consumerCount; ++n) {
                pendingBuffersQueue.put(-1);
            }
            log(logId, "Stopped");
        }
    }
}
self.addEventListener("message", ({ data }) => {
    const action = data && data.type && actions[data.type];
    if (action) {
        action(data);
    }
});
```

코드 16-10의 컨슈머 코드는 생성자 코드와 매우 유사하며, 단지 pendingBuffersQueue에서 버퍼 ID를 가져와(사용 가능해질 때까지 대기 중일 수 있음) "해시"(이 경우 더 복잡한 해싱 기능을 모사하기 위해 임의의 지연이 있는 단순 XOR)를 계산한다. 해당 버퍼의 ID를 availableBuffersQueue에 넣고 해시를 메인 스레드에 게시한다. 컨슈머는 버퍼 ID가 −1인 경우 중지한다.

코드 16-10 컨슈머 예 – example-consumer.js

```javascript
import {log, setLogging} from "./example-misc.js";
import {LockingInt32Queue} from "./locking-int32-queue.js";

// 이 컨슈머가 계속 실행되어야 하는지 여부에 대한 기본 플래그다. 'init' 메시지에 의해 설정되고,
// 'stop' 메시지에 의해 지워지거나, 버퍼 ID가 −1인 경우
let running = false;

// 이 컨슈머가 `log`를 호출할 때 사용하는 ID, `init`에 의해 설정됨
let logId;

// 이 컨슈머의 ID, 사용할 대기열 및 버퍼(`init`로 설정)
let consumerId = null;
let availableBuffersQueue;
let pendingBuffersQueue;
let buffers;
let fullspeed;

// 대기열 작업을 기다리는 시간에 사용할 "now" 함수
const now = typeof performance !== "undefined" && performance.now
                ? performance.now.bind(performance)
                : Date.now.bind(Date);

// `calculateHash` 내에서 대기하는 데 사용하는 배열, 아래 참조
const a = new Int32Array(new SharedArrayBuffer(Int32Array.BYTES_PER_ELEMENT));

// 주어진 버퍼에 대한 해시 계산
function calculateHash(buffer) {
    // SHA-256 또는 MD5와 같은 실제 해시 계산은 아래보다 훨씬 오래 걸리므로 기본 XOR 해시
    // (신뢰할 수 없는 해시가 아닌 단순함을 유지하기 위한 것임)를 수행한 후 이 코드는 몇 밀리초
    // 동안 기다린다. 메인 스레드에 메시지가 완전히 과부하되는 것을 방지하라. 실제 코드는 아마도
    // 그렇게 하지 않을 것이다. 작업을 워커에게 오프로드하는 시점은 메인 스레드에서 상당한 시간이
    // 걸리는 작업을 이동하는 것이기 때문이다.
    const hash = buffer.reduce((acc, val) => acc ^ val, 0);
    if (!fullspeed) {
        Atomics.wait(a, 0, 0, 10);
    }
    return hash;
```

```
}

// 'running' 플래그가 더 이상 true가 아니거나 보류 중인 메시지를 수신하기 위해 이벤트 루프에
// 잠시 양보할 시간이 될 때까지 버퍼를 처리한다.
function processBuffers() {
    const yieldAt = Date.now() + 500;
    while (running) {
        log(logId, "Getting buffer to process");
        let waitStart = now();
        const bufferId = pendingBuffersQueue.take();
        let elapsed = now() - waitStart;
        log(logId, `Got bufferId ${bufferId} (elapsed: ${elapsed})`);
        if (bufferId === -1) {
            // 이 컨슈머가 중지해야 하는 프로듀서의 플래그다.
            actions.stop();
            break;
        }
        log(logId, `Hashing buffer ${bufferId}`);
        const hash = calculateHash(buffers[bufferId]);
        postMessage({type: "hash", consumerId, bufferId, hash});
        waitStart = now();
        availableBuffersQueue.put(bufferId);
        elapsed = now() - waitStart;
        log(logId, `Done with buffer ${bufferId} (elapsed: ${elapsed})`);
        if (Date.now()>= yieldAt) {
            log(logId, `Yielding to handle messages`);
            setTimeout(processBuffers, 0);
            break;
        }
    }
}

// 메시지 처리, 적절한 조치 취하기
const actions = {
    // 메시지의 데이터로 이 컨슈머를 초기화
    init(data) {
        ({consumerId, buffers, fullspeed} = data);
        setLogging(!fullspeed);
        logId = `consumer${consumerId}`;
        availableBuffersQueue =
            LockingInt32Queue.deserialize(data.availableBuffersQueue);
        pendingBuffersQueue =
            LockingInt32Queue.deserialize(data.pendingBuffersQueue);
        log(logId, "Running");
        running = true;
```

```
                processBuffers();
        },
        // 컨슈머 중지
        stop() {
            if (running) {
                running = false;
                log(logId, "Stopped");
            }
        }
    }
    self.addEventListener("message", ({data}) => {
        const action = data && data.type && actions[data.type];
        if (action) {
            action(data);
        }
    });
```

다운로드한 example.html 파일과 최신 버전의 크롬을 사용하여 콘솔을 연 상태에서 예를 실행한다(https://thenewtoys.dev/bookcode/live/16/example.html에서 실행할 수도 있다. 여기에서 안전하게 올바른 헤더를 사용하여 서비스를 처리한다). 그러면 1시간 이상 실행되는 것을 볼 수 있다. 두 번째로 수백 개의 버퍼 해시를 계산하고 자바스크립트의 공유 메모리, 대기, 알림 기능을 통해 다양한 작업자 스레드 간의 작업을 효율적으로 예약한다. 스피너와 카운터 메인 스레드에서 볼 수 있듯이 브라우저의 UI를 멈추지 않고도 모든 작업이 (워커 덕분에) 완료된다.

16.9 이곳에는 용이 살고 있다! (한 번 더)

공유 메모리가 정말 필요한가?

스레드 간에 메모리를 공유하면 일반적인 자바스크립트 환경에서 작업하는 프로그래머가 이전에 처리할 필요가 없었던 많은 데이터 동기화 문제가 발생한다.

대부분의 경우 전송 가능한 객체 덕분에 공유 메모리가 필요하지 않다. 코드 16-11, 16-12, 16-13에는 공유 메모리와 Atomics.wait/Atomics.notify 대신 postMessage와 전송 가능한 메모리 버퍼를 사용하여 이전 예와 동일한 블록 해싱의 대체 구현이 있다. 잠금, 조건 변수,

LockingInt32Queue(해당 파일을 사용하지 않고 example-misc.js를 재사용함)가 필요하지 않으며 나머지 파일의 코드는 훨씬 간단하고 이해하기 쉽다.

코드 16-11 postMessage 예 메인 - pm-example-main.js

```
// example-main.js의 `postMessage`+transferable 버전이다.

import {log, setLogging} from "./example-misc.js";
const fullspeed = location.search.includes("fullspeed");
setLogging(!fullspeed);

// 대기열의 용량(이는 우리가 가지고 있는 데이터 버퍼의 수이기도 하며 이 예에서 실제로 대기열이
// 제한되는 방식임)
const capacity = 8;

// 각 데이터 버퍼의 크기
const dataBufferLength = 4096;

// 버퍼 수는 대기열 용량 이상이어야 한다.
const dataBufferCount = capacity;

// 우리가 만들 컨슈머의 수
const consumerCount = 4;

// 컨슈머로부터 받은 해시 수
let hashesReceived = 0;

// 실행 여부에 대한 플래그(프로듀서와 컨슈머는 더 이상 이 플래그가 필요하지 않으며, 단지 응답함)
let running = false;

// 데이터 버퍼 및 대기열 생성(단순한 배열일 수 있으며 이 스레드만이 배열에 접근하기 때문임)
const buffers = [];
const availableBuffersQueue = [];
for (let id = 0; id < dataBufferCount; ++id) {
    buffers[id] = new Uint8Array(dataBufferLength);
    availableBuffersQueue.push(id);
}
const pendingBuffersQueue = [];

// 메시지 처리, 적절한 조치 취하기
const actions = {
    hash(data) {
        // 컨슈머로부터 해시를 받았다.
```

```javascript
            const {consumerId, bufferId, buffer, hash} = data;
            buffers[bufferId] = buffer;
            availableBuffersQueue.push(bufferId);
            availableConsumersQueue.push(consumerId);
            ++hashesReceived;
            log(
                "main",
                `Hash for buffer ${bufferId} from consumer${consumerId}: ` +
                `${hash}, ${hashesReceived} total hashes received`
            );
            if (running) {
                sendBufferToProducer();
                sendBufferToConsumer();
            }
        },
        buffer(data) {
            // 프로듀서로부터 버퍼를 받았다.
            const {buffer, bufferId} = data;
            buffers[bufferId] = buffer;
            pendingBuffersQueue.push(bufferId);
            sendBufferToProducer();
            sendBufferToConsumer();
        }
    };
    function handleMessage({data}) {
        const action = data && data.type && actions[data.type];
        if (action) {
            action(data);
        }
    }


    // 프로듀서와 컨슈머를 만들고 시작한다.
    const initMessage = { type: "init", fullspeed };
    const producer = new Worker("./pm-example-producer.js", {type: "module"});
    producer.addEventListener("message", handleMessage);
    producer.postMessage(initMessage);
    const availableConsumersQueue = [];
    const consumers = [];
    for (let consumerId = 0; consumerId < consumerCount; ++consumerId) {
        const consumer = consumers[consumerId] =
            new Worker("./pm-example-consumer.js", {type: "module"});
        consumer.postMessage({···initMessage, consumerId});
        consumer.addEventListener("message", handleMessage);
        availableConsumersQueue.push(consumerId);
```

```javascript
}

// 실행 중이고 사용 가능한 버퍼가 있는 경우 채우도록 버퍼를 프로듀서에게 보낸다.
function sendBufferToProducer() {
    if (running && availableBuffersQueue.length) {
        const bufferId = availableBuffersQueue.shift();
        const buffer = buffers[bufferId];
        producer.postMessage(
            {type: "fill", buffer, bufferId},
            [buffer.buffer] // Transfer underlying `ArrayBuffer` to producer
        );
    }
}

// 보류 중인 버퍼와 사용 가능한 컨슈머가 있는 경우 해시할 것을 컨슈머에게 버퍼를 보낸다.
function sendBufferToConsumer() {
    if (pendingBuffersQueue.length && availableConsumersQueue.length) {
        const bufferId = pendingBuffersQueue.shift();
        const buffer = buffers[bufferId];
        const consumerId = availableConsumersQueue.shift();
        consumers[consumerId].postMessage(
            {type: "hash", buffer, bufferId},
            [buffer.buffer] // Transfer underlying `ArrayBuffer` to consumer
        );
    }
}

// 작업 생성 시작
running = true;
while (availableBuffersQueue.length) {
    sendBufferToProducer();
}

// 1초 후에 새 작업 생성을 중지한다.
setTimeout(() => {
    running = false;
    setLogging(true);
    const spinner = document.querySelector(".spinner-border");
    spinner.classList.remove("spinning");
    spinner.role = "presentation";
    document.getElementById("message").textContent = "Done";
}, 1000);
```

```javascript
// 메인 스레드가 방해되지 않았음을 표시
let ticks = 0;
(function tick() {
    const ticker = document.getElementById("ticker");
    if (ticker) {
        ticker.textContent = ++ticks;
        setTimeout(tick, 10);
    }
})();
```

코드 16-12 postMessage 예 생성자 - pm-example-producer.js

```javascript
// 이것은 example-producer.js의 `postMessage`+transferables 버전이다.
import {log, setLogging} from "./example-misc.js";

// 이 프로듀서가 `log`를 호출할 때 사용하는 ID로 `actions.init`에 의해 설정된다.
let logId = "producer";

// 메시지 처리, 적절한 조치 취하기
const actions = {
    // 메시지의 데이터에서 프로듀서 초기화
    init(data) {
        const {fullspeed} = data;
        setLogging(!fullspeed);
        log(logId, "Running");
    },
    // 버퍼 채우기
    fill(data) {
        const {buffer, bufferId} = data;
        log(logId, `Filling buffer ${bufferId}`);
        for (let n = 0; n < buffer.length; ++n) {
            buffer[n] = Math.floor(Math.random() * 256);
        }
        self.postMessage(
            {type: "buffer", buffer, bufferId},
            [buffer.buffer] // `ArrayBuffer`을 메인으로 전달한다.
        );
    }
}
self.addEventListener("message", ({ data }) => {
    const action = data && data.type && actions[data.type];
    if (action) {
        action(data);
```

```
        }
    });
```

```javascript
// 이것은 example-consumer.js의 `postMessage`+transferable 버전이다.
import {log, setLogging} from "./example-misc.js";

// 이 컨슈머가 `log`를 호출할 때 사용하는 ID, `init`에 의해 설정됨
let logId;

// 이 컨슈머의 ID와 fullspeed 플래그
let consumerId = null;
let fullspeed;

// `calcluateHash` 내에서 대기하는 데 사용하는 배열, 아래 참조
const a = new Int32Array(new SharedArrayBuffer(Int32Array.BYTES_PER_ELEMENT));

// 주어진 버퍼에 대한 해시를 계산
function calculateHash(buffer) {
    // SHA-256 또는 MD5와 같은 실제 해시 계산은 아래보다 훨씬 오래 걸리므로 기본 XOR 해시
    // (신뢰할 수 없는 해시가 아닌 단순함을 유지하기 위한 것임)를 수행한 후 이 코드는
    // 몇 밀리초 동안 기다린다. 메인 스레드에 메시지가 완전히 과부하되는 것을 방지하라.
    // 실제 코드는 아마도 그렇게 하지 않을 것이다. 작업을 워커에게 오프로드하는 시점은
    // 메인 스레드에서 상당한 시간이 걸리는 작업을 이동하는 것이기 때문이다.
    const hash = buffer.reduce((acc, val) => acc ^ val, 0);
    if (!fullspeed) {
        Atomics.wait(a, 0, 0, 10);
    }
    return hash;
}

// 메시지 처리, 적절한 조치 취하기
const actions = {
    // 메시지의 데이터로 이 컨슈머를 초기화
    init(data) {
        ({consumerId, fullspeed} = data);
        setLogging(!fullspeed);
        logId = `consumer${consumerId}`;
        log(logId, "Running");
    },
    // 주어진 버퍼를 해시
    hash(data) {
```

622

```
        const {buffer, bufferId} = data;
        log(logId, `Hashing buffer ${bufferId}`);
        const hash = calculateHash(buffer);
        self.postMessage(
            {type: "hash", hash, consumerId, buffer, bufferId},
            [buffer.buffer] // `ArrayBuffer`을 메인으로 전달한다.
        );
    }
}
self.addEventListener("message", ({data}) => {
    const action = data && data.type && actions[data.type];
    if (action) {
        action(data);
    }
});
```

해당 파일들을 로컬 서버에 넣고 이전에 example.html을 실행했던 방식으로 pm-example. html을 통해 실행한다(또는 https://thenewtoys.dev/bookcode/live/16/pm-example. html을 사용한다).

example.html과 마찬가지로 pm-example.html을 실행해도 브라우저가 실행되는 동안 UI 가 지연되지 않는다. 또한 계산된 해시 수와 거의 동일하다(예: 하드웨어에 따라 총 약 350개, 공유 메모리 버전의 경우 약 380개). 이제 URL에 쿼리 문자열 ?fullspeed를 추가하여 시도해 보자(예: http://localhost/example.html?fullspeed 및 http://localhost/pm-example. html?fullspeed 또는 https://thenewtoys.dev/bookcode/live/16/example.html?fullspeed 및 https://thenewtoys.dev/bookcode/live/16/pm-example.html?fullspeed). 이렇게 하면 대부분의 로깅을 비활성화하고 컨슈머의 해시 계산에서 인위적인 지연을 제거한다. 이 최대 속도 버전에서는 더 큰 차이를 볼 수 있다(하드웨어에 따라 대략 10k 해시를 수행하는 postMessage 버전과 대략 18k 해시를 수행하는 공유 메모리 버전). 따라서 이 경우 공유 메모리 버전이 더 빠르 지만 두 버전 모두 좀 더 최적화될 수 있다. 중요한 메시지는 다음과 같다. 복잡하고 미묘한 버그 가 추가될 가능성이 매우 높기 때문에 공유 메모리를 사용해야 한다는 사실을 알게 될 때까지는 공유 메모리를 사용하지 말자. 하지만 정말로 필요하다면 이 장에서 살펴본 몇 가지 기본 도구가 도움이 될 것이다.

16.10 / 과거 습관을 새롭게

이 장에서 배운 대부분의 내용은 이전에는 할 수 없었고 아마도 매우 특정한 상황을 제외하고는 하지 않아도 될 새로운 것과 관련이 있다. 그러나 이러한 상황에서 할 수 있는 몇 가지 것들이 있다.

16.10.1 대규모 데이터 블록을 반복적으로 교환하는 대신 공유 블록 사용

과거 습관: 스레드 간에 큰 데이터 블록을 주고받는다.

새로운 습관: 정말로 필요한 경우(즉, 전송할 수 있는 엔트리가 충분하지 않은 경우) 적절한 동기화/조정으로 스레드 간에 데이터 블록을 공유하자.

16.10.2 워커 작업을 분할하는 대신 Atomics.wait 및 Atomics.notify 를 사용하여 이벤트 루프 지원(적절한 경우)

과거 습관: 워커의 작업을 완료할 수 있는 작업으로 인위적으로 분할하여 작업 대기열의 다음 메시지를 처리한다.

새로운 습관: 적절한 경우(때로는 있을 수 있고 다른 때는 아닐 수도 있음) Atomics.wait과 Atomics.notify를 통해 작업자를 일시 중단/재개하는 것을 고려하자.

17^장

그 외

이 장의 내용

- BigInt
- 이진 정수 리터럴
- 8진 정수 리터럴(2번째 버전)
- 선택적 catch 바인딩
- 새로운 Math 메서드
- 지수 연산자
- 꼬리 재귀 최적화
- 널 병합
- 옵셔널 체이닝
- 기타 구문 조정과 표준 라이브러리 추가
- 부속서 B: 브라우저 전용 기능

이 장의 코드 다운로드

이 장의 코드는 https://thenewtoys.dev/bookcode 또는 https://www.wiley.com/go/javascript-newtoys에서 다운로드할 수 있다.

이 장에서는 이 책의 다른 어떤 곳에서도 잘 들어맞지 않는 다양한 것들에 대해 배우게 될 것이다. BigInt, 새로운 형태의 숫자 리터럴, 다양한 새로운 Math 메서드, 새로운 지수 연산자(그리고 그 우선순위에 대한 "함정"), 꼬리 재귀 최적화(아직 또는 평생 그것에 의존할 수 없는 이유를 포함하여), 기타 사소한 변경 사항, 그리고 마지막으로, 어쨌든 보편적으로 존재하는 것을 문서화하기 위해 부속서 B에 추가된 일부 브라우저 전용 기능 등을 배울 것이다.

17.1 BigInt

BigInt[1]는 ES2020에 추가된 자바스크립트에서 큰 정수로 작업하기 위한 새로운 기본 타입이다.

BigInt는 사용 가능한 메모리 및/또는 자바스크립트 엔진 구현자가 부과하는 합리적인 제한에 의해서만 제한되는 모든 크기의 정수를 보유할 수 있다(구현자 제한은 매우 높을 것이다. V8은 현재 최대 **10억** 비트를 허용한다). 변수에 숫자 1,234,567,890,123,456,789,012,345,678(유효한 28자리의 정수)을 유지할 수 있을까? 자바스크립트의 일반 숫자 유형(Number)은 감히 생각지도 못할 것이다. 어쨌든 정밀하지는 않지만 BigInt가 해냈다.

BigInt는 새로운 기본 타입이므로 typeof는 이를 "bigint"로 식별한다.

BigInt는 리터럴 양식(n 접미사가 있는 숫자, 이에 대한 자세한 내용은 나중에 설명)을 가지며 모든 일반적인 수학 연산자(+, * 등)가 함께 작동한다. 예를 들어 다음과 같다.

```
let a = 10000000000000000000n;
let b = a / 2n;
console.log(b); // 5000000000000000000n
let c = b * 3n;
console.log(c); // 15000000000000000000n
```

Math.min과 같은 표준 Math **메서드는 작동하지 않는다.** 이러한 메서드는 일반 숫자 유형에 특화되었다(min, max, sign 등과 같은 BigInt에 대한 이러한 방법 중 일부를 제공하는 후속 제안이 있을 수 있다).

BigInt를 사용하는 이유는 무엇일까? 두 가지 기본 사용 사례가 있다.

- 이름이 말하듯이 Number 유형이 정확하게 표현할 수 있는 능력을 넘어서는 큰 정수(즉, 2^{53}보다 큰 정수)를 다루고 있다.

- 금융 정보를 다루고 있다. 숫자 유형의 부동 소수점 부정확성(유명한 0.1 + 0.2 !== 0.3 문제)으로 인해 금융 작업에 적합하지 않은 선택이 되지만, 순수한 자바스크립트 코드로 구동되는 장바구니는 종종 이를 사용한다. 대신 BigInt를 사용할 수 있다. 통화의 가장 작은 단위(또는 경우에 따라 더 작은 단위)를 사용하여 정수로 작업한다. 예를 들어, 미국에서는 $1 = 100n을 사용할 수 있다. 즉, 달러가 아닌 센트 단위로 작동한다(일부 목적을 위해 $1 =

---

1 https://github.com/tc39/proposal-bigint

10000n(수백 센트)이 이상한 일이 아니지만 계산의 최종 결과가 나올 때까지 센트로 반올림하는 것을 연기한다). 그렇긴 하지만 1단계에서 시작하는 고정 소숫점 유형[2]이 있을 수 있다. 이는 금융 데이터에 적합하다. 제안이 진행될지 여부는 확실하지 않지만 데이터베이스, C#, 자바 같은 다른 언어에서 고정 소숫점 유형의 선례를 고려할 때 반대하지 않을 것이다.

BigInt를 조금 더 자세히 살펴보겠다.

17.1.1 BigInt 생성하기

BigInt를 만드는 간단한 방법은 리터럴 표기법을 사용하는 것이다. 이는 정수에 대한 숫자의 리터럴 표기법과 그 뒤에 문자 n이 있는 것과 (거의) 같다.

```
let i = 12345678901234567890112345678n;
console.log(i);          // 12345678901234567890112345678n
```

10진수, 16진수, 최신 8진수(레거시 아님!)가 모두 지원된다.

```
console.log(10n);        // 10n
console.log(0x10n);      // 16n
console.log(0o10n);      // 8n
```

과학적 표기법(특히 1000의 경우 1e3과 같은 e 표기법)은 지원되지 않는다. 1000000000n 대신 1e9n을 쓸 수 없다. 이는 기본적으로 유사한 표기법을 사용하는 다른 언어가 지원하지 않기 때문이다. 하지만 해당 언어에도 n 접미사가 없으므로 지원하지 않는 이유가 제대로 적용되지 않을 수 있다. e 표기법에 대한 지원은 사용 사례가 정당화하는 경우 후속 제안에 의해 추가될 수 있다.

BigInt 함수를 사용하여 BigInt를 생성하여 문자열이나 숫자를 전달할 수도 있다.

```
let i;
// 문자열로 BigInt 호출
i = BigInt("12345678901234567890112345678");
console.log(i);          // 12345678901234567890112345678n
// 숫자로 BigInt 호출
i = BigInt(9007199254740992);
console.log(i);          // 9007199254740992n
```

---

2 https://github.com/tc39-transfer/proposal-decimal

문자열로 BigInt를 호출할 때 해당 예제에서 28자리 숫자를 사용했지만 숫자로 BigInt를 호출할 때 훨씬 작은 숫자를 사용한 이유가 궁금할 것이다. 그렇게 한 이유가 무엇일까?

맞다! BigInt의 요점은 숫자 유형이 할 수 있는 것보다 훨씬 더 많은 수를 안정적으로 보유할 수 있다는 것이다. 숫자 유형은 예의 대규모 숫자와 같은 크기의 숫자를 보유할 수 있지만 정밀도가 그렇게 높을 수는 없다. 숫자에서 해당 숫자를 얻으려고 하면 실제로 얻는 값은 610억 이상 오차가 발생한다.

```
// 이렇게 하지 말아라.
let i = BigInt(12345678901234567890123456789);
console.log(i);          // 12345678901234568850245451776n ?!??!!
```

그 이유는 숫자 리터럴 12345678901234567890123456789이 숫자를 정의하기 때문이다. BigInt 함수에 전달될 때쯤이면 **이미** 정밀도가 손실된다. 이 값은 이미 1,234,567,890,123,456,789,0167 대신 1,234,567,890,123,456,7845016이다. 이것이 BigInt가 있는 이유다.

17.1.2 명시적 또는 암시적 변환

BigInt와 Number는 암시적으로 다른 것으로 변환되지 않는다. 수학 연산자에 대한 피연산자로 혼합할 수 없다.

```
console.log(1n + 1);
// => TypeError: Cannot mix BigInt and other types, use explicit conversions
```

이것은 주로 정밀도의 손실 때문이다. Number는 BigInt가 처리하는 큰 정수를 처리할 수 없고 BigInt는 소수 값 Number가 처리할 수 없다. 따라서 동일한 계산에서 유형을 혼합할 때 어떤 일이 발생하는지에 대한 복잡한 규칙 세트를 프로그래머에게 제시하는 대신 자바스크립트는 단순히 혼합하는 것을 허용하지 않는다. 또한 미래의 어느 시점에서 자바스크립트에 일반화된 **값 유형**을 추가할 수 있는 가능성을 열어 두는 것이다.

명시적 변환이 **허용**된다. 앞에서 본 것처럼 BigInt 함수를 사용하여 Number에서 BigInt로 명시적으로 변환한다. Number에 소수 부분이 있으면 BigInt에서 오류가 발생한다.

```
console.log(BigInt(1.7));
// => RangeError: The number 1.7 cannot be converted to a BigInt
//    정수가 아니기 때문이다.
```

Number 함수를 사용하여 BigInt를 숫자로 변환한다. Number가 너무 커서 값을 정확하게 보유할 수 없는 경우 Number 타입과 마찬가지로 보유할 수 있는 가장 가까운 값이 선택되어 Number 타입이 자주 하는 것처럼 자동으로 정밀도가 손실된다. 정밀도를 잃지 않는 변환을 원하면(대신 NaN을 던지거나 반환) 이에 대한 유틸리티 함수를 작성할 수 있다.

```
function toNumber(b) {
    const n = Number(b);
    if (BigInt(n) !== b) {
        const msg = typeof b === "bigint"
            ? `Can't convert BigInt ${b}n to Number, loss of precision`
            : `toNumber expects a BigInt`;
        throw new Error(msg);
        // (필요에 따라, NaN 반환)
    }
    return n;
}
```

문자열과 달리 BigInt는 단항 빼기 또는 단항 더하기를 사용하여 숫자로 변환할 수 없다.

```
console.log(+"20");
// => 20
console.log(+20n);
// => TypeError: Cannot convert a BigInt value to a number
```

지금까지는 +n과 Number(n)이 항상 동일(Number가 섀도우 처리되지 않고 함수 호출을 제외하는 것으로 가정)했기 때문에 처음에는 놀랍게 보일 수 있지만 asm.js[3]에서 중요한 것으로 판명되었다(asm.js는 극도로 최적화되도록 설계된 자바스크립트의 엄격한 하위 집합이다). asm.js 코드를 직접 작성할 수 있지만 주요 목적은 C, C++, 자바, 파이썬 등을 입력으로 사용한다. asm.js가 만든 가정을 어기지 않는 것은 BigInt의 중요한 설계 고려 사항이었다.

BigInt는 다음과 같은 일반적인 방법으로 암시적으로 문자열로 변환할 수 있다.

```
console.log("$" + 2n); // $2
```

BigInt는 toString와 toLocaleString도 지원한다.

BigInt는 암시적으로 불로 변환될 수 있다. 0n은 거짓이고 다른 모든 BigInt는 참이다.

---

3 http://asmjs.org

마지막으로, BigInt에는 한 가지 종류의 0만 있고(Number와 같이 0과 "음의 0"이 아니라) BigInt는 항상 유한하며(따라서 BigInt에 Infinity나 -Infinity가 없음) 항상 숫자 값을 갖는다 (BigInt는 NaN이 없다).

17.1.3 성능

BigInt는 32비트 또는 64비트 정수 유형과 같이 고정된 크기가 아니기 때문에(대신 필요한 만큼 커질 수 있음) BigInt 성능은 Number 성능처럼 일정하지 않다. 일반적으로 BigInt가 클수록 구현에 따라 달라질 수 있지만 작업 시간이 더 오래 걸린다. 또한 대부분의 새로운 기능과 마찬가지로 BigInt의 성능은 자바스크립트 엔진 구현자가 실제 사용 정보를 수집하고 실제 이점을 제공할 엔트리에 대한 최적화를 목표로 함에 따라 의심할 여지없이 시간이 지남에 따라 향상될 것이다.

17.1.4 BigInt64Array와 BigUint64Array

많은 응용 프로그램에는 Number가 보유할 수 있는 것보다 크지만 64비트 정수 타입으로 보유할 수 있는 정수가 필요하다. 이러한 이유로 BigInt 제안은 BigInt64Array와 BigUint64Array의 두 가지 추가 타입이 있는 배열을 제공한다. 이것은 자바스크립트 코드에서 가져올 때 값이 BigInt인 64비트 정수 배열이다(Int32Array와 Uint32Array가 자바스크립트 코드에서 가져올 때 값이 숫자인 32비트 정수 배열인 것처럼).

17.1.5 유틸리티 함수

BigInt 함수에는 부호 있는(asIntN) 또는 부호 없는(asUintN) 비트 수로 래핑된 BigInt 값을 가져오는 방법을 제공하는 두 가지 메서드가 있다.

```
console.log(BigInt.asIntN(16, -20000n));
// => -20000n
console.log(BigInt.asUintN(16, 20000n));
// => 20000n
console.log(BigInt.asIntN(16, 100000n));
// => -31072n</line>
console.log(BigInt.asUintN(16, 100000n))
// => 34464n
```

첫 번째 피연산자는 비트 수이고 두 번째 피연산자는 (잠재적으로) 랩할 BigInt다. 100,000은 16 비트 정수에 들어갈 수 없으므로 값은 일반적인 2의 보수 방식으로 래핑된다.

BigInt를 부호 있는 값으로 래핑할 때 BigInt는 2의 보수 N 비트 유형에 기록되는 것처럼 처리된다. 부호 없는 값으로 래핑할 때 n이 비트 수인 2n의 나머지 연산과 같다.

17.2 / 새로운 정수 리터럴

BigInt 다음으로 ES2015는 두 가지 새로운 형태의 정수 리터럴(소수 양식이 없는 숫자 리터럴)인 2진수와 8진수를 추가했다.

17.2.1 이진 정수 리터럴

이진 정수 리터럴은 이진법(2진법, 즉 0과 1의 숫자)으로 작성된 숫자 리터럴이다. 0b(0 다음에 문자 B, 대소문자 구분 안함)로 시작하고 그 뒤에 숫자에 대한 이진수가 온다.

```
console.log(0b100); // 4 (10진법으로)
```

16진법 리터럴과 마찬가지로 2진법 리터럴에는 소수점이 없다. **숫자** 리터럴이 아닌 **정수** 리터럴이다. 정수를 쓰는 데만 사용할 수 있다. 즉, 16진수 리터럴과 마찬가지로 결과 숫자는 부동 소수점인 자바스크립트의 표준 숫자 타입이다.

b 다음에 선행 0을 원하는 수만큼 포함할 수 있다. 중요하지 않지만 코드를 정렬하거나 작업 중인 비트 필드의 너비를 강조하는 데 유용할 수 있다. 예를 들어, 8비트에 맞아야 하는 플래그를 정의하는 경우(아마도 Uint8Array 엔트리에 들어갈 것) 다음과 같이 할 수 있다.

```
const bitFlags = {
    something:       0b00000001,
    somethingElse:   0b00000010,
    anotherThing:    0b00000100,
    yetAnotherThing: 0b00001000
};
```

0b 뒤에 오는 추가 0은 완전히 선택 사항이다. 다음 코드는 (스타일 관점에서) 덜 명확하게만 정확히 동일한 플래그를 정의한다.

```
const bitFlags = {
    something:        0b1,
    somethingElse:    0b10,
    anotherThing:     0b100,
    yetAnotherThing:  0b1000
};
```

17.2.2 8진 정수 리터럴, 2번째 버전

ES2015는 새로운 **8진법 정수 리터럴** 양식(기수 8)을 추가했다. 접두사 0o(0 다음에 문자 O, 대소문자 구분 안 함)와 8진수(0에서 7까지)를 사용한다.

```
console.log(0o10); // 8 (십진법으로)
```

16진법과 2진법 리터럴과 마찬가지로 정수 리터럴이지만 표준 부동 소수점 숫자를 정의한다.

"잠깐, 자바스크립트에 이미 8진수 양식이 있지 않았나?"라고 생각할 수 있다. 맞다! 이전에는 선행 0과 8진수 숫자가 8진수로 정의된 숫자만 사용했다. 예를 들어, 06은 숫자 6을 정의하고 011은 숫자 9를 정의한다. 이 양식은 10진수와 너무 쉽게 혼동되기 때문에 문제가 있었고 숫자에 8 또는 9를 포함하면 자바스크립트 엔진이 숫자를 10진수로 구문 분석하여 011과 09가 모두 숫자 9를 정의하는 혼란스러운 상황으로 이어지기 때문이다.

```
// 느슨한 모드에서만
console.log(011 === 09); // true
```

얼마나 혼란스러운가! 3판 사양(1999)에서 이 레거시 8진수 양식은 언어의 일부로 제거되었지만 구현에서 지원 여부를 선택할 수 있는 "호환성" 절에 남겨졌다. ES5(2009)는 더 나아가 엄격 모드에서 자바스크립트 구현이 더 이상 레거시 8진수 리터럴을 지원하도록 허용되지 않고 "호환성" 정보를 브라우저 전용 부속서 B(Annex B)로 옮겼다고 말했다(ES2015는 09와 같은 8진수와 같은 10진수 리터럴을 더 허용하지 않는다). 레거시 양식을 허용하지 않는 것은 엄격 모드를 사용하는 많은 이유 중 하나다. 011과 09는 모두 엄격 모드의 구문 오류이므로 혼동을 방지한다.

그러나 그것은 모든 역사다. 이제 8진수를 작성하려면 새로운 0o11 양식을 사용하자. 10진수를 쓰려면 불필요한 선행 0[4]을 생략하자(예: 숫자 9에 09가 아닌 9를 사용).

17.3 / 새로운 수학 메서드

ES2015는 Math 객체에 모든 범위의 새로운 기능을 추가했다. 일반적으로 다음 범주에 속한다.

- 다양한 응용 프로그램, 특히 그래픽, 기하학 등에서 유용한 일반 수학 함수
- DSP(디지털 신호 처리) 및 다른 언어에서 자바스크립트로 컴파일된 코드와 같은 저수준 코드를 지원하는 함수

물론 범주 간에는 약간의 자의적이기 때문에 겹치는 부분이 있다. 이 절에서는 하위 수준 지원 범주와 겹치는 대부분을 찾을 수 있다.

17.3.1 일반 수학 함수

ES2015는 주로 삼각 및 로그 함수와 같은 일반 수학 함수의 호스트를 추가했다. 이러한 기능은 그래픽 처리, 3D 지오메트리 등에 유용하다. 각각은 수학 연산의 "구현에 따른 근사치"를 반환한다. 각각이 수행하는 작업을 제공하는 알파벳순으로 나열한 표 17-1을 참조하자.

▼ 표 17-1 일반 수학 함수

함수	기능
Math.acosh(x)	x의 역 쌍곡선 코사인
Math.asinh(x)	x의 역 쌍곡선 사인
Math.atanh(x)	x의 역 쌍곡선 탄젠트
Math.cbrt(x)	x의 세제곱근
Math.cosh(x)	x의 쌍곡선 코사인

---

4 0.1과 같이 소수점이 뒤에 오는 선행 0은 괜찮다. 선행 0 다음에 숫자가 오는 경우에만 허용되지 않는다(예: 03 또는 01.1).

함수	기능
Math.expm1(x)	x의 지수 함수에서 1 빼기(e는 x의 거듭제곱으로, 여기서 e는 자연 로그의 밑)
Math.hypot(v1, v1, ...)	인수의 제곱합의 제곱근
Math.log10(x)	x의 밑이 10인 로그
Math.log1p(x)	1+x의 자연로그
Math.log2(x)	x의 밑이 2인 로그
Math.sinh(x)	x의 쌍곡선 사인
Math.tanh(x)	x의 쌍곡선 탄젠트

이러한 새로운 메서드의 대부분은 기본 삼각법과 로그 연산을 제공한다.

Math.expm1(x)은 논리적으로 Math.exp(x) - 1과 같고 Math.log1p(x)는 논리적으로 Math.log(x+ 1)와 동일하기 때문에 Math.expm1과 Math.log1p는 처음에는 이상하게 보일 수 있다. 그러나 두 경우 모두 x가 0에 가까울 때 자바스크립트의 숫자 유형 제한으로 인해 expm1과 log1p가 exp 또는 log를 사용하는 동등한 코드보다 더 정확한 결과를 제공할 수 있다. 구현은 자바스크립트의 숫자 타입이 지원하는 것보다 더 높은 정밀도를 사용하여 Math.expm1(x) 계산을 수행한 다음 Math.exp(x)를 수행하여 결과를 변환하는 대신 최종 결과를 자바스크립트 숫자로 변환(일부 정밀도 손실)할 수 있다. 자바스크립트 숫자로 변환(일부 정밀도 손실)한 다음 숫자 유형의 정밀도 범위 내에서 1을 뺀다. 이러한 작업의 경우 x가 0에 가까울 때 - 1 또는 1 + 부분을 수행한 후까지 정밀도 손실을 지연하는 데 도움이 된다.

17.3.2 저수준 수학 지원 함수

지난 몇 년 동안 C, C++와 같은 다른 언어의 코드를 교차 컴파일하기 위한 대상으로 자바스크립트를 사용하는 데 많은 관심과 노력이 있었다. 일반적으로 이 작업을 수행하는 도구는 자바스크립트의 고도로 최적화 가능한 하위 집합인 asm.js[5]로 컴파일된다(또한 일반적으로 자바스크립트 대신 또는 추가로 웹어셈블리[6]를 출력할 수 있는 기능이 있다). 예를 들어 이를 수행하는 두 개의 프로젝트는 Emscripten (LLVM 컴파일러의 백엔드)[7]과 Cheerp (이전의 Duetto)[8]이다. asm.js를

---

5 http://asmjs.org

6 https://webassembly.org

7 https://github.com/kripken/emscripten

8 https://leaningtech.com/cheerp

대상으로 하는 동안 수행하는 작업을 수행하려면 이러한 도구와 기타 도구가 32비트 정수와 부동 소수점이 내장된 언어에서 수행되는 방식과 일치하고 빠르고 일관된 방식으로 일부 저수준 작업을 수행해야 한다. 저수준 작업은 종종 압축이나 디지털 신호 처리에도 유용하다.

ES2015는 이러한 도구를 지원하기 위해 몇 가지 기능을 추가했다. 특정 기능을 제공함으로써 무엇보다도 자바스크립트 엔진에 대한 최적화 대상을 제공했으며 때로는 단일 CPU 명령으로 함수 호출을 대체할 수 있게 했다. 함수는 표에 알파벳순으로 나열되어 있다.

▼ 표 17-2 저수준 수학 지원 함수

함수	설명
Math.clz32(x)	x를 32비트 정수로 변환한 다음 선행 0비트를 계산한다. 예를 들어 Math.clz32(0b1000)를 호출하면 0b1000이 32비트 정수로 변환될 때 결과에서 1 앞에 28개의 0이 있기 때문에 결과는 28이다. 0b00000000000000000000000000001000 ^^^^^^^^^^^^^^^^^^^^^^^^^^^^ DSP, 압축, 암호화 등에 유용하다. 고유한 32비트 정수 유형(C와 자바와 같은)을 사용하여 많은 언어에서 기본 제공 지원을 제공한다.
Math.fround(x)	32비트 이진 부동 소수점 숫자에 맞게 x에 가장 가까운 값을 가져온다. 자바스크립트의 숫자는 64비트 이진 부동 소수점(IEEE-754 사양의 "binary64", 일반적으로 "더블"이라고 함)임을 기억하자. 많은 언어가 32비트 버전인 "binary32"(일반적으로 "float"이라고 함)를 지원한다. 이 연산은 이중(x)을 가장 가까운 부동 소수점으로 변환하는 많은 언어의 (float)x 연산을 제공한다. float.fround는 "반올림하여 짝수로" 반올림 방법을 사용하여 x를 binary32로 변환한 다음 해당 단계가 결과로 수행되는 작업을 기반으로 최적화할 수 없는 경우 binary64로 다시 변환한다 ("반올림하여 짝수로"는 binary64 값에 대해 정확히 일치하는 엔트리가 없는 경우(즉, 두 개의 binary32 값이 있는 경우 하나는 숫자로 더 작고 다른 하나는 숫자로 더 큰 경우) 짝수인 값을 선택한다는 의미이다).
Math.imul(x, y)	랩어라운드가 있는 32비트 2의 보수 정수 곱셈에 대한 규칙을 사용하여 x와 y를 곱한다. x와 y가 기본 32비트 정수인 x * y 연산과 동일하다.
Math.sign(x)	x의 부호를 반환한다. 많은 저수준 알고리즘에서 일반적인 작업이다. x는 자바스크립트 숫자이므로 가능한 결과가 5개 있다(이 중 2개는 결과를 사용하는 코드에서 거의 항상 동일하게 처리된다). x가 NaN이면 NaN, x가 -0이면 -0, x가 +0이면 0, x가 음수이면 -1, x가 양수이면 1이다.
Math.trunc(x)	소수 부분을 제거(반올림 없이)하여 정수 양식으로 숫자를 자른다. 이것은 32비트 2의 보수 정수 유형(int)을 사용하는 언어에서 (int)x와 동일하다. 단, x와 결과가 모두 자바스크립트 숫자이므로 NaN, 양의 무한대, 음수와 같은 몇 가지 복잡성이 있다는 점을 제외하면 무한대, +0 및 -0은 모두 자체적으로 발생한다. 0보다 크고 1보다 작은 숫자는 +0이 된다. 0보다 작지만 -1보다 큰 숫자는 -0이 된다. Math.floor나 Math.ceil과 달리 결과는 항상 원래 숫자의 정수 부분인 반면 (예를 들어) Math.floor(-14.2)는 -15이다. Math.floor는 음수일지라도 항상 내림하기 때문이다(x = x < 0 ? Math.ceil(x) : Math.floor(x); 이제 n = Math.trunc(x) 줄을 따라 코드를 보았을 것이다). 마찬가지로, x = ~~x 또는 x = x | 0과 유사하지만 둘 다 x를 32비트 정수로 변환하는 것을 포함한다. Math.trunc는 32비트 정수에 들어갈 수 있는 것보다 큰 숫자로 작동한다.

다른 모든 수학 함수와 마찬가지로 입력이 숫자가 아닌 경우 연산이 완료되기 전에 숫자로 변환된다.

17.4 지수 연산자(**)

지수 연산자(**)는 Math.pow 함수와 동일한 연산자다. 이 연산자는 숫자를 다른 숫자의 거듭제곱으로 만든다(사실, Math.pow의 정의는 **를 사용한 결과를 반환한다고 간단히 말하도록 업데이트되었다). 다음은 예이다.

```
console.log(2**8); // 256
```

주의해야 할 "문제"가 있다. 기본(x) 앞에 단항 연산자와 함께 x**y를 사용하는 경우(예: -2**2). 수학에서 -2^2에 해당하는 표현은 -4인 $-(2^2)$를 의미한다. 자바스크립트에서 우리는 단항에 익숙하다. 우선순위가 매우 높기 때문에 우리 중 많은 사람들(대부분?)은 -2**2를 (-2)**2(=4)로 읽을 것이다. 수학으로 읽어보자.

광범위한 의논과 토론[9] 끝에 TC39는 -2**2를 구문 오류로 만들었으므로 모호성을 피하기 위해 대신 (-2)**2 또는 -(2**2)를 작성해야 한다. 수학 규칙을 사용하는 것에 대한 강력한 주장이 있었고 단항 연산자를 지수 연산자보다 더 높은 우선순위로 유지해야 한다는 강력한 주장이 있었다. 결국 TC39는 그 싸움에서 승자를 선택하기보다 "구문 오류로 만들고 원하는 경우 나중에 정의할 수 있다"를 선택했다.

다른 구현은 해당 상황에서 다양한 수준의 유용성을 가진 다른 오류 메시지를 사용한다.

- "예기치 않은 토큰 **"
- "'**'의 좌변에는 괄호 안의 단항 표현식이 올 수 없다."
- "지수 표현 직전에 사용하는 단항 연산자. 연산자 우선순위를 명확하게 하려면 괄호(원문 그대로)를 사용해야 한다."

따라서 언뜻 보기에 ** 연산자를 완벽하게 합리적으로 사용하는 것처럼 보이는 오류를 보고 있는 자신을 발견했다면 그 앞에 단항 마이너스 또는 플러스가 있는지 확인하자.

---

9 https://esdiscuss.org/topic/exponentiation-operator-precedence

17.5 Date.prototype.toString 변경

ES2018에서는 Date.prototype.toString이 처음으로 표준화되었다. ES2017까지 반환된 문자열은 "… 사람이 읽을 수 있는 편리한 양식을 사용하여 현재 시간대의 날짜 및 시간으로 (날짜)를 나타내는 구현 종속 문자열 값"이었다. 그러나 모든 중요한 자바스크립트 엔진은 결국 서로 일관성이 있었기 때문에 TC39는 일관성을 문서화하기로 결정했다. 사양에 따라 이제 안정적이다.

- 영어로 된 세 글자 요일 약어(예: "Fri")

- 영어로 된 세 글자 월 약어(예: "Jan")

- 요일, 필요한 경우 0으로 채워짐(예: "05")

- 연도(예: "2019")

- 24시간 양식의 시간(예: "19:27:11")

- 시간대(GMT 다음에 +/− 및 오프셋 양식)

- 선택적으로, 시간대 이름을 제공하는 괄호 안의 "구현 정의" 문자열(예: "태평양 표준시")

각각은 하나의 공백으로 이전 엔트리와 구분된다. 예를 들어 다음과 같다.

```
console.log(new Date(2018, 11, 25, 8, 30, 15).toString());
// => Tue Dec 25 2018 08:30:15 GMT-0800 (Pacific Standard Time)
// 또는
// => Tue Dec 25 2018 08:30:15 GMT-0800
```

17.6 Function.prototype.toString 변경

최근 자바스크립트 사양은 Function.prototype.toString을 표준화했으며 ES2019는 가능하면 함수를 생성한 실제 소스 텍스트를 사용하여 반환되도록 하는 작업[10]를 계속하고 있다(메모리 소비 이유로 구문 분석 후 호스트가 소스 텍스트를 버릴 수 있다). 자바스크립트 엔진 또는 환경에서 제공하는 바인딩된 함수와 기타 함수는 다음 "네이티브 함수" 양식으로 함수 정의를 반환한다.

---

10 https://github.com/tc39/Function-prototype-toString-revision

```
function name(parameters) { [native code] }
```

자바스크립트 소스 코드에 의해 직접 정의된 함수는 이를 정의한 실제 소스 텍스트(사용 가능한 경우) 또는 앞의 예제와 같이 "네이티브 함수" 양식을 반환한다. 이것은 자바스크립트 엔진이 특정 기준과 일치하는 "… 구현 정의 문자열 …"을 제공할 것이라고 말한 ES2018의 변경 사항이다.

("검열된" 양식을 선택할 수 있는 방법을 제공하는 2단계 제안[11]도 있다. 여기서 함수의 소스 텍스트는 저장되지 않으므로 toString은 항상 "기본 함수" 양식을 반환한다)

JAVASCRIPT THE NEW TOYS

17.7 / 숫자 추가

ES2015는 Number 생성자에 몇 가지 새로운 속성과 메서드를 추가했다.

17.7.1 "안전한" 정수

자바스크립트 숫자 타입[12]이 완벽하게 정확하지 않다는 것을 알고 있을 것이다. 64비트만 사용하면서 분수 값을 포함한 방대한 범위의 값을 처리할 수 없음에도 여전히 처리하려고 한다. 종종 정확한 숫자 대신 숫자 타입이 숫자와 매우 가까운 근사값을 보유한다. 예를 들어 숫자 유형은 0.1을 완벽하게 유지할 수 없다. 대신 0.1에 **매우 가까운** 숫자를 보유한다. 0.2와 0.3도 마찬가지이며 0.1 + 0.2 != 0.3이라는 유명한 예가 나온다. 우리는 이 부정확성을 분수와 관련해서만 생각하는 경향이 있지만, 숫자가 충분히 크면 정수에서도 부정확성이 발생한다. 예를 들어 다음과 같다.

```
console.log(33333333333333333333); // 33333333333333330000
```

숫자 리터럴 33333333333333333333을 자바스크립트 숫자로 구문 분석하여 생성된 숫자는 숫자가 해당 크기로 정확할 때보다 현저히 작다. 그러나 숫자 유형은 해당 숫자를 정확하게 처리할 수 없다. 정확하게 처리할 수 있는 가장 가까운 숫자로 반올림해야 했다. 이 숫자는 수천보다 낮다.

17

냥

---

11 https://github.com/domenic/proposal-function-prototype-tostring-censorship
12 IEEE-754 배정밀도 이진 부동 소수점 표준의 구현이다.

이를 설명하기 위해 자바스크립트에는 **안전한 정수**(safe integer)라는 개념이 있다. 숫자는 값이 -2^{53}보다 크고 2^{53}보다 작은 정수인 경우 안전한 정수다(53은 숫자 타입이 효과적으로 53비트의 이진 정밀도를 갖는다는 사실에서 비롯된다. 나머지 비트는 지수다). 해당 범위 내에서 다음을 확인할 수 있다.

1. 정수는 숫자형으로 정확히 표현되며,

2. 정수는 부동 소수점 부정확성 덕분에 다른 정수로 반올림된 결과가 아님이 보장된다.

두 번째 규칙이 중요하다. 예를 들어 2^{53}은 숫자 타입에서 정확히 표시되지만 숫자 타입은 $2^{53} + 1$을 나타낼 수 없다. 시도하면 결과는 2^{53}다.

```
const a = 2**53;
console.log(a);    // 9007199254740992 (2**53)
const b = a + 1;
console.log(b);    // 9007199254740992 (2**53) (다시)
```

반올림의 결과일 수 있으므로 2^{53}은 "안전"하지 않다. 그러나 숫자 타입이 부정확한 정수를 반올림하지 않기 때문에 $2^{53} - 1$은 안전하다.

```
const a = 2**53 - 1;
console.log(a);    // 9007199254740991
const b = a + 1;
console.log(b);    // 9007199254740992
const c = a + 2;
console.log(c);    // 9007199254740992
const d = a + 3;
console.log(d);    // 9007199254740994
```

코드에서 2**53와 -(2**53)과 같은 모호한 마법 숫자를 작성하지 않아도 되도록 Number 생성자에는 두 가지 속성이 있으며 아마도 더 중요한 도움이 될 것이다. 살펴보겠다.

17.7.1.1 Number.MAX_SAFE_INTEGER, Number.MIN_SAFE_INTEGER

Number.MAX_SAFE_INTEGER는 최대 안전 정수인 $2^{53} - 1$다.

Number.MIN_SAFE_INTEGER는 숫자 $-2^{53} + 1$, 최소 안전 정수다.

17.7.1.2 Number.isSafeInteger

Number.isSafeInteger는 인수를 받고 인수가 숫자 타입이고 정수이고 안전한 정수 범위에 있는 경우 true를 반환하는 정적 메서드다. 숫자가 아니거나 정수가 아니거나 범위를 벗어나면 isSafeInteger는 false를 반환한다.

```
console.log(Number.isSafeInteger(42));        // true
console.log(Number.isSafeInteger(2**53 - 1)); // true
console.log(Number.isSafeInteger(-(2**53) + 1)); // true
console.log(Number.isSafeInteger(2**53));     // false (안전하지 않음)
console.log(Number.isSafeInteger(-(2**53)));  // false (안전하지 않음)
console.log(Number.isSafeInteger(13.4));      // false (정수가 아님)
console.log(Number.isSafeInteger("1"));       // false (숫자가 아닌 문자열)
```

안전한 정수의 한계를 넘을 수 있는 크기의 정수를 처리할 때 두 가지 편리한 규칙은 c = a + b 또는 c = a - b 연산을 수행할 때 다음과 같은 경우 c의 결과를 확신할 수 있다는 것이다. Number.isSafeInteger(a), Number.isSafeInteger(b), Number.isSafeInteger(c)는 **모두** true다. 그렇지 않으면 결과가 정확하지 않을 수 있다. c를 테스트하는 것만으로는 충분하지 않다.

17.7.2 Number.isInteger

Number.isInteger는 인수를 받고 인수가 숫자이자 정수인 경우(추측한대로!) true를 반환하는 정적 메서드다. 인수를 숫자로 강제 변환하지 않으므로 Number.isInteger("1")는 false다.

17.7.3 Number.isFinite, Number.isNaN

Number.isFinite와 Number.isNaN은 확인을 수행하기 전에 인수를 숫자로 강제 변환하지 않는다는 점을 제외하고는 전역에서 같은 기능인 isFinited와 isNaN과 같다. 대신 숫자가 아닌 값을 전달하면 false를 반환한다.

Number.isFinite는 인수가 숫자인지, 그렇다면 해당 숫자가 유한한지 여부를 결정한다. NaN에 대해 false를 반환한다.

```
const s = "42";
console.log(Number.isFinite(s));        // false: 숫자가 아니라 문자열이다
console.log(isFinite(s));               // true: 전역 함수는 강제 변환한다
console.log(Number.isFinite(42));       // true
console.log(Number.isFinite(Infinity)); // false
console.log(Number.isFinite(1 / 0));    // false: 자바스크립트에서 x / 0 = Infinity
```

Number.isNaN은 인수가 숫자인지 확인하고, 그렇다면 NaN 값 중 하나인지 여부를 결정한다.

```
const s = "foo";
console.log(Number.isNaN(s));     // false: 숫자가 아니라 문자열이다
console.log(isNaN(s));            // true: 전역 함수는 강제 변환한다
const n1 = 42;
console.log(Number.isNaN(n1));    // false
console.log(isNaN(n1));           // false
const n2 = NaN;
console.log(Number.isNaN(n2));    // true
console.log(isNaN(n2));           // true
```

17.7.4 Number.parseInt, Number.parseFloat

이들은 전역 parseInt와 parseFloat와 동일한 기능이다(말 그대로 Number.parseInt ===
parseInt가 true다). 기본 전역 변수에 대한 의존도를 줄이기 위한 지속적인 움직임의 일부다.

17.7.5 Number.EPSILON

Number.EPSILON은 자바스크립트 숫자 값으로 나타낼 수 있는 1과 1보다 큰 가장 작은 값의 차이
가 값인 데이터 속성이다(약 $2.220446049250313080847263336181 6 \times 10{-}16$). 이 용어는
수치 분석에서 부동 소수점 반올림 오차의 측정값인 **기계 엡실론**에서 유래했으며 그리스 문자 엡
실론(ϵ) 또는 굵은 로마자 u로 표시된다.

17.8 / Symbol.isConcatSpreadable

알다시피 배열의 concat 메서드는 임의의 수의 인수를 허용하고 원래 배열의 엔트리와 사용자가 제공한 인수를 사용하여 새 배열을 만든다. 이러한 인수 중 하나라도 배열이면 배열의 엔트리(한 수준)을 결과 배열로 "평평화"한다.

```
const a = ["one", "two"];
const b = ["four", "five"];
console.log(a.concat("three", b));
// => ["one", "two", "three", "four", "five"]
```

원래 concat은 이러한 방식으로 표준 배열의 엔트리만 퍼뜨린다. 유명하게도, 의사 배열 인수나 DOM의 NodeList와 같은 배열과 유사한 다른 객체에서는 그렇게 하지 않았다.

ES2015부터 concat이 업데이트되어 표준 배열(Array.isArray에 따름)이거나 참으로 평가되는 값을 가진 Symbol.isConcatSpreadable 속성이 있는 모든 인수를 퍼뜨린다.

예를 들어, 다음 예에서 obj는 배열과 유사하지만 concat에 의해 결과에 퍼뜨려지지 않는다. 대신 객체가 결과 배열에 배치된다.

```
const a = ["one", "two"];
const obj = {
    0: "four",
    1: "five",
    length: 2
};
console.log(a.concat("three", obj));
// => ["one", "two", "three", {"0": "four", "1": "five", length: 2}]
```

참으로 평가되는 값으로 Symbol.isConcatSpreadable을 추가하면 concat은 해당 엔트리도 퍼뜨린다.

```
const a = ["one", "two"];
const obj = {
    0: "four",
    1: "five",
    length: 2,
    [Symbol.isConcatSpreadable]: true
};
```

```
console.log(a.concat("three", obj));
// => ["one", "two", "three", "four", "five"]
```

Array에서 상속하지 않는 배열과 유사한 클래스의 프로토타입에 유용할 수 있다.

```
class Example {
    constructor(...entries) {
        this.length = 0;
        this.add(...entries);
    }
    add(...entries) {
        for (const entry of entries) {
            this[this.length++] = entry;
        }
    }
}
Example.prototype[Symbol.isConcatSpreadable] = true;

const a = ["one", "two"];
const e = new Example("four", "five");
console.log(a.concat("three", e));
// => ["one", "two", "three", "four", "five"]
```

ES2015가 정의될 때 DOM의 NodeList에 대한 이야기가 있었고 이와 유사하게 이 속성을 추가하여 확장 가능하도록 연결했지만 아직 일어나지 않았다.

자바스크립트 표준 라이브러리의 객체에는 기본적으로 Symbol.isConcatSpreadable 속성이 없다 (배열도 아니지만 설명된 대로 concat은 명시적으로 배열을 확인한다).

JAVASCRIPT THE NEW TOYS

17.9 다양한 구문 수정

이 절에서는 몇 가지 최근 구문 수정에 대해 배울 것이다. 그중 일부는 **정말** 유용하다.

17.9.1 널 병합

객체의 선택적 속성을 처리할 때 프로그래머는 종종 놀랍도록 강력한 논리적 OR 연산자(||)를 사용하여 누락된 속성에 대한 기본값을 제공한다.

```
const delay = this.settings.delay || 300;
```

아마 알다시피, || 연산자는 왼쪽 피연산자를 평가하고 해당 값이 참이면 해당 값을 결과로 취한다. 그렇지 않으면 오른쪽 피연산자를 평가하고 해당 값을 결과로 사용한다. 이 때문에 이 예에서는 delay 상수를 this.settings.delay 값이 참으로 평가되는 값이면 이 값으로 설정하고 this.settings.delay가 거짓으로 평가되는 값이면 300으로 설정한다. 하지만 문제가 있다. 프로그래머는 속성이 없거나 값이 정의되지 않은 경우에만 300을 사용하려고 했지만 this.settings.delay가 0이면 0이 거짓이기 때문에 해당 코드도 300을 사용한다.

ES2020의 새로운 연산자[13] "널 병합 연산자"(??)가 이 문제를 해결한다.

```
const delay = this.settings.delay ?? 300;
```

이 예는 this.settings.delay 값이 null이 아니거나 정의되지 않은 경우 delay를 설정하고 this.settings.delay가 null 또는 undefined인 경우 300으로 설정한다. ??를 사용하는 다음 코드는 this.settings.delay가 ?? 식에서 한 번만 평가된다는 점을 제외하고 조건 연산자를 사용하는 것과 같다.

```
// == null`(느슨한 동등성)은 `null`과 `undefined`를 모두 확인한다.
const delay = this.settings.delay == null ? 300 : this.settings.delay;
```

널 병합 연산자가 같은 방식으로 단축 평가되기 때문에 || 왼쪽 피연산자가 null이 아니거나 undefined인 경우 오른쪽 피연산자는 전혀 평가되지 않는다. 즉, 오른쪽 피연산자의 부작용이 사용되지 않으면 수행되지 않는다. 예를 들어, 다음 코드에서 nextId는 1가 null이거나 undefined인 경우에만 증가한다.

```
obj.id = obj.id ?? nextId++;
```

---

13 https://github.com/tc39/proposal-nullish-coalescing

17.9.2 옵셔널 체이닝

이런 코드를 작성해야 했던 적이 있는가?

```
x = some && some.deeply && some.deeply.nested && some.deeply.nested.value;
y = some && some[key] && some[key].prop;
```

아니면 이렇게?

```
if (x.callback) {
    x.callback();
}
```

ES2020의 옵셔널 체이닝 연산자[14]를 사용하여 다음과 같이 작성할 수 있다.

```
x = some?.deeply?.nested?.value;
y = some?.[key]?.prop;
```

그리고 다음도 가능하다.

```
x.callback?.();
```

대신에. ?. 연산자는 왼쪽 피연산자를 평가하고 해당 값이 null이거나 undefined인 경우 결과를 undefined로 하고 나머지 체인을 평가하지 않는다. 그렇지 않으면 속성 접근을 수행하고 체인을 계속할 수 있다. 두 번째 양식(x.callback?.())에서 왼쪽 피연산자가 null과 undefined가 아닌 경우 호출을 계속할 수 있다.

이것은 속성이 객체에 존재하거나 존재하지 않을 수 있거나(또는 undefined 또는 null 값으로 존재할 수 있음), null을 반환할 수 있는 API 함수에서 객체를 가져오고 다음에서 속성을 가져오려는 경우에 유용하다.

```
const x = document.getElementById("#optional")?.value;
```

해당 코드에서 요소가 존재하지 않으면 getElementById는 null을 반환하므로 옵셔널 체이닝 연산자의 결과는 undefined로 x에 저장된다. 요소가 존재하는 경우 getElementById는 요소를 반환하고 x는 요소의 value 속성 값으로 설정된다.

---

14 https://github.com/tc39/proposal-optional-chaining

마찬가지로 요소가 존재하거나 존재하지 않을 수 있으며 해당 요소에 대한 메서드를 호출하려는 경우 다음과 같다.

```javascript
document.getElementById("optional")?.addEventListener("click", function() {
    // ...
});
```

요소가 존재하지 않으면 함수 호출이 수행되지 않는다. 다음은 몇 가지 추가 예이다.

```javascript
const some = {
    deeply: {
        nested: { value: 42,
            func() {
                return "example";
            }
        },
        nullAtEnd: null
    },
    nullish1: null,
    nullish2: undefined
};
console.log(some?.deeply?.nested?.value);       // 42
console.log(some?.missing?.value);              // undefined, 에러 아님
console.log(some?.nullish1?.value);             // undefined, 에러 아님, null 아님
console.log(some?.nullish2?.value);             // undefined, 에러 아님
let k = "nested";
console.log(some?.deeply?.[k]?.value);          // 42
k = "nullish1";
console.log(some?.deeply?.[k]?.value);          // undefined, 에러 아님, null 아님
k = "nullish2";
console.log(some?.deeply?.[k]?.value);          // undefined, 에러 아님
k = "oops";
console.log(some?.deeply?.[k]?.value);          // undefined, 에러 아님
console.log(some?.deeply?.nested?.func?.());    // "example"
console.log(some?.missing?.stuff?.func?.());    // undefined, 에러 아님
console.log(some?.deeply?.nullAtEnd?.());       // undefined, 에러 아님
console.log(some?.nullish1?.func?.());          // undefined, 에러 아님
k = "nullish2";
console.log(some?.[k]?.func?.());               // undefined, 에러 아님
```

테스트 중인 속성이 null인 경우에도 옵셔널 체이닝 연산자의 결과는 undefined다. 이전 예에서 다음 줄에서 확인할 수 있다.

```
    console.log(some?.nullish1?.value);                    // undefined, 에러 아님, null 아님
```

또한 처음에 옵셔널 체이닝 연산자를 한 번만 사용하면 "옵셔널함"이 후속 속성 접근자나 호출로 이어지지 않는다. 예를 들어,

```
const obj = {
    foo: {
        val: 42
    }
};
console.log(obj?.bar.val); // TypeError: Cannot read property 'val' of undefined
```

obj가 null이거나 undefined인 경우 obj가 null 또는 undefined가 되는 것을 방지하기 위해 obj?.bar를 통해 옵셔널 체이닝 연산자를 사용했기 때문에 출력이 undefined가 된다. 그러나 obj는 객체이므로 obj.bar가 평가된다. obj에는 bar 속성이 없기 때문에 undefined가 된다. val에 접근 때 이를 방어하기 위해 선택적 연결이 사용되지 않았기 때문에 코드는 undefined에서 val을 가져오려고 시도하고 오류와 함께 실패한다.

이 오류를 방지하려면 val에 접근할 때 옵셔널 체이닝을 사용한다.

```
    console.log(obj?.bar?.val);
```

마찬가지로 동일한 객체를 사용하면 다음과 같이 실패한다.

```
    obj?.bar(); // TypeError: obj.bar is not a function
```

bar 뒤에는 ?.가 없기 때문에 호출하기 전에 아무것도 확인하지 않았다. ?는 널일 수 있는 것 바로 뒤에 있어야 한다.

17.9.3 선택적인 catch 바인딩

때로는 어떤 오류가 발생했는지 신경 쓰지 않고 무언가가 작동했는지 실패했는지 알면 되는 경우가 있다. 이러한 상황에서 다음과 같은 코드를 보는 것이 일반적이다.

```
try {
    theOperation();
} catch (e) {
    doSomethingElse();
}
```

코드는 오류(e)를 사용하지 않는다.

ES2019부터는 괄호와 바인딩(e)을 완전히 없앨 수 있다.

```
try {
    theOperation();
} catch {
    doSomethingElse();
}
```

최신 브라우저에서 거의 보편적으로 지원되지만 구형 엣지만 지원하지 않는다(엣지의 크로미움 버전에서는 지원한다). 물론 인터넷 익스플로러와 같은 구식 브라우저는 지원하지 않는다.

17.9.4 JSON에서 유니코드 줄 바꿈

좋다, 이것은 일상적인 코딩 생활에 영향을 미치지 않을 것이다.

개념적으로 JSON은 자바스크립트의 엄격한 하위 집합이지만 이전에 이스케이프해야 했던 문자열 리터럴에서 유니코드의 "줄 구분자"(U+2028)와 "단락 구분자"(U+2029) 문자가 이스케이프 처리되지 않은 상태로 표시되도록 ES2019가 변경되기 전까지는 사실이 아니었다. JSON은 문자열에서 이스케이프되지 않도록 허용했지만 자바스크립트는 그렇지 않아 사양이 불필요하게 복잡해졌다.

ES2019부터[15] 둘 다 이스케이프할 필요 없이 자바스크립트 문자열 리터럴에서 유효하다.

17.9.5 JSON.stringify에서 올바른 양식의 JSON

이것은 아마 여러분의 레이더에도 나타나지 않을 것이다. 그러나 기술적으로, 일부 극단적인 경우에는 JSON.stringify가 유효하지 않은 JSON을 생성하고 있다. 10장에서 자바스크립트 문자열은 유효하지 않은(짝이 없는) 써로게이트를 허용하는 일련의 UTF-16 코드 단위라는 것을 기억할 것이다. 문자열화되는 문자열 값에 짝을 이루지 않은 써로게이트가 포함된 경우 결과 JSON에는 짝이 없는 써로게이트가 리터럴 문자로 포함되어 잘못된 JSON이 된다.

---

15 https://github.com/tc39/proposal-json-superset

변경 사항(ES2019에서)은 단순히 유니코드 이스케이프[16] 시 짝을 이루지 않은 대리 출력을 갖는 것이다. 예를 들어, 짝을 이루지 않은 써로게이트 U+DEAD를 리터럴 문자로 출력하는 대신 유니코드 이스케이프 시퀀스 \uDEAD를 출력한다.

17.10 / 다양한 표준 라이브러리 / 전역 추가

이 절에서는 자바스크립트의 표준 라이브러리에서 사용할 수 있는 다양한 새 메서드와 기존 메서드의 일부 변경 사항에 대해 알아본다.

17.10.1 Symbol.hasInstance

Symbol.hasInstance 잘 알려진 심볼을 사용하여 주어진 함수에 대한 instanceof의 동작을 사용자 정의할 수 있다. 일반적으로 x instanceof F는 F.prototype이 x의 prototype 체인에 있는지 확인한다. F[Symbol.hasInstance]가 함수인 경우 해당 함수가 대신 호출되고 반환되는 모든 것이 불로 변환되고 instanceof의 결과로 사용된다.

```
function FakeDate() { }
Object.defineProperty(FakeDate, Symbol.hasInstance, {
    value(value) { return value instanceof Date; }
});
console.log(new Date() instanceof FakeDate); // true
```

이는 일부 호스트 제공 객체 프로토타입, 생성자 함수가 각 객체의 모든 속성과 메서드를 직접 할당하는 빌더 함수에 비해 크게 사용되지 않는 코드베이스에 유용하다. Symbol.hasInstance를 사용하여 일치하는 프로토타입이 없더라도 적절한 속성/메서드가 있는 객체에 대해 true를 반환할 수 있다.

---

16 https://github.com/gibson042/ecma262-proposal-well-formed-stringify

17.10.2 Symbol.unscopables

이 심볼은 레거시 코드를 지원하기 위한 것이다. A) 레거시 코드가 있는 사이트에 추가될 수 **있고** B) 내장 프로토타입에 메서드를 추가하는 라이브러리를 작성하지 않는 한 코드에서 사용할 필요가 없을 것이다.

Symbol.unscopables를 사용하면 객체가 with 문과 함께 사용될 때 제외되어야 하는 객체 속성을 지정할 수 있다. 최신 자바스크립트 코드는 일반적으로 with 문을 사용하지 않으며 엄격 모드에서는 허용되지 않는다. 하지만 with는 객체의 **모든** 속성을 with 블록 내의 범위 체인에 추가한다는 것을 알 것이다. 열거할 수 없거나 상속된 속성(예: toString)도 포함된다.

```
const obj = {
    a: 1,
    b: 2
};
with (obj) {
    console.log(a, b, typeof toString); // 1 2 "function"
}
```

Symbol.unscopables 속성에 있는 객체의 참으로 평가되는 값으로 속성을 나열하여 하나 이상의 속성을 생략하도록 지정할 수 있다.

```
const obj = {
    a: 1,
    b: 2,
    [Symbol.unscopables]: {
        b: true     // `b`를 범위를 지정할 수 없도록 만들고 `with` 블록에서 제외한다.
    }
};
with (obj) {
    console.log(a, b, typeof toString); // ReferenceError: b is not defined
}
```

왜 그런 것이 필요할까? 아마도 TC39가 다음과 같이 한 이유일 것이다. TC39는 Array.prototype에 메서드를 추가할 때 필요했다. with를 사용하는 기존 코드와 새 메서드가 충돌한다. 예를 들어 일부 레거시 코드에 다음 기능이 있다고 가정하자.

```
function findKeys(arrayLikes) {
    var keys = [];
    with (Array.prototype) {
        forEach.call(arrayLikes, function(arrayLike) {
            push.apply(keys, filter.call(arrayLike, function(value) {
                return rexIsKey.test(value);
            }));
        });
    }
    return keys;
}
```

이 코드는 with를 사용하여 블록 내에서 forEach, push, filter를 사용하여 전달되는 배열과 유사한 객체에서 쉽게 사용할 수 있다. keys 식별자는 함수가 사용하는 키 변수 대신 속성으로 확인되었을 것이다.

Symbol.unscopables 덕분에 Array.prototype의 Symbol.unscopables 속성이 키를 포함하여 ES2015 이후에 Array.prototype에 추가된 모든 문자열 이름의 메서드를 나열하기 때문에 해당 코드는 키 메서드에 의해 손상되지 않는다. 그래서 keys는 with 블록에서 건너뛴다.

17.10.3 globalThis

자바스크립트에 새로운 기본 전역인 globalThis[17]가 생긴다. globalThis는 호스트(예: 브라우저)가 전역 스코프에서 this로 아무 값으로 정의할 수 있지만 일반적으로 전역 객체에 대한 참조인 전역 스코프에서 globalThis를 정의하여 전역 this로 지정할 수 있다. 브라우저에서 코드를 작성하는 데 익숙하다면 브라우저에 이미 window라는 전역 변수가 있다는 것을 알고 있을 것이다(사실 최소한 3개는 가지고 있지만 그건 요점이 아니다). 하지만 globalThis가 생길 때까지는 브라우저 외부에서 이에 대한 표준 전역이 없었고, 교차 환경에서는 다음을 수행해야 한다.

- 노드제이에스는 global을 제공한다(웹에 있는 일부 기존 코드를 깨뜨릴 수 있으므로 브라우저에서 표준화할 수 없음).
- 전역 스코프에서 this를 사용할 수 있지만(globalThis의 이름을 갖게 된 이유임), 많은 코드가 전역 스코프에서 실행되지 않는다(예: 13장에서 배운 모듈의 코드).

---

17 https://github.com/tc39/proposal-global

globalThis는 거의 모든 환경에서 전역 객체에 대한 참조인 전역 스코프에서 동일한 값에 쉽게 접근할 수 있도록 한다.

17.10.4 심볼 설명 속성

5장에서 배운 것처럼 심볼에는 다음과 같은 설명이 있을 수 있다.

```
const s = Symbol("example");
console.log(s); // Symbol(example)
```

처음에는 toString을 통해서만 해당 설명에 접근할 수 있었다. ES2019부터 심볼에서 설명 속성을 얻을 수 있다.[18]

```
const s = Symbol("example");
console.log(s.description); // example
```

17.10.5 String.prototype.matchAll

전역 또는 스티키 플래그가 있는 정규 표현식의 경우 문자열의 모든 일치 엔트리를 처리하려는 경우가 많다. RegExp 객체의 exec 함수와 루프를 사용하여 이를 수행할 수 있다.

```
const s = "Testing 1 2 3";
const rex = /\d/g;
let m;
while ((m = rex.exec(s)) !== null) {
    console.log(`"${m[0]}" at ${m.index}, rex.lastIndex: ${rex.lastIndex}`);
}
// => "1" at 8, rex.lastIndex: 9
// => "2" at 10, rex.lastIndex: 11
// => "3" at 12, rex.lastIndex: 13
```

하지만 이것은 약간 장황하며 RegExp 객체의 lastIndex 속성에 대한 수정했다(RegExp 객체에 대해 잘 문서화된 문제). 대신 String.prototype.matchAll 메서드가 ES2020[19]에 추가되어 일치

---

18 https://github.com/tc39/proposal-Symbol-description
19 https://github.com/tc39/proposal-string-matchall

653

엔트리에 대한 이터레이터를 반환하고 RegExp 객체의 속성은 그대로 유지된다.

```
const rex = /\d/g;
for (const m of "Testing 1 2 3".matchAll(rex)) {
    console.log(`"${m[0]}" at ${m.index}, rex.lastIndex: ${rex.lastIndex}`);
}
// => "1" at 8, rex.lastIndex: 0
// => "2" at 10, rex.lastIndex: 0
// => "3" at 12, rex.lastIndex: 0
```

lastIndex를 그대로 두는 것 외에도 더 컴팩트하여 편리한 이터레이터를 제공한다. 특히 명명된 캡처 그룹과 함께 디스트럭처링에 특히 강력하다.

```
const s = "Testing a-1, b-2, c-3";
for (const {index, groups: {type, num}} of s.matchAll(/(?<type>\w)-(?<num>\d)/g)) {
    console.log(`"${type}": "${num}" at ${index}`);
}
// => "a": "1" at 8
// => "b": "2" at 13
// => "c": "3" at 18
```

17.11 / 부속서 B: 브라우저 전용 기능

이 절의 핵심으로 들어가기 전에 참고할 사항이 있다. 엄격 모드에서는 여기에 있는 것 중 일부를 사용할 수 없으며 아마도 **전혀** 사용하지 않아야 한다.[20] 부속서 B(Annex B)는 웹 브라우저에서 실행되는 자바스크립트 엔진에 대한 레거시 동작을 정의하는 것이다. 새 코드에서는 레거시 동작에 의존하지 말자.

이를 감안할 때 두 가지 질문이 떠오를 수 있다.

- 부속서 B의 요점은 무엇인가?

- 정의상 기존 기능인 부속서 B 기능을 새 장난감에 대한 책에 포함하는 이유는 무엇인가?

---

20 스크립트가 실제로 인라인되어야 하는 경우 제대로 제공된 XHTML 페이지에서 HTML스러운 주석은 한 가지 예외다. 사실, 제대로 제공되는 XHTML 페이지는 드물다.

부속서 B는 웹 브라우저의 자바스크립트 엔진이 수행하는 작업을 문서화하고 제한하기 위한 사양에 있으며, 이는 대부분 표준 언어 외부이지만 자바스크립트 엔진을 구축하는 사람은 누구나 알고 있어야 하고 수행해야 한다. 실제 코드를 다루는 웹 브라우저. ES2015+에서 새로 문서화된 레거시 기능은 완전성을 위해 이 책에 (매우 최소한으로) 포함되어 있다.

그러면 부속서 B에는 무엇이 있을까? 자바스크립트의 일부 초기 기능(예: getFullYear와 setFullYear와 반대되는 getYear와 setYear 날짜 메서드)은 ES2에서 문서화했지만 "이 사양의 일부가 아님"이라는 메모와 함께 충분히 문제가 있었다. ES3는 이러한 것들과 다른 것들(십진수로 쉽게 혼동되는 레거시 8진수 리터럴과 같은)을 마지막에 부속서 B "정보 제공" 호환성 절로 분류했다. 이와 별도로, 자바스크립트의 시작 이후 거의 브라우저는 사양에서 설명하는 것 이상으로 자바스크립트를 확장해 왔다. 그리고 브라우저에 의해 정의된 일부 사소한 기능(이스케이프, 이스케이프 해제 등)은 문서화 수단으로 부속서 B에 포함되었으며 (당시에는) 브라우저의 일반적인 동작을 부드럽게 지정했다. ES5는 부록에 메서드를 하나 더 추가했지만 그 외에는 크게 변경되지 않았다.

ES2015는 웹 브라우저에 공통된 많은 확장의 공통 동작(가능한 경우)을 적극적으로 문서화했으며 또한 처음으로 부속서 B의 기능이 브라우저 호스팅 자바스크립트 엔진에서 제공되어야 함을 **요구했다.** 이론적으로 웹 브라우저 **외부의** 자바스크립트 엔진은 부속서 B 기능을 구현하지 않지만 실제로는 브라우저 내부와 외부 브라우저 모두에서 사용하도록 구축된 엔진이 브라우저가 아닌 환경에서 비활성화하여 복잡성이 증가하지는 않을 것이다.

이 절에서는 ES2015+의 부속서 B에 대한 추가 사항을 다룬다. HTML스러운 주석, 정규 표현식에 대한 추가/변경 사항, Object.prototype, String.prototype, RegExp.prototype에 대한 추가 속성과 메서드, 객체 이니셜라이저 구문 추가, 다양한 비트 하위 호환성을 위한 느슨하거나 모호한 구문과 document.all에 대한 몇 가지 정말 특별한 동작이다.

새 코드에서는 사용하지 말자.

17.11.1 HTML스러운 주석

자바스크립트 엔진은 오랫동안 스크립트 코드를 감싸는 HTML 주석을 허용했다. 이것은 주로 스크립트 태그를 전혀 처리하지 않고 문서에 내용을 표시한 아주 오래된 브라우저나 CDATA의 일부로 script 태그에서 인라인 코드를 "주석 처리"하는 관행을 지원하기 위한 것이었다. XHTML 브라우저용 래퍼는 다음과 같다.

```
<script type="text/javascript"><!--//--><![CDATA[//><!--
// ...코드...
//--><!]]></script>
```

자바스크립트 코드로 간주되는 내부의 첫 번째 엔트리가 HTML과 유사한 주석이라는 점에 주목하자. 부속서 B는 동작을 지정하기 위해 ES2015에서 업데이트되었다.

17.11.2 정규 표현식 변경

부속서 B는 매우 작은 방식으로 정규 표현식을 변경한다. 문자 클래스에서 이스케이프를 제어하기 위한 매우 작은 확장, 일치하지 않는 닫는 대괄호(])및 유효하지 않는 수량자 그룹({}, {foo})을 허용하고 compile 메서드를 추가한다.

17.11.2.1 제어 문자 이스케이프(\cX) 확장자

부속서 B는 제어 이스케이프(\cX)에 숫자(일반적인 문자 추가)를 허용하지만 제어 이스케이프가 문자 클래스([ ]) 내에 있는 경우에만 허용된다. 문자에 적용되는 동일한 공식(X % 32의 코드 포인트)이 일치할 제어 문자를 결정한다. 예를 들어 다음은 유효한 제어 이스케이프다.

```
console.log(/\cC/.test("\u0003")); // true
```

C의 코드 포인트가 67이고 67 % 32가 3이기 때문에 \cC가 제어 문자 #3("컨트롤 c")을 지정하기 때문에 참이다.

표준(부속서 B가 아닌) 정규 표현식에서 \c는 앞의 예에서와 같이 영문자(A-Z, 대소문자 구분 안함)만 뒤에 올 수 있다. 부속서 B는 뒤에 오는 숫자도 허용**하지만** 문자 클래스([ ])에 있는 경우에만 허용된다. 예를 들어 다음과 같다.

```
console.log(/[\c4]/.test("\u0014")); // true
console.log(/\c4/.test("\u0014"));   // false
console.log(/\c4/.test("\\c4"));     // true
```

첫 번째 예는 \c4가 문자 클래스에 있고 코드 포인트 4가 52이고 52 % 32가 20(16진수로 0x14)이기 때문에 \u0014와 일치한다. 두 번째 예는 문자 클래스에 없기 때문에 일치하지 않으므로 \c4는 제어 이스케이프가 아니며 세 번째 예에서 볼 수 있듯이 \c4에 대한 일치를 개별 문자로 정의하는 것으로 대체된다.

17.11.2.2 유효하지 않은 시퀀스 허용

여는 것이 없는 이스케이프 처리되지 않은 닫는 대괄호(])(여는 것이 있으면 문자 클래스 [...]를 형성함)와 수량자를 정의하지 않는 이스케이프 처리되지 않은 여는 중괄호 같이 주요 사양의 문법에서 허용하지 않는 몇 가지 유효하지 않은 시퀀스가 부속서 B에서 허용된다. 부속서 B 구문을 적용하는 엔진에서 다음 작업이 수행되지만 그렇지 않은 엔진에서는 오류가 발생한다.

```
const mismatchedBracket = /]/;   // Should be /\]/
console.log(mismatchedBracket.test("testing ] one two three")); // true
console.log(mismatchedBracket.test("no brackets here"));         // false
const invalidQuanitfier = /{}/;  // Should be /\{\}/
console.log(invalidQuanitfier.test("use curly braces ({})"));    // true
console.log(invalidQuanitfier.test("nothing curly here"));       // false
```

17.11.2.3 RegExp.prototype.compile

부속서 B는 RegExp 객체에 compile 방법을 추가한다. 호출된 객체를 완전히 다시 초기화하여 완전히 다른 정규 표현식으로 변경한다.

```
const rex = /^test/;
console.log(rex.test("testing")); // true
rex.compile(/^ing/);
console.log(rex.test("testing")); // false
rex.compile("ing$");
console.log(rex.test("testing")); // true
```

compile은 기본적으로 RegExp 인스턴스를 첫 번째 매개변수로 포함하거나(이 경우 인스턴스의 패턴과 플래그가 사용됨) 문자열을 첫 번째 매개변수로 포함하고 플래그를 선택적 두 번째 매개변수로 포함하여 RegExp 생성자와 동일한 매개변수를 허용한다. 한 가지 작은 차이점은 RegExp 생성자가 RegExp 객체를 첫 번째 인수로 전달하고 새 플래그를 두 번째 인수의 문자열로 전달할 수 있다는 것이다. RegExp.compile은 그렇지 않다. RegExp 인스턴스를 첫 번째 인수로 제공하는 경우 새 플래그를 지정할 수 없다.

부속서 B는 compile을 사용하는 것이 정규 표현식이 재사용되고 최적화를 위한 좋은 후보가 될 수 있다는 신호로 자바스크립트 엔진에 **사용될 수 있다**고 언급한다. 그러나 자바스크립트 엔진은 일반적으로 라이브 코드 성능 측정을 기반으로 최적화하고 자주 사용하는 코드를 적극적으로 최적화하므로 힌트가 주어진 엔진에 아무런 가치가 없을 수 있다.

17.11.3 추가 내장 속성

내장 객체에는 부속서 B에서 정의한 몇 가지 추가 속성이 있다.

17.11.3.1 추가 객체 속성

5장에서 객체에 대한 부속서 B 추가 사항 중 하나인 __proto__에 대해 배웠다. Object.prototype 에 정의된 접근자 속성과 이에 대한 추가 객체 이니셜라이저 구문이다.

부속서 B는 또한 표준이 __defineGetter__, __defineSetter__, __lookupGetter__, __ lookupSetter__를 갖기 전에 접근자 속성에 추가된 확장 SpiderMonkey(모질라의 자바스크립트 엔진)에 의존하는 코드와의 역호환성을 위해 Object.prototype에 대한 몇 가지 다른 속성을 정의 한다. 그들은 속성에 대한 getter 및 setter 함수를 정의하고 조회하는 것처럼 들리는 대로 정확 하게 수행한다.

```javascript
"use strict";const obj = {x: 10};
obj.__defineGetter__("xDoubled", function() {
    return this.x * 2;
});
console.log(obj.x);
// => 10
console.log(obj.xDoubled);
// => 20
try {
    obj.xDoubled = 27;
} catch (e) {
    console.error(e.message);
    // => Cannot set property xDoubled of #<Object> which has only a getter
}
obj.__defineSetter__("xDoubled", function(value) {
    this.x = value / 2;
});
obj.xDoubled = 84;
console.log(obj.x); // 42

console.log(obj.__lookupGetter__("xDoubled").toString());
// =>
// "function() {
//     return this.x * 2;
// }"
console.log(obj.__lookupSetter__("xDoubled").toString());
```

```
// =>
// "function(value) {
//     this.x = value / 2;
// }"
```

한 가지 분명하지 않은 점은 "define" 메서드가 호출한 객체에 대한 접근자를 정의하지만, "lookup" 메서드는 호출한 객체에 관련 접근자가 없는 경우 프로토타입 체인을 따른다(이것은 속성과 같다. 속성을 설정하면 객체에 직접 할당되지만 속성을 가져오는 것은 프로토타입 체인을 올라간다). "lookup" 메서드가 함수를 반환하면 객체 자체, 프로토타입, 또는 프로토타입의 프로토타입 등

새 코드에서는 이러한 메서드를 사용하지 않는다. 대신 표준 접근자 속성 표기법(get foo(), set foo())을 사용하여 객체를 처음 생성하거나 사실 뒤에 접근자를 추가하려면 Object.defineProperty 또는 Object.defineProperties를 사용한다. 접근자에 대한 함수를 가져오려면 Object.getOwnPropertyDescriptor를 사용한다("lookup" 메서드처럼 프로토타입 체인을 따르려면 Object.getPrototypeOf 사용한다).

17.11.3.2 추가 문자열 메서드

부속서 B에는 substr과 HTML 태그로 문자열을 래핑하는 여러 메서드와 같은 여러 문자열 메서드가 추가되었다.

substring과 마찬가지로 substr은 문자열의 하위 문자열을 생성하지만 다른 인수를 허용한다. 즉, substring의 시작과 끝 인덱스 대신 하위 문자열의 시작 인덱스와 **길이**다. 또한 시작 인덱스가 음수가 되도록 허용한다. 이 경우 문자열 끝에서 오프셋이다.

```
const str = "testing one two three";
console.log(str.substr(8, 3)); // "one"
console.log(str.substr(-5));   // "three"
```

HTML 메서드는 anchor, big, blink, bold, fixed, fontcolor, fontsize, italics, link, small, strike, sub, sup이다. 문자 그대로 문자열에 시작과 종료 태그를 넣는다.

```
console.log("testing".sub()); "<sub>testing</sub>"
```

새 코드에서는 사용하지 말자(특히 HTML 태그의 대부분이 더 이상 사용되지 않기 때문이다).

17

부록

17.11.4 느슨하거나 모호한 구문의 다양한 비트

부속서 B는 주요 사양에 없는 느슨한 모드에서 일부 구문을 허용한다. 엄격 모드에서는 다음 중 어느 것도 유효하지 않다. 모두 구문 오류를 생성한다. 모든 새 코드에서 엄격 모드를 사용할 것을 강력히 권장하기 때문에(모듈과 클래스 구성의 기본값) 이것은 다시 말하지만 이전 코드에서 찾을 수 있는 엔트리에 대한 정보일 뿐이다.

부속서 B의 구문을 사용하면 함수 선언 앞에 레이블을 넣을 수 있다(제너레이터 함수가 아닌 경우).

```
label: function example() { }
```

레이블에는 아무런 의미가 없는 것 같지만 (대부분의 부속서 B "기능"과 마찬가지로) 분명히 예전에는 엔진에서 허용되었으므로 엔진은 더 이상 사용되지 않는 코드를 지원하기 위해 레이블을 허용해야 한다.

유사하게, 다음과 같이 if 문(블록 없이) 또는 else(블록 없이)에 함수 선언을 첨부할 수 있다.

```
if (Math.random() < 0.5)
    function example() {
        console.log("1");
    }
else
    function example() {
        console.log("2");
    }
example();
```

(3장에서 배운 것처럼) 함수 선언이 블록에서 허용된 지금도, 함수 선언 주위에 블록이 없기 때문에 부속서 B의 구문 없이는 해당 예는 유효하지 않다. 이전 코드와의 호환성을 위해 느슨한 모드에서만 허용된다.

느슨한 구문을 사용하면 catch 블록에서 var를 사용하여 catch 바인딩을 다시 선언할 수도 있다 (해당 var는 for 또는 for-in 루프 이니셜라이저에도 있을 수 있지만 for-of 루프 이니셜라이저는 아닐 수 있다).

```
try {
    // ...
} catch (e) {
    var e;
    // ...
}
```

부속서 B 구문이 없으면 구문 오류가 된다. 부속서 B 구문을 사용하면 코드가 나타나는 함수(또는 전역) 범위에서 변수를 선언하지만 catch 블록 내의 e는 여전히 catch 바인딩이며 여기에 할당하면 변수가 아닌 catch 바인딩에 할당된다.

```javascript
"use strict";
function example() {
    e = 1;
    console.log(e);         // 1
    try {
        throw new Error("blah");
    } catch (e) {
        var e;              // 부속서 B 구문이 아닌 경우 SyntaxError
        e = 42;
        console.log(e);     // 42
    }
    console.log(e);         // 1
}
example();
```

새 코드에서는 그렇게 하지 말자. 하지만 웹에는 1996년의 레거시 코드가 여전히 있을 수 있다.

마지막으로(그리고 이것은 흥미로운 것이다), for-in 루프에서 변수에 이니셜라이저를 넣을 수 있다는 것을 알고 있었는가? 부속서 B 구문으로 다음을 수행할 수 있다.

```javascript
const obj = {
    a: 1,
    b: 2
};
for (var name = 42 in obj) {
    console.log(name);
}
// =>
// "a"
// "b"
```

let과 const가 아닌 var에서만 작동하며 엄격 모드에서는 작동하지 않는다. 이니셜라이저는 평가되어 변수에 할당된 다음 객체의 첫 번째 속성 이름으로 즉시 덮어쓰므로 루프에서 볼 수 없다. 그러나 부작용이 있는 이니셜라이저는 관찰할 수 있다.

```
for (var name = console.log("hi") in {}) { // "hi"
}
let n = 1;
for (var name2 = n = 42 in {}) {
}
console.log(n);                              // => 42
```

이렇게 작성하지는 않겠지만 레거시 코드에서 이것을 본다면 적어도 지금은 오류를 일으키지 않는 이유와 이것이 하는 일을 알고 있을 것이다(따라서 안전하게 고칠 수 있다).

17.11.5 document.all이 없을 때와 document.all이 무엇인가?

이 이야기는 잠시 시간을 내어 이야기할 만큼 충분히 재미있다.

웹 초기에 document.all은 마이크로소프트의 인터넷 익스플로러 기능이었다. 반복할 수 있는 문서의 모든 요소 모음(요소 하위 집합의 하위 모음에 대한 다양한 속성 포함) 또는 ID 또는 name으로 요소를 찾는다. 대조적으로 넷스케이프 네비게이터(당시 다른 주요 브라우저)는 신생 DOM 표준(getElementById 등)을 사용했다. 둘 다 작동하도록 작성된 코드는 사용할 것을 선택해야 했다. 때때로 프로그래머는 다음과 같이 했다.

```
if (document.getElementById) { // 또는 다른 변형
    // ...getElementById와 다른 DOM 표준 사용...
} else {
    // ...document.all와 다른 마이크로소프트 표준 사용...
}
```

다른 경우에는 다른 방식으로 수행했는데 이것이 문제다.

```
if (document.all) {
    // ...document.all와 다른 마이크로소프트 표준 사용...
} else {
    // ...getElementById와 다른 DOM 표준 사용...
}
```

if(document.all) 대신 if(typeof document.all !== "undefined")나 if(document.all != undefined)를 사용할 수 있지만 의도는 동일했다.

물론 상황은 계속 진행되었고 마이크로소프트는 DOM 표준을 구현했지만 모든 웹 페이지가 스크립트를 업데이트한 것은 아니다. 크롬과 같은 최신(당시) 브라우저는 IE용으로 작성되었더라도 페이지를 지원하려고 하며 document.all(및 전역 이벤트 변수 등)과 같은 지원을 포함했다.

몇 년 후 getElementById를 확인하는 대신 document.all을 확인하는 모든 페이지는 Microsoft 경로가 아닌 DOM 경로를 따라 잘 작동할 것이며 브라우저 제조업체는 그렇게 하기를 원했다. 물론 한 가지 방법은 document.all을 삭제하는 것이다. 그러나 브라우저 제조업체는 확인 없이 문서를 사용하는 페이지를 계속 지원하기를 원했기 때문에 document.all에 대한 지원을 **완전히** 중단하고 싶지 않았다. 무엇을 할까?

해결책은 독창적이면서도 끔찍했다. document.all을 유일한 "거짓으로 평가되는 값" 객체로 만들었다. 보다 구체적으로, 매우 흥미로운 기능을 제공했다.

- 불로 강제 변환하면 true 대신 false로 강제 변환된다.
- typeof를 적용하면 "undefined"가 된다.
- ==를 사용하여 null 또는 undefined와 비교하면 결과는 true다(물론 != 비교는 false다).

그런 식으로 if (document.all)과 유사한 검사는 document.all이 없는 것처럼 작동하지만 검사를 전혀 수행하지 않는 코드는 여전히 작동한다. 왜냐면 document.all는 **존재하고** 여전히 (아직까지는) 동작한다.

부속서 B는 [[IsHTMLDDA]]라는 내부 슬롯이 있는 객체에 대해 이 기능을 정의한다. document.all은 적어도 현재로서는 그러한 유일한 객체다.

17.12 / 꼬리 호출 최적화

이론적으로 ES2015+에서는 자바스크립트 엔진이 재귀와 관련된 상황에서 주로 유용한 **꼬리 호출 최적화**(Tail Call Optimization, TCO)를 구현해야 한다. 사실, 단 하나의 자바스크립트 엔진만이 TCO를 지원하며 이는 빠른 시일내에 변경될 것 같지 않다. 잠시 후에 자세히 알아보자.

먼저 스택과 스택 프레임에 대한 간략한 알아보자. 다음 코드를 보자.

```
"use strict";
function first(n) {
    n = n - 1;
    return second(n);
}
function second(m) {
    return m * 2;
}
const result = first(22);
console.log(result); // 42
```

TCO가 없으면 자바스크립트 엔진이 first에 대한 호출을 처리할 때 반환할 주소, first에 전달할 인수(22)와 기타 일부 부가 정보가 있는 **스택 프레임**을 스택에 푸시한 다음 first 코드의 시작 부분으로 점프한다. first가 second를 호출하면 엔진은 반환 주소 등이 포함된 스택의 다른 스택 프레임을 푸시한다. second가 반환되면 해당 프레임이 스택에서 빠진다. first가 반환하면 해당 프레임이 스택에서 빠진다. 그림 17-1을 참조하자.

▼ 그림 17-1

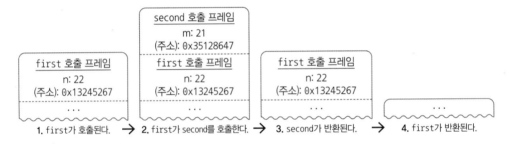

스택은 무한하지 않기 때문에 공간이 부족해지기 전까지만 스택 프레임만 보유할 수 있다. 자신을 끝없이(직접적으로 또는 간접적으로) 호출하는 실수로 코드를 작성하고 다음과 같은 스택 오버플로 오류를 본 적이 있을 것이다.

```
RangeError: Maximum call stack size exceeded
```

first를 보면 second를 호출하는 것이 반환되기 전에 가장 마지막에 수행되고 first가 second를 호출한 결과를 반환한다는 것을 알 수 있다. 즉, second를 호출하는 것은 **꼬리 호출**(꼬리 위치에서 호출)임을 의미한다.

TCO를 사용하면 엔진이 두 번째를 호출하기 전에 먼저 스택 프레임을 팝할 수 있다. 그것은 단지 두 번째 스택 프레임에 먼저 반환되었을 반환 주소를 제공해야 한다. 그 반환 주소 외에 first의 스택 프레임은 목적이 별로 없으므로 TCO가 이를 제거할 수 있다. 그림 17–2를 참조하자.

1. first가 호출된다. → 2. first가 TCO를 통해 → 3. second가 반환된다.
second를 호출한다.

이 예에서는 second를 호출하기 전에 first 스택 프레임을 제거해도 큰 차이가 없다. 그러나 특히 재귀를 다룰 때 스택에 해당 프레임을 두지 않는 것이 큰 차이를 만들 수 있다. 예를 들어 다음과 같은 고전적인 팩토리얼 함수를 고려하자(숫자 유형의 용량에 의해 제한되지 않도록 해당 코드에서 BigInt를 사용하고 있다).

```
function fact(v) {
    if (v <= 1n) {
        return v;
    }
    return v * fact(v - 1n);
}
console.log(fact(5n)); // 120
```

스택의 크기가 fact가 계산할 수 있는 크기를 제한한다. 왜냐하면 충분히 큰 숫자(예: 100000)로 시작하는 경우, 재귀 호출의 모든 스택 프레임이 스택을 오버플로한다.

```
console.log(fact(100000n));
// => RangeError: Maximum call stack size exceeded
```

불행하게도 fact 호출은 꼬리 위치에 있지 않다. 매우 가깝지만 호출 후 사실은 결과에 v를 곱하고 대신 이를 반환한다. 그러나 두 번째 매개변수를 추가하고 곱셈을 재배치하여 TCO를 활용할 수 있도록 사실을 쉽게 조정할 수 있다.

```
function fact(v, current = 1n) {
    if (v <= 1n) {
        return current;
    }
    return fact(v - 1n, v * current);
}
```

17

다

언

자, fact 자체에 대한 호출은 꼬리 위치에 있다. TCO를 사용하면 fact가 자체적으로 호출될 때마다 새 호출에 대한 스택 프레임이 이전 호출에 대한 스택 프레임을 교체한다. 마치 second 프레임이 먼저 교체된 것처럼 최종 결과가 발견될 때까지 스택에 푸시되는 대신 모두 제거된다. 따라서 스택은 fact가 계산할 수 있는 팩토리얼의 크기를 더 이상 제한하지 않는다.

그러나 이 절의 시작 부분에서 언급했듯이 현재 TCO를 구현하는 주요 자바스크립트 엔진은 사파리의 JavaScriptCore(와 iOS[21]의 다른 브라우저) 단 하나뿐이다. V8, SpiderMonkey, Chakra는 TCO를 지원하지 않으며 최소한 V8와 SpiderMonkey 팀은 계획이 없다 (V8은 한동안 부분적으로 지원했지만 엔진이 발전하면서 제거되었다). 주요 문제는 스택 추적에 대한 영향이다. 이 절의 시작 부분에 있는 first/second 예를 다시 생각해 보자. second에 오류가 발생했다고 가정하자. TCO 때문에 first의 스택 프레임이 second의 스택 프레임으로 대체되었기 때문에 스택 추적은 first 내에서가 아니라 first가 호출된 곳에서 second가 호출된 것처럼 보일 것이다. 이 문제를 해결하기 위한 다양한 방법이 있으며 TCO 선택(자동이 아닌)을 포함한 몇 가지 대안이 제안되었지만 현재로서는 앞으로 나아가기 위한 합의는 없다. 언젠가는 되겠지만.

17.13 / 과거 습관을 새롭게

JAVASCRIPT THE NEW TOYS

이러한 기타 추가 사항은 모두 원하는 경우 개선할 수 있는 몇 가지 습관을 제공한다.

17.13.1 이진 정수 리터럴 사용

과거 습관: 비트 플래그 등 이진수가 더 명확한 곳에 16진수를 사용한다.

```
const flags = {
    something:       0x01,
    somethingElse:   0x02,
    anotherThing:    0x04,
```

---

21 iOS에서 크롬과 파이어폭스 같은 브라우저는 일반적인 자바스크립트 엔진을 사용할 수 없다. 비 애플 앱은 V8과 SpiderMonkey가 수행하는 JIT 컴파일에 필요한 실행 가능한 메모리를 할당할 수 없기 때문이다. V8은 최근 V8의 "인터프리터 전용" 버전을 도입했으므로 크롬은 iOS에서 이를 사용할 수 있다.

```
        yetAnotherThing: 0x08
    };
```

새로운 습관: 타당한 경우 새로운 이진 정수 리터럴을 대신 사용하자.

```
    const flags = {
        something:      0b00000001,
        somethingElse:  0b00000010,
        anotherThing:   0b00000100,
        yetAnotherThing: 0b00001000
    };
```

17.13.2 다양한 수학적 해결 방법 대신 새로운 수학 함수 사용

과거 습관: 다양한 수학 해결 방법을 사용한다. 예를 들어 32비트 정수 계산을 에뮬레이트하거나 반올림을 위해 다음과 같이 코딩한다.

```
    value = value < 0 ? Math.ceil(value) : Math.floor(value)
```

새로운 습관: 적절한 경우 `Math.imul`이나 `Math.trunc`와 같은 새로운 수학 함수를 대신 사용하자.

17.13.3 기본값을 위해 널 병합 사용

과거 습관: 기본값을 제공할 때 논리적 OR 연산자(||) 또는 명시적 null/undefined 검사를 사용한다.

```
    const delay = this.settings.delay || 300;
    // 또는
    const delay = this.settings.delay == null ? 300 : this.settings.delay;
```

새로운 습관: 모든 거짓으로 평가되는 값(예: 0)이 기본값을 트리거하지 않도록 널 병합을 대신 사용하자.

```
    const delay = this.settings.delay ?? 300;
```

17.13.4 && 검사 대신 옵셔널 체이닝 사용

과거 습관: 있을 수도 있고 없을 수도 있는 객체의 중첩 속성에 접근할 때 논리적 AND 연산자(&&) 또는 이와 유사한 것을 사용한다.

```
const element = document.getElementById("optional");
if (element) {
    element.addEventListener("click", function() {
        // ...
    });
}
```

새로운 습관: 적절한 경우 대신 옵셔널 체이닝을 사용하자.

```
document.getElementById("optional")?.addEventListener("click", function() {
    // ...
});
```

17.13.5 오류 바인딩(e)을 사용하지 않을 때는 작성하지 않는다

과거 습관: e를 사용하지 않을 때 catch(e) 작성한다(선택의 여지가 없었기 때문)

```
try {
    theOperation();
} catch (e) {
    doSomethingElse();
}
```

새로운 습관: 최신 구문을 사용할 때 (e) 부분을 작성하지 않는다(트랜스파일 또는 선택적 catch 바인딩을 지원하는 것으로 알려진 환경만 대상으로 지정한다).

```
try {
    theOperation();
} catch {
    doSomethingElse();
}
```

17.13.6 Math.pow 대신 지수 연산자(**) 사용

과거 습관: Math.pow를 지수화에 사용한다.

```
x = Math.pow(y, 32);
```

새로운 습관: Math.pow보다 짧게 쓸 수 있고 지수 연산자를 사용하면 Math에 대한 식별자 조회나 pow에 대한 속성 조회가 필요하지 않으므로 지수 연산자를 대신 사용하는 것을 고려하자.

```
x = y**32;
```

memo

18^장

예정된 클래스 기능

18 ^장

예정된 클래스 기능

이 장의 내용

- 퍼블릭 클래스 필드

- 프라이빗 클래스 필드, 인스턴스 메서드와 접근자

- 정적 클래스 필드와 프라이빗 정적 메서드

이 장의 코드 다운로드

이 장의 코드는 https://thenewtoys.dev/bookcode 또는 https://www.wiley.com/go/
javascript-newtoys에서 다운로드할 수 있다.

이 장에서는 ES2021에 포함될 것이 거의 확실하고 오늘날 트랜스파일과 함께 사용할 수 있을 만
큼 충분히 안정적인(또는 거의 안정적인), 예정된 class 기능인 클래스 필드, 프라이빗 필드/ 메
서드/접근자, 정적 필드, 프라이빗 정적 메서드/접근자에 대해 배운다.

18.1 / 퍼블릭과 프라이빗 클래스 필드, 메서드, 접근자

ES2015의 class 구문은 의도적으로 시작점에 불과했다. ES2021에서 채택될 가능성이 있는 여러
제안은 추가 유용한 기능으로 확장한다.

- 퍼블릭 필드(속성) 정의

- 프라이빗 필드

- 프라이빗 인스턴스 메서드와 접근자

- 퍼블릭 정적 필드

- 프라이빗 정적 필드

- 프라이빗 정적 메서드

이것들은 이미 유용한[1] class 구문을 **훨씬 더** 유용하게 만든다. 클로저, 사후 할당, 위크맵의 비하인드 사용, 어색한 구문 등에 숨겨야 하는 작업을 수행하여 간단한 구문으로 만든다. 그리고 잠재적으로 자바스크립트 엔진이 결과를 최적화할 수 있는 방법을 개선할 수 있다.

개선 사항은 다양한 속도로 진행될 수 있지만 2020년 초에 모두 3단계에 있는 여러 제안서에 걸쳐 있다.

- **자바스크립트용 클래스 필드 선언**(종종 "클래스 필드 제안"이라고도 함): https://github.com/tc39/proposal-class-fields
- **자바스크립트 클래스용 프라이빗 메서드와 getter/setter**: https://github.com/tc39/proposal-private-methods
- **정적 클래스 기능**: https://github.com/tc39/proposal-static-class-features/

이 절에서는 다양한 추가 사항을 살펴본다. 그들은 지금 트랜스파일러에 의해 지원된다. 3단계이기 때문에 이러한 기능은 자바스크립트 엔진에 의해 기본적으로 구현되어 있다(예: 프라이빗과 퍼블릭 필드는 V8에서 사용할 수 있으며 크롬 74 이상에서는 플래그 없이 제공된다).

18.1.1 퍼블릭 필드(속성) 정의

ES2015의 class 구문에서는 생성자, 메서드, 접근자 속성만 **선언적으로** 정의되었다. 데이터 속성은 생성자에서 종종(항상 그런 것은 아니지만) 할당을 통해 임시로 생성되었다.

```
class Example {
    constructor() {
        this.answer = 42;
    }
}
```

클래스 필드 제안은 **퍼블릭 필드 정의**를 언어(기본적으로 **속성 정의**)에 추가한다. 다음은 이전 예와 정확히 동일한 클래스를 정의한다.

```
class Example {
    answer = 42;
}
```

---

1 생성자 함수를 사용하는 경우 유용하다. 다시 말하면 자바스크립트는 클래스 구문을 사용하지 않는 프로그래밍 패러다임도 지원하기 때문에 생성자 함수를 사용하지 않는 경우 class 구문을 사용하지 말자.

정의는 단순히 속성의 이름이며, 선택적으로 등호(=)와 이니셜라이저 표현식이 뒤따르고 세미콜론(;)으로 종료된다(초기화에 대해서는 잠시 후에 자세히 설명하겠다). 정의의 속성 이름 앞에 this가 없음을 주목하자.

Note ≡ "퍼블릭 필드" vs "속성"

클래스 필드 제안은 언어에 프라이빗 필드를 추가하고 프라이빗 필드는 속성이 아니므로(다음 절에서 배우게 됨), 속성과 프라이빗 필드를 단순한 **필드**로 참조하는 것이 점점 더 일반적이다. 속성을 퍼블릭 필드로 사용한다. **퍼블릭 필드**는 여전히 속성이다. 즉, 또 다른 이름일 뿐이다.

정의할 속성이 여러 개인 경우 별도로 정의해야 한다. var, let, const와 같이 정의를 연결할 수 없다.

```
class Example {
    answer = 42, question = "…";
    //          ^--- SyntaxError: Unexpected token, expected ";"
}
```

대신 각 정의를 독립 실행형으로 작성하자.

```
class Example {
    answer = 42;
    question = "…";
}
```

초깃값이 생성자 매개변수 값에 의존하지 않는 속성의 경우 새 구문이 더 간결하다. 초깃값이 생성자 매개변수에 의존하는 경우 정의를 추가하는 것이 약간 더 장황하다(적어도 현재로서는).

```
class Example {
    answer;

    constructor(answer) {
        this.answer = answer;
    }
}
```

이 예에서 클래스 시작 부분의 퍼블릭 필드 정의는 new Example이 새로 생성된 객체에 생성하는 속성 측면에서 중복된다. 객체는 어느 쪽이든 answer 속성을 갖는다. 그러나 여러 가지 이유로 퍼블릭 속성 정의가 언어에 추가되었다.

- 자바스크립트 엔진에 객체가 가질 속성을 미리 알려주면 객체가 겪는 **모양 변경**(속성 집합 변경 등)의 수가 줄어들어 객체를 빠르게 최적화하는 엔진의 능력이 향상된다.

- 객체의 모양을 미리 정의하는 것은 클래스의 독자들에게도 유용하며 속성을 설명하는 문서 주석을 위한 편리한 위치를 제공한다. 코드를 **작성하는** 것보다 **읽는** 경우가 훨씬 더 많기 때문에 약간의 추가 노력을 기울이는 것이 종종 유용하다는 것을 기억하자.

- 퍼블릭 속성에 대해 이 구문을 사용하면 다음 절에서 학습할 프라이빗 필드 정의와 통일성을 제공한다.

- **데코레이터**(decorator) 제안[2]이 진행되는 경우 속성에 데코레이터를 적용할 수 있는 장소를 제공한다.

할당을 통하지 않고 선언적으로 퍼블릭 속성을 정의할 때(와 정의할지 여부)는 당신의 스타일과 팀의 스타일에 달려 있다.

Note ≡   **객체의 "모양"과 모양 변경**

자바스크립트 객체의 **모양**은 객체에 포함된 필드와 속성 집합과 객체의 프로토타입이다. 최신 자바스크립트 엔진은 객체를 적극적으로 최적화한다. 객체의 모양은 그중 중요한 부분이다. 시간이 지남에 따라 객체의 모양이 변경되지 않도록 하면 엔진이 작업을 보다 효율적으로 수행하는 데 도움이 된다. 예를 들어 다음 클래스를 보자.

```
class Example {
    constructor(a) {
        this.a = a;
    }
    addB(b) {
        this.b = b;
    }
    addC(c) {
        this.c = c;
    }
}
```

새로 생성된 Example 인스턴스에는 속성이 하나만 있다. (글쎄, **아주** 간단히 말해서 a가 할당되기 전에는 아무것도 없지만, 많은 경우에 자바스크립트 엔진은 할당이 생성자의 시작 부분에 있고 무조건적인 경우 재최적화를 피할 수 있다) 그러나 나중에 b 속성이나 c 속성 또는 둘 다를 얻을 수 있다. 이런 일이 발생하면 자바스크립트 엔진은 변경을 허용하기 위해 매번 최적화를 조정해야 한다. 그러나 엔진에 객체가 가질 속성을 미리 알려주면(생성자의 무조건 초기 부분에서 속성에 할당하거나 속성 정의 구문으로 정의하여) 처음부터 해당 속성을 한 번만 설명할 수 있다.

---

2   https://github.com/tc39/proposal-decorators

속성 정의에 이니셜라이저가 있는 경우 해당 이니셜라이저 코드는 생성자 내부에 있는 것처럼 정확히 실행된다(단, 생성자의 매개변수가 있는 경우 해당 매개변수에 접근할 수 없음). 무엇보다도 이것은 초기화에서 이것을 사용하는 경우 생성자에서와 동일한 값(초기화되는 개체에 대한 참조)을 가짐을 의미한다. 이 방법으로 생성된 인스턴스 속성은 생성자에서 할당을 통해 생성된 것처럼 구성 가능하고 쓰기 가능하며 열거 가능하다.

속성에 이니셜라이저가 없으면 기본값이 undefined로 생성된다.

```
class Example {
    field;
}
const e = new Example();
console.log("field" in e);   // true
console.log(typeof e.field); // "undefined"
```

클래스 필드 제안은 3단계에 불과하지만 이 절에서 설명하는 기본 기능은 오랫동안 트랜스파일을 통해 사용되었다. 자바스크립트 엔진이 이 기능과 함께 출시될 때까지(V8과 SpiderMonkey는 다른 제품도 곧 출시될 예정임), 이를 사용하려면 트랜스파일해야 하며, 물론 잠시 대상 환경에 따라 이전 엔진을 지원하기 위해 트랜스파일해야 할 수도 있다.

Note ☰ 이니셜라이저에서 화살표 함수

이니셜라이저는 생성자 안에 있는 것처럼 실행되기 때문에 일부 프로그래머는 화살표 함수를 참조하는 속성을 인스턴스에 바인딩된 함수를 만드는 편리한 방법으로 사용했다. 예를 들면 다음과 같다.

```
class Example {
    handler = event => {
        event.currentTarget.textContent = this.text;
    };

    constructor(text) {
        this.text = text;
    }

    attachTo(element) {
        element.addEventListener("click", this.handler);
    }
}
```

화살표 함수가 this를 감싸기 때문에 작동하며 화살표 함수가 정의된 곳인 this는 초기화되는 인스턴스를 참조한다 (이니셜라이저가 생성자 내부에 있는 것처럼).

처음에는 편리해 보이지만 그렇게 하는 것에 반대하는 몇 가지 주장이 있다. Example.prototype이 아닌 인스턴스 자체에 핸들러를 배치한다. 이는 다음을 의미한다.

- 테스트를 위해 목킹하는 것은 어렵다. 종종 테스트 프레임워크는 프로토타입 수준에서 작동한다.
- 상속을 방해한다. BetterExample 클래스가 Example을 확장하고 새롭고/더 나은 핸들러를 정의했다고 가정해 보자. super를 통해 Example 버전에 접근할 수 없다.

대안은 재사용할 수 있고 테스트를 위해 (아마도) 목킹할 수 있는 프로토타입에 메서드를 배치하고 필요할 때 인스턴스에 바인딩하는 것이다. 이 경우 생성자, attachTo 메서드, 속성 정의의 속성 이니셜라이저에서 다음과 같이 수행할 수 있다.

```
class Example {
    handler = this.handler.bind(this);

    constructor(text) {
        this.text = text;
    }

    handler(event) {
        event.currentTarget.textContent = this.text;
    }

    attachTo(element) {
        element.addEventListener("click", this.handler);
    }
}
```

프로토타입의 핸들러를 가져와서 this에 바인딩하고 결과를 인스턴스 속성으로 할당한다. 이니셜라이저는 속성이 생성되기 전에 실행되기 때문에 이니셜라이저의 this.handler는 프로토타입의 핸들러를 참조한다.

이 패턴은 데코레이터의 사용 사례 중 하나일 정도로 충분히 일반적이다(종종 @bound 데코레이터라고 한다).

퍼블릭 필드의 이름을 계산할 수 있다. 이렇게 하려면 객체 리터럴에서와 같이 속성 키를 정의하는 표현식 주위에 대괄호를 사용한다. 속성 키가 심볼인 경우에 특히 유용하다.

```
const sharedUsefulProperty = Symbol.for("usefulProperty");
class Example {
    [sharedUsefulProperty] = "example";

    show() {
        console.log(this[sharedUsefulProperty]);
    }
}
```

```
const ex = new Example();
ex.show(); // "example"
```

앞에서 퍼블릭 필드 정의에 이니셜라이저가 있으면 생성자에 있는 것처럼 정확히 실행된다는 것을 배웠다. 특히, 생성자의 시작 부분(기본 클래스에서)이나 super() 호출 직후(서브클래스에서 작성된 것처럼) 소스 코드 순서대로 수행된다(새 인스턴스가 super() 호출에 의해 생성되므로 그전에는 this에 접근할 수 없다). 이 순서는 이전 속성이 먼저 생성되고 초기화되기 때문에 이후 속성이 이전 속성에 의존할 수 있음을 의미한다. 순서와 초기화가 super() 호출 직후에 완료되었다는 사실을 모두 보여 주는 예는 코드 18-1을 참조하자.

코드 18-1 퍼블릭 속성 정의 순서 – property-definition-order.js

```
function logAndReturn(str) {
    console.log(str);
    return str;
}

class BaseExample {
    baseProp = logAndReturn("baseProp");
    constructor() {
        console.log("BaseExample");
    }
}

class SubExample extends BaseExample {
    subProp1 = logAndReturn("example");
    subProp2 = logAndReturn(this.subProp1.toUpperCase());
    constructor() {
        console.log("SubExample before super()");
        super();
        console.log("SubExample after super()");
        console.log(`this.subProp1 = ${this.subProp1}`);
        console.log(`this.subProp2 = ${this.subProp2}`);
    }
}

new SubExample();
```

코드 18-1을 실행하면 다음과 같이 출력된다.

```
SubExample before super()
baseProp
BaseExample
example
EXAMPLE
SubExample after super()
this.subProp1 = example
this.subProp2 = EXAMPLE
```

18.1.2 프라이빗 필드

클래스 필드 제안은 클래스 구문에 **프라이빗 필드**도 추가한다. 프라이빗 필드는 여러 면에서 객체 속성(퍼블릭 필드)과 다르다. 주요 차이점은 이름에서 알 수 있듯이 클래스 내의 코드만 클래스의 프라이빗 필드에 접근할 수 있다는 것이다. 예는 코드 18-2를 참조하자. 예를 실행하려면 트랜스파일러(와 적절한 플러그인)가 필요할 수 있지만 이 문서를 읽는 시기에 따라 브라우저의 자바스크립트 엔진이 기본적으로 프라이빗 필드를 지원할 수 있음을 기억하자(바벨 v7용 플러그인은 @babel/plugin-proposal-class-properties다).

코드 18-2 간단한 프라이빗 필드 예 – private-fields.js

```
class Counter {
    #value;

    constructor(start = 0) {
        this.#value = start;
    }

    increment() {
        return ++this.#value;
    }

    get value() {
        return this.#value;
    }
}
const c = new Counter();
console.log(c.value); // 0
```

```
c.increment();
console.log(c.value); // 1
// console.log(c.#value); // SyntaxError일 것이다
```

코드 18-2는 #value라는 프라이빗 인스턴스 필드가 있는 Counter 클래스를 정의한다. 클래스는 increment 메서드가 호출될 때 #value를 증가시키고 value 접근자 속성에서 #value의 값을 반환하지만 외부 코드가 #value를 직접 보거나 수정하도록 허용하지 않는다.

해당 예에서 주의할 사항은 다음과 같다.

- 퍼블릭 필드를 정의하는 것과 같은 방식으로 프라이빗 필드를 정의하고 해시 기호(#)로 시작하는 이름을 지정하여 비공개로 표시한다. 이(#value 부분)를 **프라이빗 식별자**(private identifier)라고 한다.

- 필드에 접근하려면 접근자 식에서 프라이빗 식별자(#value)를 사용한다. this.#value처럼 말이다.

- Counter 클래스의 정의 외부에 있는 코드는 필드에 접근할 수 없으며 이는 **평가** 오류가 아니라 **구문** 오류다. 즉, 나중에 코드가 실행될 때가 아니라 코드를 구문 분석하는 동안 발생하는 사전 예방적 오류이므로 조기에 포착할 수 있다.

프라이빗 필드는 객체 속성과 몇 가지 주요 차이점이 있다.

- 프라이빗 필드는 프라이빗 필드 정의를 통해서만 만들 수 있다. 할당 또는 defineProperty/defineProperties를 통해 임시로 생성할 수 없다. 정의되지 않은 프라이빗 필드를 사용하려는 것은 구문 오류다.

- 코드에 작성하는 프라이빗 식별자(예에서 #value)는 (코드에서 사용하는 이름이지만) 필드의 실제 이름이 아니다. 대신 자바스크립트 엔진은 프로그래머가 절대 볼 수 없는 전역 고유 이름(**프라이빗 이름**이라고도 함)을 필드에 할당한다. 프라이빗 식별자는 해당 값으로 프라이빗 이름이 있는 class 정의 스코프에서 사실상 상수다. 필드(예: this.#value)에 접근할 때 프라이빗 식별자 #value의 값은 현재 스코프에서 조회되고 결과 프라이빗 이름은 객체에서 필드를 찾는 데 사용된다(잠시 후 이에 대해 자세히 설명한다). 대조적으로 속성 이름의 경우 코드에 작성하는 이름은 해당 속성의 실제 이름이다.

- 프라이빗 필드는 객체 속성과 별도로 [[PrivateFieldValues]]라는 객체의 내부 슬롯에 저장된다. 이 슬롯은 (사양에서) 이름/값 쌍의 목록이다(물론 자바스크립트 엔진은 최적화할 수

있기 때문에 이 목록을 직접 볼 수 없다). 이름은 프라이빗 식별자가 아니라 프라이빗 이름이다. 그 이유는 조금 있으면 밝혀질 것이다.

- 프라이빗 필드는 객체에서 제거할 수 없다. 프라이빗 필드에서 delete 연산자를 사용하려고 하면 구문 오류(결국 delete는 속성을 제거하고 프라이빗 필드는 속성이 아님)이며 프라이빗 필드에 대한 delete에 해당하는 것은 없다. 이것은 필드 정의를 사용하여 프라이빗 필드를 정의해야 한다는 사실과 결합되어 클래스 내에서 사용 가능한 프라이빗 필드 세트가 고정되어 있음을 의미한다. 절대 변경되지 않는다(최적화 가능성이 높다).

- 프라이빗 필드는 리플렉션을 통해 접근할 수 없다. 그것들은 속성이 아니므로 Object.getOwnPropertyNames나 Reflect.ownKeys와 같은 속성 지향 메서드는 해당 메서드에 적용되지 않으며 Object나 Reflet에 추가된 새 메서드도 없다.

- 프라이빗 필드는 대괄호 표기법으로 접근할 수 없다(예를 들어 this["#value"]는 작동하지 않는다). 사실, 프라이빗 필드에 접근하기 위한 동적 메커니즘은 전혀 없다. 이름은 리터럴 표기법을 사용하여 작성해야 한다(후속 제안은 이를 변경할 수 있다).

- 프라이빗 필드는 서브클래스에서 접근할 수 없다. 클래스 A가 프라이빗 필드를 정의하면 클래스 A의 코드만 접근할 수 있다. 클래스 B가 A를 서브클래스로 확장하는 경우(class B extends A) B의 코드는 A의 프라이빗 필드에 접근할 수 없다. 이것은 프라이빗 식별자가 class 스코프의 일부인 자연스러운 결과다. 서브클래스의 스코프에 없으므로 사용할 수 없다(**중첩** 클래스와 관련하여 나중에 배우게 될 것임을 알 수 있을 것이다).

- 그다음부터는 클래스 A와 클래스 B가 모두 동일한 프라이빗 식별자(#value 또는 무엇이든)를 가진 프라이빗 필드를 가지고 있어도 괜찮다. 이러한 필드는 각각 고유한 프라이빗 이름을 가져오고 프라이빗 식별자가 클래스 범위를 사용하여 프라이빗 이름으로 확인되기 때문에 완전히 별개다. 클래스 A의 코드에서 #value는 클래스 A의 프라이빗 필드를 참조하고 클래스 B의 #value는 클래스 B의 프라이빗 필드를 참조한다.

프라이빗 식별자가 프라이빗 이름으로 확인되는 방법을 살펴보겠다. 변수(와 상수)가 저장된 **환경 객체**를 2장에서 배웠다. 프라이빗 식별자는 프라이빗 이름 환경이라는 유사한 객체에 저장된다. 프라이빗 식별자, 프라이빗 이름 환경, 프라이빗 이름과 클래스 인스턴스가 모두 서로 관련되는 방식은 그림 18-1을 참조하자.

♥ 그림 18-1

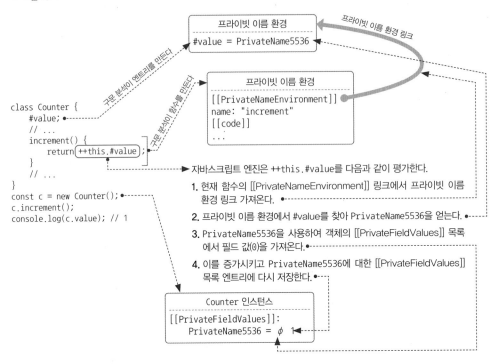

프라이빗 식별자는 **어휘 스코프**가 지정되므로(프라이빗 이름에 대한 식별자 확인은 범위 기반) 중첩된 클래스(클래스 내의 클래스)가 있는 경우 내부 클래스는 외부 클래스의 프라이빗 필드에 접근할 수 있다. 코드 18-3을 참조하자.

코드 18-3 중첩된 클래스 내 프라이빗 필드 - private-fields-in-nested-classes.js

```
class Outer {
    #outerField;
    constructor(value) {
        this.#outerField = value;
    }
    static createInner() {
        return class Inner {
            #innerField;
            constructor(value) {
                this.#innerField = value;
            }
            access(o) {
                console.log(`this.#innerField = ${this.#innerField}`);
                // 작동한다. #outerField 가 스코프에 있기 때문이다.
```

682

```
                console.log(`o.#outerField = ${o.#outerField}`);
            }
        };
    }
}
const Inner = Outer.createInner();
const o = new Outer(1);
const i = new Inner(2);
i.access(o);
// =>
// this.#innerField = 2
// o.#outerField = 1
```

Inner는 Outer 내에 정의되어 있으므로 Inner의 코드는 Outer의 프라이빗 필드를 볼 수 있다. 즉, 프라이빗 식별자(#outerField)에는 일반 스코프 지정 규칙이 적용된다.

개인 식별자에 대한 이러한 스코프 기반 확인은 해당 식별자가 정의된 클래스에 밀접하게 연결되도록 한다. 동일한 class 정의를 두 번 이상 평가하여 클래스의 두 복사본이 생성되더라도 한 클래스의 스코프에 있는 프라이빗 식별자가 프라이빗 이름 값과 다른 프라이빗 이름 값을 갖기 때문에 한 복사본의 프라이빗 필드는 다른 복사본에서 액세스할 수 **없다**. 변수나 상수를 감싸는 함수를 반환하는 함수가 있는 경우와 같다.

```
let nextId = 0;
function outer() {
    const id = ++nextId;
    return function inner() {
        return id;
    };
}
const f1 = outer();
const f2 = outer();
```

생성된 두 inner 함수(f1과 f2)는 id라는 상수를 감싸지만, 상수는 서로 분리되어 있고 다른 값을 갖는다. 클래스의 프라이빗 식별자에 대해서도 정확히 동일하다.

class 정의를 두 번 이상 평가할 수 있는 한 가지 방법은 여러 영역(예: 기본 창과 iframe 모두)에서 동일한 클래스를 로드한 다음 둘 간에 데이터를 교환하는 것이다. 그러나 class 정의를 두 번 이상 평가하여 단일 영역 내에서 클래스의 여러 복사본을 가질 수도 있다(이전 예에서 내부 함수 정의를 두 번 이상 평가한 것처럼). 코드 18-4를 참조하자.

18

예정된 클래스 기능

```
function makeCounterClass() {
    return class Counter {
        #value;

        constructor(start = 0) {
            this.#value = start;
        }

        increment() {
            return ++this.#value;
        }

        get value() {
            return this.#value;
        }

        static show(counter) {
            console.log(`counter.#value = ${counter.#value}`);
        }
    };
}

const Counter1 = makeCounterClass();
const Counter2 = makeCounterClass();

const c = new Counter1();
c.increment();
Counter1.show(c);    // "counter.#value = 1"
Counter2.show(c);    // TypeError: Cannot read private member #value from an
                     // object whose class did not declare it
```

(구체적인 오류는 자바스크립트 엔진 또는 사용하는 트랜스파일러에 따라 다르다. 다른 버전은 "TypeError: attempted to get private field on non-instance."이다)

Counter1과 Counter2는 동일한 클래스의 두 개의 개별 복사본이므로 Counter1의 #value는 Counter2와 같은 #value가 아니다. 그들은 서로 다른 프라이빗 이름 값을 보유하므로 Counter1의 코드는 Counter2에서 생성한 인스턴스의 #value 필드에 접근할 수 없으며 그 반대의 경우도 마찬가지다. 이는 코드가 두 가지 다른 방식으로 프라이빗 필드에 접근하지 못할 수 있음을 의미한다.

1. 프라이빗 식별자가 사용된 범위에서 정의되지 않은 경우. 이것은 좋은 초기 구문 오류다.

2. 프라이빗 식별자가 사용되는 범위에 정의되어 있지만 프라이빗 이름 값이 해당 프라이빗 이름을 가진 프라이빗 필드가 없는 객체에 사용되는 경우

Counter1과 Counter2는 두 번째 상황에 있다. 코드 18-2의 주석 처리된 코드는 범위에 전혀 없을 때 #value를 사용하려고 시도한 몇 페이지 전의 첫 번째 상황에 있었다.

이것이 클래스에서 프라이빗 필드를 사용하기 위해 알아야 할 전부다. 2단계 메커니즘(프라이빗 식별자를 프라이빗 이름으로 해석한 다음 프라이빗 이름을 사용하여 필드 찾기)에 대해 더 자세히 알아보려면 코드 18-5를 참조하자. 코드 18-4의 코드가 표시되지만 프라이빗 필드를 **에뮬레이트 한다.** 사양에 설명된 추상 작업과 동등한 것을 사용한다(이 에뮬레이션은 순수하게 프라이빗 필드가 어떻게 작동하는지 이해하는 데 도움을 주기 위한 것이며 폴리필이나 폴리필에 가까운 것이 아니다).

코드 18-5 클래스 복사본의 프라이빗 필드 에뮬레이트 – private-fields-in-class-copies-emulated.js

```
// 시작: 사양 작업을 에뮬레이트하는 코드

// 작업(NewPrivateName, PrivateFieldFind, PrivateFieldGet, PrivateFieldFind)의 이름과
// 해당 매개변수(description, P, O, 값)는 사양에서 가져왔다.

// 주어진 설명으로 새 프라이빗 이름을 만든다.
// 프라이빗 이름은 사양에서 객체로 설명되지 않지만
// 이 에뮬레이션에서 객체를 사용하는 것이 편리하다.
function NewPrivateName(description) {
    return {description};
}

// 주어진 객체에서 주어진 프라이빗 필드를 찾는다.
// P = the private name, O = the object
function PrivateFieldFind(P, O) {
    const privateFieldValues = O["[[PrivateFieldValues]]"];
    const field = privateFieldValues.find(entry => entry["[[PrivateName]]"] === P);
    return field;
}

// 객체에 새 프라이빗 필드를 추가한다(초기 생성 중에만 가능).
// P = the private name, O = the object, value = the value
function PrivateFieldAdd(P, O, value) {
    if (PrivateFieldFind(P, O)) {
        throw new TypeError(`Field ${P.description} already defined for object`);
```

```
    }
    const field = {
        "[[PrivateName]]": P,
        "[[PrivateFieldValue]]": value
    };
    O["[[PrivateFieldValues]]"].push(field);
    return value;
}


// 주어진 객체의 주어진 프라이빗 필드 값을 가져온다.
// P = the private name, O = the object
function PrivateFieldGet(P, O) {
    const field = PrivateFieldFind(P, O);
    if (!field) {
        throw new TypeError(
            `Cannot read private member ${P.description} from an object ` +
            `whose class did not declare it`
        );
    }
    return field["[[PrivateFieldValue]]"];
}


// 주어진 객체의 주어진 private 필드의 값을 설정한다.
// P = the private name, O = the object, value = the value
function PrivateFieldSet(P, O, value) {
    const field = PrivateFieldFind(P, O);
    if (!field) {          throw new TypeError(
            `Cannot write private member ${P.description} to an object ` +
            `whose class did not declare it`
        );
    }
    field["[[PrivateFieldValue]]"] = value;
    return value;
}


// === 끝: 사양 작업을 에뮬레이트하는 코드 ===


// 다음은 private-fields-in-class-copys.js의 코드로, 위의 "사양" 코드를 사용하여 프라이빗
// 필드를 에뮬레이트하도록 업데이트하여 대략적으로 내부 필드가 어떻게 작동하는지 보여준다.
function makeCounterClass() {
    // 다음 두 줄은 JavaScript 엔진이 `class` 정의 처리를 시작할 때
    // 수행하는 작업을 에뮬레이트한다.
    // 프라이빗 이름 환경을 만들고 이를 `class` 정의에 연결한다(이 코드에서 "링크"는 클래스의
```

686

```
    // 코드가 `privateNameEnvironment` 상수 위에 닫히는 것이다).
    // `#value;` 정의의 클래스당 한 번 수행: 프라이빗 이름 식별자에 대한 프라이빗 이름 생성 및
    // 프라이빗 이름 환경에 저장
    const privateNameEnvironment = new Map();
    privateNameEnvironment.set("#value", NewPrivateName("#value"));
    return class Counter {
        // 원본 코드: #value;

        constructor(start = 0) {
            // [[PrivateFieldValues]] 내부 슬롯을 만드는 객체 구성 부분을 에뮬레이트한다.
            this["[[PrivateFieldValues]]"] = [];

            // `#value;` 정의의 객체별 부분을 에뮬레이트한다.
            PrivateFieldAdd(privateNameEnvironment.get("#value"), this, undefined);

            // 원본 코드: this.#value = start;
            PrivateFieldSet(privateNameEnvironment.get("#value"), this, start);
        }

        increment() {
            // 원본 코드: return ++this.#value;
            const privateName = privateNameEnvironment.get("#value");
            const temp = PrivateFieldGet(privateName, this);
            return PrivateFieldSet(privateName, this, temp + 1);
        }

        get value() {
            // 원본 코드: return this.#value;
            return PrivateFieldGet(privateNameEnvironment.get("#value"), this);
        }

        static show(counter) {
            // 원본 코드: console.log(`counter.#value = ${counter.#value}`);
            const value =
                PrivateFieldGet(privateNameEnvironment.get("#value"), counter);
            console.log(`counter.#value = ${value}`);
        }
    };
}

const Counter1 = makeCounterClass();
const Counter2 = makeCounterClass();
```

```
const c = new Counter1();
c.increment();
Counter1.show(c);   // "counter.#value = 1"
Counter2.show(c);   // TypeError: attempted to get private field on non-instance
```

18.1.3 프라이빗 인스턴스 메서드와 접근자

"자바스크립트 클래스를 위한 프라이빗 메서드와 getter/setter" 제안은 클래스 필드 제안의 프라이빗 메커니즘을 기반으로 하여 이름에서 알 수 있듯이 프라이빗 메서드와 접근자를 사용하여 class 구문을 향상시킨다.

18.1.3.1 프라이빗 메서드

메서드 이름 앞에 #을 붙여서 프라이빗 메서드를 정의한다. 코드 18-6을 참조하자.

코드 18-6 프라이빗 메서드 - private-methods.js

```
class Example {
    #value;
    #x;
    #y;

    constructor(x, y) {
        this.#x = x;
        this.#y = y;
        this.#calculate();
    }

    #calculate() {
        // 비용이 많은 드는 작업을 상상해 보자...
        this.#value = this.#x * this.#y;
    }

    get x() {
        return this.#x;
    }
    set x(x) {
        this.#x = x;
        this.#calculate();
    }
```

```
    get y() {
        return this.#y;
    }
    set y(y) {
        this.#y = y;
        this.#calculate();
    }

    get value() {
        return this.#value;
    }
}

const ex = new Example(21, 2);
console.log(`ex.value = ${ex.value}`); // 42

// 이것은 구문 오류가 될 것이다.
// ex.#calculate();
```

프라이빗 필드와 마찬가지로 프라이빗 메서드는 class 생성자 안에 정의해야 한다. 퍼블릭 프로토타입 메서드로 할 수 있는 것처럼 나중에 클래스에 추가할 수 없다(예: MyClass.prototype. newMethod = function()...을 통해). 또한 프라이빗 필드와 마찬가지로 메서드 식별자(#calculate)도 어휘 스코프가 지정된다.

그러나 프라이빗 필드와 **달리** 프라이빗 메서드는 인스턴스(객체) 자체에 저장되지 않는다. 객체(클래스의 인스턴스) 간에 공유된다. 즉, 앞의 예에서 #calculate는 프라이빗 필드를 정의하고 여기에 함수를 할당하는 것과 같지 않다. 그러면 인스턴스 간에 함수를 공유하는 대신 모든 인스턴스에 대해 새 함수가 생성된다.

프라이빗 메서드가 클래스(MyClass.prototype)의 프로토타입 객체에 배치될 것이라고 가정할 수 있지만, 인스턴스 간에 공유되는 방식은 그렇지 않다. 인스턴스 간에 프라이빗 메서드를 공유하는 정확한 메커니즘은 이 글을 쓰는 시점과 제안이 채택된 시점 사이에 다소 변경될 수 있으므로 여기에서 너무 깊이 들어가는 것은 유용하지 않다. 핵심은 클래스의 인스턴스에 연결되지만 인스턴스 간에 공유된다는 것이다.

18

예정된 클래스 기능

프라이빗 필드와 마찬가지로 프라이빗 메서드의 프라이빗 식별자는 어휘 스코프가 지정된다. 그 값은 프라이빗 이름이다. 그러나 프라이빗 이름은 프라이빗 필드와 마찬가지로 단순한 목록의 키가 아니다. 대신 프라이빗 이름은 메서드를 **직접** 보유한다. 따라서 자바스크립트 엔진은 프라이빗 이름 환경에서 프라이빗 식별자를 조회하여 프라이빗 이름을 가져온 다음 해당 프라이빗 이름에서 직접 메서드를 가져온다. 그것이 엔진이 한 모든 것이라면, x.#privateMethod를 수행하여 모든 객체에서 프라이빗 메서드를 가져올 수 있다. 여기서 x는 무엇이든 상관없다. 메서드는 #privateMethod가 가져오는 프라이빗 이름의 일부이기 때문이다. 최소한으로 말하면 혼란스럽고 언어에 대한 추가 향상을 제한하므로 사양에는 "from" 메서드를 가져오는 인스턴스가 실제로 해당 메서드를 갖고 있는지 확인하기 위한 명시적 검사가 있다. 메서드에는 자신이 속한 클래스의 브랜드인 내부 필드([[Brand]]라고 함)가 있고 인스턴스에는 속한 클래스에 대한 [[PrivateBrands]] 목록이 있다. 코드가 인스턴스에서 프라이빗 메서드를 가져오도록 허용하기 전에 자바스크립트 엔진은 메서드의 [[Brand]]가 인스턴스의 [[PrivateBrands]] 목록에 있는지 확인한다. 물론 이것은 사양 메커니즘이다. 외부 결과가 사양에 정의된 대로라면 엔진을 자유롭게 최적화할 수 있다.

동일한 최종 결과를 얻기 위한 여러 가지 방법이 있기 때문에 이 메커니즘은 제안이 채택되기 전에 변경될 수 있다. 하지만 인스턴스 간에 프라이빗 메서드를 공유한다는 사실은 변하지 않을 것이다.

프라이빗 메서드는 다른 메서드와 마찬가지로 this 값으로 호출할 수 있다. this는 메서드가 속한 클래스의 인스턴스를 참조할 필요가 없다. 예를 들어 프라이빗 메서드를 DOM 이벤트 핸들러로 사용할 수 있다.

```
class Example {
    constructor(element) {
        element.addEventListener("click", this.#clickHandler);
    }

    #clickHandler(event) {
        // 연결 방식 때문에 `this`는 this 메서드가
        // 핸들러로 연결된 DOM 요소이다.
        console.log(`Clicked, element's contents are: ${this.textContent}`);
    }
}
```

즉, 인스턴스의 속성, 필드와 기타 메서드에 접근할 수 있도록 메서드를 클래스의 인스턴스에 바인딩하는 것이 일반적이다(그렇지 않으면 이 장의 뒷부분에서 배우게 될 정적 프라이빗 메서드를 정의할 것이다). 퍼블릭 메서드를 사용하면 앞에서 설명한 이 패턴을 사용하여 그렇게 할 수 있다.

```
class Example {
    clickHandler = this.clickHandler.bind(this);

    constructor(element) {
```

```
        element.addEventListener("click", this.clickHandler);
    }

    clickHandler(event) {
        // ...
    }
}
```

또는 생성자에서 수행할 수도 있다.

```
class Example {
    constructor(element) {
        this.clickHandler = this.clickHandler.bind(this);
        element.addEventListener("click", this.clickHandler);
    }

    clickHandler(event) {
        // ...
    }
}
```

두 경우 모두 인스턴스에서 clickHandler를 읽고(인스턴스가 아직 자체 속성을 갖고 있지 않기 때문에 인스턴스의 프로토타입에서 가져옴) 이에 대한 바인딩된 함수를 만들고 이를 다시 인스턴스에 고유 속성으로 할당한다.

프라이빗 메서드와 같은 이름을 사용하면 그렇게 할 수 없다(프라이빗 필드와 이름이 같은 프라이빗 메서드는 가질 수 없다). 그리고 필드 또는 속성처럼 프라이빗 메서드에 할당할 수 없다. 바인딩된 함수를 할당할 별도의 프라이빗 필드를 정의하고 이를 사용할 수 있다.

```
class Example {
    #boundClickHandler = this.#clickHandler.bind(this);

    constructor(element) {
        element.addEventListener("click", this.#boundClickHandler);
    }

    #clickHandler(event) {
        // ...
    }
}
```

또는 필드 정의가 여전히 필요하지만 생성자에서 할 수 있으므로 마지막 예와 같이 이니셜라이저를 사용하는 것이 합리적이다.

```
class Example {
    #boundClickHandler;

    constructor(element) {
        this.#boundClickHandler = this.#clickHandler.bind(this);
        element.addEventListener("click", this.#boundClickHandler);
    }

    #clickHandler(event) {
        // ...
    }
}
```

Note ≡ **프라이빗 식별자는 클래스에서 고유해야 한다.**

프라이빗 메서드와 프라이빗 필드는 동일한 식별자를 가질 수 없다. 즉, 다음 코드는 유효하지 않다.

```
// 잘못됨
class Example {
    #a;

    #a() { // SyntaxError: Duplicate private element
        // ...
    }
}
```

일부 언어에서는 그렇게 할 수 있지만 실제로 그렇게 하면 혼란스럽다. 자바스크립트는 허용하지 않는다. 사실, 이 장에서 배우게 될 모든 프라이빗 기능은 다음의 동일한 규칙을 따른다. 동일한 클래스에 동일한 프라이빗 식별자를 가진두 개의 다른 클래스 요소(예: 프라이빗 필드와 프라이빗 메서드)를 가질 수 없다. 이는 프라이빗 식별자가 모두 동일한프라이빗 이름 환경을 공유하기 때문이다.

해당 예와 같이 바인딩된 함수를 한 번만 사용하려는 경우에 정의(또는 생성자)에서 바인딩할 필요가 없지만(addEventListener 호출에서 바인딩하면 됨) 바인딩된 함수를 두 번 이상 사용하려는 경우에는 한 번 바인딩하고 바인딩된 함수를 재사용하는 것이 유용하다.

18.1.3.2 프라이빗 접근자

프라이빗 접근자는 프라이빗 메서드처럼 작동한다. 프라이빗 식별자로 이름을 지정하면 클래스 내의 코드만 접근할 수 있다.

```
class Example {
    #cappedValue;

    constructor(value) {
        // 접근자의 setter를 통해 값 저장
        this.#value = value;
    }

    get #value() {
        return this.#cappedValue;
    }
    set #value(value) {
        this.#cappedValue = value.toUpperCase();
    }

    show() {
        console.log(`this.#value = ${this.#value}`);
    }

    update(value) {
        this.#value = value;
    }
}

const ex = new Example("a");
ex.show(); // "this.#value = A"
ex.update("b")
ex.show(); // "this.#value = B"
// ex.#value = "c"; // SyntaxError일 것이다. `#value`는 프라이빗이다.
```

프라이빗 접근자는 디버깅, 변경 모니터링 등에 유용할 수 있다. 프라이빗 메서드와 마찬가지로 (동일한 메커니즘을 통해) 접근자 함수은 인스턴스 간에 공유된다.

18.1.4 퍼블릭 static 필드, 프라이빗 static 필드, 프라이빗 static 메서드

ES2015의 class 구문에는 퍼블릭 static 메서드(인스턴스에 제공된 프로토타입 대신 클래스 생성자에 연결된 메서드)라는 하나의 static 기능만 있었다. "정적 클래스 기능" 제안은 static 필드, 프라이빗 static 필드와 프라이빗 static 메서드로 기능 그리드를 마무리하기 위해 클래스 필드와 프라이빗 메서드 제안을 기반으로 한다.

18.1.4.1 퍼블릭 static 필드

퍼블릭 static 필드는 클래스 생성자에 속성을 만든다. 그렇게 하고 싶은 것은 드문 일이 아니지만 ES2015의 class 구문을 사용하면 사후에 해야 했다. 예를 들어, 클래스를 작성 중이고 코드에서 재사용할 수 있는 "표준" 인스턴스가 몇 개 있는 경우 class 구성 뒤에 해당 속성을 할당하여 클래스의 속성으로 사용할 수 있도록 만들 수 있었다.

```
class Thingy {
    constructor(label) {
        this.label = label;
    }
}
Thingy.standardThingy = new Thingy("A standard Thingy");
Thingy.anotherStandardThingy = new Thingy("Another standard Thingy");

console.log(Thingy.standardThingy.label);        // "A standard Thingy"
console.log(Thingy.anotherStandardThingy.label); // "Another standard Thingy"
```

"정적 클래스 기능" 제안의 새 구문을 사용하면 static 키워드를 사용하여 선언적으로 수행할 수 있다.

```
class Thingy {
    static standardThingy = new Thingy("A standard Thingy");
    static anotherStandardThingy = new Thingy("Another standard Thingy");

    constructor(label) {
        this.label = label;
    }
}

console.log(Thingy.standardThingy.label);        // "A standard Thingy"
console.log(Thingy.anotherStandardThingy.label); // "Another standard Thingy"
```

퍼블릭 필드는 소스 코드 순서로 초기화되므로 나중 필드의 이니셜라이저는 이전 필드를 참조할
수 있다.

```
class Thingy {
    static standardThingy = new Thingy("A standard Thingy");
    static anotherStandardThingy = new Thingy(
        Thingy.standardThingy.label.replace("A", "Another")
    );

    constructor(label) {
        this.label = label;
    }
}

console.log(Thingy.standardThingy.label);        // "A standard Thingy"
console.log(Thingy.anotherStandardThingy.label); // "Another standard Thingy"
```

그러나 **이전** 필드의 이니셜라이저는 이후 필드를 참조할 수 없다. 속성이 (아직) 존재하지 않기 때
문에 undefined를 얻는다.

새 구문을 사용하면 정적 필드의 이니셜라이저가 클래스의 프라이빗 기능에 접근할 수 있다. 나중
에 클래스 생성자에 추가하면 해당 코드가 프라이빗 이름 환경이 연결된 클래스 스코프 내에 있지
않기 때문에 접근 권한이 없다.

18.1.4.2 프라이빗 static 필드

프라이빗 static 필드를 정의하는 방법은 놀랍게도 퍼블릭 static 필드처럼 정의하지만 프라이
빗 식별자로 이름을 지정하는 것이다. 예를 들어 생성자가 받는 매개변수 값을 기반으로 인스턴스
를 재사용하는 클래스를 작성하는 경우 프라이빗 stattic 필드에 알려진 인스턴스의 캐시를 보유
할 수 있다.

```
class Example {
    statiC#cache = new WeakMap();

    constructor(thingy) {
        const cache = Example.#cache;
        const previous = cache.get(thingy);
        if (previous) {
            return previous;
        }
```

```
        cache.set(thingy, this);
    }
}

const obj1 = {};
const e1 = new Example(obj1);
const e1again = new Example(obj1);
console.log(e1 === e1again); // true, 동일한 인스턴스가 반환되었다.
const obj2 = {};
const e2 = new Example(obj2);
console.log(e1 === e2);      // false, 새로운 인스턴스가 반환되었다.
```

18.1.4.3 프라이빗 static 메서드

마지막으로, this와 작업을 수행할 필요가 없는 프라이빗 유틸리티 메서드에 대해 인스턴스가 아닌 클래스 생성자와 연결된 static 프라이빗 메서드를 정의할 수도 있다.

```
class Example {
    statiC#log(…msgs) {
        console.log(`${new Date().toISOString()}:`, …msgs);
    }
    constructor(a) {
        Example.#log("Initializing instance, a =", a);
    }
}

const e = new Example("one");
// => "2018-12-20T14:03:12.302Z: Initializing instance, a = one"
```

ES2015의 퍼블릭 정적 메서드와 마찬가지로 클래스 생성자와 연결되어 있으므로 생성자(즉, #log가 아닌 Example.#log)를 통해 접근해야 한다(직접 호출하는 클래스 범위의 독립 실행형 유틸리티 함수[3]로 프라이빗 메서드를 보강하는 후속 제안이 있을 수 있다).

---

3 https://github.com/tc39/proposal-static-class-features/blob/master/FOLLOWONS.md#lexical-declarations-in-class-bodies

18.2 / 과거 습관을 새롭게

다음은 이러한 기능을 사용하여 새로운 습관으로 전환할 수 있는 몇 가지 과거 습관이다.

18.2.1 생성자에서 속성을 만드는 대신 속성 정의 사용(적절한 경우)

과거 습관: 선택의 여지가 없었기 때문에 항상 생성자에서 속성을 생성한다.

```
class Example {
    constructor() {
        this.created = new Date();
    }
}
```

새로운 습관: 대신 클래스 속성을 정의하여 간결성을 위해 클래스 모양의 변경을 최소화하고 필요에 따라 데코레이터를 적용하자.

```
class Example {
    created = new Date();
}
```

18.2.2 접두사 대신 프라이빗 필드 사용(적절한 경우)

과거 습관: 가짜 프라이빗 필드에 접두사를 사용한다.

```
let nextExampleId = 1;
class Example {
    constructor() {
        this._id = ++nextExampleId;
    }
    get id() {
        return this._id;
    }
}
```

새로운 습관: 진정한 프라이빗 필드를 사용하자.

```
let nextExampleId = 1;
class Example {
    #id = ++nextExampleId;
    get id() {
        return this.#id;
    }
}
```

18.2.3 비공개 작업을 위해 클래스 외부의 함수 대신 프라이빗 메서드 사용

과거 습관: 인스턴스를 전달해야 하는 경우에도 정보 보호를 위해 클래스 외부에 정의된 함수를 사용한다.

```
// (모듈 코드인 경우 래퍼 기능이 필요하지 않다. 모듈의 정보 보호는 일반적으로 충분하다)
const Example = (() => {
    // (두 가지가 아니라 Example의 많은 것을 사용하는 것으로 가정한다)
    function expensivePrivateCalculation(ex) {
        return ex._a + ex._b;
    }
    return class Example {
        constructor(a, b) {
            this._a = a;
            this._b = b;
            this._c = null;
        }
        get a() {
            return this._a;
        }
        set a(value) {
            this._a = value;
            this._c = null;
        }
        get b() {
            return this._b;
        }
        set b(value) {
            this._b = value;
            this._c = null;
        }
        get c() {
```

```
                if (this._c === null) {
                    this._c = expensivePrivateCalculation(this);
                }
                return this._c;
            }
        };
    })();
    const ex = new Example(1, 2);
    console.log(ex.c); // 3
```

새로운 습관: 대신 프라이빗 메서드를 사용한다.

```
    class Example {
        constructor(a, b) {
            this._a = a;
            this._b = b;
            this._c = null;
        }
        // (두 가지가 아니라 this에서 많은 것을 사용하는 것으로 가정한다)
        #expensivePrivateCalculation() {
            return this._a + this._b;
        }
        get a() {
            return this._a;
        }
        set a(value) {
            this._a = value;
            this._c = null;
        }
        get b() {
            return this._b;
        }
        set b(value) {
            this._b = value;
            this._c = null;
        }
        get c() {
            if (this._c === null) {
                this._c = this.#expensivePrivateCalculation();
            }
            return this._c;
        }
    }
    const ex = new Example(1, 2);
    console.log(ex.c); // 3
```

즉, 프라이빗 필드도 사용하고 싶을 것이다.

```javascript
class Example {
    #a;
    #b;
    #c = null;

    constructor(a, b) {
        this.#a = a;
        this.#b = b;
    }
    // (두 가지가 아니라 this에서 많은 것을 사용하는 것으로 가정한다)
    #expensivePrivateCalculation() {
        return this.#a + this.#b;
    }
    get a() {
        return this.#a;
    }
    set a(value) {
        this.#a = value;
        this.#c = null;
    }
    get b() {
        return this.#b;
    }
    set b(value) {
        this.#b = value;
        this.#c = null;
    }
    get c() {
        if (this.#c === null) {
            this.#c = this.#expensivePrivateCalculation();
        }
        return this.#c;
    }
}
const ex = new Example(1, 2);
console.log(ex.c); // 3
```

19^장

앞으로 나올
예정인 기능

이 장의 내용

- 최상위 수준 await
- 약한 참조와 클린업 콜백
- RegExp 일치 색인
- String.prototype.replaceAll
- Atomics.asyncWait
- 다양한 구문 변경
- 사라질 레거시 정규 표현식 기능
- 감사 인사

이 장의 코드 다운로드

이 장의 코드는 https://thenewtoys.dev/bookcode 또는 https://www.wiley.com/go/javascript—newtoys에서 다운로드할 수 있다.

이 마지막 장은 18장의 예정된 클래스 기능에 대한 미리 보기에 이어, 예정된 다른 기능(이 글을 쓰는 시점에서 3단계의 기능)에 대한 미리 보기로 이어진다. 예정된 기능들은 끊임없이 변화하고 있다. 물론 이 책의 웹사이트인 https://thenewtoys.dev를 포함하여 1장의 리소스를 사용하여 최신 정보를 유지할 수 있다.

변경 사항과 추가 사항은 숫자 구분 기호와 같은 비교적 사소한(그러나 편리한) 구문 조정에서 최상위 수준 await와 같은 중요한 추가 사항에 이르기까지 모든 영역에 걸쳐 있다.

일부는 이미 다루었지만 대부분의 진행 중인 기능은 여기에서 다룬다.

- 8장에서 앞으로 나올 프라미스 유틸리티 기능 몇 가지를 다뤘다.
- import.meta는 13장에서 다루었다.
- 18장에서 퍼블릭과 프라이빗 클래스 필드와 프라이빗 메서드와 접근자(정적 메서드 포함)에 대해 방금 배웠다.

일부 독자는 이 장이 데코레이터[1]를 다루지 않는 것을 보고 놀랄 수 있다. 데코레이터는 얼마 동안 제안 프로세스에 있었고 제안의 한 버전 또는 다른 버전은 트랜스파일러와 타입스크립트를 통해

---

1 https://github.com/tc39/proposal—decorators

널리 사용된다. 아직 이 제안은 2단계에 있으며 세 가지 주요 수정을 거쳤다. 세 번째 버전("정적 데코레이터")의 초기 버전은 진행되기 전에 크게 변경될 가능성이 높으므로 불행히도 여기에서 다루기에는 너무 많이 변경된 예정이다.

> **Note ≡ 3단계 제안은 변경될 수 있다**
>
> 3단계 기능은 완료되기 전에 변경될 수 있으며, 드물게는 완료되지 않을 수도 있다. 이 장에서는 2020년 초의 제안에 대해 배우게 되지만 이후 변경될 수 있다. 최신 정보는 각 제안의 깃허브 리포지토리(와 https://thenewtoys.dev)를 참조하자.

19.1 최상위 수준 await

2020년 초 3단계의 "최상위 수준 Await 제안"[2]은 모듈의 최상위 수준에서 await를 사용하는 것을 가능하게 할 것이다. 살펴보자.

19.1.1 개요와 사용 사례

9장에서 async 함수에서 await를 사용하여 함수의 로직을 계속 진행하기 전에 프라미스가 완료될 때까지 기다릴 수 있다는 것을 기억할 수 있다. 최상위 수준 Await 제안은 이를 모듈에 제공하여 최상위 모듈 로직이 계속되기 전에 최상위 모듈 코드가 프라미스가 완료될 때까지 기다릴 수 있다.

async 함수에서 await가 작동하는 방식을 간단히 요약해 보겠다. 다음 fetchJSON 함수를 확인하자.

```
function fetchJSON(url, options) {
    const response = await fetch(url, options);
    if (!response.ok) {
        throw new Error("HTTP error " + response.status);
    }
    return response.json();
}
```

19

앞으로 나올 예정인 기능

---

2   https://github.com/tc39/proposal-top-level-await

fetchJSON을 호출하면 함수의 코드가 프라미스를 반환하는 fetch 호출을 포함하여 동기적으로 실행된다. fetchJSON은 fetchJSON의 실행을 일시 중단하고 새 프라미스를 반환하는 프라미스를 기다린다(await). fetch의 프라미스가 해결되면 fetchJSON의 로직이 계속되어 결국 반환된 프라미스를 해결한다.

기본적으로 모듈에서 최상위 수준 await는 동일한 방식으로 작동한다. 모듈 본문이 평가되면 프라미스를 기다릴(await) 때까지 실행된다. 그런 다음 실행이 일시 중단되고 나중에 해당 프라미스가 해결되면 다시 시작된다. 대략적으로, 모듈을 평가하면 async 함수가 값을 직접 반환하지 않고 반환값에 대한 프라미스를 반환하는 것처럼 직접 반환하는 대신 내보낼 것에 대한 프라미스를 반환한다.

fetchJSON을 사용하면 반환하는 데이터를 사용하려는 모든 코드는 fetchJSON의 프라미스가 해결될 때까지 기다려야 한다. 개념적으로는 모듈의 최상위 대기(await)에서도 발생하는 일이다. 모듈의 익스포트를 사용하려는 모든 것은 모듈의 프라미스가 완료될 때까지 기다려야 한다. 모듈의 경우 모듈의 프라미스를 기다리는 것은 코드가 아니라(어쨌든 직접적으로) 호스트 환경(예: 브라우저 또는 노드제이에스)의 모듈 로더다. 모듈 로더는 모듈에 의존하는 모듈의 로드를 완료하기 전에 모듈의 프라미스가 완료될 때까지 기다린다.

언제 최상위 await가 필요할까?

일반적인 대답은 모듈이 비동기적으로 로드되는 것을 사용할 수 있을 때까지 모듈의 익스포트가 유용하지 않을 때다. 그러나 몇 가지 세부 사항을 살펴보겠다.

동적으로 로드된 모듈(13장에서 배운 import()을 "호출"하여 로드하는 모듈)에서 모듈을 가져오고 익스포트를 사용하기 전에 모듈에서 가져온 것이 필요한 경우 import()의 프라미스를 await할 수 있다. 제안은 이에 대한 좋은 예를 보여 준다. 현재 브라우저 언어를 기반으로 현지화 정보를 로드한다. 다음은 그 예이다(약간 수정됨).

```
const strings = await import(`./i18n/${navigator.language}.js`);
```

그 예에서 이것이 문자열(strings)의 데이터와 동기적으로 작업을 수행할 것으로 예상되는 번역 기능을 내보내는 모듈에 나타난다고 가정한다. 그 함수는 문자열이 있을 때까지 사용할 수 없으므로 문자열이 있을 때까지 모듈이 완전히 로드되지 않도록 하는 것이 좋다.

모듈이 기다리는 프라미스가 import()일 필요는 없다. 어떤 프라미스이든 될 수 있다. 예를 들어 문자열이 노드제이에스 모듈의 데이터베이스에서 가져온 경우는 다음과 같다.

```
const strings = await getStringsFromDatabase(languageToUse);
```

또 다른 사용 사례는 기본 모듈을 사용할 수 없는 경우 대체 모듈을 사용하기 위해 await와 함께 import()를 사용하는 것이다. 이전 예시에 계속해서 navigator.language에 대한 현지화 파일을 사용할 수 없는 경우 문자열을 가져오는 모듈이 기본 언어로 대체될 수 있다.

```
const strings = await
    import(`./i18n/${navigator.language}.js`)
    .catch(() => import(`./i18n/${defaultLanguage}.js`));
```

또는

```
let strings;
try {
    strings = await import(`./i18n/${navigator.language}.js`);
} catch {
    strings = await import(`./i18n/${defaultLanguage}.js`);
}
```

모듈의 최상위 수준의 await를 사용하면 두 가지 중요한 영향이 있다.

- 기다리고 있는 프라미스가 해결될 때까지 그것에 의존하는 모든 모듈의 평가를 지연시킨다.

- 대기 중인 프라미스가 거부되고 코드가 해당 거부를 처리하지 않는 경우 모듈의 최상위 코드에 포착되지 않은 동기 오류가 있는 것과 같다. 모듈 로드가 실패하고 이에 의존하는 모든 모듈의 모듈 로드도 실패한다.

이러한 이유로, 기다리고 있는 프라미스가 해결될 때까지 모듈의 익스포트를 사용할 수 없는 경우에만 최상위 수준의 await를 사용하는 것이 중요하다.

19.1.2 사용 예

최상위 수준의 await의 예를 살펴보겠다. 코드 19-1에는 mod1(mod1.js, 코드 19-2), mod2(mod2.js, 코드 19-3), mod3(mod3.js, 코드 19-4)에서 가져오는 엔트리 포인트 모듈 (main.js)이 있다. mod2는 최상위 수준의 await를 사용한다.

코드 19-1 최상위 수준의 await 예 - main.js

```
import { one   } from "./mod1.js";
import { two   } from "./mod2.js";
import { three } from "./mod3.js";
```

```
console.log("main evaluation - begin");

console.log(one, two, three);

console.log("main evaluation - end");
```

```
console.log("mod1 evaluation - begin");
export const one = "one";
console.log("mod1 evaluation - end");
```

```
console.log("mod2 evaluation - begin");

// 인위적인 지연 함수
function delay(ms, value) {
    return new Promise(resolve => setTimeout(() => {
        resolve(value);
    }, ms));
}

// export const two = "two";              // 최상위 수준 `await` 사용 안 함
export const two = await delay(10, "two"); // 최상위 수준 `await` 사용함

console.log("mod2 evaluation - end");
```

```
console.log("mod3 evaluation - begin");
export const three = "three";
console.log("mod3 evaluation - end");
```

이 장을 처음 썼을 때 노드제이에스나 어떤 브라우저도 최상위 수준의 await 지원이 없었고 이 예를 실행하려면 V8 엔진을 자체적으로 설치해야 했다. 그런데 책이 나올 즈음에는 노드제이에스 v14가 --harmony-top-level-await 플래그를 통해 지원을 제공하여 이를 사용할 수 있다(읽고 있는 시점에는 플래그가 필요 없을 수 있다). V8을 직접 설치하고 사용하는 방법을 아는 것이 때때로 여전히 유용하므로 관심이 있는 경우 다음 "V8 설치하기"를 참조하자.

V8에서 지원되는 최신 기능이 있는 브라우저나 노드제이에스 버전을 찾을 수 없다면 V8을 설치하고 직접 사용할 수 있다. V8을 설치하는 쉬운 방법 중 하나는 "자바스크립트 (엔진) 버전 업데이터(JavaScript (engine) Version Updater)" 도구(jsvu)[3]를 사용하는 것이다. jsvu를 설치하려면 프로젝트 페이지의 지침을 참조하자. 2020년 초 기준으로 다음과 같다.

1. 셸(명령 프롬프트/터미널 창)을 연다.

2. npm install jsvu -g를 사용하여 jsvu를 설치한다.

3. jsvu가 자바스크립트 엔진용 실행 파일을 저장하는 디렉터리를 포함하도록 PATH를 업데이트한다.

   • 윈도: 디렉터리는 %USERPROFILE%\.jsvu다. Windows UI를 사용하여 해당 디렉터리를 포함하도록 PATH를 업데이트한다. Windows 10에서는 검색 아이콘을 클릭하고 "환경"을 입력한 다음 로컬 검색 결과에서 **시스템 환경 변수 편집**을 선택하면 된다. 결과 시스템 속성 대화 상자에서 **환경 변수...** 버튼을 클릭한다. **시스템 변수** 상자에서 PATH를 두 번 클릭한다. 새로 만들기 버튼을 클릭하고 목록에 다음 새 엔트리 %USERPROFILE%\.jsvu를 추가한다.

   • nix: 디렉터리는 ${HOME}/.jsvu다. 셸의 초기화 스크립트(예: ~/.bashrc)에 export PATH="${HOME}/.jsvu:${PATH}"를 추가하여 경로에 추가한다.

4. 셸이 열려 있으면 셸을 닫고 새 셸을 열어 새 PATH를 적용한다.

이제 jsvu를 통해 V8을 설치할 수 있다.

1. 셸에서 jsvu --engines=v8을 실행한다.

2. 처음 실행하는 것이므로 운영 체제를 확인해야 한다. 엔터 키를 누르기만 하면 된다(시스템이 자동으로 올바르게 감지되었다고 가정한다).

3. 윈도를 사용하는 경우: V8이 설치되면 .jsvu 디렉터리에 v8.cmd 파일이 있어야 한다. dir %USERPROFILE%\.jsvu\v8.cmd를 입력하여 확인한다. v8.cmd가 나열되어야 한다. 그러나 2020년 초부터 jsvu에 v8.cmd 파일을 생성하지 못하게 하는 윈도 관련 문제가 있다. 없는 경우 챕터 다운로드에서 복사하거나 다음 내용으로 만든다.

   ```
   @echo off
   "%USERPROFILE%\.jsvu\engines\v8\v8" --snapshot_blob="%USERPROFILE%\.jsvu\
   engines\v8\snapshot_blob.bin" %*
   ```

4. 두 줄만 있음에 유의하자. "%USERPROFILE%"로 시작하는 두 번째 줄은 상당히 길고 이 삽입의 텍스트에서 줄 바꿈된다.

예시에서 main.js 파일을 실행한다. V8을 직접 사용하는 경우 다음을 실행한다.

```
v8 --module --harmony-top-level-await main.js
```

3　https://github.com/GoogleChromeLabs/jsvu

노드제이에스 v14 이상을 사용하는 경우 13장에서 배운 것처럼 "type": "module"이 있는 package.json이 있는지 확인하고(다운로드 참고) 다음을 실행한다.

```
node main.js
```

또는 사용하고 있는 버전에 플래그가 필요한 경우 다음을 실행한다.

```
node --harmony-top-level-await main.js
```

최상위 수준의 await가 있는 브라우저를 사용하는 경우(플래그 뒤에 있을 수도 있고 아닐 수도 있음) HTML 파일에 스크립트 type="module" 태그와 함께 main.js를 포함하고 실행한다.

콘솔 출력은 다음과 같다.

```
mod1 evaluation - begin
mod1 evaluation - end
mod2 evaluation - begin
mod3 evaluation - begin
mod3 evaluation - end
mod2 evaluation - end
main evaluation - begin
one two three
main evaluation - end
```

호스트 환경의 모듈 로더는 모듈을 가져와 구문 분석하고 인스턴스화하고(13장 참조) 종속성 트리를 만든 다음 평가를 시작한다. 사용된 모듈이 await를 사용하지 않으면 트리가 세 개의 모듈에서 가져오는 main.js일 뿐이므로 main.js의 임포트에 나타나는 순서대로 각각 평가된다. 그러나 출력을 보면 mod2가 평가되기 시작하지만 mod2가 완료되기 전에 mod3이 평가된다는 것을 알 수 있다. 어떤 일이 발생한 것일까?

- 모듈 로더는 mod1(main.js가 가져온 첫 번째 모듈)의 최상위 코드를 평가한다. await를 사용하지 않기 때문에 다음을 통해 계속 실행된다.

  ```
  mod1 evaluation - begin
  mod1 evaluation - end
  ```

- 로더는 mod2에 대한 최상위 코드 평가를 시작한다.

  ```
  mod2 evaluation - begin
  ```

- 코드가 await에 도달하면 일시 중단되어 프라미스가 해결될 때까지 기다린다.

- 그동안, mod3는 mod2에 의존하지 않기 때문에 로더는 그것을 평가한다. mod3는 대기가 없으므로 다음을 통해 계속 실행된다.

```
mod3 evaluation - begin
mod3 evaluation - end
```

- 프라미스 mod2가 대기 중일 때 mod2의 평가가 계속된다. 그것이 유일한 기다림이었기 때문에 끝까지 실행된다.

```
mod2 evaluation - end
```

- 이제 모든 종속성이 평가되었으므로 로더는 모듈에서 가져온 엔트리를 사용하는 main.js를 평가한다.

```
main evaluation - begin
one two three
main evaluation - end
```

mod2가 최상위 수준의 await를 사용하지 않은 경우에 발생하는 일과 비교해 보겠다. 편집기에서 mod2.js를 열고 다음 두 줄을 찾자.

```
// export const two = "two";                    // 최상위 수준 `await` 사용 안 함
export const two = await delay(10, "two");      // 최상위 수준 `await` 사용함
```

주석 마커를 첫 번째 줄의 시작 부분에서 두 번째 줄의 시작 부분으로 이동하면 다음과 같다.

```
export const two = "two";                       // 최상위 수준 `await` 사용 안 함
// export const two = await delay(10, "two");   // 최상위 수준 `await` 사용함
```

이제 모듈은 최상위 수준의 await를 사용하지 않는다. main.js를 다시 실행한다. 이번에는 콘솔 출력은 다음과 같다.

```
mod1 evaluation - begin
mod1 evaluation - end
mod2 evaluation - begin
mod2 evaluation - end
mod3 evaluation - begin
mod3 evaluation - end
main evaluation - begin
one two three
main evaluation - end
```

mod2가 더 이상 프라미스를 기다리지 않기 때문에 mod3가 평가되기 전에 mod2가 어떻게 평가되었는지 주목하자.

원본 코드에서 mod1이 대기 중인 엔트리에서 값을 가져오는 const를 내보낼 수 있었던 방법을 확인하자.

```
export const two = await delay(10, "two"); // 최상위 수준 `await` 사용함
```

이 예에서는 익스포트 선언이 있는 하나의 명령문에서 모든 작업을 수행하지만 그렇게 함께 사용할 필요는 없다. 예를 들어, 동적 import()를 사용할 때 로드된 모듈의 모듈 네임스페이스 객체로 프라미스가 이행된다. 모듈이 동적 모듈의 example 함수를 로컬로 사용해야 하고 동적 모듈의 값 익스포트도 다시 내보내야 한다고 가정하자. 다음과 같이 할 수 있다.

```
const { example, value } = await import("./dynamic.js");
export { value };
example("some", "arguments");
```

또는 트리 셰이킹을 활성화하는 데 필요한 부분을 선택하는 것이 가장 좋지만 네임스페이스 객체에 대한 참조를 유지할 수도 있다(13장).

```
const dynamic = await import("./dynamic.js");
export const { value } = dynamic;
dynamic.example("some", "arguments");
```

19.1.3 에러 핸들리

앞의 "개요 및 사용 사례" 절에서 코드가 모든 프라미스의 거부를 처리하지 않는다는 사실에 대해 궁금해했을 것이다. 예를 들어 "폴백" 예 중 하나는 다음과 같다.

```
let strings;
try {
    strings = await import(`./i18n/${navigator.language}.js`);
} catch {
    strings = await import(`./i18n/${defaultLanguage}.js`);
}
```

이 예시에는 첫 번째 import()의 프라미스 거부를 처리하는 코드는 있지만 두 번째 import()의 프라미스 거부를 처리하는 코드는 없다. 8장의 기본 프라미스 규칙을 기억한다면 이는 위험 신호처럼 보일 수 있다.

오류를 처리하거나 프라미스 체인을 호출자에게 전파하자.

예시 코드가 이 규칙을 어기는가?

아니다! 하지만 그런지 궁금해하는 것이 합리적이었다. 비동기 함수의 유사한 코드가 규칙을 위반하지 않는 것과 같은 이유는 아니다. 대기 중인 프라미스가 거부되면 모듈의 프라미스가 거부되고 모듈의 프라미스가 "호출자"에게 반환된다(이 경우, 모듈 로더), 따라서 "프라미스 체인을 호출자에게 전파" 규칙이 암시적으로 따른다. async 함수가 항상 프라미스를 반환하고 함수에서 포착되지 않은 오류가 해당 프라미스를 거부하는 것처럼 비동기 모듈은 항상 프라미스를 (모듈 로더에) 반환하고 포착되지 않은 오류는 해당 프라미스를 거부한다. 로더는 이를 수행하기 위한 호스트 정의 메커니즘(종종 어떤 종류의 콘솔 메시지)을 통해 오류를 보고하고 모듈을 실패한 것으로 표시하여 이를 처리한다(이로 인해 종속된 모든 모듈이 로드되지 않는다).

앞의 예에서 navigator.language에 대한 모듈과 defaultLanguage에 대한 모듈이 모두 로드되지 않으면 어떻게 될까? 모듈 로더는 코드가 있는 모듈(과 이에 종속된 모든 모듈)을 로드하지 못하여 콘솔(또는 이와 유사한 것)에 보고한다.

async 함수와 마찬가지로 체인을 호출자에게 명시적으로 전파할 필요가 없다. 암묵적이다.

19.2 / 위크레프와 클린업 콜백

19.2 / 위크레프와 클린업 콜백

이 절에서는 **약한 참조**(weak reference)와 **클린업 콜백**(종료자(finalizer)라고도 함)을 자바스크립트로 도입하는 위크레프(WeakRefs) 제안[4]에 대해 알아본다. 2020년 초 현재 3단계에 있으며 자바스크립트 엔진에 적극적으로 추가되고 있다.

---

4 https://github.com/tc39/proposal-weakrefs

(간단한 참고 사항: 제안서나 이를 기반으로 하는 다른 문서에서 개발자 문서를 읽으면 이 절의
예와 해당 문서의 예 사이에 강력한 유사점을 발견할 수 있다. 왜냐하면 필자가 제안과 개발자 문
서 작성에 일부 참여했다.)

19.2.1 위크레프

일반적으로 객체에 대한 참조가 있는 경우 해당 객체는 (참조하고 있는 다른 객체가 없는 상황에
서) 참조를 해제하지 않는 한 메모리에 유지된다. 그것은 당신이 직접 참조를 가지고 있든, 아니
면 어떤 중간 객체를 통해 간접적으로 참조하든 상관없이 사실이다. 이는 **강한 참조**라고도 하는 일
반 객체 참조다.

하지만 위크레프(WeakRef)를 사용하면 객체에 대한 **약한 참조**(weak reference)를 가질 수 있다. 약한
참조는 자바스크립트 엔진의 가비지 컬렉터가 객체의 메모리를 회수하기로 결정한 경우 객체가
가비지 컬렉션되는 것(일명 회수됨)을 방지하지 않는다.

WeakRef 생성자를 사용하여 위크레프를 만들고 약한 참조를 원하는 객체(**타깃** 또는 **참조 대상**이라
고도 함)를 전달한다.

```
const ref = new WeakRef({"some": "object"});
```

객체를 사용해야 하는 경우 deref("역참조") 메서드를 사용하여 위크레프에서 강력한 참조를 얻을
수 있다(그리고 어느 시점에서 obj가 범위를 벗어나도록 하거나 undefined 또는 null을 할당하는
등의 작업을 수행하여 강한 참조를 해제한다).

```
let obj = ref.deref();
if (obj) {
    // ...`obj` 사용...
}
```

deref 메서드는 위크레프가 보유한 대상 객체를 반환하거나 대상이 회수된 경우 undefined를 반
환한다.

가비지 컬렉터가 메모리를 회수하기로 결정하면 사라질 수 있는 객체에 대한 참조를 원하는 이유는 무엇일까? 주요 사용 사례 중 하나는 캐싱이다. 페이지/앱에 스토리지에서 검색하는 데 비용이 많이 드는(그리고 호스트 환경에서 캐시되지 않는) 일부 데이터 리소스가 있고 필요한 특정 리소스가 페이지/앱의 수명에 따라 다르다고 가정하자. 리소스를 처음 얻을 때 약한 참조를 사용하여 캐시에 저장할 수 있으므로 나중에 페이지가 다시 필요할 때 리소스가 회수되지 않는 동안에 값비싼 검색을 피할 수 있다(실제 캐시는 아마도 가장 자주 사용되거나 최근에 사용된 엔트리를 강하게 보유하고 나머지는 약한 참조를 사용한다).

또 다른 사용 사례는 위크레프와 클린업 콜백의 조합을 통해 리소스 누수를 감지하는 것이다. 다음 절에서 이에 대해 배우게 된다.

위크레프를 사용하는 기본 예를 살펴보겠다. 코드 19-5를 참조하자. 1억 바이트를 차지하는 ArrayBuffer를 생성하고 이에 대한 약한 참조를 유지한다. 그런 다음 다른 ArrayBuffer 인스턴스를 주기적으로 할당하고 이에 대한 강력한 참조를 유지하고 **약하게 보유된** ArrayBuffer(위크레프를 통해 보유된)가 회수되었는지 확인한다. 결국 자바스크립트 엔진의 가비지 컬렉터는 약하게만 유지되는 큰 초기 ArrayBuffer를 회수하기로 결정할 가능성이 높다.

코드 19-5 위크레프 예시–weakref-example.js

```
const firstSize = 100000000;
console.log(`main: 약하게 유지되는 100000000바이트의 데이터 할당...`);
let data = new ArrayBuffer(firstSize);
let ref = new WeakRef(data);
data = null; // 강한 참조를 해제하고 약한 참조만 남긴다.
let moreData = [];
let counter = 0;
let size = 50000;

setTimeout(tick, 10);

function tick() {
    ++counter;
    if (size < 100000000) {
        size *= 10;
    }
    console.log();
    console.log(`tick(${counter}): ${size}바이트 더 많은 데이터 할당...`);
    moreData.push(new ArrayBuffer(size));
    console.log(`tick(${counter}): 약하게 보유된 데이터 임포트...`);
    const data = ref.deref();
```

```
    if (data) {
        console.log(`tick(${counter}): 약하게 유지되는 데이터가 여전히 메모리에 있다.`);
        // 이 `if`는 약하게 보유된 데이터가 회수되지 않는 경우
        // 영원히 반복되는 것을 피하기 위한 분별 검사일 뿐이다.
        if (counter < 100) {
            setTimeout(tick, 10);
        } else {
            console.log(`tick(${counter}): 포기한다.`);
        }
    } else {
        console.log(`tick(${counter}): 약하게 보유된 데이터가 가비지 컬렉션되었다.`);
    }
}
```

노드제이에스 v14는 플래그를 통해 위크레프를 지원하며(이 글을 읽을 당시에는 플래그를 사용하고 있지 않을 수 있음) 2020년 초부터 파이어폭스의 개발자 버전에서 지원된다. 노드제이에스 v14에서 이 예를 실행하려면 다음과 같이 한다.

```
node --harmony-weak-refs weakref-example.js
```

또는 V8이 자체적으로 설치되어 있는 경우(이 장의 앞부분에 있는 "최상위 수준 await" 절의 "V8 설치" 참조) V8에서 실행할 수 있다.

```
v8 --harmony-weak-refs weakref-example.js
```

출력은 시스템에 따라 다르지만 다음과 같이 표시된다.

```
main: 약하게 유지되는 100000000바이트의 데이터 할당...

tick(1): 500000바이트 더 많은 데이터 할당...
tick(1): 약하게 보유된 데이터 임포트...
tick(1): 약하게 유지되는 데이터가 여전히 메모리에 있다.

tick(2): 5000000바이트 더 많은 데이터 할당...
tick(2): 약하게 보유된 데이터 임포트...
tick(2): 약하게 유지되는 데이터가 여전히 메모리에 있다.

tick(3): 50000000바이트 더 많은 데이터 할당...
tick(3): 약하게 보유된 데이터 임포트...
tick(3): 약하게 유지되는 데이터가 여전히 메모리에 있다.
```

```
tick(4): 500000000바이트 더 많은 데이터 할당...
tick(4): 약하게 보유된 데이터 임포트...
tick(4): 약하게 유지되는 데이터가 여전히 메모리에 있다.

tick(5): 500000000바이트 더 많은 데이터 할당...
tick(5): 약하게 보유된 데이터 임포트...
tick(5): 약하게 보유된 데이터가 가비지 컬렉션되었다.
```

이 출력에서 네 번째와 다섯 번째 틱 사이에 V8이 약하게 유지된 버퍼를 회수했음을 알 수 있다 (이 예시보다 훨씬 더 오래 실행될 수 있으며 상황에 따라 매우 다르다).

다음은 위크레프에 대한 몇 가지 마무리 참고 사항이다.

- 코드가 대상 객체에 대한 위크레프를 방금 생성했거나 위크레프의 deref 메서드에서 대상 객체를 가져온 경우 해당 대상 객체는 현재 자바스크립트 작업(스크립트 작업이 끝날 때 실행되는 모든 프라미스 반응 작업 포함)[5]이 끝날 때까지 회수되지 않는다. 즉, 이벤트 루프가 진행 중인 동안만 객체가 회수되는 것을 "볼" 수 있다. 이는 주로 주어진 자바스크립트 엔진의 가비지 컬렉터 동작을 코드에서 명백하게 만드는 것을 방지하기 위한 것이다. 만약 그렇다면 사람들이 해당 동작에 의존하는 코드를 작성하고 가비지 컬렉터의 동작이 변경되면 중단될 것이기 때문이다(가비지 컬렉션은 어려운 문제다. 자바스크립트 엔진 구현자는 작동 방식을 지속적으로 다듬고 개선하고 있다). 이전 예시에서 setTimeout을 사용한 이유가 궁금하다면 위크레프의 이러한 측면 때문이다. 예시에서 루프에서 tick을 호출한 경우 약하게 유지된 ArrayBuffer는 회수되지 않는다.

- 여러 위크레프가 동일한 타깃을 갖는 경우 서로 동일하다. 이 중 하나에서 deref를 호출한 결과는 (동일한 작업에서) 다른 것에서 deref를 호출한 결과와 동일하다. 이 중 어떤 것으로부터도 타깃 객체를 가져올 수는 없지만 undefined를 얻을 수 있다.

- 위크레프의 타깃이 FinalizationRegistry에도 있는 경우(바로 다음에 배우게 됨) 위크레프의 타깃은 레지스트리와 관련된 클린업 콜백이 호출되기 전이나 호출되는 동시에 지워진다.

- 위크레프의 타깃은 변경할 수 없다. 항상 원래 타깃 객체이거나 해당 타깃이 회수된 경우 undefined다.

- 위크레프는 타깃을 강력하게 보유하는 것이 없더라도 deref에서 undefined를 반환하지 않을 수 있다. 가비지 컬렉터가 객체를 회수하기로 결정하지 않을 수도 있기 때문이다.

---

5 8장에서 작업은 스레드가 다른 작업을 실행하지 않고 처음부터 끝까지 실행하는 작업 단위이며 스크립트 작업(예: 스크립트의 초기 실행, 타이머 콜백, 이벤트 콜백)과 프라미스 작업(프라미스 이행, 거부, 최종 처리기에 대한 콜백)이 있다는 것을 기억할 것이다.

19.2.2 클린업 콜백

워크레프 제안은 종료자라고도 하는 **클린업 콜백**도 제공한다.

클린업 콜백은 객체가 회수되었을 때 가비지 컬렉터가 호출할 수 있는 함수다. 종료자, 소멸자, 일부 다른 언어와 달리 자바스크립트에서의 클린업 콜백은 회수 중이거나 회수된 객체에 대한 참조를 수신하지 않는다. 실제로 코드에서 알 수 있는 한 클린업 콜백이 호출되기 전에 객체가 이미 회수되었다(실제로 그럴 가능성이 높지만 가비지 컬렉터 구현의 세부 사항이다). 이러한 방식으로 설계하면 (코드에서) 접근할 수 없는 객체가 다시 접근할 수 있게 되었을 때 발생하는 복잡한 문제로 인해 다른 환경에서 발생했던 문제를 피할 수 있다(종료자가 객체에 대한 참조를 수신하여 어딘가에 저장하기 때문이다). 자바스크립트의 접근 방식(객체 자체의 클린업 콜백에 제공하지 않음)을 사용하면 클린업 콜백에 대해 더 쉽게 추론할 수 있으며 엔진 구현자가 작업을 보다 유연하게 수행할 수 있다.

클린업 콜백을 원하는 이유는 무엇일까?

한 가지 사용 사례는 회수된 객체와 관련된 다른 객체를 해제하는 것이다. 예를 들어, 워크레프의 캐시가 객체를 약하게 보유하고 있고 해당 객체 중 하나가 회수된 경우 캐시는 여전히 메모리에 해당 객체에 대한 엔트리(최소한 키와 약한 참조)을 가지고 있다. 아마도 다른 정보일 수 있다. 관련 대상 객체가 회수될 때 클린업 콜백을 사용하여 해당 캐시 엔트리를 해제할 수 있다. 그러나 이 사용 사례는 워크레프에 국한되지 않는다. 다른 객체가 회수되면 더 이상 필요하지 않은 객체가 있을 수 있다. 예를 들어 해당 자바스크립트 객체가 가비지 컬렉션된 경우 해제할 수 있는 Wasm 객체나 프록시가 있는 교차 워커 프록시가 있다. 워커 스레드의 객체에 대한 한 스레드(일반적으로 메인 스레드)에서. 프록시가 가비지 컬렉션되면 워커 객체를 해제할 수 있다.

또 다른 사용 사례는 리소스 누출을 감지하고 보고하는 것이다. 열린 파일이나 데이터베이스 연결 등을 나타내는 클래스가 있다고 가정하자. 클래스를 사용하는 개발자는 파일 디스크립터를 해제하거나 데이터베이스 연결을 닫는 등 작업이 완료되면 close 메서드를 호출해야 한다. 개발자가 close를 호출하지 않고 객체만 해제하면 클래스는 내부 파일 디스크립터나 숨어 있는 데이터베이스 연결을 해제되지 않는다. 장기 실행 프로그램에서는 프로세스에 파일 디스크립터가 부족하거나 데이터베이스가 동일한 클라이언트에서 동시 연결 제한에 도달할 때 결국 문제를 일으킬 수 있다. 클린업 콜백을 사용하여 개발자에게 close 호출에 실패했다는 경고 메시지를 제공할 수 있다. 클린업 콜백은 파일 디스크립터나 데이터베이스 연결을 해제할 수도 있지만 주요 목적은 개발자에게 실수를 경고하여 close를 호출하여 코드를 수정할 수 있도록 하는 것이다.

두 번째 예에서 외부 리소스를 해제하기 위해 클린업 콜백을 사용하지 않는 이유를 포함하여 잠시 후 두 사용 사례로 다시 돌아올 것이다. 지금은 실제로 클린업 콜백을 사용하는 방법을 살펴보겠다.

클린업 콜백을 요청하려면 FinalizationRegistry 생성자를 통해 **종료 레지스트리**를 만들고 호출하려는 함수를 전달한다.

```
const registry = new FinalizationRegistry(heldValue => {
    // ...여기서 정리를 한다...
});
```

그런 다음 등록 메서드를 사용하여 객체에 대한 콜백을 임포트 위해 레지스트리에 객체를 등록한다. 각 대상 객체에 대해 다음과 같이 객체와 해당 객체에 대한 **보유 값**(이 예에서는 "some value")을 전달한다.

```
registry.register(theObject, "some value");
```

register 메서드는 세 가지 인수를 사용한다.

- target: 종료 콜백을 원하는 객체. 레지스트리는 가비지 컬렉션을 방지하기 때문에 객체에 대한 강력한 참조를 보유하지 않는다.
- heldValue: 대상 객체가 회수되는 경우 클린업 콜백에 제공하기 위해 레지스트리가 보유할 값이며, 프리미티브 타입이거나 객체일 수 있다. 아무것도 제공하지 않으면 undefined가 사용된다.
- unregisterToken: (이전 예에는 사용되지 않음) 나중에 대상에 대한 클린업 콜백이 필요하지 않은 경우 대상을 등록 취소하는 데 사용할 선택적 객체다.

대상 객체를 등록한 후 회수되면 나중에 보유 값을 사용하여 클린업 콜백이 호출될 수 있다. 이것이 바로 보유 값의 정보를 사용하여 클린업을 수행하는 방법이다. 보유 값("메모"라고도 함)은 원하는 값, 프리미티브 타입, 객체, undefined일 수 있다. 보유 값이 객체인 경우 레지스트리는 이에 대한 **강한** 참조를 유지하므로(그렇게 함으로서 나중에 클린업 콜백에 전달할 수 있음), 이는 대상 객체가 회수되거나(이로 인해 해당 엔트리가 제거됨) 대상 객체의 등록을 레지스트리에서 취소하지 않는 한 보유 값이 회수되지 않음을 의미한다.

나중에 객체 등록을 취소하려면 앞서 언급한 **등록 취소 토큰**을 register에 세 번째 인수로 전달한다. 객체 자체를 등록 취소 토큰으로 사용하는 것이 일반적이다. 객체에 대한 클린업 콜백이 더 이상 필요하지 않으면 등록 취소 토큰을 사용하여 등록 취소를 호출한다. 다음은 대상 객체 자체를 사용하는 예이다.

```
registry.register(theObject, "some value", theObject);
// ...시간이 지난 후 `theObject`가 더 이상 필요 없다면...
registry.unregister(theObject);
```

하지만 대상 객체일 필요는 없다. 다른 것일 수 있다.

```
registry.register(theObject, "some value", tokenObject);
// ...시간이 지난 후 `theObject`가 더 이상 필요 없다면...
registry.unregister(tokenObject);
```

레지스트리는 등록 취소 토큰에 대한 약한 참조만 유지한다. 특히 대상 객체 자체일 수 있기 때문이다.

제안(약간 수정됨)의 가상의 FileStream 클래스 예를 살펴보겠다.

```
class FileStream {
    static #cleanUp(fileName) {
        console.error(`File leaked: ${fileName}!`);
    }

    static #finalizationGroup = new FinalizationRegistry(FileStream.#cleanUp);

    #file;

    constructor(fileName) {
        const file = this.#file = File.open(fileName);
        FileStream.#finalizationGroup.register(this, fileName, this);
        //...파일 내용의 비동기 읽는다...
    }

    close() {
        FileStream.#finalizationGroup.unregister(this);
        File.close(this.#file);
        // ...기타 정리...
    }

    async *[Symbol.iterator]() {
        // ...파일에서 데이터 생성...
    }
}
```

FinalizationRegistry 생성, 여기에 객체 추가, 클린업 콜백에 응답, 명시적으로 close 할 때 레지스트리에서 객체 등록 취소 등 작동 중인 모든 부분을 볼 수 있다.

이것은 앞서 배운 두 번째 사용 사례의 예이다. FileStream 클래스의 사용자가 close를 호출하지 않으면 내부 File 객체가 닫히지 않아 잠재적으로 파일 디스크립터가 누수될 수 있다. 따라서 클린업 콜백은 파일 이름을 기록하여 개발자에게 파일이 닫히지 않았음을 경고하므로 개발자가 코드를 수정할 수 있다.

이것을 보면서 "왜 항상 클린업 콜백을 사용하여 해당 리소스를 해제하지 않을까? 왜 close 메서드가 있을까?"라고 생각할 수 있다.

답은 다음과 같다. 클린업 호출을 받지 못할 수도 있고 받을 경우 예상보다 훨씬 늦을 수도 있기 때문이다. 이전에 "… 객체가 회수되었을 때 가비지 컬렉터가 **호출할 수 있는** 함수…"가 아니라 "… 객체가 회수되었을 때 가비지 컬렉터가 **호출하는** 함수…"라고 말했다. 주어진 구현에서 가비지 컬렉터가 클린업 콜백을 호출한다는 보장은 없다. 제안서에 다음과 같이 적혀 있다.

> 제안된 사양은 준수 구현이 어떤 이유로든 또는 아무 이유 없이 종료 콜백 호출을 건너뛸 수 있도록 허용한다.

즉, 클린업 콜백을 사용하여 외부 리소스를 관리할 수 없다. 두 번째 사용 사례(와 FileStream 예시)와 관련하여 파일이나 데이터베이스 API에는 해당 close 메서드가 필요하고 개발자는 이 메서드를 호출해야 한다. 해당 API에 클린업 콜백이 있는 이유는 개발자가 클린업 콜백이 있는 플랫폼에서 작업하고 close를 호출하지 않고 API에서 객체를 릴리스하는 경우 API가 닫기를 호출하지 않았다고 경고할 수 있기 때문이다. 이 코드는 클린업 콜백이 호출되지 않는 플랫폼에서 나중에 실행될 수 있다.

주요 자바스크립트 엔진이 정상적인 상황에서 클린업 콜백을 호출한다는 조짐은 좋다. 정상적으로 작동하더라도 다음과 같은 몇 가지 상황이 발생하지 않을 수 있다.

- 자바스크립트 환경이 중단되는 경우(예: 브라우저에서 창이나 탭 닫기). 대부분 이렇게 하면 클린업 코드가 중복된다.
- 콜백이 연결된 FinalizationRegistry 객체가 코드에 의해 해제된 경우(더 이상 참조가 없는 경우). 레지스트리에 대한 참조를 해제한 경우에 이를 메모리에 유지하고 콜백을 수행하는 것은 의미가 없다. 원한다면 레지스트리를 해제하지 말자.

클린업 콜백이 발생하지 않을 수 있는 경우 약한 참조를 사용하는 캐시는 어떨까? 회수된 객체에 대한 엔트리를 제거하기 위해 클린업 콜백에 의존할 수 없는 경우 deref가 정의되지 않은 엔트리를 반환하는 엔트리에 대해 일종의 증분 스캔을 수행해야 할까?

앞으로 나올 예정인 기능

제안 뒤에 있는 사람들의 지침은 '아니, 하지 말라'이다. 상대적으로 작은 이득(좀 더 많은 메모리 확보)을 위해 불필요하게 코드를 복잡하게 만들고 활성 캐시의 경우 어쨌든 (해당 리소스가 다시 요청될 때) 해당 엔트리를 자연적으로 발견하고 교체할 가능성이 높다.

작동하는 클린업 콜백을 살펴보겠다. 코드 19-6을 참조하자.

코드 19-6 클린업 콜백 예시 – cleanup-callback-example.js

```
let stop = false;
const registry = new FinalizationRegistry(heldValue => {
    console.log(`'${heldValue}'에 대한 객체가 회수되었다.`);
    stop = true;
});
const firstSize = 100000000;
console.log(`main:    약하게 유지하기 위해 ${firstSize}바이트의 데이터 할당...`);
let data = new ArrayBuffer(firstSize);
registry.register(data, "data", data);
data = null; // 참조 해제
let moreData = [];
let counter = 0;
let size = 50000;

setTimeout(tick, 10);

function tick() {
    if (stop) {
        return;
    }
    ++counter;
    if (size < 100000000) {
        size *= 10;
    }
    console.log();
    console.log(`tick(${counter}): ${size} 바이트 더 많은 데이터 할당…`);
    moreData.push(new ArrayBuffer(size));
    // 이 `if`는 약하게 보유된 데이터가 회수되지 않는 경우
    // 영원히 반복되는 것을 피하기 위한 분별 검사일 뿐이다.
    if (counter < 100) {
        setTimeout(tick, 10);
    }
}
```

노드제이에스 v14와 V8 자체에는 모두 플래그를 통해 약한 참조를 지원하지만, 보유한 버전에 따라 새 의미가 아닌 이전 의미를 가질 수 있으며 제안이 프로세스 후반에 약간 변경되었을 수 있다. 다음과 같이 예제를 실행할 수 있다.

```
# V8:
v8 --harmony-weak-refs cleanup-callback-example.js
# 노드:
node --harmony-weak-refs cleanup-callback-example.js
```

FinalizationRegistry가 정의되지 않았다는 오류가 발생하거나 콜백이 호출될 때 "'data'에 대한 객체가 회수되었다" 대신 "'[객체 FinalizationRegistry Cleanup Iterator]'에 대한 객체가 회수되었다"가 표시되는 경우 cleanup-callback-example-older-semantics.js의 코드를 대신 실행하면 다음과 유사한 결과가 출력된다.

```
main: 약하게 유지하기 위해 100000000바이트의 데이터 할당...

tick(1): 500000바이트 더 많은 데이터 할당...

tick(2): 5000000바이트 더 많은 데이터 할당...

tick(3): 50000000바이트 더 많은 데이터 할당...

tick(4): 500000000바이트 더 많은 데이터 할당...
종료자가 호출됨
'data'에 대한 객체가 회수되었다.
```

이 출력은 네 번째 타이머 호출 이후에 객체가 가비지 컬렉션되었음을 보여 준다.

마지막으로, FinalizationRegistry 객체에는 회수되었지만 아직 콜백이 호출되지 않은 레지스트리에서 구현에서 선택한 수의 객체에 대한 콜백을 트리거하기 위해 호출할 수 있는 선택적 메서드 cleanupSome이 있다.

```
registry.cleanupSome?.();
```

일반적으로 이 함수를 호출하지 않는다. 자바스크립트 엔진의 가비지 컬렉터에 맡겨 적절하게 정리하자. 이 함수는 주로 일반 자바스크립트 코드보다 웹어셈블리에 나타날 가능성이 더 높은 이벤트 루프를 생성하지 않는 장기 실행 코드를 지원하기 위해 존재한다.

cleanupSome에 레지스트리 객체에 등록된 것과 다른 콜백을 제공하여 다음 클린업 콜백에 대해서만 재정의할 수 있다.

```
registry.cleanupSome?.(heldValue => {
    // ...
});
```

보류 중인 콜백이 있더라도 cleanupSome 호출에 의해 트리거되는 갯수는 구현에서 정의된다. 구현은 어느 것도 하지 않을 수도 있고, 보류 중인 모든 것을 수행할 수도 있고, 또는 그 사이의 몇 개를 할 수도 있다.

앞의 예시는 17장에서 배운 옵셔널 체이닝 구문을 사용하므로 구현에서 cleanupSome을 정의하지 않으면 오류 없이 호출을 건너뛴다.

JAVASCRIPT THE NEW TOYS

19.3 정규 표현식 일치 색인

RegExp.prototype.exec에 의해 반환된 일치 배열에는 일치가 발생한 문자열의 인덱스를 제공하는 인덱스 속성이 있지만 캡처 그룹이 발생한 위치는 말하지 않는다. RegExp 일치 색인 제안[6]은 색인 속성을 추가하여 이를 변경한다. 색인 속성은 [start, end] 배열의 배열을 포함한다. 첫 번째 엔트리는 전체 일치를 위한 것이다. 다음은 캡처 그룹을 위한 것이다.

다음은 예시이다.

```
const rex = /(\w+) (\d+)/;
const str = "==> Testing 123";
const match = rex.exec(str);
for (const [start, end] of match.indices) {
    console.log(`[${start}, ${end}]: "${str.substring(start, end)}"`);
}
```

이 정규 표현식은 일련의 "단어" 문자와 공백과 일련의 숫자를 검색한다. 단어와 숫자가 모두 캡처된다. 일치 인덱스가 있는 구현에서 해당 예시의 출력은 다음과 같다.

```
[4, 15]: "Testing 123"
[4, 11]: "Testing"
[12, 15]: "123"
```

---

6 https://github.com/tc39/proposal-regexp-match-indices

새 기능은 명명된 캡처 그룹도 지원한다. 15장에서 표현식에 명명된 캡처 그룹이 있는 경우 match 배열에는 명명된 그룹의 내용과 함께 groups라는 객체 속성이 있음을 기억할 것이다. 이 제안은 match.indices.groups에 그룹 콘텐츠의 색인을 제공하여 동일한 작업을 수행한다.

```
const rex = /(?<word>\w+) (?<num>\d+)/;
const str = "==> Testing 123";
const match = rex.exec(str);
for (const key of Object.keys(match.groups)) {
    const [start, end] = match.indices.groups[key];
    console.log(        `Group "${key}" - [${start}, ${end}]: "${str.substring(start,
end)}"`    );
}
```

이 예시는 이전 예시의 두 캡처 그룹에 이름을 지정하고 match.groups과 match.indices.groups를 사용하여 명명된 그룹에 대한 정보를 가져온다. 출력은 다음과 같다.

```
Group "word" - [4, 11]: "Testing"
Group "num" - [12, 15]: "123"
```

명명된 캡처 그룹과 색인 배열을 사용하여 일치 배열은 매우 풍부한 객체가 되었다. 다음은 가짜 JSON 양식의 이전 예시에 대한 완전한 match 배열(배열이 아닌 속성 포함)이다(배열을 나타내는 대괄호를 사용하지만 배열의 추가 비배열 속성에 대한 name: value 쌍도 있기 때문에 "가짜"라고 표현한다).

```
[
    "Testing 123",
    "Testing",
    "123",
    index: 4,
    input: "==> Testing 123",
    "groups": {
        word: "Testing",
        num: "123"
    },
    "indices": [
        [4, 15],
        [4, 11],
        [12, 15],
        "groups": {
            "word": [4, 11],
            "num": [12, 15]
        }
    ]
]
```

19.4 String.prototype.replaceAll

수년 동안 자바스크립트 String.prototype.replace 메서드를 처음 접하는 사람들은 동일한 실수를 저질렀다. 문자열이나 비전역 정규 표현식을 전달하면 **첫 번째** 엔트리만 대체한다는 사실을 깨닫지 못했다. 예를 들면 다음과 같다.

```
console.log("a a a".replace("a", "b")); // "b b b"가 아니라 "b a a"
```

모든 엔트리를 교체하려면 전역 플래그와 함께 정규 표현식을 전달해야 한다.

```
console.log("a a a".replace(/a/g, "b")); // "b b b"
```

변경하려는 텍스트가 문자 그대로 입력하는 텍스트인 경우 나쁘지 않지만 사용자 입력이나 이와 유사한 경우 정규 표현식에서 특별한 의미가 있는 문자를 이스케이프해야 한다(그리고 그에 대한 내장 함수가 없다. 몇 년 전에 하나를 추가하려는 노력에도 불구하고 말이다).

replaceAll 제안[7]은 모든 엔트리의 교체를 훨씬 쉽게 만든다.

```
console.log("a a a".replaceAll("a", "b")); // "b b b"
```

replaceAll 메서드는 다음 두 가지 방법을 제외하고 replace와 동일하게 작동한다.

- 문자열을 검색 인수로 전달하면 첫 번째 엔트리만 교체하는 대신 모든 엔트리가 교체된다. 이것이 바로 replaceAll의 핵심이다!

- 전역 플래그 **없이** 정규 표현식을 전달하면 오류가 발생한다. 이는 혼동을 피하기 위한 것이다. 전역 플래그가 없다는 것은 "모두를 대체하지 **않음**"을 의미할까? 아니면 플래그가 무시될까? 이 제안의 대답은 오류를 던지는 것이다.

replaceAll과 replace 메서드는 전역 플래그가 있는 정규 표현식을 전달하는 것과 정확히 동일한 작업을 수행한다.

---

7 https://github.com/tc39/proposal-string-replaceall

19.5 Atomics asyncWait

16장에서는 wait 메서드를 포함하여 공유 메모리와 Atomics 객체에 대해 배웠다. 간단히 요약하면 Atomics.wait를 사용하여 다른 스레드가 (Atomics.notify를 통해) "알림"할 때까지 공유 메모리의 한 위치에서 동기적으로 대기할 수 있다. 워커 스레드에서 Atomics.wait를 사용할 수 있지만 일반적으로 메인 스레드(예: 기본 브라우저 스레드나 노드제이에스의 메인 스레드)에서는 차단되지 않아야 하기 때문에 사용할 수 없다.

3단계인 Atomics.asyncWait 제안[8]은 프라미스를 사용하여 차단하지 않고 공유 메모리 위치에 대한 알림을 기다리는 것을 가능하게 한다. Atomics.asyncWait를 호출할 때 Atomics.wait에서와 같이 문자열 반환값을 가져오는 대신 문자열로 대신 이행될 프라미스를 얻는다. 가능한 처리 문자열은 Atomics.wait에서 반환된 문자열과 동일하다.

- "ok": 스레드가 "일시 중단"되고 이후에 재개된 경우 (시간 초과가 아닌)
- "timed-out": 스레드가 "일시 중단"되고 시간 초과에 도달하여 재개된 경우
- "not equal": 배열의 값이 주어진 값과 같지 않기 때문에 스레드가 "일시 중단"되지 않은 경우

"일시 중단"는 위 목록에서 인용 부호로 묶여 있다. 왜냐하면 워커 스레드가 Atomics.wait에 의해 메인 스레드가 문자 그대로 일시 중단되지 않기 때문이다. 단지 일정 기간 동안 프라미스가 불안정한 상태로 남아 있기 때문이다.

asyncWait의 프라미스는 결코 거부되지 않으며 항상 나열된 세 가지 문자열 중 하나로 이행된다.

예를 들어, SharedArray라는 SharedArrayBuffer가 있는 경우 메인 스레드가 다음과 같이 인덱스 index에서 알림을 기다리도록 할 수 있다.

```
Atomics.asyncWait(sharedArray, index, 42, 30000)
.then(result => {
    // ...여기서 `result`는 "ok", "timed-out" 또는 "not-equal"이 된다...
});
```

자바스크립트 엔진이 확인할 때 sharedMemory[index]의 값이 42가 아니면 이행 콜백에 "not-equal" 문자열이 전달된다. 그렇지 않으면 엔진은 프라미스를 이행하기 전에 알림을 기다린다. 시간 초과(이 예에서는 30000밀리초) 전에 알림이 없으면 "timed-out" 문자열로 프라미스를 이

---

8 https://github.com/tc39/proposal-atomics-wait-async

행한다. 알림을 받으면 문자열 "ok"로 프라미스를 이행한다.

공유 메모리와 스레드와 마찬가지로 이곳에는 용이 살고 있다! 위험과 함정에 대한 자세한 내용은
16장을 참조하자.

19.6 / 다양한 구문 변경

이 절에서는 다양한 제안에 의해 수행되는 몇 가지 사소한 구문 변경에 대해 배운다.

19.6.1 숫자 구분 기호

때때로 숫자 리터럴은 읽기가 약간 어려울 수 있다.

```
const x = 10000000;
```

빠르게 봤을 때 십만인가? 백만? 천만? 일억?

사람들이 읽을 수 있도록 숫자를 쓸 때 우리는 어떤 식으로든 숫자를 그룹화하는 경향이 있다. 예
를 들어, 일부 문화권에서는 10,000,000처럼 쉼표를 사용하여 세 그룹으로 묶는다.

숫자 구분 기호 제안(현재 3단계)은 밑줄을 숫자 리터럴의 구분 기호로 허용한다.

```
const x = 10_000_000;
```

그러면 숫자가 1000만이라는 것을 훨씬 쉽게 알 수 있다.

10진수 리터럴(정수 부분과 소수 부분 모두), 2진수 리터럴, 16진수 리터럴과 최신 8진수 리터럴
에서 숫자 구분 기호를 사용할 수 있다.

다음을 제외하고 원하는 곳에 구분 기호를 넣을 수 있다.

- 숫자 기반 접두사 바로 뒤:
  유효하지 않음: 0x_AAAA_BBBB
  유효: 0xAAAA_BBBB

- 소수점 바로 옆:

    유효하지 않음: 12_345_.733_444

    유효하지 않음: 12_345._733_444

    유효: 12_345.733_444

- 숫자 끝, 마지막 숫자 뒤:

    유효하지 않음: 12_345_

    유효: 12_345

- 다른 구분 기호 옆:

    유효하지 않음: 10__123_456

    유효: 10_123_456

_1234와 같이 밑줄로 숫자를 **시작**할 수도 없다. 사실 이것은 숫자가 아니라 식별자다.

19.6.2 해시뱅 지원

일반적으로 노드제이에스와 같은 명령줄 인터페이스 호스트에서 자바스크립트 파일이 다음과 같이 "해시뱅"(hashbang)으로 시작하는 것을 허용한다.

```
#!/home/tjc/bin/node/bin/node
console.log("노드제이에스 커맨드 라인 스크립트로부터의 인사");
```

사양에 따르면 기술적으로는 잘못된 구문이었다. 따라서 사양은 이를 허용하도록 업데이트[9]되고 있다(현재 3단계).

19.7 사라지게 될 레거시 정규 표현식 기능

3단계 제안[10]은 사양에 없는 RegExp의 일부 오랫동안 지원되는 "기능"을 표준화하지만 공식적으로는 사용하지 않는다. 예를 들어 캡처 그룹은 exec에서 가져온 일치 객체에서 사용할 수 있을 뿐

---

9 https://github.com/tc39/proposal-hashbang

10 https://github.com/tc39/proposal-regexp-legacy-features

만 아니라 RegExp 함수 자체의 속성(RegExp 인스턴스가 아님)으로 첫 번째 캡처 그룹에 대해 $1, 두 번째 캡처 그룹에 대해 $2 등을 $9까지 사용할 수 있다.

```
const s = "Testing a-1 b-2 c-3";
const rex = /(\w)-(\d)/g;
while (rex.exec(s)) {
    // 권장되지 않음!
    console.log(`"${RegExp.$1}": "${RegExp.$2}"`);
}
// => "a": "1"
// => "b": "2"
// => "c": "3"
```

이 제안은 다른 레거시 기능도 성문화할 수 있지만 2020년 초 현재 확실하지 않다.

RegExp에서 이러한 정적 속성을 사용하지 말자. 표준화되는 이유는 특히 정적 속성들을 제거할 수 있는 것과 관련하여 구현 전반에 걸쳐 일관된 동작을 보장하기 위한 것이다. 제안은 delete를 통해 이러한 속성을 제거할 수 있도록 한다. 코드가 캡처 그룹을 사용하는 경우 코드베이스의 모든 코드에서 이러한 정적 속성 RegExp.$1 등을 통해 수행된 마지막 일치의 결과를 볼 수 있다는 점을 고려하자. 제안은 보안을 의식하는 코드가 일치를 수행한 후 삭제할 수 있도록 이를 재정의한다.

제안은 또한 RegExp의 서브클래스가 레거시 기능에 대한 영향을 고려하지 않고 제공하는 정보를 조정할 수 있기 때문에 이러한 레거시 기능이 RegExp의 서브클래스에서 제공되지 않도록 한다.

19.8 / 독자에게 감사!

이 장에서 다루는 대부분의 제안은 이전에는 할 수 없었던 일이므로 다음을 제외하고는 새로운 습관을 불러일으키는 방법이 많지 않다. 몇 곳에서 경고를 기록하면서 적절하다고 생각되는 곳에서 이러한 새로운 기능을 사용하자.

따라서 과거 습관을 새롭게 대신에 다음의 말을 전한다. 읽어 줘서 감사하다! 이 책이 도움이 되었기를 바란다. 1장과 책 웹사이트(https://thenewtoys.dev)에서 배운 대로 앞으로 나올 내용을 확인하는 것을 잊지 말자. 즐거운 코딩 하시길!

신비한 기능 사전

(J. K. 롤링에게 사과한다)

A.1 기능(알파벳순)

__defineGetter__ (부속서 B): 17장

__defineSetter__ (부속서 B): 17장

__lookupGetter__ (부속서 B): 17장

__lookupSetter__ (부속서 B): 17장

__proto__ (부속서 B): 5장

...: 이터러블 스프레드 구문, 속성 스프레드 구문, 나머지 매개변수, 나머지 구문, 나머지 구문
(디스트럭처링), 스프레드 구문 확인

**: 지수 연산자 확인

#: 프라이빗 필드(클래스), 프라이빗 메서드와 접근자(클래스), 프라이빗 정적 메서드와 접근자

array destructuring _ 배열 디스트럭처링: 7장

array iteration _ 배열 반복: 6장

Array.from: 11장

Array.of: 11장

Array.prototype.copyWithin: 11장

Array.prototype.entries: 11장

Array.prototype.fill: 11장

Array.prototype.find: 11장

Array.prototype.findIndex: 11장

Array.prototype.flat: 11장

Array.prototype.flatMap: 11장

Array.prototype.includes: 11장

Array.prototype.keys: 11장

Array.prototype.values: 11장

ArrayBuffer: 11장

A

신비한 기능 사전

JAVASCRIPT THE NEW TOYS

A.2 새로운 기본

A.3 새로운 구문, 키워드, 연산자, 루프, 그 외

...: 이터러블 스프레드 구문, 속성 스프레드 구문, 나머지 매개변수, 나머지 구문, 나머지 구문 (디스트럭처링), 스르레드 구문 확인

**: 지수 연산자 확인

#: 프라이빗 필드(클래스), 프라이빗 메서드와 접근자(클래스), 프라이빗 정적 메서드와 접근자

A

신비한 기능 사전

A.4 새로운 리터럴 양식

A

신비한 기능 사전

A.5 / 표준 라이브러리 추가와 변경

Array.from: 11장

Array.of: 11장

Array.prototype.copyWithin: 11장

Array.prototype.entries: 11장

Array.prototype.fill: 11장

Array.prototype.find: 11장

Array.prototype.findIndex: 11장

Array.prototype.flat: 11장

Array.prototype.flatMap: 11장

Array.prototype.includes: 11장

Array.prototype.keys: 11장

Array.prototype.values: 11장

ArrayBuffer: 11장

Atomics object _ 원자적 객체: 16장

Atomics.asyncWait: 19장

DataView: 11장

Date.prototype.toString 변경: 17장

FinalizationRegistry: 19장

flags property flags 속성(정규 표현식): 15장

function name property _ 함수 name 속성: 3장

Function.prototype.toString 변경: 17장

globalThis: 17장

lookbehind assertion _ 후방 탐색 지정(정규 표현식): 15장

legacy deprecated RegExp features documented _ 더 이상 사용되지 않는 레거시 정규 표

A.6 기타

__defineGetter__ (부속서 B): 17장

__defineSetter__ (부속서 B): 17장

__lookupGetter__ (부속서 B): 17장

__lookupSetter__ (부속서 B): 17장

__proto__ (부속서 B): 5장

array iteration _ 배열 반복: 6장

document.all 동작 (부속서 B): 17장

function declarations in block _ 블록 내 함수 선언: 3장

hashbang support _ 해시뱅 지원: 19장

HTML-like comment _ HTML스러운 주석 (부록B): 17장

JSON: Unicode escapes for unpaired surrogate _ 짝을 이루지 않은 써로게이트에 대한 유니
    코드 이스케이프: 17장

JSON: Unicode line break _ 유니코드 줄 바꿈: 17장

RegExp tweak _ 정규 표현식 수정 (부속서 B): 17장

string iteration _ 문자열 반복: 10장

tail call optimization _ 꼬리 호출 최적화: 17장

workers as module _ 모듈로서의 워커: 13장

A

신비한 기능 사전